U0557152

经斗院士
对很高兴
贺教育部
重大又问项目
成功立项

李润林
硕士方八

教育部哲学社会科学研究重大课题攻关项目

20世纪中国古代文化经典在域外的传播与影响研究

STUDY ON THE 20TH CENTURY'S EXTRA-TERRITORIAL SPREAD AND INFLUENCE OF ANCIENT CHINESE CULTURAL CLASSICS

张西平 等著

经济科学出版社
Economic Science Press

图书在版编目（CIP）数据

20 世纪中国古代文化经典在域外的传播与影响研究/张西平等著.
—北京：经济科学出版社，2015.5
（教育部哲学社会科学研究重大课题攻关项目）
ISBN 978 - 7 - 5141 - 5639 - 3

Ⅰ.①2… Ⅱ.①张… Ⅲ.①中华文华 - 文化史 - 研究 - 古代 ②中华文化 - 文化传播 - 研究 Ⅳ.①K220.3②G125

中国版本图书馆 CIP 数据核字（2015）第 068312 号

责任编辑：刘　莎
责任校对：徐领柱
责任印制：邱　天

20 世纪中国古代文化经典在域外的传播与影响研究

张西平　等著

经济科学出版社出版、发行　新华书店经销
社址：北京市海淀区阜成路甲 28 号　邮编：100142
总编部电话：010 - 88191217　发行部电话：010 - 88191522
网址：www.esp.com.cn
电子邮件：esp@esp.com.cn
天猫网店：经济科学出版社旗舰店
网址：http://jjkxcbs.tmall.com
北京中科印刷有限公司印装
787×1092　16 开　39.25 印张　800000 字
2015 年 12 月第 1 版　2015 年 12 月第 1 次印刷
ISBN 978 - 7 - 5141 - 5639 - 3　定价：98.00 元
（图书出现印装问题，本社负责调换。电话：010 - 88191502）
（版权所有　侵权必究　举报电话：010 - 88191586
电子邮箱：dbts@esp.com.cn）

课题组主要成员

（按姓氏笔画排序）

丁　超　王苏娜　严绍璗　苏莹莹
李　真　李雪涛　佟加蒙　何碧玉（法）
柳若梅　顾　钧　薛庆国

编审委员会成员

主　任　孔和平　罗志荣
委　员　郭兆旭　吕　萍　唐俊南　安　远
　　　　　文远怀　张　虹　谢　锐　解　丹
　　　　　刘　茜

总　序

哲学社会科学是人们认识世界、改造世界的重要工具，是推动历史发展和社会进步的重要力量。哲学社会科学的研究能力和成果，是综合国力的重要组成部分，哲学社会科学的发展水平，体现着一个国家和民族的思维能力、精神状态和文明素质。一个民族要屹立于世界民族之林，不能没有哲学社会科学的熏陶和滋养；一个国家要在国际综合国力竞争中赢得优势，不能没有包括哲学社会科学在内的"软实力"的强大和支撑。

近年来，党和国家高度重视哲学社会科学的繁荣发展。江泽民同志多次强调哲学社会科学在建设中国特色社会主义事业中的重要作用，提出哲学社会科学与自然科学"四个同样重要"、"五个高度重视"、"两个不可替代"等重要思想论断。党的十六大以来，以胡锦涛同志为总书记的党中央始终坚持把哲学社会科学放在十分重要的战略位置，就繁荣发展哲学社会科学做出了一系列重大部署，采取了一系列重大举措。2004年，中共中央下发《关于进一步繁荣发展哲学社会科学的意见》，明确了新世纪繁荣发展哲学社会科学的指导方针、总体目标和主要任务。党的十七大报告明确指出："繁荣发展哲学社会科学，推进学科体系、学术观点、科研方法创新，鼓励哲学社会科学界为党和人民事业发挥思想库作用，推动我国哲学社会科学优秀成果和优秀人才走向世界。"这是党中央在新的历史时期、新的历史阶段为全面建设小康社会，加快推进社会主义现代化建设，实现中华民族伟大复兴提出的重大战略目标和任务，为进一步繁荣发展哲学社会科学指明了方向，提供了根本保证和强大动力。

高校是我国哲学社会科学事业的主力军。改革开放以来，在党中央的坚强领导下，高校哲学社会科学抓住前所未有的发展机遇，紧紧围绕党和国家工作大局，坚持正确的政治方向，贯彻"双百"方针，以发展为主题，以改革为动力，以理论创新为主导，以方法创新为突破口，发扬理论联系实际学风，弘扬求真务实精神，立足创新、提高质量，高校哲学社会科学事业实现了跨越式发展，呈现空前繁荣的发展局面。广大高校哲学社会科学工作者以饱满的热情积极参与马克思主义理论研究和建设工程，大力推进具有中国特色、中国风格、中国气派的哲学社会科学学科体系和教材体系建设，为推进马克思主义中国化，推动理论创新，服务党和国家的政策决策，为弘扬优秀传统文化，培育民族精神，为培养社会主义合格建设者和可靠接班人，做出了不可磨灭的重要贡献。

自 2003 年始，教育部正式启动了哲学社会科学研究重大课题攻关项目计划。这是教育部促进高校哲学社会科学繁荣发展的一项重大举措，也是教育部实施"高校哲学社会科学繁荣计划"的一项重要内容。重大攻关项目采取招投标的组织方式，按照"公平竞争，择优立项，严格管理，铸造精品"的要求进行，每年评审立项约 40 个项目，每个项目资助 30 万~80 万元。项目研究实行首席专家负责制，鼓励跨学科、跨学校、跨地区的联合研究，鼓励吸收国内外专家共同参加课题组研究工作。几年来，重大攻关项目以解决国家经济建设和社会发展过程中具有前瞻性、战略性、全局性的重大理论和实际问题为主攻方向，以提升为党和政府咨询决策服务能力和推动哲学社会科学发展为战略目标，集合高校优秀研究团队和顶尖人才，团结协作，联合攻关，产出了一批标志性研究成果，壮大了科研人才队伍，有效提升了高校哲学社会科学整体实力。国务委员刘延东同志为此做出重要批示，指出重大攻关项目有效调动各方面的积极性，产生了一批重要成果，影响广泛，成效显著；要总结经验，再接再厉，紧密服务国家需求，更好地优化资源，突出重点，多出精品，多出人才，为经济社会发展做出新的贡献。这个重要批示，既充分肯定了重大攻关项目取得的优异成绩，又对重大攻关项目提出了明确的指导意见和殷切希望。

作为教育部社科研究项目的重中之重，我们始终秉持以管理创新服务学术创新的理念，坚持科学管理、民主管理、依法管理，切实增强服务意识，不断创新管理模式，健全管理制度，加强对重大攻关项目的选题遴选、评审立项、组织开题、中期检查到最终成果鉴定的全过程管理，逐渐探索并形成一套成熟的、符合学术研究规律的管理办法，努力将重大攻关项目打造成学术精品工程。我们将项目最终成果汇编成"教育部哲学社会科学研究重大课题攻关项目成果文库"统一组织出版。经济科学出版社倾全社之力，精心组织编辑力量，努力铸造出版精品。国学大师季羡林先生欣然题词："经时济世　继往开来——贺教育部重大攻关项目成果出版"；欧阳中石先生题写了"教育部哲学社会科学研究重大课题攻关项目"的书名，充分体现了他们对繁荣发展高校哲学社会科学的深切勉励和由衷期望。

  创新是哲学社会科学研究的灵魂，是推动高校哲学社会科学研究不断深化的不竭动力。我们正处在一个伟大的时代，建设有中国特色的哲学社会科学是历史的呼唤，时代的强音，是推进中国特色社会主义事业的迫切要求。我们要不断增强使命感和责任感，立足新实践，适应新要求，始终坚持以马克思主义为指导，深入贯彻落实科学发展观，以构建具有中国特色社会主义哲学社会科学为己任，振奋精神，开拓进取，以改革创新精神，大力推进高校哲学社会科学繁荣发展，为全面建设小康社会，构建社会主义和谐社会，促进社会主义文化大发展大繁荣贡献更大的力量。

教育部社会科学司

前　言

一

严绍璗先生在谈到中国文化在域外的传播时，对这个领域的历史及学术意义做了高度的概括，他说："中国文化向世界的传递，历史古远、区域宽广，曾经在亚欧广袤的区域引发了程度不等的对'中华文化'的憧憬、热忱和思考，在文化学术史上被称之为'汉学'的'学问'由此而诞生……无论是在'汉学时代'还是进入了'中国学时代'，就这一学问涉及的地域之广阔，历史之悠久，积累的智慧与资料的丰厚，从哲学人文社会科学的立场上考察，它始终是一门与世界文明密切相关联的'大学问'，它的生成和发展，始终表明了中国文化所具有的世界的历史性价值和意义。"[①]

对中国古代文化经典在域外的传播和影响的研究来说，近年来渐成学术热点，越来越多的青年学者开始关注这个学术领域、投身这个学术领域，一个长期冷僻的学术领域开始受到重视。回顾学术发展的历程，这个领域的逐步拓展，并日益扩大是从比较文学研究、海外汉学研究和中外文化交流史研究这几个方面展开的。

这个研究领域早在民国期间就已经被学者所关注。陈铨先生1934年写下的《中德文学研究》[②]，首次全面系统地梳理研究了中国纯文学对德国文学的影响、范存忠先生的《中国文化在启蒙时期的英国》、钱钟书先生在牛津的学位论文

[①] 严绍璗：《序说》，见《国际中国文化研究年鉴》（1979～2009），外语教学与研究出版社2013年版。

[②] 《中德文学研究》是陈铨1934年在德国克尔大学撰写的文学博士论文。陈铨于1934年2月回国之后，他把博士论文译成中文，于1934～1935年在武汉大学的《文哲季刊》上分4期连载完毕，题名为《中国纯文学对德国文学的影响》（中国台湾学生书局1971年再版），1936年由上海商务印书馆出版时改题书名为《中德文学研究》（辽宁教育出版社曾于1997年再版）。

《17、18世纪英国文学里的中国》(China in the English Literature of the Seventeenth and Eighteenth Century) 全面介绍了中国文化在英国的传播与接受。朱谦之先生的《中国思想对欧洲文化之影响》①，从历史和哲学角度在更为广阔的空间对中国文化在欧洲的传播和影响做了历史和哲学的研究。

  1932 年朱滋萃所翻译的日本学者石田干之助的《欧人之汉学研究》，莫东寅的《汉学发达史》②则开启了民国期间中国学术界对西方汉学的系统研究。这种对西方汉学学术史的研究也是清末民初，中国学术从传统的经学研究转向用西方学术体系重塑中国学术的一个必然要求。在民国期间，西方汉学与中国近代学术的前贤大师们的互动已经非常频繁。③ 师从葛兰言的杨堃回到国内已经展开社会学的研究，④ 而远赴美国读书的哈佛研究学社的首批中国留学生已经在那里显露头角。中国学者已经开始用英文在西方汉学界发表文章，陈焕章的《孔门理财学》被中国经济史专家胡寄窗认为是"中国学者在西方刊行的第一部中国经济思想史名著，也是国人在西方刊行的各种经济科学论著中的最早一部。"⑤ 此间德国在北京的汉学家有几十人之多，⑥ 著名汉学杂志《华裔学志》在北京诞生，主编是中国著名史学家陈垣先生。清华国学院的导师们对西方汉学已经十分熟悉，⑦ 陈寅恪先生应英国牛津大学邀请担任汉学系教授，因眼疾而未成。在这样

---

  ① 朱谦之此书于 1940 年由商务印书馆出版，1977 年、1999 年河北人民出版社再版，2002 年编入《朱谦之文集》之中。
  ② 《汉学发达史》2005 年出版，2004 年由北京外国语大学中国海外汉学研究中心重新组织在大象出版社出版，李学勤先生为书写序，序中说："《汉学发达史》成为我走入汉学世界的向导。书的末了附有参考书举要，我选择其中属于汉学史性质的集中，按照出版次序，从图书馆找来阅读。这些书其实都是日文的，包括 1932 年的石田干之助《欧人的中国研究》、1933 年的后藤文雄《中国文化与中国学的起源》（我还读了他的《中国文化西渐欧洲》），1939 年的巴托（W. Barthold）的《欧洲特别是俄罗斯的东方研究史》（日译本）、1940 年青木富太郎《东洋学的成立及其发展》、1942 年石田干之助《欧美的中国研究》。与《汉学发达史》相对照，才了解莫东寅先生是以《欧美的中国研究》为主，将上述各书内容贯通，并参用了张星烺先生《中西交通史料汇编》的材料。作为国内首创，这本书功不可没。"
  ③ 参阅桑兵：《国学与汉学：近代中外学术交往录》，浙江出版社 1999 年版。
  ④ 杨堃：《葛兰言研究导论》。
  ⑤ 胡寄窗：《中国近代思想史大纲》，中国社会科学出版社 1984 年版，第 476 页。
  ⑥ 参阅 [德] 马汉茂、汉雅娜、[中] 张西平、李雪涛主编：《德国汉学：历史、发展、人物与视角》，大象出版社；李雪涛：《日耳曼学术谱系中的汉学：德国汉学之研究》，外研社 2008 年版。李雪涛编：《民国时期的德国汉学：文献与研究》，外研社 2013 年版。
  ⑦ 陈来认为中国近代学术的发展，尤其国学的发展已经和过去形态不同，陈来将其称为"汉学之国学"，"汉学与国学正互相渗透与交叉。二、对于'中国'这样一个学术对象，注定可以有'外部研究'和'内部研究'这样两种天然的视角；汉学是 western scholarship on China，是研究中国的西学，归根到底还是一个西学；国学与汉学之间，是相互依托、彼此交融和共同滋养的。三、'汉学之国学'说，认为汉学化的国学就是世界化的，就是跟世界学术的研究接轨、合流的一个新的国学研究。厘清自身的'身份'，从纷繁的头绪中廓清国学面目，构成国学汉学之辨的主题。国学的这种自觉也是在经历了多年所谓的国学热之后国学对自身身份的关照。"

文化交融之下，对汉学历史的研究是必然的。①

就中外文化交流史的研究而言，民国初年在《岭南学报》上发表的谢扶雅的《来布尼兹与东西文化》、陈受颐的《鲁宾孙的中国文化观》、《〈好逑传〉之最早的欧译》、《18 世纪欧洲之中国园林》等论文从中欧文化关系研究的方向，加深了这一领域的研究。② 方豪先生进一步开拓耶稣会来华研究的范围，成果引学界关注，其中来华耶稣会所开启的"中学西传"自然在其研究之中，他所写下了的《中国古代文化经籍西传欧洲史》则是较早研究这一方向的学术论文。③

新中国成立后，这一研究领域长期处于停滞状态，直到改革开放以后，中国文化在世界各国的传播与影响才开始逐渐受到学界的关注。李学勤先生认为国内学术界对域外汉学的研究，经历了三个阶段，即"先行阶段"、"翻译介绍阶段"、"新世纪阶段"。任大援先生将这三个阶段具体划分为：

第一阶段，汉学（中国学）研究的先行阶段，开始于"文革"即将结束的 1975 年，下迄 1987 年。

第二阶段，汉学研究的翻译介绍与研究阶段。以 1987 年由王庆成、虞和平主编的"中国近代史研究译丛"，1988 年刘东主编的"海外中国研究丛书"（江苏人民出版社出版）为标志，下迄 2001 年教育部、国家汉办、大象出版社、北外海外汉学中心等单位主办的"世界著名大学汉学系（所）主任（汉学家）国际学术研讨会"召开之前。

汉学（中国学）发展的第三阶段，我们将其时段定在 21 世纪（新世纪）。从 2001 年"世界著名大学汉学系（所）主任（汉学家）国际学术研讨会"开始。这种划分虽然是这一领域三十年来学术发展的内在逻辑表达，但"新世纪"这一时间条件也是重要的考虑因素。这一阶段，我们将其看做是"会通"与"超胜"的阶段。此阶段，汉学（中国学）的研究成果和深度都大大加强了。④

学者开始在汉学（中国学）研究、比较文学研究、历史研究，特别是中外文化交流史几个领域接续民国研究的学术传统，重启中国文化的世界影响这一重大学术方向。

在比较文学研究领域，季羡林先生主编的《中学西传丛书》，乐黛云先生编

---

① 关于民国期间学术界对国外汉学研究，李孝迁《域外汉学与中国现代史学》、《近代中国域外汉学评论萃编》，也可以参看马军的一系列论文索引，本书在以下的研究会多次引用到马军的研究成果。
② 参阅方豪的第一本书《天主教论丛》，胡适题词。
③ 方豪：《方豪六十自定稿》，中国台湾学生书局 1969 年版。
④ 任大援：《汲古得修绠　开源引万流：关于新时期汉学的回顾与思考》，载于李雪涛、柳若梅、顾钧编：《跨越东西方的思考：世界语境下的中国文化研究》，外研社 2010 年版。

辑出版了《北美中国古典文学研究名家十年文选》（1996年）、花城出版社《中国文学在国外》（1990年）、人民出版社的《中学西渐丛书》（2006年），钱林森主编了宁夏人民出版社的《跨文化丛书》（2004年）和上海书店的《走进中国文化译丛》（2006年），严绍璗主编了《北大比较文学丛书》，孟华出版了《伏尔泰与孔子》，吴泽霖出版了《托尔斯泰与中国古典文化思想》等等，三十年来沿着这样的思路，先后出版了一批重要的学术著作。① 这些著作和译著主要侧重影响史研究，从各国对中国文化接受的角度展开学术的叙述，并由此开辟西方思想文化形成中的中国因素研究，大大扩展了传统的西方文学和文化的研究范围，展开了比较文学与跨文化研究的新的学术魅力。

由谢方先生主编的《中外关系史译丛》，则是中外关系史研究领域最重要的成果，任继愈先生所主编的《国际汉学书系》，经北外海外汉学研究中心十余年的经营，已经成为研究海外汉学史的最重要学术丛书。中华书局和大象的这两套书的价值在于都是立足于历史，梳理西方认识中国的历史进程中的那些基本著作，这些著作的翻译奠基了中国学术界中外文化交流史和西方汉学史研究的基础。这两套书与侧重当代西方中国学译著的江苏人民出版社的《海外中国学术丛书》形成两个不同的视角和维度，从而为学术界展示了历史与当代西方汉学（中国学）的基本面貌。②

历史方面还有著名的《剑桥中国史》的翻译出版，影响巨大；王庆成、虞和平主编的《中国近代史研究译丛》（1988年）、刘东主编的《海外中国研究丛书》（江苏人民出版社）、《海外汉学丛书》（上海古籍出版社，1989年）、《日本学者研究中国史论著选译》（中华书局，1992年）、《西域探险考察大系》（新疆人民出版社，1992年）、《法国西域敦煌学名著译丛》（中华书局，1993年）、《西域游历丛书》（广西师范大学出版社，2000年），国家清史编撰委员会·编译丛刊分别在不同的出版社，出版了一批国外清史研究的译丛，中国社会科学出版社出版的《剑桥中国史》（2007年）、三联出版的《剑桥中国文学史》一时洛阳纸贵。

这些海外中国历史研究的译丛，极大的开拓出中国历史研究的空间，尤其是《剑桥中国史》在业内产生很大的学术影响。

在汉学史出版方面成绩十分突出。《当代汉学家论著译丛》（辽宁教育出版

---

① 杨武能：《歌德与中国》，三联书店1991年版；谢莹莹译：《黑塞之中国》，人民文学出版社2011年版。

② 在西方汉学（中国学）的翻译上，立足基础文献翻译和立足当代最新研究著作的翻译，这两个视角形成互补。这显然比那些从二手材料编辑文献的著作的做法要扎实得多。参阅《国际汉学》第23期（大象出版社），笔者论文《在世界范围内梳理中国文化外传的历程》，文中详细介绍了北外中国海外汉学研究中心版《西方汉学经典译丛》的学术意义。

社，1997年)、《海外中国学研究系列》(上海三联书店，1997年)、《认识中国系列丛书》(国际文化出版社，1998年)、《西方人眼中的中国名著译丛》(光明日报出版社，1998年)、《西方视野里的中国形象译丛》(时事出版社，1998年)、《外国学者笔下的传统中国丛书》(浙江人民出版社，1999年)、《发现中国丛书》(中央编译出版社，1999年)、《日本人眼中的近代中国》(光明日报出版社，1999年)、《大航海时代丛书》(东方出版社，2000年)、《外国人眼中的中国8种》(吉林摄影出版社，2000年)、《西域游历丛书》(广西师范大学出版社，2000年)、《西方发现中国丛书》(山东画报出版社，2002年)、《喜马拉雅学术文库·阅读中国系列》(社会科学文献出版社，2002年)、《史景迁中国研究系列》(上海远东出版社，2005年)、《日本中国学文萃丛书》(中华书局，2005年)、阎存德、吴志良主编的《列国汉学史书系》(学苑出版社，2007年)、朱政惠主编的《海外中国学史研究丛书》等。① 这些丛书和著作的先后问世，大大加深了对各国汉学史的了解，大大加深了对中国古代文化在世界传播深度的认识。

  实际上对西方汉学名著的翻译已经不仅仅为研究海外汉学史的学者所关注，这些著作更成为新时期更新学术观念和史料进展的重要推进器，这里只要提一下夏志清的《中国文学史》一书的翻译，对当代中国文学史研究的影响和耿生先生的法国汉学名著的系列翻译出版对学术界西域研究、西藏研究的影响就可以看到，海外汉学名著翻译出版与当代中国学术进展之间已经形成了一种交错的复杂关系，这些著作已经成为近三十年来中国学术发生内在变化的重要原因之一。

  翻译史研究在近十年来所取得的重要成果，长期以来以研究西学东渐为主的中国翻译史领域，开始出现了一些研究中学西传、中国古代文化典籍西译的专著，这是令人高兴的事。②

---

① 任大援：《汲古得修绠　开源引万流：关于新时期汉学的回顾与思考》，载于李雪涛、柳若梅、顾钧编：《跨越东西方的思考：世界语境下的中国文化研究》，外研社2010年版。

② 李明滨：《近代以来外国对中国文化典籍的翻译与研究(上下篇)》，载于《华侨大学学报(哲学社会科学版)》1998年；工宏印：《中国传统译论研究与翻译学建设十大问题》，载于《民族翻译》2000年第1期；王宏印：《中国文化典籍翻译：概念、理论与技巧》，载于《大连外语学院学报》2001年第一期；王宁：《'世界文学'：从乌托邦想象到审美现实》，载于《探索与争鸣》2010年第7期；刘立胜、廖志勤：《国学典籍翻译主体选择与译者能力培养研究》，载于《当代外语研究》2011年第10期。陈友冰：《二十世纪中国古典文学在法国的流播及学术特征》，载于(台湾)《人文与社会》学报第一卷，2007年第10期；周领顺：《由"锦瑟"看模糊汉诗的英译——兼及J.刘若愚译论》，载于《外语教学第20卷》1999年第3期(总第81期)；马祖毅：《中国翻译史》(上卷)，湖北教育出版社1999年版；马祖毅等：《中国翻译通史》(五卷本)，湖北教育出版社2006年版；许钧、朱玉彬：《中国翻译史研究及其方法初探——兼评五卷本5中国翻译通史》，载于《外语教学与研究(外国语文双月刊)》2007年11月。相关论文和著作还很多，不再在这里一一列举，在本书的研究中会在具体章节中介绍中国学术界的研究进展。

以上这些成果和学术进展使我们对中国文化在世界范围传播的历史及其学术影响和学术意义有了更为具体的认识。同时，在对这个研究领域的自我认识和学术理解上也达到了新的高度。

严绍璗先生对近三十年来中国学术界的域外汉学研究做了十分完整的分析与总结，他认为对海外汉学（中国学）的基本学术定位应是"就其学术研究的客体对象而言，则是中国的人之学术，诸列文学、语言、历史、哲学、艺术、法律、宗教、考古等，实际上，这一学术研究本身就是中国人文学科在域外的延伸。所以，从这样的意义上说，'Sinology'的学术，即这一学术的本身，它的研究和它的成果，自然都可以而且也应该归入中国的人文学术的相应学科之中。"[①] 这说明了，域外的汉学是中国文化在世界各国学术中的一个部分，它的存在扩展了中国文化研究的范围，由此，对中国文化的研究成为一个世界性的学问。

就对域外汉学（中国学）展开研究的内容而言，严先生讲了四点：

"第一层面的内容，则需要掌握中国文化向域外传递的基本轨迹和方式。文化的传递可以有多种方式，其中，有人种的、典籍的、宗教的方式，以至现代有电子传媒。"

"第二层面的内容，则需要掌握中国文化在传入对象国之后，于对象国文化语境中的存在状态——对象国文化对中国文化的容纳、排斥和变异的伏态。"

"第三层面的内容，则需要探讨世界各国（对具体的学者来说，当然是特定的对象国）在历史的进程中在不同的政治、经济和文化条件中形成的'中国观念'。"

"第四层面的内容，则需要研究和掌握各国'Sinology'中在它自身发展中形成的各种学术流派，并由此而研究并掌握各个国家的'Sinology'的学术谱系。"[②]

严先生这四点完整的概括了展开域外汉学（中国学）学术研究的几个主要方面，这个概括不仅理清了国学与汉学的关系，同时，也从知识与跨文化的角度说明汉学在世界各国所发展存在的不同形态与特点，从而纠正了那种单一套用后现代理论解释西方汉学的知识特征和思想文化特征的混乱倾向。在学术研究中，认识的尖锐与新颖常常是因为片面；认识的周圆与圆融常常因为是全面。学术上的尖锐和新颖会一时名声噪起，而周圆和全面则长久而弥远。极高明而道中庸，千古恒理。

任大援在总结改革开放三十年的海外汉学研究时说："通过这种回顾，可以使我们看到三十年来的成绩，也看到今后任重道远。展望今后的任务。我们想用

---

① 严绍璗：《日本中国学史》，学苑出版社2009年版，第556页。
② 同上，第557～562页。

以下 16 个字概括，即：'整合成果、建立学科、培养人才、合作攻关'。"① 这是一个远大的设想，三十年来中国学术界对域外汉学研究取得了突飞猛进的发展，取得了令人瞩目的学术成就。正是改革开放三十年来对域外汉学（中国学）研究的成果构成本书的出发点。

二

本书就是沿着严绍璗先生的思路展开的一个尝试，只是将其重点放在"中国文化向域外传递的基本轨迹和方式"这个层面。在研究内容上因课题所致，本书将集中在中国古代文化经典的翻译研究上，在研究范围上，因我们知识和能力所限，只能限定在中国古代文化典籍在世界部分国家的传播这个范围内，大体集中在东亚、东南亚、阿拉伯世界、欧洲主要国家和美国。

如何按照这个确定的内容和范围展开研究，笔者所面临的第一个问题就是史学方法问题。海外汉学（中国学）是一个涉及中国学术各个学科的研究领域，"准确地说，海外中国学属于多学科汇集的学科群，只要是海外中国学的研究，都可以包容在内，政治学、经济学、军事学、法学、伦理学、哲学、教育学、历史学、文学、文献学、地理学、生态学、国际关系学，如此等等。而事实上对海外中国学的研究，是由各分支学科落实推进的。各学科按照自己学科建设的路子深入研究之。"② 无论从哪个具体学科出发展开研究，历史学是其研究的基础，我们在展开中国古典文献在西方的传播历史研究时，也必须遵循历史学的基本方法。这种历史方法就是李学勤先生所说的学术史的研究方法。"现代社会的学科分得很细，每一门学科都有相应的历史研究，如哲学有哲学史，数学有数学史，都是独立的学科分支。汉学这个学科也应该有对应的研究，这就是汉学史，或者叫作国际汉学研究。""我认为研究国际汉学，应当采用学术史研究的理论和方法，最重要的是将汉学的递嬗演变放在社会与思想的历史背景中去考察。和其他种种学科一样，汉学也受着各时代思潮的推动、制约，不了解这些思潮的性质及其产生的社会原因，便无法充分认识汉学不同流派的特点和意义。尤其要注意，汉学家的思想观点常与哲学、社会学、文化人类学等学科存在密切的联系。因此，即使是研究一位汉学家，甚至他的一种论著，也需要广博的知识和深入的分析。"③

---

① 任大援：《汲古得修绠　开源引万流：关于新时期汉学的回顾与思考》，载于李雪涛、柳若梅、顾钧编：《跨越东西方的思考：世界语境下的中国文化研究》，外研社 2010 年版。
② 朱政惠：《关于史学史研究和外中国学研究的若干问题》，载于《探索与争鸣》2007 年第 1 期。
③ 李学勤：《国际汉学著作提要》（序），江西教育出版社 1996 年版。

从学术史的角度研究中国古代文化经典在世界部分国家的传播与发展，这是本书的基本做法。当下学术界在研究中国典籍外译的个案性的研究上，已经有不少好的著作，但贯通性的研究，目前学术界尚无先例。

由此，本书实则是以中国古代文化经典之外译为内核，从一个侧面梳理域外汉学的历史沿革的尝试。如果从"以求其时间之递嬗，空间之联系为原则者，是之为通史"的原则来看，在一定意义上本书是一个中国古代文化经典在外译传播的通史性著作，当然这只能是一部导论性的通史著作。通史写作其贵在"不仅详人所略，异人所同，重人所轻，忽人所谨而已。又当略人所详，同人所异，轻人所重，谨人所忽，不再事迹之详备，而在脉络之贯通，不再事事求其分析，而在大体之求其综合，所谓成一家之言，固非必要，而通古今之变，则成具之要义。"① 这就是，贯通与脉络是写通史最为重要的。中国史学向来有通史、断史两种范式，但通常以治通史为主臬。何谓通史？自有不同理解。严耕望先生用方以智的话，提出"圆而神"，深为学术界所赞赏。"圆而神"就是在纵方向上要有一个贯通的体系和一以贯之的精神。作为一部导论，笔者并不奢求能做到这一点，但将努力去做。

一人难有学贯中西、会通古今之本领，这是所有写通史人之难，在这个意义上，本书也只能是一个导论性的著作，力求贯通中国古代文化经典在域外部分国家翻译传播的历史，在中外文化交流的漫长历史中通古今之变，在集中于20世纪的前提下，我们将努力概括出了中国古代经典外播的基本规律与特点，说明在海外汉学的发展史中，汉学家们展开中国古代文化经典翻译时，随着时代变迁而发生的变化的基本特点。贯通厘清脉络，概略而彰明意义，这是这本书在写作中的基本原则。

为使全书在保持一种"通古今之变"的追求，而又不失深入研究，笔者采取了横向地域性写法，分别从中国古代文化经典在东亚的传播历史、中国古代文化经典在亚洲其他地区的传播历史、中国古代文化经典在阿拉伯地区的传播历史、中国古代文化经典在欧美的传播历史、中国古代文化经典在英国的传播导论、中国古代文化经典在德国的传播导论、中国古代文化经典在法国的传播导论、中国古代文化经典在意大利的传播导论、中国古代文化在俄罗斯的传播导论、中国古代文化经典在美国的传播导论、20世纪中国古代文化经典在中东欧的传播导论，通过从这些国家的研究入手，试图从对这些国家翻译中国典籍的研究中总结一些基本的规律与特点。

近代以来域外汉学成果引起国内学者之关注，源于西洋人治中国学问大多是

---

① 金毓黻：《史学史》，商务印书馆1991年版，第390页。

从中外关系史出发,在"四裔之学"中找到新材料,发国人从未发。而"四裔之学"其实是虏学,不是中国学问之正宗。傅斯年先生曾说:"请看西洋人治中国史,最注意的是汉籍中的中外关系,几部成经典的旅行记,其所发明者也多在这些'半汉学'的事情上。我们承认这些工作之大重要性,我们深信这些工作成就之后,中国史是应要改动的。不过同时我们也觉得中国史之重要问题更有些'全汉'的,而这些问题更大更多,更是建造中国史学知识之骨架。中国学人易于在这些问题上启发,而把这些问题推阐出巨重的结果来,又是中国学人用其凭藉较易于办到的。"①,傅斯年说的有道理,不过随着新一代汉学家的成长,欧洲的汉学家在做四裔之学的同时,也开始进入中国学问本身,这种转变桑兵概括为三条:"一、对中国文献的理解力提高,重视程度加强,中外资料会通比勘。二、与中国学者的联系交往增多。三、开始研究纯粹中国问题。"②

这里的纯粹中国问题,不仅仅是关于中国的历史,更重要的关于中国文明的精神内核。其实这个问题从传教士汉学时期就一直是其研究的重点。傅斯年所看到的以四裔之学为其重点的西方汉学只是其发展的一个片段,桑兵所说的从四裔学问到本土学问的转变也只是一部分汉学家的学术历程。海外汉学有着极为丰富的内容与形态。这两种概括都有一定道理,但都无法全面揭示出海外汉学演进发展的内在特点。

如果我们对海外汉学做长期段的研究,就会发现,对中国经学典籍的翻译,是汉学家们几代人一直关注的重点,对中国文化精神特征的研究始终贯彻在西方汉学的全部发展历史之中。中国对西方来说,不仅仅是一种知识上巨大的挑战,同时也是文化上一个重大挑战,按照当代法国汉学家谢和耐先生的话,中华文明是独立于基督教文明外发展最为成熟的一个文明体系。试图了解中国文化的精神内核,试图说明中国文化的价值体系的独有特点,试图说清基督教文明与中华文明之间的高低差异,这三个问题一直是几代西方汉学家所关注的重大问题。在这个意义上,本书所确立的以中国古代文化经典的西译历史为研究重点,大体抓住了西方汉学的灵魂所在。

陈寅恪先生有一句名言:"一时代之学术,必有其新材料与新问题。取用此材料,以研究问题,则为此时代学术之新潮流。治学之士,得预于此潮流者,谓之预流。其未得预者,谓之不入流。此古今学术史之通义,非彼闭门造车之徒,所能同喻者也。"对于海外汉学史的研究来说,这是一个十分重要的治学原则。近十余年来,不少青年学者进入这个领域,凭借着语言能力的优势,大大推进了

---

① 欧阳哲生主编:《傅斯年全集》(第3卷),第235页。原载1934年国立中央研究院历史语言研究所中国考古报告集6。
② 桑兵:《国学与汉学:近代中外学者交往录》,浙江人民出版社1999年版,第4页。

对国际汉学史的研究。但相对于已经有千年以上的海外汉学历史来说，我们所掌握的知识还只是刚刚开始。海外汉学研究是一个亟待开拓的崭新领域，由此可见一斑。

尽管，本书的研究也是在学界研究的基础上展开的，并非篇篇崭新，但我们的国别研究中，力图在每一章的写作中从原始文献出发，从一手材料出发。作为学术史研究，史料是基础，在这点我仍信奉傅斯年先生1928年发表的《历史语言研究所工作之旨趣》中所说的"历史学和语言学在欧洲都是很近才发达的。历史学不是著史：著史每多多少少带点古世近世的意味，且每取伦理家的手段，作文章家的本事。近代的历史学只是史料学，利用自然科学供给我们的一切工具，整理一切可逢着的史料，所以近代史学所达到的范域，自地质学以致目下新闻纸，而史学外的达尔文论正是历史方法之大成。"① 这种方法，在近年来的海外汉学史的研究中，严绍璗先生将其称为"原点实证法"。沿着这样的思路，力争章章有新意、有突破，这是我和参加项目写作的作者们一个共同的追求。

20世纪以来，海外汉学界对中国古代文化经典的翻译大踏步地向前发展，翻译的内容几乎涉及中国古代文化的方方面面，翻译的语种几乎涉及世界大部分国家的语言。同时，这种翻译的进展，在世界不同国家又呈现出不同的特点。我们尚无这样的语言能力，能遍览海外各国语言的汉籍外译的著作，也没有这样的学术能力能概览包括中国历史、中国文学、中国哲学在内的中国古代文化经典的所有译本。实际上这对任何人来说都是极为困难的。面对语言形态丰富的海外汉学，个人的力量是有限的。这就是在学术上把握中国古代文化时，从外部世界研究中国文化和从内部研究中国文化的最大不同之点，也是从事海外汉学之困难所在。本书汇集了国内海外汉学研究的重要学者，力图能展开一个较为全面的中国古典典籍外译的历史，但仍是世界主要国家接受中国古典典籍的历史，尚不能全面展开。

三

这本导论分为大体是按照"历史"、"理论"、"文献"这样的思路来组织的。历史部分第一至六章，重在梳理所研究的国家汉学发展之谱系，梳理中国历史文化经典翻译之历史承接与传统。在笔者看来仅仅是历史的梳理是远远不够的，历史充满了智慧和谬误，需要理论来辨析。面对浩瀚的海外汉学悠久的历史

---

① 欧阳哲生主编：《傅斯年全集》（第3卷），湖南教育出版社2003年版，第3页。

和中国历史文化经典翻译的悠久学术历史，任何一个人物、任何一本著作的研究足以淹没一个学者的一生。如果没有一种理论自觉，就会陷入其中，而不可自拔，成为史料的奴隶。另一方面，域外汉学史的研究是一个崭新的学术领域，由于学者都是在自己专业和语言的限制下展开研究，至今，学界尚无一本对从事海外汉学研究的方法和理论做一个概论性的著作。这样，作者就面临一种理论创新，否则无法将全书贯穿为一个整体。严绍璗先生曾将他的研究方法概括为三点："文化语境观念"、"学术史观念"和"文本的原典性观念"[1]，这三点都是基于比较文学与跨文化的立场上展开的。朱政惠在谈到他治海外中国学的方法时说："我们所强调的海外中国学研究，主要背靠史学理论与史学科，在这样的学科背景下发展壮大。由此，我们又把它称为史学理论与史学史研究的分支。我们所强调的研究对象，是海外对中国历史和史学的研究，是海外的中国历史研究专家、海外的中国历史著作、海外学者的中国观，以及他们的史学理论、史学方法、史学机构等。我们所强调的研究任务，是对海外学者对中国历史和中国史学研究进程的探讨和总结，研究其特点和规律，引出有益于中国史学发展的经验和教训。我们的方法，基本是国内史学研究工作者常用的方法。这样，我们所谓的对海外中国学研究，与国内学者对本国史学的研究，没有本质的区别，其研究对象、研究任务、研究方法是一致的；所不同的是，一个研究国内的史学现象，一个研究海外对中国史学的研究现象。"[2] 这是一种史学史的方法与理论。显然，在如何展开海外汉学研究上学术界从自身的学科出发，有着不同的特点。

本书在理论部分的第八章，主要是汲取了比较文学与跨文化的研究方法和理论，严绍璗先生上面所讲的三点，以及乐黛云、孟华、谢天振等先生的研究成果。研究中国古代文化经典西译，翻译研究自然是其重点。笔者发现目前中国学术界的翻译理论研究大多是集中在"外译中"的方向，所用的理论方法大多是使用西方翻译理论。"西学东渐"是中国近代翻译史学者关注的中心。

本书的重点正好与翻译界的关注点相反，本书是以研究"中译外"为主，由于中文本身所具有的特点，由于中国文化和西方文化所处的不同文化位势，使"外译中"和"中译外"呈现出不同的翻译形态与特点。很欣慰，近一两年来，学者开始关注了"中译外"的理论与实践，特别是莫言获诺贝尔文学奖之后。

---

[1] 严绍璗：《揭升国际中国学研究的三个层面的思考》（载于李雪涛、柳若梅、顾钧编：《跨越东西方的思考：世界语境下的中国文化研究》，外研社2010年版，第10页。）严先生在学术上的重要特色在于他对研究理论的概括，他的研究理论框架、术语是通过自己长期的研究实践而总结出来的。对于目前学术界跟着国外理论跑的新潮，言必称希腊的学风来说，严先生的理论创造更显得意义重大。

[2] 朱政惠：《关于史学史研究和海外中国学研究的若干问题》，载于《探索与争鸣》2007年第1期。好友朱政惠于2013年11月去世，在此表示对他深深的怀念。

这也更凸显出在"中译外"的理论研究上亟待加强。

笔者在第八章《中国文化经典西传的翻译研究》中，从跨文化的角度讨论了翻译的若干理论问题。在开篇我就指出了：

"研究中国古代经典在域外的传播，翻译是我们必须关注的最重要问题之一。翻译是文化之间传播与交流的途径，人类走出自己的文化圈，睁眼看世界首先就是通过翻译来完成的。翻译通过语言之间的转换完成了文化之间的理解与转换，因此，翻译并不仅是一个语言问题，它本质上是一个文化问题。没有对《圣经》的一系列翻译，就没有罗马帝国文化的统一和欧洲思想的基础，没有几百年对佛经的翻译，就不可能有儒学发展的新阶段——宋明理学。翻译与文化的关系由此可见一斑。因此，这里讨论的不是关于中国经典翻译的技术性问题，而是讨论翻译中的文化问题。

文化自身的变迁和发展依赖于文化之间的交流和翻译，文化的传播与扩展也同样依赖于翻译，翻译使一种文化走出单一的文化圈，展示自己的文化魅力。有两种翻译实践活动：一种是将外部文化译入本土文化之中，我们称为'译入'。另一种是将本土文化译入外部文化之中，我们称为'译出'。几乎每一种大的有影响的文化都会面临这两方面的问题。对中国文化的发展来说，这就是'外译中'和'中译外'的问题，是文化的接受与文化的输出问题。前者说的是将外部世界的文化经典翻译成中文，后者说的是将中国古代文化的经典翻译成外文。

这里所指的译入和译出是指翻译活动中两种完全不同翻译指向的翻译活动。所谓译入是指将外部文化翻译成母语介绍到本国文化之中，所谓的译出是指将母语文化的经典翻译成目的语传播到域外国家。

这两种不同指向的翻译活动实际上是国家之间文化交流在翻译上的表现。每一个国家的文化发展历史上都有文化的交流，从而都存在翻译，自然也都有译入和译出的问题。鉴于本书的主题，我们是站在中国文化本位立场上来讨论这个问题，因此我们这里只讨论将中国文化翻译传播到域外文化之中的翻译现象。"

对于在学术理论上的论争，笔者并未回避，而是直面理论的分歧，展开自己的理论。如何看待后殖民主义的理论，在何种程度上将赛义德的东方学理论引入域外汉学研究领域，这是涉及如何进行海外汉学史研究的大问题。对于一些学者将西方汉学归结为"汉学主义"，将国内对海外汉学的研究说成是"自我殖民化"的观点，笔者给予了全面的回应。'汉学主义'的发明者将西方汉学与西方对中国的殖民历史放在一起，从而将西方汉学完全意识形态化，否认其知识的客观性，其论证方法和学术支点完全是后殖民主义的方法，创造性不多。问题在于：中国不是近东，中国文明要比阿拉伯文明更为悠久，并从未中断；中华文明是由中国人自古以来所创造和所书写，而不像埃及文明中断后，其发现并研究完全是由西方人所完成。特别具有讽刺意义的是，主张'汉学主义'的学者试图在为中国学术辩护，对西方学术对中国的影响义愤填膺，他们的想法的确是不错的，对我们也有警示性意义。① 但他们并不是从中国本土文化理论去解构西方的理论，而是借助西方后现代思想家的学说武器，借赛义德的后殖民主义理论来完成自己的批判和反思。但这种思维方式和论证方式反而证实了西方文化的支配地位，无论你面对它或反对它，都离不开它。理论最终也只能纳入西方话语的大语境中，并成为其有机组成部分。

余英时先生在谈到文化认同时批评一些学者，他们论证的根据"是西方流行的一套又一套的'说词'，包括前面所提到的'东方主义'、'现代'、'后殖民'、'解构'之类。这些'说词'并非不可引用，不过如果文化认同不是出于对自己族群的历史、文化、传统、价值等的深刻认识，而主要是为西方新兴的理论所激动，或利用西方流行的'说词'来支持某种特殊的政治立场，则这种'认同'是很脆弱的，是经不起严峻的考验的。"② 这样的文化态度就是"尊西人若帝天，视西籍如神圣。"主张'汉学主义'的学者问题在于他们没有从根本上反思后现代主义的哲学问题，而是将西方后现代理论作为一个基本的前提，完全地将其理论和方法移植到自己的研究中，这样后现代主义本身的问题就成为他们永远无法克服的问题。③

迷信西方的理论，将西方的理论套入中国问题的研究之中，这几乎成为改革开放以来人文学术界的一种潮流。"城头变幻大王旗"，三五年一个理论，一两年一个观点，搞得人们迷花了眼。学术的自觉在于立足本土文化资源，理性地吸取外部理论与方法，而不是随西方理论而舞。对于西方汉学史研究亦是如此。我们且不可被那些套用西方理论的那些"煌煌大作"迷住了眼。

我们在书中所做的探索只是微小的一步，在书中所表达出的探索与表达的困惑几乎是一样多。实际上我们面临着一个崭新的学术领域，在世界范围展开中国

---

① 对西方汉学的译介应和对西方汉学的研究同时展开，一种批评的中国学是必须，作为跨文化视域下的海外汉学并不能直接移植到中国学术界，这方面中国学术界已经获得了可喜的成果，葛兆光先生的《宅兹中国》无疑是一部具有重要意义的学术著作，它说明了中国学术界在对西方汉学吸收时的自觉。

② 余英时：《现代危机与思想人物》，三联书店2005年版，第38页。

③ 赛义德著，李琨译：《文化与帝国主义》，三联书店2003年版；Roben F. Berkhofer, ir. 著，邢立军译：《超越伟大故事：作为文本和话语的历史》，北京师范大学出版社2008年版；Bums, R. M. Pickard, H. R. 著，张羽佳译：《历史哲学：从启蒙到后现代》，北京师范大学出版社2008年版；黄进兴：《后现代主义与史学研究》，三联书店2008年版；张西平：《对赛义德〈东方学〉的思考》，载于《跨文化对话》第22期，江苏人民出版社2007年版。

文化的研究，已经不再仅仅是一个知识论的问题。空间已经扩展到全球，这是走出单一文化体系后所产生的新的张力和裂变；思想已经不再属于狭小的地域，文化的交融与影响已经难分你我，这是一个交错的文化史，其复杂性要比单一的内部视角丰富得多。这是一个内外交错，中西混合，自主性与外在性解释相互砥砺的丰富学术空间。由此，面对这样的学术空间，以往的理论都显得苍白和软弱。以往的学说，都不足以解释中国文化在复杂丰富的世界各国文化中传播所产生的变异而形成的多彩的文化形态，无论是19世纪以西方实证主义为基础的学术理论，还是20世纪以西方后现代主义为基础的各类后现代理论，或者固守本土知识与方法的各种新保守主义的理论，都有所长，也都有所弱。

这是中国文化在国际范围内展开后，对已有的西方主导的各类人文学术理论的一个挑战，是对那些只希望在本土文化知识中推进中国文化的再生和重建，而不知中国文化已在世界展开的多彩与复杂的各类理论与学说的一个挑战。严绍璗先生说得十分精炎，他说："'国际中国学'集中研究与阐述我国人文学术的世界性智慧，它是我国人文学术走向世界之林的不可或缺的重大资源库……只要研究者放出眼光，深化学术视野，凝聚自己的智慧，保持学术的操守，唯学术自重，则我们是一定能够在'国际中国学'的学术中创造出属于我们自己的天地来的。"① 这是一个期待，也是作者在书中的一个追求。

四

Sinologe 作为一个专指研究中国的词汇，按照德国汉学家傅海波（Herbert Franke）的观点是出现在 1832 年。② 根据尹文娟的研究，法文的 Sinologie 第一次出现是在 1814 年，但直到 1878 年才正式进入法语词典。③ 如果从耶稣会入华，罗明坚和利玛窦开始向西方介绍中国算起，西方汉学已经有四百多年的历史。四百年来西方汉学家们写下多少关于中国的研究著作，翻译了多少中国古代文化的典籍著作，至今没有准确的数字。如果从东亚来看，中国古代文化在东亚的传播则更为长久。面对中国古代文化经典在域外传播的复杂历史，文献学是个基础。在这本书中我们用三章，对20世纪中国古代文化经典的外译分别从经学、史学、文学三个方面做了一个编年史的梳理。据我们所知，这是国内第一次对涉及24

---

① 严绍璗：《提升国际中国学研究的三个层面的思考》，载于李雪涛、柳若梅、顾钧编《跨越东西方的思考：世界语境下的中国文化研究》，外研社 2010 年版，第 12 页。
② 傅海波、胡志宏：《欧洲汉学简史》，载于张西平编《欧美汉学的历史与现状》，大象出版社 2006 年版，第 107 页。
③ 尹文娟：《〈中国丛报〉研究》，北京大学比较文学与世界文学专业博士论文 2003 年，第 99 页。

种语言的范围,在几十个国家展开中国古代文化经典在域外传播的基础数据调查,这是本书的一个小小的成绩,希望能有惠于学界。

这里我们试图对今后建立一个海外汉学文献学的新的学科,做一点尝试。做中国学问,文献学是其基础。"文献学"一词源于1920年梁启超在《清代学术概论》中所说的"全祖望亦私淑宗羲,言文献学者宗焉。"他在《近代三百年学术史》中说:"明清之交各大师,大率都重视史学——或广义的史学,即文献学。"当代文献学大家张舜徽先生在谈到中国文献学时,总结历史,阐明近义,对中国文献学做了很好的表述,他说:"我国古代,无所谓文献学,而有从事于研究、整理历史文献的学者,在过去称之为校雠学家。所以,校雠学无异成为文献学的别名。凡是有关整理、编纂、注释古典文献的工作,都有校雠学负担了起来。假若没有历代校雠学家们的辛勤劳动,尽管文献资料堆积成山,学者们也是无法去阅读、去探索的。我们今天,自然要很好地继承过去校雠学家们的方法和经验,对那些保存下来了的和已经发现了的图书、资料(包括甲骨、金石、竹简、帛书),进行整理、编纂、注释工作,使杂乱的资料条理化、系统化;古奥的文字通俗化、明朗化。并且进一步去粗取精,去伪存真,条别源流,甄论得失,替研究工作者们提供方便,节省时间,在研究、整理历史文献方面、做出有益贡献,这是文献学的基本要求和任务。"[①]

张舜徽先生所讲的中国文献学的范围是中文文献。但至晚明以后,中国的历史已经纳入到全球史之中,晚清之后,更是被拖入以西方世界主导的世界历史之中。这样,来华的传教士、做生意的西方各国东印度公司、驻华的外交官和汉学家留下了大批关于研究中国的历史文献,翻译了大批关于中国古代的历史典籍。由此,中国文化开始以西方语言的形态进入西方文化之中,关于中国近代历史的记载也再不仅仅是中文文献组成。我们将其称为"中学西书"。很自然,这批"中学西书"是西方中国研究中的一个重要组成部分,是治西方汉学之基础。但对中国学术来说,这些"中学西书"也构成了研究中国近代历史的重要文献。这里我们还简略掉了中国文化在汉字文化圈的传播和影响,那有更长的历史,更多的历史文献,或者以中文形态,或者以东亚各国的文字形态存在着,形成东亚文明史的一个整体。

根据张舜徽的理解,我们可以说,在海外汉学的历史中也同样存在一个海外汉学文献学的研究领域,海外汉学文献学作为一个海外汉学研究的基础研究领域是完全存在的。如果具体从西方汉学来说,"西方语言的中国文献学",可简称为"中学西书"。金国平建议建立"西方语言中国史料学"。他认为,"只要充分

[①] 张舜徽:《中国文献学》,上海世纪出版集团2009年版,第3页。

地利用在华传教士留下的这批宝贵历史遗产,比勘汉语史乘,从新的视角对已知史料进行新的诠释,披沙觅金,某些较具有争议的重大历史事件真相的发潜彰幽不无可能。"①

从全球史研究的新进展来看,如果打破欧洲中心主义的世界史写作,就必须将地域史的研究纳入全球化史研究的总体框架之中,这个进程不是东方被动的适应西方,而是一个互动的过程。至今为止的世界史写作大都建立在单一地域史的写作基础上,主要是西方发展史上对于文化与文明之间的互动关注不够。如果从全球化史的角度构建中国历史,中西之间的互动就成为关键,由此,传教史和贸易史就成为必须研究之材料。从东西互动的角度来构建中国史,就必须将"西学东渐"和"中学西传"作为一个整体来把握,中国近代历史就不仅仅是一个西化的历史,同时也是一个西方不断吸收东方,从而促进西方变化的历史,由此,西方汉学史的研究就不在仅仅属于西方东方学,它同时也是中国近代历史的一部分。中国近代的历史也不再仅仅局限于中文文献,这样,西文之中国文献,这些"中学西书"就成为完整记载中国近代历史不可或缺的基本文献。如果确立这样的史观,西方语言的中国文献整理就成为基础性的工作,在这个意义上"西方语言中国史料学",或者"中学西书"的梳理与整理就成为学术界必须做的基础性工作。"西方语言的中国文献学",或者我们称之为的"中学西书"包括:凡是由西方文字出版的关于中国的书籍、藏于西方档案馆尚未出版的关于中国的档案、手稿、资料。

如扩展到东亚、亚洲,海外汉学文献学就是一个更大的范围。本书并不对海外汉学文献学做一全面展开,只是通过"20世纪中国古代经学在域外传播编年举要"、"20世纪中国古代史学在域外传播编年举要"、"20世纪中国古代文学在域外传播举要"这三章,通过编年体形式对在几十个国家之内,对中国古代文化经典的翻译,做一个基本的梳理。

五

严绍璗先生在谈到近三十年来中国学术界对海外中国学研究的学术意义时,有一段经典性的表述。他说:

这意味着我国学术界对中国文化所具有的世界历史性意义的认识愈来愈深化;也意味着我国学术界愈来愈多的人士意识到,中国文化作为世界人类的共同

---

① 金国平:《构建"西方语言中国史料学"之初议》,载于金国平、吴志良《过十字门》,澳门成人教育学会2004年版。

精神财富，作为世界文明的重大存在，对它的认知和研究，事实上具有世界性。我们在"国际中国学"的研究中已经积累了相当的成果和相当的经验，我国人文学者不仅在自身的学术研究中在不同的层面上已经能够自觉地运用这一极为丰厚的国际学术资源，而且以我们自身的智慧对广泛的国际研究作出了积极的回应。或许可以说，这是三十年来，我国人文科学的学术观念的最重要的转变，也是最重大的提升的标志之一。它从一个层面上显示了我国经典人文学术正在走向世界学术之林"。①

长期以来中国学术界在展开中国古代文化的研究中基本上是在中国自身的文化范围内展开的，通过本书初步的梳理，我们可以看到，从晚明后中国的知识和思想已经传播到西方，同时，西人对中国典籍的翻译和研究开始使中国的古代思想和知识呈现出前所未有的一个形态：中国学术和思想展开的空间大大扩大了，开始以一种世界性的学问在全球展开，走出了以前的东亚汉字文化圈；从事中国学术和思想的研究者大大扩展了，汉学家开始进入这个领域，无论是传教士还是专业的汉学家。

空间的扩大和研究主体的扩大不仅仅标志着中国古代文化和思想影响的扩大，说明关于中国的学问和知识已经不再属于中国学术界的独有，但同时，这种在中国以外的中国研究形态又反馈中国自身的研究和变迁，从而呈现出中国学术和思想研究的多维性和复杂性。我们不仅需要站在中国学术的立场对域外汉学的知识性错误展开学术的批评，而且需要在国际中国学研究的舞台上发出中国学者的声音，近期葛兆光先生的《宅兹中国》就是一个很典型的例子，在这方面中国学者仍有极大的空间。同时，还应在跨文化的角度说明这种变异了的中国知识是何以产生、何以发展、何以融进域外文化之中。实际上国际中国文化研究的展开，不仅仅需要具有本土知识和思想研究的学者站到国际舞台上，为中国知识和思想的独有特点展开论说，同汉学家展开争辩和讨论。同样需要一批熟悉各国文化与思想的学者，站到世界学术舞台，从跨文化的视角，说明中国文化在世界各国文化的发展所产生的融合与变异，揭示中国文化的世界性意义。

同时，中国文化的传播历史和影响史是连接在一起的两个方面，而一旦进入中国古代典籍西译后的影响则完全进入了另一个学术研究领域，即各国的思想文化史之中。如果在研究中缺少了中国古代文化典籍外译后在世界各国的影响研究，这样就无法全面深刻地把握中国文化的世界性意义。就中国典籍的西译来说，它不仅仅是在知识论上大大扩展了西方的东方学，同时，在思想文化上也深

---

① 严绍璗：《提升国际中国学研究的三个层面的思考》，载于李雪涛、柳若梅、顾钧编《跨越东西方的思考：世界语境下的中国文化研究》，外研社2010年版，第1页。

刻影响了西方思想发展进程。在一定意义上，不懂得"中学西传"之影响从根本上是做不好西方思想文化史的。基于这样的考虑，我们在第七章，仅以美国诗人庞德为例，研究了 20 世纪中国古代文化经典在西方的影响。由于篇幅有限，我们尚不能对中国古代文化经典在世界多个国家的影响展开全面研究，仅以一章内容表达了我们的学术理念。

笔者以庞德为中心，初步研究了庞德与中国文化的连接，庞德对中国古典文化的研读、翻译和他的现代诗歌创作，庞德对中国文化吸收的思想意义几个方面。

这是一个涉及西方思想文化发展的重要方面，长期以来在对西方思想文化史的研究中，东方的影响、中国的影响都是忽略不计的，更何况，从跨文化的角度来看，这种影响已经不能仅仅从知识论上来理解。但鉴于本书作为一个导论性著作，不可能将这一方面加以展开。这在作者的写作中是一个很大的困难，不写这一部分，无疑就无法全面展现出中国古代文化典籍的外译的全貌，无法从全球史的角度来揭示，中国文化在域外的传播和影响的复杂、多维的历史画面。如果写这一部分就会使本书的写作进入一个更为广阔，甚至无法把握的学术领域。任何一种研究都必须对自己有所限制，否则就会使写作脱离了主题；任何写作都要有一定的视野，否则就会将丰富的主题枯萎化，这是在研究中常常遇到的一个悖论。

这里只是从一个点出发，从个案出发，来说明中国文化的外译。也使我们必须从全球化史的角度重新思考中国文化的世界性意义。这样一种写作，也体现了作者的一种思考，即打破那种"目前被人们广泛接受的'东西之分'、'现代与传统'之别的二元对峙的模式。东方是落后的，西方是先进的；西方代表着现代，东方或者非西方代表着传统。这样东方或者非西方国家如果希望走上现代之路，就一定要和传统决裂，就一定要学习西方。'化古今为中西'，只有向西方学习，走西方之路，东方或非西方国家与民族才能复兴"。弗兰克和吉登斯认为："当代世界体系有着至少一段 5 000 年的历史。欧洲和西方在这一体系中升至主导地位只不过是不久前的一段也许是短暂的一事件。因此，我们对欧洲中心论提出质疑，主张人类中心论。"① 世界的历史是各个民族共同书写的历史，西方的强大只不过是近代以来的事情，而这种强大原因之一就是西方不断地向东方学习。有了这样一个长时段、大历史的全球化史观，有了对西方文化自我成圣的神秘化破除，我在讨论中国古代文化在欧洲的影响就有了一个基本的出发点。正如我在写庞德这一节时所说的："庞德对儒家思想的这些认识至今仍有其意义，尽管他是

---

① 安德烈·冈德·弗兰克、巴里·K·吉尔斯主编，郝名玮译：《世界体系：500 年还是 5 000 年》，社会科学文献出版社 2004 年版，第 3 页。

从自己所生活的时代来理解儒家思想的，但却看到了儒家思想的本质特点之一，对道德生活的追求。面对资本主义制度所释放出的个人享乐主义，儒家思想无疑是一个解毒剂。禁欲主义是不对的，但纵欲享乐也同样是错误的，在现代思想的背景下，阐发儒家的当代意义是重要的。"对中国文化在世界各国的影响，特别是在西方的影响是一个十分复杂的学术领域，仅仅用"意识形态"和"乌托邦"这样两个概念来解释过于简单，特别是完全用后殖民主义来解释这一复杂文化现象更显得单一。这种观点的一个明显不足就是把西方思想文化说成自我成圣的过程，把曾对西方思想文化发生过影响的外部文化，如阿拉伯文化、中国文化对其的影响都消解了，这些外来文化所以被西方吸收是因为西方文化本身的伟大，而异质文化本身的价值与特点都是毫无价值的'他者'。这是一种贬低东方文化，将西方文化说成自我成圣加以神话的理论。显然，对中国文化在世界范围的影响必须破出这条研究思路，创造性地开辟新的理论，而不是套用后现代的理论来解释中国文化的世界性影响，特别是在更为广泛的范围内来讨论这个问题时，各个国家不同的历史文化会呈现出异常不同的影响和接受形态，需要我们逐一研究。①

  近年来对域外汉学的研究大大向前推进了，对中国典籍的翻译研究也呈现出前所未有的发展，一大批年轻学者进入这个研究领域，也涌现出了一批非常优秀的博士论文。应该看到这是一个全新的研究领域，这里不仅仅是对研究者的外语能力提出了基本的要求，同时，对研究者的学术视野和跨学科研究能力也提出了非常高的要求。对中国古代文化典籍外传的研究是在翻译学、宗教学、比较文学几个领域交叉展开的，研究者必须问学于中外之间，在中国古代文化和各国近代文化之间游移。本土知识与思想的修养，西方知识和思想的修养要同时兼备，唯有如此，才能展开国际中国文化的研究。同时，研究者面临着双重的挑战：每一个研究者必须面对中国国内学术界的拷问，同时，研究者也始终有一个永恒的对话者：海外汉学家。尽管困难重重，但这一研究领域仍吸引着一批批勇敢的探索者。

  作为后发现代化国家的中国，我们的文化表达和叙述已经不再是按照它的自然逻辑的表达和叙述，中国文化的自然发展史从清后期后已经打断，被强行纳入到西方文化主导的世界文化体系之中。当下崛起的中国希望在西方主导的文化体制中重新获得平等的对话权力，这将是一件十分艰难的事！作为长期压抑的现代化激情在短短的三十年多年中爆发出来的中国，在取得令世人瞩目的成就的同时，我

---

① 例如在日本，儒学既有很好的学术性研究，也有将儒学变异为其国家军国主义意识形态一部分的内容。如严先生所说"日本'国家主义者'和'民族主义者'乃至'军国主义分子'在他们的意识形态的活动中，开始注目于使用'中国儒学文化'，以及对'中国文化'的研究，这就意味着'日本中国学'从它形成的时候开始，就面临着被它的'国家主义'所腐蚀从而发生'异化'的可能性。"参阅周宁著、编：《中国形象：西方的学说与传说》，学苑出版社 2004 年版；周宁：《天朝遥远：西方的中国形象研究》及周宁主编《世界的中国形象》，人民出版社 2010 年版。

们突然感到一个大国的崛起必然是文化的崛起。三十多年的快速发展，资本这把双刃剑也将人们引向拜金主义，在浓重的重商主义的风气兴起的同时，带来前所未有的思想的开放，也给我们的思想与文化的发展，带来了前所未有的尴尬与困惑，给文化的崛起带来前所未有的活跃、困惑与艰难。这表现在两个方面：

其一，中国学术界对近四百年西学东渐的历史尚未完成系统的研究和梳理，对自己近代思想文化史尚未完成系统的说明和整理，尚未形成一个成熟的中国当代文化体系，西学、国学、马克思主义处在一个艰巨的磨合期，而由于中国快速的崛起，我们不得不面临向世界重新说明中华文化的价值。如何完整地表达中国文化的价值和世界性意义？

其二，近代中国的历史和思想证明，对封建思想的清理仍是一个长期任务，"文革"的悲剧就在眼前，现实生活中陈渣时时浮起。文化自觉和自信表现在两个侧面，一个是始终对自己的文化持一种清醒的认识，批评其漫长的历史中的文化痼疾，使其文化的主流和底色凸显出来，成为民族文化的优秀传统。在这个意义上鲁迅并未过时，尽管在当时的条件下，作为思想家和文学家，他的一些用语显得激进，但其自省精神仍是我们重建中国文化的精神来源。正像没有伏尔泰、尼采这些西方文化内部的批判者就没有西方文化的不断更新一样，崛起的中国仍需要这样的维度。文化自觉和文化自信的另一个方面就是，在文化心态上必须对自己的历史文化敬重，将其作为文化大国崛起的基础。因为，在新时代被重新解释的中国思想和文化的主线肯定是以传统文化为底色展开与叙述的，中国的现代之路肯定走出一条自己特色的中国道路。一切以西方文化为师的时代过去了，作为中国这样有着世界唯一传承下来的古代文化的大国，它的精神价值的主流不可能是生硬的将西方当代文化嫁接到中国文化的复兴之中。由此，在"文化底色"与"转换型创新"之间就出现了紧张，这种紧张感就是我们在文化走出去中如何处理历史中国与当代中国的文化关系？如何说明中国传统的当代意义？

文化走出去，中国古代文化在世界的传播任务的完成首先是传播者对自身文化清醒的认知与充分的理解，唯有如此，才能在世界范围内说明中国文化的价值，中国道路的意义。显然，困境在于我们自己。而社会转型期的动荡与矛盾重生，又给我们理解与说明这个快速发展的中国增加了困难，中国思想和文化处在前所未有的混乱时期，一个百家争鸣的时期，一个新思想诞生的前夜。如何在历史的表象中洞察到历史的真谛，穿越思想的表层，揭示中国文化当代价值和世界意义，这是中国思想界的重要任务。

百年欧风美雨，百年以西为师的时代过去了。天地苍黄，今日中国在社会物质发展上已经终于赶上了"老师"的步伐，超越欧美发展的前景也不太遥远。但作为后发现代化国家，历经百年文化批判后的今天，文化的中断与接续，文化的吸收与创造已经成为一个极为重要的文化问题，没有精神与文化的浴火重生，中国文化永不能真正的复兴。

一个新的时代到来了，这是"三千年未有之变局"的大时代，展现在我们面前的是一个充满希望与挑战，在空间和时间上无限展开的新世界，这是我们这一代人完全陌生而需要不断学习的新世界。愿本书能为这个伟大的学术事业做出绵薄的贡献。

摘 要

20世纪中国古代文化经典在域外的传播和影响是一个崭新的研究领域，这是在国内外范围内首次对中国古代文化经典在域外的传播和影响做这样大规模的基础文献调查和学术研究，整个项目在研究中共涉及40余个国家、20余个语种。这样的研究规模、研究中涉及如此多的国家和语种，不仅在国内从未有人做过，在国际汉学范围内也从未有人做过。本书的重要学术价值在于，它开拓了中国文化研究的新领域。长期以来中国学术界基本上是在中国自身的文化范围内展开中国古代文化研究的，通过本课题的研究，我们可以看到，中国古代文化很早就传入东亚各国，晚明后，中国的知识和思想已经传播到西方，同时，世界各国对中国典籍的翻译和研究开始使中国的古代思想和知识呈现出前所未有的一个形态：中国学术和思想展开的空间大大扩大了，开始以一种世界性的学问在全球展开。近年来随着"中国文化走出去"成为国家文化战略，对中国古代文化典籍的翻译已经成为一个重要的基本学术任务。本课题的出版将为国家进一步制定"中国文化走出去"的战略和学术规划提供学术的支撑。

在课题各卷研究的基础上，我们按照"经学"、"史学"、"文学"三个领域对编年各卷内容做了分类整理，从而使本课题成果具有工具书的功能。

Abstract

    Study on the 20th century's extraterritorial spread and influence of ancient Chinese cultural classics is a new research field, this is for the first time at home and abroad that doing such a large-scale literature investigation and academic research on this topic, the whole project of which relates to more than 40 countries and more than 20 kinds of languages. Such research scale, which relates to so many countries and languages, not only has never been done in China, but also has never been done within the scope of international Sinology. The important academic value of the book is to open up a new field for the research on ancient Chinese culture. For a long time, Chinese academia basically researched on the ancient Chinese culture within the range of Chinese culture itself, through the study, we can see that ancient Chinese culture was introduced into the East – Asian countries very early and ancient Chinese phylosophy and knowledge have been spread to the west after the late Ming Dynasty, at the same time, translation of ancient Chinese classics made ancient Chinese thoughts and knowledge show unprecedented new form: Chinese academic and phylosophical space has been greatly expanded so that Chinese ancient thoughts and knowledge become a kind of learning researched in the range of the world. In recent years, along with the "Chinese culture goes out" becoming national culture strategy, translations of Chinese ancient Classics have become an important basic academic task. The publishing of the project will offer the academic support for the strategy of "Chinese culture goes out" and future academic planning.

    Based on volumes of research, we classifies each annals volume into three areas of "classics", "history" and "Literature", making the topic results have reference function.

目 录

第一章 ▶ 20世纪中国古代文化经典在东亚的传播历史　1

  第一节　中国古代文化经典在日本的传播导论　1

  第二节　中国古代文化经典在韩国的传播导论　19

第二章 ▶ 20世纪中国古代文化经典在亚洲其他地区的传播历史　34

  第一节　中国古代文化经典在东南亚的传播导论　34

  第二节　中国古代文化经典在南亚的传播导论　52

第三章 ▶ 20世纪中国古代文化经典在阿拉伯地区的传播历史　62

  第一节　中国和阿拉伯文化交流史简述　62

  第二节　阿拉伯古籍中的中国　65

  第三节　中国古代哲学思想在阿拉伯　74

第四章 ▶ 20世纪中国古代文化经典在欧美的传播历史　81

  第一节　中国古代文化经典在英国的传播导论　81

  第二节　中国古代文化经典在德国的传播导论　89

  第三节　中国古代文化经典在法国的传播导论　115

  第四节　中国古代文化经典在意大利的传播导论　120

  第五节　中国古代文化经典在俄罗斯的传播导论　148

  第六节　中国古代文化经典在美国的传播导论　155

第五章 ▶ 20 世纪中国古代文化经典在中东欧的传播概述　168

第一节　中东欧民族与华夏文明交往的萌发（20 世纪以前）　169
第二节　中国文化在中东欧国家传播的奠基（20 世纪前半期）　173
第三节　社会主义年代译介中国文化典籍的成就（1949～1989 年）　180
第四节　转轨之初接受中国传统文化的特征（1990～2000 年）　190

第六章 ▶ 20 世纪中国本土传播古代文化经典的历程　196

第一节　中国学者开辟中国经典外译新领域：《天下》　196
第二节　新中国国家外文局的开创性工作　233
第三节　许渊冲的实践及其价值　289

第七章 ▶ 20 世纪中国古代文化经典在西方的影响：以庞德为例　301

第一节　庞德与中国文化的连接　302
第二节　庞德对中国古典文化的研读、翻译和他的现代诗歌创作　303
第三节　庞德对中国文化吸收的思想意义　310

第八章 ▶ 全球化视野下的中国文化经典外播研究　320

第一节　从跨文化角度把握中国古代文化典籍的西译　320
第二节　中西文化关系发展的三阶段　327
第三节　传播主体的困境——中国知识界在思想与文化上的争执　331
第四节　中国文化海外传播一个崭新的学术研究领域　336

第九章 ▶ 域外中国文献学：中国古代文化经典域外传播研究的基础　341

第一节　外文之中国文献学导论　341
第二节　20 世纪中国古代经学典籍在域外传播编年举要　347
第三节　20 世纪中国古代史学典籍在域外传播编年举要　383
第四节　20 世纪中国古代文学典籍在域外传播编年举要　402

结语 ● 457

附录

附录 1　外文局 1953～1976 年所出版的关于中国古代文化的外文

　　　　图与书　469
附录2　外文局1978~1999年所出版的关于中国古代文化的图与书　481
附录3　《中国文学》中国经典翻译统计表　515
附录4　《熊猫丛书》总目　535
附录5　《熊猫丛书》中国文学翻译比例示意图　557

参考文献　558

后记　577

Contents

Chapter 1 The 20th Century's Spread History of Ancient Chinese Cultural Classics in East Asian   1

    Section 1: Introduction: The Spread of Ancient Chinese Cultural Classics in Japan   1

    Section 2: Introduction: The Spread of Ancient Chinese Cultural Classics in Korea   19

Chapter 2 The 20th Century's Spread History of Ancient Chinese Cultural Classics in Other Areas in Asia   34

    Section 1: Introduction: The Spread of Ancient Chinese Cultural Classics in Southeast Asia   34

    Section 2: Introduction: The Spread of Ancient Chinese Cultural Classics in Southern Asia   52

Chapter 3 The 20th Century's Spread History of Ancient Chinese Cultural Classics in Arabic Countries   62

    Section 1: Introduction: The History of Cultural Exchange Between China and Arabia   62

    Section 2: China in the Ancient Arabic Classics   65

    Section 3: The Ancient Chinese Philosophy in Arabia   74

Chapter 4 The 20th Century's Spread History of Ancient Chinese Cultural Classics in Europe and in America   81

 Section 1：Introduction to Spread of Ancient Chinese Cultural Classics in Britain   81

 Section 2：Introduction to Spread of Ancient Chinese Cultural Classics in German   89

 Section 3：Introduction to Spread of Ancient Chinese Cultural Classics in France   115

 Section 4：Introduction to Spread of Ancient Chinese Cultural Classics in Italy   120

 Section 5：Introduction to Spread of Ancient Chinese Cultural Classics in Russia   148

 Section 6：Introduction to Spread of Ancient Chinese Cultural Classics in America   155

Chapter 5 An Overview of the Translation and Dissemination of Ancient Chinese Cultural Classics in Central and Eastern European Countries (CEECs) in the 20th Century   168

 Section 1：The First Encounters between the CEE Peoples and the Chinese Civilization by the End of 19th Century   169

 Section 2：The Foundational Phase of the Dissemination of Chinese Culture in CEECs in the First Half of the 20th Century   173

 Section 3：Main Achievements in Translating and Introducing Chinese Classic Texts in CEECs in the Socialist Years (1949 – 1989)   180

 Section 4：The Characteristics of the Reception of the Traditional Chinese Culture in CEECs in the Transitional Period (1990 – 2000)   190

Chapter 6 The 20th Century's Spread History of Ancient Chinese Cultural Classics in China   196

 Section 1：Chinese Scholars Opened up New Areas of Translation of Ancient Chinese Classics："Tian Xia (the World)"   196

 Section 2：National Foreign Language Bureau's Pioneering Work in China

After 1949   233

   Section 3: Xu Yuanchong's Practices and its Value   289

Chapter 7   The Influence of Ancien Chinese Classics on the West: in the Case Study of Pond   301

   Section 1: Connection of Pond and Chinese Culture   302

   Section 2: Pond's Researches and Traslations of Ancient Chinese Culture and His Modern Poem Creation   303

   Section 3: Significance of Pond's Absorbtion to Chinese Culture   310

Chapter 8   Study on Extraterritorial Spread of Ancient Chinese Classics Under the Globalizational Vision   320

   Section 1: Study on Translations of Ancient Chinese Classics from the Cross-cultural Perspective   320

   Section 2: The Three Stages of Cultural Relationship Between China and Western Countries's Development   327

   Section 3: The Main Body of Communication's Plight: Chinese Intellectual Circle's Disputes in the Ideological and Cultural Field   331

   Section 4: The Extraterritorial Spread of Chinese Culture: A New Research Field   336

Chapter 9   Phylology of Sinology: the Base of the Study on Extraterritorial Spread of Ancient Chinese Classics   341

   Section 1: Introduction to Phylology of Sinology   341

   Section 2: The Chronological Summary: Spread History of the 20th Century's Ancient Chinese Classics   347

   Section 3: The Chronological Summary: Spread History of 20th Century's Ancient Chinese History Classics   383

   Section 4: The Chronological Summary of Spread History of 20th Century's Ancient Chinese literatutral Classics   402

Conclusion   457

Appendix

Appendix 1: Books Concerning Ancient Chinese Culture Published by CFLPA from 1953 to 1976   469

Appendix 2: Books Concerning Ancient Chinese Culture Published by CFLPA from 1978 to 1999   481

Appendix 3: Statistical Table of the Translation of Chinese Classics in the Journal of *Chinese Literature*   515

Appendix 4: List of *Panda Books*   535

Appendix 5: Proportion of Translations of Chinese Literature in *Panda Books*   557

Bibliography   558

Postscript   577

第一章

20世纪中国古代文化经典在东亚的传播历史

第一节 中国古代文化经典在日本的传播导论

认知20世纪日本对中国经典文化的接受，至少应该把握以下两个基本层面：

其一，应把握日本近代中国学家的学术谱系以及对他们相应业绩的评估；

其二，应揭示日本变异中国文化成为它们主流意识形态的材料对提示21世纪学术的警示。

第一层面：应把握日本近代中国学家的学术谱系以及对他们相应业绩的评估

若以19世纪末叶日本对中国文化研究的"近代型"逐步形成开始到20世纪末期，大致可以分理出5～6代学人，他们彼此学术相传，勾画出"日本中国学"谱系的基本面貌。

第一代学者：属于近代"日本中国学"创立时期的学者。在日本中国学的形成时期，事实上形成了以京都大学为核心的"京都学派"和以东京大学为核心的"东京学派"。他们分别以京都大学的狩野直喜（Kano Naoki，1868～1947）、内藤湖南（Naitō Konan，1866～1934）、桑原隲藏（Kuwabara Jitsuzo，1870～1931）和以东京大学的井上哲次郎（Inoue Tetsujirō，1855～1944）、白鸟库吉（Shiratori Kurakichi，1865~1942）等为代表。

他们的共同特点是以近代学科史的概念，进入"对中国文化的研究"，即从传统的"文"和"文学"的大概念中，区分出了如"文学史"、"哲学史"、"东洋史"等，个人以自己的喜好和擅长，进入"研究领域"；几乎所有的研究者，都具有在'中国'这一研究对象国实地考察的经验，又具有在欧美世界的相关文化活动的经验。他们从传统的只是在"书斋"中"读书"的"书面文本知识"中走向获得"文本研究"的"对象国总体"的"文化体验"，并争取获得"欧美的近代文化观念"。

但是，"京都的学者"和"东京的学者"在"内在精神形态"上有相当大的不同。主要的差异在于，"京都学者"的研究大多执着于"学术研究"的"本体层面"，即以"研究中国文化"本身"是什么"就是"什么"的"学院派"道路（后面我们将以狩野直喜为实例来阐明）；"东京的学者"大概与政治中心距离太近了，具有与日本社会意识形态思潮的"密切关联"，在一定的意义上可以说，在创建时期开始的"对中国文化的研究"，他们比较"自觉"地在日本总体的社会重大思潮中充当"风雨表"（后面我们阐述的井上哲次郎和白鸟库吉的学术，正是20世纪初期，日本社会"亚细亚主义"和"脱亚入欧"这两种日本至今存在的"国家主义"意识形态在"中国文化研究"中的表现）。

我们这里介绍的日本中国学创始时期的两大学派的"学术特征"，只是就他们的基本状态而言的。这当然也只是一种看法，当代日本对中国文化的研究，"学派"之分正在"模糊之中"。

第二代：日本中国学的研究家以京都大学的青木正儿（Aoki Masaru，1887~1964）、武内义雄（Takeuchi Yoshio，1886~1964）、小岛佑马（Ojima Sukema，1881~1966）和以东京大学的服部宇之吉（Hattori Unokichi，1867~1939）、宇野哲人（Uno-Tetsuto，1875~1974），以及早稻田大学的津田左右吉（Tsuda Soukichi，1873~1961）等为代表。

一般说来，战后接手的第三代"中国学家"，原先"京都大学学派"和"东京大学学派"的学术特征逐步相互融合，一直到现在，可以说以两个著名大学分割"学术"的状态基本已经消失。但个人的"师承"的传统应该说还是具有学术意义的。

第三代研究家：以吉川幸次郎（Yoshikawa Koujiro，1904~1980）、宫崎市定（Miyazaki Ichisada，1901~1995）、岩村忍（Iwamura Shinobu，1905~1988）、榎一雄（Enoki Kazuo，1913~1989）等为代表。

第四代研究家：以清水茂（Shimizu Shigeru，1925年出生）、伊藤漱平（Ito Sohei，1925~2006）、户川芳郎（Togawa Yoshio，1931年出生）、池田温（Ikeda

On，1931年出生)、興膳宏（Kozen Hiroshi，1936年出生）等为代表。

目前，正经历着第五代与第六代学者混同于相互接班的状态。日本人文学术研究的"师承关系"是很明确的。我们这里表述的"代际"关系是以"师承"的"代辈"为主要标志的。

在这样浩大复杂的谱系中，我们以两位学者作为"研究个案"，挂一漏万地评估20世纪日本的"中国学"基本业绩。

一、第一位学者：狩野直喜在"中国文学研究"中关于"文学样式形成"的三层面思考

（1）狩野直喜对《水浒传》成型的思考。

1910年狩野直喜在日本《艺文》杂志上发表题为《水浒传与中国戏剧》的论文。这是"日本中国学"界第一次把对中国的俗文学的研究，置于文学史的观念之中，并且运用文献实证的方法开始的早期的研究。

狩野直喜为什么要发表这样一个研究报告呢？

原来，在此20年前，即1887年，日本当时非常著名的三位作家森鸥外、森槐南和幸田露伴，他们在《醒醒草》杂志第20期上，共同研讨《水浒传》。他们认为，中国杂剧中的"水浒戏"，其实大多是根据小说《水浒传》改编的。因此，在创作的顺序上，作为小说的《水浒传》要早于作为杂剧的"水浒戏"。

狩野直喜不同意在他20年前的森鸥外等作家的见解，他在上述《水浒传与中国戏剧》的论文中，列举了明清两代戏曲谱录中有关水浒的戏，总结了它们的一般的特点，其中以《双献头》、《燕青情鱼》、《还牢末》、《争报恩》和《李逵负荆》五出杂剧为例，指出这些"水浒戏"中的情节，与《水浒传》中的情节相比较，显得粗糙，甚至幼稚，今本《水浒传》中的许多精彩的情节在杂剧中没有被采用。狩野氏说："如果小说真的早于杂剧，那么这种情况便是不可思议的了。"他说，拿《水浒传》第七十三回"黑旋风巧捉鬼，梁山泊双献头"与《李逵负荆》、《双献头》来说，"小说的情节是应该由类似的戏剧发展而来的，而并不是由《水浒传》的这一回情节，分编为几出杂剧的。"

狩野氏将"水浒戏"杂剧中的人物作了归类。他发现杂剧中所有人物，在《水浒传》中则全部归属于三十六"天罡星"，没有一个是属于"地煞星"的。杂剧中虽然有"一丈青闹元宵"，但是狩野氏指出，这个"一丈青""只是张横的诨名，而不是扈三娘了"。其所以是如此，则是因为"水浒戏"中人物与情节的来源，不是《水浒传》，而是《宋史》和《宣和遗事》等。《宋史·侯蒙传》中有"江以三十六人横行齐魏，官军数万，无敢抗者"。其后，《宣和遗事》就

使用了三十六人以名，而"水浒戏"杂剧的人物则始终未能脱出此三十六人的范围。狩野氏由此认为，"在今本大《水浒传》形成之前，一定存在着许多形式的小'水浒戏'，现在流传的《水浒传》，当是在众多的小'水浒戏'上形成的。"

这一见解，后来被治中国文学史的中外学者所广泛接受。此种观点或现在已经成为基本的知识，但在当时能够贯通"历史"和"文学"，又能从中以实证的观念和方法加以考辨论证，在《水浒传》研究中具有"首创之功"。

（2）狩野直喜对中国古代文学的创见，不仅仅在《水浒》研究的层面。20世纪初期，中国敦煌文献的发现，曾给狩野直喜的中国通俗文学研究以重大的启示。

1911年秋天，当中国学者还没有来得及注意"敦煌文献"的价值意义时，狩野氏起身赴欧洲，追踪察访被英国、法国和俄罗斯探险家们所攫取的文献资料。（关于狩野直喜等与敦煌文献的缘由，可参见严绍璗《甲骨文字与敦煌文献东传纪事》，载于《中国文化》1990年第三期）

1916年日本《艺文》杂志上连载了狩野直喜撰写的《中国俗文学史研究的材料》，这是他在欧洲追踪斯坦因、伯希和他们从中国劫走的敦煌文献的初期报告。狩野直喜在《报告》中说：

我从斯坦因敦煌文书中得败纸一枚，上书：

判官懆恶不敢道名字……

院门使人奏曰伏惟陛下且立在此容臣人报判官

速来言讫使者到厅前拜了启判官奉大王处

太宗皇（无帝字——狩野注）生魂到领判官推勘

见在门外未取引子玉闻语惊起立唱喏。

从这些残留的文字看，可以明白是唐太宗死后魂游冥府的故事。这个故事见于明代小说《西游记》第十一回"游地府太宗归魂"一节，最早唐代张氏《朝野佥载》中曾有记载，其后清代俞樾《茶香室丛钞》卷十六言其事曰："《朝野佥载》记唐太宗事，按此则小说言唐太宗入冥，乃真有其事，惜此事记载，殊不分明。"俞樾尚不知从《朝野佥载》至《西游记》故事，其间唐末已有以此为小说者了。且《水浒传》中常有"唱诺"一词，正见于此敦煌残纸。此对后世小说之影响，关系殊甚。

就20世纪初期中国小说史的研究而言，这是极其重要的发现和见解。狩野直喜在此考证的基础上，又辑录了从斯坦因处所见到的"秋胡故事"、"孝子董永故事"，以及从伯希和处所见到的"伍子胥故事"等，并对这些故事的源流与影响，作了初步的论证。

在此基础上，狩野氏说：

> 治中国俗文学而仅言元明清三代戏曲小说者甚多，然从敦煌文书的这些残本察看，可以断言，中国俗文学之萌芽，已显现于唐末五代，至宋而渐推广，至元更获一大发展。

狩野直喜当时还不知道，他所称之为的这种"敦煌故事"，就是后来学术界所说的"变文"。但是，在20世纪之初，当国内外学术界对"敦煌文献"与中国俗文学的关系还处在毫无知觉的状态中时，狩野氏以极大的努力，着眼于新史料的开发，并在此基础上创立新论，闪现了极为精粹的学术智慧，这无论如何也称得上是精湛的。

1920年，王国维先生于《东方杂志》第17卷9期上发表题为《敦煌发见唐朝之通俗诗与通俗小说》论文。这是我国学者首次言及敦煌文献与中国文学发展之关系。王先生论文中有相当部分的论述便是依据狩野氏在《中国俗文学史研究的材料》中所披露的"敦煌故事"作为材料而立论的。

王国维先生称赞狩野氏为"一代儒宗"，并有诗赠狩野直喜曰：

"君山博士今儒宗，亭亭崛起东海东；

自言读书知求是，但有心印无雷同……"

——王国维《送日本狩野博士游欧洲》，《观堂集林》卷二十四

（3）1912年10月20日，狩野直喜从俄国彼得堡发回信件，称他在彼得堡察访到了原俄国柯兹洛夫探险队从中国甘肃一带所发现的文物，其中有《西夏语掌中字汇》、《西夏文字经卷》、《唐刊（当为唐人写本——著者注）大方广华严经》、《北宋刊列子》（断片）、《宋刊吕观文进注庄子》、《杂剧零本》、《宋刊广韵》（断片）等。其中最可注目的是，狩野氏在《杂剧零本》下加了一个说明："匆忙过目，未能断言，疑为宋刊，此为海内孤本，为元曲之源流，将放一大光明也，惟惜纸多破损。"

狩野直喜在彼得堡所发现的这一《杂剧零本》，其实并不是"元杂剧"，而是我国戏曲文学史上的珍宝《刘知远诸宫调》的残本。这是1907年俄国柯兹洛夫探险队在发掘我国西北张掖、黑水故城址时所获得的文献，共42枚，为目前世界上仅存的三种"诸宫调"之一。

当时国内外学术界对"诸宫调"这一文学样式在中国文学史上所谓上承"敦煌变文"，下启"金元杂剧"的学术地位，尚无什么认识。狩野直喜依凭他对中国文化的深厚的教养和敏锐的学术眼光，从众多的文献与文物中，发现了这一《杂剧零本》，并把这一文献公之于世。他虽然还不明白被他称之为"杂剧零本"的文献就是著名的《刘知远诸宫调》，但他确实已经意识到这一"杂剧零本"不同寻常的学术价值，故断言这42枚破损的残纸，"为元曲之源流，将放

一大光明也。"

狩野直喜的学术敏感对中国戏曲文学的研究具有启示性的意义。他的学生青木正儿秉承师意，对这一《杂剧零本》进行了开拓性的研究，于1932年在《支那学》6卷2期上刊出《刘知远诸宫调考》长文，全面地探索了这一诸宫调的内容与它在中国文学史上的地位。

在中国文学"发生学"的3个层面上，狩野直喜无疑是做出了最杰出的贡献。他作为19世纪后期与20世纪初期日本文化向近代性转型时期杰出的中国文化研究者，对于"日本中国学"具有奠基性的意义。以他为主导而创建的"实证主义学派"中的经院学术，其学术思想和方法论，一直影响着几代人的研究，由此而传承的青木正儿、吉川幸次郎、小川环树、清水茂、兴膳宏、小南一郎等，都是在"日本中国学"的谱系上不可或缺的学者。

一个世纪过去了，随着时间的流逝，狩野直喜的学术也慢慢地被人要遗忘了，唯有京都大学设在北白川的人文科学研究所的老宅的庭院中，尚有一尊铜像矗立在绿茵的草坪上，春天里伴着和煦的阳光，冬天里伴着严寒的风雪，也慢慢地变得斑驳绿锈了。然而，站在铜像前细细地瞻仰这位世纪的老人，仍可窥见他一直朝前看的目光。

二、吉川幸次郎与"吉川中国学"体系的基本构架

从20世纪"日本中国学"的谱系上讲，吉川幸次郎属于第三代学者。假如我们方才讲的狩野直喜是日本近代中国学在"战前"最为杰出的学者之一的话，那么，吉川幸次郎则是属于"战后"最杰出的研究家之一。他在20世纪40年代后期开始到80年代（1980年去世），是一位在20世纪中期以丰硕的研究业绩、承上启下而具有广泛影响力的学者。美国学者费正清（Fairbank）称他为"中国学的巨擘"，这一评价至今仍为国际中国学的大多数研究者所认同。

从20世纪40年代后期开始，"日本中国学"进入了"反省整肃和复兴阶段"。当年在初期学术史上曾经辉煌一时的学者，如内藤湖南、狩野直喜、桑原骘藏、井上哲次郎等，或因年老或因去世，相继淡出了学坛；一部分研究者如鸟山喜一、驹井和爱，以及与"中国学"相关的人士如德富苏峰等人，他们作为日本发动战争的"喉舌"，或被整肃或受抨击，也退出了学坛。一批新兴的学者开始登上了学术的圣坛，吉川幸次郎则是从中拔类而出的具有代表性的学人。他以严谨的态度与睿智的思索，历经50年辛勤劳作，撰写了两千万字的等身著作，构筑起了"吉川中国学"的宏大体系。

吉川幸次郎是狩野直喜和青木正儿的学生。狩野直喜是近代日本中国学的创

始者之一，而青木正儿则是狩野直喜的嫡传，他们都是战前"京都学派"的中流砥柱。从"谱系"的立场上叙述，吉川幸次郎正是20世纪日本中国学"京都学派"，同时也是整个日本中国学界第三代学术的代表性学者。

"吉川中国学"的标志性业绩，主要在于三个方面。

（1）吉川幸次郎在20世纪30年代初期开始编纂《尚书正义定本》，体现了"吉川中国学"最基本的学识修养。

吉川幸次郎在1929年被他的老师狩野从中国北京大学召唤归国，担当由狩野任所长的日本东方文化学院京都研究所经学与文学研究室主任，担纲《尚书正义》定本的编纂。作为这一浩大工程的第一步，吉川把"佶屈聱牙"的《尚书》以及孔颖达的注释翻译成现代日语。

要把《尚书》翻译成"日文"，这件事情在现在看来也是了不起的工作。吉川幸次郎花了10年的时间，于1939年出版了日语译出的《尚书正义》，这是在世界性的中国文化研究中，第一次把《尚书正义》完本全部翻译为外国文字，它轰动了整个"中国学界"。这一业绩具有两个方面的重大意义。首先，这一尝试是"日本中国学"的开创者们试图建立了一个"对中国文化的研究模式"，即研究中国文化，必须努力阅读中国经典文本，而真正"读懂"的最理想的方式，就是把一部汉文的经典文献"翻译成"本国语文。它在"日本中国学"学科中具有创建性的意义，即使在70余年之后的今天来看，无论怎样估量，都是不算过分的。

同时，吉川选择了甚至连中国学者也多少视为"畏途"的《尚书》整理研究作为他最初的学术课题，由此经受进入学术殿堂的洗礼，表明了日本中国学为养成高层次学者架设了起步的学术通道，是从最具有基础性意义的，又是最具有经典意义的文本的阅读和整理开始入手的。

由此，形成了20世纪中期以来日本近代中国学培养高级学者的一个极有价值的"养成机制"。

（2）吉川幸次郎从20世纪40年代开始"元曲"研究，具有开拓之功，体现了"吉川中国学"中关于文学史观的核心意识。

吉川对"元曲"的兴趣与研究，是在狩野直喜的指导和引领下渐入其境的。在20世纪的20年代，我国国内学者对古代戏剧似乎还不太重视（王国维是个别的例子），而日本京都方面，则开始了对"元曲"的探索。这恐怕有三方面的原因。一是日本从江户时代中期以来，由于社会町人阶层的壮大，市民文化日趋发达；二是"京都学派"的学者在欧洲访学，受到欧洲文艺的影响，认为戏剧与小说，比诗文占据更加重要的地位；三是一些研究者受中国五四新文化运动创导白话文的影响，尽力在中国古文学中寻找里井世俗文学，便首先把注意力集中到了戏剧方面。吉川幸次郎先生在1974年时曾经感慨地说:"我们是一些不愿意战争（指日本的侵华战争）的人,我们逃避战争,我们设法不服兵役。我消磨战争岁月的办法就是读元曲。"他在这里说的"我们",是指与他志同道合的也应该列入"京都学派"第三代学者的田中谦二、入矢义高诸先生。

吉川说:"最初,我们是把读元曲既作为消磨战争无聊的时间,又作为汉语言文学学习的脚本。但是,一旦深入,我们就感受到在中国文学中,除了诗歌中的士大夫生活之外,元曲中还有另一种中国人的生活。在这样混乱的年代,甚至在空袭中,我们这些不上战场的人,经常聚在一起,不管时局如何,读一段元曲,议论一番,真是获益匪浅啊!"作为他们共同研究的成果,他们在社会上充塞着战争叫嚣的嘈杂声中,为了自己研究的需要,首先编纂了《元曲辞典》和《元曲选释》（二册）。

从1942至1944年,吉川本人完成了《元杂剧研究》30万字。分为"背景"与"文学"两编。吉川认为,"文学是一种社会存在,因而必须首先考虑各个时代的文学特点与产生这些文学的社会之间的关系。"所以,他在"背景"编中尽力考定元杂剧的观众,并详细考证元杂剧的作者70余人。这是中国文学史研究中第一次较有系统地研究元曲的作者和观众,后来孙楷第先生在《元曲家考略》正续编中,都曾经吸收了吉川的研究成果。吉川又认为,"文学史的研究不能仅仅停留在考定上,'考定'只是达到终极的一个必需的过程。"因此,他的下编"文学"就是为此而设立,集中于元杂剧本身的艺术与文体的分析,并从七个方面阐述了元杂剧在中国文学史上的价值。无疑,《元杂剧研究》成为"吉川中国学"对中国古代文学研究的第一次较大规模的尝试,从中展现了吉川的文学史观和学识素养,从而开启了吉川幸次郎探索中国文学的大门。

（3）20世纪50~70年代致力于杜甫研究,体现了"吉川中国学"对中国文学最深沉的理性阐述。

1947年,吉川幸次郎以《元杂剧研究》获京都大学文学博士,开始了他研究的颠峰时期。在20余年的时间里,他发表的论著有1500万字左右,包括学术性论著与向日本民众普及中国文学的知识性文稿。其间,他对于中国文学的理解愈益地深化。此种理性的把握,使他在20世纪50年代以来,以最大的精力,从事杜甫的研究。

吉川对杜甫的热情,是与他逐渐地把握"中国伦理学的人本主义"相一致的。他说:"杜甫的诗始终是看着大地的,与大地不离开的。从根本上讲,这是完整意义上的人的文学!"晚年的吉川,愈益地从世界文学与文化的视野中观察中国文学,尽力把握杜甫的文学力量。吉川说:"我并不讨厌西洋文学。但西洋文学有的时候是神的文学、英雄的文学,不是凡人的文学。歌德是伟大的,但丁是伟大的,但我觉得,不如杜甫这样'人的文学'更好。"

杜甫文学在日本的流布,大约先后已有600余年的历史。近代以来到战争结束的八十年间,研究杜甫的著作大约只有四五种,主要的如笹川临风等著《杜甫》(《支那文学大纲》(卷九),1899年)、德富苏峰的《杜甫と弥耳敦》(东京民友社1917年版)和上村忠治《杜甫——抑郁的诗人》(春秋社1939年版)等。吉川觉得这些研究未能表达他对杜甫人格诗品的理念,决意从事《杜甫详注》及相应的杜甫研究。他从1950年刊出自己的第一部研究著作《杜甫杂记》(原名《杜甫私记》,筑摩书房刊),到1968年在京都大学退休时发表的最后的学术讲演《杜甫の詩論と詩》,先后刊出了《杜甫杂记》、《杜甫笔记》(原名《杜甫ノート》)、《杜甫》二卷(筑摩版《世界古典文学全集》卷28~29)、《杜甫诗注》等数种著作。他的杜甫长编在他去世后被编辑为《杜甫详注》(七卷)。吉川在他后期二十余年中,倾注其主要的精力,阐述中国这样一位强烈表达"人本主义"精神的诗人,研究他的作品与他的思想,成为"吉川中国学"的宝贵的遗产。尽管他在杜甫的研究中存在着知识的不足和判断的失措,但它表述的研究精神和学术方向,显示了他作为一个中国学家对中国文学本质的理性的认识和把握,显示了他作为一代中国学家的代表所内具的心路历程。

由上观之,20世纪日本中国学所获得的业绩方面,有三个学术特征是很明显的。

第一个学术特征是他们与江户幕府时代的"汉学"家们闭门读书,潜心研究,偶有所得辄记成篇的理念与路数不同,这些新兴的学者有一种"学者文化体验"的自觉,即他们意识到研究中国文化,就必须突破文献的书面记载而需要到中国去接受实地的文化经验。像内藤湖南便是第一个在北京刘铁云处看到甲骨文字的外国人,而狩野直喜则是第一位发起调查"敦煌文献"的日本学者。与此同时,他们也非常重视对欧洲文化的学习,除了欧洲sinology的研究之外,也相当重视一般哲学文化的吸纳。狩野直喜于英文和法文都有极好的造诣,而对斯宾沙(Herbert Spencer)的伦理学和孔德(A. Comet)的实证主义等,都有相当的学术兴趣。

事实上,一部分学者以接受斯坦因(Loreng von Stein)、盖乃斯德(Heinrich Rudolf Harmann Friedrich Geneist)等学说为主,逐步创立了"哲学主义学派"(即"儒学主义学派");一部分学者以接受培理·拉菲特(Pierre Laffitte)等的学说为主,逐步创立了"批判主义学派";一部分学者以接受孔德(Auguste Comte)等的学说为主,逐步创立了"实证主义学派"。由此而建立了他们观察中国文化的相当宽阔的文化视野。

第二学术特征是,在国际中国文化研究的学术历史中,我们认为日本中国学家首先创导的"实证主义"的观念和方法构成"国际中国学"的"学理基础"。

提到"实证主义",有些学者便认为这就是中国清代的"考据学",是过于简单而且有点"夜郎自大"了。日本中国学中的"实证主义"固然是与中国清代的考据学有着某些关联,但是,近代日本中国文化研究中的"实证主义"的观念和方法论,作为它创立与演进的哲学基础,主要来源于法国孔德的"实证主义"(positivism)观念。

与中国哲学界长期把孔德理论解释为"以主观的感觉为依据",从而否定客观世界与客观规律的可知性不同,日本中国学对孔德理论的表述又具有日本式的阐述,他们认为,孔德的"实证主义"在于说明科学不应以抽象推理为依据,它应该以"确实的事实"为基础;科学是对于经验的事实或经验的现象的描写或记录,只有经验的事实和经验的现象,才是"确实的",或者说,才是"实证的"。

这一理论给他们在接受"清代考据学"中具有新的启示。

20世纪初期,当日本的中国文化研究者们正在以此展开研究之时,中国本土甲骨文字与敦煌文献文物的相继发现,给他们以重大的刺激,以此为契机,逐步建立起了对中国文化研究的"实证论"观念和方法论。

一般说来,日本中国学的"实证论"主要包含以下内容。

(1) 重视"原典批评"的必要性;

(2) 强调"文本"与"文物"参照的重要性;

(3) 主张研究者自身文化经验的实证性价值;

(4) 尊重"独断之学",主张建立哲学范畴,肯定文明的批评和从社会改造出发的独立的见解。

这是20世纪日本"中国学"在学术上最具价值的成果。日本中国学有价值的成果,可以说绝大部分来自于"实证主义"运作。例如,狩野直喜最早认为敦煌文献中的"佛曲"(即"敦煌变文"),当为"中国俗文学之萌芽";而他在俄罗斯的彼得堡发现的"杂剧零本"(即《刘志远诸宫调》),"为元曲之源头,将放一大光明也"。青木正儿首次全文解读《刘志远诸宫调》,并著《中国(支那)近世戏曲史》。吉川幸次郎考证元杂剧作者72人生平,并著《元杂剧研究》。师生三代对中国文化史(含文学)的业绩巨大,中国学者从王国维到孙楷第,都曾在自己的研究中,广泛而深入地吸收和融入了他们的成果。这一学派在中国文化学术史上,留下了宝贵的财富。

几乎在同一个时代里,日本的"哲学主义学派"(即"儒学学派"),力倡"孔子之教",一直致力于把儒学学说融合于日本皇权主义的国家体制之中,构筑从民族主义通向军国主义(即日本的法西斯主义)的精神桥梁,并进而高唱

"把儒学之真精髓归还中国，达成中国之重建，是皇国旷古之圣业"（服部宇之吉《新修东洋伦理纲要》）。这是20世纪日本"中国学"中最露骨的精神垃圾。

"日本中国学"中的"实证主义"，首先是对江户时代传统"汉学"的"义理主义"的反省，同时也是对正在发展起来的、附着于当时天皇制政体的中国文化研究中的"哲学学派"（即"儒学学派"）的抵抗。

第三层的学术价值在于，近代日本中国学虽然在"本体论"方面对"江户汉学"作了否定，即把对"江户汉学"从事的中国文化的研究，从具有意识形态内涵的信仰转化为此时作为学术客体的研究对象，但是，此种否定却是以他们自身相当深厚的"江户汉学"的学识为其学术的支点的。正是因为他们具有了这种"江户汉学"的修养，才使他们对"江户汉学"的批评并实施其学术的转化成为可能。与此相关联的，则是早期"京都学派"的学者大多具有对本国历史文化相当好的造诣。中国文化对于他们是一种外国文化，当他们把握这样一种外国文化的时候，他们常常是以对本国文化的修养作为其学术的底蕴。这对中国的人文学术研究者应该说是极有积极意义的提示，即任何对外国文化的研究，必须具有本国文化的修养基础。

日本中国学这样一些基本的学术特征，构筑了日本中国学学术的最主要的学术平台，也成为我们评估这一学术的基点。

第二层面：应该揭示日本变异中国文化成为它们主流意识形态的材料对提示21世纪学术的警示

从本书所提供的材料可以看出，20世纪的日本对'中国'和"中国文化"接受研究的规模，超乎一般人的想象，从中出现了一批研究中国文化的有价值的成果，成为人类共有的精神智慧。但同时，这种对中国研究的"癫狂状态"，也包含着不少为推进日本持续不断的"国家主义"、"超国家主义"、"军国主义"乃至"法西斯主义"等观念而把"中国文化"作为"文化材料"进行的多类型的"研究"，并且以对中国文献典籍的大规模的掠夺为核心对中国文化的具有"毁灭性"的破坏。所以，我们一直主张，从事日本中国学的研究，必须以"理性"的精神来对待日本中国学内部存在的必须要"反省"的空间，其中特别重要的是必须认识20世纪上半叶在日本国家主义意识形态中，中国学学术蜕化为日本侵略中国的政治工具，同时他们的贪婪欲望与国家强权相结合，对中国文化资源进行过毁灭性掠夺。

1938年中国著名的留日作家郁达夫先生，对于当时随着日本发动对华侵略战争，日本的知识分子则以自己的所谓"学术研究"和"文学创作"，甘愿充当日本军国主义的文化工具这样严重的文化现象大声地苛责他们说：

> 总以为文士是日本的优秀分子，文人气节、判断力、正义感，当比一般

的人强些。但是疾风劲草,一到了中日交战的关头,这些文士的丑态就毕露了……日本的文士,却真的比中国的娼妇还不如。……我所说的,是最下流的娼妇,更不必说李香君、小凤仙之流的侠妓了。

——郁达夫《日本的娼妇与文士》,载于《抗战文艺》1卷4期,1938年5月14日。

20世纪上半叶在国家主义意识形态中,中国学学术蜕化为日本侵略中国的政治工具。

三、日本军事将领在足利学校祭孔

足利学校是日本历史上极为悠久的一所"汉学学校",位于东京都北部的栃木县,地处足尾山地的南端,其北侧则是著名的日光风景区。它是中世纪以来日本"汉学",特别是"易学"的重要的教学场所,养育了许多日本的"汉学家",所藏不乏极为珍贵的汉籍文献,例如曾是宋代诗人陆游和他的儿子陆子遹的读本宋刊本《周易注疏》十三卷(日本国宝)等。

令人匪夷所思的是,明治39年(1906年)12月,日本现役军人的高层在这里举行集会,以向中国孔子致意的形式,誓言夺取日俄战争的最后胜利,并推进日本在满洲(中国东北地区)的利益。当时的日本陆军元帅兼海军大将伊东佑亨(Itou-yuukou)的手迹碑,至今依然竖立在庭院中,保存完好,题署"明治三十九年十二月二十三日"。同一天集合在足利学校并竖立纪念碑的,还有日本海军大将、不久升任海军元帅的东乡平八郎(Togou–Heihachirou)以及由他率领的一批日本陆海军将级军官。

贪得无厌的欲望,变异的思想,在时代的冲突中,历史竟然让一位中国的思想家在异国的土地上变成了一具进攻他自己祖国的政治玩偶!

这是一个政治信号,日本"国家主义者"和"民族主义者"乃至"军国主义分子"在他们的意识形态的活动中,开始注目于使用"中国儒学文化"以及对"中国文化"的研究,这就意味着"日本中国学"从它形成的时候开始,就面临着被它的"国家主义"所腐蚀从而发生"异化"的可能性。

四、中国学中,思想哲学研究在主流意识形态强力下,是最先开始"异化"的

例如,东京帝国大学中国哲学教授井上哲次郎诠释天皇《敕语》。

1890年,明治天皇向全国发布《教育敕语》,这是一份针对在自由主义日益

高涨中，传统价值观念日益受到贬损而决心极大地振兴皇权主义国家论的纲领。它对于未来的 100 年，时至今日的日本的国民精神的养成与发展方向，具有指向性的意义。

  朕惟吾皇祖皇宗，肇国宏远，树德深厚。吾臣民克忠克孝，亿兆一心，世济厥美。此乃吾国体之精华，而教育之渊源亦实于此也。尔臣民应孝父母，友兄弟，夫妇相和，朋友相信，恭俭持己，博爱及众，修学习业，以启发智能，成就德器，进而扩大公益，开展世务，常重国宪、遵国法，一旦有缓急，则应义勇奉公，以辅佐天壤无穷之皇运。如是，不仅为朕之忠良臣民，亦足以显扬尔祖先之遗风矣。斯道实为吾皇祖皇宗之遗训，子孙臣民俱应遵从，通于古今而不谬，施于内外而不悖者也。……

——《教育敕语》

《教育敕语》发布之后，出现了学者们的多种解读注释文本，但皆不如人意。文部省由文部大臣芳川氏提名，并经内阁会议研究，决定邀请刚刚从德国留学 6 年，归国不到一个月东京帝国大学井上哲次郎，从事这一天皇文本的解读。

井上哲次郎是近代日本中国学中最早从事中国古典哲学研究与教学的学者之一。1882 年他曾在当时的东京帝国大学主持"印度、支那（中国）哲学讲座"。19 世纪 80 年代的日本，既是东西方文明观冲突的火山，又是东西方文化交会的十字路口。井上哲次郎的学术具有明显的时代特征，它既隐藏着旧伦理复活的心态，又怀有获得欧美文化的渴望。他于 1883 年起留学德国，在诸多的欧洲文化中，热衷于德国的斯坦因（Loreng Von Stein）、盖乃斯德（Heinrch Rudolf Harmann Freidrich Geneist）等的国家集权主义学说。井上哲次郎把传统的日本儒学与近代的国家主义逐步地相融会，它预示着日本学术界在儒学的研究领域将有新的论说产生。

井上哲次郎奉文部省之命于 1891 年撰写成《教育敕语衍义》，经明治天皇本人审读，以井上氏名义，作为个人著作出版，文部省即刻把它推行于全国。

井上氏在《衍义叙》中说：

……余谨捧读《敕语》，为所以修孝悌忠信之德行，培养共同爱国之心，谕示恳切。此其裨益于众庶者极为广大，而结合民心者最为适切。我邦之人，由今至后，将应永久以此为国民教育之基础……

盖《敕语》之旨意，在于修孝悌忠信之德行，以固国家之基础；培养共同爱国之心，……

共同爱国之要，东洋固有之，然古来说明者殆为稀少，……

孝悌忠信与爱国之主义，乃国家一日不可缺也。无论时之古今，不问洋之东西，凡组织国家者，必欲实行此主义也。……世人多歧亡羊，……犹且纷扰，疑其是非。于是，惊烦今上天皇陛下，降此诏语，以明国家之所以一日不可缺乏之由。吾等臣民，亟应深切惭愧而反省之……

井上哲次郎的《衍义》，可以概述为一个最基本的主题思想——即日本社会正在日益接受欧美的文化思想，而这种世态的加深发展，势必会动摇日本天皇制政体的国家利益，于是，井上哲次郎便致力于把日本传统儒学中的伦理观念，与欧洲的（主要是德国的）国家主义学说结合为一体，着力于阐述"孝悌忠信"与"共同爱国"为日本国民的两大德目，是所有的"臣民"对天皇应尽的义务，从而试图创立起一种新的日本精神。

井上哲次郎的《衍义》，从儒学研究的视角来考察，最可注意的是他抛却了历来关于"孝悌忠信"的陈腐旧说，直接把它与"共同爱国"连接为一体，申言这是拯救日本的唯一之道，不仅使人耳目一新，而且使它具有了现代价值观的诠释。在井上哲次郎的一系列阐述中，非常注重近代性的国家意识的表述，其重点在于使"臣民"对于"君主"的忠诚，具有了"爱国"的最普遍与最神圣的意义，这就把传统儒学的政治伦理与欧洲国家集权主义学说融为一体。这是近代日本儒学主流学派的最基本的特征之一。

又如，服部宇之吉张扬"孔子之教"，论证"侵华战争"的合理性。

服部宇之吉1890年毕业于东京帝国大学哲学科，1900年在中国经历了"义和团运动"，同年12月，受文部省派遣赴德国留学，步井上哲次郎之后，在柏林大学等研究汉学。1902年他奉召途经美国回国，被派往中国京师大学堂（北京大学前身）出任师范馆主任教授，历时5年。1909年起，服部宇之吉升任东京帝国大学教授，同时兼任文部省官职。1917年起，他踏入皇宫，先是为宫廷主讲《汉书》，1921年正式被任命为东宫御用挂，为皇太子讲授汉文，1925年受命为皇孙起名，1926年升迁为宫内省御用挂，为天皇汉文侍读。

这一系列的经历，对服部宇之吉在儒学研究中的观念的确立与展开，关系重大。服部宇之吉在众多的著作揭示了服部氏的全部"儒学"学术，在于三个方面。服部宇之吉作为新儒学家，在1892年刊出《论理学》之后，于1916年出版《东洋伦理纲要》，1917年出版《孔子与孔子教》，1918年刊出《儒教与现代思潮》，1926年刊出《中国的国民性与思想》，1927年刊出《孔夫子之话》，1934年刊出《新修东洋伦理纲要》。1939年去世之后，又相继刊出了《孔子教大义》、《中庸讲义》和《儒教伦理概论》等。众多的著作揭示了服部氏的全部"儒学"学术，在于三个方面。

1. 提升"儒学"为"孔子教"

他认为，面对文明时代的变化，儒学不是"要失却自己的本领"，相反要"发挥本来的主义精神"。这便是要"给儒教以新的生命而树立它在新时代的权威"。他把完成儒学的上述转变,看做是自己的使命与责任。

服部宇之吉对"儒学"所赋予的"新的生命",便是把"儒学"提升为"孔子教"。"孔子教"的概念,是服部宇之吉在1911年(日本明治四十四年)提出来的。把"儒学"演变成"孔子教",这是近代日本中国学领域中"官学主流学派"形成的最根本的标志。

服部宇之吉在《东洋伦理纲要》中说:
"儒学之言,皆非孔子之本意。孔子之本意,在于明尊王主义,示大一统之主张,而以易姓革命为非……故应广废儒学而立孔子之学,并进而确认孔子之教为一统"。

这一段论说面对当时日本广泛的民权运动,确保日本国民在"大义名分"的古训之下,尊王一统,以易姓革命为非,从而使皇室能久治长安——这便是服部氏发端"孔子之教"所追逐的最本质的伦理要求。

2. 倡导儒学的"真精神"在中国已经丢失,而只存在于日本,这一令人困惑的命题,隐含着他超越学术的叵测用意。

服部氏在《重修东洋伦理纲要》的"序言"中这样说:
儒教之真精髓在于孔子之教,然中国于此久失其真精神,及至现代,误入三民主义,又以矫激之欧化思想(此处指马克思主义——笔者),将其拂拭殆尽。有鉴于此,凡东西慧眼之士,皆睹孔子教即在我邦保存普及,且感叹我国民卓越之文化建设力。

服部氏的这一论说,成为构成日本军国主义所谓"野蛮的中国,文明的日本"的观念形态的思想基础。

3. 呼应军国主义对中国的侵略,强调这是为了把"孔子交给中国"

1919年服部宇之吉在超国家主义者安冈正笃创办的金鸡学院,向日本的所谓革新派官僚和陆海军革新派将校(即法西斯主义的日本改造论派)发表关于"天命说"的讲演。服部氏诠释天命之说"便是日本国民的使命",那么"日本国民的使命"是什么呢?服部氏是这样说的:

> 今皇国旷古之圣业,着成于再建中国之伟业,吾等欲同心协力,达成此伟大使命……吾等任重而道远,古人今后必须之知识,在于吾等活动新天地之邻国,需从所有方面给予透彻之认识。

一个日本儒学家,口口声声申言崇拜"孔子之教",却要把邻国作为他们"活动的新天地,把"再建中国"作为他们"皇国旷古之圣业"。至此,服部宇之吉的"孔子之教"与"天命之说",已经清楚地显现了它与致力于实现"八纮一宇"的皇道主义与超国家主义黏着于一体的本质,成为在二三十年代迅速发展起来的法西斯军国主义的重要的精神因素。

又例，大川周明的"万世人君的尧舜之道"。

这一学派的研究是最登峰造极的形态，其后便是发展为大川周明（1886～1957年）的论说。大川周明说：

"使支那和日本置于同样的政治体制之下，依靠'皇田之神意'，使衣食丰足而安黎民的办法，实行万世人君的尧舜之道。"

大川周明在战后被远东军事法庭判决为"日本甲级战犯"。这是日本甲级战犯中唯一的一个非军人战犯。日本侵略战争中一系列疯狂的战争理论，许多都是他制造的，其中之一便是沿着井上哲次郎—服部宇之吉的"爱国主义"—"孔子之教"到"万世人君的尧舜之道"。

战前日本儒学研究的主流派，至此已经完全"异化"为军国主义的工具而彻底地堕落了。这种"异化"和"堕落"，同样在历史学研究的层面、考古学层面和文学研究层面上存在着。这是20世纪日本中国学应该反省的最沉痛的教训，也是对21世纪中国学的最深刻的警示——学术研究一旦成为"政治"的工具，几乎将整个学术轰毁！它显现的后果在学术上是何等地荒谬，在学者人格上是何等地卑下！

除上述与政治和侵略的媾和，日本中国学应该反省的第二层面是文化的贪婪欲望与国家强权相结合，还主要表现在对中国文化资源进行过毁灭性掠夺。

这种对于中国文化资材的掠夺，20世纪中大致经历了两个阶段。先是日本依仗其在中国的强权地位，对中国文献典籍强行杀价"购买"。最著名的事件莫过于1907年，三菱财团岩崎氏家族仅以十万两银子便囊刮了清末江南四大藏书家之一陆心源的"皕宋楼"、"十万卷楼"和"守先阁"的全部秘藏4 146种，合计43 218册之事件。这批汉籍的东移，在中日两国的近代史上，是一件引人注目的大事。这批藏书后来被收入"静嘉堂文库"。

1917年夏天，日本三菱财团委派正金银行的董事小田切万寿之助（Otaki-Masunosuke, 1868～1934, 1902年曾经担任日本国驻上海总领事）为代表，携带著名的东洋史学家石田干之助博士（Ishida-Mikinosuke, 1891～1974）等来华，与北洋政府的英国顾问莫里逊（George Ernest Morison, 1862～1920）反复磋商，意欲低价收购北京的"莫里逊文库"。所谓"莫里逊文库"，就是莫里逊从1897年以伦敦《泰晤士报》通讯员身份来华，到1917年的20年间，在中国收集的图书文献两万四千余册，地图画卷一千余份。这些文献主要是以英文、法文、德文、意大利文、俄文、日文、西班牙文、葡萄牙文、瑞典文、波兰文、匈牙利文、希腊文和芬兰文等十几种语文撰写的有关中国、西伯利亚及南洋各国的论著。这些论著涉及政治、外交、法制、经济、军事、历史、考古、艺术、地理、地质、动物等许多的领域，其中，有许多的珍版善本，如马可·波罗的《东方闻见录》，东洋文库保存有 15 世纪的 14 种刊本。这些文献中有大量的极为重要的中国近代史数据，如中国海关自建立以来的"季报"、"年报"、"十年报"，美国政府的"远东外事汇报"，英国政府关于中国问题的"蓝皮书"，欧洲各国政府驻华大使馆的"报告"等。另外有五百余册中国语辞书，大多是在华的传教士们在 17～19 世纪编纂的中国地方方言与欧洲语言对译的各种"手册"。此外还有百十种五千余册定期刊物，这些刊物是关于中国及东亚的专门性杂志，以及欧洲各国的亚细亚协会、东洋学会的会报、论丛之类综合构成的"藏书"。同年（1917 年）8 月 29 日，这批藏书终于以 35 000 英镑成交，北洋政府竟然同意这些极为珍贵的文献于当年秋天从我国天津塘沽出港。以后，这批典籍遂被收藏于日本深川岩崎久弥的别墅中，岩崎久弥以这批从中国来的文献为基础，于 1924 年 11 月正式建立"东洋文库"。

1929 年，日本驻杭州总领事米内山庸夫又以所谓的"庚子赔款"中的三万四千两白银收购了浙江青田人徐则恂的"东海藏书楼"四万七百册藏书，战前藏于日本外务省文化事业部，现在则藏东京大学东洋文化研究所。

至此，日本军国主义者虽然心存劫夺，却仍然愿意演出"买卖"的场面，以掩人耳目。20 世纪 30 年代，日本对华的全面攻略已从"方策"变成实际行动，军国主义的文化人对中国的文献与文物的攫取，便从"购买"、"馈赠"等转向为公开的劫夺。

1931 年，日本浪人潜入西藏、内蒙古，劫走西藏藏经《丹珠尔》一部 130 函，蒙经《甘珠尔》一部 102 函，《母珠尔》一部 225 函，并蒙文佛经 225 种。继而，又在 1936 年从上海劫走满族镶红旗文书自雍正朝至清末的各类文档 2 402 函（以上今藏日本"东洋文库"）。于此开始了日本军国主义者对中国以文献典籍与文物为基本内容的文化资材的全面洗劫。

日本侵华派遣军各部队，在攻略我国城市乡镇的同时，依据其法西斯主义的"中国学家"们提供的中国各地及中国学者收藏文献典籍与文物资料的情报，每到一处，便有计划有目标地进行兜捕。

我们在日本有关档案中查到许多的相关材料，举例如下：

（1）1938 年 3 月，济南日本军宪兵营接日本国内函信，查抄陈名豫先生宅，劫走宋刊本《淮南子》一部、元刊本《蔡中郎集》一部等中国宋元古版书共 13 种。

（2）1938 年 6 月，日本军土肥原贤二（Dohihara－Kenni）所属之合井部队，在开封查抄冯翰飞先生宅，劫走吴道子亲笔《山水》一幅、王石谷亲笔《山水》一幅、戴醇士亲笔《山水》一幅，并宋人画《儿童戏水图》一幅。

（3）1938 年 12 月，日本"南支那派遣军"司令部从广州沙面黎氏家，劫走宋刊本《十三经》、《韩昌黎文集》、《欧阳文忠公文集》、《王安石集》等宋版书11种。

（4）1940年5月，日本"中支那派遣军"所属之胜字第4 218部队驻江苏省嘉定县（今上海市嘉定区）外冈镇。其部队长田青清郎（Taao - Kiyoshirou）陆军少佐于当地劫走中国历代"地方志"535种，并劫走《图书集成》及《二十四史》各一部。

（5）1942年2月2日，日本"南支那派遣军"特别调查班在日本谍报人员竹藤峰治（Takefuji - Nineji）引导之下，查抄香港般含道"冯平山图书馆"。班长肥田木指挥其成员劫走下列文献典籍：

1）原国立北京图书馆寄藏图书善本70箱，又零散文献3 787册；
2）宗师王重民先生寄藏东方学图书3箱；
3）原中华图书协会寄藏图书210箱；
4）原广东岭南大学寄藏图书20箱；
5）原中华教育文化基金会寄藏图书及各类著作稿本5箱。

日本人在香港劫夺的文献的所有箱册，当时皆被贴上"东京参谋本部御中"，启运离港。至今尚不知此次被运往日本陆军参谋本部的这303箱文献典籍的确切册数，但已查明其中至少有28种文献可称为"国宝"，如宋刊本《五臣注文选》、《礼记》、《后汉书》等，并明人写本《永乐大典》数卷。1946年2月，在东京的日本国会图书馆（原帝国图书馆）发现了从香港劫来的中国古籍25 000册，其后，又在日本伊势原乡下，发现了这批文献中另外的10 000余册。

（6）1945年5月，日本"中支那派遣军"所属镜字第6 806部队的樱井信二（Sakurai - Nobuni），指挥士兵从原教育部官员王鲲楚宅，劫走郑板桥亲笔书屏四幅、郑板桥亲笔中堂花卉一幅，同时被劫走的还有曾国藩亲笔书对联二幅。

以上仅是举出的六个实例。当时，在狼烟四起的中国广袤大地上，这样疯狂的掠夺，真是屡见不鲜。从1930～1945年的15年间，散布于我国的珍贵文献与文物，遭到人类文明史上空前罕见的洗劫。根据作者查证的各类材料，包括日本已允许查阅的若干外事档案，及至今保存在日本远东军事法庭的原始调查资料，大致已查清了除我国西藏、新疆、云南、贵州、青海及四川、中国台湾等省、区外的全国文化资材被日本军国主义者劫夺的总况，分述如下：

（1）中国文献典籍被劫往日本共计为23 675种，合为2 742 108册，另有209箱，内装不知其数。其中属于中国国家所有者为5 360种，合为2 253 252册，另有41箱；属私人所有者为18 315种，合为488 856册，另有168箱。

（2）中国历代字画被劫往日本共计为15 166幅，另有16箱，内装不知其数。其中，属中国国家所有者为1 554幅；属中国私人所有者为13 612幅，另有

16 箱。

（3）中国历代古物被劫往日本共计 28 891 件，另有 2 箱，内装不知数。其中，属中国国家所有者为 17 818 件；属中国私人所有者为 11 073 件，另有 2 箱。

（4）中国历代碑帖被劫往日本共计为 9 378 件。其中，属中国国家所有者为 455 件，属中国私人所有者为 8 923 件。

（5）中国历代地图被劫往日本共计为 56 128 幅。其中，属中国国家所有者为 125 幅；属中国私人所有者为 56 003 幅。

所有这些材料都表明，这是 20 世纪"日本中国学"史上最黑暗的一幕，作为日本在 21 世纪推进自己"中国学术"的一个基本前提，应该首先"反省"和"清算"这样以政治黑暗造成的学术黑暗，才能有辉煌的前景。

中国的日本中国学研究者，也应该以理性的精神，分辨 20 世纪日本中国学内部的多元构成和多元性表述，考察 20 世纪中国文化在日本的流变轨迹与方式，研讨其对于中国文化的接受与变异，不仅关注他们对此说了什么，如何说的，也要努力探究缘何如此。既分享他们的业绩，寻找共通的智慧；同时也对于日本中国学曾经的曲折与教训，给予充分认知和思考，并将之转化为开创未来的有价值的思想成分。

第二节 中国古代文化经典在韩国的传播导论

一、韩国 20 世纪的历史背景

20 世纪对于韩国的汉学研究和中国古代文化经典在韩国的传播来说，是一个极其重要、极具意义的时代。20 世纪曾给韩国汉学研究和中国古代文化经典在韩国的传播与发展带来几乎致命的打击和伤害，同时也带来迅速发展、壮大的动力和机会。

19 世纪末，中日甲午战争爆发，中国战败，明显失去了昔日作为中央帝国的强势地位，汉文化作为中国文化的载体和势力象征，其强势地位自然也不复存在。20 世纪初，日本侵占朝鲜半岛，韩国完全沦为日本殖民地三十五年。由于国际形势和政治环境发生了变化，中韩关系开始疏远，出现了裂痕和断代，两国的交往基本处于停滞状态，极其有限的接触和理解都是通过第三国进行。因此，这一时期的韩国汉学研究和中国古代文化经典在韩国的传播非常缓慢，基本处于静止状态，从事汉学研究的学者寥寥无几，研究成果极其有限。这种状态一直持续到20世纪中期后才得以逐步改善。

20世纪中期以后，尤以韩国1988年奥林匹克运动会为契机，中韩关系逐步得到改善和恢复。进入80年代，中国的改革开放吸引着韩国从事中国学研究的学者数量逐渐增加，研究兴趣逐步提高。特别是1992年8月中韩正式建交，两国关系彻底改善，两国的交流无论是广度还是深度都进入了高速发展时期。韩国学者们对汉学研究更加重视，对中国古代文化经典的研究更加广泛和深入，研究成果层出不穷，使得韩国汉学研究呈现出空前的盛况。

总而言之，20世纪的韩国汉学研究和中国古代文化经典在韩国的传播是在极其艰难曲折中发展扩大的，经历了从20世纪初期至70年代中期的极端衰败和停滞期，以及20世纪八九十年代后期呈现出的迅猛发展甚至狂热期。系统整理了20世纪的韩国汉学研究资料，有助于我们了解中国古代文化经典在韩国传播的发展脉络和正确理解韩国汉学研究的特征。

二、20世纪的韩国汉学研究和中国文化传播的概况

中韩两国自古交流频繁，关系密不可分。古代韩国没有自己的文字，很早就从中国接受了汉字、汉文化，并渐渐将其接纳和融入为本国文化。汉文化圈国家中，韩国最早接受孔子思想和儒家学说，因而受到孔子思想和儒家学说影响深远，对汉籍的搜集、整理和研究有着悠久的历史。韩国历代官府和民间的文人墨客通过各种渠道收集、翻译并保存下来大量古汉籍资料，这些典籍资料又为汉学的普及，特别是儒学的传播，创造了便利的条件。如今这些典籍资料成为中韩两国乃至东亚、世界文化交流和学者研究的重要组成部分。可以说韩国是中国古代文化经典在域外传播最广泛、普及最深入、传承最见效的典范，是古汉籍保有良好的文库。

（一）汉语教育的兴衰

公元1392～1910年，朝鲜王朝经历了从建立到灭亡，此时正值中国的明清两代。朝鲜王朝与中国一直保持着密切联系，关系友好稳定，这为中国古代文化经典在韩国的传播与发展以及汉语教学提供了良好的政治背景和社会环境，汉语教学和汉学研究作为国家教育的一个重要组成部分受到极大重视，得到了大力发展，是一个发展高峰时期，可以称为是中国古代文化经典在韩国的传播和韩国汉学研究史上的一个全盛时期。

然而，时至19世纪末，中日甲午战争爆发，中国大清王朝战败于小国日本，

使中国明显失去了昔日作为中央帝国的强势地位，汉字、汉文化作为中国文化的载体和势力象征自然也受到波及和负面影响，汉文化的强势地位不复存在。1894年，朝鲜王朝开始实施名为"甲午更张"的维新改革运动，废除了科举和不平等的身份制度，司译院也在政府机构改革中被撤销，取而代之的是官立外国语学校的应运而生，日语以及英语、俄语、德语等西方语言成为更为迫切的学习需求，一直以来处于主导支配地位的汉语、汉文化开始被作为一门外语进行教育。这无疑是韩国汉学研究史上的一次重大转折，是对长期以来只知"慕华"的汉语学习者和汉学研究者们在感情上和心理上的一次重大冲击，导致了他们在思想意识和价值观上开始对汉文化的价值产生了疑惑和忧虑。

1. 殖民统治扼杀了汉语教学

进入 20 世纪后，1910 年 8 月，日本帝国主义以"韩日合邦"的名义吞并朝鲜半岛，迫使其签订《日韩合并条约》，设立朝鲜总督府，进行殖民统治。此后直至 1945 年的 35 年间，朝鲜半岛完全沦为日本的殖民地，给朝鲜半岛整个民族带来一段不堪回首、史无前例的民族创痛史。

殖民期间，日本帝国主义从自己的殖民利益出发，迫不及待地为达到只推广日语以深化殖民统治的目的而制定了教育政策。日本设置的朝鲜总督府先后一共下达了 4 次《朝鲜教育令》，步步为营地压制和扼杀韩国的民族教育。1911 年，规定日语为官方语言，成为政府机构和学校用语；1922 年，日语被正式定为"国语"，剥夺了韩国国民以本民族语言为国语的权力；1938 年，下令学校禁止使用韩国语；1943 年，关闭所有私立学校。日本不愿意看到也更不愿意提供任何有利条件让韩国人学习他国语言以分散学习日语的精力，1911 年 11 月关闭官立汉城外国语学校，便赤裸裸地体现出了日本殖民主义者的教育思路。日本殖民主义者的卑略行径，也导致了官立汉城外国语学校的汉语部随之退出历史舞台，韩国的官方汉语教育随之中断。此后，汉语教育进入了长达 15 年的空白期，这是自"旧韩"时期以来，汉语教育和推广从过去一直处于教育的主导地位上下滑成为第二外语教学后，又被废弃到从 1912～1926 年的衰败停滞期。

此后由于国际形势和政治环境以及战争延绵不断地发生变化，中韩关系开始逐渐疏远，两国的交往出现了裂痕，到了 50 年代初陷入断代和停滞状态，极其有限的接触和理解都是通过第三国进行。因此，这一时期的韩国汉学研究和中国古代文化经典在韩国的传播非常缓慢，基本处于静止状态，从事汉学研究的学者寥寥无几，研究成果极其有限，这种状态一直持续到 20 世纪中期后才得以逐步改善。

2. 不确定的语言政策带来的困扰

21 世纪初以后，由于反对日本帝国主义的殖民侵略，增强民族自救意识，韩国人才强化了保护民族固有文化的观念。特别是"二战"后，韩国民族主义情绪高涨，于是开始取消、禁用或淡化汉字。

1945年8月，朝鲜半岛分为南北二方。1949年朝鲜废止了汉字，全部采用拼音文字；韩国也在1948年之法中规定，不准在政府公文中使用汉字。1968年，韩国进一步以总统令的形式明令禁止使用汉字。1970年开始从小学、初中、高中教科书中废除汉字。虽然1975年汉字重新出现在初中、高中教科书中，但不是采取混用方式，而是把汉字放在括号里的并用方式。从此，韩字的使用场合增多，使用频率增高，但是，汉字并没有被淡化掉。90年代中期以后，随着东方文化的复兴，与汉字文化圈等国深层文化交流的需要越来越迫切，尤其是中韩建交后两国全方位往来的急剧增多，韩国又出现了恢复汉字交际的热情，形成了韩国历史上汉字兴起的第三次高潮。金大中政府首先打破了前些年封禁汉字的坚冰。金大中总统在1999年2月的总统令中批准文化厅与旅游厅的一项计划，决定在政府公文和道路标牌上采取中、英文并用的标记。在这之前，1998年11月17日，汉城曾有1 500名学者集会，要求恢复汉字的使用地位，反对这些年取消汉字导致年轻人不认汉字，不了解韩国过去的弊端。韩国政府支持恢复汉字的另一个重要原因是加强韩国的旅游业，因为有便利条件到韩国旅游的中国、日本、东南亚诸国和地区的人，大多是用汉字，至少是识汉字的。正像金大中总统所说的那样：韩国的各种历史古典文章和史料仍以中国汉字书写，如果无视中国汉字，将难以理解我们的古典文化和历史传统，有必要实行韩、汉两种文字同时并用。

2005年2月9日，韩国政府宣布：在所有公务文件和交通标志等领域，全面恢复使用已经消失多年的中国汉字和汉字标记，以适应世界化的时代潮流。并且提出了《推动汉字并用方案》，为了发展韩国的传统文化，促进与东亚汉字文化圈国家的积极交流和推动韩国观光事业的大力发展，将目前完全使用韩国文字的公务文件改为韩、汉两种文字并用，以解决韩文难以清楚地表明汉字含义的历史难题。

2009年，韩国全国汉字教育推进总联合会向青瓦台提交建议书主张从小学开始教汉字，已经有20名健在的历任国务总理在该建议书上签名，健在的历任总理全都参加了联合签名活动。由此可见，和理念及政治立场无关，所有人都深刻认识到了汉字教育问题的重要性。

时至今日，韩国的语言政策还在不断地变化，从根本上说，恢复汉字有利于韩国在东亚汉字文化圈里加强信息交流和感情沟通，这是面向儒家文化、面向亚洲政治传统的一种回归，也是适应21世纪东方文化时代潮流的一个新举措。

3. 中文专业的发展壮大

中韩之间的经济合作增多，韩国需要大量的汉语人才，所以目前韩国学习汉语的人数也有所上升。韩国大学外语系中设立独立的汉语专业的比较多，260 余所大学中有 100 多所大学都有自己的中文系。1954 年前，韩国的大学中只有汉城大学才开设有中国语文学专业。虽然早在日本殖民地时代汉城大学就开立了中文系，但是直到光复前也不过只有 9 名毕业生。光复后，每年也不过只有 1～3 名毕业生。

1954 年韩国外国语大学设置了中国语专业；1955 年，成均馆大学开设了中国文学专业。截至 1971 年，韩国仅有三所大学，即汉城大学、外国语大学、成均馆大学开设了中国语、中国文学专业。

然而，以 1972 年为起点，韩国大学中文系的数目迅速增加。

1972 年有高丽大学、檀国大学、延世大学、全南大学；1976 年有岭南大学，1979 年有釜山大学、庆北大学等开设了中国文学专业。随之，对中国文学的研究也出现了一股热潮，每年都有增加。1980 年后中国语文学专业的设立继续增多，全国有 100 所以上的高中、小学校设立了中文专业或课程。

（二）汉学研究的历程

自从日本吞并韩国，殖民统治致使韩国的汉学研究处于停滞状态。在当时，既没有专门的研究团体或学会，也没有专门的学术性杂志。因此，研究者们的研究形式只能停留在个人的和分散地在日报上发表一些短篇论文或介绍性文章的水平上。如 1923 年 8 月 26 日起，至 9 月 30 日的《朝鲜日报》上，前后分五期翻译介绍了胡适写的《五十年来之中国文学》一文，这是韩国文献上出现的第一篇关于中国文学的介绍文章。

对于韩国而言，正式的学术研究始于 1945 年 8 月 15 日的胜利解放以后。实际上对于"国学"资料的整理和介绍早在 20 世纪初期便作为殖民地反抗运动的一环而蓬勃发展，但是基于西方近代方法的学术研究则是后话了。

本书研究对象为 20 世纪以来的韩国汉学研究和中国文化在韩国的传播，可以认为与韩国的学术发展基本是同步的。

韩国近代学术研究大约始于 1945～1960 年之间，期间由于经历了 1950 年的战争以及"4.19"革命和"5.16"军事政变等韩国现代史上的重大事件，堵塞了学术发展之路，因而虽然设定的时间段较长，研究成果却是微乎其微。但是，即使在这样恶劣的环境下，一些学者仍然凭着不灭的热情和使命感完成了几部文学史的创作并得以出版发行，受到了世人的瞩目。

如，尹永春（윤영춘）的《中国文学史》（鸡林社，1949）、车相辕（차상원）、车柱环（차주환）、张基槿（장기근）（共著）的《中国文学史》（东国文化社，1956）以及李家源（이가원）的《中国文学思潮史》（一潮阁，1959）等。在那一

书难求的时代里，韩国学者依靠自身的努力发行了文学史，而且还是外国文学史，从学术发展史的角度来看，不得不说是一项非常重要的成果。

韩国对于中国古典文学的研究主要集中于魏晋南北朝时期，早期的研究主要依靠日帝时期在京城帝大学习中国学的一些学者以及50年代之前完成学业的学者。这种现象持续了很久。70年代到80年代期间，韩国很多大学的中文系培养出了很多年轻学者。有的学者在中国台湾和外国完成学业，但是更多的是韩国本土学者。

对于韩国来说，20世纪70～90年代这20余年是中国古典文学理论研究的全盛时期，这可以通过相关研究成果来说明。这一时期的显著特征是这些成果的取得是以有限的环境（还没有和中国建立邦交关系）为背景这一事实。

可以说80年代的研究已经脱离了初创期，迎来了巨大的发展。值得注意的是虽然研究者们完成学习的国家或大学呈现出多样化趋势，但作为研究对象的文论依然是初期文论，至少是宋代之前的。从这一点来说并没有和前期有所不同。这与韩国自古以来把《诗经》推崇为诗歌的典范，也同把"经典"视为强调哲学思辨性的儒学的理论基础这一观点不无关联[1]。

在把儒学视为国家统治理念的朝鲜时期，对于《四书集注》和《五经大全》等著作的注释的学习也是教育手段之一。这种学习传统得到了持续不断的延续，在探寻文学的形成与发展的基石这一点上也起到了一定的作用。这种以"经学"为中心的自我确立精神，在朝鲜后期西学流入之时先人的态度中也可以了解到它的价值[2]。80年代前期也出现了这种精神史潮流的痕迹，到了后期则更为活跃。

下面对韩国的汉学家作一介绍：

韩国研究汉学历来有传统，从古至今历代汉学家辈出，成就卓著，出现了许多知识渊博、造诣高深的汉学家，并取得了丰硕的研究成果。20世纪初期是韩国汉学研究极其艰辛的时期，但是还是涌现出许多知识渊博、造诣高深的汉学家，并取得了丰硕的研究成果。如：

1. 裴宗镐（1919～）

圆光大学哲学科教授，原延世大学文科大学教授。毕业于京城帝国大学哲学科。著有《韩国儒学史》、《韩国儒学的课题和展开》。

---

[1] 시경 연구에 대해서는 제3장 초기 문론 연구를 언급할 때 그 구체적 내용에 대하여 논의된 바 있음.

[2] 林荧澤（임형택）：《19세기西學에 대한 經學의 對應》(《朝鮮後期經學의 展開와 그 性格》, 성균관大學出版社 1988년版) 참조.

2. 黄秉泰（1935～）

首任驻中华人民共和国特命全权大使。毕业于韩国汉城国立大学（经济学学士）、美国哈佛大学（公共管理学硕士）、美国加州大学伯克利分校（政治学博士）。著有《儒学与现代化（副题为）中韩日儒学比较研究》。

3. 宋恒龙（1940～）

成均馆大学东洋哲学科教授。毕业于成均馆大学东哲科及该大学院，哲学博士。著有《老、庄中的知的问题》、《百济道家哲学思想》。

4. 金吉焕（1942～）

旅美，原忠南大学哲学科教授。毕业于忠南大学哲学科、该大学院及高丽大学大学院。著有《朝鲜朝儒学思想研究》、《韩国阳明学研究》。

5. 琴章泰（1944～）

汉城大学宗教学科教授。毕业于汉城大学宗教学科及成均馆大学院，哲学博士。著有《儒教和韩国思想》、《韩国儒教的再照明》、《儒学近百年》。

6. 李家源

李朝大朱子哲学家李滉的后裔，成均馆大学博士。著有《中国文学思潮史》、《中国文学思潮史译解汉字大字典》、《汉文新讲》、《韩国汉文学思潮研究》、《汉文学研究》等60部著作，并翻译了《西厢记》。其中《中国文学思潮史》（一潮阁，1959），从意识形态的角度名实相符地介绍了中国文学的发展脉络。叙述的内容从西周的"北方现实思潮的发达"至清代"写实主义"，共分为11个章节，明确记载了发行目的旨在针对当时偏重于考据学方法的学术研究倾向的反思。[①] 这本著述不仅对于理解作者的意图以及整个中国文学的发展状况都具有一定的积极作用，而且还能助于了解文学理论的变迁。

7. 车相辕（차상원）

车相辕的《中国古典文学理论》（首尔大学博士学位论文，1967年8月）。

车相辕从1956年参与文学史的编撰起之后又有《王充文学理论》（1963）、《陆机文学理论》（1964）、《孔门文学理论》（1965）、《文心雕龙和诗品中的文学理论》（1965）和《宋代古文运动和批评》（1967）等著述，这说明他很早就开始了对于中国古典文学理论的研究。当然在此之后作者依然坚持着这一领域的研究，并且留下了丰硕的成果。这一时期出现的论文有《明人诸派的文学理论与批评（一）（二）》（1968，1969）、《金元两朝文学评论》（1968）和《唐宋两朝诗论》（1969）等。作者所取得的这些成就不仅拓宽了韩国对于中国文学研究的视野，而且给当时还是一片空白的中国文学理论研究指明了前进的方向，因而

[①] 이가원《中國文學思潮史》'小敍' 참조

受到了极高的评价。

8. 车柱环（차주환）

车柱环（차주환）译注《诗话与漫录》（民众书馆，1966）。严格而言，这本书并非是针对中国文学理论的研究。即便如此仍对其给予高度评价的原因在于这本书是中国古典文学理论研究不断发展的产物。受到这本著述的影响，韩国的汉文学研究领域开始出现多种不同的研究方法，取得了丰硕的成果。原因是这本《诗话与漫录》介绍了自高丽时代起至朝鲜时代后期的各种文学理论。他之所以能取得如此成果的原因不仅在于长期以来对于这一领域的高度关注，更是在于把握住了这一领域研究的先机。他的研究成果以《钟嵘诗品校证（文言文）》（1960）、《钟嵘诗品校证（续完）》（1961）、《钟嵘诗品校证（校证补）》（1963）、《钟嵘诗品古诗条疏释》（1963）为代表，包括《刘勰和他的文学观——文心雕龙论》（亚细亚研究，7-2，1964）、《谢灵运和他的诗——以钟嵘的评论为中心》（亚细亚研究，8-3，1965）、《钟嵘诗品校证》（首尔大学博士学位论文，1968年3月）等，揭示了中国初期文学论的特征，主要重点在于复原文本（校勘原典）。虽然这些研究只在简略地论及有关文学论内容方面的特征而已，但从另一方面讲，这些成绩为至今为止的中国古典文学理论中成果最为丰富的[1]"魏晋南北朝"文学理论研究提供了良好的契机。他与车相辕（차상원）一样受到瞩目，是初期中国古典文学理论研究的开拓者。

9. 李章佑（이장우）

李章佑（이장우）以1965年发表《韩退之散文研究》（首尔大学研究生院，硕士论文）为起点，留下了许多关于唐宋文学的研究成果。他翻译了诸多"唐诗话"，对于理解汉诗的原理和特征起了极大的积极作用。他在1976年翻译出版的《中国诗学》（刘若愚著，汎学图书）和《中国文学理论》（刘若愚著，汎学图书，1978）对于拓宽这一领域学者的研究方法论极为有益。随着视角的不同，对于这一贡献的认识也有差异。随着本译著的出版，出现了许多相关的论著，其中的论据引用体现出了当时的研究者们对于这本译著是给予了极大的关注的。

李章佑（이장우）的译著出现于文论研究十分兴盛的时期，对于奠定中国文学研究方法和视角的多样化起了很大的积极作用，从这一点来说是具有极为重要的意义的。原著者虽然出生于中国，但是却选择用英语写作，对于韩国之外的其他语言圈的研究者也起到了一定的影响作用。

李章佑、车环柱等韩国学者在韩国学术振兴财团的资助下，编撰了《中国

---

[1] 李宇正 論文（1998）p164 에서 1950 년에서 1966 에서 1996 년까지 연구된 중국고전문학이론연구 논저가 600 여편이며, 그 중에서 위진남북조 시대의 이론에 대한 부분이 가장 많으며 149 편이라고 지적한 바 있다.

文学研究史长编》。这套大型资料将汇集朝鲜半岛自三国时代和高丽朝以来所有研究中国古典文学的论著以及学者资料、海外研究中国古典文学的动向，为编写韩国的"中国文学研究史"提供资料和学术参考，定期在《中国语文学》上发布。

10. 崔信浩（최신호）

崔信浩（최신호）译著的刘勰《文心雕龙》（玄岩社，1975）的国译版刊行。实际上早在60年代，车相环（1966，1967）已从文学理论和文本层面对《文心雕龙》有所研究，但是真正意义上的国译本在韩国出现还是首次。这本译著收录了原著的全部内容，共50篇（从"原道第一"到"序志第五十"）。《文心雕龙》是魏晋南北朝时期文学理论研究成果中涉猎的研究对象最为广泛的著述①，其国译本的刊行引发了十分活跃的研究活动。实际上在那个时期只能理解一些断面，整体性质的研究还是十分困难的。当时只能通过中国台湾购买原著。即使是购置了书籍，由于内容十分艰深以及版本的问题，即使是参考中国的校注本也很难做到真正理解。这本国译本的刊行打破了当时的困境，满足了许多学者的需求。

11. 金兴圭（김흥규）

金兴圭（김흥규）的《朝鲜后期的诗经论和诗意识》（1982）是一部指明关于当时盛行的汉诗研究方法论的重要著作。这与当时韩国大学的数量和研究人员的突然增加也有一定的关联。研究数量大增的同时研究对象也越来越广泛，导致了"经典"文学理论研究的起步。

（三）古籍的整理研究

众所周知，中国古籍是世界上最重要的文化遗产之一，而同为汉字文化圈的韩国所存域外汉籍是这一宝贵文化遗产不可或缺的一部分，尤其是在中国早已失传的某些汉籍，却在朝鲜得以保存下来，更是弥足珍贵。

韩国对汉籍，特别是汉文古籍的整理研究极为重视，尤其是近年来投入大量人力、物力和财力进行整理和研究，建立数据库，开设网站。

韩国所藏汉籍的主要来源，一是由中国刊刻流入韩国的，二是韩国或日本人用汉字撰写并在韩国刊刻的，三是由韩国或日本人加以注释的中国书籍，四是由日本统治者编纂、再版或者影印的中国书籍。

---

① 李宇正，앞의 논문，P. 168 에서 1952 년부터 1996 년까지의 업적을 대상으로 한 통계에서총 62편의 논저가 발표되었는데，그 중에서 1970 년대 이후，특히 1980 년대와 1990 년대에 발표된 연구논문이 45 편으로 조사된 바 있다.

韩国所藏古籍有以下特点：

第一，涉及年代久远：典籍目录涉及的中国典籍时间最早可以追溯到春秋战国时期；

第二，涉及中国典籍量大面广，涉及中国传统分类法经、史、子、集、丛书等多个大类。

第三，涉及汉籍的版本非常丰富：汉籍版本有"木刻本"、"抄写本"、"石印本"、"铅印本"、"御选本"、"鼎足山本"、"玉山书院"（庆州）、"新旧书林"、"翰南书林"、"上海商务印书馆"等多达数十种。在这些版本中，除中国流传至韩国的版本外，还有韩国本土的汉籍底本以及从日本流入韩国的版本，甚至包括不少私人藏书等。

例如，日本统治三韩期间，不仅有意编辑出版发行了中国各个时期出版发行的有代表性的中国典籍；而且在1932年时，朝鲜总督府开始有组织、有计划着手系统地编辑出版发行一套以官方名义——"朝鲜史编修会编"、"朝鲜总督府"影印的《朝鲜史料丛刊》。据已掌握的资料，这套《丛刊》共出版过21辑。而高丽大学校的《汉籍目录》中有记载的共16种。经查收入上述《朝鲜史料丛刊》中的16种汉籍，中国内地除《高丽史节要》、《军门誊录》、《制胜方略》、《朝鲜赋》和《通文馆志》于中国国家图书馆有馆藏，其他《海东诸国纪》等11种，内地各大图书馆均无馆藏。

韩国所藏的汉籍现主要分散收藏在韩国国家图书馆和部分大学、地方图书馆，每个图书馆都设有专职研究保管人员和专门机构保存古籍，并各自用不同的方式整理编辑出版了古籍书目目录。

例如，韩国国立汉城大学东亚文化研究所1956年印行了《奎章阁图书韩国本总目录》、《朝鲜图书解题》和《东洋文库朝鲜本分类目录》。自1980年起，韩国《新东亚》杂志编辑部还组织知名学者对《论语》等一百篇古典名著进行了介绍，其中经、史、子、集均有。另外，还在高等院校开设了儒学课程，如延世大学开有儒家名著选读课。为了从事汉学研究，还建立了成均馆大学大东文化研究所、高丽大学亚细亚问题研究所、汉阳大学中国问题研究所、汉城大学韩国中国语文学会等研究机构。这些机构各自发表了许多论文和专著。

1993年9月，韩国新闻界、学术界、文化界的50余名人士组成"东洋学100卷后援会"，决定从中国和韩国历史典籍中精选东洋学100卷出版发行。目前已出版《贞观政要》、《诗经》、《十八史略》、《小学》、《大学》、《中庸》、《论语》等，其中《诗经》、《十八史略》、《贞观政要》等书的印数都超过1.5万册。1996年，韩国成均馆大学校长丁范镇同他的50多名门生经过4年的努力，完成了中国历史名著《史记》（7卷）的翻译工作。他们认为《史记》已超出史书的范围,囊括哲学、文学、地理、天文、神话传说等,是中国思想和文化的宝库。1996年2月,汉城法人文化社开设了大型中国图书专卖店,上架的中国图书达1万多种、10多万册,包括中国文学、汉文学、文献学、史学、考古学、哲学、金石学、中医学等。可见,相通的古代文明和文化积淀里蕴藏着中韩文化交流的巨大潜力。

2005年9月,韩国延世大学教授全寅初主编的《韩国所藏中国汉籍总目》(以下简称《汉籍总目》)统计①,韩国现有中国汉籍约12 500余种。这些汉籍收录在28种古书目之中,目前为韩国各处图书馆收藏。

下面对汉籍所藏图书馆等机构进行介绍:

据调查,韩国收藏中国古籍的机构单位较多,其中比较主要的有:国立中央图书馆、奎章阁、韩国学中央研究院藏书阁、成均馆大学校东亚学术院尊经阁、高丽大学校中央图书馆、延世大学校中央图书馆、岭南大学校中央图书馆。此外尚有国会图书馆、国史编纂委员会、首尔大学校中央图书馆等多处。

1. 国立中央图书馆

国立中央图书馆创立于1945年,到2002年年底为止,该图书馆存藏古籍共有249 616册,该馆古籍藏书目录有《古书目录》(著录为韩国本)及《外国古书目录》两种。据《外国古书目录》记载,所藏中国本古籍有1 930种,近70%为木版本,出版年代以清刊本(尤其是光绪刊本)与民国刊本较多,明刊本也为数不少。

该馆又将所藏主要资料数字化,建立了数据库,将目录资料以文字形式、全文资料以影像形式录入。截至2003年年底,共收录书籍68 896册,1 024.4755万面。一般读者可通过国家电子图书馆网站(www.dlibrary.go.kr)进行查询。

该馆网站:http://www.nl.go.kr/nlch/index.htm。

2. 奎章阁

奎章阁原为皇家图书馆,收藏历代皇家文献之所。至今收藏颇丰,计有各种古籍图书27.3956万册。据《奎章阁图书韩国本综合目录》和《奎章阁图书中国本综合目录》合计,中国古籍共有7 530种、87 963册。奎章阁所藏书籍中,不乏很有价值、亦可填补空白的中国古籍。

1910年朝鲜被日本吞并,奎章阁的图书归朝鲜总督府所有;1930年又移入京城帝国大学新建图书馆;1946年京城帝国大学改名国立汉城大学(现首尔大学前身),奎章阁图书也一并归入该校附属中央图书馆。

1873年以来,奎章阁先后数十余次编纂了所藏书的各类目录。

从1977年起,奎章阁出版了学术年刊《奎章阁》,第1辑至第24辑的原文

---

① 此书作为延世国学丛书第52种,由韩国学古房图书出版社2005年出版。

资料可在官方网站（http：//kyujanggak. snu. ac. kr/bha/kyu—i. htm）上查询。同年，奎章阁完成了所藏图书目录的电子数据库，并一直在进行所有资料的电子化以及全文数据库的开发。奎章阁还开设了网站（http：//kyujanggak. snu. ac. kr），向读者提供检索该馆所藏17.5万余种资料的目录。

3. 韩国学中央研究院"藏书阁"

韩国学中央研究院的前身是1978年成立的"韩国精神文化研究院"，2005年2月改名为"韩国学中央研究院"。"藏书阁"是该院的图书馆，所藏古书共有107 927册，其中移馆图书82 749册（韩国本42 662册、中国本27 313册和刻本12 874册）；一般古书23 122册；文库本古书2 056册。据《藏书阁图书中国版总目录》，藏书阁共收录1 200种、25 839册中国本古籍，主要是元明清刊本，有的在中国失传已久，极具文献价值。在所藏汉籍中，有七种被指定为韩国国家级宝物。

韩国学中央研究院的网站：http：//www. aks. ac. kr。

藏书阁电子图书馆的网站：http：//www. aks. ac. kr/ak¦aenr ices. asp？URL = http：//lib. aks. ac. kr。

4. 成均馆大学东亚学术院尊经阁

成均馆始建于1398年，是当时朝鲜太宗七年皇室设立的最高国家教育机构，19世纪末发展成一所现代化大学。1475年，朝鲜成宗六年在成均馆设置了尊经阁，这是设立最早的图书馆。"二战"后，部分藏书归该校中央图书馆所有。2000年，成立东亚学术院，其专门资料情报中心合并了大学中央图书馆古书室和大东文化研究院资料室的藏书，仍以尊经阁命名。

尊经阁藏书已达25万余册，其中古籍资料大约7万册。在所藏中国古籍中不乏珍本秘籍。该馆编纂的《古书目录·第一辑》（1979）、《第二辑》（1981）、《第三辑》（2002），收录了尊经阁所藏全部东装本（即由韩国人、中国人、日本人所撰的刊本与写本）。

尊经阁致力建构了电子数据库，读者可在尊经阁网站（http：//east. skku. ac. kr）上查询尊经阁所藏的1万余条图书目录以及41万余页的古书与古文书的原文资料。

5. 高丽大学校图书馆

截至2003年3月1日，高丽大学校图书馆所藏汉籍书总计98 978册，其中珍贵书籍就达5 268册，有三种中国古籍被韩国政府列为国宝，说明该馆所藏汉籍的数量与质量颇为可观。该校图书馆自1966年开始，先后编辑出版了该馆所藏中国古籍目录及目录综合索引等。据《汉籍目录综合索引》记载古籍达10.6万余册。从2001年开始，为纪念建校100周年，该馆分三阶段开发"贵重书

Digital 书库",第一阶段已完成汉籍 493 册、期刊 930 册。其网站为：http://163.152.81.89/arbook。

高丽大学图书馆网站：http://nihrary.korea.ac.kr。

6. 延世大学校图书馆

延世大学中央图书馆所藏汉籍书达 8 763 种、65 400 余册。其中不乏各种古活字本、珍本以及贵重写本，许多善本及档案等贵重资料均是其他重要图书馆所没有的。据《延世大学校中央图书馆古书目录》第二集所载，收录贵重古籍共 949 种。该馆所藏汉籍以朝鲜本为最多。

1986 年，延世大学许璧教授发表《韩国延世大学中央图书馆所藏中文善本书目》（上、下），虽收录古籍 422 种，但并不完备。

1977 年，《延世大学校中央图书馆古书目录·第一集》收录了馆藏古籍（韩国本、中国本、和刻本），然未收录近 2 万余件的古文书。1987 年的《第二集》收录了《第一集》遗漏的古书及 1977～1986 年搜集的古书 5 324 种、18 892 册。

该馆网站：

http://library.yonsei.ac.kr/dLgearch/CGUIII'heme/Yonseilmain.asp。

7. 岭南大学校图书馆

1997 年 5 月，为纪念建校 50 周年，岭南大学校图书馆举办了"古书·古文书展示会"同年 9 月设置"古书室"，致力于古书与古文书的搜集和整理，刊印《古书目录》。截至 2003 年 9 月 1 日，该馆共收藏古籍 65 573 卷，所藏"一般汉籍"有 2 500 册，其中中国本古籍的数量甚少。读者可查询岭南大学图书馆的网站：http://slima.yu.ac.kr/SlimaDU。

8. 国会图书馆成立于 1952 年，藏书量已达 150 万卷。2000 年 7 月以后，全国与国会图书馆合作交流的图书馆也可从网上利用该馆所藏 340 万件书志资料以及 4 300 万页的原文资料（http://www.nanet.go.kr）。

1995 年，该馆出版《古书目录》，收录 1994 年以前的线装本古书 2 387 种、13 962 卷。

9. 国史编纂委员会

国史编纂委员会始创于 1946 年。1983 年出版《古书目录》，共收录 4 175 种、19 569 册：古书 2 134 种 12 989 册、中枢院（以前日本总督府的中枢院）图书 1 508 种 4 773 册、古籍影印本 299 种 902 册、影印本 234 种 905 册。

读者可上网查询国史编纂委员会网站：http://kuksa.nhcc.go.kr。

10. 东国大学校中央图书馆

东国大学校中央图书馆旧藏古书在战争时几乎全部散逸。现藏古书均系战后搜集的，佛教资料尤为完备。1981 年，出版《古书目录》。相关内容现可在该馆网站（httpa://lih.dgu.ac.kr）上查检。1985 年，设立佛教学资料室，藏书已达 4 万余卷。

该校图书馆网址：http://lib.dgu.二.kr/hullbul.htm。

11. 首尔大学校中央图书馆

首尔大学校中央图书馆本为奎章阁之上级机构。1992 年奎章阁独立，目前该馆汉籍古书的入藏时间遂以此年为上限。该馆古文献资料室藏有资料 620 册，[后秦] 鸠摩罗什《思益梵天所问经》写本 1 册、[明] 净善《禅林宝训》刊本 1 册、[明] 候继国《日本风土记》写本 1 册、[比利时] 南怀仁《坤舆全图》清康熙十三年（1674）刊本 8 册、清高宗命编《御题平定伊犁回部全图》，铜版画 25 册等。该馆网站为：http://library.snu.ac.kr。

12. 釜山大学校图书馆藏书超过 100 万卷。截至 2004 年 7 月，收藏汉籍古书达 16 696 册、古文书 3 932 件。

该馆网站为：http://ulip.pusan.ac.kr。

13. 庆尚大学校中央图书馆于 2001 年设立汉籍资料室"文泉阁"，管理所藏汉籍 28 757 册。1996 年出版《庆尚大学校图书馆汉籍室所藏汉籍目录》，著录达 12 633 册。

该馆中央图书馆网站：http://library.gsnu.ac.kr。

文泉阁网站：http://203.255.20.163。

14. 忠南大学校中央图书馆藏书 110 万册。1993 年，该馆出版《古书目录》，收录所藏线装书 3 250 种、17 000 余册。

该馆网站为：

http://168.188.11.60/dlaearch/TGUI/Theme/Chungnam/main.asp。

本 章 小 结

纵观韩国汉学研究和中国文化在韩国的传播历程，成果斐然。

在漫长的中韩交流历程中，韩国吸收了大量的汉文化精髓，并一直传承下来，使中韩文化至今仍有很多相同之处，这是发展两国文化交流关系的深厚基础。

20 世纪 90 年代，以中韩建交为契机，韩国掀起"汉文化热"和"汉语热"，并迅速进入前所未有的鼎盛期，其中最重要的原因之一就是韩国国民从意识和价值观上对中国文化的认同感和亲近感。

20 世纪 90 年代以后，与韩国的"中国学"一样，中国的"韩国学"也是正在发展中的新兴的学术领域。在韩国，"中国学"已经作为最重要的地域研究领域得到巩固。

韩国自古以来具有善于吸收和发展外来文化的优良传统。中国文化从思想、制度到行为以无形和有形的方式传入了朝鲜半岛。中国文化儒家学说对韩国的政治、思想、伦理、道德、教育起过重要的作用，这些无形和有形的文化精髓随着历史进程一直形影不离地伴随着韩国国民走到了今天，使得韩国文化成了东亚汉文化圈中最接近中国文化的部分。通过对韩国汉学研究和中国文化在韩国传播的整理和回顾，可以让我们在文化发展上相互借鉴，为中韩文化的共同繁荣、为中国文化走向世界奠定深厚的基础。

第二章

20世纪中国古代文化经典在亚洲其他地区的传播历史

第一节 中国古代文化经典在东南亚的传播导论

一、中国古代文化在东南亚的传播概述

东南亚在中国之南，且濒临海洋，所以古代把它称为"南海"或"南洋"。早在公元前后，中国与东南亚之间已有交通往来。《汉书·地理志》记载了一条海外交通路线，是研究中外关系史和东南亚史的重要资料。其中几个地名，几十年来历经中外学者考证，迄今尚无定论。然而绝大多数学者认为其中多处地点位于古代南海地区，即今之东南亚。明永乐三年至宣德八年的28年间，郑和七下西洋。其中，东南亚是郑和前三次航海的主要目的地和后四次航海的往返必经之地，是郑和船队活动最多、逗留时间最长的一个区域。可见中国与东南亚的交流往来源远流长，并在相当长的一段历史时期内非常密切。

(一) 东南亚：海外华人移民的聚居地之一

中国人向海外尤其是向东南亚迁徙的历史非常悠久。据清代蔡永廉的《西山杂记》记载，中国人移居东南亚始于唐代。宋元至明清时期，中国海外贸易不断发展，东南沿海地区向东南亚的移民，蔚成风尚。除了经济贸易等一般原因外，明末清初时期，大批中国人移居到东南亚地区则主要是由于当时的政治原因。即清王朝在全国确立了统治以后，那些反清复明失败的明朝官吏军民，或恐遭清军杀戮，或因战乱无以为生，因而逃离中国本土，流寓海外。菲律宾、暹罗、爪哇各地均有他们的踪迹，而越南、柬埔寨因地利人和，逃亡移居者为数众多。自16世纪开始，东南亚殖民时代开启，特别是在鸦片战争以后，西方殖民主义者在东南亚开采矿产、兴办农场、修建公共设施，为获取廉价劳动力而招募大量的"契约华工"，激发了中国大规模的移民潮。这些漂泊异乡的下层劳动者往往被称为"苦力"或"猪仔"。据统计，从1840年以后的100年间，每年涌入东南亚的中国劳工平均达10万以上。因而，东南亚地区不仅是世界上华人最早驻足的地区之一，而且也是当今世界上华人最集中的地区。

相关统计数据显示，印度尼西亚目前有华人8 800多万人，占总人口的3.7%，是东南亚各国中华裔公民绝对人数最多的国家。马来西亚官方2010年最新一次人口普查的结果显示，华人总人口为696万多人，占国民总数的24.6%。华族一直是该国仅次于马来族的第二大族群。2009年越南人口普查的数据显示，华族为823 071人，占越南总人口0.96%，是越南第六大民族。2007年，泰国华侨华人大约有700万人，占总人口的11%。老挝华侨、华人约有20万人左右，主要集中在中、南部地区，其中聚居在首都万象和几个省会城市。根据我国外交部2013年6月更新的数据显示，柬埔寨华人、华侨总数约为70万人。其中，广东潮州籍人所占比例最大，约为80%。目前，绝大多数柬埔寨华人已加入柬籍，主要生活在经济相对发达的金边、马德望、干拉、贡布等省市地区。2001年缅甸华侨、华人已达247万人，占总人口5%左右，前任总统奈温、吴山友、现任总统登盛皆是华人。

(二) 中国古典文化在东南亚

由于东南亚与中国在地理上的亲缘关系，加之华人移民的不断迁入，博大精深的中华文化，从物质器具、科学技术、语言文字、艺术宗教到生活方式、价值观念、典章制度，曾广泛地传播到该地区，促进了当地文化的发展。在古代史上相当长的一段时期内，中国文化与东南亚某些国家的文化，达到了十分亲密，甚至在某些方面达到了水乳交融的程度，极大地影响了这些国家的历史和文化的发展。

而在近代史上，直至20世纪上半叶，中国传统文化在东南亚的传播、交流、被接受和融入，也基本呈现出一种自然的状态。仅以文学作品和中华戏曲的流传为例。

1. 文学

中国古典小说对东南亚的影响，在时间上晚于诗歌，但影响更为广泛。以《三国演义》为例，这部著名的长篇历史小说在东南亚许多国家都广泛流传。《三国演义》成书后，中文本就传到了越南，后来又传到其他国家，被译成多种东南亚语言的文本出版。泰译本是各种东南亚语言文本中成书最早的。1802年曼谷王朝拉玛一世亲自颁御令任命大臣主持翻译，并于1805年完成。《三国演义》的翻译揭开了中国文学在泰国传播的序幕，引领了泰国文学史上的"《三国》时期"。同时，泰译本《三国》是在华人用泰语讲述的基础上，由文学造诣极高的泰国大臣整理写作完成，既未承袭原著文体，也并非泰国文学传统文体，因而随着其广泛传播和接受，成为泰国文学的一部分，开创了泰国文学史上的"《三国》文体"，受到众多作家的称赞和模仿。

《三国演义》译成其他一些东南亚国家语言版本的年代是：马来语：1883～1885年；爪哇文：1890～1894年；越文：1901年；柬埔寨文：20世纪30年代。《水浒》在19世纪就有了泰文本（1867年）和马来文本（1885年）。《今古奇观》的马来文本出版于1884年，20世纪初又出了越文本。[①]

在东南亚国家中，越南受到中国文化的影响最深，也最全面。汉字在该国长期通行，因而有条件全面吸收中国文化，成为中国文化在东南亚地区的最大受惠国。[②] 越南人在利用汉字的结构和形声、会意、假借等造字法创造"喃字"之前，一直使用汉字，即便喃字出现后，也大多只用于文学作品的创作中，汉字的作用仍十分重要。儒、佛、道三种宗教在越也很流行。中国文学在越南的传播，最早可以远溯到秦汉时代。古代越南用汉字和喃字创作的作家，都不同程度地接受过中国文学的熏陶。越南也是中国古代小说传播的重要地区之一，据统计，20世纪60年代前，中国古代小说的译本就有300余种。[③]

在印度尼西亚，中国小说传入的时间是很早的。早在1595～1598年，荷兰人第一次到东印度时，曾带回一些东方书籍，其中竟有《水浒传》的抄本。在三宝垄，有人看到1828年《平闽全传》译本，这部书五十二回，书前有1769年罗懋登写的序，该书是在鹭江（厦门）刻印的。[④]

[①] 贺圣达：《中国古代文化在东南亚的影响》，载于《思想战线》1992年第5期，第81页。
[②] 史继忠：《"东方文化圈"与东南亚文化》，载于《贵州民族研究》2000年第3期，第93页。
[③] 颜保：《中国小说对越南文学的影响》，载于《中国传统小说在亚洲》，国际文化出版公司1989年版，第208～236页。
[④] 林金枝：《近代华侨在东南亚传播中华文化中的作用》，载于《南洋问题研究》1990年第2期，第12页。

据法国学者苏尔梦女士统计，在19世纪70年代~20世纪60年代，印度尼西亚的华侨华人作家、翻译家有806人，他们创作和翻译的作品有2 757部，另有无名氏作品248部，总数达3 005部，这些作品中包括重印本。创作作品中有剧本73部、诗歌183篇（部）、创作小说和故事1 398篇（部），中国作品翻译有759部。而在这一时期翻译西方的作品，只有233部。①

另据新加坡学者杨贵谊先生的统计，从汉语译为罗马化马来语的中国古典小说，从1889~1950年，共有79部问世，其中包括几部小说在不同年代的重译和再版。杨贵谊先生指出，"相信尚有遗漏，但为数不会太多"。

大量的中国古典文学作品，特别是历史小说，在相当长的历史时期内，一直深受印度尼西亚、马来西亚、越南、老挝、柬埔寨等国的欢迎，在这些国家的华人群体，以及部分土著群体中广泛流传。

2. 戏曲

中国地方戏曲历史悠久，剧种繁多，传统剧目丰富，表演艺术精湛。随着迁移海外华侨人数的日益增多，数百年来，各种戏班远渡重洋，到东南亚各地演出，特别是广东、福建等省的地方戏曲，很早就流传到东南亚各国。明朝初期，中国的地方戏曲已传入缅甸。清朝初期，法国路易十四派往暹罗的外交使节，就有关于在暹罗观看中国喜剧和傀儡戏的记载。乾隆年间，泰国吞武里王朝的郑王是潮州人，喜欢看潮州戏，因而有中国的潮剧戏班相继前往泰国演出，很受王室贵族和泰国民众的欢迎。②道光年间，福建省的高甲戏班曾先后到泰国、越南、新加坡、马来亚、印度尼西亚等国家和地区演出。太平天国起义失败后，一些参加起义的粤剧艺人，为了逃避清统治者的捕杀，被迫避难到东南亚。流亡在新加坡等地的粤剧艺人还组织戏班，后来在新加坡成立了戏班行会"梨园堂"。因为这些地方戏曲在东南亚地区流传广，而且深入人心，在一些国家，已成为当地多元文化艺术的一种。③

（三）中华文化在东南亚的传承与变异

中国人向东南亚迁移的过程中经历了一个从华侨向华人的身份转变，这种转变也是中华传统文化在东南亚传承和发生变异的过程。早期的中国移民心系故土，日夜期盼着衣锦还乡。这种"过客"的心态，使得许多华侨不能在居住国安心下来，也难于与原住民实现真正的融合，他们在华侨圈子内比较完整地保存

---

① Claudine Salmon. *Literature in Malay by the Chinese of Indonesia：A Provisional Annotated Bibliography*，Paris：Editions de la Maison des Sciences de l'Homme，1981：115-116.
② 赖伯疆：《东南亚戏剧概观》，中国戏剧出版社1993年版。
③ 饶芃子：《中国文学在东南亚》，载于《世界华文文学论坛》1999年3月，第3~4页。

并传承了中国传统文化的各种样式,这正是他们认同于自己祖国的精神支柱。

随着东南亚各国在20世纪相继独立,海外华人虽多已入籍所在国,但其边缘群体的地位和被统治、被支配的现实处境,使他们需要有积极的母体文化来支撑自己的文化个性和精神上的归属感,也需要用这种母体文化来团结同胞,凝聚海外游子的人心,同时还需要在与主流族群的交往时,保持自己民族的独特的文化个性,这样才能赢得当地原住民的尊重。

在海外,唐人街或中国城的形成,其实质是以高度聚居的生活方式使中华文化得以长期保存。华人依血缘、地缘、语缘而分帮结派,在社会生活中重视祖先崇拜,表现出强烈的宗亲意识。他们的后裔大多接受过中华传统文化教育,在家庭生活以及华人社区的社会生活中,都不同程度地保持了中华传统的风俗习惯。在东南亚各地的城镇中,几乎都有华侨创办的华文学校、华文报刊和华人社团,这些都是维系华人社会、传承中华传统文化的有力纽带。①

纵观20世纪百年间中华传统文化在东南亚的传播进程,我们清晰地看到了广大华侨华人为传承中华文化所进行的艰难抗争以及所付出的巨大代价。东南亚绝大多数国家的政府为了维护土著民族的主体地位和核心权益,都曾强制或和缓地推行过不同程度的限制华人文化传播、同化华人的政策。排华的社会氛围长期存在于东南亚各地。这必然造成中华传统文化在东南亚地区的变异。

印度尼西亚历史上曾发生过多次大规模的排华事件,甚至是骇人听闻的流血冲突。该国自独立后,即对各类华文学校、华文报刊和华人社团的活动施加种种限制。在华侨加入该国国籍之后,更是采取了各种手段使他们尽快同化于原住民社会。苏哈托政权在32年的统治期间采取的排斥华文及中华文化的政策,使如今40岁以下的绝大多数华人不能使用华文华语,更勿论中华文化了。

而泰国的统治者一向主张对华侨实行同化政策,而不是排斥政策。泰籍华人不仅享有同等的选举权和被选举权,还可担任政府官职,包括政府总理在内。华人与泰人之间的通婚现象日益普遍,他们的后裔逐渐丧失了华人的文化特征,而变成了所谓的泰国华族,他们在很大程度上例行泰族文化,只是在风俗习惯上保持了华人的部分传统。

现代以前定居越南的华人基本上已悉数被"越化"。其成因,除历代越南封建王朝实施的华侨政策带来的影响以及包含这种影响于其中的总体生存状况外,历史上越南文化受中国文化影响极为深刻,大体而言,两国地缘相近,国情相同,习俗相通,素有"同文同种"之谓,因此,华人融入越南民族、社区的进

---

① 高伟光:《中华传统文化在东南亚的传承与变异》,载于《江西社会科学》2005年4月,第149~150页。

程与其他国家相比更为迅速、顺利，没有文化、信仰或种族方面的矛盾。而进入现代时期，由于越南当局采取的强制性措施，使得越南华人的"越化"程度明显加快。特别是1976年，越南全国统一后，越南政府将华人划为少数民族，更达到了改塑其民族归属的目的。①

在华人占人口大多数的新加坡，由于当局采取双语教育政策，华人在文化上也出现了明显的"西化"倾向。

马来西亚是东南亚国家中最好，最完备地保留了中华传统文化的国家之一。但是，这里的华人并非简单地继承中华传统文化的各种因素，而是在现实生活和政治斗争中发展了中华文化的精华。当地华人把传承中华传统文化演变为一种社会政治力量。在马来西亚，马华公会、中华总商会、董教总等华人社团，其角色并不仅仅是华人的文化组织，而更是一个积极为华人进行权益诉求的政治团体。②

（四）民族的交融与文化的融合

东南亚的华人，作为人数较少的外来族群，为了生存和发展，必须首先适应当地的文化环境。因此，我们可以看到，古代曾居住在东南亚的华人移民，早已自然融入了当地社会，华人与当地原住民通婚的现象也很普遍。他们的后裔在东南亚各地有不同的名称，如印度尼西亚的帕拉纳坎（peranakan）、马来西亚的峇峇娘惹（baba nyonya）、菲律宾的美斯蒂索（Chinese mestiso）、缅甸的桂家和越南的明乡人。这些族群就是东南亚的"土生华人"族群。

早期的中国移民文化程度低，他们所传播的中华文化只表现在本民族的语言文字、宗教信仰、传统节日以及生活习俗等方面，不可能成为自觉传播与弘扬中华传统文化典籍的力量。19世纪末到20世纪初，在孙中山领导的民族民主革命思想的鼓舞下，特别是由于许多中国知识分子开始移居东南亚各地，使华人的知识水平普遍有了提高，华人的民族主义精神随之日益高涨。这一时期的东南亚华人表现出追求民族自强、弘扬民族文化的自觉要求。

"二战"结束后，西方文化对东南亚影响力明显衰落。东南亚国家在纷纷获得政治独立后，都面临着建设现代化国家的历史任务。这既包括政治、经济领域的建设，也包括文化建设。它不可能用某一个统治民族的文化来取代其他民族的传统文化，而必须在承认多元文化并存的前提下，通过文化的相互交流和相互吸

---

① 徐善福、林明华：《越南华侨史》，广东高等教育出版社，第327页。
② 高伟光：《中华传统文化在东南亚的传承与变异》，载于《江西社会科学》2005年4月，第151页。

收，来逐步形成新的现代化国家的文化。在这个漫长的发展过程中，无论是作为占统治地位的原住民，还是作为移民后裔的华人，都开始对外族文化抱有更加开放和包容的态度。因而，战后在东南亚许多国家，华文学校、华人社团和华文报刊都出现了空前繁荣发展的景象。

但是大约从20世纪60年代中期起，在经过若干年的政治动荡之后，东南亚独立国家的民族主义政权得到了巩固。原住民民族主义情绪的高涨以及在政治上对中国的疑虑，促使各国政府对中华文化的传播采取了严格的限制措施，这使中华文化的影响力受到削弱。至七八十年代，随着中国改革开放和建设步伐的加快，直至20世纪末，中国综合国力的稳步上升，中国外交的多层次，多方位展开，特别是中国与东南亚在各个领域的交流合作的不断推进，以及以"汉语热"的出现为代表的中华文化在海外影响力的逐步提升，这些积极的因素都促进了东南亚地区华人文化的进步和发展，以及东南亚各国文化与中华文化的繁荣共生。

在全球化的影响下，东南亚华人文化正受到东西方多种文化的影响而处在不断变化之中。中华传统文化将在东南亚华人身上继续得到传承和发展，但这一文化早已不是原始的、纯粹的中华文化，而是一种以中华文化为根基并吸收了外族文化内容的复合型文化。① 这种根源于中华文明，并在椰风蕉雨中生根发芽的华族文化正以其博大精深的内涵、兼容并蓄的特点而日益得到原住民的理解和尊重。

二、20 世纪中国古典文化的流播与影响：从马来亚到马来西亚

19世纪末，清王朝处于风雨飘摇之中，国内战乱连连、自然灾害频发。而鸦片战争的惨败，使各国殖民者获得了在华招工的权利。在这社会动荡、民不聊生的背景下，大量中国人背井离乡，到海外淘金。整个20世纪，特别是20世纪上半叶，海外华人数量激增达数百万之多，这其中就包括逃往东南亚的大量华人。华侨华人的足迹遍布南洋各地，向有"海水到处，皆有华侨足迹"的说法。

由于在南洋地区生活着数量如此巨大的华人群体，因此中国文化，特别是古典文化落地于东南亚并在异国他乡得以传承与发展就成为一种必然。在东南亚各国当中，新马地区，即从新马分家前的马来亚到今天的马来西亚，无疑是中国古典文化生根、发芽、繁衍及繁荣的一个极其重要的地区。

---

① 梁英明：《从东南亚华人看文化交流与融合》，载于《华侨华人历史研究》2006 年 12 月第 4 期，第 32~35 页。

新马地区地处东西方交通交流之要道，自古以来与中国联系极为密切。新加坡是东南亚地区华人最为集中、华人人口比例最高的地区，也是中国近代学人到达最多的城市之一，汉文化在东南亚的流播，肇始和兴盛于新加坡；而马来西亚是全世界范围内至目前已建立起最为完备的海外华文教育体系的国家。因此，对20世纪百年间中国古典文化在马来西亚（包括1965年新马分家前的新加坡）的流播进行研究具有典型意义和研究价值。本书将就这一问题，尝试从华文刊物的创办、华文学校的设立、古典小说的译介、中华戏曲的传播以及其他一些流播的途径及其影响对其进行分析和论述。

（一）华文刊物的创办

如果从世界上第一份中文近代报刊《察世俗每月统记传》（*Chinese Monthly Magazine*）于马六甲创刊的1815年算起，至今，海外华文传媒已经有了将近200年的历史。截至20世纪末的统计数据，海外共有52个国家和地区出现过华文、华文与其他文字合刊的报刊，累计总数约4 000种。20世纪50年代以前，华文报刊主要集中在东南亚一带，甚至可以说，东南亚国家占压倒优势。[①] 另据统计，从1881～1941年这60年里，在新马创刊的华文报纸约有70种，华文刊物（包括期刊和非期刊）大约有300种。[②]

新马的华文刊物有两大特点：

第一，历史悠久，发行量大。

马来西亚许多华文报刊历史悠久、影响力巨大，如《光华日报》已经创办了一百余年，两大著名的华文报——《南洋商报》和《星州日报》也都有近90年的创办历史。在今日马来西亚的报纸中，华文报刊的发行量最多，每天的发行量达到了100万份。

第二，发挥着传扬中华文化的核心作用。

作为一种信息传播工具，海外华文传媒是以华人社会的形成及其规模的扩大为基础的。在海外华文传媒的诸多功能中，传扬中华文化无疑是最重要的一项。许多华文报刊开辟专版专栏，连载中文小说或是中国古典文学作品的译作，还有一些报刊以薪传华文教育为己任，通过专版专栏协助当地华校推展华语教学。

以1897年创刊的《海峡华人杂志》（*Straits Chinese Megazine*）为例。由宋旺

[①] 程曼丽：《关于海外华文传媒的战略性思考》，载于《国际新闻界》2001年第3期，第25页。
[②] 陈友冰：《汉文化在新加坡流播的历史进程及相关特征》，摘自国学网 http://www.guoxue.com/? p=2970。

相（Song Ong Siang）和林文庆（Lim Boon Keng）合办的这一杂志曾大幅地介绍过中国古典文学，证明了当地华人群体对中国古典文学的强烈兴趣。这份杂志，几乎每一年每一期都至少有一个篇章用以介绍或译述中国古典文学作品。例如第 I 期中，陈德顺（Tan Teck Soon）撰写的 *Some Genuine Chinese Authors*，该文章对中国文学的着墨最深，也较具文学性，不仅介绍了庄子思想，也译述几首中国古典诗歌，例如班婕妤的《秋扇歌》、曹子建的《七步诗》、王维的唐诗等；第 V、VI 期中，林文庆发表的"《左传》节译"；第 V 期中，P. C. Tsao 发表的 *The Wars of the Gods*（《封神榜》翻译）；第 V 期中，K. T. T 发表的 *Chinese Literature and Philosophy*（《中国文学与哲学》）等。①

这些华文纸媒，从不同的角度记载了当地人民，尤其是华人的历史活动。他们不但提供了研究当地华人社会的第一手资料，而且登载了难以计数的以华人的语言、文学、艺术、历史、文化等领域为研究对象的论文，对中华传统价值观的推广与普及，对汉学研究的倡导，也起了重大作用。

（二）华校及高校中文院系的设立

尊师重教是中华民族的美德，海外华人素有重视母语教育之传统。"华人必须学习华语"已经成为海外华人的信念。

在真正意义上的华文学校成立之前，在马来亚华文教育的萌芽时期，基本上是以私塾方式施教。私塾由私人设馆授徒逐渐发展为由华人社团出资办馆。1819 年在槟榔屿创办的"五福书院"是马来亚地区迄今为止有址可考的最早的私塾蒙馆。② 到 19 世纪晚期，涌现出一大批华文私塾，较为知名者如萃英书院、培艺书室、毓艺书室、养正书屋、乐英书室等。这些私塾所授课程，既有传统启蒙读物《诗经》、《三字经》、《百家姓》、《千字文》、《幼学琼林》，又有儒家经典《四书》、《五经》及正史、诸子百家等。③ 这些私塾，在教会华侨读书计算以谋稻粱之时，也肩负起传播中华传统文化及价值观的责任。

20 世纪初，现代华文学校开始出现在马来亚的华侨社区。1905 年，陈楚楠等人在新加坡创立了养正学堂（后来改称崇正学校），标志着现代华文学校在马来亚的正式诞生，对当地华侨地缘会馆创办现代华文学校产生了极大的影响。此

---

① 黄慧敏：《新马峇峇文学的研究》，台北："国立"政治大学民族学研究所硕士学位论文，2003 年，第 63 页。
② 林远辉：《马来亚独立前的华侨学校》，载于《华侨史论文集（3）》，暨南大学华侨研究所，第 1981 年。
③ 莫嘉丽：《中国传统文学在新马的传播——兼论土生华人的作用》，载于《华侨华人历史研究》2001 年 9 月第 3 期，第 66 页。

后 20 年间，另十多所华文小学相继开办。

纵观 20 世纪，为了薪传中华文化传统，马来西亚华裔族群历尽千辛万苦，出钱出力，开办了许多以中文为教学语言的华文小学、中学，使华文在当地历尽沧桑而得以保存和发扬，这是马来西亚华文教育的硕果。从马来亚到马来西亚，经过华侨华人社会几代人的不懈努力，至今已建立起了从华文小学、华文独中到华文大专学院乃至大学的比较完整的华文教育体系。这些华文学校，对中华文化在马来地区的传承与流播作出了巨大的贡献。

马来西亚的华文教育在 20 世纪末还出现了向高等教育发展的历史性转折。以华文为主要教学媒介的"新纪元学院"于 1998 年 2 月诞生。2002 年 8 月 13 日，马来西亚第一个华人大学——拉曼大学由前首相马哈蒂尔及夫人主持开幕。该大学的创办标志着它将在国家高等教育发展上扮演的角色，致力于推动华文教育在马来西亚发展。

此外，马来西亚部分知名高校，如马来亚大学（UM）和马来西亚佩特拉大学（UPM）都开设了中文系，进行较高水平的华文教育和研究。马大中文系成立于 1963 年，是该国中文研究的最高学府。从创立至 2000 年，该系共培养了 1 439 名学士、52 名硕士及 7 名博士。在本科阶段的课程设置方面，该系共开设了"语言与文学"和"社会与文化"两大系列课程。前者以中文研究及古典文学研究为主，其课程体系中与"中国古典文化"相关的课程有：中国文学史，国学概论，中国古典诗词赏析，唐宋文选，中国传统小说，唐、五代及宋代词选，元明清文选，古典戏剧，汉字学与古文字学等。后者则以汉学研究及实用汉语为主，其课程体系中与"中国古典文化"相关的课程有：中国文化概论，先秦、两汉史，华人宗教概论，中国文学概论，唐、宋史等。[①]

以马大中文系为典型代表的当地中文院系的建设与发展为中国文化经典在马来西亚主体民族中的传播以及海外汉学研究在当地的推展起到了极其关键的作用。

（三）中国古典文学作品的传播及译介

19 世纪末至 20 世纪，随着大量华人移民的到来，中国古典文学也随之流传、播撒到马来亚。中国古典文学在新马的流传，多是古诗、民间歌谣、小说、故事、散文等，其中包括部分译为马来文的作品以及如经学典籍、序文碑文等广义的文学作品。其最主要的传播方式与途径包括以下三种：民间说书人的口头传

[①] 苏庆华：《马大中文系教职员的学术研究概述》，载于王润华、杨松年主编《新马汉学研究：国大马大中文研究状况探讨研讨会论文集》，新加坡国立大学中文系，2001 年，第 161～162 页。

播，土生华人群体对部分中国传统小说的译介，以及广义文学的传播。

1. 民间说书人的口头传播

在新马民间流传的中国口头文学，其实质是俚俗文学。学者莫嘉丽认为，此类文学主要有两种形式：一种是下层劳工中广受欢迎的"讲古"；另一种是人称"过番歌"的民谣。① 所谓"讲古"，即闽南方言及潮汕方言中"说书、讲故事"的意思。南洋地区早期的华人移民以劳工为主体，多为文盲，听听"讲古"，既是他们辛苦劳作之余的享受，也可慰藉思乡之情。因此，这一形式深受下层劳动者的欢迎。

而"过番"是闽南及潮汕方言中"出国、出洋"的意思。"过番歌"是一种民间歌谣，其内容多为诉说男子离妻别子，单身出洋的无奈与悲伤；皆以方言唱出，民俗色彩浓厚。例如："断柴米，等饿死，无奈何，卖咕哩。……火船驶过七洲洋，回头不见我家乡。是好是劫全凭命，未知何日回寒窑。"② 歌谣中的"卖咕哩"即"卖苦力"，说明华人为养家糊口，漂洋过海的辛酸与无奈，而"七洲洋"即今天海南东南海面的七洲列岛，过了七洲洋，就远离故土，前途未卜。"过番歌"将出洋的孤独悲苦以家乡方言"重构"，在形式上将异邦与故乡这两个远隔的空间联系起来，似乎成为劳工们有家归不得，只能在精神上"梦回"的喻义。③

2. 土生华人群体对中国传统小说的译介

土生华人在马来语中被称为"Cina Peranakan"，俗称峇峇娘惹。他们是东南亚特有的族群，是早期移民入东南亚的中国男子与当地的马来女子所生的子女。"新马的土生华人，专门指那些与土著有混合血统的特殊身份和文化背景的族群。"④ 峇峇娘惹的聚集区主要集中在马来西亚的马六甲、槟榔屿以及新加坡。这三个地区就是当年英国殖民统治下的海峡殖民地，因此，他们也被称为"海峡华人"。峇峇娘惹群体在文化上接受了许多马来族群的习俗，但同时仍继承和保持着中华民族的许多文化传统，注重孝道、讲究长幼有序，他们婚丧嫁娶的习俗和中国传统的礼仪也很相似，在文化习俗和宗教信仰方面十分"中国化"。

正是这样一个血统融合、文化杂糅的特殊群体，他们中的部分精英在中国古典文学作品的译介方面做出了巨大的贡献。从19世纪末到20世纪50年代初，他们曾经把相当数量的中国古典章回小说和皇朝历史，如《三国演义》、《水浒传》、《西游记》、《后列国志》、《精忠说岳》等翻译成马来语。这些翻译作品如

---

①②③ 《中国传统文学在新马的传播——兼论土生华人的作用》，第67页。
④ 杨贵谊：《新马土生华人翻译文学的兴衰》，载于《东南亚华人文学与文化》，新加坡亚洲研究学会，1995年，第32页。

今被保存下来的为数不多,其中有一部分流落到外国去,如英国、荷兰、法国,甚至俄罗斯等。存在马来地区的,除新马国家图书馆和大学图书馆外,还有一部分是归属个人藏书。至今有书可考的,尚有几十部。①

经过新加坡学者杨贵谊先生的统计,从汉语译为罗马化马来语的中国古典小说,从1889~1950年,共有79部问世,其中包括几部小说在不同年代的重译和再版。杨贵谊先生指出,"相信尚有遗漏,但为数不会太多"。长期致力于印度尼西亚、马来西亚华人历史及文化研究的法国著名汉学家克劳婷·苏尔梦在其论文"马来亚华人的马来语翻译及创作初探"一文中列出了94部马来半岛华人用拉丁化马来语译著的小说目录,②其中71部是华人翻译成马来语的中国古典文学作品。在这些中国古典小说译作中,于20世纪问世的作品,严格说来是从1902~1950年,包括重译及再版在内,共计59部,其中43部是在20世纪30年代翻译出版的。因此,20世纪30年代无疑是中国古典小说在马来亚译介的巅峰时期及黄金时代。

土生华人选择进行翻译的中国古典文学作品,基本上都是历史性、故事性及民俗性很强的演义、奇观、志怪等通俗小说,基本上囊括了中国古、近代通俗小说的五大类:历史演义、公案小说、侠义小说、志怪小说、言情小说,其中以历史演义为最大量,公案、侠义次之,志怪与言情只占很小的比例。③

峇峇所翻译的中国通俗小说的题材以历史小说为最多。例如以先秦为背景的《孙庞演义》和《封神榜》;描写汉代历史故事的《三国》、《西汉》和《王昭君和番》;唐朝的故事,如《反唐演义》、《薛仁贵征东》、《红面君主》及《罗通扫北》等;以宋朝为历史背景的《万花楼》、《精忠说岳》、《狄青五虎平南》及《杨文广征南闽》等;讲述元朝历史故事的《孟丽君》和《臭头洪武君》;明朝的故事《正德君游江南》以及清朝的历史故事《洪秀全》和《乾隆君游江南》等。

峇峇翻译文学中多选择历史小说,其主要原因可能是:(1)由于这些历史小说同时承载了许多中华文化元素,通过历史小说的阅读,在读史之余,也可直接濡沐中华文化;(2)在历史小说中贯穿了传统伦理道德观,这对于重视传统礼教的峇峇人而言,是家庭教育中不错的教科书。④

有的学者指出,土生华人作家对中国古典小说的翻译是"为了让马来人了

---

① 杨贵谊:《马来语文中的华文文学翻译作品》,载于《人文杂志》第7期(马来西亚华社研究中心出版),2001年1月,第14~25页。
② [法]克劳婷·苏尔梦,居三元译:《马来亚华人的马来语翻译及创作初探》,载于克劳婷·苏尔梦编著、颜保译:《中国传统小说在亚洲》,国际文化出版公司1989年版,第349~362页。
③ 《中国传统文学在新马的传播——兼论土生华人的作用》,第70页。
④ 黄慧敏:《新马峇峇文学的研究》,台北"国立"政治大学民族学研究所硕士学位论文,2003年,第74~75页。

解中国古典文学作品",其实此类文学作品从诞生最初到之后相当长的一段时期内,其针对的读者群主要还是土生华人的自身群体,也就是峇峇族群。"曾锦文曾在他的《三国》序文里提到,他从事这项翻译工作,主要是为他的'族群'提供有益的消遣读物。此外,也希望通过这些翻译作品,让那些不懂汉文的峇峇娘惹们对中国文学名著有所认识。"① 因为这些翻译作品所使用的语言是峇峇马来语,这种语言自成系统,与地道马来语不尽相同。它是一种夹杂了许多闽南方言的马来语,把许多马来语发音作了改变,并用中国语法来讲马来语。再加上大量中国文化背景的内容,对于当时仍习惯于阅读爪威文书写体的标准马来语的马来人而言,在理解上有相当的难度,也比较缺乏兴趣,因而接受度不高。这也正是大量的此类作品在正式出版前往往在土生华人创办的报刊上进行连载的原因。因为这类报章的主要读者群也是土生华人群体自身。广大的土生华人正是通过对通俗小说的普遍阅读,了解中华民族历史,濡染中华民族文化的。

从 19 世纪末到 20 世纪上半叶,马来西亚土生华人自主创办一些出版社以及双语或单语的马来文报刊,为这些中国古典文学作品的译文、译本提供了广阔的发表园地。比较知名的出版社包括宝华轩、古友轩和金石斋等。于 1924 年由吴清林(Goh Cheng Lim)和袁文成在新加坡合办《日常报》(*Kabar Slalu*)是首次连载中国古典文学翻译作品的报章,当年,《白蛇与黑蛇》、《二度梅》、《薛仁贵征西》等作品在该报开始连载。② 而后来比较有影响的报纸有《东星报》、《土星报》、《土生华人报》、《土生华人新闻》、《阳明报》、《每日新闻》、《讲故事报》等。在单行本没有出现以前,翻译作品就在这些报刊上连载。

从 19 世纪末至 20 世纪前半期,从事中国古典文学作品马来文翻译的作家群体主要是峇峇群体中的西化土生华人,而在 20 世纪后半叶接续翻译工作的则是汉化土生华人。虽然在数量上比不上前者,但是翻译的作品内容却比前者来得多样化,包括古典作品、传说、民间故事和旧韵文等,而且是采用较现代化的马来语翻译。其中已出版成单行本的有:《浮生六记》(1961)、《山伯英台史诗》(1963)、《梁山伯与祝英台》(《蝴蝶的故事》)(1964)、《中国古典诗词选》(1981)、《孙子兵法》(1986)、《三国演义》Ⅰ至Ⅲ连环画(1992)、《大学中庸》(1994)、《道德经》(1994)、《聊斋故事选》(1994)以及《梁山伯与祝英台》(1994)。

此外,特别值得一提的是,在 20 世纪 90 年代,在马来西亚出版界出现了几部由马来人翻译的中国古典文学作品,包括《白蛇传》(1990,Rusnah Talib

---

① 《新马峇峇文学的研究》,第 72 页。
② 《新马峇峇文学的研究》,第 53 页。

译)、《前娘》(1990,Alauyah Bhd. Rahyman 译)、《孟子》(1994,Obaidellah Hj. Mohamad 译)、《孔子的学说论语》(1994,Obaidellah Hj. Mohamad 译)。其中,前两部是从英译本间接翻译过来的,后两部则是精通中文的乌拜德拉·哈吉·穆罕默德(Obaidellah Hj. Mohamad)先生直接译自中文,他曾于马来亚大学任中文系教授。乌拜德拉先生的这两部译作是由马来西亚官方的最高级别的出版机构——国家语文出版局出版发行的,在当地有较大影响力。

3. 广义文学的传播

海外华人侨居异国他乡,为了增强凝聚力,相互帮扶,逐渐组建了各类华人社团。马来西亚是全球拥有华人社团最多的国家,根据马来西亚政府社团注册局 2001 年 6 月的统计,马来西亚林林总总的华人社团约有 7 276 个,目前估计达到将近 9 000 个。① 华人社团同华文教育及华文报章并称为马来西亚华社的三大支柱。马来西亚华人社团多为地缘性、血缘性和业缘性以及学术、娱乐、宗教、慈善等性质的社团,其中以地缘性的社团(如同乡会馆)和血缘性的社团(如宗亲祠堂)为最多,历史也最为悠久。

新马华人的集体活动,多由会馆社团牵头组织进行。举凡立会馆、建祠堂、兴学校,乃至举办各种慈善福利活动等,都依华族古制而"做文以记之",并刻石以留芳。这些记识碑文,均按中国古典散文的格式写作,许多文字极具文采。② 对于中华文化在马来亚的传播的研究,这些序文或碑铭无疑极具研究价值,因为这些以"记"、"序"、"跋"等形式出现的碑文可以看成广义上的古典文学形式。德国著名汉学家傅吾康教授一生潜心研究东南亚华文碑铭史料,完成了大量极为珍贵的有关东南亚华文铭刻资料的搜集及编纂工作。他曾于 20 世纪 60~70 年代,两度受聘到马来亚大学中文系任教。这一期间他在新马各地搜集了大量的金石碑刻,并于 1978 年与马来亚大学的陈铁凡教授(Chen Tieh Fan)合著并出版了《马来西亚的华人碑文》(Chinese Epigraphy in Malaysia)一书。他在该领域的中文著作还包括《马来西亚华文铭刻萃编》、《印度尼西亚华文铭刻汇编》、《泰国华人铭刻萃编》等,为后人留下了非常宝贵的研究资料。

(四)中华传统戏剧的传播

对远涉重洋的华侨华人来说,异域的生活无疑是苦涩的,这使他们加倍怀念祖国与亲人。于是,乡音浓重的山歌、耳熟能详的戏曲、民族特色的服饰、中式风格的建筑、家乡供奉的神灵等,都成为他们异国生活中不可缺少的因素。而日

---

① http://baike.baidu.com/view/3583244.htm。
② 《中国传统文学在新马的传播——兼论土生华人的作用》,第 68 页。

益庞大的华人群体,也为中国艺术的生存和发展提供了肥沃的土壤。当南洋各国中形成了具有相当影响力的华人社会时,中国艺术的存在和发展自然是不可缺少的。① 而这其中,传播范围最广、受众最多、影响最大的艺术形式无疑是传统戏剧。每当华人的传统节日或举行宗教祭祀活动,当地的华侨华人便聘请家乡戏班前往演出,同时也组建了一些当地的娱乐团体。

流传至南洋的中国戏剧主要包括高甲戏、粤剧、潮剧、闽剧、琼剧、京剧、歌仔戏(芗剧)、南管戏、莆仙戏、十番戏、梨园戏、布袋戏、木偶戏、皮影戏等众多剧种。从中可以看出,从闽、粤两省传来的地方戏曲在南洋地区流传最为广泛。这是因为当地华人中闽粤籍民众占有极大比例,而闽粤两省传统戏剧极其繁盛。以福建为例,其各地剧种的传统剧目据统计多达一万五千多个,素有"艺术省"之称。②

"二战"以前,中国传统戏剧在新马华人社会的影响力相当大,其中以福建戏、广东戏和潮州戏三种剧种最为普遍。这是因为相较于传统小说,传统戏剧的娱乐性及接受度更强,也更为普通大众所接受,尤其对目不识丁者,戏剧文学无疑是文化生活上更好、更易读懂的选择。③ 根据学者黄连枝的分析,在这些地区演出过的传统剧目,按其主题意义及特点,主要包括以下四大类:(1)帝王将相的丰功伟绩和生活轶事;(2)才子佳人的风流韵事和悲欢离合;(3)神奇鬼怪故事;(4)征讨"蛮夷"故事。④

我们不难发现,峇峇马来语翻译文学所选择题材及书目,与以上剧目的重叠性非常高,如《正德君游江南》、《乾隆君游江南》、《孟丽君》、《封神榜》、《薛仁贵征东》等。于此,中国传统戏剧对峇峇翻译文学的影响也就不言而喻了。⑤

在中国传统戏剧中,前往新马演出场次最多的地方戏种是福建省主要剧种之一的高甲戏。在 20 世纪上半叶,从 1902 年直至"二战"爆发的 1942 年,40 年间,来自福建的多达十余个高甲戏团在新马各地巡回演出从未间断。例如,福建高甲戏剧团金和兴班于 1912~1942 年在马来亚演出,主要的演出剧目有《筱子都》、《失高宠》、《孟姜女》、《杀郑恩》、《小商河》等。⑥

演出场次逊于高甲戏的是福建、广东两地的木偶戏。据资料记载,1908 年及 1914 年,出身木偶世家的泉州提线木偶戏班班主蔡庆元应南洋侨胞之邀,曾

---

① 梁虹:《论南洋四国的中国艺术》,福建师范大学硕士论文,2007 年,第 1 页。
② 康海玲:《福建地方戏曲在马来西亚》,摘自戏剧研究网站资料 http://www.xiju.net/view_con.asp?id=2078。
③ 《新马峇峇文学的研究》,第 59 页。
④ 黄连枝:《马华社会史导论》,(新加坡)万里文化企业公司,1971 年,第 122~123 页。
⑤ 《新马峇峇文学的研究》,第 60 页。
⑥ 《论南洋四国的中国艺术》,第 140 页。

率班到新加坡、菲律宾等地演出数月之久，深受侨胞欢迎，此为泉州提线木偶出国演出之始。① 蔡庆元演出的木偶戏形象传神，活灵活现，深受华侨的好评。该木偶戏班的到来，在新加坡、马来西亚一带播下了木偶戏艺术的种子。广东著名木偶艺人郑寿山从 1916～1922 年间，他经常在新加坡、马来西亚一带巡回演出。他既能演武功艺术造诣极高的生角木偶戏，如《五架滩》、《三气周瑜》等剧目；还能演做工细腻的旦角戏，如《貂蝉拜月》、《西蓬击掌》等剧目。② 郑寿山的精彩演出，不仅培养了众多的木偶戏观众，而且把精湛的木偶戏技艺传播到马来西亚诸多华人社区，带动了木偶戏的发展。

素有"南国红豆"美誉的粤剧，是广东省最大的地方戏曲剧种，从明初渐趋形成以来，已有三百多年的历史。粤剧于南洋各国广泛兴起，则是始于 19 世纪中叶。20 世纪初，就有大量的中国粤剧团前往东南亚各地进行演出。1921～1941 年是粤剧在马来西亚的繁盛阶段。国内粤剧界的名角薛觉先、苏少棠、女旦新白菜、粤剧"小生王"白驹荣、著名武生少昆仑所在的几大粤剧团纷纷来到马来西亚献艺。③ 新马地区的粤剧艺人数量较多，在当地组建了许多戏班，且影响力较大。新加坡当地著名的粤剧剧团有永寿年班、普长春班、庆维新班、新佳祥班等。而在马来西亚，吉隆坡和槟城是粤剧演出较繁盛的两个城市，由于新加坡几大戏班常到此演出，促进了本地班的崛起。马来西亚的暗崩、芙蓉、金宝、太平、马六甲、坝罗、新埠等地也都各有一至两个粤剧团体。中国著名的粤剧演员新华、靓元亨曾到这些戏班走埠演出。④

旧称"海南戏"的琼剧，从明末清初开始在海南岛植根算起，已有 350 多年的历史。在马来西亚，"由于海南人与粤人、闽南人、潮汕人和客家人并著的五大华人社区群落，因此，琼剧也是与粤剧、闽剧和潮剧并列，成为当地华人最喜爱的四大剧种之一"。⑤ 据现有资料记载，从海南南来的琼剧班踏上马来半岛的历史，至少也有 160 余年，而新加坡是琼剧艺人在南洋活动的大本营。⑥ 20 世纪 30 年代是琼剧在马来西亚发展的黄金时代，"马来西亚全国 13 个州，纷纷成立海南会馆，而在较大的会馆中，都设有琼剧团，并经常演出琼剧"。⑦

近两个世纪以来，中华传统戏剧的多个剧种已经融入了当地华人社群的生活

---

① 丁言昭：《中国木偶史》，学林出版社 1991 年版，第 112 页。
② 赖伯疆：《东南亚华文戏剧概观》，中国戏剧出版社 1993 年版，第 274～275 页。
③ 《东南亚华文戏剧概观》，第 215 页。
④ 康海玲：《粤剧在马来西亚的流传和发展》，载于《四川戏剧》，2006 年第 2 期，第 38 页。
⑤ 赵康太：《琼剧文化论》，中国戏剧出版社 1998 年版，第 6 页。
⑥ 康海玲：《琼剧在马来西亚的流传和发展》，载于《戏曲研究》，2006 年第 3 期（总第 71 辑），第 327 页。
⑦ 《琼剧：海南文化精粹》，载于《星洲日报》，2004 年 3 月 7 日大都会版。

之中，特别是在华人的宗教祭祀、节庆民俗活动中，为适应酬神尚乐的需要而大放异彩。中华传统戏剧以其独特的魅力顽强地生长在马来亚的土地上，或绚烂夺目，或余音绕梁，在历史长河中散发着独特的光芒。

（五）其他传统文化艺术的传播和发扬

1. 绘画艺术

马来西亚华人继承了中国传统的绘画艺术。中国水墨画在马来西亚很有影响，教授、学习和鉴赏收藏水墨画，在马来西亚也有不小的市场。华人画家的作品突出物体线条的明暗关系，对色彩的运用不多，水墨山水画是华人画家的主要创作主体，他们的绘画通常表达人与自然的关系，寓意深远。他们中的代表人物有：刘抚、钟四滨、陈宗瑞等。

2. 书法艺术

中国的书法艺术在马来西亚也很受人们的喜爱，书写春联和举办书法比赛，已成为庆祝华人春节的一项传统活动，其他民族人士也喜欢学习书法。马来西亚华人还成立了书艺协会，专门从事书法艺术的推广与研究。

3. 音乐

马来西亚华人在音乐上传承了华乐。中国民族乐器、民族乐曲在马来西亚都有很好的基础，深受人们的喜爱。古筝、二胡等民族乐器有许多人学习。为了提高马来西亚华裔民族乐器的演奏水平，从1990年开始，马来西亚中央音乐艺术学院与中国北京中央音乐学院，正式联合主办中国乐器华乐海外分级考试，由中国选派专家监考。目前这种在海外的中乐、乐器考级，只在马来西亚和新加坡设立，每年都有数百人参加二胡、琵琶、古筝、扬琴、笛子和阮等中乐乐器考级。此外，马来西亚华人还创造出了新的音乐艺术——二十四节令鼓。这种表演形式是把24个节气的名称贴在鼓上，很多面大鼓一起敲打，击出不同的鼓点。很多华文中学都有二十四节令鼓队，经常在一些大型活动中进行表演。

4. 舞蹈

马来西亚华人在舞蹈上延续了中华许多传统舞蹈，包括舞狮、舞龙等，许多民族舞蹈深受人们的喜爱。舞狮舞龙在马来西亚开展得很普遍，不少华人社团组织都有舞狮舞龙队，每逢节日及庆典活动，总少不了舞狮舞龙助兴。马来西亚华社还成立了马来西亚狮团总会，不少舞狮队具有很高水平，在国际舞狮比赛中夺得过狮王称号。

5. 曲艺

流传于东南亚的中国曲艺当中，最具生命力及影响力的曲艺形式，当数南音。起源于福建泉州地区的南音,其婉约优美的旋律深受东南亚华人甚至当地其他民族人民的喜爱。由于新马华人中,福建人特别是闽南人在华侨中所占的比重最大,决定了南音这一闽南传统表演艺术在当地拥有了深厚的民众基础。

根据文献记载,马来西亚最早成立的南音社团是1887年成立的仁和公所。在新加坡,创建于19世纪末的横云阁则是最早的南音社团。20世纪的30年代,马来西亚成立了沁兰阁、云林阁、桃源俱乐部、同安金厦会馆、渔业公会等南音社团。1940年,新加坡还成立了的"湘灵音乐社",该社拥有众多著名艺人,技艺精湛,直到今日仍为新加坡的主要南音团体。[1]

中国传统曲艺项目——相声,在马来西亚也有一定的市场。许多中国著名的相声表演艺术家纷纷应邀到马来西亚表演,如2004年中国著名的相声表演艺术家马季、赵炎、李金斗、李建华就曾应邀到马来西亚表演。在马来西亚华人中也有酷爱相声表演的人士,他们致力于相声的研究、创作与表演,并经常与中国相声表演艺术家切磋交流。马来西亚著名的相声演员有姚新元、纪庆荣、苏维胜等。其中,姚新元曾拜中国著名相声演员马季为师。

6. 武术

中华武术,如太极拳、咏春拳、洪拳、气功等在马来西亚华人中也很流行,不少社团组织如马来西亚武术总会、马来西亚精武体育总会、马来西亚五祖武术体育会、马来西亚中华内丹功学会等,都从事武术活动,并在全国各地设有分会。目前武术项目已经成为马来西亚在国际体育比赛中赢得奖牌的项目,如马来西亚武术名将何诺槟在2004年亚洲武术锦标赛上,独获2金1银,成绩骄人。

(六) 从马来亚到马来西亚的汉学研究

东南亚近代汉学研究是世界汉学研究史上独特而又重要的一章,与近代东南亚历史发展中西方入略、沦为殖民地、大批华人侨居等特点密切相关,出现了由来到东南亚的西方人、华人和当地人从不同的文化背景、需要和目的出发,进行汉学研究的复杂情况。其中,华人的汉学研究,其主要特点或核心内容是:立足中华文化,以研究儒家思想为主;致力于儒家经典、思想的"浅化"或通俗化解说;把中国古代典籍和文学作品翻译成英文和当地语文。[2]

由于当地华人长期在海外生活并在殖民统治下,许多华人不懂中文或中文水平有限。把深奥的儒家学说解说得浅显易懂,就便于华人接受。这种"故意为

---

[1] 郑长铃、王珊:《南音》,浙江人民出版社2005年版,第80页。
[2] 贺圣达:《近代东南亚的汉学研究》,载于《云南社会科学》,1999年第4期,第63~73页。

之"的"浅化"正是为了既保留中华文化的精神，又适应当地华人社会的实际需求。新加坡早期儒学复兴运动的倡导者，如邱菽园编写的《浅字文》（1899年）及《新出千字文》（1902），以及张克诚先生编写的《孔教撮要白话》，其用意都是在于以白话文字解释儒家伦理。后者可以说是东南亚最早的白话文儒学读本。这些浅显易懂的儒学读本的问世，使儒学最主要的道理"使识字之人，一见便知，转相传述，妇孺皆知"，[①] 这无疑是为新马地区的汉学研究以及中国古典文化在当地的流播作出了独特的贡献。

世纪风雨，百年沧桑，一甲子的岁月悄然过往。

20世纪百年间，中国古典文化随着大量华人移民的到来，在新马地区落地生根，传承发展。从马来亚到马来西亚，随着华文纸媒的创办，华文学校的纷纷建立，中国古典文学作品的译介，中国传统戏曲在当地的演出和流播，新马汉学研究的逐步开展，中国古典文化以其深厚的文化底蕴、独特的文化魅力，在这片异域的土壤上独自绽放。

从马来亚到马来西亚，中国古典文化于20世纪的流传与播撒是无数华人先贤倾毕生之心血来达成的，他们为中华文化传统在当地华人社会尤其是侨生华人中继续得到保存、传授，为向西方人或当地民族的人士介绍中国传统文化，作出了重大的贡献。

20世纪百年间，中华文化在马来亚的流播与影响，并不是这寥寥数千字可以说清道明的。只是尽自己之所能，将前辈学者的研究成果，与我们的点滴心得进行粗浅的概述与总结，以此表达自己对新马华人先贤及学者们的崇高敬意。

第二节　中国古代文化经典在南亚的传播导论

古代中国与南亚地区存在密切的文化交流。形成这种密切文化交流的原因也很简单：作为世界上两个重要文明和文化的繁衍栖息地，其地理位置又仅一山之隔，交流如何能不频繁呢？相关的学术研究也历史久矣。尽管我们的命题是"中国文化在南亚"，但是从学术史和研究文献的角度看，是很难将两个地区之间文化的"往"与"来"完全划分开来的。在我们论述过程中涉及的文献资料，大部分均是以"交流"的名义立说，而很少有完全单向传播的视角。而且这种交流在中国的学术视野中，总是传入比传出的内容更加丰富。例如我们在文中一

[①] 梁元生：《宣尼浮海到南洲》，香港中文大学1995年版，第167~168页。

些地方引用的"文化交流史",由于作者的立意以及资料限制,其内容就以"传入"的居多,"流出"的部分总显得单薄。这大概有两个原因:一个是在历史上,中国的文化传统博大精深,所以就发展出了更大的容量,以至于能够海纳百川,更多地接受外来文化;另外,任何的文化,流传出去就不但不会对发源地有什么损失,反而会巩固其优势文化的地位,而当一种文化传播进来的时候,就会丰富接受地区的文化内涵。所以从自身的视角,人们总是能够注意到有何种异域文化传播了进来,而不太注意自己有哪一个方面的文化内容流传到其他地区了。这样,"中国文化在南亚"这个题目就显得格外有意义。因为这可能是一个在历史上以及在今天的学术研究中都容易被忽略的问题。

一、古代中国文化在南亚传播的时间脉络

我们的论述基本上从公元前后开始,这当然不意味着那是一个文化传播或者交流的开端时期。如果做一个思考上的推断,不同地区人类族群之间的交流当然会追溯到远古,只不过相应的证据随着时间流逝越久远也就越湮没无考。考虑次大陆这样一个"人种博物馆",以及中亚在勾连南亚与古代中国方面所发挥的重要作用,先不提文化,即使基因层面的交流也应该是必然。从这个意义上讲,文化传播的视角的确应该放得更高远。陈炎教授在海上丝路的研究中,能够将目光投向文化遗址的考古发掘,就很好地说明了这个问题。

对于我们的研究题目而言,公元前后的一段时间是文化交流的文字证据开始出现并日益丰富起来的时期。这也是我们将之作为论述开始的原因。从早期的文化交流史料来看,人们对异域文化充满了好奇和探求的愿望,即使是只有耳闻没有目睹的事件,也会记录下来。《史记》之中所记张骞听说的"蜀布"和"邛竹杖",被作为中国与南亚地区之间文化交流的文字证据,反复引证和讨论。在今天看来,相比于中国制造的产品在全球铺天盖地,这仅仅听来的微末事物却被如此重视或许会令人哑然一笑。然而历史上的万物都是从这样从无到有、从细小到宏大发展而来的。文化交流的轨迹也是如此,也经历一个从跬步到千里的过程。我们的"文化",总要流传到另一个国家或者地区。即使是闭关锁国与外部几乎隔绝的时代里,外部的世界和人们也在通过不同的渠道观察着我们并得出自己的结论。在中国日益走上世界舞台前沿的今天,我们就更需要回过身去观察历史,看一看从古代到现在,我们的文化是怎样传播到其他地区的,给那个地区的人们形成了怎样的印象和影响。这对于今天形成较好的文化传播策略、为明天建立更好的文化形象是至关重要的。论及此,蜀布或者竹杖,或者任何早期的交流,虽然似乎微不足道,但却是我们的文化在南亚传播历史中的一部分,是值得记忆的

宝贵证据。

中国与南亚地区的文化交流到东汉时期变得内容极其丰富，这其中最主要的原因是佛教开始传入。伴随这一中国文化史和宗教史上重要的事件发生的，是中国开始更为主动地去了解南亚地区，特别是希望探究那里的文化源流和风土事物。在这一过程中，就有越来越多的中国人不畏旅途险阻跋涉万里来到南亚，或游历或学习或商贩或定居。反之亦然。这些人之中，若以文化意义言之，则以僧人的事迹最为突出，功绩也最为显著。其中的原因自然是僧人们都饱读经书，可以完成文化交流的使命并予以文字的记载，从而也让后人论之有据。我们在"佛教文化交流与南亚"一章中，主要的视角就是讨论这些僧人对于中国文化在南亚的贡献。当然，佛教文化交流立意高远内容艰深并且来往繁杂，非篇章短文可以叙清，只不过鉴于其重要性而不得不与专章论述而已。

中国和南亚地区之间在历史上围绕佛教进行的接触和互动是世界文化交流史上成功的典范。在面对这样一个延绵时间长、牵扯范围广和交流深度大的宏伟文化现象的时候，我们除了对历史的学术沉淀展开讨论，还可以发现很多可以对今天的交流活动形成很好指导的思路。一个国家或者地区所特有的文化或者宗教思想和内涵，在传播到另一个国家或者地区的时候，其历程往往充满了千回百折和举步艰难。例如伴随着新航路开辟而开展的传教活动，甚至往往出现血腥和暴力。人们对来自异域的新文化，尤其是新的宗教思想，很多时候是难免心存戒备甚至抵触的。然而佛教在传播的过程中，虽然也经历了困难重重，但是整个过程却要顺畅很多。这其中最为重要的原因，我们将其归结为官方的支持。从魏晋到唐宋，中国和南亚地区的僧人前赴后继地投入佛教交流，除了宗教信仰的虔诚心态使然，官方所提供的援助也无比重要。

在以佛教为代表的文化交流之外，经济和贸易活动也贯穿整个中国对外交流的历史。贸易活动的初衷虽然大抵只是盈利，但是其结果却同样是互通有无，对某种物品的来源地或者接受地都产生经济利益之外的影响。这也是我们在文中主要讨论的方面，即经济活动所带来和产生的文化效应。以"朝贡贸易"或者"海上丝路"等为例，相应的盈利或者亏损，万国来朝或者耀兵异域，都早已经被历史所湮没。到今天，大概已经没有人还会关心某年月日某船瓷器在某地赚了几两银子；也没有人会觉得船队远行擒获别人的国王是多么值得重提的事情。然后文化的印记却在这些活动中深深地刻在历史之中。丝绸之路之所以成为文化交流的重要意象，当然不在于数量众多的商贩骆驼队远途运送了到底多少物品，而是古人在古道上不畏风餐露宿、筚路蓝缕的开拓精神。

陆上丝绸之路的开辟以及中国与南亚地区的佛教交流，在一定程度上都依托了中亚这样一个文化集散地。而到了宋明时期，通过海路完成的各种交流活动越来越频繁和深入。这种交流通道从陆地到海洋的转换,似乎也预示着我们的文化进程即将出现重大转折。对中国而言,宋代繁荣的海路贸易以及明代郑和下西洋,都表明海洋对于国际交流扮演越来越重要的角色。在西方主导的新航路开辟尚未开始,在以欧洲为中心的视角中世界还存在诸多未知的时候,东方国家之间实际早已存在和发展了规模宏大的海路航行。我们在"海上丝路与南亚"一章中讨论了从汉唐到宋明时期,中国与南亚国家之间的交流活动。在地缘政治观念在相应学术研究中占据相当视角的今天,深入了解海上丝路的历史,无疑有助于我们辨别是非。例如,"珍珠链"的概念在很长时间内甚嚣尘上,而实际上这样的航路,以及中国与南亚国家的海路贸易或交流,是存在悠长的历史渊源的。只有从文明与文化对话的角度去理解才能洞察,而非狭隘的地缘政治利益可以解释清楚。

二、古代中国文化在南亚传播的载籍和文献资料

在论述"中国文化在南亚"的过程中,我们主要利用了如下几种文献资料。一是对中国古代载籍的直接引述。对于"中国文化"这样一个命题,尤其是"古代中国文化",再没有比藏量丰富并灿若星辰的载籍更有代表性了。更为可贵的是这些载籍之中对于中国边疆及周围地区和国家的记述非常细致详尽。实际上今天对中国与其他国家和地区之间发生的文化交流或者文化传播进行的讨论,主要的基点是离不开中国古代载籍的。二是近当代以来,有学者对相关古代载籍进行了分类梳理,并做了深入的讨论研究。在"中国文化在南亚"这个题目中,这方面最典型的例子就是耿引曾先生所撰《汉文南亚史料学》[①]。这样的著作对于相关研究而言,尤其是在电子检索没有实现之前,有如汪洋大海之中的灯塔,其作用和功绩是难以言表的。三是近当代学者所撰写的各种文化交流史,重要的著作包括季羡林先生所著《中印文化交流史》[②]。当代中外文化交流和文化传播研究的一个重要特点,就是视角从单向转向了多元。既关注我们自己历史文献的积淀,也重视他国的研究资料和成果。

中国古代载籍浩如烟海,其中多有涉及古代中国与其他国家和地区进行文化交流的记录。在我们的论述中,最主要的载籍为"二十五史"。从《史记》到《清史稿》,正史之中记载大量关于中国与其他国家往来交流的史实。对于世界历史而言,这些内容成为宝贵的历史资料。尤其是那些没有官方修史传

---

① 耿引曾:《汉文南亚史料学》,北京大学出版社1990年版。
② 季羡林:《中印文化交流史》,中国社会科学出版社2008年版。

统，或者由于各种原因，历史的发展脉络已经湮没的国家而言，中国正史之中的丰富记录已经成为历史研究的瑰宝。正史之外，还包括涉及南亚的游记以及方志杂记。

如上所言，中国的古代载籍如同汪洋大海，常常令一般研究者四顾茫然，论述过程中就难免挂一漏万。当代学者对古代载籍之于中国与南亚国家文化交流的意义，进行了详细的整理、校注和评述，其中一些成果则成为相关研究工作的必要资料。在这方面，我们首推北京大学耿引曾教授的两本著作，即《汉文南亚史料学》和《中国古代载籍中南亚史料汇编》。我们在本书中引述中国古代载籍的过程中，基本上参考这两部著作。

《汉文南亚史料学》（Historical Data of South Asia from Chinese Sources），对"南亚的汉文史料进行考订、分类、阐述和评价，试图把汉籍中的南亚史料整理出一个系统。"正如该书内容简介中所言："汉籍中的南亚史料是举世无双的。它对历史资料极端缺乏，而一向以寓言、神话、传说来代替历史的南亚人民将如获瑰宝。它对研究亚洲的、特别是南亚的历史文化，以及中国与南亚的关系，有无与伦比的价值。"季羡林教授在为这本著作作序的时候，提到"耿引曾教授……无间寒暑，锲而不舍，终于取得了这样的成就，为今后不管哪个国家的研究中印文化交流的学者提供了方便，弥补了多年以来就已经感到的一个缺憾。"[①] 这是对这本著作极中肯的评价。我们在讨论"中国文化在南亚"这样的题目时，在相关古代载籍的参考、引用和论述方面，均建立在《汉文南亚史料学》之上。

除此，耿引曾教授更编有《中国古代载籍中南亚史料汇编》。这部著作对于中国与南亚古代文化交流的研究者而言，是应该常备案头的工具。季羡林教授在这部著作的序言中写道："耿引曾同志……翻检各种各样的典籍，焚膏继晷，兀兀穷年……搜集得成绩斐然可观。"这一方面说明这部汇编之得来不易，也指出了它对于相关学术研究的重要意义。有了这部汇编，我们就无须穷年累月地再去做翻检的工作，而可以直接得取到有用的材料。我们在"佛教文化交流与南亚"、"海上丝路与南亚"和"郑和与南亚"等章节，均从这本汇编中得到重要启发并加以引述。这本汇编以及上述的《汉文南亚史料学》如果按照南亚国家和地区再进行分类和外译，无疑将成为中国文化在南亚地区传播的经典。以斯里兰卡为例，尽管已经有部分研究关注了中国古籍中对该国的记载和叙述，但是系统全面的译介还并没有出现。如果以《中国古代载籍之中的斯里兰卡》问世，一定可以成为中国文化在斯里兰卡传播的很好尝试。

在直接对中国古代载籍进行梳理和汇编之外，当代学者还对中国与南亚地区

---

① 耿引曾：《汉文南亚史料学》，北京大学出版社1990年版，第1页。

和国家之间自古有之的文化交流进行了深层次的研究和论述。我们参考的材料就包括季羡林先生所著《中印文化交流史》、薛克翘先生所著《中国印度文化交流史》、陈炎教授所著《海上丝路与中外文化交流》、石云涛教授所著《三至六世纪丝绸之路的变迁》等，种类繁多而不一一列举。

季羡林先生所著《中印文化交流史》，如先生自己所言，"这确是一个大题……12万字的篇幅，这一本书我也只能小做。"又云，"在限定的篇幅内，戴着枷锁跳一场舞……还要尝试着写一部《中印文化关系史》。"① 虽然是"小做"，但是从学术的开拓意义而言，却立竿见影。这部著作中论及的佛教交流与倒流、造纸输入和蚕丝输入等问题，无一不成为后来研究的标尺和指南。尤其是对于"中国文化在南亚"这样一个论题而言，《中印文化交流史》更具指导意义。在有限的篇幅和叙述展开中，对于问题的研究框架已经确立。例如，问题讨论的源起应该在什么地方？季羡林先生提出《摩诃婆罗多》和《罗摩衍那》中关于"Cīna"的记载，以此来说明文化交流历史的源头。再如，对于文化交流的分期，季先生以"滥觞"、"活跃"、"鼎盛"、"衰微"、"复苏"和"转变"来勾画历史的脉络。在这样的基础之上，之后出现的以"中国南亚文化交流"为主题的各种著作，就顺理成章了。

在这些著作中，我们引证最多、最具有参考意义的是薛克翘先生所著《中国印度文化交流史》。在《中国印度文化交流史》的绪言中，薛克翘先生指出了中印文化交流的研究意义，"在中国乃至世界，佛学、藏学、蒙古学、敦煌学、吐鲁番学、丝绸之路学……研究者乐此不疲，学术气氛历久不衰。但是仔细想想，这些学科哪个能回避印度学，哪个与中印文化交流无关呢？"② 这样的表述中不难看到文化交流研究的重要学术意义。这部40余万字的巨著包揽细微，详述了中国和印度之间文化交流的历史。对于季羡林先生"尝试着写一部《中印文化关系史》"的心愿，这部书则有望满足。

当然，正是由于文化交流以及文化传播的重要性和重要意义，才使得这一领域著作频出，研究成果蔚为壮观。我们仅以最典型、最有代表性的著作为引，简述对于本论题形成指导和帮助的作品。余者数目众多，难以尽述。我们希望强调的是，在中国和南亚地区之间，自古以来就存在着这样的一个交流的传统。古代的法显和玄奘筚路蓝缕，开拓文化交流的伟业。今天的研究者则"焚膏继晷兀兀穷年"，为保存和发扬这种传统做出贡献。这种文化交流的实践者和研究者都在交流史中留下了宝贵的印记。

---

① 季羡林：《中印文化交流史》，中国社会科学出版社2008年版，第2页。
② 薛克翘：《中国印度文化交流史》，昆仑文化出版社2008年版，第3页。

三、近代至 20 世纪中国与南亚的文化交流特征

近代以来,中国和南亚地区的历史境遇均历经较大变化。这其中,有共同的命运也有不同的抗争。在世界历史发展潮流的挟带下,中国和南亚地区经历的共同历史境遇可以概括为:中国和印度(广义)分别在历经半殖民或殖民统治之后,通过思想启蒙与民族解放独立运动,摆脱封建主义、帝国主义、殖民主义的控制,最终走上独立发展的道路。

正如谭中先生在《印度与中国——两大文明的交流与激荡》一书中所说:"从 19 世纪中叶开始,中印两国变成了一对'殖民地难兄难弟'——印度是殖民地,中国是'半殖民地'"。近代以来直到 20 世纪中期,中国与南亚的历史是一部反抗殖民地半殖民地统治,争取民族独立与解放的历史。共同的历史境遇下,因相同命运而产生的互相同情与关注为中印文化交流提供了可能,中国和南亚地区一批较早觉醒的知识分子们,从民族复兴与东方文明复兴的角度,互相关心、互相学习,积极倡导中国和南亚之间的文化交流。一度进入"涓涓细流"状态的中印文化交流重新萌发生机,近代以来中国文化在南亚的传播也随之展开。

在中国,1840 年鸦片战争以后,一批先进的知识分子,为追求民族的复兴,以强烈的忧患意识体恤国情,观察世界。这其中,也包括对与中国相邻的其时沦为英国殖民地的印度的关注。早期的中国有识之士康有为、梁启超等人,很早就关心印度问题,康有为不仅著有《婆罗门考》,还曾在印度居住达一年半之长;此后又有革命领袖孙中山、章太炎等人,关心印度社会命运;在以谭云山为首的一批民国知识分子的推动下,1933 年成立的中印学会,1937 年建立的印度国际大学中国学院,为中印文化交流提供了重要基地。抗日战争之后,为增进中印文化交流,一大批学者如常任侠、游云山、金克木、吴晓玲、徐梵澄等纷纷去印度从事讲学与研究,并在回国之后成为之后中国印度学研究的中坚力量。从辛亥革命到 1949 年,我国学者发表了一大批有关印度学的著作。关注印度时局、关切中华民族命运的革命领袖、学者知识分子等作为沟通传播中印文化的重要桥梁,一方面将印度文化介绍给中国,同时也以自身的渊博学识与人格魅力,在中印文化交流过程中,成为印度对中国文化认知的一部分。

在印度,经过 1857 年民族大起义后,争取民族独立也成为印度人民为之努力不懈的目标。这期间,印度的思想家和政治领袖们也同样关注和重视中国文明和中国的命运。从较早的宗教社会改良家罗摩·罗伊、辨喜,到领导印度民族独立运动的政治家甘地、尼赫鲁,再到为中国人熟知且为中印文化交流做出重要贡

献的泰戈尔等人，均对中国文化抱有好感。特别是泰戈尔，在他的力邀下，中国学者谭云山前往印度国际大学并在那里设立中国学院。这一事件成为近代以来重启中印文化交流的重要里程碑，在印度中国学院的带动下，一时间掀起了中国学者研究印度、印度学者学习中国文化的潮流。国际大学中国学院作为印度近代以来汉学研究的发起者，培养了诸如师觉月等一批汉学研究学者，他们在促进两大文明对话的过程中，不断将中国文化介绍给南亚人民。

进入20世纪中期后，中国与南亚地区共同的历史境遇随着1947年印度独立及1949年新中国的成立发生改变。摆脱殖民地半殖民地统治、走上独立发展道路之后的当代中国与南亚各国，所处的历史境遇各有不同。进入21世纪，随着中印两个大国的不断发展，文化的交流才又进入繁荣阶段。不同的历史境遇导致外交关系的变化，也使得中国与南亚间的文化交流呈现不同面貌。薛克翘先生在《中国印度文化交流史》一书中将新中国成立后中国与印度的文化交流归纳为"高潮期"、"中断期"、"恢复期"、"平稳发展期"①，是对这一段时期的文化交流史所做的非常贴切的概括。

在这一时期的历史环境下，中国与南亚地区的文化交流与互相关注也有不同表现。新中国成立前后，中印关系处于蜜月期，中国与印度的文化交流进入高潮期。在印度，以德里大学为中心，学者广泛展开了对中国的研究。一批来中国留学的印度留学生，成为印度中国学研究的主体。同时，印度一些大学开设的中文课程也成为中国文化在印度传播的主要途径。与之相对应，在中国，以北京大学为代表，一些大学中也开始开设有关印度文化的课程与专业，在政府的推动下，留学生以及文化交流团体被派往印度，印度学研究也蓬勃发展。1975年，在政府与民间的共同努力下，中印间恢复大使级外交关系，中印友好的文化交流得以逐步恢复。1988年印度总理拉吉夫·甘地的访华之旅打破了中印之间的隔阂，中印关系全面改善，文化交流也进入平稳发展时期。进入21世纪以来，两国之间的文化交流更是逐渐频繁，学者的研究兴趣也逐渐开始分散，印度的中国学研究也呈现出繁荣的景象，相关的研究著述涉及文学、宗教、艺术、政治、经济等各个领域，中国文化在印度也以更为广泛与深入的形式被传播与接受。

四、近代以来中国文化在南亚的传播与影响

我国对于南亚文化关系史的研究历史悠久，出版了不少相关著作。薛克翘先生在其著作《中国印度文化交流史》中，对近代以来有关中印文化交流史

---

① 薛克翘：《中国印度文化交流史》，昆仑出版社2008年版，第506页。

的研究，进行了较为详细的总结与回顾。从薛克翘先生的梳理中，我们知道，前辈学人们的著作在研究近代以来中印文化交流的情况时，对中国文化在南亚地区的流传情况也多有着笔。如金克木先生的《中印友谊史话》、《印度文化论集》、季羡林先生的《中印文化关系史论文集》、《佛教与中印文化交流》、《中印文化交流史》、林承节先生的《中印人民友好关系史》等这些研究著作，在研究中印文化交流史的同时，都论及了中国文化在南亚流传的史实与例证。中印文化交流史研究方面的这些先行研究，为研究"中国文化在南亚"提供了重要的参考资料。

国内有关中印文化交流的著作中所涉及的中国文化在南亚传播的内容，根据收集的资料，介绍如下：

首先，是中印文化交流史方面的研究著作。季羡林先生所做的《中印文化交流史》中论及中国文化在印度的传播，尽管所占篇幅有限，更多的是从印度文化对中国文化的影响角度叙述中印文化的交流历史，但季先生所提出并在著述中反复强调的"中印文化交流"非单向性的观点，以及他在研究过程中提供的事实论据，为梳理"中国文化在南亚的传播"提供了理论前提。

林承节先生所著《中印人民友好关系史》一书，以非常翔实的资料介绍了近代以来中国与南亚知识分子之间为争取民族解放与自由的所产生的互动，为研究印度知识分子对中国文化的态度，考察近代以来中印文化互动的意图与内容提供了丰富的资料。

薛克翘先生所著的《中印文化关系交流史》一书，详细梳理了近代以来中印文化交流的内容，资料翔实丰富，书中有相当篇幅论述到近代以来中国与南亚知识分子之间的互动与中国文化在南亚的传播实例，还设单独章节详细介绍了"印度中国学的现状"。薛克翘先生对近代以来，特别是当代中印文化交流史的整理，为研究中国文化在南亚的流传提供了许多重要线索。

深圳大学文学院郁龙余教授等著的《梵典与华章——印度作家与中国文化》，从中国文化对印度作家影响的角度展现中印间的友好交流，是国内为数不多的研究中国文化在印度的传播和影响的著述之一。郁龙余先生即将出版的《中国印度文学交流史》一书，对中国文学在印度的传播与影响进行了专门论述，书中涉及的许多内容，不仅只限于文学，更对研究中国文化在南亚的传播有重要参考意义。

谭中先生编著的《谭云山与中印文化交流》、与耿引曾先生合著的《印度与中国——两大文明的交往和激荡》两书，也为"中国文化在南亚"的研究提供了许多的细节资料。

此外，还有一些著作，虽不以研究中印文化交流史为主要目的，但也是

"中国文化在南亚"研究方面的重要著作。如周宁先生所编的《世界之中国——域外中国形象研究》一书,书中设有专门的篇章论述"印度的中国形象",作者尹锡南先生以印度与中国有关的知识分子及他们的重点著作为线索,论及了近代以来各个阶段印度有关中国文化的研究思潮,介绍了与中国文化在印度有关的几乎全部知识分子及他们的言论、著作,并一一做详细的解析,勾勒了近代以来印度人眼中的中国形象全貌。"印度的中国形象"一章中所涵盖的内容,是研究近代以来"中国文化在南亚"的重要资料依据。

除著作外,近年来,随着海外汉学研究在国内的兴起,印度人"如何看待中国和吸收中国文化"这一课题逐渐进入学者的研究视野,也出现了系列研究论文,专门研究中国文化在印度的流传,特别是中国学在印度的研究。例如,四川大学南亚研究所尹锡南研究员所做的《印度汉学界的中国文学研究》、《20世纪印度与中国文化》、《一百多年来印度对中国认识的复杂变化》《新世纪中印学者跨文化对话:印度学者访谈录》等系列论文。这些资料,均为深入了解中国文化在南亚的研究与接受提供了良好的研究基础。

综上可知,近代以来"中国文化在南亚"这一课题的研究具备良好的先行研究基础。但如上所述,如许众多的研究著述虽涉及课题多有相似,研究角度与目的却各不相同。文化的向外传播,除却文化本身的吸引力之外,更多地与特定历史条件下文化传播的途径是否通畅、文化倡导者是否大力推广有关。总结前辈学人们的研究成果,回顾近代以来中国与南亚文化交流史,我们发现:古代中国文化的向南亚的传播,除经由经济、贸易等民间交流形成的暗流,大规模的向外文化传播更多是通过上层统治阶级层面的使节互访、能工巧匠与知识分子的互相派遣学习等方式实现。近代以来,中国和南亚间的文化交流也是如此。所不同的是,20世纪前期,由于中国和南亚均处在半殖民地或殖民地的未完全解放统治之下,官方层面的文化交流更多地由一些有觉悟的知识分子、仁人志士来实现,寻求救国途径的上层知识分子之间的互通有无,构成了20世纪前期中国和南亚文化交流的主要内容;而在20世纪后半期,随着中国与印度两个大国主权的确立,政府间的文化交流更多占据主流。但尽管其中掺杂了许多政治因素,承担政府使命并为之积极努力的仍然是活跃的知识分子。因此,知识分子对文化输出的态度及其文化需求与接受取舍,很大程度上影响了文化传播的内容与形式。

第三章

20世纪中国古代文化经典在阿拉伯地区的传播历史

第一节 中国和阿拉伯文化交流史简述

中国与阿拉伯世界的友好交往,已有近2 000年的历史。在浩如烟海的阿拉伯古籍中,关于中国的记述十分丰富,其中既有曾经游历中国的阿拉伯旅行家确凿可信的见闻,也充斥着大量知识与想象、真实与虚构相混杂的文字。在阿拉伯古籍中呈现的中国形象,总体上是正面、美好的,它是东方最遥远、最博大、最富有、最神奇的国度,甚至就是东方的象征。就连伊斯兰教先知穆罕默德,也曾发出过一条著名的"圣训":"知识虽远在中国,亦当求之"。但是,古代阿拉伯人对中国的记述,大多是对风土人情的表面描述,很少探及中国人的精神世界,对于中国的学术、哲学、思想所言甚少。中国文化在古代阿拉伯的影响,更多体现在瓷器、丝绸、茶叶等器物的层面。

阿拉伯人对中国精神文化的生疏感和模糊感,一直延续到近现代。阿拉伯民族和中华民族在近现代的境遇,有不少相似之处。两大民族的视野中,都有一个共同的"他者":西方。西方既是侵略者和敌人,又是导师和楷模,也是两个东方民族认识自我的一面镜子。因此,正如阿拉伯世界一直消隐于绝大多数中国人看世界的视阈之外，近现代阿拉伯知识界的目光，也较少投射于中国——遥远东方的另一个"他者"。

根据笔者掌握的资料，第一部完整译成阿拉伯文的中国文化经典《论语》，迟至1936年才在开罗问世，而且其译者还是一位中国人——爱兹哈尔大学的中国留学生、日后的北京大学教授马坚先生。此后，陆续有阿拉伯学者借助西方语言，将《道德经》、《庄子》、《孙子兵法》、《易经》、《水浒传》、《中国古诗选》、《鲁迅小说选》、《中国现代诗选》等中国文化、文学的经典作品，转译成阿拉伯文。也有一些阿拉伯学者，依据西方文献资料，撰写了有关中国文化的著述，如《中国哲学》、《从孔子到毛泽东的中国思想》、《中国文学简史》等。近一二十年来，埃及艾因·夏姆斯大学中文系培养的第一代汉学家（近10人）逐渐成长起来，他们直接从中文翻译了许多中国经典作品，其中既有《论语》、《道德经》、《孟子》、《大学》、《中庸》、《孙子兵法》、《孙膑兵法》、《列子》、《战国策》等古代经典，也有《茶馆》、《蔡文姬》、《青春之歌》、《红高粱》等现当代文学经典。在向阿拉伯世界译介中国文化经典方面，中国的外文出版社也功不可没，该社的几代中阿翻译家通力合作，不仅翻译了《红楼梦》（节选本）、《聊斋故事选》、《关汉卿剧作选》、《唐代传奇》、《唐诗选》等中国古典文学经典，更翻译出版了大量现当代文学佳作，如《激流三部曲》、《骆驼祥子》、《子夜》（北大刘麟瑞教授译）、《春蚕》、《雷雨》、《日出》、《穆斯林的葬礼》、《中国女作家作品选》，等等。最近几年，由《大中华丛书》组织国内多家出版社联合翻译、出版的中国文化典籍多语种外译项目，也推出了《论语》、《道德经》、《孟子》、《孙子兵法》、《水浒传》等汉阿双语对照译本，其中既有老译本的修订再版，也有中外译者的新译本。值得一提的是，进入21世纪以来，随着中国国际影响力的不断增强，中阿友好关系的深入发展，阿拉伯世界也有多家出版社，推出与中国文化相关的出版项目，如埃及最高文化委员会主持的"国家翻译计划"，已出版20多部直接译自中文的古今文化、文学著作；黎巴嫩的阿拉伯科学出版社，与我国的五洲传播、华语教学等出版社合作，出版了多种普及型中国文化读物，阿联酋的"文字"翻译工程，也已资助出版了多部中国现当代文学作品。

由上可知，中国文化经典在阿拉伯世界的译介，虽然起步较晚，但也已取得较丰硕的成果。更值得我们重视的，是中国文化思想对阿拉伯的文学大师、知识精英也产生了一定影响。纪伯伦在其散文《你们有你们的思想，我有我的思想》中写道："我的思想认定的英雄，是孔子、老子、苏格拉底、柏拉图、阿里、安萨里……"在他看来，孔子、老子，位居彪炳于人类文明史的哲人智士之前列。埃及文豪马哈福兹曾跟拜访他的中国朋友提及，自己阅读过《论语》、《骆驼祥子》等中国作品，并留下深刻印象。阿拉伯世界尽人皆知的"情诗王子"、叙利亚当代诗人格巴尼对中国及其文化情有独钟，在他创作的爱情诗篇中，屡屡出现与中国及中国文化相关的意象，如："我爱你，/无论你身在中国，还是身在月亮"，"啊，女士，/你眼中的中国墨汁/让我难以自持"……当代埃及最重要的小说家黑托尼自称为"十分钦佩中国的众多人之一"，他热爱中国的书法、音乐，推崇中国的哲学思想，鼓励年轻的埃及汉学家从中文直接翻译中国文化经典，他在担任《文学消息报》主编期间，该报曾发表了《道德经》、《孙子兵法》、《诗经》等多部中国经典著作的全译本、节译本。

在中国文化的诸子百家中，老子的道家思想在阿拉伯世界产生的影响最为深远。早在20世纪30年代，阿拉伯旅美派文学的主将之一、黎巴嫩的文学大师努埃曼就在美国接触到了《道德经》，并写下了一篇题为《老子的面孔》的长文，叙述了自己对老子及其思想的敬仰和喜爱，认为自己能从中发现在西方文明中找不到的那种"庞大的、遥远的、模糊的东西"。他心目中的老子，是一位"狂人中的狂人，和平的天使，安详的使者，美德的圣徒，知足的典范，那万灵之灵——'道'——的传播者"。他肯定老子无为思想在当今世界的现实意义："啊，老子！但愿人间的立法者、教法学家也能像你一样，认识到永恒的'道'的秩序和人为的一时秩序之间有着大不同。"在对老子表示敬仰的同时，他对盛行于当今世界的某些宗教观念也不无揶揄："我多么喜爱这个母亲（道）：拥有一切却不以君王自居，恩泽普惠却不以美德自诩，蓄养万物却不加以主宰。而人世间却不乏这样的'造物主'：创造生灵只为取悦自己，因其受难而心安，因其屈辱而荣光，因其疲弱而获得力量！"努埃曼还创作过一部题为《米尔达德》的长篇小说，将圣经中大洪水的故事作为背景，记述了一位自告奋勇到挪亚方舟上当仆人的人物米尔达德的言行，这些言行具有浓厚的启示特征，与中国的道家思想颇多契合之处。

埃及作家黑托尼也十分喜爱《道德经》，他曾表示："这部作品很像我们阿拉伯苏非派哲学的许多名著，例如，他和伊本·阿塔·萨克纳达的作品非常近似，其核心多是寻找真理，无论是中国文化经典《道德经》，还是苏非经典，他们都是我的灵魂之家。"《道德经》的阿拉伯文译者之一、叙利亚著名文化学者费拉斯·萨瓦赫曾撰文叙述翻译此书的动机："我想让尽可能多的人们也能享受到这样的平和，于是把《道德经》译介给了阿拉伯读者。译作甫一问世就得到了广泛回应，读者告诉我：'读了《道德经》，整个人都变了'，'《道德经》改变了我的生活'。我坚信，面临诸多问题的现代文明，能够从这位中国先贤的思想中得到诸多裨益。"

道家思想在阿拉伯世界受到如此欢迎，其实并非偶然，正如黑托尼所言，道家思想与阿拉伯伊斯兰文化中的精神奇葩——苏非思想,确有不少相似之处:两者都强调通过非理性的直接体悟方式去把握世界,都主张摆脱繁文缛节、回归自然、追求自由,都推崇含蓄神秘的审美情趣。由此,我们或许还能得到这样的启迪:中国文化和阿拉伯文化既相似又互补的独特魅力,是两个古老文化彼此吸引、彼此接近的根本原因。

第二节 阿拉伯古籍中的中国

中华民族和阿拉伯民族同是具有悠久历史和灿烂文化并为人类文明发展进程做出重大贡献的伟大民族。中国与阿拉伯很早各国即互有往来。公元前139年和123年,张骞两次出使西域,并以文字述其见闻,为研究中阿交往史留下最早的史料。在阿拉伯方面,"公元五世纪前半期,中国的船只曾溯幼发拉底河上航到希拉",已为后世学者所公认。而伊斯兰教兴起后阿拉伯使节首次来华,一般认为发生在唐永徽二年(公元651年),即穆罕默德之后第3任哈里发奥斯曼秉政期间。中阿两大民族源远流长的友好交往,也在双方的古代作品中留下了丰富的记载,并在各自文化传统中留下了有关对方的形象。

众所周知,中世纪的阿拉伯帝国,曾在世界文明版图上占据显赫地位。这一时期见证了伊斯兰教历史上最重大的智力的觉醒,这被认为是"世界思想史上和文化史上最有意义的事件之一",阿拉伯的著述家留下了浩如烟海的典籍,其数量之丰,在各文明古国中是少见的。

古代阿拉伯典籍中关于中国有哪些记载?古代阿拉伯人民集体记忆中的中国形象是什么?这是既有学理价值、又有现实意义的学术领域。自20世纪上半叶起,阿拉伯古籍中的中国这一重要学术课题,已引起学术界越来越大的关注。特别值得提到的是冯承钧的《西域南海史地考证译丛》和张星烺的《中西交通史料汇编》,后一书更辟有"阿拉伯人关于中国之记载"的专章。其中包括的阿拉伯古籍中对中国的记述,成为后世学者不断引证的史料。此后我国第一代阿拉伯学专家马坚、纳忠等也在其新中国成立前后的著译中直接翻译介绍了部分阿拉伯古籍中关于中国的记载,引起学界重视。中国台湾著名穆斯林学者海维谅用阿拉伯文写作了《阿中关系》一书,其中第三章也专门介绍了阿拉伯古籍中关于中国的记述。

最近几年,对外经贸大学的葛铁鹰教授在这一领域作出了可贵的努力。他批览阿拉伯,其发表在《阿拉伯世界研究》和《回族研究》等刊物上的论文,以及由朱威烈教授指导下完成的高质量博士论文《阿拉伯古籍中的中国》,对阿拉伯古籍中有关中国形象做了全景式描述。

据葛铁鹰教授考证,见诸文字的阿拉伯人关于中国的最初记载,可能是8世纪问世的阿拉伯历史上第一部语言辞典《艾因书》(كتاب العين)。此后,伊斯兰教先知穆罕默德(约570~632年)那条著名的"圣训",即"知识虽远在中国,亦当求之",也是阿拉伯人留下的最早记述中国的文字之一。圣训是穆罕默德传教、立教的言行记录,也是伊斯兰教的重要文化遗产之一。"穆罕默德生前,他的言行常为周围的弟子和他的妻室所心记口传,他本人也曾鼓励人们遵守奉行,但又恐与《古兰经》经文相混淆,故一个时期曾禁止人们作记录。"一般认为,8世纪以后人们才开始对流传各地的圣训进行搜集整理,辑录为定本。这个时间概念较为模糊,只能认定这条提及中国的圣训见诸文字的时间,最早在公元700年后,如果早期圣训集将其收入,时间与《艾因书》的成书时间大致相同。对于广大阿拉伯民众而言,这条圣训向他们传递了有关中国的两个信息:中国是距阿拉伯极远的国度,中国是与知识相连的国度。

在古代阿拉伯人心目中,东方和中国历来被赋有理想的感情色彩。10世纪的阿拉伯理性主义哲学家伊本·西那曾通过一则短篇故事,塑造了一个富有智慧的老叟"哈义·本·叶格赞",故事中的老叟现身说法,告诫他那个时代的哲人:"他们只有一条路——向东走,那是一条永纯的、精神的道路,而西行则是趋向物质和罪恶。"① 而中国,是位于东方的"日出之国"②,是东方最远、最大、最富有、最神奇的国度,也是东方的象征。

此后,公元9世纪问世的阿拉伯商人苏莱曼撰述的游记《历史的锁链》③,堪称"阿拉伯人和波斯人与印度和中国海上交通的最早的阿拉伯语资料"。9世纪以后,阿拉伯历史学家、地理学家、旅行家乃至哲学家、文学家述及中国的著作数不胜数,"在数量上远超过中国古籍对阿拉伯情况的记载,"④ 跨越了几个世纪的阿拉伯古籍,呈现了一个一脉相承、十分正面、颇有某种模式化特点的中国形象。这些古籍中记述的中国形象主要有以下几个特点:

第一,地大物博、繁华富有的中国。

9世纪的阿拉伯商人苏莱曼在其著名游记中写道:"在这个国度里,有可供人们享乐的一切。有美丽的森林,有水量充足、长流不息的河川……"⑤

---

① 伊本·图斐利著,王复、陆孝修译:《哈义·本·叶格赞的故事》,商务印书馆1999年版,第147页。
② 《穆斯林眼中的中世纪世界》,第419页。
③ 阿拉伯文原文为"سلسلة التواريخ",我国出版的两个中译本分别为《苏莱曼东游记》和《中国印度见闻录》。
④ 见葛铁鹰博士论文,第7页。
⑤ 穆根来、汶江、黄倬文译:《中国印度见闻录》,中华书局1983年版,第108页。

世纪的大旅行家伊本·白图泰在著名的《伊本·白图泰游记》中写道:"中国地域辽阔,物产丰富,各种水果、五谷、黄金、白银,皆是世界各地无法与之比拟的。"

格兹威尼在《历国游踪与信徒见闻》写道:"中国是东方大国,据说其中约有300个城市,需2个月时间方能行遍。那里水量充沛,树木众多,果实丰硕,是真主所创造的最美好、最清廉的国度。其民众相貌最为美丽,最擅长各种精细手工。"

拉希德·本·祖拜尔传述了一封据说是中国皇帝写给倭马亚王朝首位哈里发穆阿威叶的信件,中国皇帝在信中自称:"朕,众王之王,由千王之女侍奉,朕之宫殿由金砖砌成,朕之苑囿豢有千头大象,两条大河流经朕之疆土,灌溉沉香木与樟脑树……"① 这样类似《一千零一夜》口吻和笔调的文字,显然是作者阿拉伯传述者(或杜撰者)想象的产物。但这种想象,也反映了中国在他们心目中的形象。

第二,富有知识、重视教育的国度。

这既是阿拉伯旅行家游历中国得到的印象,也与先知穆罕默德圣训的教诲有着某种关联。商人苏莱曼在游记中写道:

"不论贫富,不论老少,所有中国人都学习认字、写字。"②

"每个城市有一所学校,学校里有教员,对穷人及其子女进行教育。这些教员的费用由国库支付。"③

据前文提及的拉希德·本·祖拜尔的传述,中国皇帝在致信穆阿威叶的同时,还向他赠送了一本关于科学的书,并邀请他派遣使者到中国介绍伊斯兰教。皇帝在信中如此提及此书:"朕向陛下赠送一份礼品,此非寻常礼品,而是一件珍物。"祖拜尔在记录完信札后,还写道:"此礼实乃一本书籍,其中含有中国人学问的诸多奥秘,据悉此书后传至哈立德·本·穆阿威叶手中,他据此制作了一些伟大的工艺精品。"④

第三,工艺精良、心灵手巧的中国。

在阿拉伯世界耳熟能详的"希腊人的脑、中国人的手、阿拉伯人的舌"的说法,在阿拉伯各类古籍中屡见不鲜。中国的瓷器、丝绸、刺绣、布帛、铁器、茶叶等产品,经过海陆商道,进入阿拉伯的千家万户,受到当地人民的广泛

---

① 转引自舍姆斯丁·基拉尼:《阿拉伯文化视角下的中世纪中国》,载于阿曼《宽容》杂志。舍姆斯丁在文中还写道,中世纪大学者贾希兹在其名作《动物书》中,也转述了类似内容的信札。
② 穆根来、汶江、黄倬文译:《中国印度见闻录》,中华书局1983年版,第16页。
③ 穆根来、汶江、黄倬文译:《中国印度见闻录》,中华书局1983年版,第20页。
④ 转引自舍姆斯丁·基拉尼:《阿拉伯文化视角下的中世纪中国》,载于阿曼《宽容》杂志。

喜爱。

11世纪的穆斯林学者撒阿利比曾经说过："阿拉伯人习惯于把一切精美的或新奇的器皿，不管其产自何地，都称为'隋尼'（"الصيني"，即"中国的"）。因为，精巧之物件乃中国所独有。"① 值得一提的是，直至今天，阿拉伯国家仍用"隋尼"一词指称瓷器、盘碟等器皿。

阿拉伯商人苏莱曼在游记中写道："中国居民无论贵贱，无论冬夏，都穿丝绸：王公穿上等丝绸，以下的人各按自己的财力而衣着不同。"② 他还讲述了一个关于中国丝绸的令人惊叹的故事：

"某日，这个富商去拜会宦官。那宦官是皇帝派遣来广府的官吏。他的使命，是要在阿拉伯的舶来品中，首先挑选皇上所需的东西。（会面时）商人注意到宦官胸口上长着一粒黑痣，这是透过穿在身上的丝绸衣服看见的。据他推测，那宦官至少穿着两件衣服，例外重叠在一起。宦官对他投来的目光感到诧异，便问他说：

'你好像总是盯着我的胸，这是怎么回事？'

于是，商人回答说：

'透过这件衣服，看到一粒黑痣，我感到十分惊奇！'

官吏听了失声大笑，接着就伸过手去，把长长的衣袖露了出来，说道：

'请数一数吧，看我穿了几件衣服？'

商人数过以后才知道，他竟然穿了五件之多，可是黑痣仍能透过这些衣服显现出来。外这类最好的丝绸，是未经漂白的生丝。总督穿的丝绸，比这还更精美，更出色。"③

史地学家麦斯欧迪（？～957）在其名著《黄金草原和珠玑宝藏》中，也对中国人的手艺、特别是绘画才能赞不绝口：

"至于说中国人，那他们就是真主造就出来的、各种技艺最为娴熟的人，雕刻以及手工制作技能可谓炉火纯青，在任何一种工艺上其他民族的人都难以望其项背。他们中的男人一旦亲手造出其他人无法造出的绝世物件，便会来到王宫门前献宝，希望以自己创造的有趣玩意儿得到国王的赏赐。于是国王命人将此物从即日起摆放在宫门前整整一年，倘若无人能挑出它的任何瑕疵，国王便重赏这位制作者，并让他成为自己的御用工匠之一。相反，倘若有人发现它有缺陷，国王便不予接受，当然也不会给制作者任何奖赏。"

---

① 布索罗斯：《中亚：伊斯兰遗产》（上），科威特国家文化、艺术、文学委员会《知识世界丛书》，1980年版，第186页。
② 穆根来、汶江、黄倬文译：《中国印度见闻录》，中华书局1983年版，第10页。
③ 穆根来、汶江、黄倬文译：《中国印度见闻录》，中华书局1983年版，第101页。

"有个人曾在一块丝绸上绘了一幅'麦穗落雀图',几可乱真,以至于观赏者觉得就像一只真的雀鸟落在一枝真的麦穗上。这幅丝画摆放了一段时日,一天有个罗锅儿从那里经过,一眼看出了破绽。国王遂召他进宫,同时将绘画者也召来了。大家问罗锅儿画有什么毛病。他说:'天下无人不晓,如果一只雀鸟落在麦穗上,那麦穗一定会被它压弯。而这位画师却将麦穗画成笔直的,一点弯曲的痕迹都没有,鸟儿竟然直挺挺地立在麦穗的顶梢——这就是他的错误所在。'罗锅儿说的当然在理,那个画师没有从国王那里得到任何东西。他们诸如此类的做法,是要提醒从事这些工作的人必须精心计算和设计,以使他们在制作过程中认真思考,对每一件亲手制作的东西都要格外小心。"[①]

大学问家贾希兹在一篇题为"突厥人的功劳"的论文中,也赞叹中国人的工艺:

"至于中国居民,则是以下诸方面的能工巧匠:金属铸造、熔化和镞磨各种金属,使用奇异的染料、纺织、雕刻、绘画、书法。总之对于任何一件要做的东西,他们的手都游刃有余。一件物品的质地不同,制作工艺水平不同,价格自然也不同。"

他在名作《动物书》中也对中国的瓷器不吝赞语:

"如果世上没有出自中国的瓷器,你们根本不知道瓷器。但是你们表面上仿造的东西,比起正宗的中国瓷器来是有很多缺陷的。"

第四,君王贤明、政治清廉的中国。

在阿拉伯古籍中,著作家们一般使用"中国国王"、"中国的主人"来指称中国的君王,有时使用波斯人对中国君主的称谓——拜格布尔(بغبور),意思是"天子"。在相关的记述中,中国君主通常都以贤明智慧、公正大度的形象出现。"这一方面说明阿拉伯人自古以来通过与中国的交往对于中国存有正面和美好的认识,或者说他们通过从波斯、古希腊、古罗马等文明古国得到有关中国君主和中国整体形象的信息也多是正面与美好的;另一方面他们也经常将一些理想化的君王形象放在一些具有哲学神话性质的故事中,作为一种文化隐喻或象征,让中国君主成为故事主角。他们希望自己的统治者以中国君主为楷模,成为能给他们带来公正和幸福的开明之君,至于这些传说故事是否真的发生在中国乃至是否真的发生过倒不太考究。"

苏莱曼在其游记中记录了几段中国皇帝和一位名叫伊本·瓦哈卜的阿拉伯来宾的对话。皇帝将世界上的帝王分为五个等次:

---

① 麦斯欧迪:《黄金草原与珠玑宝藏》,贝鲁特时代书局1988年版,第1卷第146页。转引自葛铁鹰博士论文,第20页。类似的记载文字还可见《中国印度见闻录》,中华书局1983年版,第101~102页。

"首先，统治伊拉克的王，是王权所及最广的王，因为这个王国处于世界的中心，其余的王国都围绕着它。这个王，我们（中国人）称他为'诸王之王'。"

"其次，就是我们的皇帝。在我们这里，称皇帝为'人类之王'，这是因为世界诸王都莫如我们善于安邦治国；而且，我们的君臣关系，比任何（民）同网的关系都更加密切；我们的臣民对皇帝的忠诚，也是任何民众不能比拟的。所以，我们（皇帝）是'人类之王'。"

这位伊本·瓦哈卜在离开中国返回家乡巴士拉之前，向中国皇帝如此辞别：

"我将把亲眼所见的事实，如皇帝陛下的威严、贵国土地的广大等等，传扬出去，把一切美好的东西，传扬出去；把（我领受的）一切盛情厚意，再三向人们诉说。"

"我的这一席话很合皇帝的心意。皇帝传谕送给我一份豪华的赏赐，并用驿馆的马送我到广府；而且还写了一个手诏，给广府的总督，命他殷勤相待，务必使我受到优于地方官吏的礼遇，在我离开中国之前，提供一切必需的用品。这样，从中国出发之前，我就过着什么也不短缺的安乐生活。"

麦斯欧迪在《黄金草原》中也赞颂过中国国王：

"他是一位治理得法、具有政治才智和治国艺术的尽善尽美的国王，任何一位国王都不会比他更为致力于审慎地和次序井然地统治其文武臣民。"

阿拉伯著名历史学家伊本·焦济（1116～1200）在其代表作《历代民族与帝王史通纪》中，对中国国王有过这样一段记载：

"穆民的领袖，我曾多次前往中国。有一次我到达那里时，他们的国王因患耳疾，再也听不到声音。于是他放声大哭起来。侍臣们纷纷上前劝他接受这个现实。他说道：'我之所以哭，不是因为天降灾难于我，而是因为今后受冤屈者在门外喊冤我再也听不见了！'须臾，他又道：'虽然我已两耳失聪，但双眼视力还在。你等传令，全体百姓除有冤屈者一律不准穿红色衣服。'自此后，他每日早晚便骑着大象出宫视察，看看有没有受冤屈的人。穆民的领袖，一位不信奉真主的异教国王对异教臣民，尚能怀此体恤恻隐之心，而您作为一位信奉真主的人、一位出自先知家族中的人，却被自己的悭吝所战胜，不能做到对穆斯林慈悲为怀啊！"

"在商人云集之地广州，中国官长委任一个穆斯林，授权他解决这个地区各穆斯林之间的纠纷；这是照中国君主的特殊旨意办的。每逢节日，总是他带领全体穆斯林做祷告，宣讲教义，并为穆斯林的苏丹祈祷。此人行使职权，做出的一切判决，并为引起伊拉克商人的任何异议。因为他的判决是合乎正义的，是合乎尊严无上的真主的经典的，是符合伊斯兰法度的。"[1]

---

[1] 穆根来、汶江、黄倬文译：《中国印度见闻录》，中华书局1983年版，第7页。

第五，信仰有别、风俗殊异的国度。

中国与阿拉伯古代文明发展的历史轨迹、文化背景和地理环境都有很大差别，因此，中阿两大民族在宗教信仰、风俗习惯等方面也必定有许多不同。阿拉伯古籍中也有不少对中国人的精神世界与风俗习惯的描述。

"中国人崇拜偶像，他们在偶像前做祷告，对偶像毕恭毕敬。中国人有宗教书籍。"①

"中国人没有宗教，他们的宗教来自印度。中国人说是印度人给他们带来了佛陀，给他们讲经说法。印度人和中国人都相信灵魂轮回，而只是在宗教的活动细节有所不同。"②

麦格迪西写道："据说中国人中有二神论者和素姆那派，他们的庙宇中摆放着雕像，供人们崇拜。他们还跪拜太阳、月亮、星星和火焰；凡是他们认为美好的一切事物，他们都会俯伏叩拜。"伊本·奈迪木记录了一位到中国传教并生活了6年的景教徒的对话。这位景教徒说："中国人大都是二神论者和素姆那派，百姓们还崇拜国王，敬重其画像，一见到国王画像，就会失魂落魄，有人甚至会昏迷数日。"伊本·奈迪木记录了这些对话后写道："中国人崇拜偶像，并非针对偶像本身，而是视其为接近真主的一种方式。中国多数百姓素有敬重、崇拜君王之习，但国王和贵族所奉之教，乃是二神论和素姆那派。"③

值得注意的是，古代阿拉伯著述家虽然都信仰十分忌讳偶像崇拜的伊斯兰教，但他们往往也能较为客观、理性地看待中国人叩拜佛像、敬供君王画像和长辈牌位等行为。

值得一提的是，阿拉伯古籍有关中国的各种记述，多数内容是较为确切、可信的，但也有些作家似乎更热衷于奇闻逸事的记录，后人原封不动地抄录前人的情况也很常见，有些据说到过中国的人，其见闻录也与实际情况多有出入。尤其值得诟病的是，"阿拉伯古籍中关于中国的起源或名称的由来，明显受到各种宗教所谓创世说的影响，或大多掺杂着神话、幻想、虚构和夸张的成分。有些记述如同贾希利叶时期的传闻一样，显然带有旧约和犹太法典或其他宗教经典里的故事痕迹。"如：

"第一个统治中国的人是萨因·木·巴欧尔·本·叶尔吉·本·阿木尔·本·雅菲思·本·努哈·本·莱麦克。他在被称为努哈（即'挪亚'）的天地中继续开发，和他儿子与家人上船渡海，来到一处他认为非常好的地方，便居住下来。于是此地因他的名字萨因（Sāyin）而得名隋尼（Sīn）。他们在这里生息

---

① 穆根来、汶江、黄倬文译：《中国印度见闻录》，中华书局1983年版，第23页。
② 穆根来、汶江、黄倬文译：《中国印度见闻录》，中华书局1983年版，第24页。
③ 舍姆斯丁·基拉尼：《阿拉伯文化视野中的中国》，阿曼《宽容》杂志。

繁衍，人丁遂兴旺起来。他的子嗣信奉他民族的宗教。他为王的时间达300年。"（《亚古比历史》）

"……（后来的继位者有）阿依南（'Aynān），正是他使自己王国的人们遭受苦难、受尽折磨。他把他们逐放到一些海岛上去。他们将那些岛屿改造成可以生长果实的地方，以便用它充饥果腹。在那里他们发现了很多野兽，并与这些野兽友好地生活在一起。由于他们与野兽交媾，也可能是野兽与他们的女人交媾，所以他们的容貌开始变得丑陋。年复一年，一个世纪一个世纪就这样过去，他们丧失了自己先前的语言，讲的话谁也听不懂了。于是在这些可以穿过它前往中国大地的海岛上，出现了很多民族，势力也逐渐大起来。"（《亚古比历史》）

可见，包括历史学家在内的古代阿拉伯学者在述及中国起源时，基本根据是各种宗教传说。相较而言，曾经游历过阿拉伯的中国著作家杜环等人对阿拉伯的记述似更可信。作为古代第一个游历阿拉伯并撰有著述的中国人，杜环的《经行记》"真实可信，很有价值，是研究西亚、北非古代史和中国与西亚非洲关系史的珍贵文献，它最早把阿拉伯和伊斯兰教确切地介绍给中国人民，堪称中阿关系史上的瑰宝。"[①]

在述及阿拉伯古籍中的中国形象时，还有必要提一下脍炙人口的阿拉伯古典文学名著《一千零一夜》中的中国形象。《一千零一夜》中有很多篇章都提到'中国'，深入细读，会发现阿拉伯民间故事中的'中国'与我们所生活的国度有明显的不同，故事中的'中国'是一个遥远美好的异国符号，并不具体指实际的国家，而是代指任何一个遥远的地方。举例来说，在著名的故事"阿拉丁神灯"中，阿拉丁是一个中国人，他不但从小生活在中国京城中，而且后来娶的也是中国公主。不过他的一切行为和故事，却和一个阿拉伯穆斯林无异：找他的修道士是非洲的摩尔人，这个非洲人冒充是阿拉丁的伯父，也没有使他们母子怀疑；中国京城里还有为皇帝看病的阿拉伯医生；集市中还有犹太人；而中国皇帝的女儿有个阿拉伯名字："白狄鲁勒·补都鲁"。又如，《驼背的故事》开头背景就是"在中国的京城里，住着一个裁缝……"这个城市里还生活着犹太医生及他的黑人女仆，以及众多穆斯林。在许多故事中，中国国王主要统辖着的是一个海上群岛，那里住着的中国公主及宫中各色人等，都习惯说"指安拉起誓"。由此可见，这些故事里的'中国'，基本上是符号化的，实际上可以替换为任何一个遥远的地名。但是这些故事仍然反映了古代阿拉伯人对中国的总体印象并无出入，即中国是神奇而遥远的，中国也是令人神往的。

在《一千零一夜》开篇，就出现了包括中国在内的异国形象："传说古时候

---

① 郭应德著：《中国阿拉伯关系史》，第18页。

在印度、中国的群岛上，有一个萨珊国。国王手下兵多将广，奴婢成群。他有两个儿子，都是英勇的骑士。大儿子比小儿子更加骁勇善战。他继承了王位，治国公正无私，深得民心，称山鲁亚尔王。弟弟叫沙赫宰曼，是波斯撒马尔罕的国王。兄弟二人在各自的王国里治国严明、公正，可谓清如水，明如镜。百姓们也都安居乐业，幸福无比。就这样，不知不觉过了二十年……"这个以东方形象开篇的故事虽然是要引出王后淫乱和国王开始滥杀无辜妇女的故事，但文本中对中国形象的叙述却持有一种景仰、赞赏的态度。

而《卡玛尔·宰曼和白都伦公主》中的白都伦的身份就是中国的公主，她的形象，她的父王的形象，还有她的国家的形象也都是令人神往的：

……今晚我从中国的一个岛屿飞来。那里的岛屿和四周的大海全是一个名叫乌尤尔的国王的国土，他还是七座宫殿的主人。这个国王有一个女儿，世间没有谁比她长得更漂亮。她天生丽质、窈窕婀娜，真是一位绝代佳人。对她的美丽，我这张笨嘴是无法形容的。她的父亲是一位声名赫赫的国王，统率着庞大的军队，控制着辽阔的国土。他日夜征战，骁勇无比，威名远播，天下无敌。他对女儿宠爱极了，不惜为她横征暴敛，掠夺别国的财物为她修建七座宫殿。每座宫殿都由不同材料建成：第一座宫殿是水晶的，第二座是大理石的，第三座是纯铁的，第四座是宝石的，第五座是白银的，第六座是黄金的，第七座是珠玉的。宫殿内装饰豪华，摆设着金银器皿，以及一切为帝王享用的物品。国王让他的女儿在每个宫殿内居住一年，然后再转移到另一个宫殿居住。国王的女儿名叫白都伦。白都伦公主的美丽天下闻名，各国的国王都派人前来提亲。乌尤尔国王就婚姻之事与女儿商量……（《天方夜谭》，279~280年）

在这里，'中国'国王是天下无敌的，其宫殿是奢华无比的，作者还把美丽的中国公主称为白都伦，在这里，"白都伦"（月亮）已经不仅是一个简单的名字，而且代表了阿拉伯民众对中国的想象，这一想象是正面的、善意的。

综上所述，阿拉伯古籍中关于中国的记述具有如下特点：

第一，阿拉伯古籍中的中国形象总体上是正面、美好的。中国是地大物博的，物质是极其繁荣的，文明是昌盛的，君主是比较开明的，人民是安居乐业的。

第二，阿拉伯古籍关于中国的记载具有一贯性、稳定性和延续性。经过10多个世纪渐次趋向于套语并形成一种文化程式。"虽然一千多年间中国和阿拉伯国家社会发展过程中各自均发生了非常重大的变化，但是阿拉伯人对与中国的记述基本上没有出现断裂、变异和逆反。这与西方的中国形象观形成鲜明对照。"

第三，阿拉伯古籍关于中国的许多记载中，"也充斥着相当数量的新消息与旧传说、知识与想象、真实与虚构相混杂的文字。"

第四，尽管阿拉伯古籍中关于中国的记述十分丰富，但是，这些记述大多是对风土人情的表面描述，很少探入中国人的精神世界，对于中国人的学术、哲学、思想所言甚少。"在很早以前，印度的'智囊'就通过波斯的黑衣大食传到阿拉伯，在阿拉伯人中是享有盛名的……后来，哲学和科学也同样利用了印度的知识……与此相反，中国人的思想是阿拉伯人完全不了解的。"①

第五，阿拉伯古籍中的中国形象，对当时及后世阿拉伯人民如何看待中国，产生了重要的积极影响。而且，正如今天的西方媒体是世界的中国形象的信息源，"一千年前，阿拉伯商人与旅行家的讲述，是世界的中国形象的信息源。中国形象的跨文化流动的支配权，来自代表强势文明的地域与国家。中世纪是阿拉伯，现代是西方。"

第三节　中国古代哲学思想在阿拉伯

中国和阿拉伯世界的文化交流源远流长很早以来，阿拉伯人民就十分向往和敬仰悠久灿烂的中国文化。伊斯兰教创立之后，中国和阿拉伯世界的接触更为广泛，阿拉伯人对中国文化的了解也渐趋丰富。

公元98年由著名历史学家伊本·奈迪木（Ibn Al—Nadim，死于995年）所著的不朽著作《书目》（Al—Fihrist）中，作者记载了中国造纸术的西传，而且转述了一位从中国返回阿拉伯帝国的巴格达人对中国的印象，书中第一次提到了在中国流行的景教的情况（参见《书目》埃及开罗商务出版社阿拉伯文版第349页）。但长期以来，阿拉伯人对中国哲学的状况却缺乏详细的了解。他们虽然知道中国有一位大思想家叫孔夫子，列于世界十大名人之林，和阿拉伯大思想家、医学家伊本·西拿（即西方人所称的阿维森那）并列在一起，但是他们对孔子的思想和其他中国思想家的了解甚少。

到20世纪30年代，这种状况才有了明显的转变，阿拉伯人开始能详细地了解中国思想家孔子的思想了。在这方面有开启之功的学者，是已故北京大学东方语言文学系教授、著名阿拉伯语言学家马坚先生。30年代，马坚受中国伊斯兰教协会派遣，到埃及爱兹哈尔大学留学。在几年留学时间里，他以惊人的毅力，将《论语》一书译成通顺的阿拉伯语。这部译作于1936年（伊历1354年）由开罗伊斯兰协会出版，马坚先生当时是该会的中国会员。

---

① 穆根来、汶江、黄倬文译：《中国印度见闻录》，中华书局1983年版，第89页。

马坚先生的这部译作有两个特点：其一是译文行文流畅，典雅通顺。由于译者精通汉语和阿拉伯语两种语言，《论语》一书中的主要概念都在最大程度上转化成阿拉伯语中的概念，如"君子"，译为"全德之人"（رجل كامل الخلق）；"小人"，译为"缺德之人"（رجال ناقص الخلق）；"仁"，译为"丈夫气概"（مروءة），取刚毅木讷近仁之义。其二是在阿译本的正文之前，写有一篇简明扼要的文章，提纲挈领地将孔子的生平、哲学思想，在中国哲学史上的地位等问题介绍给读者，题名为《孔夫子》。由于马坚先生严谨的治学态度，字斟句酌一丝不苟的精神，使这部译作达到了尽善尽美的程度，对阿拉伯人了解孔子的思想，起了很大的作用，并由此推动阿拉伯人对其他中国思想家也作进一步的了解。

首先起而响应马坚先生的阿拉伯学者，是埃及开罗大学宗教学院哲学教授穆罕默德·格拉布博士，他在其所撰《东方哲学》（埃及开罗1938年阿拉伯文版）一书中，除了对印度哲学、希伯来哲学等东方哲学作介绍之外，还对中国哲学列专章予以介绍，篇幅占全书的1/4，从第208页到第314页，共10多页。该书把中国哲学分为三个阶段：第一个阶段称之为开端的时代，概略地叙述老子以前中国社会的一般思想倾向，主要涉及的内容有：一般信仰、特殊信仰和天体崇拜、开端时代的道德论或行为哲学、家庭观、政权观等。第二阶段称之为成熟的时代，这是作者论述中国哲学的重点部分。该部分对老子、老子后学关尹、庄子、孔子、孟子、墨子、荀子、惠施、公孙龙（名学和中国哲学中的逻辑）都做了一些有益的介绍。

尤其对孔子的介绍较其他哲学家更为详细一些，占有20多页的篇幅，对孔子生平、人品、著作、思想、影响等诸方面都做了简单的必要介绍。其次介绍稍多的是孟子，占6页，突出其伦理哲学和社会哲学。

第三阶段是从成熟时代通向现代的时代，该部分只简略地介绍了周敦颐、张载、朱熹的生平、著作和观点，这一阶段看来作者没占有什么材料，因而写得异常简略，甚至可说是一笔带过。

《东方哲学》虽然不是专门论述中国哲学的专著，但却是较早介绍中国哲学简史的著作之一，对阿拉伯人了解中国哲学起过一定的积极作用。当然，该书也有许多明显的缺点，思想内容方面的暂且不论，由于受语言方面的限制，许多中国哲学概念的转化处理得不甚妥帖，如《易经》一书，作者不是采取意译，而是采取音译，将书名译成 Yi king，就给阿拉伯人的理解造成很大的困难，尤其是在不作任何注解的情况下更甚。而且，由于该书开了先例，后来的一些学者加以仿效，结果造成一定的混乱。

20世纪50年代中，开罗大学师范学院文学研究系主任欧麦尔·杜斯基教授主编《埃及文化协会著作》，其中有一套丛书是《东西方思想家》。孔子是唯一被编进该丛书的中国思想家，书名定为《孔子》，作者为法国巴黎大学文学博士、埃及开罗艾因·夏姆斯大学文学院讲师哈桑·苏阿法，由埃及复兴出版社于1956年用阿拉伯文出版。

作者没有阅读中国哲学原著的能力，所参考的英文著作覆盖面也较小，仅有15部，其中中国哲学或思想通史著作6部，孔子研究著作9部。而中国学者的著作，则只有梁启超的《中国政治思想史》和林语堂的《孔子的智慧》两部英译本著作，马坚先生的阿拉伯文译作《论语》，作者也未能参考，这就使该书有很大的局限性。但尽管这样，由于它是迄今为止在阿拉伯世界不多见的介绍孔子思想的阿拉伯文著作，所以至今仍是阿拉伯学者研究孔子思想的重要参考书。

该书除《序言》外，共十章。章次如下：第一章：孔子的生平。一、孔子学说的意义；二、童年和青年；三、三十岁到五十七岁（公元前52年～前496年）；四、周游列国；五、晚年的生活和去世（前491年～前479年）。第二章：孔子的品质和习性。一、诲人不倦；二、乐而忘忧；三、爱好史籍；四、严肃认真；五、其他品性。第三章：著作和弟子。一、孔子时代学习的科目；二、孔子的著作；三、致力于整理文化典籍；四、格言的哲学。第四章：孔子的道德哲学。一、政治和道德；二、法律和道德；三、中庸之道；四、美德；五、君子和小人；六、人性；七、人道主义；八、家庭道德和民族道德；九、德治高于法治。第五章：宗教观、形上学、政治观。一、儒教；二、孔子是先知吗？三、政治民主；四、君道；五、等级社会；六、理想城邦。第六章：孔子的音乐思想。一、音乐的产生；二、音乐——宇宙和社会秩序的反映；三、音乐的社会作用；四、乐和礼。第七章：教育学说。一、古代中国教育的重要性；二、至圣先师孔子。第八章：文学和科学。一、孔子作为文学家；二、孔子语言的风格；三、孔子的科学精神；四、孔子的治学精神。第九章：作为中国国家宗教的儒学。一、儒教的正式确立；二、儒教的基本原则；三、1912年以来的儒学；四、亚洲和欧洲的儒学；五、儒家学说的重要注释。第十章：儒学和其他中国思想。一、道家学说；二、道家学说的神秘主义；三、道家和社会政治制度、经济制度；四、介于宗教和哲学之间的儒学；五、法家及对儒家学派的态度；六、法家学派的原则；七、墨家学说。该书突出的地方，除了对孔子的思想作了一般性的介绍之外，还在于肯定了孔子思想在日本、朝鲜等亚洲国家和欧洲国家的影响。作者特别引证了德国科学家和哲学家莱布尼茨于697年出版的著作《中国最新奇闻论》中的一段话，肯定中国文化在世界文化中的重要地位。莱布尼茨说：

"世界文化有两个中心，一个在欧洲，一个在中国。"他希望俄国将作为沟通两个中心的桥梁，使两个中心的文化融合起来，从而产生出一种更完整的统一的文化（该书第129～130页转引）。

这一点由于莱布尼茨所具有的权威性而对阿拉伯人认识中国文化更有特殊意义。在这之后，作者还指出："那种认为古代东方思想一般没达到像古代希腊思想那样成熟的阶段的传统观点，纯粹是一种以殖民主义为基础的观点，只不过是为了用来作为西方国家19世纪、20世纪对东方国家进行侵略的一种论据而已。因为东方社会是落后的社会，只有不成熟的理性，因此，只有在那些继承了希腊传统文明的西方国家保护之下生活才是合适的"（《序言》第2页）。

20世纪50年代能提出这样的观点，有不可否认的积极意义，对阿拉伯学术界开展东方思想的研究有促进作用。鉴于此，该书的重要性还是值得肯定的。

在这之后，注意到中国哲学的阿拉伯学者是哈那·法胡里，前者是黎巴嫩学院院长，后者是哲学博士，两人在学术界都很有名。他们二人合作，撰著了2卷本的《阿拉伯哲学史》巨著，于1957年由黎巴嫩贝鲁特知识出版社用阿拉伯文出版。该书在阿拉伯哲学史方面的见解和功底都很值得称道，在阿拉伯世界颇有影响，是研究阿拉伯哲学史的学者不得不读的必要参考书。特别值得中国学者注意的是，作为阿拉伯哲学的铺垫，该书在第一章《绪论》部分第二节《古代东方哲学》中，不仅简述了埃及思想、苏美尔、巴比伦和亚述思想，以及伊朗思想，而且也简述了印度思想和中国思想。

在该书的《中国哲学》部分，作者简略地阐述了中国古代思想的一般意义，有两段话特别值得玩味：（1）"中国古籍（按：指《大学》）用十分有趣的方法证明，认识人类自身和外部世界之间，有紧密的联系。书中所说'格物、致知、诚意、正心、修身、齐家、治国、平天下，就证明了这样的哲学原则"（第35～36页）。这对西方学者所坚持的中国缺乏认识论哲学的观点是一种批驳。（2）"值得指出的是，在中国古代哲学中就有值得称道的逻辑思想，就有关于单子及其本质的思想，就有形而上学的思想。更为可贵的是，古代中国的思想家们非常明确地表明了相对主义的时空观，亦即相对主义的运动论。而且，还进一步提出了无限可分的思想"（第37页）。作者断言，包括中国在内的东方理性，无疑给我们打开了一个更为广阔的天地，我们可以窥见东方理性在建构世界思想中的作用。

对介绍中国哲学到阿拉伯世界贡献最大的是福阿德·穆罕默德·西伯尔，他所撰著的《中国哲学》一书，由埃及开罗知识出版社出版。全书共分2卷，第1卷出版于1967年，第2卷出版于1968年。第1卷共7章、378页，章次和涉及的主要内容是：第一章：中国哲学的萌芽。该章主要介绍前孔子哲学，涉及春秋及春秋前的著作有：《书》、《乐》、《礼》、《春秋》、《易》，设专节用18页的长篇幅介绍《易》。第二章：孔子及儒家哲学。该章对孔子、孟子、荀子和《大学》、《中庸》两书的哲学思想作了介绍。孔子：突出其生平、哲学基础、伦理观、宗教观、政治观及历史作用，附有言论摘录。孟子：突出其生平、伦理观、形而上学思想、政治观、政治纲领、经济思想，对孟子和孟子学派都有评价，附有言论摘录。荀子：突出其学习方法、人性论、社会和国家观、宇宙观。第三章：墨子及墨家学派。对墨子的生平、辩证逻辑、利的思想、兼爱思想、政治观都有介绍，而且分析了孔、墨之间的区别。对墨家后学的利的思想、认识论、兼爱思想也和墨子本人的思想作了分析和区别。第四章：道家。重点介绍老子、庄子。老子：突出其生平和时代、《老子》书的出现、对宇宙的设想、生活观、道德规范、政治观、战争观，附有言论摘录。庄子：突出生平和思想倾向、《庄子》书的出现、人类社会、政治哲学，对庄子的评价，附有言论摘录。把杨朱、尹文、宋妍、惠施都放在道家介绍，把郭象、秘康列在新道家。第五章：法家。主要介绍商鞅、韩非、李斯三人的法治思想。第六章：融合倾向。主要探讨董仲舒和王充的融合思想。对董仲舒的宇宙观、心理学、伦理、政治哲学和社会哲学（国家学说、社会平等思想等）、历史哲学等方面的介绍都比较详备。对王充，则偏重其自然哲学和对天命的观点。第七章：佛教哲学。对佛教传入中国的过程及主要佛教哲学家如僧肇、道生的思想均有较详细的介绍。第2卷共5章，第405页。章次是：第八章：儒家的复兴运动。对韩愈、李翱、胡缓、欧阳修、朱熹、陆九渊、王守仁、东林党人、顾炎武、黄宗羲、王夫之、颜元、戴震的思想作了介绍，尤其对朱熹和王守仁的思想介绍较细。第九章：西方的入侵及其结果。该章对太平天国、白莲教、义和团等社团的思想倾向及康有为的思想作了介绍。第十章：辛亥革命及借鉴西学的运动。该章对孙中山的生平、与共产主义国家的关系、三民主义学说和胡适的接受西学作了介绍。第十一章：中国共产主义的起源。该章主要介绍中国共产党早期领导人陈独秀、瞿秋白、毛泽东等人的早期思想。第十二章：中国共产主义思想倾向及其背离。该章重点探讨了毛泽东的矛盾学说、辩证唯物主义、新民主主义等思想，也探讨了"文化大革命"初期的思想倾向。

  从全书的章次来看，该书确是一部较为详备的中国哲学通史。这是在阿拉伯世界出版的、由阿拉伯人撰写的第一部中国哲学的专著。该书的突出特点有三点：

  第一，明确地肯定了中国哲学在世界哲学史上占有重要地位。作者指出，"在任何情况下都不能忽视像中国这样伟大国家的思想风格。这不仅因为中国人口占世界人口的1/4，而且因为它有悠久的历史文化遗产"（第1卷，第6页）。虽然中国哲学家缺乏像西方和印度哲学家那样的方法论尤其是逻辑学的研究，不太注重纯认识论的研究，但是"中国哲学家中的多数学派的目标，都是注重对'内圣外王'之道的追求。'内圣'，在他们看来就是人要建立自身的美德，'外王'，就是完成对世界的最好奉献。人类的最高目标就是美德和智慧的集于一身，变成圣王，或像柏拉图所说的哲人之王"（第1卷，第9页）。作者特别欣赏的是魏晋时期的玄学、宋明时期的理学和清代的经世致用之学。这些观点是不同于西方的一些学者对中国哲学进行贬低的态度的。

第二，资料翔实、丰富。作者在该书《序言》中说明，他撰著该书的主要依据有四：（1）译成英文的中文著作（其中主要有冯友兰的《中国哲学史》、《中国哲学简史》、《中国哲学之精神》、《新原道》，另有关锋等人的译成英文的著作 Chuangts 即《庄子》等）。（2）西欧和美国的中国哲学史专著。（3）和中国哲学专家的多次谈话。（4）对中国的多次访问（1957年、1963年、1965年，1965年4月12日曾与毛泽东在武汉谈过一次话，内容都是有关中国哲学方面的）。该书所引资料，在阿拉伯国家图书馆有关中国哲学史研究的藏书中是独一无二的，完全实现了作者想在填补阿拉伯图书馆的空白"（第1卷，第14页）的愿望。

第三，行文流畅，译文准确。作者尽了最大努力，把中国哲学中的概念转化成阿拉伯语，这是十分可贵的，对阿拉伯人了解中国哲学起了很大的作用。如将《书》译为"كتاب التاريخ"（《历史之书》），《礼》译为"كتاب الطقوس"（《仪礼之书》），《乐》译为"كتاب الأغاني"（《音乐之书》），《春秋》译为"حوليات الربيع والخريف"（《春秋之变》），《易》译为"كتاب التغيرات"（《变化之书》），《大学》译为"المعرفة الكبرى"（《大学识》），《中庸》译为"مذهب الوسط"（《中间理论》）等，都表现了作者的字斟句酌之功。但由于汉语和阿拉伯语是完全不同的两种语言，致使有些概念的转化确实有很大的难度，如"阳"、"阴"、"卦"、"丈"等。作者对"阴"、"阳"采取了音译的办法，将"卦"、"爻"译为"متوليات"（"连续的"、"不断的"），这种译法显然有其模糊不清的地方，尤其"卦"的本意中含有变化的意思，也被忽视了，这自然会给阿拉伯读者造成误会。

此后，在1971年由埃及出版总局又出版了一部阿拉伯文版的中国哲学史研究著作，题名为《从孔夫子到毛泽东的中国思想》。原著作者是西方学者·G·克雷尔，书名为，由美国新世界文学图书馆于1963年用英文出版。埃及阿拉伯文版由阿拉伯学者阿布杜·哈米德·萨利姆翻译，阿里·艾德海姆（Ali Idham）校对。全书除《序言》外，共分13章：第一章是现代世界中的中国思想；第二章是前孔子思想；第三章是孔子和其为人类幸福而进行的斗争；第四章是墨子的非攻和尚同；第五章是孟子的人性论；第六章是道家的神秘怀疑论（涤除玄览）；第七章是荀子的政治原则；第八章是法家的专制独裁，第九章是汉代的思想学说及其特征；第十章是佛教和新儒家；第十一章是新儒学的复兴；第十二章是西方的影响；第十三章是对过去的回顾。该书的作者所采取的立场和思想观点可存而不论。从译作来看，该书的优点和缺点都很突出。优点是重点突出。全书共384页，篇幅居中。但著者在有限的篇幅中选择了中国哲学史上从先秦直到毛泽东为止的重点哲学家，而且即便是重要哲学家，也不是面面俱到地予以介绍，而是选择其思想中最能代表哲学家本质特征的部分予以重点介绍。这样的写法，超尘脱俗，使读者能对每个哲学家的思想特征都有一个清晰的认识，避免了时下国内有些中国哲学史著作把每个哲学家都切成几大块，形成千人一面的倾向。这一特点从上述章次编排上可以看得十分明显。全书涉及的哲学家只有孔子、墨子、孟子、老子、庄子、荀子、韩非、董仲舒、王充、韩愈、朱熹、陆九渊、王守仁、顾炎武、黄宗羲、颜元、戴震、魏源、孙中山、毛泽东、刘少奇、郭沫若等20余名，个个特性突出。能做到这一点，主要是由于作者参考了大量中国原著，又曾多次来中国访问，对史料的筛选费了一番苦功，因此能够居高临下、高屋建瓴。缺点是书名的翻译相当混乱，有的用意译，如《论语》译成《文学语录》，当然并不准确，但阿拉伯人总算可以读通。而有许多书名干脆采取音译，如《淮南子》、《春秋繁露》、《论衡》、《朱子语类》、《王文成公全书》、《明夷待访录》、《孟子字义疏证》等古籍全用音译，甚至冯友兰的《中国哲学史》、郭沫若的《十批判书》这样的著作也采用音译，虽然阿拉伯文译本是忠实于英文原著的，但这种译法对于不懂中文的阿拉伯人来说，简直如坠云里雾里，完全不懂其意。另外，英文原著成书于1963年，但参考文献最晚的是1953年版，有10年之隔，没能吸收当时的最新研究成果，这也不能不说是原著的一个缺陷。

上述各种著作对介绍中国哲学到阿拉伯世界都在不同程度上起过作用，都有其不可磨灭的贡献。凭借这些著作，阿拉伯人基本上能了解中国哲学的全貌，虽然只是粗浅的了解。近年来，由于这些著作的影响，当然还有其他一些英文版著作以及中国出版的阿拉伯文杂志《今日中国》（原名《中国建设》）所刊登的一些中国哲学家文章的影响，阿拉伯学术界、教育界重视中国哲学的人多起来了。

第四章

20世纪中国古代文化经典在欧美的传播历史

第一节 中国古代文化经典在英国的传播导论

中国与英国相距万里，远隔重洋。英国人对于中国的认识和了解，与欧洲大陆其他国家一样，也经历了漫长的过程。中英两国文化的交流，以及中国文化在英国的传播与影响，是伴随着中英两国关系往来的萌芽与英国汉学的发轫逐渐展开的。有关中国古代经典的研究本身就是汉学的一部分，而汉学的发展又反过来促进了中国古代文化典籍的传播，两者的关系密不可分。因此，当我们要梳理20世纪中国古代文化经典在英国的传播与交流时，就不能不首先对英国近四百年的汉学史做一简单的回顾。

英国位于大西洋的东部，欧洲的西部，一条英吉利海峡把它与欧洲大陆隔开，四面环水的特殊地理位置造成了英国民众的"岛国性格"，民族优越感很强，排外心理比较重，对异域文化较为缺乏包容和交流的心态，这些都造成了英国的汉学研究，以及对中国文化的介绍和接受均有别于欧洲大陆，呈现出自成一家的特征。

在地理大发现之前，欧洲对于中国的全部印象主要来源于两部游记作品，一是《马可波罗游记》，二是《曼德维尔游记》，游记中对东方古国的神奇描述满足了欧洲人对异域文明的向往和热情；同时，也激发起了他们探索新国度的极大兴趣。其中，《约翰·曼德维尔游记》由英国作家须约翰（John the Beard）托名曼德维尔写于14世纪中叶，很快就风行欧洲。书中记叙了作者在1322年离开英国游历海外的经历，包括他在"震旦"即中国的见闻。该书前人以为是游记，近人考证出是一部虚构的小说，所参考的材料包括《马可·波罗游记》、《世界镜鉴》（Speculum Majus）①、鄂多立克（Odoric）教士②的旅行游记《东游录》，以及海敦（Frère Hayton）③的《东方历史精粹》（Les Fleurs des Histoires d'Orient）等。由于书中既有历史事实，也穿插了传奇故事，读来颇为有趣，因此到1500年以前差不多已译成了欧洲的主要文字，其风靡程度不亚于《马可·波罗游记》，成为从中世纪到文艺复兴时代在西欧人心目中那种半是写实半是幻想的东方世界形象最有影响的一部书。④ 这大约就是英国文学中所感知的最早的中国形象，并由此成为欧洲文学里中国赞歌的发轫。⑤

到了16世纪，新航路的开通为西方获得来自中国的真实信息打开了直接的通道，在蜂拥而至的来华人士中，尤以各个教会派出的传教士为主。尽管他们来华的根本目的是传播天主教，但是却在这一目的之外获得了意外的收获：成为早期的中国研究者。欧洲诸国对于中国的全面了解和介绍始于16世纪中后期，来华传教士作为汉学研究的先驱为汉学的创立和发展做出了贡献，那时的研究主要以游记、书信、报告、回忆录和译介著作为主。经过以耶稣会士为代表的来华传教士的努力，欧洲所获得的关于中国的知识不再是零星肤浅的感观，开始转向深入、全面地考察中国的各个方面，汉学研究范围逐渐从儒家经典扩大到道家典籍、历史、文学、哲学等领域。法国作为欧洲汉学的中心，向周边各国，也包括英国，辐射和传递着来自中国的思想与文化。

相比之下，由于地理条件限制和宗教独立的原因，远离欧洲大陆的英国还未能跟上时代的潮流，基本上是通过别人的视角来远眺这个东方大国，借助于邻国辗转获得的材料与信息了解中国的情况。当时英国本土的学者们无法像欧洲大陆的传教士那样前往中国，只能依靠葡萄牙人佩雷拉（Galeote Pereira）《游记》英

---

① 13世纪学者文森特（Vincent of Beauvais）的百科全书式的著作，原文为拉丁文，约在1330年译为法文。

② 鄂多立克（1286～1331）是中世纪著名的旅行家，意大利方济各会传教士。他在1316～1318年间前往东方旅行，曾到过印度、东印度群岛、东南亚，并于1322年前往中国，居住了三年，后于1330年返回意大利。

③ 阿美尼亚逃亡王子。

④ 周珏良：《数百年来的中英文化交流》，载于《周珏良文集》，外语教学与研究出版社1994年版，第161页。

⑤ 葛桂录：《雾外的远音——英国作家与中国文化》，宁夏人民出版社2002年版，第25页。

译本（1577）以及西班牙传教士门多萨（Juan Gonzalez De Mendoza, 1545~1618）《中华大帝国史》英译本（1588）等作品做一些研究。

在1592年，英国舰队在阿速尔群岛截获了一艘葡萄牙商船"圣母号"，得到了一本于1590年（明万历十八年）在澳门用拉丁文出版的关于东方诸国包括中国的书，后有人将该书拿给英国地理学家理查德·哈克里特（Richard Hakluyt），他又找人将书中关于中国的部分翻译出来，加上科尔渥（Corvo）的著作，编进了他的《英国航海、旅行和地理发现全书》的第二版中。书中介绍了中国的幅员、疆土、首都、风俗习惯、教育制度以及皇权等情况，而且该书也是西方人著作中第一个对中国的儒、释、道三家做出比较准确叙述的作品。①

英国人关于中国文学的些许认知，最早也是来自于二手材料。1589年，乔治·普登汉姆（George Puttenham, 1529~1591）在其作品《英国的诗歌艺术》中介绍了中国古典诗歌的格律，这可以说是中国古代文学作品与英国读者的首次见面。据普登汉姆介绍，他在旅居意大利期间，认识了一位到过中国的绅士。这位绅士向他介绍了中国也有像欧洲的格律诗，按一定的韵脚写成整齐的短诗。在他的书中，他逐字翻译了两首中国古代的情诗。

到了1684年，英国已在广州建立商馆，专营对华贸易。贸易的接触确实会激发少数人对中国文化的兴趣，进而试图了解这个国家，但是这种情况屈指可数。在整个17世纪，英国人基本仍通过翻译欧洲其他语言的作品来了解中国，例如1625年出版的利玛窦（Matthieu Ricci）《基督教远征中国记》英译本为英国了解整个中国概况提供了可靠的资料；再如，1662年柏应理（Philippe Couplet）翻译出版的《中国智慧》（包括《大学》、《论语》的部分内容），1687年出版的《中国哲学家孔子》（包括《大学》、《中庸》、《论语》的译本），成为当时包括英国在内的欧洲了解孔子及其学说的重要材料。

在18世纪，流行于欧洲大陆的"中国风"也吹到了英伦三岛。中国对英国最明显的影响来自于工艺美术和园林设计等方面。18世纪的英国，一方面在日常生活中推崇盛行着各种各样的中国小玩意儿；另一方面是文学界思想界对中国评价的普遍下降。18世纪后半期，英国完成产业革命，成为西方资本主义强国。同时，英国加强了与亚洲各国的通商和贸易，对中国的兴趣持续增长，特别希望打开中国市场，与中国建立正式的外交和经贸关系。然而，在当时中英贸易日益加深的情况下，英国本土的汉学研究却一直处于停滞不前的状态。1696~1698年出版的法国耶稣会士李明（Louis-Daniel Le Comte）的《中国近事报道》和

---

① 周珏良：《数百年来的中英文化交流》，载于《周珏良文集》，外语教学与研究出版社1994年版，第164页。

1735 年出版的杜赫德（Jean Baptiste du Halde）《中华帝国全志》由于资料翔实、丰富，在欧洲影响巨大，英国也很快出版了两书的英译本，这一阶段，英国学者对中国的认知来源主要参考了这两部著作，学术性的汉学研究方面却拿不出一部像样的专著。当欧洲其他国家已经开始对中国进行严肃而认真的思考时，英国的大部分学者却脱离常规，漠视中国的"特殊性"。他们更愿意依靠二手资料，甚至是道听途说来了解中国，而不是对中国进行开展全方位的研究。①

18 世纪最引人注目的中国古典文学翻译当属 1719 年，詹姆斯·威尔金森（James Wilkinson）把《好逑传》翻译成了英文，后由托马斯·珀西（Thomas Percy）主教于 1761 年在伦敦出版。这部中国 17 世纪的浪漫传奇，成为英国公众见到的第一部汉语小说。②《好逑传》直接由汉语译成英文，不再借助其他的中介语，从本质上而言，是一部真正的译著。该书法文本和荷兰语本的出现，标志着这一时期英国汉学的成就。

威廉·琼斯（William Jones）爵士也许可以称得上是这一时期的准汉学家。他是位法学家，也是一位精通数十种语言的语言学家。通过对梵语、希腊语和拉丁语语音的比较，奠定了近代比较语言学的基础。他在二十多岁时对中文发生了兴趣，接触到了耶稣会士翻译的《大学》、《中庸》、《论语》、《诗经》等书，尝试用英文直接翻译《诗经》的《卫风·淇澳》等几个小节。他非常推崇孔子，曾把他比作苏格拉底和柏拉图。他也有研究中国学的计划，但因早逝而未能实现，不过他对英国汉学确有一定的开创之功。

1793 年英国向中国派出由马嘎尔尼勋爵（Earl George Macartney）率领的官方代表团出使中国，这是英国有史以来第一个官方的来华外交使团。马嘎尔尼使团的根本目的是希望与中国建立外交关系，进而发展两国之间的商贸往来。然而，马嘎尔尼的此次出使，由于拒绝向中国皇帝三叩九拜导致了最终的失败。唯一真正的收获是使团成员第一次亲身感受、接触了这个古老的帝国，这对于英国国内民众获取来自中国的真实信息终于提供了一手的资料。此后，1816 年（嘉庆二十一年），为了达到未竟之目的，阿美士德（Amherst）勋爵率第二个使团再度来华，但他们也因拒绝按清廷规矩跪拜中国皇帝而遭遣返。事实上，这场聋子的对话尚未开始就注定要失败了，中国拒绝对世界开放，而英国人则不管别人愿意与否想让世界对所有的交流开放。双方都自以为是世界的中心，把对方推到野蛮人的

---

① 钱钟书. China in the English Literature of the Eighteenth Century. *Quarterly Bulletin of Chinese Bibliography*（new series），II 1 - 4（June – December, 1941），pp. 7 - 48, 113 - 152. 同时请参见 Edmund Leites. Confucianism in Eighteen-century England：National Morality and Social Reform. *Actes du Hè colloque International de Sinologie：Les Rapports entre la Chine et l'Europe au temps de Lumières*，Paris, 1980, pp. 65 - 81.

② Ch'en Shou-I. Thomas Percy and his Chinese Studies. *Chinese social and Politics Science Review*，20. 2（July，1936），pp. 202 - 230.

边缘，于是欧亚大陆的两极在未来的50年里将从文化冲突变成兵戎相见。

英国汉学作为一门专门学科的确立是在19世纪，特别是1854年英国与清政府正式建交以后，对于中国的研究就更为迫切了。不可否认，在19世纪英国汉学确立与发展的过程中，传教士和外交官发挥了重要的媒介作用。他们通过对中国的亲身接触和实地考察，充当了中英文化交流的先锋，撰写了一批汉学著作，为19世纪后半叶英国汉学的全面繁荣奠定了基础。无论最初的原动力是宗教、贸易，还是学术，这些传教士和外交官出身的汉学家们的研究在实质上推动了英国汉学的发展，促进了中国文化经典在英国的传播。

不同文化交流与传播的第一个障碍就是语言文字的隔阂，为了便于和中国人沟通交流，来华的英国新教传教士和外交官首先寻求的是掌握中国语言，清除交流障碍。虽然这些来华传教士和外交官精研中国语言的最初目的并非为了单纯的文学欣赏或是对中国文化真心喜爱，而是出于实利之用；但是随着语言能力的提高，他们阅读的中国典籍和文学作品也越来越多，范围也越来越广，对于中国古代文化的内涵与精髓就了解得更加深入。有一部分人就不知不觉中爱上了中国的文化与文学，进而开始向英国读者译介中国古代经典，传播东方文学的独特魅力。其中的代表人物有理雅各、德庇时、翟里斯，他们被并称为19世纪英国汉学的三大星座，也是推动中国古代文化经典走向英国的重要功臣。

19世纪下半叶英国汉学初具规模，得到了较为迅速的发展，主要表现在：（1）通过传教和外交的途径，汉学研究的范围和深度都得到进一步拓展；（2）诞生了真正意义上的汉学家，撰写了一批汉学学术著作；（3）汉学研究开始出现纯学术的风气；（4）初步建立了专业的汉学研究机构，开设了汉学讲座；（5）中文藏书数量和文献资料的收集有了较大幅度的提升。

尽管英国汉学在19世纪后半叶得到了一定的发展，汉学家和汉学著作层出不穷，呈现了比较繁荣的局面。但是，由于英国的学风历来重实用轻理论，重功轻利思想，这也反映在他们的汉学研究上。如果与其他传统的汉学大国，如法国、德国等相比，英国汉学研究的整体风气并未能摆脱功利主义的影响，从一开始就注重商业外交的实际使用，而忽视了专业的学术训练。

前面所论述的是英国汉学从16世纪末到20世纪初期的总体概况，回顾这段历史，可以看出在早期英国汉学的发展历程中，呈现出了以下几大特色。

第一，功利主义主导了汉学研究的方向。后藤末雄在《中国思想西渐法兰西》一书中有这样的分析："对中国的认识，法国是通过在华天主教传教士来完成的，而英国则是由航海家和商人来实现的。"法国社会通过在华传教士的传教活动，获得了来自异域的第一手全面的资料。传教士所撰写的大量关于中国社会、文化、宗教、哲学思想等各个方面的著作，满足了法国国内在思想大变革时期所需的借鉴材料，因此法国汉学的确立，从某种意义上说就是把中国研究作为自身问题研究纳入法兰西思想史的过程。而与法国一海之隔的英国却并没有这样一个过程，由于大英帝国急剧膨胀的国力以及殖民扩张，使其在外交、商业方面对汉学人才的需要短期内剧增，因此致使英国的汉学从确立之初就不可避免地都带有短期、实用的风气，注重汉学为英国在华所能谋取的实际利益，而忽视了学术本身长期而系统的研究。如翟理斯就曾一针见血地指出过英国汉学长期劣于其他国家的根本原因："'贸易'这个词在中英关系的历史中是最重要的，它只要求能有效地理解口语和书面语的能力。如果所掌握的语言能够签订商业条款，可以译读官方文件，就没有必要再进一步研究它了。"[1]

第二，没有根本解决汉学研究业余化的问题。这里的业余化就是指没有经过史学和图书馆目录学专业知识训练，就从事汉学研究的现象。这种主要由非正规化的学者进行中国研究的情况可以上溯至17世纪、18世纪，那时的准汉学家们（对中国感兴趣的学者）有的是数学家，有的是科学家，还有的是建筑家、文学家；等到了19世纪开设汉学讲座之时，从事汉学研究和授课的基本以退休的传教士和外交官为主。他们原本就未曾经过严格的学术训练，加之研究时间也并不充裕。而且研究主要基于自身的体验，从各自的兴趣出发，研究角度各种各样。这样一来，治学的系统性和专业性难免受到影响。如与儒莲齐名的研究中国佛教的学者毕尔，不仅担任伦敦大学的汉学教授，同时还是繁忙的教区司祭。而在同一时代的法国，此时已出现了专业从事汉学研究的学者，特别是像雷慕沙、儒莲、巴赞这样的大师级人物，以其严肃认真的治学态度，在汉学领域取得了巨大的成就，使法国汉学在欧洲呈领军之态势。反观英国，真正正规化专业化第二代汉学研究学者的成长和出现差不多要到20世纪中叶才姗姗来迟。

第三，英国早期汉学界在图书馆资源上没有取得应有的进步。法国国家图书馆已于20世纪初建成了欧洲最大最完善的中文藏书，同时编纂了欧洲第一份高质量的完整的图书书目，而英国的汉学藏书却长期以来处于缓慢发展的阶段。几大图书馆（包括牛津波多利安图书馆、伦敦大学SOAS图书馆、剑桥图书馆、大英博物馆、皇家亚洲学会）直到19世纪末仍主要依靠一种传统的获取汉学书籍的方法，即私人捐赠，还没有形成系统性的收藏。SOAS图书馆汉学藏书是靠马礼逊的藏书建立起来的，波多利安图书馆则依靠购买荷兰学者和伟列亚力的藏书，剑桥图书馆则得益于威妥玛的捐赠。因此，这种无计划的收藏给图书编目和汉学研究带来了一定的困难，也影响了英国早期汉学研究整体学术水平的提高。

---

[1] Fu Shang-lin. One Generation of Chinese Studies in Cambridge. *Chinese Social and Political Science Review* 15（1931），pp. 78 - 91.

进入 20 世纪，"一战"之后，英国逐渐丧失了世界霸主的地位，在远东等地的利益受到了来自新兴的帝国主义国家的挑战，汉学研究的发展也日益不能追赶诸如美国、日本等新兴资本主义国家的迅猛势头。此时，欧洲大陆的学术思潮为之一变，汉学研究逐步进入平等对话与交流的时代；而此时英国汉学界在 20 世纪初期依然步履蹒跚。"二战"后，英国政府才改变了对汉学一直以来忽视的态度，戏剧性地结束了英国汉学几个世纪以来疲软的局面，出现了真正意义上的突破和发展。新的以学院派为主的汉学家开始涌现出来，汉学研究的领域和特点都有所拓展；同时一批旅英的华人学者也进入英国汉学界，并为此做出了一定的贡献。尤其是经过 1947 年斯卡布勒和 1961 年海特的调查报告之后，推动了英国汉学的进展，但和其他欧洲国家、美国、苏联及日本相比，仍有一定的差距。

两次大战期间，大英博物馆汉学收藏逐步增加，特别是斯坦因（Sir Mark Anrel Stein）从敦煌带回的大量手稿，经翟理斯的儿子翟林奈（Lionel Giles）的整理后，出版了这批文献的目录，这些都促进了英国汉学的专业化过程。第二代汉学家中最杰出的代表亚瑟·韦利（Arthur Waley）也曾于 1913～1930 年在大英博物馆工作，整理出了斯坦因收藏的绘画部分的目录。韦利是翟理斯的学生，他一生从未游历过中国和亚洲，但却对中国和东方文化研究做出了突出贡献，并因此受到英国女王的褒奖，成为英国 20 世纪最知名的东方学家。他出版的有关中国文学与文化的译著与论著多达 27 部，发表论文近 60 篇，研究范围除了文学之外，还包括艺术、宗教、哲学思想、敦煌学、中印和中日的文化交流等诸多方面。他的翻译介绍工作为英语世界的西方读者打开了一扇东方文化宝库的大门。

尽管韦利为英国汉学的发展做出了巨大的贡献，但当时整个英国汉学的现状仍是前途黯淡。直到"二战"开始，英国由于战争的需要被迫大量训练东方语言人才，开始对汉学有所重视。几个开设了汉学讲座的大学，如牛津、剑桥、伦敦都增加了图书馆的藏书，像牛津大学，虽然苏慧廉（William Edward Soothill）去世后无人接替其职位，但大学也于 1936 年聘请了中国学者向达整理了一份中文藏书的报告，并花费数百镑补其遗漏。1938 年，慕阿德（Arthur Christopher Moule）退休后，剑桥大学任命移居伦敦的德国学者霍古达（Gustar Haloun）为汉学教授，他毕业于孔好古（August Conracly）建立的德国莱比锡大学汉学系，为剑桥大学创建了一套综合性的图书收藏方案。伦敦大学亚非学院图书馆的中文藏书从无计划的入藏转向系统性收藏则要得益于从德来英的汉学家西门华德（Simon Walter）的努力，他对馆藏汉籍进行了整理分类，制订了收藏方案，并于 1948 年耗时一年前往香港、北京和日本购买书籍，使得亚非学院图书馆的藏书有了较大的扩充。

此外，在 1931 年，当时的国民党政府和英国政府达成一项协议，将部分庚子赔款用于中英文化交流，因而建立了大学中国委员会（Universities' China Committee），负责英国的一切有关中国文化的活动。该委员会的委员多为英国各大学副校长、外交部代表、著名汉学家和学者，以及一些中国学者。其主要工作为照料享受庚子赔款赴英留学的中国留学生；支付牛津、剑桥和伦敦三所大学汉学教授的薪金；安排与中国学有关的研讨会；出版中国研究的书籍和期刊；为从事中国研究的英国学者提供资助等。1943~1946年，国民党政府教育部还在牛津、剑桥和伦敦大学设立了为期三年的中国文化奖学金，鼓励大学里的中国学研究。

战后，英国学生对中国研究的兴趣比以前有了增加，在牛津、剑桥、伦敦几个大学里学习汉语、研究中国文化的人数也逐渐增多，开始形成了以年轻的学者为核心的科研体系，为建立科学的汉学研究打下了基础。到了1960年，开设了汉学讲座的英国大学里有超过半数的汉语教师都是从大学的汉学系毕业的。研究汉学的主力也由传教士、外交官转变成了大学的专业学者。

海特报告之后的20余年，英国政府都未曾过问过东方研究的状况。由于撒切尔主义的影响，汉学研究又一次遭到冷遇，陷入停滞状态。而这时的中国和亚洲都发生了很大的变化，特别是中国的改革开放政策实施后，中国的政治、经济、文化等各个领域都向世人呈现出崭新的面貌。英国政府此时才意识到自己在中国学研究方面所处的劣势，直到1986年帕克报告对英国汉学现状进行了严厉的批评之后，情况才有所好转。然而，纵观这一时期的汉学发展历程，从总体上看，当代英国的中国学研究并未能完全摆脱实用主义的桎梏，这在很大程度上影响了汉学发展的广度和深度；在汉学研究的不少领域英国都落后于其他国家；而且，当代英国杰出的汉学家为数甚少，研究学者后继乏人也是一大危机。

当代英国的中国学家大多集中在对中国古典文学和当代中国有关问题的研究领域，对明清两代的研究则集中在文学方面，其他方面鲜有人问津。当然，也有部分汉学家从事着中国现当代文学的译介和研究工作，他们向英国读者介绍了包括鲁迅、老舍、沈从文、闻一多、徐志摩等人在内的中国当代著名文学家和诗人及其重要作品，还译介了诸如王蒙、刘心武、高晓声、顾城、北岛等现代作家和诗人的作品，关注着中国现当代文学发展所反映出来的社会变革。

从20世纪初期迄今的英国汉学发展并非一帆风顺，其间也历经了多次反复、曲折，并直接导致了英国汉学的现状无法和诸如美、法、日本等汉学研究强国相媲美。我们注意到英国汉学发展的特点是起步晚，中间脱节，后劲不足。这也导致了中国古代文化经典在英国传播的特殊轨迹：直到19世纪后半叶，中国的文学作品、典籍才被直接翻译介绍到英国本土，经过了19世纪末到20世纪初的短暂繁荣之后，又是一段时间的沉寂，直到"二战"之后才又重新复苏。

在20世纪，中国古代文化经典在英国的译介与传播大致有如下几个特点：

第一，在形式上以翻译为主，专题研究较少。翻译的作品还不够系统和全面，有的重要的作品尚无翻译，有的虽有翻译，但却仅限于选译部分内容。

第二，在内容上更偏重于古典文学作品，这与西方传统的文学研究观念有关，强调只有经典的或古典的作家作品才能被接纳为学术研究的对象。因此，英国汉学界关注中国古典文学领域的译介，这一点在60～70年代以前尤为突出，直到80年代之后才开始逐渐将兴趣转向中国的现当代文学。

第三，在方法上受到了来自欧洲和中国双重学术传统的影响。如乾、嘉以来重视考据的方法与欧洲从19世纪初期开始发展起来的实证主义文学批评方法类似，两者结合就成为在英国学者译介与研究中国经典时一种普遍接受的范式。

第四，在路径上多借鉴和参考日本汉学的成果。日本人研究汉学，喜欢从小题入手，以实证为据；注重基础文献的整理、分类，从中加以分析和归纳。这符合英国人的逻辑推理思维方式。因此英国的汉学家往往从日本汉学界的研究成果入手，可以达到事半功倍的效果。以韦利为例，他在译介中国文学和日本文学上均有建树，身兼汉学家和东洋学家的双重身份。这在英国汉学界几乎已成为一个传统。

考察数百年来的中国文学（文化）在英国的流播与译介，前辈学者与学界时贤已经先后做出了很多努力，包括陈受颐、钱钟书、杨周翰、范存忠、方重、周珏良等学界大家已经出版了不少经典作品，堪为后人研究的典范。当代学者葛桂录先生在中英文学与文化关系的研究方面颇有建树，搜集整理了大量的文献资料。本书是沿着先行前贤所开辟的道路，在前辈学者所打下的基础上，针对刚刚过去的一百年里，中国古代文化经典（包括文学、宗教、哲学、历史、语言等）在英国的传播情况，做一个资料的收集与汇编工作，试图勾勒百年间中国典籍传入英国的大致脉络和轨迹，但愿我们的努力能为学界同仁提供一点研究便利。

第二节 中国古代文化经典在德国的传播导论

一、20世纪上半叶德国汉学之发展[①]

（一）专业汉学在德国的建立

20世纪上半叶是汉学真正得以迅速发展的一个里程碑式的阶段，德国的汉

---

① 本节主要参考了 H. Franke 的 *Sinologie*（1953）一书相关章节，特此说明。

学发展，实际上到了这一时期才真正进入有组织的专业化阶段。

1905 年德国殖民学会（Deutsche Kolonialgesellschaft）在柏林举行年会，鉴于中国在国际上的地位以及汉学悠久的历史，大会通过了尽快在德国大学中建立汉学学科的决定。1909 年德意志政府接受了殖民学会再度提交的建立汉学学科的提案，决定在汉堡殖民学院（das Kolonialinstitut der Freien und Hansestadt Hamburg）——现在汉堡大学前身——建立汉学系。福兰格作为这一学科的第一位讲座教授而被记入史册。尽管汉堡是一个贸易城市，福兰格还是拒绝了追逐商业利益办学的方针，他明确提出要以中国语言和文化的学习和研究作为根本方向："应当在（汉语）语言学的基础之上，进一步建立起对中国文化整体的研究范围。"[①] 正是基于他对中国语言和文化全面理解的理想，福兰格将在德意志土地上的第一个汉学系命名为："中国语言与文化系"（Seminar für Sprache und Kultur Chinas），这一名称一直保留至今。在教学和研究方面，福兰格一改汉学和 19 世纪汉学注重古代汉语和古典研究的做法，倡导从现代汉语出发，进而再深入研究中国传统的文化。也就是说从他之后，德国汉学不再仅仅是在故纸堆里的死的历史、文学研究了。

随后 1912 年作为帝国首都所在地的柏林大学也建立了汉学系，聘请了荷兰汉学家哥罗特作为第一任教授。作为民俗学、宗教学、人种学的专家，哥罗特在汉学的许多方面取得了成就，也引导了柏林汉学后来的发展方向。莱比锡大学和法兰克福大学于 1922 年和 1925 年建立了汉学系，分别由孔好古和卫礼贤担任第一任的讲座教授职位。孔好古曾受到莱比锡大学校长、历史学家兰普雷希特在方法论上的影响，一改传统的汉学家将中国古籍按照中国古书进行诠释、翻译的做法，而是将汉学放在世界（特别是亚洲）历史和文化的范围和背景下，用一般宗教学、历史学以及社会学的方法来做综合解释。这一莱比锡学派的特点，影响了诸如霍古达、叶乃度、申德勒等一批成就颇著的汉学家。顺便一提的是，林语堂于 1923 年也是在孔好古门下做了有关古代汉语语音的博士论文。[②] 在卫礼贤的主持下，法兰克福大学的汉学系主要是以报告的形式去吸引德国文化阶层对中国文化的兴趣，卫礼贤本人也将他多年来所精心从事的中国典籍翻译的译本在德国出版，由于这正是"第一次世界大战"之后欧洲人对西方价值、文明的绝对优势产生怀疑的时期，感伤主义者们正沉迷于研究东方的思想，卫礼贤的译本对包括黑塞、荣格在内的德语世界的文化精英产生了巨大的影响。

---

① Otto Franke. Erinnerung aus zwei Welten：Randglossen zur eigenen Lebensgeschichte. Berlin：Walter de Gruyter & Co. 1954. S. 131.

② 请参考李雪涛：《一段鲜为人知的往事背后——由孔拉迪对林语堂的博士论文评语想到的》，载于《中华读书报》，2005 年 8 月 3 日。

在传统的哥廷根大学和波恩大学自 1920 年开始也都在东方学系下设了"汉学专业"（Sinologische Abteilung），由获得过教授资格的讲师讲授汉语。这两所大学的汉学专业在著名汉学家霍古达和施密特的领导下，都取得了长足的进步和发展。

经过这一系列的学科和机构建设发展，到 20 世纪 30 年代，德国已经建成了研究对象相对明确、方法相对成熟、专业人才比较稳定的学科体系，可以说从汉学的教学到研究的数量和质量上来讲，德国汉学在这时已经赶上或超过了其他欧洲国家。

从汉学资料来源的图书馆建设来讲，上文中提到的普鲁士国立图书馆和巴伐利亚国立图书馆都重新为了适应汉学研究的蓬勃发展而扩充了藏书量。除了国立图书馆之外，各大学汉学系业纷纷建立各具特色的图书馆，同样也以最早建立汉学系的汉堡和柏林两大学汉学系的图书馆有关汉学的藏书最多，除了一些前汉学时期的珍贵的摇篮本之外，也藏有一些中文的善本和孤本。东部的莱比锡大学的藏书，以语言学、民俗学以及人类学为主，显示了莱比锡学派的特点。

直到 20 世纪上半叶，那些在大学汉学系具有开创之功的汉学大家们依然活在世上。在这里我们可以提到一些德国汉学家或与德国汉学有关的名字：哥罗特、夏德、劳费尔、福兰格、佛尔克等。如果我们试图将上述汉学家们的工作和努力归入一个统一的范畴的话，也许我们可以说，他们都是将历史主义的方法和观念引入了汉学领域：批判式的文本研究以及依据由其他相关学科所制定出的原则而对这些汉学内容进行诠释。从这时起人们才真正开始批判性地阅读中国的原典。研究者不再会像是 18 世纪、19 世纪的学者那样过分相信文本本身了，人们进一步想知道，文本以前的真实情况是怎样？对这一代的学者而言，最显著的特征是，除了对个别问题写有大量的论文之外，他们还完成了综合研究，或译有鸿篇巨制的著作。这样便产生了哥罗特的《中国宗教制度》（Religious System of China）、福兰格的《中华帝国史》（Geschichte des Chinesischen Reiches）、佛尔克的《中国哲学史》（Geschichte der chinesischen Philosophie）。更重要的是，汉学作为一个完整的专业，在 19 世纪末到 20 世纪初的转折时期，终于成为了东方学内一个跟其他专业具有相同价值的学科，而得到了学界的承认。汉学教席以及汉学系不断得到建立，就连当时在这方面比较落后的国家如德国，也不例外。在德国，汉学跟其他更有悠久历史的兄弟专业如闪米特学、伊斯兰学以及印度学比较起来并不占优势。一直到 20 世纪 50 年代，在德国的大学里，这些东方学各系科所设的教授席位依然要超过汉学教授席位的 10 倍之多。对于文化机构来讲，人文学科重点的转移以及新的研究领域的跟上，都是要假以时日的，但这也只能部分地解释为什么汉学系的建立是如此缓慢。另外一个原因是，其他一些中东的专业可以跟西方传统的学术结合起来：闪米特学和阿拉伯学与神学，印度学与印度—雅利安语言学。

（二）主要的汉学刊物

这一时期出版的以德语为主的汉学刊物有：1905 年创刊的 *Artibus Asiae*（《亚洲艺术》）杂志，主要刊登与东亚艺术史、考古方面的论文、研究报告以及书评，由瑞士苏黎世的里特贝尔格博物馆（Museum Rietberg Zurich）用德、英、法文出版。1912 年创刊的 *Ostasiatische Zeitschrift*（《东亚杂志》）是德国东亚艺术协会（Deutsche Gesellschaft für Ostasiatische Kunst）的会刊，其内容主要涉及东亚的文化和艺术，也有汉学方面的文章。自 1924～1935 年间在德国莱比锡出版的 *Asia Major*（《泰东》）杂志主要用来刊登汉学方面的研究论文。该杂志于 1949 年开始重又在伦敦有英国学者负责出版。而 1945 年于柏林停刊的 *Ostasiatische Zeitschrift*（《东亚杂志》）后来将重点放在了艺术和考古方面，而在 1926 年以前，该杂志依然是汉学方面重要的研究刊物。而设在法兰克福的中国学社（China-Institut）的机关刊物 *Sinica*（《汉学》），也随着研究所的毁灭，而成了战争的牺牲品。它的最后一期出版于 1943 年。尽管这份杂志将读者定位在对中国感兴趣的大众而非学者身上，不过 *Sinica - Sonderausgaben*（《汉学专刊》，共 4 辑，1934～1937 年）也为研究者提供了纯学术的空间。当时在中国的刊物有由圣言会（SVD）的传教士、汉学家鲍润生于 1935 年在北平创办的 *Monumenta Serica*（《华裔学志》），此刊物至 1949 年一直隶属于北平天主教辅仁大学，其内容主要涉及与汉学有关的考古学、艺术、宗教（主要是佛教）以及其他各学科。这一时期《华裔学志》的作者大多是后来成为汉学巨擘的汉学家，如艾伯华、高罗佩、傅吾康等。

此外尚须一提的是，随着汉学作为一个学科在德国的确立，当时一些有关东方学的著名刊物也一直在发表一些汉学方面的论文，并且比重越来越大，如 1847 年创刊的 *Zeitschrift der Deutschen Morgenländischen Gesellschaft*（简称 ZDMG，《德国东方学会杂志》，编辑部现设在柏林洪堡大学汉学系）。而 *Orientalische Literaturzeitung*（《东方文献报》）作为发表书评的刊物，显然是一流的。作为文献方面的辅助手段，这份刊物对每一个研究者来讲都是不可或缺的。这份刊物在多年中断之后，于 1944 年重又复刊。

（三）在这一阶段活跃着的几位汉学大师

1. 傅兰克

汉学家傅兰克曾在弗莱堡、柏林、格廷根及基尔大学学习过历史、印度语言学以及法律，1884年获得印度语言学博士。傅兰克从1887年开始学习汉语，次年被派往德国北京公使馆担任翻译生。之后他在北京、天津、上海以及厦门的公使馆或领事馆担任翻译长达13年之久，为他以后从事汉学研究打下了坚实的基础。在他完成了教授论文之后，于1909年被聘为新设立的汉堡殖民学院东亚语言和历史专业教授，成为德国历史上第一位职业汉学教授。1923年之后，他又接替已故的格罗特教授担任了柏林大学教授，直至1931年。

傅兰克所发表的有关汉学的著作非常之多，但其中最为重要的是后来被称作汉学典范之作的五卷本巨著《中华帝国史》（Geschichte des Chinesischen Reiches, Berlin：de Gruyter，1930~1952）。此书从儒家哲学和历史的角度出发，对中国几千年来的政治、思想史进行了系统的阐述。本书的前四卷，叙述了从上古一直到1368年明王朝建立前的历史，第五卷是对史料的考证和注释。福兰格之前，德国知识界对中国历史的认识是片面的，也是具有局限性的。一反赫尔德、黑格尔、兰克等德国历史主流的观点，傅兰克认为中国是一个充满活力、生机盎然的国家，它的文化影响着整个东亚，甚至中亚的历史进程。他以《资治通鉴》为蓝本，将以儒家思想为代表的天下国家作为历史考察的中心，因此在某种意义上来说，这是一部自远古以来的中国政治史。这样的一部大部头的著作主要是依据中文的原始文献编撰而成的，所需要的几乎是超人般的专注与毅力。海尼士在为傅兰克所写的悼词中就认为，傅氏曾是一位具有坚强意志的人。跟以往的中国历史著作相比较，这部鸿篇巨制的著作有着其鲜明的特点：其一，这是至当时为止由汉学专家撰述的时代跨度最大的中国通史之作；其二，它改变了以往以编年等为主的叙述方式，更多地从儒家意识形态和文化方面，写出了中国历史的连续性，而并非变迁和交替；其三，这部著作不仅有理论的深度，在史料运用方面，也以中国的第一手资料为主。因此，法国汉学家巴斯蒂夫人认为这部著作是"欧洲中国史研究的里程碑"。

从方法论上来讲，傅兰克显然是继承了德国19世纪的史学传统，通过大的历史事件的发展过程，展示中国历史的变化。他将这一方法与中国历史学编纂法有机地结合在了一起。作为这部大历史的准备工作，傅兰克于1925年出版了《中国历史编纂法之起源》专著①，之后又发表了"《资治通鉴》和《通鉴纲目》的本质，它们之间的关系及史料价值"②，从而为卷帙浩繁的《中华帝国史》的写作奠定了方法论的基础。

---

① Otto Franke. *Der Ursprung der chinesischen Geschichtsschreibung*. 1925.
② Otto Franke. *Das Tse Tschi T'ung Kien und das T'ung Kien Kang Mu，ihre Wesen，ihr Wesen，ihre Verhältnis zueinander und ihr Quellenwert*. in：Sitzungsberichten der Preußischen Akademie der Wissenschaften，Philosophisch-historische Klasse，1930.

尽管《中华帝国史》并没有像傅兰克所预期的那样写到王朝结束的 1912 年，但这部多卷本的巨著还是提供了至当时为止最为详细的中华帝国历史的画卷，并且大部分的史实和引文均出自第一手的中文翻译。《中华帝国史》在战后对欧洲中国史学的发展产生了重大的影响，这之后的汉学家更加重视对中国历史的研究工作，产生了更多的一手文献的翻译，或将解释性的翻译与叙事结合在一起，目的在于还原历史面目，而不再是战前的语言、语意层面的研究。傅兰克所开创的新的研究方向和所运用的史学研究方法，使战后的欧洲中国历史研究取得了丰硕的成果。

1954 年，在傅兰克去世后的 9 年，他的回忆录《两个世界的回忆：有关我生活的边注》（*Erinnerungen aus zwei Welten，Randglossen zur eigenen Lebensgeschichte*，Berlin：de Gruyter）在柏林出版，对他几十年所从事的汉学事业进行了回顾。

傅兰克有两个儿子，均为汉学家。其中之一便是中国近现代史专家傅吾康。

2. 孔好古

孔好古生于威斯巴登，他最初从事印度学研究，后转向古代中国语言与历史，并于 1893 年在莱比锡获得教授资格。孔氏于 1897 年被任命为贾柏莲的继任者，作为编外教授于 1900 年到莱比锡大学担任该大学东亚系东亚语言的教学工作。孔好古进一步深入并拓展了在文法方面的研究工作，并且让教科书中的文法在课堂上也占据了一席之地。他对汉学的认识远远超过了传统汉学研究的任务范围，超越了纯粹的语言学领域。他将中文的研究和对中国文化、历史、传统的研究联系到了一起，并将普通民族学、人类学的方法运用到汉学研究上来。这样，他便将汉学扩展为一门综合性的学科。孔氏的这一看法也必然同他以前关于汉学的研究对象及其相关学科方面的传统观点产生尖锐的矛盾。1903～1904 年孔好古曾留学于北京大学，这为他后来的古代汉语语言研究打下了坚实的基础。

在汉藏语研究方面，孔好古认为印度支那语系包括汉泰语族和藏缅语族。并且正确地认为泰米尔语、突厥语、日语以及南岛语并不属于印度支那语系，这一观点当时在学界引起了很大的反响。孔好古的这一认识实际上是将汉语放在了汉藏语系这样一个大的背景下来研究，为汉藏语言比较奠定了基础。在这一方面他曾在《泰东》（*Asia Major*）上发表多种专题论文予以论证。1915 年他还指导了瑞典汉学家高本汉，使后者取得在大学执教的资格。

在有关《易经》的研究中，孔好古在《泰东》上撰文认为，六十四象八卦实际上是书写符号，《易经》就是一部以一种方式编成的古老的辞书。[①] 他的这一看法遭到了包括马伯乐在内的众多汉学家的反对。[②]

[①] August Conrady. *Yih-king – Studien.* in：*Asia Major* 7（1931－32），409－468.

[②] 马伯乐的看法见 *Journal Asiatique*，1935：166－170.

在德国的中国历史研究领域有划时代意义的是孔好古为著名的《乌尔施泰因世界史》（*Ullsteins Weltgeschichte*，Berlin，1910）所写的有关中国历史的纲要：《中国历史》（*Geschichte Chinas*）。孔好古将对比较民族学的认识和理解运用到了对古代中国的研究上，从而很好地将中国史纳入了世界历史之中，而这在19世纪的历史观的影响下是很难做到的。尽管这一部分只写了上古史，并且有些细节也已经过时，但却丝毫不影响这部著作作为具有开创性的力作，其中某些精辟的看法一直到今天依然能给许多汉学家以启发。此外，孔氏那通俗易懂的叙事方式，也使得这本书成为了一本引人入胜的通俗读物。

1914年成立了由编外教授孔好古领导的东亚语言系，1917年该系兼并了东欧及伊斯兰研究所。在孔好古的影响下，一直拘囿于语文学的汉学，其研究领域得到了扩大，然而当时的专业学者们却无法理解这一发展，甚至表现出明显的敌意。莱比锡大学闪米特语研究所在1922年向德累斯顿的负责部门提出申请，要求将该所里负责东亚语言的编外教授转为正式教授，报告开门见山指出，"莱比锡有着德国最古老的汉学教授职位"，有孔好古这样杰出的学者。这样，从1922～1925年间孔好古成为莱比锡大学汉学系的讲座教授。

3. 佛尔克

佛尔克是他那个时代里最重要的汉学家之一。他是一名受过专业训练的法理学家，后又作为译员在中国工作过13年（1890～1903）之久，为他日后的学术工作打下了重要的基础。之后佛氏在柏林著名的语言研究所东方语言学院（SOS）里担任教授。"第一次世界大战"期间他在美国伯克利大学担任中文教授，其后又在汉堡担任教职，教授汉学（1923～1935），后来的著名汉学家傅吾康便出自其门下。佛尔克声称自己总是为那些不墨守成规的人所吸引，他是最多产的汉学学者之一，人们常常提到他的著作——三卷本《中国哲学史》和他翻译的王充的《论衡》，这两部著作是他在中国哲学方面最伟大的贡献。

在中国哲学史的论著方面，最重要的里程碑式的巨著要数佛尔克三卷本的《中国哲学史》了：《中国古代哲学史》（*Geschichte der Alten Chinesischen Philosophie*，1927），《中国中古哲学史》（*Geschichte der Mittelalterlichen Chinesischen Philosophie*，1934）以及《中国近代哲学史》（*Geschichte der Neueren Chinesischen Philosophie*，1938）。其中最后一册是从宋代开始的，因为在欧洲汉学界北宋被认作是近世——新时代的开端。佛尔克的这三卷本哲学史功不可没，整部著作的材料异常丰富，并且其整体架构让人一目了然。更难能可贵的是，佛尔克在书中引用了大量的中文著作原文译文，并注上了中文原文，这样可以让那些对中国哲学不熟悉的读者直接接触到原始文献。对一些不是特别有名的思想家和作家，在书中也有介绍。不过作者对中国哲学的阐释的立场是有些问题的：佛尔克常常将中国思想家纳入西方哲学的模式之中（如"唯物主义的墨子学派"等的类似表达方式）。马伯乐曾在书评中认为，佛尔克应当多注重一些思想与政治—社会之间的关系。不过所有这些从个别方面来看也许是不无道理的批评意见（这其中也包括柴赫所改正的佛尔克的部分译文），丝毫也不会减弱这部巨著的价值所在。作为一部工具书，这三卷近 2000 页的哲学史时至今日依然是中国哲学史方面的重要参考著作。由于佛尔克对中国哲学阐述的视角是哲学和语言学的方法，因此他的著作所产生的影响主要是在学术界内部，跟卫礼贤的译本所产生的影响范围完全不同。

他在柏林教授汉语的同时，也特别致力于中国哲学思想的翻译工作，这些翻译作品中最重要的是在 1906～1911 年间发表的德译王充的《论衡》，正是这一译本使佛尔克获得了著名的儒莲大奖。佛氏不仅仅翻译了《论衡》，早在中国的时候，他就在上海《亚洲文会》上发表过"王充与柏拉图论死亡和不朽"[①]。此外，在柏林佛尔克在 1910 年夏季学期中除了教授现代汉语以外还带领学生阅读了《论语》和《论衡》，在 1910/1911 年冬季学期他阅读一份佛教文章。佛氏的这一举动受到了当时任汉堡大学汉学教授的福兰格德赞赏："东方语言学院能够有佛尔克教授这样一位中文教师，他同时还是位汉学家，并捍卫着该学科的重要地位，这可真是个幸运的巧合。"[②]

1922 年佛尔克出版了《社会伦理学家——墨翟及其弟子们的哲学著作》（*Me Ti des Sozialethikers und seiner Schüler philosophische Werke*, Berlin 1922），这个译本出乎意料地在文学史方面产生了巨大的影响，它成为布莱希特作品《墨翟——变换之书》（*Me-ti. Buch der Wendungen*）的主要创作来源。

对王充及其《论衡》的选择，对佛尔克来讲并非偶然，我们可以从他那不太出名的著作《非理想化的现实》（*Die nicht idealisierte Wirklichkeit*）中清晰地看到佛氏唯物主义的世界观倾向，也可以从这部著作中找到那些或许影响了他汉学作品的基本观点。

4. 卫礼贤

卫礼贤出生于德国西南部当时符腾堡王国的首府——斯图加特。早年他接受过系统的新教神学的训练，后于 1899 年被同善会派往被德国人强占的青岛传教。在青岛，除了传教工作外，卫礼贤花费了巨大的精力来翻译中国的经典：他同前清遗老劳乃宣共同研究了《易经》及其他儒家、道家的经典，并将大部分的这些中

[①] A. Forke. Wang-Chung and Plato on Death and Immortality. in: *Journal of the North China Branch of the Royal Asiatic Society*, Bd. XXXI (1896/97), S. 40–60.

[②] O. Franke. Die sinologischen Studien in Deutschland. in: Ders., *Ostasiatische Neubildungen*, Hamburg 1911, S. 357–377, hier S. 368.

国文化的典籍译成了德文，交由当时设在莱比锡的奥伊根·迪德里希斯（Eugen Diederichs）出版社出版。1921年年底，卫礼贤被任命为德国驻北京公使馆科学参赞，这使得他有机会跟"新文化运动"的精英分子如蔡元培、胡适等建立联系。1921年他任北京大学名誉教授，教授德国文学。1925年卫礼贤回到法兰克福，在那里创办了中国学社（China-Institut），以介绍、研究中国文化，联络德中两国人民间的友谊为目的。在此期间他创办了《中国学刊》（Chinesische Blätter，后更名为《汉学》（Sinica））。1931年卫礼贤去世，享年不到57岁。

卫礼贤最大的贡献在于他的中国典籍的德译，他翻译了《论语》、《孟子》、《大学》、《中庸》、《家语》、《礼记》、《易经》、《吕氏春秋》、《道德经》、《列子》、《庄子》等涉及儒、道等中国文化的最根本的经籍。这些译本迅速使中国传统思想和文化进入了德国思想界主流之中，影响到黑塞、荣格这样的大作家和思想家。黑塞在读完《道德经》译本后写道："中国哲学家老子，在以往的两千年内并不为欧洲所知，但在过去的15年内却被翻译成了所有的欧洲语言，他的《道德经》也成了一本时髦书。"《易经》译本是在劳乃宣向卫礼贤进行详细且深入的文本解释的基础之上，加上他自己的西学背景而产生的，花费了卫礼贤几十年的心血。1951年在英国和美国出了英译本，荣格专门为此书写了前言。之后又被译成了荷兰语、意大利语、法语、西班牙语、葡萄牙语等。20世纪70年代，英译本在美国成为了嬉皮士运动的神书。

作为《文学手册》中的一种的《中国文学》（Die chinesische Literatur）是卫礼贤1926年在法兰克福时完成的一部中国文学史专著。这部著作的特点是从文化史的角度向德国读者介绍了中国文学与文字的关系，以及文学自古及今的历史。作为中国古典文学最杰出的翻译实践家，卫礼贤在书中引用了很多诗歌的新译文，如陶渊明的《归田园居》的翻译。为了便于德国读者对中国文学的接受，卫礼贤还选取了丰富的插图，从而使得这部著作更有可读性，不过在学界影响不大。

卫礼贤的译本受到了德国知识界的普遍欢迎，但也遭到了一些专业汉学家的非议。他们认为，卫的翻译有时过于迁就西方读者而曲解了中文原意，并且有些翻译缺乏进行进一步科学研究的参考资料。福兰格甚至指出了卫礼贤译文中的语言缺陷。

卫礼贤同中国学界一直保持非常好的关系，早在他在中国逗留的日子里，就与前清遗老、新文化运动的领袖们建立了密切的往来。在法兰克福期间，他还邀请过胡适做学术报告，陪诗人徐志摩作欧洲之旅。

生于青岛的卫礼贤的三儿子卫德明也是著名中国历史学家，他曾在北大教授德语，后供职于北京的"中德学会"（Deutschland-Institut）。1948年以后，他出任美国华盛顿州立大学东方学院教授。

（四）30年代以来的汉学发展

1. 一个学术传统的终结

从1930～1945年间去世的汉学家不计其数，其中非正常死亡的有一大批。马伯乐便是纳粹极权政治的牺牲品。1945年"二战"结束不久，伯希和去世，而1940年葛兰言就去世了。对德国汉学界来讲，科隆人后移居美国的劳费尔于1934年去世，使美国和德国失去了大师级的人物。劳氏在汉学方面的贡献有些像法国学者伯希和，在诸多领域都曾取得过辉煌的业绩，特别是在中国与其他国家的关系方面的成就斐然。在德国，作为汉学领军人物的佛尔克（1867～1944）和福兰格（1863～1946）分别死于"二战"结束前后，也标志着第一代德国汉学学院派传统的终结。

Monumenta Serica（《华裔学志》）在战争中也失去了许多重要的成员，这其中包括圣言会（S. V. D.）的鲍润生、谢礼士，当然还包括钢和泰，尽管钢氏是从事梵文研究的，更应归于佛教学领域，但在中国佛教史方面，他取得过非常重要的成就。

2. 汉学移民潮对德国汉学的重创[①]

对德国汉学来说，更为严重的损失乃是战争给德国汉学家带来的移民潮。在纳粹政府时期，许多年轻和部分学有建树的德国汉学家及东亚艺术史学家离开德国到其他国家就职，他们中的大部分去了美国以继续他们在大洋彼岸的学术生涯。大规模的移民即使这些德国汉学家逃离了纳粹魔掌，同时也促成了被移民国的学术发展。"二战"以后一直到今天的国际汉学研究格局，跟这次大规模的汉学家移民是由密切的关系的。德国汉学由于纳粹的暴行而遭到重创，而这却给其他国家特别是在这期间迅速崛起的美国汉学以新的发展机遇。据现任普林斯顿大学汉学教授的德国学者柯马丁的研究，没有任何一位移民的德国汉学家或东亚艺术史学家被重新又召回德国。

第二次世界大战4年后的1949年，时任华盛顿大学中国历史学教授的著名汉学家卫礼贤之子卫德明，在他撰写的带有批判性质的观察文章"当今德国的汉学家"一文中指出：

对比以往所有的学术中心甚至到新出现在美茵茨的一家机构的德国学术的广

[①] 一下部分的内容主要出自柯马丁（Martin Kern）《德国汉学家在1933～1945年的迁移——重提一段被人遗忘的历史》，载于马汉茂、汉雅娜、张西平、李雪涛主编《德国汉学：历史、发展、人物与视角》，大象出版社2005年版，第217～258页。

泛复兴潮流，德国汉学研究恢复的步伐仍相当缓慢。部分因素是过去建立的远东研究的主要职位仍然空缺。出现这一状况的首要原因是缺乏人才。[①]

德国大学师资力量的缺乏出于诸多不同的原因：一些教授去世，一些仍在国外，特别是在中国；另一些则因为在政治上同纳粹的牵连，在1945年被解除教职以后直至1949年仍未恢复。数量最多，对学术最具重要价值的是那些迫于政治原因离开德国的汉学家们，其中为数不少的人直接在国内受到纳粹恐怖主义的威胁并被解职。

德国汉学家移民潮可以说是欧洲现代专业汉学研究史中最罕见的一个现象。纳粹上台的时候德国专业汉学仅建立了20年，相对于德国传统的东方学还只是一个年轻的小专业。至1945年前尽管德国汉学家在各个领域都取得了令人瞩目的成就，但在整个德国也只有区区4个汉学教授的职位：汉堡（1909年起）、柏林（1912年起）、莱比锡（1922年起）、法兰克福（1925年起）。学习中文则在偏远的格廷根和波恩，而在柏林、科隆、莱比锡和慕尼黑的博物馆都有致力于东亚艺术史研究的学者。汉学家的移民，打乱了德国原有的汉学发展的路向，他们在东亚艺术史、社会经济史、民俗学、中亚学及语言学中的研究优势也逐渐转移到了英语世界。此外，德国还损失了诸多东亚艺术博物馆专业人士，汉学图书馆专业人士以及当时一本非常重要的国际级汉学期刊 Asia Major（《泰亚》）。移民不仅使德国缺少研究人员，尤其缺少大学师资。

至于汉学家的移民动机，除了犹太和当时的左派汉学家从1933年起很多被大学解雇之外，另外一些并未受到直接迫害的汉学家也由于国内的政治氛围不适合汉学的学术研究而想尽办法移民到国外。

马汉茂在他为傅吾康自传的第一册的序言里暗示，1942年间以德语从事东亚研究的人数一直到60年代早些时候才得以重新恢复。在这之前似乎仅有叶乃度在1948年和傅海波在1968年撰文认为移民海外的优秀学者实际上是德国汉学的巨大的、灾难性的损失。傅海波写道：

1933年后的政治事件极端地导致了德国汉学人才的流失，其中一部分的损失是无法弥补的。纳粹政府把大量的学者逐出德国——这里我们只提及西门华德、科恩、白乐日、霍古达、申德勒以及艾伯华作为这些为数众多的学者的代表。战争摧毁了位于柏林、莱比锡、格廷根的一系列重要的图书馆、专业系以及位于法兰克福的中国学会，1945年后的政治分裂局面又将柏林普鲁士国立图书馆的大量中文藏书分散给几个占领区。[②]

[①] *The Far Eastern Quarterly*, No. 8 (1949), S. 319–322.
[②] 转引自前揭马汉茂等主编《德国汉学：历史、发展、人物与视角》，第224页。

这尚不包括诸如卫德明1935年被迫离任北京中德学会会长，原因是卫妻具有犹太血统，而基于该学会对纳粹政府在经济上的依赖，这一点已经成为对学会的潜在威胁。由此我们可以想象，由于纳粹的暴行而引起的德国汉学家的流亡潮对德国汉学打击之沉重。而这些移民的德国学者的建议和研究重点也给英语国家的东亚学带来了丰硕的研究成果，这些成就的获得正是以德国式的研究传统为基础，而开创的研究新潮流。同时战争也使得多年来所积累的珍贵汉学藏书之毁于战火：柏林大学汉学系的图书馆在哥罗特、福兰格等汉学家的经营下，在战前成了德国乃至欧洲的汉学图书馆，但在战争中也毁于一旦。

二、战后德国汉学的重建与中国学的展开

（一）德国汉学战后的重建及20世纪60年代以来的新格局

1. 重建之艰难及汉学在20世纪50年代的情景

由于纳粹极权及战争的缘故，德国的大量汉学家移居国外，众多汉学研究所和大学的图书馆被毁，使得德国国内战后汉学人才奇缺。

魏特福、艾伯华、白乐日以及霍古达在英语、法语世界的影响造就了德国潜在的汉学研究实力向美国、法国和英国的转移。汉学家也发现在新的国家找到了自由发展他们新的研究方法和课题的有利条件。大部分的移民汉学家在移民后才首次获得了教授职位，短期或中长期的更换工作地点对事业提升有极大帮助。在国外卓有成就的年轻移民汉学家，拥有同其他学科人才不一样的个性，他们很少考虑返回德国发展。并且对于汉学家来讲，德语的氛围对其汉学事业的影响远远低于德语对德国语言文学和历史学研究的影响。目前这种影响依然在持续：在美国成长起来的接受德国移民学者培养的汉学新一代人才，他们同亚洲和东欧的学者共同合作，也早就选择了英文作为他们研究成果的语言。生平传记显示大多数德裔的汉学家最终选择了英文，也有小部分选择了法文，这仿佛是一夜之间发生的事。德国汉学界仿佛陷入了双重窘迫状态：锐减的德文著作面对的是一夜之间诞生的英文优秀作品。因此从德国的角度来讲，汉学移民尽管推动了国际汉学和东亚艺术史学的发展，但战争对德国学术研究的后备力量打击却造成了人才的奇缺，众多的研究所和大学的图书馆被毁，这一切对于德国汉学来讲都是致命的：西德大学需要恢复汉学课程需要相当长的时间。

而实际上在1945年前在整个德国也仅有4个汉学教授的职位：汉堡大学（1909年起）、柏林大学（1912年起）、莱比锡大学（1922年起）以及法兰克福大学（1925年起）。在纳粹执政期间，教授的职位并没有增加。德国第五个汉学

教授职位直到战后的 1946 年才在慕尼黑大学设立，当时也只有海尼士一名教授（1946～1952 年）。尽管汉堡大学汉学系在大轰炸时幸免于难，但在 1948 年颜复礼退休后，直到 1950 年才又由傅吾康接替，其间竟有两年停办。柏林自由大学和洪堡大学分别至 1956 年和 1954 年才由福华德和拉契讷夫斯基继续战前的汉学事业，而自 1951 年起在慕尼黑、汉堡、柏林洪堡、莱比锡、波恩、马堡、美因茨等大学的中文课程已经得以恢复了。在战后的 50 年代，汉学的研究工作基本上由慕尼黑大学的海尼士教授、汉堡大学的傅吾康教授、莱比锡大学的叶乃度教授支撑着。而这一时期的研究方向依然是延续战前的德国汉学传统，即重视中国历史、宗教、哲学以及语言文字的研究。1953 年傅海波曾经把传统德国汉学的任务定义为"以语文学或考证的方式在中文文献的基础上进行的对中国、其历史以及其文化的研究"[①]，这自然是有其道理的。

2. 德国汉学的三足鼎立局面

"二战"之后德国汉学形成了三足鼎立的局面，以傅吾康为首的北部汉学重镇汉堡和以傅海波为首的南部汉学堡垒慕尼黑构成了西德汉学的两大中心，而地处东德的以叶乃度为首的莱比锡则成了民主德国汉学的中心。汉堡是德国最早成立汉学系的大学，主要的研究重点是历史、语言和文学，由于傅吾康的研究领域为明代以来的中国历史、东南亚华人历史，因此汉堡学派的研究方向主要是明清史以及中国近代史。作为历史学家、蒙古学家海尼士的弟子，傅海波的研究方向主要是宋、元史、美术史，中国历史特别是宋元史研究、思想史、文学史以及中国哲学乃至艺术与中国考古都成了慕尼黑学派的研究重点。叶乃度所带领的莱比锡学派除了将研究方向确立为先秦文史之外，还非常重视运用世界同时和普通民族学的方法和视角。这三大学派在战后的 20 余年中起到了非常重要的作用，直到 20 世纪 70 年代以后德国汉学才在此基础之上逐步形成了一种多元的格局。

（1）汉堡学派

傅吾康是著名汉学家傅兰克之子。他在 1937 年来到中国后，一直在北平中德学会先后担任主事、会长以及研究员等职，在中国居留 13 年之久。1950 年傅吾康回到汉堡，接替自颜复礼退休后已经空置两年的汉堡大学汉学系主任一职。傅氏在这个职位上一直做到了 1977 年。

早在 1934 年傅吾康在汉堡大学师从佛尔克所做的博士论文就是有关中国近代史的："康有为及其变法派的社会政治改革尝试"，这是一篇论述中国保守派与西方改良主义思想论争的论文。早在 1948 年傅氏就出版了用英文编写的《明代史籍会考，1368～1644》（1948）一书。自 1950 年回德国之后，傅吾康又出

---

① Herbert Franke. *Sinologie*, Bern: A. Francke AG. Verlag, 1953, S. 9.

版了《中国的文化革命——1919 年的五四运动》(1957)、《1951～1949 年——中国革命的百年》(1958)、《中国科举制度革废考》(英文版，1960)、《中国与西方》(1960) 等一系列研究中国近代史的著作。傅吾康以及他的弟子林懋等被称作汉堡学派，这一学派的特点是以明史研究作为出发点，再在此基础之上来从事中国历代社会思想史和现代史的研究。

在史料收集方面汉堡学派的特点是，同时注重中文文献和西文资料，傅吾康的《明代史籍会考》就是在这方面最好的例子。在方法运用方面，汉堡学派力图以西方的学术思想为出发点，让欧洲学界尽可能多地理解中国历史与文化。在《中国与西方》一书中，傅氏便称："跟中国人的西方观相比较在书中我更深入探讨的是西方人的中国观。因此这本小册子的名字定为《中国与西方》而不是反过来《西方与中国》。作者的首要任务是要让读者理解中国的立场以及面对西方时的中国态度。"① 此外，在历史的梳理方面，傅氏从其父福兰格那里继承了中国历史乃是一个连续发展的过程的观点，对于近代史中出现的运动和观念到中国历史之中去找根据。在《中国革命的百年》(1980 年修订版) 中，傅氏便强调要从整个中国历史的整体去看中国革命的观点，近代史只是中国历史的一部分，"革命"的概念从《易经》到孟子"君为轻"的卓见，都证明了革命并非到近代才突然从天而降的西方观念，作为争取平等权利的手段在中国历史中革命一直存在着。

跟将中国看成是一堆历史的古典文明这样的看法不同，汉堡学派一直在努力地寻找现代中国，现代历史和中国当代发展的轨迹。正是基于这样的认识，傅吾康在 20 世纪 50 年代曾与傅海波的老师海尼士展开过激烈的辩论，对于认为近现代中国以及汉语口语不具备学术性的德国历史语言学派的治学方法进行了批判。②

傅吾康从父辈那里自然继承并发展了许多东西，这其中包括历史学的治学方法等，但在政治态度上，却截然不同：作为外交官和汉学家的福兰格当时研究汉学的目的是要向德国政府提供关于中国社会的知识，并由此影响德国文化在中国的传播和德国对华文化的政策，③ 只是在担任国家公职多年之后，到了高龄之时才真正进入学术圈。而傅吾康却不再关注政治因素，他在回忆录中写道："对我来讲，政治是一个非常遥远的世界！"④ 傅氏对政治的这一认识也同样影响了他

---

① Wolfgang Franke. *China und das Abendland*, Göttingen: Vanenhoeck & Ruprecht, 1962, S. 3.
② Wolfgang Franke. *Die Entwicklung der Chinakunde in den letzten 50 Jahren*, in: *Nachrichten der OAG*, Vol. 72 (1952), S. 6.
③ 莱茵波特（Roswitha Reinbothe）：《德国对华政策的开端与德国汉学家的作用》，载于前揭马汉茂等主编《德国汉学：历史、发展、人物与视角》，第 164～175 页。
④ Wolfgang Franke. *Im Banne Chinas*, Dortmund: projekt verlag, 1997, S. 1.

所代表的汉堡学派。

（2）慕尼黑学派

傅海波是德国学术传统培养出来的汉学家，自1952年接替他的老师海尼士的职位担任慕尼黑大学汉学系主任以后，直到1979年退休为止的27年间他一直主持着慕尼黑大学汉学系的教学与研究工作。而自1966年以后傅氏同鲍吾刚教授在慕尼黑共事，共同使慕尼黑成为德国南部的汉学重镇。

除了是一位获得过哲学博士的汉学家之外，傅海波还是一位具有法学博士的律师。他的主要研究方向是中国历史和语文学的问题，特别是有关中国美术史和中国内地与西域各民族的交往历史。作为汉学家、蒙古学家以及满学家海尼士的弟子，傅海波也将宋、金、元朝代的历史作为他的研究重点，他同时将元代前后的中国历史作为慕尼黑学派的研究范围，引导他的弟子们在这个领域作深入探讨。

傅海波有关宋、元史的论著很多，其中重要的有《蒙古统治下的中国的货币与经济》（1949）、《蒙古统治下的中国文化论集》（1956）、《贾似道（1213～1275）——最后一位佞臣？》（1962）、《蒙古人入侵前的华北》（1978）、《宋代的外交使团》（英文，1981）等。70年代初，傅氏还组织了世界各国著名的宋史研究专家，用英、德两种文字于1976年在慕尼黑出版了四卷本的工具书《宋代人物传记词典》（*Sung biographies*，I-IV），可以说是为宋史研究在西方的展开和深入打下了必要的基础。以上的论著构成了以傅海波为首的慕尼黑学派在研究范围方面的重点。

在研究方法上，傅海波善于将小的研究对象放在大的历史背景之下来研究，从而赋予了研究的重大历史意义。从有关论著可以看出，他能调动多学科的知识资源和分析工具，通过扎实细致的人物或事件的个案研究，得出关乎整个时代认识的深刻结论。他具有开阔的学术视野，不但将蒙元史研究纳入10世纪以后中国北方边疆民族王朝历史的序列中加以比较分析，还善于从广义蒙古史，乃至世界史的角度，分析蒙元王朝的政治文化及历史影响。

傅海波还非常重视对整个中国历史和文明的重大问题的考察，他对一些汉学家所从事的只注重中国边缘区域以及在中国传统中寻找稀奇古怪的东西的做法提出了批评。正是基于这样的一种认识，1968年他与陶德文合著了《中华帝国》（*Das Chinesische Kaiserreich*）一书，全书分11章，对自古代至1911年的中国历史的重大事件进行了全面论述。鲍吾刚也同样指出："去关注那些在中国悠久的历史上对中国的形成发挥过作用，而且直到现在也在继续发挥作用的力量。"[①]

[①] 施寒微（H. Schmidt - Glinzer）著，史笑艳译：《解谜的中国或者"解不开的结"》，载于前揭马汉茂等主编：《德国汉学：历史、发展、人物与视角》，第521页。

慕尼黑学派的汉学家倡议为普通的人而非汉学专家写作。傅海波就对法国汉学家儒莲曾经将从中文译成法文的佛教经典印成小开本，从而改善了从巴黎至各地乘火车旅行的质量一事津津乐道。他指出："从长远看，我们习惯的专家为专家写作时不够的。鼓励以20世纪逐渐发展起来的汉学坚实的传统来为欧洲做贡献，这是十分必要的。"① 实际上他所撰写的作为"菲舍尔世界史丛书"（Fischer Weltgeschichte）中一部的《中华帝国》一书再版了十几次，并被译成了近十种文字的事实，正说明在这一点上他是成功的。鲍吾刚在谈到他的《中国面孔》（Das Antlitz Chinas, 1990）一书时，也认为："我不想只是为汉学专家写这本书，而是也想让这些能够触动我们的大量传记和自我审视，能够被更广泛的读者群阅读。"②

慕尼黑学派除了看重汉学在政治和社会结构中的发展外，同时也强调研究课题与学者个人经历的结合。傅海波那本备受好评的《蒙古统治下的中国的货币与经济》一书，除了一般的背景知识的介绍和货币政策的研究外，在第四章中傅氏还从数字上对元代的经济统计问题做了研究。至于他选择这一题目的原因，他后来坦言道："我自己于1946~1947年写的中国元代货币和经济的博士论文完成于德国纸币贬值的时代，日常生活中经历过货币贬值的后果，因此不需要多少想象就可以形象地认识蒙古人统治后期的通货膨胀。"③ 因此他认为："汉学史上每一个个案里个人经历的因素都不能忽视，应该进一步地追踪研究。"④

具有两个博士学位的傅海波非常重视西方的学术背景，这一点也为慕尼黑学派所继承。鲍吾刚就曾指出："如对现代中国的历史观来说，对东西方不同的历史理论的了解，的确比单单只是广泛地了解中国文化重要得多。"⑤

慕尼黑学派也非常重视汉学作为西方（特别是德国）学术史的梳理。傅海波的《汉学》（1953）、"德国的远东研究"（刊于美国《亚洲研究杂志》第18卷（1958））以及《德国大学中的汉学》（1968）对以往汉学曾有过的不同国别的研究模式和倾向做了研究，指出相对于东方学中的其他学科汉学仍然是一门年轻的学科。正因为如此，爬梳原始材料、编写工具书、传记词典等工作也是汉学家分内的事。《宋代人物传记词典》便是傅氏在这方面身体力行的典范之作。

（3）莱比锡学派

战后莱比锡学派实际上是继承了战前贾柏莲、孔好古以来的莱比锡汉学学派

---

① 傅海波著，胡志宏译：《欧洲汉学史简评》，载于《国际汉学》第七辑（2002年4月），大象出版社，第93页。
②⑤ 见前揭马汉茂等主编：《德国汉学：历史、发展、人物与视角》，第520页。
③ 傅海波著，胡志宏译：《欧洲汉学史简评》，收入前揭《国际汉学》第七辑，第87页。
④ 引文出处同上，第88页。

的传统。该学派突破了传统汉学的条条框框，它作为应用语言学的一门分支来研究并赞同从多角度出对汉学进行探究。1922 年孔好古在莱比锡建立了以中国古代语言和文化为重点的汉学专业。在研究方法上，孔氏接受了曾任莱比锡大学校长的兰普雷希特的人类学的思想作为自己汉学研究的方法，从世界民族史以及普通语言学史的大背景下解释中国古代史、中国语言学史。从人类学的角度出发，该学派将汉学理解为一门研究中国古现代汉语、经济、历史、文学、地理、艺术等的科学。"二战"以后的 1947～1958 年间，莱比锡大学的东亚是由孔好古的女婿叶乃度主持，叶氏非常好地继承和发展了莱比锡学派的传统。叶乃度被认为是莱比锡学派最杰出的代表，"没有哪位汉学家能够从叶乃度留下的断层继续前进"。[1]

早在波恩和莱比锡大学读书阶段，叶乃度就学习了民族学、历史和语言学，并学习了汉语。他的主要研究方向是中国古代史和文学史中的民俗和民间传说，这样的研究方向也可以通过他的一系列著作显示出：《论宋玉的〈招魂〉》（1914）、《〈淮南子〉的世界观》（1917）、《楚辞·大招》（英文，1922）、《河上公的〈老子注〉》（英文，1948）以及《中国文学》（1922）、《中国历史》（1948）等。其中非常值得一提的是老子译文。叶乃度除了将老子原文翻译之外，也还将河上公注的全部内容译成了英文。这样，西方的学者也不必为河上公的原文之艰难望而却步了。[2]

莱比锡学派的最大特点在于，使一向拘囿于语文学的汉学的研究领域得到了扩大。无论是孔好古还是叶乃度，他们的观点远远超过了汉学研究的任务范围，超越了纯粹的语言学领域，将中文的研究和对中国文化、历史、传统的研究联系到了一起。早在 1913 年撰写的有关宋玉的《招魂》的论文中，叶乃度就"超越了当时常见的语文学的研究范围，对作品的文化意义进行了研究"。[3] 他的其他论文如"古代中国的马"（1940）、"古代中国的狗"（1943）、"古代中国的猪"（1945）等除了显示出他在汉学领域的博学之外，更加证明了他在汉学领域驾驭民族学、社会学的能力。

莱比锡学派的第二个特点是，重视中国历史社会的独特性。早在 1919 年，叶乃度在他的《中国》一书中就提出了中国历史上没有奴隶社会的著名论断。[4] 他认为这一时期可以称作是"农奴社会的温和形式"，跟欧洲的情况并不一样。[5]

---

[1] 列文（G. Lewin）著，曹娟译："叶乃度和莱比锡汉学"，载于前揭马汉茂等主编《德国汉学：历史、发展、人物与视角》，第 424 页。

[2] Eduard Erkes. *Ho-shang-kung's Commentary on Lao-tse*. In：*Artibus Asiae* 8，2/4（1939）121–196；9，1/3，197–220；12，3，221–252.

[3] 引文出处同上，第 432 页。

[4] Eduard Erkes. *China*，Gotha 1919，S. 98.

[5] 见前揭马汉茂等主编：《德国汉学：历史、发展、人物与视角》，第 436 页。

在民主德国时期，叶乃度仍然坚持这一观点，并认为，马克思的社会进程理论实际上是以西欧的资本主义为依据推论出来的，并不能适应所有的国家和地区："中国的生产方式总是排除那种不自由的生产，相应的，中国就同西方国家相反，它的社会发展中没有经历奴隶社会阶段。"①

叶乃度除了秉持着莱比锡学派的观点和东亚学的传统之外，还致力于与其他跟汉学有关的学科的研究。他曾邀请蒙古学学者拉契纳夫斯基和印度尼西亚学学者卡罗到东亚研究所从事研究工作；聘请了日本学学者梅纳特教授现代日语；并于1955年在德国创立了第一个藏学的教席，任命舒伯特负责蒙古学、乡学的教学工作。这样，在莱比锡大学的汉学研究就不再是孤立的中国研究了，而是与亚洲学的其他专业相结合的一门学科。

现任莱比锡大学汉学系主任教授的莫利兹博士在纪念叶乃度诞辰90周年时认为：叶乃度"为德意志民主共和国马列主义的中国学术的产生奠定了决定性的基石"。② 尽管由于家庭的影响，叶乃度1919年加入过社民党，后又加入了统一社会党，但平心而论，他的学术观点依然是跟正统的马克思主义者有很大的差别的。

3. 20世纪60年代以来汉学在西德其他地区的发展③

20世纪60年代以来德国大学汉学教授职位在不断增加，汉学研究专业和讲师职位则在更多的大学中得到了设立，而在柏林、科隆、莱比锡和慕尼黑的东亚艺术博物馆也都拥有一定数量的致力于东亚艺术史研究的学者。在1967年东西德各大学所设立的汉学讲座教授的职位如表4-1所示：

表4-1　　　　　　1967年德国大学汉学教授职位数

大学名称	汉学教授职位数	大学名称	汉学教授职位数
柏林自由大学	2	埃尔兰根大学	1
汉堡大学	2	海德堡大学	1
慕尼黑大学	2	明斯特大学	1
科隆大学	1	柏林洪堡大学	1
波恩大学	1	莱比锡大学	1
维尔茨堡大学	1		

---

① 转引自前揭马汉茂等主编：《德国汉学：历史、发展、人物与视角》，第437页。
② 转引自前揭马汉茂等主编：《德国汉学：历史、发展、人物与视角》，第452页。
③ 以下内容主要出自埃克哈德（M. Eckhardt）：《东亚学在鲁尔区波鸿大学》，载于前揭马汉茂等主编《德国汉学：历史、发展、人物与视角》，第357~365页；屈汉斯（H. Kühner）：《1968年的抗议运动、毛泽东思想和西的汉学》，载于前揭马汉茂等主编《德国汉学：历史、发展、人物与视角》，第317~342页。特此说明。

20 世纪 60 年代初期德国德东亚学界进行了重组性尝试，使得"区域研究"（Area Studies，Regionalstudien）的模式得以突破。1964 年处在北威州的鲁尔区波鸿大学（Ruhr-Universität Bochum）基于"区域研究"的总体设想，建立了东亚学研究院（Fakultät für Ostasienwissenschaften）。跟以往的汉学系最大的不同点是，这个研究院对东亚研究的阵容、研究方式和设施已经大大超越了传统语言学和历史学的范畴，传统的汉学定义正在逐渐瓦解，取而代之的是更注重现当代中国的"中国学"（Chinawissenschaften）的兴起。并且在东亚学研究院人们不再把东亚学各个专业孤立来看了，而使它们之间的相互渗透和影响成为可能。从 1964~1969 年间东亚学研究院所设立的各专业可以看出它的创立所展现的是一种新型的学科意识（见表 4-2）：

表 4-2　　　　　　1964~1969 年东亚学研究院各专业

专业	教授职位	专业设立年份	专业	教授职位	专业设立年份
中国语言文学	有	1964	东亚宗教史	有	1965
日本语言文学	有	1964	东亚艺术史和考古学	有	1954
朝鲜语言学	无		东亚哲学	有	1969
蒙古语言学	无		东亚法律	有	1966
中国历史	有	1965	东亚经济	有	?
日本历史	有	1966	东亚社会学	有	1968
东亚现代史	有	1967	东亚地理	无	1964

由于受到当时学生运动的影响，在 20 世纪 70 年代初波鸿大学东亚学研究院就爆发了激烈的冲突和抵制行为。引起这场冲突的主要是，院里的跨学科研究对当代中国问题研究的要求和传统德国的教席教授制度情况之间的区别，因为在以前旧结构当中，纯粹是由教授的兴趣来决定诸如科研主题这样的课程内容。就像在其他几个研究所一样，在波鸿，人们也要求将研究方向转向当代问题，大学生们和年轻的助教们在声明中片面地要求大学生们应该被"真正地教授现代汉语知识"，而不必去学习"古代汉语以及台湾式的汉语"。

同时，在这一时期盛行的"具有批判性的科学"也要求，汉学应该摆脱传统的东方学，进而转向研究中国的当代。至少在波鸿大学，这一努力取得了成功。正如马汉茂所曾断言的那样，学生运动推动了对现代中国的研究。[①] 实际

[①] 转引自前揭马汉茂等主编：《德国汉学：历史、发展、人物与视角》，第 340 页。

上，这一发展也不应该完全归功于学生运动。因为早在 20 世纪 50 年代末、60 年代初的时候，政界、科学委员会以及德国研究联盟就已经提出过对当代中国进行研究的要求。① 就如同抗议运动在社会的其他领域内都促成了大势所趋的现代化一样，在汉学研究领域以及在大学的教学当中，抗议运动和新的政治利益都为这种被认为是必要的发展能够更迅速地得以实施而做出了贡献。

时至今日，当时大学生以及新的政治利益集团所反对的传统汉学象牙塔里的研究，仅还存在于寥寥无几的保留地区，而这些地区的存在正受着日益增长的威胁。当然，要让研究面向社会这一想法本身并没有错，但这却使得研究和教学险些被直接置于政治界和经济界短期的利益之下——而这时跟批判性的大学生运动一代所提出的要求恰恰是背道而驰的。

除去要求在内容上贴近现代之外，跟传统汉学比较，20 世纪 60 年代以来的"中国学"要求从方法上开放中国学科，并使用历史学的、社会科学的以及文学的方法以及要求摆脱传统的汉学考据学方法。汉学家们在研究领域中开始了批判性东方学与殖民主义以及帝国主义之间关系的比较，并开始把现代化理论以及费正清的"中国对西方冲击的回应"（China's response to the west）、柯文的"中国中心观"（China-centered approach）作为研究范式来讨论，也同时运用诸如萨义德及其他"后殖民主义"理论家的学说进行研究。

4. 68 级学生运动与西德汉学②

受到中国"文革"的影响，欧洲的整个抗议运动早在 1968 年就已经开始借用"文化大革命"的标志了。抗议者们在红色的旗帜下游行，而且很多情况下都会手持毛泽东的照片和那本红宝书。在慕尼黑，游行示威者们高呼着"我们是毛泽东的学生，我们只要大乱"。而巴黎 5 月和以前的反权威运动都要求进行一次"文化革命"，这显然都是在效仿中国的"文化大革命"。如果说早期的学生运动对中国还所知甚少的话，只是借用了"文化大革命"的形式的话，那么后来随着汉学家的加入，学生们想要砸碎冷战时被妖魔化了的中国形象并要将中国重新解释为一个"具体的乌托邦"，一个西方物化的和异化的消费社会的对立形象。

在接下来中国形象从非妖魔化向好感的过渡过程中，德国汉学家施克尔所撰写的一系列的文章和书籍起到了非常重要的作用。在他的文章和他那本名为《伟大的长城、伟大的战略》（*Große Mauer，Große Methode*，1968）的书中，施克尔从法国汉学家葛兰言的《中国思想》（*Das chinesische Denken*）一书出发，从梦想、创作和哲学方面刻画了一个与资本主义西方针锋相对的中国的虚构形象。出

---

① 转引自前揭马汉茂等主编：《德国汉学：历史、发展、人物与视角》，第 340 页。
② 以下内容主要出自屈汉斯（H. Kühner）：《1968 年的抗议运动、毛泽东思想和西的汉学》，载于前揭马汉茂等主编《德国汉学：历史、发展、人物与视角》，第 317～342 页。特此说明。

于怕影响这种虚构，施克尔放弃了所有与中国现实相关的内容。尽管他的作品其实原本只应该被当作文学作品理解和阅读，在当时却被误认为是关于中国现状的报道了。

20 世纪 70 年代，大量作者、出版社、杂志和组织都把中国的形象塑造成一个乌托邦和"真实存在的社会主义"的替代品。而其他人，如昆策则在他的两本书里，把所谓的中国模式翻译成了这样一种能被接受乌托邦式思想的、为更加广泛的读者群所理解的语言。①这时"左"倾话语的固有特点在于，它让自己的成员有能力拒绝糟糕的真实情况。错综复杂的现实和扰人的信息能够被加工和简化，以至于它们显得更令人信服。

在这样的一种潮流中，马汉茂于 1974 年出版了《内部的毛泽东》（*Mao Intern*，1974）一书，当时在两个阵营之中所引发的骚乱情形我们可以想象得到。当时极"左"的学生组织发表声明表示抗议马汉茂的这本书，认为它除了侵犯了著作权之外，而且书中文献和资料的来源大多被认为是"香港的美国使馆"和"台湾的秘密警察"。他们当时称这本书是"一份敌视中国的出版物"，"是带着贬低中华人民共和国的意图被出版的"。

威格尔（Oskar Weggel）在 1973 年出版的名为《中国，另一个选择》（*Die Alternative China*，1973）的书里所提出的论点，主要靠"两条路线的原则"，并进而强调中国传统和西方传统之间不可逾越的差异。按照这种看法，中国是不能够以西方的、自由化的和个人主义的标准去衡量的，这种考虑到了文化差异的论点会使得所有对中国的批判失去了基础，同时也遭到了"左派"知识分子的攻击。

由于德国当时的汉学教学及研究忽视了研究中国当代问题，致使 20 世纪 60 年代和 70 年代中国在西方的形象同中国现实之间产生了不容忽视的鸿沟。事实上，当时西德的中国研究在当代中国方面的确是一片空白。以 1967 年的状况为例，当时在西德所有的十三位汉学教授当中只有一位在研究中国的当代问题。总体来看，鉴于来自"红色中国"的文献大多只是些宣传性文章这一事实，人们便轻易得出结论，认为这些文章根本不值得研究。而导致当代汉学研究成为"禁区"的根本原因是汉学界给予古代问题研究赋予了特权。此外，对现代中国所进行的广泛而科学的研究仍旧无法影响那些神话产生的效应。抗议运动的一代不会看这样的严谨的著作，或者会把它们鄙视作"资产阶级的"。于是，这个领域就被留给了记者和政治家们，他们心驰神往地做完了中国的旅行回国，再通过讲述和假象来博取些银两。

---

① 昆策（Peter Kuntze）：《中国——具体的乌托邦》（*China – Die konkrete Utopie*，München：Nymphenburger Verlagshandlung，1973）；昆策：《中国——内心的革命》（*China – Revolution in der Seele*，Frankfurt/M.：Fischer Taschenbuch，1977）。

68级学生运动在各所大学和研究所的反应彼此不同：在某些汉学系里，学生运动根本就没有影响到学术研究，而在另外一些地方，汉学系却成为冲突的焦点。如在维尔茨堡（Würzburg）、海德堡和法兰克福的汉学系，人们还几乎感觉不到大学生中间的混乱以及由此带来的在研究方面的冲击。出于不同的原因，柏林自由大学（FU Berlin）和慕尼黑大学的汉学家们扮演了"先锋的角色"。当时，柏林东亚研究所的授课情况实在相当凄凉，在汉学领域，所设立的课程只有几个汉语语言和文字的培训班，而且这些课程都是由助教和客座教授承担的。在1968年的政治氛围中，大学生们由于不满而首先占领了柏林东亚研究所，从而将整个教学活动推到了瘫痪的边缘。一部分抗议学生制订了战略计划，要把大学这块"解放区"打造成一个基地，从这块基地出发再将整个社会加以革命。大学生们和助教们利用了1969年在柏林高校法中推行共决权所带来的可能性，对教学活动中的"资产阶级科学"加以批判，并在大学中使"为阶级斗争服务的科学"站稳了脚跟。自从1970～1971年的冬季学期开始，课程的重点就一直被放在了当代中国上。

这种大学学习的新型马克思主义—社会学导向是以放弃古代汉语的培训作为代价而推行的，为此只学习中华人民共和国的语言，那种将汉学作为古代学科的帝国主义理论追随者们的思想遭到了唾弃和批判。除此之外，课程形式也被改革了：讲座教授的统治地位由大学生工作小组和辅导性练习活动所替代。正是70年代的这些所谓的改革，使得柏林的汉学遭到了极大的破坏，使得绝大部分的初学者中断了自己的学业。

而当时慕尼黑大学汉学系的两位教授却对汉学研究以及教学表现出了清醒的认识。尽管如此，如果对1968年前以及那之后汉学系的课程安排表进行比较，还是可以发现，即便在慕尼黑，课程的设置还是有所变化的。大学生们转变了的兴趣和他们所施加的压力最后都导致了现代的日常语言被赋予了更大的空间，现代文学和思想历史也被更多地顾及。然而，从机构上而言，慕尼黑却并没有做出任何妥协。慕尼黑的讲座教授们坚定地拒绝重蹈柏林的覆辙，拒绝赋予大学生工作小组和辅导性练习班出具大学正规课程分数单的权力。在1968～1973年期间，当革命的热忱慢慢平息的时候，鲍吾刚成为冲突的焦点。在他那之后的生涯里，他以自己的宽宏大量依然支持着过去曾热烈反对过他的学生们。

与革命的中心柏林相比，远处在巴伐利亚的慕尼黑可以说仍处在伊甸园一般的平静之中，即便在风起云涌的1968年，《慕尼黑汉学学生会会刊》（第19期）上页刊载了《老子索引》（Konkordanz zum Laotze）这样基础性的汉学成就。在抗议紧急状态法失败之后的反省阶段，汉学家积极分子们从直接的政治活动中退出，他们最终认定，大学学习必须得到革新，应该通过大学生们的辅导性练习活动、工作小组、基础活动和边学边做的活动去进行革新。

随着政治运动的平息,大学生们在政治上的软弱日益明显,而"社会主义的大学学习"以及"批判性科学"的梦想因此遭到了全面的崩溃。以前几年的伟大战略计划和理论设计失效了,取而代之的是利益代表的概念和学生会的常规性工作。以前积极分子里的一些人也开始关注他们的学术事业,其他人则告别了学术工作而实施了其他的人生计划。

当今那些曾经在自己的大学期间以主角或者观众的身份经历了 1968 年的抗议,并且也经历了那之后的动荡岁月的专家占据了德国大约有一半与中国相关的教授职位。即便他们当中只有为数很少的人把自己看作是"68 年代"那一代的成员,那么就可以猜测,由于这些经历,他们在进行研究和教学时的"风格",他们的方法和他们的认知兴趣都区别于前一代人中的代表人物。在当今德国汉学界的教学当中,一种合作的和学究气更少些的风格代替了以往讲座教授制大学等级严明的交往方式。在研究当中,新一代的中国专家们在描述理论的时候,仿佛也表现出了一些克制的态度,也不再敢于进行所谓无所不包的解释了。

5. 民主德国的汉学研究述略①

作为一门严肃的学科的汉学,当然不可能撇开从属于德国汉学史的民主德国(东德,1949~1990)的汉学了。跟联邦德国(西德)比较起来,民主德国的汉学有着其自身的特点和发展过程。中华人民共和国在 20 世纪 50 年代曾是民主德国最重要的盟国,在 60 年代又是民主德国(和苏联)的主要敌人之一,因此,中国和汉学对于民主德国的政治家来说,远比对西德的政治家来得重要。当然,这种"重要性"在东德也不全是优点,因为它在出版行业导致了更严格的监视和控制。

20 世纪 50 年代,只有在柏林和莱比锡有汉学研究机构,并且规模也比较小。但是到了 60 年代中期,如果不算苏联的话,东德的汉学研究在当时的社会主义阵营中规模是最大、水平是最高的。但当时出于政治上的需要,政府曾试图将力量集中在柏林,在此改革并扩大对亚洲地区的研究。由于操之过急,反倒把原来具有传统汉学研究的莱比锡给忽略了。

(1)创立和 20 世纪 50 年代汉学的发展

德国统一社会党自民主德国成立之日起,就面临着这样一个问题,那就是如何同位于远东的、一周前刚刚成立的中华人民共和国建立盟国关系。和联邦德国

---

① 以下内容主要出自坎鹏(T. Kampen):《民主德国的中国研究:科学计划、高校论文及自我描述》,载于前揭马汉茂等主编:《德国汉学:历史、发展、人物与视角》,第 261~285 页;费路(R. Felber):《民主德国的当代中国研究》,载于前揭马汉茂等主编《德国汉学:历史、发展、人物与视角》,第 286~302 页。特此说明。

相比，由于政治的原因民主德国更早地想同中华人民共和国发展政治、经济和文化方面的关系。在50年代中期以后，有大批的民主德国学生被派到了中国，从而使东德的青年汉学家已经能够通过实地经验，对中国的日常生活有了具体的了解。这批学者包括梅薏华、穆海南、费路、贾腾、尹虹和许多其他人，这一代人的真实经验为东德的汉学研究深深扎下了根。他们学成回国后，大多成为东德汉学界的著名教授或翻译家，奠定了东德对当代中国进行科学研究的人员基础。由于战前汉学在帝国首都原有的基础，汉学也首先在新兴的民主德国的柏林兴起了。这时的东德已经显现出对以科学的方式研究新中国的极大兴趣。由于两国在政治、经济和文化领域有着密切的交往，许多人也想更多地了解这个有趣的远东国家。

在创立时期的东德汉学基本上依然是传承了战前的传统，即重视古典语言与文学的研究。老派的学者们认为从事现代汉语乃是有损他们的尊严的，特别是在莱比锡师从叶乃度教授的弟子们对现代的一切都不大感兴趣。当时叶教授的弟子翁有礼翻译了鲁迅的著名小说《阿Q正传》，却用了笔名理查德·荣格。

自从1958年，叶乃度在莱比锡去世后，他的职位在长达25年的时间内一直空着。50年代虽然有很多介绍"新中国"的作品问世，但它们通常都出自作家、记者和政治家之手，并且无一例外地是用一种非批评的态度写就的。

(2) 20世纪60年代汉学朝中国学的转轨

60年代初，在洪堡大学有两名汉学教授：拉契讷夫斯基和贝尔森，汉学被认为是亚洲学和非洲学中最重要的一个专业。莱比锡大学东亚研究所设立了针对整个民主德国当时的政治状况的汉学发展课程，即在已有的语言和文学研究基础上，重视中国历史、经济和哲学专业的发展。这种发展被看作是对美国建立"区域研究"学科以及联邦德国所做的类似努力的一种响应。民主德国的领导人想通过这种形式获取关于第三世界反帝民族革命运动的有用知识和信息。但是对这种知识和信息的需求，一开始在汉学领域内并没有导致对现代论题的转变，处于汉学中心位置的依然是对中国古代历史和文学的关注。但此时的汉学已经显示出对近代中国历史（1840~1949）的研究兴趣，例如对太平天国运动、孙中山主义、革命运动和德中关系史等问题的研究。

由于中苏冲突使东德汉学发生了根本的转变：1963年由于民主德国和中华人民共和国之间关系的变化，而使得东德对汉学家的需求量大幅度地减少。其结果是：柏林大学汉学系不得不在1962年年底用一年的时间来调整课程的安排。在莱比锡在读的10名汉学系学生，按计划也得进一步减少。并且在今后几年内，汉学系也不得招收新的学生了。尽管如此，很多人都想更清楚地了解发生在中国的事件。

自 1958 年叶乃度教授去世，1964 年拉契讷夫斯基教授退休后，民主德国的汉学家们已经从传统的汉学转向了现代中国学的研究和教学，其发展速度和规模都超过了联邦德国。许多汉学家的出走（如芬斯特布施、陶德文、翁有礼等），也削弱了古典汉学在民主德国的研究；相反，它在联邦德国的力量却逐渐加强。自 1964 年以后，在东德没有哪一位教授是重点讲授古代汉语的了。与此同时，莱比锡的"古典"汉语研究所也关门了。许多学"古代汉学"的毕业生只能到科学院去工作，他们在这里虽然能搞研究，但却无法从事教学工作。而 1964 年拉契纳夫斯基教授在柏林退休后，在这之后的 5 年内，并没有取得教授资格的贝尔森就成了整个东德唯一的一位汉学教授了。

（3）20 世纪 70 年代的情况

在 20 世纪 70 年代，由于尼克松的访华以及汉学在民主德国的逐渐恢复，使得德国统一社会党的领导们对中国在国际上所从事的政治和经济交往有着浓厚的兴趣，这一阶段的汉学研究基本上是对中国在国际上的地位的研究。1975 年东德高等和专业教育委员会制订的有关东亚、南亚和东南亚政策的 15 年计划，这个计划预定了汉学、中国历史、中国经济、中国哲学的教授职位以及中国历史、汉语、中国文学、中国的国家和法律、中国的社会学的讲师人数。这个庞大的计划虽然只落实了一部分，却使汉学系的教师职位得到了明显的扩展。

东德除了与其他东欧国家的汉学研究者保持非常好的关系外，并且还与这些国家一道参加了成立于 1976 年的欧洲汉学协会（European Association of Chinese Studies/EACS）的筹备工作，并对研究会的工作表现出了浓厚的兴趣。尽管如此，一开始只有两名民主德国的教授是汉学协会的会员，到 80 年代又增加了两名教授。东欧国家的汉学家们总是集体行动，并尽量使他们的文章保持一致。

（4）20 世纪 80 年代以后的东德汉学

20 世纪 80 年代初期的汉学基本上还是 70 年代以来的延续。直到 1986 年昂纳克访问中国，两党关系重新正常化，民主德国的汉学在这之后才得到了前所未有的发展机遇。

在 1986 年民主德国制订的社会科学总体研究计划中，中国作为唯一的一个亚洲国家，被明确地列入计划之中，而对其他那些国家只作了一个概括性的介绍。至 80 年代，民主德国较大规模的汉学研究机构已经是 50 年代的 3 倍多。

鉴于外交政策和对外贸易政策的需要，50 年代以后汉语的培训起着越来越重要的作用。事实上，60 年代末这项工作还只是在洪堡大学进行。同西德的任何一家研究所相比，洪堡大学专门设立了汉语语言学教授一职，分别由贾腾（1987）、考茨（1989）以及梅薏华（1990）来担任。人们在这里进行大规模的语言学研究，写出了大量有关语言学的博士和硕士论文。另外，柏林科学院从

1959 年起便组织专业汉学家编纂《汉德词典》(Chinesisch – Deutsches Wörterbuch, 1985),由于种种原因,直到 1985 年这本辞典才问世。这部辞典收单字 8 000 多个,词条 83 000 个,其中合成词 75 000 个,是一部以语文释义为主,兼顾百科知识的重要工具书。尽管这部辞典有着明显的意识形态的倾向,但对汉学家来讲直到今天依然有着参考的价值。

(5) 政治性汉学的特点

东德汉学的展开从一开始就被赋予了政治的内涵,政治的原因在后来同样也使汉学研究和汉学家培养的规模大幅度地缩减,这不仅使许多汉学系的学生最终离开了汉学这一领域,而且对许多留下来继续攻读汉学的学生也造成了极为不利的影响。

硕士论文和国家考试论文原则上是不能公开发表的,20 世纪 60 年代以来的博士论文也几乎都没有发表过,甚至在论文所提交的研究所内,它们都带有机密或限制性的附注,例如"党内资料"、"保密"、"保密公函"以及"只有经过领导的同意才能外借"。这些论文想要进入图书馆是有严格限制和受到严格控制的。许多论文的题目在大学图书馆的目录上从来就没有出现过。

(6) 汉学刊物

在民主德国,除了那本广为流传的杂志《亚非拉》(asien afrika lateinamerika) 上偶尔刊登一些关于中国的文章外,只有一本关于中国的专门杂志《中国时讯》(Aktuelle China-Information),并且上面还做了"保密"和"仅供有关部门参考"的标记。在这本杂志的第一期(1971 年)上曾写道:"《中国时讯》主要面向党政机关和研究所的一些工作人员,在他们的工作中,中国的疑难问题占据了很重要的地位。"民主德国的汉学研究为何不被国外所关注,原因在于这项工作的高度保密性。《中国时讯》杂志在 1971~1989 年间共出版了 80 期,上面发表的关于中国的文章超过了民主德国其他所有刊物的总和。但是民主德国的大多数中国学学者,无论是作为文章的作者还是读者,都没有机会看到这本唯一的关于'中国'的杂志。除了这本《中国时讯》外,还有一些内部的会议"记录册"、"党内资料"、"保密的阅读资料"以及各大规划中没有发表的作品。

6. 德国汉学的症结所在[①]

跟管理相对集中的法国等国家相比,联邦性的体制使得德国的汉学研究有一种结构性的障碍:国家一级所做的决定,在联邦各州无法实现,各个州政府都只制定出跟本州直接相关的决定。德国没有制订全国整体性的东亚学科的研究计

---

① 以下主要参考了马汉茂:《德国的汉学研究:历史、问题与展望》,载于前揭马汉茂等主编:《德国汉学:历史、发展、人物与视角》,第 25~41 页。特此说明。

划,而汉学系的教授们每年一次的非正式集会也无法改变这种局面。这种囿于结构性的障碍,各个大学各自为政,专门研究某一个学术方向的地方主义做法,于1990年东西德统一以后,也依然没有改变。从而使得德国汉学没有办法跳出狭隘的框架,当然也很难进行跨学科间的合作了。

按照波鸿大学的经验,地方主义式的钻研缺乏效率,其原因在于学术机构的组成机制。在自由的学术环境下应该做出的成绩往往不能在现实中付诸实现。这是缺乏责任制所造成的,很多自发的积极性也都得不到发挥,大部分汉学家只是惯性地在为研究而研究而已。另外,导致高等院校的教学与研究方面的不求进取和停滞的原因是,职责和权限的不分明,当有严重失职和怠惰的情况出现时,也没有人负责。过分的社会保障体制造成了相反的效果,学术界的懒散和消极拖沓被容忍,而这在别的国家,声誉好的大学汉学界是绝对不可能发生的事情。

正是由于缺乏进行统筹的亚洲研究机构,从而不能对分散在各地的有关汉学的院系和研究中心的资源进行统筹规划。要想集中已有的力量,把研究的潜力凝聚规划到大的项目上的话,像德国许多的只拥有一个教席的小型研究所就应当明确自己的研究课题。大型的研究机构需要新的方案,来更有效地支持研究项目。在整个德国汉学界宗旨尚不明确的情况下,由于人力物力资源的匮乏,汉学机构的维持都成问题,更遑论重组和发展了。

此外,德国汉学界显然缺乏美国汉学从中国学者的知识中获益的做法,在大学体制上对外国学者设障,致使大量优秀的中国汉学家没法在德国居留,他们的研究成就自然也很少被德国学界所接受了。"二战"以后的半个多世纪中在德国各大学中的中国人教授仅区区4人:1971~1994年在柏林自由大学的郭恒钰;1972~2000年在法兰克福大学的张聪东;1967~1980年在汉堡大学的刘茂才以及1984~1991年在特里尔大学的乔伟。而这一时期在德国各大学共有102个教授职位,也就是说中国人在德国汉学系教授中仅占不到4%。如果德国汉学界要想改变现状的话,那就必须除了上面提到的统筹规划以外,从州政府的角度加大中国学者在汉学系的比重,形成与中国学者的互动,使德国汉学尽快从作茧自缚中走出来。

第三节　中国古代文化经典在法国的传播导论

如果能在蒙田(Michel de Montaigne)等处追索亲近中国(sinophilie)的些许证据的话,那么,人所共知,法国与"中央帝国"最初的真正接触始自17世纪末法王路易十四（Louis XIV）派遣耶稣会传教士至康熙宫廷。受益于这些交流，时人所谓的"中国风物"（chinoiseries）——瓷器、玉器、漆器、屏风、扇子开始侵入法国王室的居所。而另有一些从中国带来的书写品——字典、百科全书、中国历史地理著作、碑铭学或目录学文集，后来则构成了法国汉学诞生期的材料基础。1697 年，白晋（Joachim Bouvet）神父从北京返欧，行囊中携有 50 余册康熙皇帝送给路易十四的书籍，这些书被编入王家图书馆，构成了该馆汉学馆藏的初核，这个系列很快发展成几千卷。

18 世纪，当中国品位在装饰艺术中居于统治地位之时，中国文学通过一部 13 世纪的戏剧进入了法国。该剧名为《赵氏孤儿》（L'Orphelin de la famille Tchao），伏尔泰（Voltaire）受之启发写作了一部悲剧，原剧也借以传至后世。此外，人们知道，启蒙时代的哲人们在关于宗教、国家、道德的讨论中是如何运用他们所想象的中国模范的。

19 世纪，法国对中国所表现出的兴趣换上了一张令人不快的面孔：一个强大帝国通过强力施加其统治。在诸多可悲的名段中，可以想及 1860 年圆明园的洗劫事件。但也是在 19 世纪，最初的汉学研究专门机构得以创立。1814 年法兰西学院设立"汉文与鞑靼文、满文语言文学讲席"（chaire de langues et littératures chinoises et tartares-mandchoues），30 年后，1843 年，现代汉语讲席在东方语言学院（École des langues orientales）设立。当时教师的汉语言文学知识均来自书本，他们特别关注古汉语或方言文学。20 世纪初，已计有选自蒲松龄《聊斋志异》故事的多种译作。

通过三个组成部分——关于古代中国的论文、文章、著作（包括翻译）的历年目录，汉学家或机构（杂志、汉学中心）历程中发生的可观事件的编年记录，关于最为著名的汉学家的主要作品和传记的备注——我们试图在编年卷中勾勒 20 世纪法国接受中国文化的进展图景。

《20 世纪中国古代文化经典在法国的传播编年》不包括 20 世纪法国汉学的全部著作：为了合乎丛书体例，我们选取了涉及中国古代（截至清末）作品的研究（包括文本、碑铭及绘画、雕塑等形式），关于中国历史或外交的大量研究未被收入。至于哲学、科学、法律等领域，只有当研究立足于明确文本或包括这类文本的翻译时，才被纳入考虑范围。尽管并不完备，但这部书仍可呈现法国研究者（或以法文发表著作的研究者）兴趣点的忠实图像，以及他们从事中国文化研究这一广阔领域的方式。

首先，可注意到，汉学研究的一部分（特别是一些博士论文）是由留法的中国学生完成的。如果说，20 世纪头二十年间，完成答辩的博士论文绝大多数是偏好政治、外交、法律主题的非中国人撰写的，那么，最初一批中国留学生的抵达、1921 年里昂中法大学（Institut franco-chinois）的创建则引发了留法中国人完成大学论文的热潮。这主要发生在里昂和巴黎，但也在其他大学，20 世纪 20～30 年代，中国留学生的论文占据中国研究论文的压倒性多数。要等到 50 年代中期，非中国人所完成的研究才开始等同或超过中国人所完成的论文数量。

19 世纪末、20 世纪初的几年是探险者的时代：1906 年，巴科（Jacques Bacot）从东京（Tonkin）赴西藏；1906～1909 年间，伯希和（Paul Pelliot）完成了一次中亚长途旅行。在世纪之交，得益于伯希和、沙畹（Édouard Chavannes）（谢阁兰（Victor Segalen）本人也参加了 1914 年的考古团）的贡献，考古学成为一个重要领域。如同在世界其他地区一样，参与殖民扩张的军人们有时会转变成探险者，例如，亚陆纳（Henry d'Ollone）将军即属此例，他完成了关于中国的非汉族民众的多个研究。这股势头被第一次世界大战截断，但敦煌的发现继续滋养汉学直到今日，无论是在宗教研究领域，还是医学或文学（例如，20 世纪 50 年代戴密微（Paul Demiéville）关于汉语白话文学发端的研究）乃至经济领域。

在 20 世纪上半叶的汉学家中，有一定数量的传教士。他们完成了一些关于汉族以外民族（特别在云南）的人种志著作，例如外方传教团（Missions étrangères）的利耶塔尔（Alfred Liétard）关于倮倮人的研究。同一时代，其他同类研究在法属印度支那展开，例如，关于上东京（Haut-Tonkin）的倮倮人的研究。一些出版物也来自传教士，如辅仁大学 1935 年创办的《华裔学志》（Monumenta serica）。宗教人士对于汉学研究的贡献远不限于 20 世纪上半叶；例如，奥拉托利会士 François Houang（Huang Kia-tcheng）除了关于佛教和基督教的作品外，还完成了《道德经》的翻译（刊于 1949 年）以及严复论文的翻译（发表于 1977 年）。

在当地设立的多个机构参与了汉学研究和出版的发展：法兰西远东学院（École française d'Extrême-Orient）创建于 1900 年，前身是印度支那考古团（Mission archéologique en Indochine），不久后定址河内（Hanoi）。40 年代另有巴黎大学北京汉学研究所（Centre d'études sinologiques de l'Université de Paris à Pékin）。

或许，应将殖民扩张背景同 20 世纪上半叶汉学对于中国周边地区的特别兴趣联系起来：中亚之于伯希和，蒙古之于韩百诗（Louis Hambis），云南以及印度、阿拉伯—波斯及中国各世界之间的交通等。事实上，关于古代中国的研究是在一个更为广阔的范围内进行的，这个范围从中亚延伸到东南亚，通过佛教延伸到印度，在 20 世纪初犹然。20 世纪上半叶许多著名汉学家（如戴密微）同时也是梵文学者，同 19 世纪的儒莲（Stanislas Julien）一样。1890 年创建的《通报》（T'oung pao）的研究领域囊括了中国之外的朝鲜、日本、印度支那和中亚；而始自 1822 年的《亚细亚学报》(*Journal Asiatique*),其标题本身即清楚地宣告着其东方学使命。

哲学与宗教流派研究曾是法国汉学的专属领域。传教士(包括顾赛芬(Séraphin Couvreur)、戴遂良(Léon Wieger))对此贡献很大,但并非仅有的研究者。中国三"教"之中,道教和佛教集中了大部分研究,相形之下,儒家(confucianisme)研究则晦而不显,尽管 20 世纪末儒家的复兴刚刚引发了相关研究的一定进展。在哲学和神秘主义之间,《易经》是被讨论最多的主题,至少有 9 部作品致力于此。庄子思想也一直是大量研究的主题。文学与宗教(特别是道教和佛教)的关系至今仍是被持续关注的对象,戴密微曾是该领域的开山祖。一些研究还涉及中国的外来宗教(除佛教以外),如摩尼教或伊斯兰教。

书法和艺术(绘画、陶瓷、雕塑、音乐等)构成法国汉学偏好的另一领域。对艺术的研究或始自在中国旅行期间的现场记录,如瑞典人喜仁龙(Osvald Sirén)之例;或始自法国博物馆(特别是塞努奇(Cernuschi)博物馆或吉美(Guimet)博物馆)汇集的藏品或私人收藏。

文学较晚才成为大量研究的主题,尽管儒莲等大汉学家从 19 世纪开始即对此发生兴趣。从 20 世纪 20 年代、特别是 30 年代开始,文学开始在关于法律或外交关系(这些在当时是统治性的主题)的大学研究之外占据一个位置。当时,此类研究基本上由中国留学生展开:在曾仲鸣(Tsen Tsongming)关于中国诗的具有历史意义的论文(1923)之后,是吴益泰(Ou Itaï)对中国小说的总体研究(1933),几乎同时完成答辩的有关于古代戏剧、《儒林外史》(1933)的早期论文,其后则有关于《西厢记》和《红楼梦》(1934)的论文。最初由非中国人撰写的中国文学概论性著作来自苏利耶德莫朗(George Soulié de Morant)和马古烈(Georges Margouliès),此后出现了对一部作品或一位作者深入的专题研究。总体而言,文学研究从 50 年代起开始占据重要位置。传教士也参与了此类研究,如震旦大学(université L'Aurore)的托斯唐(Henri Tosten),或贝尔佩尔(Bruno Belpaire),需要提及的还有耶稣会士和斯格脱会士(Scheutistes)在现代文学研究方面的先锋作用。

考虑到文本上的困难,汉学家在翻译方面的成绩是很可观的:20 世纪初,基本上是诗(有时是匿名作者所作)和短篇小说(特别是选自《聊斋志异》或《今古奇观》的故事)。此后,从 20 世纪 60 年代末开始出现古典小说名著的译作。古代经典的翻译则随顾赛芬(《礼记》、《诗经》、《四书》)和沙畹(司马迁《史记》)发端。20 世纪末,两人译作被重刊的同时,一些新文本也被推介给法国公众,如《列子》、《荀子》、《韩非子》或《吕氏春秋》。此外,还要算入大量佛经和医论的翻译。综观整个 20 世纪,除诗(特别是唐诗)和白话小说(特别是蒲松龄的作品）以外，被翻译最多的文本始终是哲学典籍：《易经》、《道德经》、《论语》、《庄子》、《孙子》，每一部都拥有多个全译本或节译本。对于古典文学或哲学作品翻译的最重要贡献，当属比较文学专家艾田伯（René Étiemble）于 1956 年创设的"认识东方"（Connaissance de l'Orient）系列，该系列一直由巴黎伽利玛（Gallimard）出版社出版。截至 1999 年，已出书 30 种，这尚不包括收入其中的现代作家（鲁迅、郭沫若）。此后又收入了 4 种作品。该系列囊括有徐霞客、干宝、张岱和李贺的名作及诗集、白话小说集。其他一些出版社如菲利普·皮吉耶（Philippe Picquier，阿尔勒）、聚尔玛（Zulma，巴黎）也出版了若干古典作品。

其余的研究涉及多个学科：社会史、行政政治史、医学、科学技术、数学（该领域的发展相对成熟）、占卜。

中国对于启蒙时代欧洲的影响曾具有持续的吸引力，被通过不同进路研究：首先是在思想领域，自从 1932 年毕诺（Virgile Pinot）的论文《中国和法国哲学思想的形成（1640~1740）》（*La Chine et la formation de l'esprit philosophique en France（1640~1740）*）出版之后即是如此；此外也在装饰艺术领域，例如贝莱维奇 - 斯坦科维奇（Hélène Belevitch - Stankevitch）1910 年的论文《路易十四时代法国的中国品位》（*Le Goût chinois en France au temps de Louis XIV*）。"书（文）目录"给出了若干例子，尽管这些研究多少超出了严格意义上作品研究的范围。Hung Chengfu 的博士论文于 1934 年完成答辩，他在文中研究了中国对法国文学的影响，集中探讨了 1815~1930 年这一时段。很合乎逻辑的是，一些研究采取相反的取径，讨论法国之于中国的影响：例如，1902 年，巴莱罗（Eugène Ballero）在巴黎大学（Université de Paris）答辩通过了一篇题为《19、20 世纪中国之开放面对法国影响》（*Ouverture de la Chine à l'influence française au cours des XIXe et XXe siècles*）的论文。真正的比较研究稍后开始，例如，在哲学方面，讨论中国和希腊的诡辩派。"书（文）目录"也收入了若干文学方面的"中国风物"，如勒鲁瓦（Jérôme Leroy）编于 2000 年的《中国故事集》（*Histoires de Chine*）选集，或盖龙（Henri Ghéon）1934 年出版的《老王的三种智慧》（*Les Trois sagesses du vieux Wang*），该剧于 1926 年 12 月 1 日在作坊剧场（Théatre de l'atelier）首演。

20 世纪最初几十年间，汉学研究呈现出一种不系统的特征，表面上看有偶然成分：人们写关于某个碑铭或某则古代中国小说的文章。几乎不可穷竭的新文本或文献鼓励着这条分析进路，这尤其反映在《通报》或《法兰西远东学院学报》（*Bulletin de l'école française d'Extrême - Orient*）刊载的文章上。尽管面临一种更为综括的研究进路的竞争，分析进路仍然持续着。在汉学的该发展阶段，书目清单类著作（无论编纂中文还是西文资源）同样发挥着重要作用，如考狄

（Henri Cordier）之例。20 世纪 50 年代，借助一系列名为《中国面面观》（Aspects de la Chine）的无线电广播漫谈，中国文化开始走出博学之士的狭窄圈子，这套广播稿随后在法国大学出版社（Presses Universitaires de France）结集出版。此后，1968 年开始出版的《通用百科全书》（*Encyclopedia Universalis*），成为其他百科全书类著作的前奏。

综观一个世纪，法国汉学经历了不断演变：世纪初，与法国在印度支那乃至中国土地上的势力、科学考古团、传教士工作紧密相连，法国汉学在很大程度上以实地汉学的形态存在；而在 20 世纪下半叶，则基本转变为大学化的学术。如果说，20 世纪 20～40 年代的 30 年间，大多数博士级别的汉学研究是由中国留学生完成，那么，特别是从 60 年代开始，至 1970 年犹然，汉语学习的进展则允许越来越多的非中国人完成高水平的研究。我们也可就研究学科得出一些结论：起先很大程度上集中于法学、人种学、考古学或国际关系，慢慢则扩展至哲学、文学和艺术。本书也揭示了法国人兴趣点的稳定部分，特别是他们对于古典诗歌、《道德经》或《易经》的品位，即便古代中国研究如今受到现当代中国研究的竞争，这些兴趣仍继续保持着。总之，《20 世纪中国古代文化经典在法国的传播编年》若能实现其目标，则既可向中国读者传授中国文化在域外被理解的方式，也可向法国读者揭示其迷恋之物及其好奇心的边界。

第四节　中国古代文化经典在意大利的传播导论

中国海外汉学研究领域的知名学者张西平教授在其主编的《欧美汉学研究的历史与现状》一书的序言中写道："意大利是汉学的故乡，在西方关于中国的介绍中，几乎没有人可以和马可·波罗的知名度相比，而在传教士汉学时期，意大利的传教士开创了欧洲第一个汉学研究的先河，罗明坚、利玛窦、艾儒略、卫匡国……我们可以开列出长长的一串名字。但今天，我们对意大利当代汉学却所知甚少……"[①] 张西平教授所言传递出两个信息：一则，欧洲汉学研究滥觞于意大利。意大利汉学研究历史悠久，几个世纪以来，意大利汉学家们孜孜不倦，为汉学在欧洲的发展奠定了坚实的基础。二则，意大利汉学研究在近代经历低谷，尤其是在两次世界大战期间，意大利汉学界对中国文化的译介工作曾一度中断。意大利在汉学研究方面的地位也逐渐被法国、英国和美国等国取代。正因为意大

---

① 张西平：《欧美汉学研究的历史与现状》，大象出版社 2006 年版，第 4 页。

利汉学研究在西方汉学研究发展之初曾经处于主导地位,而我国学界对意大利当代汉学又知之甚少,因此"意大利卷"对于《20世纪中国古代文化经典在域外的传播与影响》丛书是不可或缺的。

一、研究范围及参考文献

《20世纪中国古代文化经典在域外的传播与影响》之意大利卷收录了1900~1999年间,在意大利出版的有关"中国古代文化"(即1911年辛亥革命以前的中国文化)的专著、论文、译著及百科全书或字典中的相关条目。其中,大部分作品的作者是意大利人,也包括少数其他国家的汉学家用英文、法文等文字撰写的作品,或从其他语言翻译成意大利文的作品。

确定研究范围及对象后,最紧要的便是参考文献的选择。诚如张西平教授所言,我国对于意大利当代汉学的确知之甚少。目前,中国有关意大利汉学研究的著作中,黄长著、孙越生和王祖望主编的《欧洲中国学》中的相关篇目中收集的资料比较全面。这部著作收录了英、法、德、意等14个欧洲国家在汉学研究方面的资料。白玉英和王祖望编著的"意大利篇"包括三个部分:一是中国学研究的历史和发展概况,二是中国学家名录,三是中国学的教学和研究机构。其中,第二部分"中国学家名录"不仅详细介绍了从利玛窦到当代意大利著名汉学家的生平和研究,还列出每一位汉学家的主要作品信息。然而,这些信息多是中文翻译和外文原文混杂在一起的,有些书目条目的出版信息比较全面,有的条目仅有论文的外文题目和中文翻译,却没有所属期刊的外文名称。书目信息在体例上不统一,内容上也多有缺失。而且,书目列于作者名下,而非按编年体列出,更像是对作者介绍的补充,难以帮助读者从宏观上把握意大利汉学研究发展的历史脉络。尽管如此,该作品还是为《20世纪中国古代文化经典在域外的传播与影响》的意大利卷编者提供了大量史料素材,对编年体目录的编排和大事记的写作提供了比较可靠的参照。

除中文参考资料外,更重要的是外文参考资料的选定。编者研究了从20世纪初至今,意大利著名汉学家和汉学机构出版的9部中国文献目录:

第一部,1913~1927年,纳利诺·卡洛(Nallino, C. A.)在《东方学研究》期刊上发表《意大利汉学研究50年(1861~1911)》[1]。

---

[1] Nallino, C. A. *Gli studi orientali in Italia durante il cinquantenario 1861-1911. Appendice*,[意大利汉学研究50年(1861~1911)],《Rivista degli Studi Orientali》(东方学研究),5(1913-27),pp. 359-390.

第二部，嘉华（Vacca, Giovanni；1872~1953）在《东方学研究》期刊上发表《意大利东方研究 50 年（1861~1911）：Ⅷ，东亚》①。该篇包含了1861~1911 年间出版的所有意大利东方学家的作品目录。

第三部，1935 年，加布里埃利·朱塞佩（Gabrieli, Giuseppe）在罗马出版了《1912~1934 年意大利东方学研究文献目录》②。作者在序言中表示，1934 年以前仅出版了两本意大利东方学研究书目，且收录书目的截止日期都是 1911 年，编写该书的目的就是填补从 1912~1934 年这 23 年的空白。

第四部，1962 年，兰乔蒂（Lanciotti, Lionello）编写的《中国、韩国和蒙古：意大利在认识东方领域的贡献（1935~1958 年书目）》在佛罗伦萨出版。该版目录的中国作品部分延续了加布里埃利·朱塞佩的目录，并将目录的收录范围扩展到有关科学和在华传教史的作品。

第五部，1988 年，维蒂耶洛·乔瓦尼（Vitiello, Giovanni）编写的《意大利汉学研究目录（1959~1987）》③ 在罗马出版。

第六部，1998 年，米兰达·玛丽娜（Miranda, Marina）编写的《译成意大利文的中文作品目录（1900~1996）》④ 在那不勒斯出版。该版目录收录了 1900~1996 年间被译成意大利语的中文作品，作品范围包括哲学、历史、古典文学、现当代文学以及政治评论。

第七部，1957 年、1958 年、1959 年、1961 年，《中国》期刊上陆续发表了兰乔蒂和白佐良（Bertuccioli, Giuliano；1923~2001）《关于中国的书籍》⑤ 的研究。

第八部，菲奥伦蒂尼·马尔切洛（Fiorentini, Marcello）于 1963 年、1971 年、1972 年、1973 年、1974 年、1975 年、1976 年、1977 年、1978 年、1979 年

---

① Vacca, G. *Gli studi orientali in Italia durante il cinquantenario* 1861–1911. *VIII. Asia Orientale*，［意大利东方研究 50 年（1861–1911）：Ⅷ，东亚］，《*Rivista degli Studi Orientali*》（东方学研究），5（1913–27），pp. 275–319.

② Gabrieli, G. *Bibliografia degli studi orientalistici in Italia dal* 1912 *al* 1934（1912~1934 年意大利东方学研究文献目录）. Roma, Agenzia Generale Italiana del Libro, 1935, XLVIII, p. 171.

③ Vitiello, G. *Bibliografia sinologica italiana*（1959–1987）［意大利汉学研究目录（1959~1987）］. Roma, Stamperia Wage, 1988, p. 85.

④ Miranda, M. *Bibliografia delle opere cinesi tradotte in italiano*（1900–1996）［译成意大利文的中文作品目录（1900~1996）］. Napoli, F. Giannini, 1998, p. 181.

⑤ Lanciotti, L. *Libri sulla Cina*（关于中国的书籍），《*Cina*》（中国），3（1957），pp. 126–136.
Bertuccioli, G. e L. Lanciotti. *Libri sulla Cina*（关于中国的书籍），《*Cina*》（中国），4（1958），pp. 133–138.
Lanciotti, L. *Libri sulla Cina*（关于中国的书籍），《*Cina*》（中国），5（1959），pp. 172–180.
Bertuccioli, G. e L. Lanciotti. *Libri sulla Cina*（关于中国的书籍），《*Cina*》（中国），6（1961），pp. 134–140.

分别在《中国》上发表《关于中国的文献目录》①。

第九部，2007年，达雷利·弗朗切斯科（D'Arelli, Francesco）编写的《中国在意大利——1899~1999年书目》②，由意大利非洲与东方研究院（Istituto Italiano per l'Africa e l'Oriente）在罗马出版发行。

在这9种汉学目录中，最为重要的是2007年出版的由达雷利·弗朗切斯科编写的《中国在意大利——1899~1999年书目》。1998年意大利汉学协会（Associazione Italiana per gli Studi Cinesi）委托著名汉学家达雷利·弗朗切斯科对1988年由维蒂耶洛·乔瓦尼编写的《意大利汉学研究目录（1959~1987）》进行校对和增补，规定新目录涉及的时间段为1959~1999年。然而，达雷利·弗朗切斯科决定将目录扩展到1899~1999年一百年间在意大利出版的与中国历史、艺术、文学、哲学、宗教、科学等领域有关的所有著作和研究。这部作品是2007年出版的最新的意大利汉学研究目录，可以说是集大成之作。而且，这部目录所收录作品的出版时间恰恰涵盖了整个20世纪，时间上也与《20世纪中国古代文化经典在域外的传播与影响》意大利卷相吻合，因此成为意大利卷编年书目的主要外文参考文献。

二、意大利汉学的前世今生

"意大利的汉学研究，在欧洲是最古老、同时也是最年轻的。"③ 20世纪意

---

① Fiorentini, M. *Bibliografia sulla Cina*（关于中国的文献目录），《Cina》（中国），7（1963），pp. 128 – 157.
Fiorentini, M. *Bibliografia sulla Cina*（关于中国的文献目录），1971,《Cina》（中国），9（1972），pp. 133 – 145.
Fiorentini, M. *Bibliografia sulla Cina*（关于中国的文献目录），1972,《Cina》（中国），10（1973），pp. 154 – 169.
Fiorentini, M. *Bibliografia sulla Cina*（关于中国的文献目录），1973,《Cina》（中国），11（1974），pp. 211 – 228.
Fiorentini, M. *Bibliografia sulla Cina*（关于中国的文献目录），1974,《Cina》（中国），12（1975），pp. 265 – 292.
Fiorentini, M. *Bibliografia sulla Cina*（关于中国的文献目录），1975,《Cina》（中国），13（1975），pp. 181 – 214.
Fiorentini, M. *Bibliografia sulla Cina*（关于中国的文献目录），1976,《Cina》（中国），14（1978），pp. 213 – 253.
Fiorentini, M. *Bibliografia sulla Cina*（关于中国的文献目录），1977,《Cina》（中国），15（1979），pp. 345 – 382.

② D'Arelli Francesco, *La Cina in Italia – Una Bibliografia dal 1899 al 1999*, Roma, Istituto Italiano per l'Africa e l'Oriente, 2007.

③ Lionello Lanciotti, *Breve storia della sinologia. Tendenze e considerazioni*, (汉学简史：发展与思考) in《Mondo Cinese》（中国世界），23,（1977）, pp. 3 – 12.

大利著名汉学家兰乔蒂对意大利汉学研究特点的评价恰如其分，得到了同时代及后世汉学家们的一致认同。正是基于意大利汉学研究"古老"的这一显著特点，笔者以为，将关注点仅仅局限于"20世纪"的意大利汉学是远远不够的，要使读者对意大利汉学发展的历史脉络有一个清晰的认识，就必须根据目前所掌握的资料，为读者勾勒出整个意大利汉学发展的历史框架，将我们的视线推向欧洲汉学发端之时。本节将意大利汉学的发展分为三个阶段：（1）游记汉学及传教士汉学时期；（2）传教士汉学向专业汉学的过渡期；（3）意大利专业汉学的确立和发展期。通过对意大利汉学发展的这三个历史时期的特点、主要汉学机构、汉学家及其作品进行介绍和分析，为读者诠释兰乔蒂笔下那个"最古老"也是"最年轻"的意大利汉学。

（一）游记汉学及传教士汉学时期

1. 游记汉学

在人类历史中，有很长一段时间，由于交通不便，分属欧亚大陆两端的欧洲和中国对彼此的认识十分模糊，欧洲对中国的了解多局限于来往于欧亚大陆的商贾和旅行者的口口相传，史料中对中国的记载也多为"道听途说"。然而，随着横跨欧亚大陆的蒙古帝国的迅速崛起，一条贯穿欧亚大陆的安全通道被建立起来，欧洲商人和使者得以顺利抵达东方，亲眼看见中国的政治、经济状况和社会风俗等，也将有关中国的更加确凿的信息以游记、书信等方式传回欧洲，进一步引发欧洲人对东方的向往，激起欧洲学者研究中国文化的热情。以马可·波罗为代表的意大利旅行家，成为这一时期欧洲认识中国最有力的推动者。无论是在西方还是在东方，无论是在中古时期还是在现代，威尼斯商人马可·波罗和他的《游记》都可谓是家喻户晓，妇孺皆知。尽管中西方学者对于马可·波罗一行人是否真的到过中国，以及《游记》中的叙述究竟是其在元帝国的见闻还是间接取自"波斯或阿拉伯的中国指南"[①] 仍有争论，然而，《游记》提供给后人的史料从学术的角度来讲还是基本可靠的，而且就某些历史事件的叙述而言，《游记》与《元史》、《史集》等互为补充，且有"独到之处"[②]。总之，《马可·波罗游记》是那个时代西方有关中国的最惊世骇俗的作品，点燃了欧洲人对遍地黄金、美女如云的东方的贪婪和欲望，促成了近代的地理大发现，也是明清时期来华耶稣会士必读的资料。马可·波罗固然有名，然而，在"蒙古和平"（Pax

---

[①] 杨志玖著：《马可波罗到过中国——对〈马可波罗到过中国吗？〉的回答》，载于《历史研究》，1997年第3期。

[②] 同上。

Mongolia）① 时期来华的意大利人中还有几位，虽不为普通读者所熟悉，但在中西文化交流史中却也占有重要一席，笔者以为有必要在这里为读者做一个简明扼要的介绍。

约翰·柏郎嘉宾（Giovanni da Pian del Carpine，1180～1252）和《蒙古史》（Historia Mongslorum）：1245 年，教宗英诺森四世（Innocenzo IV）选派意大利籍方济各会士约翰·柏郎嘉宾出使蒙古，旨在探察蒙古的军事动向，劝说蒙古人停止杀戮基督教徒，缓和欧洲与蒙古帝国的关系，并试图规劝帝国统治者皈依基督教。② 1246 年 7 月，约翰·柏郎嘉宾抵达哈剌和林（Karakorum）附近，参加了贵由（Güyük）大汗的登基典礼，奉上了教宗致大汗的两封圣谕③，并于 1247 年秋重返法国复命。他返回欧洲后撰写了《蒙古史》。在这部史书中有两处对"契丹"的详细描述，书中的这个"契丹"就是当时对"中国北方"的称呼，而那时的欧洲人对此却并不清楚，误以为契丹是中国北方的一个国家，直到近四百年后，耶稣会士利玛窦和会友鄂本笃才最终澄清了这个历史的误会。法国蒙古史、中亚史学家韩百诗（Hambis，Louis）认为"约翰·柏郎嘉宾对契丹人所做的描述在欧洲人中是破天荒的第一次；同样，他也是第一位介绍中国语言和文献的人"④。

孟高维诺（Giovanni da Montecorvino，1247～1328）及传教士书简：1294 年，意大利方济各会士孟高维诺作为教宗尼古拉四世（Niccolò IV）的使节抵达元大都，觐见元朝皇帝并获准在中国自由传教。他在华传教三十余载，深得大汗的信任，在元大都（今北京）修建了两座天主教教堂⑤，信众与日俱增。他潜心学习蒙文，并用蒙文翻译《新约》。1307 年，时任教宗的克雷芒五世（Clemente V）对孟高维诺在华的表现甚为满意，任命他为汗八里总主教，并派遣多名方济各会士赴华协助工作。1328 年，孟高维诺病逝于北京，享年 81 岁。孟高维诺在天主教入华史中具有举足轻重的地位，堪称"天主教在中国的开创者"⑥。他在华期间写给罗马教宗的书简也成为中世纪欧洲了解中国的重要文献。

---

① 张西平、李雪涛著：《西方汉学十六讲》，第一节早期游记汉学时代，外语教学与研究出版社 2011 年版，第 119 页。

② 参见韩儒林著：《元朝史》（下），人民出版社 1986 年版，第 436 页。

③ 有关英诺森四世的两封圣谕的内容参见刘宜昌著：《风暴帝国》，中国国际广播出版社 1977 年版，第 944～第 948 页。

④ 转引自张西平、李雪涛著：《西方汉学十六讲》，外语教学与研究出版社 2011 年版，第 36 页。

⑤ 他于 1299 年在元大都，即今天的北京修建了第一座天主教教堂，又于 1305 年在与第一座教堂临近的地方修建了第二座天主教教堂。

⑥ 转引自张西平、李雪涛著：《西方汉学十六讲》，外语教学与研究出版社 2011 年版，第 38 页。

鄂多立克（Odorico da Pordenone，1280~1285年间）与《鄂多立克东游录》（Itinerarium Terrarum）：鄂多立克是意大利方济各会托钵僧，是与马可·波罗齐名的中世纪四大旅行家之一。他于1314年从威尼斯出发前往东方，1322年抵华，由广州登岸，比马可·波罗抵华时间晚了47年。他在华6年，先后游历了泉州、福州、明州、杭州、金陵、扬州、北京等地，最后取道西藏返回意大利。临终前，一位会友用拉丁文记录下了他在病榻上口述的东方见闻，于是旷世奇书《鄂多立克东游录》诞生了。在书中，鄂多立克对广州、杭州、扬州、北京等中国的大城市做了细腻的描述，认为杭州比威尼斯大"三倍"，而扬州则是个"雄壮"的城市。《鄂多立克东游录》有拉丁文、意大利文、法文等多种欧洲语言写成的七十余种手抄本传世，与《马可·波罗游记》、《曼德维尔游记》同列中世纪三大东方游记。[1]

马黎诺里（Giovanni de' Marignolli）与《马黎诺里游记》（Itinerary Johannes Marignoli）：应元顺帝之请，意大利籍方济各会士马黎诺里，作为教皇使节于1338年前往中国，1342年抵达汗八里，谒见元顺帝，并奉上西方的奇珍异宝，其中有一匹西域良驹"长一丈一尺三寸，高六尺四寸，身纯黑，后二蹄皆白"[2]。元顺帝大悦，命画工为其作画，文臣为其作词。元朝最著名的诗人、词人揭傒斯、吴师道、郭翼、许有壬、张昱、梵琦、陆仁等纷纷为天马赋诗作词，轰动一时。[3] 马黎诺里一行人居留元大都约三载，于1346年启程返回欧洲，成为元代奉教宗之命出使中国的最后一位欧洲使节。1353年，他抵达罗马，后应神圣罗马帝国皇帝查理四世（Carlo IV）之邀修《波希米亚史》，并将其出使中国的见闻收入最后一卷。1820年，德国人梅纳特将最后一卷以《马黎诺里游记》为题单独出版。

"蒙古和平"时期来华的旅行家中多为意大利人，而意大利籍旅行家中，除马可·波罗外，其余四人皆天主教方济各会士。即便是出身商贾的马可·波罗也充当了元世祖忽必烈和教皇格里高利十世（Gregorio X）的信使，往返于教廷和蒙古帝国宫廷之间。可见，天主教会与元朝统治者互派使者是这一时期中西交流的一大特点。教会派往元朝的使者均或多或少负有皈化蒙古帝国贵族，在帝国内部开辟天主教传教事业的使命。成吉思汗及其子孙征服了西起东欧、小亚细亚、阿拉伯半岛和西域诸国，东至库页岛，北到北海、南到南海的广袤地区，建立了

---

[1] 何高济译：《海屯行纪鄂多立克东游录沙哈鲁遣使中国记》，中华书局2002年版。
[2] 《元史》卷四〇《顺帝纪》，中华书局标点本1976年版，第864页。
[3] 揭傒斯《天马赞》康熙秀野草堂《元诗选初集》本页1下、2上；吴师道《吴礼部集》卷一《天马赞》，文渊阁《四库全书》本，41上、下；郭翼《林外野言》卷下《天马》，文渊阁《四库全书》本，第15页下；许有壬《至正集》卷一〇《应制天马歌》，台北，新文丰出版公司《元人文集珍本丛刊》影印宣统刊本，第69页；梵琦《北游诗》、《天马》，味梦轩抄本，原书无页码。

横跨欧亚大陆的大蒙古帝国。① 大蒙古帝国成为人类历史上罕有的多种族、多文化、多宗教并存的空前强大繁荣的帝国。在尊重外来宗教方面，元朝统治者表现出了极大的包容性。加之，蒙古贵族上层多信奉景教，因此对于与景教同源的天主教也采取了善待与扶植的政策。一时间，天主教在元朝统治区，尤其是元大都盛极一时。然而，与后来的清朝统治者相比，同为异族统治者的蒙古贵族与汉族关系比较紧张，统治时间短，汉化速度慢，汉化程度低。蒙古入主中原后，除忽必烈曾一度更化改制"以承续中原历朝统绪"② 外，仅有少数几位蒙古贵族略通汉文，其他统治者对汉文化知之甚少。元代将人分为四等：一等为蒙古人；二等为色目人③，三等汉人，即原辽金统治下的汉人；四等南人，即南宋统治下的汉人。由此，汉人及汉语言文化在元代社会地位低下可见一斑。清朝时期也曾大兴文字狱，但那也仅是清朝统治者在博大精深的汉文化面前不自信的表现。无论是清朝前期的康、雍、乾三帝，还是后来的清朝皇帝，皆自幼研习汉文，精通汉文化经典，对汉族文化非常推崇，以至于清朝后期的皇帝和贵族在后宫也主要使用汉语而不是满文或蒙语。元朝时期来华的天主教传教士多为教宗的使者，主要与元朝贵族交往，传教范围也多局限于元大都。天主教在元朝统治者的扶持下虽盛极一时，却也难逃元朝灭亡后灰飞烟灭的宿命。

虽然这一时期的游记汉学生动地描述了元朝统治下的众多中国城市，介绍了中国的宗教和风土人情，然而，无论是马可·波罗还是四位方济各会士都不曾有机会研习汉语，更不可能通晓汉文经典。因此，他们都当不起汉学家的称号。此时，距真正的传教士汉学时代的到来还差两百多年。

2. 传教士汉学

"蒙古和平"时期来往于欧亚大陆的商贾和旅行家为欧洲带去了一个富饶繁荣的东方帝国的真实信息，激起了欧洲冒险家和商人们对东方的向往和欲望。然而，1368 年蒙古人在中原的政权元朝覆灭，欧亚通道的东段被关闭。1453 年，奥斯曼土耳其帝国攻陷东罗马帝国的首都君士坦丁堡，穆斯林政权控制了中东地区，欧洲人从此不能再沿着先辈走过的路线，通过波斯湾前往印度和中国。中世纪曾一度繁荣、畅通的欧业通道自此关闭。

然而，马可·波罗等西方旅行者在欧洲人心中种下的东方情节却挥之不去。15 世纪，在欧洲盛行的"地圆说"、对托罗密地理作品的发现和翻译以及绘图学等相关领域科学的进一步发展，大大促进了人们在地理学方面的认识，为大航海

---

① 陈得芝著：《关于元朝的国号、年代与疆域问题》，载于《北方民族大学学报》，2009 年第 3 期。
② 同上。
③ 色目人即外国人，是元朝时中国西部民族的统称，也是元朝人民的四种位阶之一。一切非蒙古、汉人、南人的都算是色目人，包括粟特人、吐蕃人等。

时代的到来提供了理论依据。航海知识的积累、造船技术的改进为远距离航行提供了技术保障。从15世纪末开始，哥伦布、达伽马、迪亚士、麦哲伦等大批航海家、探险家扬帆起航，吹响了前往东方的号角，拉开了地理大发现的序幕。达伽马于1497年从里斯本出发，绕过非洲好望角，最终抵达印度，开辟了从欧洲前往东方的新航线。16世纪初，天主教的传教士们也纷纷搭乘奔赴东方的欧洲商船，再次前往远东传教。

"16世纪，以马丁路德为首的宗教改革运动和各种裂教势力蓬勃发展，天主教会面临前所未有的危机，作为教会内部的革新派，耶稣会致力于通过学校教育，在文学、自然科学、哲学和神学领域培养具有较高素养和坚定信仰的人才，并将福音传播到欧洲以外的地区，皈化不同种族和文化的人民，以期弥补天主教会在欧洲失去的阵地，重振教会的声誉。"[①] 16世纪末至17世纪中叶，来华传教的天主教传教士绝大部分是耶稣会士，据费赖之《在华耶稣会士列传及书目》记载，自1552年耶稣会创始人之一沙勿略（Saverio, Francesco）病逝于广州上川岛，到1773年罗马教廷宣布解散耶稣会的两百余年间，来华耶稣会传教士共400余位。而以利玛窦为代表的意大利籍传教士则是来华耶稣会士的中流砥柱，也正是他们，将东西文化交流推向了前所未有的高度，成为欧洲"汉学的创立者"，"开启了汉学研究的一个重要历史时期——传教士汉学时期"。[②]

这一时期来华的耶稣会士既是天主教传教士，又是东西方文化交流的使者，是欧洲第一批汉学家，由于这一时期意大利籍耶稣会传教士中精通中文和儒家经典者甚多，这里我们仅选择几位在汉学发展方面做出突出贡献的传教士加以介绍。

罗明坚（Ruggieri, Michele, 1543~1607）于1579年抵达澳门，从踏上中国土地的那一天起，他便遵照耶稣会远东观察员范礼安（Valignano, Alessandro, 1539~1606）神父"成为中国人"的指示，开始刻苦学习汉语。1581年，他曾随葡萄牙商人三次进入广州，成为第一个进入中国大陆的耶稣会传教士，并以谦谦君子的形象赢得了地方官员的好感，为日后进入中国腹地传教奠定了基础。罗明坚是第一位奉范礼安之命学习汉语的耶稣会传教士，他进步迅速，很快便在澳门开设了名为"经言学校"的传道所，用中文向新入教的华人宣教。这座被利玛窦称作"圣玛尔定经言学校"的地方也是欧洲汉学史上第一所外国人学习汉语的学校。[③] 罗明坚还与利玛窦合作编写了《葡华辞典》，用拉丁字母为汉字或词注音并列有葡萄牙语释义，成为入华传教士学习中文的工具书。1582年，他

[①] 王苏娜著：《利玛窦的家庭教育及耶稣会人文主义教育背景》，载于《北京行政学院学报》，2013年第1期。

[②] 张西平、李雪涛著：《西方汉学十六讲》，外语教学与研究出版社2011年版，第120页。

[③] 同上，第121页。

在广州翻译了天主教十大戒律,取名《祖传天主十诫》,次年在肇庆出版。1584年,罗明坚编写的《天主实录》在广州刻印发行,不久后再版时书名改为《天主圣教实录》,这是第一部中文的天主教教理手册。1588年,罗明坚返回欧洲,旨在请罗马教宗"正式遣使于北京"①,然而,当时由于新继任的教宗频频去世,教廷权力频繁更迭,加之欧洲政局变动,教会无暇顾及中国传教事宜,罗明坚最终未能达成使命。遗憾的是,他从此滞留欧洲,未能重返中国,并于1607年病逝于萨勒诺城(Salerno)。即便如此,他在欧洲居留期间还是做了两件在汉学史上举足轻重的大事:一是用拉丁文翻译了中国儒家经典《大学》的部分内容并在罗马公开发表,成为用欧洲语言翻译儒家经典的第一人;二是在西方出版了《中国地图集》。

罗明坚既是明末天主教中国传教事业的开创者和奠基人之一,也是西方汉学的开创者和奠基人之一。他是第一位学习汉语的耶稣会士,也是第一位欧洲汉学翻译家。他是用汉语翻译天主教戒律,撰写天主教教理的第一人;同时也是将儒家经典译成欧洲语言的第一人。他还是在欧洲出版中国各省区地图集的第一人。这众多的"第一"铸就了他在中西文化交流史、天主教中国传教史和欧洲汉学史中不可撼动的地位。

利玛窦(Ricci,Matteo,1552~1610)被史学家方豪先生誉为"明季沟通中西文化之第一人",也是西方汉学的创始人之一。他是天主教中国传教史、中西文化交流史和西方汉学发展史中最具历史影响力的人物。

利玛窦于1552年10月6日生于人文主义和文艺复兴的摇篮——意大利。9岁进入马切拉塔(Macerata)市的耶稣会学校接受良好的人文主义教育。1572~1577年,就读于著名的耶稣会罗马公学院(Collegio Romano)。在那里他接受了全面的耶稣会人文主义教育,学习了诗歌、修辞学、逻辑学、自然和伦理哲学、形而上学、数学等西方人文和自然科学;研读了古希腊、古罗马诗人,哲学家和历史学家的作品。值得一提的是,他的数学老师丁先生(Clavio,Cristoforo)是当时欧洲最杰出的数学家,曾在1570年和1574年分别再版了乔瓦尼·达萨克罗伯斯科(Giovanni da Sacrobosco)的《论球体》和欧几里得的《几何原本》,并加入了大量丰富新颖、见解独到的评注。利玛窦在华时与徐光启合译的《几何原本》前六卷以及与李之藻合著的《圆容较义》均是对丁先生评注的《几何原本》及《论球体》的翻译。利玛窦还在丁先生的实验室中学习了星盘、四分仪、六分仪、日晷、机械钟表、地图、地球仪、浑仪等科学仪器的制作和使用。②

---

① 张西平、李雪涛著:《西方汉学十六讲》,外语教学与研究出版社2011年版,第121页。
② 菲利浦·米尼尼著,王苏娜译:《利玛窦-凤凰阁》,大象出版社2012年版,第42~43页。

1582年，已近而立之年的利玛窦第一次踏上中国的土地，并在此度过了他的余生。他遵照耶稣会远东视察员范礼安的指示，潜心学习汉语，研读儒家经典。通过对语言和文化的学习，以及他在华28载的生活经历，利玛窦逐渐了解了中华文明，并深刻地意识到儒学在中国社会根深蒂固的统治地位。1594年，在华耶稣会士获准蓄发、蓄胡须，改穿儒服，一改"番僧"的形象，儒冠儒服，以"西儒"身份示人，并积极与中国统治阶层的代表儒士交往。1601年利玛窦获准进京觐见万历皇帝，并定居北京。从此再未离开过京城，直到1610年病逝于此。

《四库全书总目》对利玛窦有如下记载："利玛窦西洋人，万历中航海至广东，是为西法入中国之始。利玛窦兼通中西之文，故凡所著书皆华字华语不烦译释"[①]。利氏被中国学者誉为"泰西儒士"，是学贯中西之第一人：一方面，他是西方历史上第一位汉学家，精通汉语，熟读《四书》、《五经》等中国典籍，并通过用西文撰写的《耶稣会远征中国史》、从中国寄往欧洲的大量信件以及《四书》的拉丁文翻译，向欧洲系统地介绍了明末中国的概况，使欧洲人对中国有了全新的认识，在欧洲掀起了汉学热；另一方面，他在欧洲接受过良好的天主教人文主义教育，精通神学，具有深厚的西方古典文化功底，并在名师指导下学习过西方近代科学。他在华生活28载，儒冠儒服，结交儒士，并在他们的帮助下用中文写作了大量书籍，将西学传入中国，开西学东渐之先河。

卫匡国（Martini, Martino, 1614~1661）是明清交替之际来华的意大利籍耶稣会士，也是一位杰出的汉学家、地理学家和历史学家。他于1643年抵华，主要在浙江一带传教。由于他来华的第二年正值明朝、大顺、清朝三朝交替，为争取中国南方明朝士大夫的支持和保护，他为自己起名"卫匡国"取"匡扶大明"之意。他最初被派往明末最重要的天主教传教基地杭州工作，后因战乱等因素辗转于中国南方各地，先后去过南京、绍兴、金华、福建、广东等地。来华之初虽逢战乱，却丝毫没有影响他对汉语和汉文化的学习与研究。他在中国南方游历期间，对中国地理、历史和风土人情进行了深入的考察研究，为后来在中国地理学、历史学和汉学方面取得的巨大成就奠定了坚实的基础。

利玛窦去世后不久，耶稣会内部就Dio（上帝）中文译名问题，以及中国天主教教徒是否能够参加中国传统的祭祖、祭孔仪式产生了分歧。继耶稣会后来华的多明我会和方济各会坚决主张禁止中国天主教徒参加祭祖、祭孔的仪式，认为这是迷信活动。而耶稣会中的大部分会士则延续了利玛窦的传统，认为祭祖、祭孔是民俗活动，表达对祖先和至圣先师孔子的尊敬，没有渎神的嫌疑，不应加以

[①] 钦定四库全书总目，卷一百六。

干涉。几个修会之间的"礼仪之争"愈演愈烈,纷纷派代表返回罗马向教廷为各自的主张申辩。1651 年,卫匡国奉命代表耶稣会赴罗马为中国传统礼仪辩护,他随身还携带了大批的文件和 50 多种中文书籍。1654 年,卫匡国抵达教廷,觐见教皇亚历山大七世,并参加了有关"礼仪之争"的辩论。经过 5 个月的激烈争论,最终,卫匡国在辩论中获胜。1656 年 3 月 23 日,教宗发布敕令,支持耶稣会的立场,允许中国天主教徒参加祭祖、祭孔的活动。1657 年年初,胜利完成使命的卫匡国携南怀仁、殷泽铎等 17 名耶稣会士搭乘葡萄牙舰船返回中国,并于 1658 年抵达澳门。1659 年,卫匡国受到顺治皇帝的召见,并向北京传教会会长汤若望汇报了赴欧洲申辩的情况。1661 年,卫匡国因霍乱在杭州病逝。

卫匡国生前用中文撰写了 2 部作品:《真主灵性理证》和《逑友篇》。前者是一般性的教理作品,后者则接续利玛窦的《交友论》,进一步介绍和阐述了有关友谊的西方理论。然而,为他赢得历史学家、地理学家和汉学家称号的却是他的 5 部拉丁文作品:《鞑靼战纪》、《中国历史初编十卷》、《中国耶稣会教士纪略》、《中国新图》、《中国文法》。《鞑靼战纪》(De Bello Tartarico historia; In qua, quo, pacto Tartari hac nostra œtate Sinicum Imperium inuaserint…Antverpiæ)描述了 1644~1654 年间的中国历史,史料主要来源于卫匡国本人及其他耶稣会士在华的亲身经历和所见所闻,描述了"明清之际中国基督教发展的基本状况和战乱中各地传教士的遭遇"①。该书在欧洲多个国家出版,影响广泛。《中国历史初编十卷》(Sinicae historiae decas primas)是一部编年史,成书于 1658 年。该书是一部讲述西元纪年前的中国古代政治史的著作,"是第一部科学的、严肃的、详细的、有系统的"② 西方中国史著作。《中国新图》(Novus atlas Sinas)是一部"附有 17 幅地图的中国地图册"③,为卫匡国赢得了"中国地理学之父"的美誉。《中国文法》(Grammatica Sinica)完成于 1653~1657 年之间,是世界上第一部中文语法著作。卫匡国也是第一个将中西文法加以比较,用西方语法审视中文的第一人。正是由于这些西文作品,卫匡国也成为继利玛窦之后最杰出的欧洲汉学家。

殷铎泽(Intorcetta, Prospero, 1625~1696)于 1659 年跟随卫匡国抵达中国。他在欧洲汉学史中的主要功绩是向欧洲译介了多部儒学经典,并向西方人详细介绍了中国哲人孔子。他第一个将《中庸》翻译成拉丁文,拉丁文译名为《中国政治论理学》(Sinarum scietia politicomoralis),并于 1667 年和 1669 年分别在广州和印度果阿刊行。在该书正文前还附有殷铎泽撰写的《孔子生平》(Con-

---

① 张西平、李雪涛著:《西方汉学十六讲》,外语教学与研究出版社 2011 年版,第 131 页。
② 黄长著,孙越生、王祖望主编:《欧洲中国学》,社会科学文献出版社 2005 年版,第 723 页。
③ 同上。

fucci Vita）。此前，他还与一位葡萄牙耶稣会士郭纳爵（*Ignatinus de Costa*）合译了《大学》，并于1662年在江西出版。他与柏应理（Couplet）、恩理格（Herdtricht）、鲁日满（Rougemont）合作用拉丁文翻译了《四书》中的《中庸》、《大学》、《论语》，并于1687年以《中国哲学家孔子》（*Confucius Sinarum Philosophus*）作为书名在巴黎出版。殷铎泽在向欧洲译介儒家经典方面做出了卓越的贡献。

马国贤（Ripa, Matteo, 1682~1745）是意大利籍天主教布教会传教士。1710年抵华，遂学习中文。1711年入清廷，任康熙皇帝御用画师。1723年携4名中国青年和一位中文老师返回欧洲。1732年，在那不勒斯创建"中国人学院"（Collegio dei Cinesi），旨在培养中国本土传教士，同时教授即将赴华的欧洲传教士汉语言文化。学院的教学与管理事物由耶稣会传教士负责。"中国人学院"即是著名的意大利汉学教学与研究基地"那不勒斯东方大学"（Università degli Studi di Napoli "L'Orientale"）的前身。"中国人学院"是欧洲第一所汉语教学与研究机构，在欧洲汉学史上具有里程碑式的重要意义。1743年，马国贤开始着手写作《中国传教会和中华学院创办记事》（*Storia della fondazione della congregazione e del Collegio dei Cinesi sotto il titolo de la Famiglia de GC*），详细描述了1705~1724年间，他奉命前往中国传教途中的各种见闻以及在华传教13年的经历。书中详尽记录了清初天主教在华传教的历史，其中关于"礼仪之争"的内容为后世的研究提供了极其宝贵的一手资料。书后还附有14封《康熙与罗马使节关系文书》，极具史料价值。该书的第一卷于1844年在伦敦出版，英文版的题目为《马国贤神父留居北京宫廷为中国皇帝效力13年回忆录》（*Memoris of Father Ripa during 13 years' Residence at the Court of Peking in the Service of the Emperor of China*）。该书的原版则是在一个半世纪后，于1996年由那不勒斯东方学院出版。这部作品堪称欧洲汉学的奠基之作。

传教士汉学时期的一大特点是：在这一时期"西学东渐"和"汉学西传"是同时进行的。以意大利籍耶稣会传教士为代表的天主教传教士是这一历史过程的主导者，他们肩负着双重使命：一方面，他们是第一代欧洲汉学家，精通汉语、熟读儒家经典，以西文作品向欧洲译介儒家经典，介绍中国历史文化；另一方面，他们与中国文人合作翻译了不少欧洲科学、哲学、宗教书籍。尽管，中国文人也部分地参与了翻译和写作的过程，但是都属于被动接受，而非主动研究西方文化，中西方文化交流的主导权完全掌握在欧洲传教士手中。因此，无论是"西学东渐"还是"汉学西传"，这一时期完全是以西方传教士的视角，单方面对中西文化进行诠释，中国文人并没有主动地参与其中。

这里笔者要说明一下为什么会把"游记汉学"时期和"传教士汉学"时期

同归为意大利汉学发展的第一阶段。因为，笔者注意到，这一时期来华的欧洲旅行家和汉学家皆有着浓重的宗教背景。他们或者充当教皇的使节，或者是教廷派往中国的传教士。因此，这一时期汉学的发展与教廷在东方的"野心"有着密切的关联。这一时期的汉学作品也带有很深的宗教印记。例如，这一时期的历史类书籍大多是"天主教在华传教史"，一方面反映了当时中国政治、经济、文化、社会风俗等方方面面的情况，为欧洲开启了一扇了解中国的窗户；另一方面"传教事业"又作为主旋律贯穿于作品的始终。此外，以利玛窦为代表的耶稣会传教士热衷于研读和翻译儒家古代经典，其主要原因之一便是试图从中找出中国古书中那些有关"天"、"上帝"、"天帝"等模糊的概念与天主教 Dio 之间的关系，并用 Dio 来诠释这些中国古而有之的概念，以附和儒家思想，实现利氏"合儒"、"补儒"、"超儒"的传教理念。在对儒家经典研读的过程中，利氏等发现中国的儒学正像古希腊、古罗马时期的众多自然、伦理哲学流派一样，蕴含着人类的智慧，并认为这种理智与天主教教义并不矛盾。他们以天主教传教士的视角重新解读、诠释了儒学作品，正如中世纪时期的经院哲学家借助"古典世俗学者的学说"构筑"神学的殿堂"一样，他们试图借助"儒学"完成对中国天主教徒的"天主教人文主义"教育。"游记汉学"和"传教士汉学"时期的特点印证了北大杨煦生教授在他的文章《国学与汉学》中的那句话："西方汉学的历史，究其根底，不过是一场由基督教文明所发起的与中国文化对话的历史。" 1704 年 11 月 20 日，教皇克雷芒十一世（Pope Clement XI）颁布禁令，禁止中国天主教徒参加祭祖、祭孔等中国传统礼仪，教廷与清廷的摩擦升级，以致康熙皇帝大怒道："以后不必西洋人在中国行教，禁止可也，免得多事"。自此，耶稣会在旷日持久的"礼仪之争"中落败。随着 1773 年罗马教廷宣布解散耶稣会，"传教士汉学"的辉煌一去不返，以意大利籍耶稣会传教士为代表的欧洲传教士汉学家们也逐渐退出了汉学研究的历史舞台，宣告持续了近 200 年的"传教士汉学"时期的终结。

（二）传教士汉学向专业汉学的过渡期

18 世纪末至 19 世纪初，意大利汉学逐渐衰落的原因主要有三个：首先，耶稣会在"礼仪之争"中落败，逐步失去了教廷的信任，并最终于 1773 年被取缔。以罗明坚、利玛窦、卫匡国、殷泽铎等意大利耶稣会士为代表的群星璀璨、空前繁荣的传教士汉学时期宣告结束。利玛窦开创的耶稣会汉学家的传统被迫中断。其次，继康熙由于"礼仪之争"与教廷摩擦升级最终导致禁教后，雍正、乾隆二帝对天主教的态度则更加严厉，除少数在钦天监的天主教传教士被留用外，其余人等一律遭到驱逐。这种状况一直持续到鸦片战争。自此，从"大蒙古帝国"时期开始一直延续到"明末清初",由罗马教廷主导的中西方交往的模式也宣告终结。最后,15世纪"地理大发现"和通往东方的新航路的开辟,使欧洲的贸易中心由地中海转移到大西洋沿岸,曾经在中西方商业交往中获益颇丰,充当商品集散地的意大利城市开始衰落,失去了在与东方贸易中的重要地位。与大西洋沿岸那些统一、强大的西欧诸国相比,"意大利"的统一很晚,直到1861年,才建立起统一的"意大利王国"。事实上,"意大利"长期以来一直是一个地理概念。在失去天主教会的助力后,意大利与中国的交往传统被中断。1866年,意大利政府与清政府建立外交关系,恢复了与中国的接触。这一时期两国关系发展落后于欧洲其他国家,也是制约意大利专业汉学发展的因素之一。

1. 法国专业汉学的兴起和意大利汉学"空窗时期"

欧洲现代专业汉学诞生于法国:1814年12月11日,巴黎的"法兰西学院"设立了"中国·鞑靼·满洲语言文学"教授席位,由雷慕莎(Rémusat, Abel, 1788~1832)教授执教。雷慕莎从事鞑靼语言和中国文学研究,他在相关领域发表的多篇高水平的论文和译作使他在欧洲汉学界声名鹊起。1832年,他的学生儒莲(Julien, Stanislas, 1797~1873)接替老师继续主持法兰西学院的汉语教学工作。儒莲非常重视对中国通俗文学的研究和翻译,曾翻译《赵氏孤儿记》、《西厢记》、《玉娇梨》、《平山冷燕》、《白蛇精记》等中国通俗文学作品。这一时期有两位意大利汉学家师从他学习中文,并追随他研究中国白话文学。他们分别是阿尔冯索·安得罗齐(Andreozzi, Alfonso, 1821~189)和塞韦里尼·安泰尔莫(Severini, Antelmo, 1828~1909)。前者将《水浒传》翻译成拉丁文出版,这也是第一个欧洲语言的《水浒传》译本。后者则在19世纪末,获得了佛罗伦萨"皇家高等研究院"(Real Istituto di Studi Superiori)设立的大学中文讲座教授职位,这也是意大利首个大学中文教授职位。随后,罗马大学和那不勒斯东方大学也设立了中文教授职位。塞韦里尼·安泰尔莫的学生卡洛·普依尼(Puini, Carlo)继任了佛罗伦萨"皇家高等研究院"的教职,他在介绍中国文学和古代政治司法制度方面相当多产,翻译了《礼记》第二十三篇及二十五篇,1872年又发表了根据《龙图公案》改编的七个短篇故事,题目为《中国小说——龙图公案》。1903年,塞韦里尼·安泰尔莫的另一个学生洛多维科·诺全提尼(Nocentini, Lodovico)与伊尼亚齐奥·奎迪(Guidi, Ignazio)、斯基亚帕雷利·切莱斯蒂诺(Celestino, Schiapparelli)合作创办了"罗马大学东方学校"(Scuola Orientale dell'Università di Roma)。隶属罗马大学文哲学院。罗马大学的汉语教学历史最早可以追溯到1876年,当时执教的只有一位临时教授卡洛·瓦伦扎尼(Valenziani, Carlo, 1831~1896)。1877年,卡洛·瓦伦扎尼教授将部分个人藏书捐赠给了罗马国家图书馆,其中包括多册珍贵的中文藏书及有关中国的西文研究文献。罗马大学东方学校的建立对汉语专业教学及研究起到了重要的推动作用。继洛多维科·诺全提尼之后，嘉华（Vacca, Giovanni）在罗马大学任中文教授。他的研究涉猎广泛，包括对《马可·波罗游记》手稿的考证，传教士汉学研究，对中国宗教、地理、历算等方面的研究。在文学方面，他于1911年发表了一篇介绍韩愈的论文，又于1931年发表了两篇论文：《陶潜——五柳先生传》和《苏轼·〈赤壁〉》。1890年，洛多维科·诺全提尼调入那不勒斯东方学院任中文教授。1914年，他的学生威达雷（Guido Amedeo Vitale di Pontagio）也在那不勒斯东方学院谋得教职。1924年沃尔皮切利（Volpicelli Eugenio Felice Maria Zanoni，1856~1936）在那不勒斯东方学院短暂任教。而罗马大学接替嘉华任教的则是20世纪著名汉学家德礼贤（Pasquale D'Elia）。

2. 那不勒斯东方大学：传统与现代的统一

"那不勒斯东方大学"是西方现代专业汉学重要的研究基地之一，同时也是西方汉学研究机构中历史最悠久的一个。它的前身是马国贤神父于1732年创建的"中国人学院"，是欧洲第一所汉语教学与研究机构。1861年意大利王国建立，1868年"中国人学院"更名为"皇家亚洲学院"（Real Collegio Asiatico，1868~1888），后改称"那不勒斯东方皇家学院"（Istituto Reale Orientale di Napoli）。1925年"那不勒斯东方皇家学院"升级为"那不勒斯东方大学"。自此，"那不勒斯东方大学"由一所带有浓重宗教色彩，以培养中国人传教士和教授前往中国工作的欧洲传教士汉语言文化的机构成功转型为一所以"东方语言文化"研究为特色的现代综合性大学。先后在该大学任教的几位意大利汉学家如兰乔蒂、史华罗等人，在西方汉学界享有极高的声望。那不勒斯的汉学研究，从"中国人学院"到"那不勒斯东方大学"，不但在意大利汉学发展的低谷期继续了传教士汉学的优良传统，而且在现代专业汉学蓬勃发展时期，在中国语言文化教学，中国古代、现代文化经典的翻译和研究领域做出了卓越的贡献。

3. 19世纪末20世纪初的两位意大利耶稣会传教士汉学家

18世纪末至"二战"结束前，意大利汉学发展陷入低谷。尽管如此，这一时期还是出现了两位杰出的耶稣会传教士汉学家，一位是晁德莅，另一位是德礼贤。

晁德莅（Angelo Zottoli，1826~1902年）：1814年耶稣会复会，耶稣会传教士的身影再次出现在中国。晁德莅便是19世纪再次进入中国传教的意大利籍耶稣会十中唯一一位杰出的汉学家。他于1848年来华，主要在上海徐家汇一带从事传教活动，直至1902年在上海逝世。晁德莅是一位在中国古典文学领域具有极高学养的意大利耶稣汉学家。他曾经编写过一套五卷本的中国文学作品选集，题为《中国文学教程》（Cursus litteraturae sinicae）。该选集附有拉丁文对照，于 1879～1883 年在上海出版。该文选辑录范围十分广泛，从《四书五经》、《三字经》、《百家姓》、《千字文》，到诗、词、歌、赋、小说、戏剧包罗万象。直到 19 世纪 50 年代以前，这部书都是收录中国古典文学作品篇目最多的西方文集。由于晁德莅的拉丁文比较晦涩，因此耶稣会决定在欧洲出版该书的法文译本。19 世纪初，欧洲现代专业汉学已经在法国诞生，且这一时期的法国汉学家热衷于对中国通俗文学的研究。这一倾向也影响到耶稣会汉学家们。在来华的耶稣会传教士中，涌现出一大批以法国耶稣会传教士为代表的汉学家，如戴遂良、顾赛芬、禄是遒等，他们专心于中国文学作品的译介工作。晁德莅作为这一时期唯一一位意大利籍耶稣会汉学家也深受法国专业汉学的影响。应该说，这一时期欧洲耶稣会士对于汉学研究的关注点已明显不同于明清之际的耶稣会汉学家，他们的研究已经烙上了专业汉学的印记。

德礼贤（D'Elia, Pasquale Maria, 1890～1963）是 20 世纪初意大利汉学的关键人物。一方面，他是一位精通汉语言文化的耶稣会士，全面继承了利玛窦开创的"传教士汉学"传统，并为传教士汉学画上了完美的句号；另一方面，他在现代大学中执教，教授传教史和中国语言、文学、历史。他于 1934 年被格里高利大学（Università Gregoriana）聘请为传教史学教授，1939 年又被聘为汉学教授，同时兼任罗马大学的中国语言、文学和历史教授。正是由于这段执教经历，使德礼贤对即将来临的意大利专业汉学时代产生了深远的影响。意大利专业汉学时代的两位杰出代表白佐良和兰乔蒂皆出自他的门下。白佐良在《意大利汉学：1600～1950》中称德礼贤"几乎是两次世界大战之间的 20 年中意大利最重要的汉学家"[1]。德礼贤既是传教士汉学的继承者，又是意大利专业汉学的奠基人之一，是意大利从"传教士汉学"过渡到"专业汉学"过程中承上启下的关键人物。

德礼贤一生著述颇丰，尤以传教史和中西关系方面的著作闻名。这些作品大多是他返回意大利后，利用梵蒂冈图书馆和罗马耶稣会档案馆中收藏的大量史料编写的。其中影响最大、最有代表性的作品有三部：《藏于梵蒂冈图书馆的利玛窦神父的中文世界地图（第三版，北京，1602）》、《中国基督教艺术起源（1583～1640）》和《利玛窦神父的文献资料》（Fonti Ricciane）。《利玛窦神父的文献资料》是一部充满雄心壮志的巨著，计划将利玛窦所有出版和未出版的作品收罗其中，替代此前汾屠立神父出版的《利玛窦神父的历史作品》（Opere storiche del p. Matteo Ricci S. I., I – II）[2]。这一项目得到了意大利皇家学院（Ac-

---

[1] 白佐良著，李江涛译：《意大利汉学：1600～1950》，载于《海外中国学评论》第 3 辑，上海辞书出版社 2008 年版。

[2] 1909 年汾屠立神父在耶稣会档案馆中偶然发现了利玛窦神父《耶稣会远征中国史》的手稿，随后将其出版。

cademia d'Italia）的资助。然而，德礼贤神父最终只出版了《基督教传入中国史》（Storia della introduzione del cristianesimo in Cina）①，即所谓的《利玛窦中国札记》。这部作品分为三卷，分别于1942（CLXXX-390）年和1949（XXXVI-652 和 XII-372）年在罗马问世。汾屠立神父的《利玛窦神父的历史作品》和德礼贤神父的《利玛窦神父的文献资料》最终取代了金尼阁（Nicolao Trigautio）神父的《利玛窦神父中国札记》（De Christiana Expeditione apud Sinas suscepta ab Societate Iesu. Ex P. Matthaei Ricii eiusdem Societatis Commentariis Libri V… Autore P. Nicolao Trigautio Belga, Augusta 1615）。事实上，尽管在书的封面上作者一栏中写的是金尼阁，然而这部被翻成多种语言，并在世界上引起轰动和广泛影响的作品并不是金尼阁所作，仅是他根据利玛窦神父的手稿翻译成拉丁文，并进行了随意删改增补后的成果。德礼贤神父在《利玛窦神父的历史作品》的序言中曾明确指出，利玛窦手稿的文学和历史价值远高于金尼阁的拉丁文翻译版本，并严厉指控金尼阁的作品是抄袭的结果。德礼贤的《利玛窦神父的文献资料》一经出版就获得了中外学术界的好评，这部作品的整体编排非常严密，其对利玛窦神父手稿的百科全书式注解②更为中外学者提供了大量研究线索和一手资料。这一切都要归功于他的中文功底，而这正是金尼阁和汾屠立所不具备的。然而，德礼贤的这部作品和与其相关的论文也遭到了一些著名汉学家的质疑和批评。首先，由于作品篇幅宏大，注解众多，其中难免有错误，这些错误随着汉学的发展，陆续被西方汉学家和中国学者一一指出并修正。其次，有些学者指出德礼贤的序言过于冗长。最后，作品中对汉字的注音系统不够标准，朱塞佩·杜奇（G. Tucci）就批评说，这一系统只有德礼贤一人看得懂。由于资助遇到困难，《利玛窦神父的文献资料》仅出版到第三卷。《利玛窦神父的文献资料》的第四卷应为利玛窦《信札》，德礼贤已经准备好了相关资料，却因为资金等问题未能出版。在德礼贤去世后，第四卷的资料与手稿都被收藏在格里高利大学档案馆中（资料中的一部分被带到了法国）。德礼贤还在一些学术期刊上发表了数篇有关利玛窦神父中文作品的论文，例如，《友论》[Il Trattato sull'Amicizia. Primo libro scritto in cinese dal p. Matteo Ricci S. I.（1595），in Studia missionalia VII（1952），pp. 425-515；Further Notes on Matteo Ricci's《De Amicitia》, in Monumenta serica, XV（1956），pp. 161-202]、《畸人十篇》[Sunto poetico ritmico di《I Dieci Paradossi》di Matteo Ricci S. I., in Riv. degli studi orient., XXVII（1952），pp. 111-138]、《西琴曲意八章》[Musica e canti italiani a Pechino（marzo-aprile 1601），in

---

① 这个题目是德礼贤神父自行拟定的。利玛窦神父手稿的原题为《耶稣会远征中国史》（Della Entrata della Compagnia di Giesu e Christianità in Cina）。

② 在注释中，德礼贤对利玛窦手稿中提到的大量人名和地名进行了考证，并注明了中文原文。

Riv. degli studi orient.，XXX（1955），pp. 131 –45］。

19世纪，意大利专业汉学在欧洲专业汉学蓬勃发展的背景下开始萌芽，然而整体发展落后于法国、英国、德国等国家，没有出现有影响的汉学作品。专业汉学发展初期，在意大利和欧洲其他国家都普遍存在一种现象，即除少数几人外，大多数汉学家由于欧洲汉语教学水平普遍不高，且没有在中国长期生活和工作的经历，汉语口语水平差，与既精通汉语笔语又擅长口语的耶稣会汉学家形成鲜明对比。这一时期，法国在专业汉学的发展中独领风骚。法国汉学家对中国通俗文学的翻译和研究是这一时期整个欧洲汉学研究的主旋律。意大利专业汉学家及传教士汉学家都受到这一倾向的影响，开始从事中国通俗文学的研究，而这一题材是传教士汉学时期从未涉猎过的。尽管这一时期意大利汉学研究处于低谷，然而"那不勒斯东方大学"还是继续了意大利传教士汉学时期的优良传统，成为传统与现代完美结合的典范。20世纪初最杰出的意大利汉学家德礼贤扮演了双重角色，他既是耶稣会士，又是大学中文教授。他既是传教士汉学的集大成者，又是意大利专业汉学的奠基人之一。

（三）意大利专业汉学的确立和发展期

19世纪末20世纪初，佛罗伦萨"皇家高等研究院"、"罗马大学"和"那不勒斯东方大学"先后设立中文讲座教授职位，中文作为一门学科被正式列入意大利大学教学体系，标志着意大利专业汉学的诞生。然而，刚刚处于萌芽状态的意大利专业汉学研究的进程被两次世界大战打断。"二战"结束时，意大利汉语教学机构仅剩"罗马大学"和"那不勒斯东方大学"，从事汉语教学与研究的教师也仅剩德礼贤一人[①]，"学生数量用一只手就可以数完，而且他们并不一定准备完成学业"[②]。加之，当时有关汉学的书籍资料很少，无法支持学者从事严肃的汉学研究。可以说，"二战"结束后意大利汉学研究已是一片凋敝。意大利汉学研究在经历了一段艰难的"重建期"后，于20世纪60年代逐渐开始复苏。1970年，随着中意建立外交关系，两国在政治、经济和文化领域的接触日益增多。两国政府开始推动学生互换的项目，每年有20名左右的意大利学生赴中国留学，中国学者也频频前往意大利参加威尼斯大学等汉学机构举办的学术活动，增进与意大利汉学家的接触和交流。1978年中国改革开放后，意大利与中国的交往更加频繁，意大利汉学也逐渐繁荣起来。21世纪，随着中国国力的不断增

[①] 白佐良著，李江涛译：《意大利汉学：1600~1950》，载于《海外中国学评论》第3辑，上海辞书出版社2008年版。

[②] 兰乔蒂：《意大利汉学：从1945年至今》，载于张西平《欧美汉学研究的历史与现状》，大象出版社2006年版。

强,中国语言文化在世界的影响力也逐渐增强,在意大利等欧美国家兴起了"中文热",学习中国语言和文化的学生人数激增。

1947年"二战"刚刚结束时,意大利仅有"罗马大学"和"那不勒斯东方大学"两所教授中文的机构,一位汉语教师和寥寥数个学生。1967年,威尼斯的"Ca' Foscari"大学设立汉学专业,与"罗马大学"和"那不勒斯东方大学"一并成为战后最重要的汉语教学与研究机构。20世纪90年代,都灵大学、米兰国立大学、米兰Bicocca大学、博洛尼亚大学也开设了中文专业。至此,意大利已经有7所大学正式开设中文专业。21世纪初,又有包括特来维索(Treviso)大学、佛罗伦萨大学、锡耶纳大学、罗马第三大学等8所大学开设汉语专业,意大利开设汉语专业的大学增至15所,此时学习汉语的大学生总数达到3 000人。① 据罗马大学副校长兼罗马大学孔子学院院长马西尼(Masini, Federico)教授介绍,截至2009年,意大利有近30所大学开设汉语专业,学习汉语的在校大学生人数也升至5 000人。"罗马大学"、"那不勒斯东方大学"和威尼斯的"Ca' Foscari"大学均开设有汉语专业本科、硕士和博士专业;罗马三大、米兰国立大学、乌尔班(Urbino)大学等也开设了本科和硕士专业。在意大利大学执教的中国语言文学方向的正教授有12位,副教授19位,还有十几位研究员。此外,2006年,中国国家汉办与意大利罗马大学联合建立了意大利第一所孔子学院,马西尼教授任外方院长。截至2014年,意大利孔院的数量已经增至11个。孔子学院的建立,大大推动了意大利汉语教学的发展,提高了中国语言文化在意大利的知名度。

随着学习汉语语言文化的学生人数的快速增长,从事"汉学研究"的人才也越来越多,研究的深度和广度进一步加大,研究涉及语言学、文学、哲学与宗教、考古与历史、艺术史等多个领域。意大利"汉学研究"进入了空前繁荣的时期。

1. 汉语语言学方面的研究

任教于威尼斯大学的斯卡尔帕里(Scarpari M.)教授是古汉语方面的研究专家,他主编的《古汉语研究》(Studi di cinese classico)期刊也是意大利在这一领域最权威的期刊,他本人在该期刊上发表过如《古汉语中的否定词》(1979)、《古汉语中的动词"去"》(1981)、《汉学研究中的文献学和语言学》(1983)、《"他的"在古汉语中的被动用法》(1983)等多篇极具学术价值的论文。他还于1982年编著了《古代汉语教程》。里卡尔多·弗拉卡索(Riccardo, Fracasso)博士,在甲骨文方面颇有研究,他于1988年出版了《甲骨文字汇集》。随后,

---

① 中国驻意大利使馆教育处官方网站2006年统计数字。

发表了多篇有关甲骨文的论文：《龙骨上的彩虹》（1988）、《（甲骨文研究）专有名词附录》（1990）、《文献中的文献：作为历史文献的甲骨文》（1995）。在现代汉语研究方面，也涌现出不少有实力的学者。兰乔蒂参与编写了《中国现代口语大辞典》和《汉意字典》。米兰大学政治学系语言研究所的研究员，欧洲研究中国协会会员布雷桑·卢恰纳（Bressan，Luciana）于1983年参加了《汉意字典》的编纂工作，主要论著包括《关于中华人民共和国文字改革讨论会的讨论》、《查阅汉语字典、词典指南》和《汉语会话手册》等。罗马大学的马西尼教授在读博士期间曾经研究过20世纪中国报纸的词汇，以及汉语中外来词的引进。1996年，他还发表了一篇关于传教士编写的中国字典的研究论文《对17世纪耶稣会传教士编写的中文字典研究的初步评论》。

2. 中国文学研究

意大利汉学研究在中国文学领域的研究成果最为丰富，尤其在中国文学史研究方面成绩斐然。"二战"期间，苏波（Suppo，Michele）翻译发行了《中国文学史纲要》（Sommario storico di letteratura cinese），介绍了上至《四书五经》等中国古典文学作品，下至鲁迅、梁启超等中国近现代文学家的作品。尽管是译作，但也是意大利第一部介绍中国文学史的书籍。白佐良是战后第一位撰写并出版中国文学史的意大利汉学家。1959年，他根据在华收集的一手资料，出版了《中国文学》（La letteratura cinese），对中国古典文学和现当代文学进行了系统的介绍。他的这部《中国文学》在欧洲汉学界引起了很大反响。1969年，当这本书再版时，法国著名汉学家戴密微（Demiéville，Paul）致信表示祝贺，称在这一领域无人能与白佐良比肩。[①] 在白佐良的第一版中国文学史出版后十年，他的师弟兰乔蒂也撰写了一部《中国文学》（Letteratura cinese），成为继白佐良《中国文学》之后又一部具有较高研究水平、传播广泛的文学史类著作。由于兰乔蒂擅长中国白话小说方面的研究，因此他的这部文学史对唐传奇、宋元话本等白话小说作品做了细致的介绍。1990年，兰乔蒂又发表了一篇有关中国文学史的论文《中国文学史：中国和西方的评述》（La storia della letteratura cinese：sue interpretazioni in Cina e in Occidente）。罗马大学东亚历史专业教授科拉迪尼·皮耶罗（Corradini，Piero）与兰乔蒂几乎在同一时间也出版了一本《中国文学史》（Storia della letteratura cinese）。而且科拉迪尼教授在第二年又为他的文学史配了一本《中国文学选集》（Antologia della letteratura cinese）。

除了文学史方面的研究外，进入20世纪后，意大利汉学家们做了大量中国

[①] 引文详见汉学家戴密微1969年1月12日给白佐良教授的来信：F. Masini, *Italian translation of Chinese literature*, *De L'un au multiple*, La Maison des Sciences de L – Home, Paris, 1999：p. 46.

古典文学的译介工作。

在中国古代诗词歌赋翻译方面，唐朝著名诗人杜甫、李白、王维、白居易、元稹、孟浩然和崔护的著名诗篇被陆续译成意大利文。首次向意大利人译介屈原及其作品的是德桑蒂斯·尼诺（De Sanctis, Nino）。1900 年，他的作品《公元前 3 世纪中国伟大的诗篇〈离骚〉》（*Kiu-youen Li Sao: grande poema cinese del III secolo a. C.*）在米兰出版。这个意大利文版的《离骚》并非译自中文，而是译自法国汉学家圣德尼斯（Hervey de Saint Denys）1870 年的译作。随后，又出现了 1938 年雷永明神父（Gabriele, M. Allegra）译本和 1973 年瓦莱·贝内代托（alle, B., O. F. M.）译本和 1989 年科斯坦蒂尼·威尔玛（Costantini, Vilma）的译本。白佐良教授对东晋大诗人陶渊明颇有研究。1945 年，他的首部翻译作品便是将陶渊明的《拟挽歌词》（*Tre canti funebri*）翻译成意大利文。除白佐良外，另一位汉学家圭达奇·马加里塔（Guidacci, Margherita）对陶渊明也有研究，并于 1956 年翻译了陶渊明的《闲情赋》。卡尔卡尼奥·马里亚（Calcagno, M.）于 1962 年翻译了曹操的《短歌行》。1973 年，瓦莱·贝内代托（Valle, B.）首次以《木兰替父从军》（*Mu-lang si arruola dell'esercito in luogo di suo padre*）为题目，翻译了《木兰辞》。1991 年，布加迪·安娜（Bujatti, A.）再次翻译出版了《木兰辞》。萨凯蒂·毛里齐亚（Sacchetti, M.）于 1981 年和 1997 年分别发表了两篇有关柳宗元的论文，其中一篇介绍了柳宗元的作品《憎王孙文》。1982 年，米尔蒂·保拉（Mirti, P.）翻译了韦庄的 9 首词。1985 年，布加迪·安娜翻译了李清照的 6 首词，1996 年又翻译了李清照的《如梦令》（中意对照）。1994 年，萨凯蒂·毛里齐亚翻译了宋代诗人欧阳修的组诗作品《丰乐亭游春三首》。

此外，1903 年，德古贝尔纳蒂斯·安杰洛（De Gubernatis, Angelo）、宾堤（Bindi G.）及诺全提尼合作翻译了《诗经》等先秦诗歌。德礼贤神父在《中国文选：从古至今》[①]（*Antologia cinese, dalle origini ai nostri giorni*）和《诗：国际特刊》（*Poesia – Quaderni Internazionali*）中也翻译了《诗经》中的很多篇章。埃兰特·文琴佐（Errante Vincenzo）与埃米利亚诺·马里亚诺（Emilio, Mariano）于 1949 年合作出版了《〈奥菲欧〉：世界诗歌瑰宝的意文翻译》，其中包括部分《诗经》译文及屈原、陶渊明、杜甫、白居易、元稹等著名诗人的诗篇译文。1957 年，兰乔蒂教授也在汉学期刊《中国》（*Cina*）上发表《国风》及《小雅》中的部分诗歌译文。

20 世纪，大批中国古代小说、戏剧被陆续翻译成意大利文。明末清初的"四大名著"除《三国演义》外，均被翻译成意大利文。1956 年，博韦罗

---

① P. D'Elia, *Antologia cinese: dalle origini ai nostri giorni*, G. C. Sansoni, Firenze, 1944: p.230.

(Bovero)根据德国作家库恩(Kuhn,Franz)1934年的德文译本以《强盗》(*I Briganti*)为题目,翻译出版了《水浒传》的意大利文译本。翌年,他又在汉学期刊《中国》上发表了《水浒传》第一回的译文。1957年,本迪克特·马丁(Benedikter,Martin,1908~1969)将其撰写的《中国古典小说〈水浒传〉》发表在汉学期刊《中国》上。1960年,莫蒂(Motti A.)以《猴王》①(*Lo Scimmiotto*)为题,将1942年亚瑟·魏雷翻译的《西游记》英译本《猴子》(Monkey)②转译成意大利文出版。该意大利文译本较之前的英译本有很多改进,修正了英译本的多处错误,在绪论中增加了对《西游记》的版本分析及对作者吴承恩的相关研究。1998年,巴尔杜齐·塞拉菲诺(Balduzzi,S.)再次翻译了《西游记》并在米兰出版发行。20世纪,《红楼梦》的意文翻译有两个版本。第一版是1958年,由博韦罗(Bovero)和黎却奥(Carla Pirrone Riccio)二人合作翻译的,该译本转译自库恩的德文译本,保留了库恩的原序并附改琦绘绣像《红楼梦》人物图27幅。③库恩在序言中称该译本参照了两版中文原文版本,一版是1832年的版本,另一版是上海商务印书馆的版本。《红楼梦学刊》(2000年第3辑第279~281页)刊载了已故中国社会科学院外国文学所吕同六研究员翻译的博韦罗和黎却奥版本的序言,以及他撰写的该版序言作者本迪克特·马丁和两位译者博韦罗和黎却奥的生平。1964年,汉学家马西④翻译了第二版意大利文版《红楼梦》,这一版译自中文。1963年和1976年,马西和科拉迪尼·皮耶罗在汉学期刊《中国》上分别发表了有关《红楼梦》的论文。意大利汉学家对明末"四大奇书"之一的《金瓶梅》的翻译研究也不少。1930年,德国著名学者库恩翻译的德文版《金瓶梅》在莱比锡(Leipzig)出版发行。由于这一版的德文翻译质量很高,版本考证翔实,在欧洲引起很大反响,因此"二战"后意大利学者开始研究《金瓶梅》时多采用库恩的版本。1955年,雅合(Piero,Jahier)与史得曼(Stoneman Maj – Lis Rissler)等人合译的《金瓶梅》⑤在都灵出版发行。该版本译自英国学者迈阿尔(Miall,Bernard)1940年在纽约出版的英文版,当时的题目为《西门与他的六位妻妾》⑥。1956年,雅合在《中国》发表了题为《离奇死亡》(Una strana morte(dal Chin P'ing Mei))的《金瓶梅》选段译

---

① Motti, Adriana. *Lo Scimmiotto.*, Einaudi Editore, Torino, 1960.
② Arthur Waley, *Monkey.* Allen and Unwin, London, 1942.
③ 陈友冰著:《意大利汉学的演进历程及特征——以中国文学研究为主要例举》,载于《华文文学》总第89期,2008年6月。
④ Masi, Edoarda. *Il sogno della camera rossa.* Einaudi Editore, Torino, 1964.
⑤ Jahier Piero, Maj – Lis Rissler Stoneman, *Chin P' ing Meu.*, Einaudi Editore, Torino, 1955.
⑥ Bernard Miall. *The Adventurous History of His Men and His Six Wives* (西门与他的六位妻妾), New York, 1940.

文。另一部被意大利汉学家争相翻译研究的白话文小说是《聊斋志异》。1900年，科尔邦辛·艾博（Colbosin, Ebe）将《聊斋志异》中的 26 个故事翻译成意大利文在罗马出版。汉学家朱拉（Di Giura L. V.）于 1926 年将《聊斋志异》中的 99 篇故事收集在《中国神话传说》（*Fiabe cinesi*）中出版。1955 年，朱拉翻译出版了《聊斋志异》的全译本（*I Racconti fantastici di Liao*），收录并翻译了"聊斋"中的 435 个故事。该意文版本是根据 19 世纪在中国出版的一个中文版本翻译的。1979 年，瓜达卢皮·詹尼（Guadalupi, G.）翻译了"聊斋"中的一个故事《赵城虎》（*L'ospite tigre*），并在米兰出版。1986 年，一位匿名学者以《天岛》为题翻译出版了聊斋志异中的一个故事。山顿·安娜（Thornton, A. M.）以《美丽的红玉的故事：改编自〈聊斋志异〉》为题，改编了"聊斋"中的一个故事。1992 年，波尼诺·加布里埃拉（Bonino, G.）又翻译出版了一版"聊斋"全译本。此外，20 世纪，《唐代传奇》、《醒世恒言》、《今古奇观》、《板桥杂记》等古今小说集中的故事也陆续被翻译成意大利文。在戏剧翻译方面，意大利 18 世纪的著名剧作家梅塔斯塔西奥·皮埃特罗·安东尼奥（Metastasio, Pietro, 1689~1782）于 1752 年将元杂剧《赵氏孤儿》改编成意大利文剧本，题目为《中国勇士》（*L'eroe cinese*）。梅塔斯塔西奥对原作做了大刀阔斧的删改，由于演出时间的限制，《中国勇士》的剧情非常精简，且结局也由悲剧转换成了喜剧。1948 年，该剧本在意大利出版发行。1908 年，巴罗内·朱塞佩（Barone, Giuseppe）的译作《〈赵氏孤儿〉：伏尔泰和麦达斯达修模仿的中国悲剧》在萨尔诺（Sarno）出版发行。著名汉学家兰乔蒂在其撰写的《维苏威脚下孜孜不倦的汉学家》（*Un Instancabile Sinologo all' Ombra del Vesuvio*）一文中称巴罗内·朱塞佩是一位多产的作家和东方语言、文学及哲学的研究者。其对中国文化的研究功力颇深，在他众多从中文翻译过来的作品中最值得一提的便是 1908 年版《赵氏孤儿》。1988 年，白佐良等人翻译了中国最早的戏曲理论专著《闲情偶寄》，并在汉学期刊《达官和宫廷贵妇》（*Mandarini e cortigiane*）上发表。

在散文翻译方面，沈复的《浮生六记》（1955，1993，1995）、冒襄的《影梅庵忆语》（1988），陈裴之的《香畹楼忆语》（1988），张岱的《扬州二十四桥风月》（1988）、《湖心亭看雪》（1988）、《自为墓志铭》（1988），欧阳修的《浮槎山水记》（1994）也纷纷被译介到意大利。

在中国文艺评论和美学研究方面，意大利年轻学者取得的成绩可圈可点。米兰大学政治学教授罗桑达（Lavagnino, Alessandra Cristina）从 1979 年着手翻译南朝文学理论家刘勰的文学理论著作《文心雕龙》，历时六年，于 1984 年出版。罗桑达是第一位将这部作品译介到欧洲的学者。在翻译过程中，她参考了郭绍虞、范文澜、王元化等人的注释本，并将中国美学传统与西方美学传统和修辞法进行比对，对中国文艺美学和中文传统修辞法进行了深入研究，并先后于 1982 年、1985 年、1989 年、1992 年、1995 年、1996 年发表了十余篇有关《文心雕龙》研究的高水平的学术论文。① 此外兰乔蒂和拉罗基·马里卡（Larocchi, M.）也于 1996 年在《文化，米兰大学政治科学院语言研究所年鉴》上分别发表了有关《文心雕龙》的论文。

当然，意大利汉学家对中国近当代文学的研究也很丰富。康有为、梁启超、胡适、郁达夫、林语堂、钱钟书、矛盾、鲁迅、郭沫若、老舍、巴金、冰心、朱光潜、王蒙、王朔、莫言等众多中国近当代作家的作品陆续被译介到意大利。

3. 中国的哲学与宗教研究

之所以把中国哲学与宗教作为一个标题来研究，是因为欧洲学者长期以来认为中国的主流哲学流派"儒家"、"道家"既是哲学流派又是宗教派别。他们习惯将"儒学"称作"儒教"，将"道家学说"称为"道教"。

20 世纪，意大利的中国哲学和宗教研究主要涉及下面几个方面：儒教、道教、佛教、基督教（包括天主教、景教等）、萨满教、伊斯兰教、摩尼教、先秦诸子的思想和中国神话传说。

对于"儒、释、道"三教的研究是自传教士汉学时期就有的传统。战后意大利汉学家对于这三家理论的研究也很多，尤以对"儒学"的研究最为丰富。意大利汉学家陆续翻译了《大学》、《中庸》、《论语》、《孟子》、《孝经》、《左氏春秋》和《易经》等儒家经典。其中，1924 年，卡斯泰拉尼（Castellani, Alberto）翻译出版的《论语》，是第一本从中文原文翻译而来的意大利文《论语》单行本。1989 年，托马西尼（Tomassini, Fausto）的《儒家经典》（*Confucio Opere*）② 在米兰出版。书中收录了他用意大利文翻译的《大学》中的部分篇章以及《论语》的全文译本及《孟子》、《孝经》等儒家经典。他的儒家经典的译本是欧洲儒家经典翻译的精品，成为后来相关领域学者的重要参考资料。在对儒家理论思想的研究过程中，意大利汉学家将"儒家与道家"、"儒家与法家"、"儒家与墨家"、"儒家与基督教"的思想进行了对比。德礼贤和史华罗还分别对"朱熹"的哲学进行了研究。后者的研究侧重于对朱熹哲学在情感方面的研究，著有《是骑手在骑马，还是御者在驾驭双骏？对朱熹"四端七情"观点之初考》（1993）和《朱熹（1130~1200）的道德心理》（1996）。史华罗还发表了多篇论文，讨论了"新儒家"的善恶观。意大利汉学家通过对儒学的研究，粗线条地勾勒出了儒学在中国不同历史时期发展的轨迹。

---

① 黄长著、孙越生、王祖望著：《欧洲中国学》，社会科学文献出版社 2005 年版，第 803 页。
② Tomassini Fausto, *Confucio Opere*, TEA, Milano, 1989.

意大利汉学家在中国佛教经文的翻译和研究方面比较著名的作品有图齐的《楞伽阿跋多罗宝经》(1923)，《"一百节诗"：译自中文的〈大乘佛教经文〉》(1925)，扎凯蒂·斯特凡诺（Zacchetti，S.）的《达摩笈多未完成的〈金刚般若波罗蜜经〉的翻译》及富安敦（Forte，A.）和布索蒂·米凯拉（Bussotti M.）等人关于敦煌文献的研究。此外，意大利汉学家还就佛教在中国的发展史和本地化进程、佛教对东方文化的影响、中国某些朝代政府对佛教的政策等论题展开研究。这里，我们必须要提到一位著名的意大利藏学家图齐·朱塞佩（Giuseppe Tucci，1894~1984）。他于1929年被提名为意大利皇家科学院成员。后曾担任那不勒斯东方大学中国语言文学教授和罗马大学文哲学院印度和远东宗教哲学教授。他是一个狂热的"藏学"爱好者，曾于1928~1948年20年间，8次赴中国西藏进行考察。写作了众多关于藏学的著述：《梵天佛地1：西北印度和西藏西部的塔和擦擦——试论藏族宗教艺术及其意义》(*Indo-tibetica* 1：*Mc'od rten e ts'a ts'a nel Tibet indiano ed occidentale：contributo allo studio dell'arte religiosa tibetana e del suo significato*)、《梵天佛地2：仁钦桑波及公元1000年左右藏传佛教的复兴》(*Indo-tibetica* 2：*Rin c'en bzan po e la rinascita del buddhismo nel Tibet intorno al Mille*，*Roma*，*Reale Accademia d'Italia*)、《梵天佛地3：西藏西部的寺院及其艺术象征》(*Indo-tibetica* 3：*I templi del Tibet occidentale e il loro simbolismo artistico*，2 *voll*.，*Roma*，*Reale Accademia d'Italia*)、《梵天佛地4：江孜及其寺院》(*Indo-tibetica* 4：*Gyantse ed i suoi monasteri*，3 *voll*.，*Roma*，*Reale Accademia d'Italia*)、《西藏：雪域》(*Tibet*，*paese delle nevi*)。他的学生，著名的意大利东方学家，宗教史学家，西藏及尼泊尔与意大利早期关系学者佩泰克·卢恰诺（Petech，Luciano，1914~2010）继承了老师的衣钵，继续研究西藏文化。

在道教研究中，意大利汉学家翻译了《道德经》、《阴符经》、《庄子》、《易经》、《列子》和王充的《论衡》第24卷《道虚篇》等道家经典。其中对老子和《道德经》的翻译和研究最多，其次是对庄子及其作品的研究。兰乔蒂关于马王堆出土文物中的老子的《道德经》的研究比较有特色。另外，意大利年轻的道教研究学者卡多纳·阿尔弗雷多（Cadonna，A.）对敦煌文献中的道教资料进行了研究，并发表了数篇相关论文：《伯希和藏书中的两份敦煌手稿中的有关"西王母"的三段文字》(1982)，《长安奔月的'航天员'（根据薛爱华的相关研究为敦煌文献S6836所作的注解）》(1984)和《天师的道教信徒：敦煌中国手稿中的12段故事》(1984)。值得一提的是，1979年法兰西学院远东研究所（Instituts d'Extrême-Orient du Collège de France）和道教文献研究中心（Centre de Documentation et D'Etudes du Taosme）合作承接了欧洲科学基金会（European Science Foundation）发起的《道藏》科研项目。该项目分别在巴黎、罗马、维尔茨堡和苏黎世成立了4个研究小组。其中，罗马小组设在意大利中东及远东研究会（Istituto Italiano per il Medio ed Estremo Oriente），由白佐良和兰乔蒂负责。青年学者卡多纳·阿尔弗雷多和普雷加迪奥·法布里齐奥（Pregadio, Fabrizio）也参与了研究和翻译工作。1996年在芝加哥出版社出版的《道藏手册》（*An analytic and descriptive catalogue of the Tao-tsang in English*，*The Handbook of the Taoist Canon*）和2004年出版的《道藏通考》（*The Taoist Canon：A Historical Companion to the Daozang*）① 即是这一项目的最终成果。

除了少数的几篇有关"景教"的研究论文外，20世纪"中国基督教研究"实际上就是对元朝和明清之际"中西文化交流史"的研究，是对"天主教入华史"的研究，同时也是对天主教传教士及其作品的研究。② 在这项研究中"游记汉学"和"传教士汉学"研究始终贯穿其中。前文中我们已经讲过，元朝和明清之际，罗马天主教会在中西文化交流中扮演了极其重要的角色。正是由于意大利与罗马天主教会千丝万缕的联系，因此这一时期来华的天主教传教士和旅行家绝大多数是意大利人。因此，在这一领域的研究中意大利学者具有得天独厚的传统优势，领先于欧洲其他国家。

在"中国基督教"研究中，对来华意大利传教士汉学家和旅行家的研究占了很大的比重。意大利汉学家主要研究的天主教传教士有：若望·柏郎嘉宾、孟高维诺、鄂多立克、范礼安、罗明坚、利玛窦、郭居静、龙华民、金尼阁、艾儒略、汤若望、卫匡国、南怀仁、马国贤等。其中有关利玛窦和卫匡国研究的论文、专著和译作数量最多。1982年10月22日～25日，利玛窦研究国际研讨会分别在马切拉塔（Macerata）和罗马两地举行，以纪念利玛窦入华四百周年。此次研讨会是由马切拉塔大学（Università degli Studi di Macerata）、格里高利大学（Pontificia Università Gregoriana）和马切拉塔利玛窦研究中心（Centro Studi Ricciani di Macerata）联合举办的。来自意大利和各国的利玛窦研究学者参加了会议，并宣读了论文。1984年，会议发言被收入《利玛窦研究国际研讨会论文集》。其中白佐良的《利玛窦和道教》（*Matteo Ricci e il taoismo*）、庞恩（Pang, P.）的《利玛窦的作品对于中国学研究的价值》（*Il significato dell'opera di Matteo Ricci per gli studi cinesi*）、佩泰克·卢恰诺的《结论性的思考和研究线索》（*Considerazioni conclusive e indicazioni di ricerca*）和鲁尔门（Ruhlmann R.）的《近期关于利玛窦的朋友徐光启（1562～1633）的研究》（*Atti del Convegno Inter-*

---

① 施博尔（Kristofer Schipper）和傅飞岚（Franciscus Verellen）合编：《道藏通考》（*The Taoist Canon：A Historical Companion to the Daozang*），芝加哥大学出版社2004年版。

② 由于本书的主题是"中国古代文化经典"，因此这里我们暂且不讨论近当代中国基督教的发展和现状研究。

nazionale di Studi Ricciani）等论文均被收入该论文集。1983年，卫匡国国际研讨会论文集《地理学家、制图学家、历史学家和神学家卫匡国（特兰托1614—杭州1661）》由特兰托自然科学博物馆出版。该论文集收录了包括罗马大学教授奥斯瓦尔多·巴尔达奇（Osvaldo, Baldacci）有关卫匡国所绘制的中国地图的论文《卫匡国制图法的实用性和〈中国新地图册〉的成功》；里亚斯特大学教授古卡尼亚·亚历山德罗（Cucagna, Alessandro）的论文《卫匡国历史作品中与地理有关的内容》，特兰托大学教授朱塞佩·斯塔卢皮（Staluppi, Giuseppe）的论文《通过对〈中国新地图册〉的讨论解决了地理方面的几点疑问》；那不勒斯东方学院教授阿道夫·坦布雷利（Tamburello, Adolfo）的论文《卫匡国著作中的日本》；马切拉塔大学利玛窦研究中心负责人科拉迪尼·皮耶罗教授的论文《来华史学家卫匡国：〈鞑靼战纪〉》；罗马大学教授吉萨尔贝蒂·卡洛（Ghisalberti, Carlo）的论文《卫匡国的历史学方法》；罗马大学东亚史教授佩泰克·卢恰诺的论文《卫匡国时期的中国》；意大利作家波罗尼亚尼·博尼法乔（Bonifacio, Bolognani）的论文《卫匡国》；罗马大学教授德西莫内·马里亚·罗萨（Di Simone Maria Rosa）的论文《17世纪前半叶的罗马神学院和卫匡国的专业学识的形成》；特兰托历史科学研究会研究院盖塔·弗鲁门奇奥（Ghetta, Frumenzio）的论文《在故乡的卫匡国》；乌尔班大学教授拉扎罗托·安杰洛（Lazzarotto, Angelo S.）的论文《卫匡国著〈中国耶稣会教士纪略〉中描述的中国基督教徒的情况》；莱切大学教授梅利斯·乔治（Melis, Giorgio）的论文《卫匡国的旅行》；耶稣会罗马档案馆官员约瑟夫·塞贝什（Joseph, Sebes）的论文《中国礼仪之争中卫匡国的作用》；乌尔班大学教授彼得（Tchao, Pietro）的论文《中国礼仪之争的历史文化方面的理由》等均被收入论文集。事实上，20世纪意大利的众多知名汉学家如德礼贤、白佐良、科拉迪尼、马西尼都曾对明清入华耶稣会传教士进行过大量深入的研究。将"传教士汉学"作为研究对象，通过传教士的作品对汉学进行二次研究构成了20世纪意大利汉学研究的一个重要组成部分。

  20世纪，意大利汉学家还出版了几部中国哲学史类著作。其中的代表作有图齐教授的专著《中国古代哲学史》（*Storia della Filosofia Cinese Antica*）（1922），贝奥尼奥·布罗基里·保罗（Beonio Brocchieri, P.）的《古代中国思想概要》（*Linee del pensiero cinese antico*）（1961），阿万齐尼·费代里奥（Avanzini, F.）的《自省：中国古代哲学概要》（*Riflettere sulle cose vicine: lineamenti di filosofia cinese antica*）。此外，马西（Masi, E.）还向意大利介绍了冯友兰的《中国哲学史论文集》。

4. 中国历史研究

中国历史研究也是意大利汉学研究的重要组成部分。断代史研究主要集中在对元朝、明朝和清朝时期的历史研究。其他时期的相关著作和论文比较少：阿马萨里（Ammassari, A）发表过一篇研究商代甲骨文的论文。焦瓦基尼·西尔瓦诺（Giovacchini, S.）出版过两部断代史：《中国从文明之初到周朝》（1973）及《中国从周朝到西汉》（1973）。萨巴蒂尼（Sabattini, M.）撰写过从战国时期到秦朝统一这段历史的著作《从列国到中央集权的帝国》（1986）。托齐·朱利·达尼埃拉（Tozzi Giuli, D.）撰写过隋朝历史《隋朝：历史梗概和特点》（1986）。此外，还有少量有关周朝、两汉、隋唐、五代、宋朝的论文。除断代史外，还需要提及几部中国通史作品：卡瓦利奥蒂·米凯莱（Cavagliotti, M.）的《中华文明的诞生和发展：从建立到革命》（1941）佩泰克·卢恰诺的《中国古代历史》（1962）、卡索内·山德罗（Cassone, S.）的《中国历史》（1964）、马丁内利·佛朗哥（Martinelli, F.）的《中国历史》（1969）、科拉迪尼·皮耶罗的《中国古代文明史》（1982）以及史华罗和萨巴蒂尼合作撰写的《中国通史：从起源到共和国的建立》（1986）。

除了上面详细介绍的几个研究领域外，20世纪意大利汉学家在艺术、建筑、考古、音乐、科学和科学史等诸领域也取得了众多令人瞩目的研究成果。

20世纪，随着意大利汉语教学水平的大幅提高，汉语人才队伍不断壮大。从20世纪80年代起，意大利涌现出一批中文功底过硬，研究能力强且生气勃勃的年轻汉学家。他们使意大利汉学研究呈现出新的特点：首先，20世纪初，意大利汉学家由于汉语水平的限制，对中国作品的翻译大多借助其他西方语言的译本，而这一情况在战后，尤其是80年代以后发生了根本的转变。大量中文作品被直接翻译成意大利文，大大提高了译作的学术价值。其次，年轻学者们的研究重心逐渐由"古代"转向"现代"。与欧洲其他国家的汉学研究发展趋势相一致，意大利汉学研究的关注点也逐渐发生了变化，从研究中国古典文学、古代历史、古代哲学向研究与中国现实社会、文化、生活相关的"现代中国"转变。兰乔蒂笔下那个"年轻的"意大利汉学，必将在新一代意大利汉学家孜孜不倦的努力下在前辈的"传统"上结出累累硕果。

第五节　中国古代文化经典在俄罗斯的传播导论

中俄两国直接交往的历史悠久，由俄国16世纪远征西伯利亚起，两国间逐渐形成了世界上最长的陆路分界线。康熙五十四年（1715年），清政府准许俄国东正教第一届使团随出使伏尔加河下游土尔扈特归来的中国使团入京驻扎，为中、俄两国人民之间进一步相互了解奠定了基础。

俄罗斯对中国文化的关注始于18世纪①，欧洲启蒙运动和彼得一世的引欧强俄、叶卡捷琳娜二世的开明专制为中国文化在俄罗斯的传播年代了契机，一方面伏尔泰、卢梭、狄德罗、盖尔维茨、马布利中国文化从欧洲传入俄境；另一方面俄罗斯东正教驻北京使团成员俄译出版了《中庸》②、《四书解译》③、《名臣奏议》④、《中国思想》⑤、《圣谕广训》⑥、《大清律例》⑦、《大清会典》⑧、《中国儿童启蒙读物》⑨等著作，将中国思想文化由中国直接传入俄境，使成长中的俄国知识界对中国文化基本的了解。1820年，第七届俄罗斯东正教驻北京使团的译员伊万·奥尔洛夫出版了两卷本的《中华帝国史地状况详编》⑩，把中国的基本情况传于俄境。从19世纪30年代起，被誉为俄罗斯汉学奠基人的比丘林，通过全面地展现中国人的生活、习俗、道德、思想，多维度地把中国文化介绍给俄国，其《中国，其居民、风俗、习惯与教育》⑪、《中国详志》⑫、《中国的民情和

---

① 柳若梅：《启蒙运动中俄罗斯相遇中国文化的首次机缘》，载于《中俄文化对话》第一辑，黑龙江人民出版社2008年版，第414～429页。

② Жун - Юн, т. Е. Закон нерпеложный. Из преданий китайског философа Кун Дзы. СПб., при имп. Акад. Наук, 1784.

③ Сы - шу - ге - ы, т. Е. Четыре книги с толкованиями. Книга первая философа Конфуция. СПб., при имп. Акад. Наук, 1780.

④ Чензыя китайского философа совет, данной его государю. -? Трутень?, 1770, лист Ⅷ, февр., 23.

⑤ Китайскин мысли. СПб., тип. При имп. Акад. Наук, 1729.

⑥ Китайские поучения, изданные от хана Юн - Джена для воинов и простого народа во 2 - м году царствования его, СПб., 1788.

⑦ Китайское уложение. Части 1 - 2. - СПб., изд. Акад. наук, часть первая 1778, 15 + 290 с.; часть вторая, 1779, 16 + 238 с.

⑧ Тайцин Гурунь и Ухери коли, то есть все законы и установления китайского (а ныне манчжурского) првительства. СПб., тип. Имп. Акад. наук, т. Ⅰ, 1781, 16 + ⅩⅬⅤ + 398 с. т. Ⅱ, 1782, 377 + ⅩⅩⅩ с.; т. Ⅲ, 1783, 584 + ⅩⅧ с.

⑨ Букварь китайской, состоящей из двух книжекБ служит у китайцев для начального обучения малолетних детей основанием. Писан в стиха и содержит в себе много китайских пословиц. СПб., при имп. Акад. наук, 1779.

⑩ Иван Орлов, Новейшее и подробнейшее историческо - географическое описание Китайской империи, М., 1820.

⑪ Н. Ч. Бичурин, Китай, его жители, нравы, обычаи. Просвещение, СПб., 1840.

⑫ Н. Я. Бичурин, Статистичское описание китайской империи. Ч. 1 - 2, СПб., 1842, 2 - ое издание, Пекин, 1910, 3 - ое издание, М., 2002.

风尚》①、《中国文人的信仰》②、《三字经》③ 等著作和大量文章，在当时欧洲关于中国的知识和俄罗斯汉学家关于中国思想文化的一系列论著、译著的影响下，随着成长中的俄国思想知识界和俄国社会对中华民族有了进一步的认识，中华文化作为一种文化的类型逐渐纳入了他们的视野。19 世纪以后，1829 年当选为俄罗斯科学院通讯院士的汉学家比丘林通过大量关于中国的论著，赞叹中国悠久的历史，揭示中国四千多年社会的不断进化和进步，坚决否定"中国停滞论"，反对以欧洲中心观看待中国文化，使从欧洲把中国作为停滞、落后和思想闭塞的象征来看待的俄罗斯思想文化精英接触到关于中国的另一种观点。目光更多地转向中国。普希金、别林斯基、涅克拉索夫都与比丘林相识，奥多耶夫耶夫斯基④更是在比丘林的中国观的影响下创作了乌托邦小说《4338 年》，在小说中作家写道"在遥远的将来俄国与中国的关系将成为被关注的中心，这两个国家将成为世界上最先进、最发达的国家"⑤。在普希金的作品中虽然难以找到直接的中国印象，但却不止一次地提到"遥远的中国"。别林斯基研究中国，指出比丘林作品中将中国理想化的倾向，倡导全面地了解真实的中国。1825 年俄国十二月党人起义失败后，在俄国知识分子关于俄国发展道路的讨论中，中国是一个重要的话题。接受了西方中国观的赫尔岑认为，欧洲已经发展到了极限而陷入了"中国式的平静"，处于东西方之间的俄国在未来应该挽救于欧洲于"中国式的平静"之中，他强调，俄国的欧洲化将导致其未来的"中国化"，即成为一个停滞的市民国家，而实际上俄国能够促进欧洲的复兴。19 世纪下半叶，中国作为一种独特的人类历史文化类型出现在俄国知识分子的思想之中，直接参与了俄罗斯思想界关于人类社会的发展、人类历史的走向等重大问题的思考之中，成为 19 世纪俄罗斯学术文化的组成部分。在这一过程中，19 世纪后半叶俄罗斯汉学家的著作发挥了很大的作用，如彼得堡大学东方系教授、科学院院士瓦西里耶夫的《中

---

① Н. Я. Бичурин, Китай в гражданском и нравственном состоянии. Ч. 1 – 4，СПб. 1848，2 – ое издание，Пекин，1911 - 1912，3 – ое издание，М.，2002.

② Описание религии ученых. С приложением чертежей，жертвенного одеяния，утвари，жертвенников，храмов и расположения в них лиц，столов и жертвенных вещей во времяжертвоприношения，составленное трудами монаха Иакинфа в 1844 г. - Пекин，тип. Успенского монастыря при русско. Духовной миссии，1906.

③ Сань-цзы-цзин, или троесловие с литографированных китайским текстом. СПб．тип. Х. Гинца，1829.

④ 奥多耶夫斯基（В. Ф. Одоевский，1804 ~ 1869），俄罗斯作家、文学和音乐批评家，1820 年组织了奥多耶夫斯基小组即"哲学家协会" Общество любомудров，当时在文学、科学和社会批评界最著名的活动家都参加了这个小组。奥多耶夫斯基支持《文学报》（Литературная газета）、《现代人》（Современник）杂志，是俄国新闻杂志出版史上的重要人物。

⑤ В. Ф. Одоевский，4338 год，——Русская литературная утопия. М.，1986. Стр. 107.

国文献史论集》①以儒家思想将中国古代文化经典贯穿综合，使读者可提纲挈领地全面把握中国的文化传统，其《东方的宗教：儒、释、道》②、《佛教概述》③、《佛教及其教义》④通过深入的思考和研究，使读者对东方人头脑中的宗教有了进一步的认识。瓦西里耶夫的弟子、彼得堡大学东方系教师格奥尔吉耶夫斯基的《中国人的生活原则》⑤和《研究中国的重要性》⑥两部著作从中国历史、儒家文化对中国历史发展的意义角度，反驳盛行于19世纪的"中国停滞论"，为俄国的思想界提供了有益的新视角，为宗教哲学家索洛维约夫思考人类历史的发展提供了参考，在《中国与欧洲》一文中，索洛维约夫肯定中国以"家"治国对于中国社会稳定发展的作用和家族传统在中国文化中的意义，但同时强调，如同中国不可能变成欧洲一样，欧洲也不可能变成中国、拥有稳定发展的可能，只有追随在普世的基督教光辉的指引，才是包括俄国在内的欧洲发展的出路。

自清朝推行"洋务运动"以来，中国与外部世界的联系增多，"师夷长技以制夷"被主张洋务的清朝统治者当作强国法宝，中国外交官在欧洲谈到，"我们准备同时也能够从你们这里获取我们所需要的一切，你们的精神文化和物质文化中的全部技术，但无论是你们的信仰，还是你们的思想，甚至你们任何一种喜好，我们都不会接受。我们只喜爱自己的东西，只敬仰'实力'。我们不怀疑自己的实力，因为我们的实力强于你们。你们在不断积累的经验中一点点地衰弱，而我们却在利用这些经验的成果强大自身。我们为你们的进步而高兴，但我们既无必要也不愿意加入其中，你们在制造一些工具，我们将用这些工具去征服你们"⑦，这番话向欧洲表达了清朝兴办洋务的目的。面对中国的这一重大转变，对中国抱有好感的欧洲人充满期待，而"黄祸"论者则进一步鼓噪，从西方中心论对中国充满戒备的心理出发，再度掀起中国"威胁"论。而处于19世纪末社会思想文化及社会生活急剧变化之中的俄国则更加关注中国这个东方邻国，俄

---

① Очерк истории китайской литературы (Из《Всеобщей истории литературы》, издаваемой Ф Коршем и К. Д. Пиккером) . - СПб. тип. М. М. Стасюлевича, 1880.

② Религии Востока. Конфуцианство, буддизм и даосизм. - СПб., тип. В. С. Балашов, 1873.

③ Заметки по буддизму. - Иан, сер. V, 10, с. 337 - 354; VI, 10, с. 393 - 402.

④ Буддизм, его догматы, история и литература. Часть первая, общее обозрение. - СПб, 1857. Буддизм, его догматы, история и литература. Часть третья. История Буддизма в Индии, сочинение Даранаты. Пер. В тибтск. - СПб., изд. Акад. наук, 1869, стр. 147 - 148.

⑤ С. М. Георгиевский, Принципы жизни Китая, СПб., 1888.

⑥ С. М. Георгиевский, Важность изучения Китая., СПб, 1890.

⑦ В. С. Соловьев, Избранные произведения, Ростов - на = Дону: Феникс, 1998, стр. 333 - 334. 这是中国驻欧洲公使馆秘书陈季同1888年在巴黎地理学会会议上发言的内容，陈季同的发言使外部世界对满清政府的"新政"有所了解，并更加关注中国。

国的发展方向、中国的发展方向,西方瓜分在华利益,俄国如何与西方国家在华展开角逐与争夺,加之中国思想文化在俄传播的历史传统,使得中国成为这一时期俄国社会生活中的热门话题。19 世纪末 20 世纪初,远东政治局势的变化和中国国内的剧变使中国成为一块"热土",俄人往来于中土再不似此前 200 年间那般艰难和落寞,外交官、旅行家、商人等对于中国近乎了如指掌,一些有识之士关注着中国人和华夏民族的物质文化及精神文化,关于中国的大量书籍、文章常见诸报刊书肆,甚至暂时无缘亲往中国的年轻人通过文字便可以"周游"华夏之邦,在这一时期,出版了一批关于中国的百科类著作,全面地介绍中国的一般状况和物质、精神文化成果,外交官基于长期在华生活的经历对中国文化有着深入的了解,1896 年,先后驻华十余年的外交官科罗斯托韦茨出版了《中国人及其文明》①,全面介绍了中国人及其国家物质和精神文化的各个方面,以及中国的对外联系状况,该书后来又再版问世。1910 年,沙俄驻齐齐哈尔领事馆翻译图日林在彼得堡出版了两卷本的《当代中国》② 一书,上卷为当时中国的地理、人口、国家体制、教育、贸易、工业、法律、军队、电信、铁路,下卷则是历史的中国——历史、日常生活、语言、文学和科学、财政、农业、儒释道学说、传教活动、戏剧、音乐、艺术等;另外,有着欧洲教育经历的知识分子继续把中国文化从欧洲引入俄国,1912 年,毕业于柏林大学的艾弗鲁西③,将格鲁贝关于中国文学、哲学、宗教的一些文章译成俄语并以《中国精神文化》④ 为书名结集出版,内容中国基本状况、与欧洲人的贸易关系和战争、中国的农民运动、国家体制、传教活动、法律、教育、工业、财政、贸易、家庭、生活、农业、科学、建筑、俄罗斯东正教驻北京使团、戏剧和音乐、在北京的欧洲人的生活、崇拜、宗教、纪元、欧洲国家公使馆、中日战争等。

---

① И. Я. Коростовец, Китайцы и их цивилизация. С прилож. Карты Китая, Японии и Кореи. 1 - е изд. ПСПб. , 1896, 2 - е изд. 1898. 作者长期在俄国外交部任职,1891 ~ 1896 年在沙俄驻华公使馆任秘书,1899 ~ 1902 年任沙俄驻关东省总督的外交顾问,1907 ~ 1912 年任沙俄驻华公使,1912 年再度作为秘密公使被派往库伦,其多部关于中国的著作影响很大。

② А. В. Тужилин, Современный Китай, СПб. , 1910.

③ 艾弗鲁西 [Полина(Перл)Осиповна Эфрусси, 德文名 Perla Ephrussi], 生于摩尔多瓦的基希涅夫,毕业于柏林大学,获实验心理学博士学位,返回俄国后在彼得堡定居。"二战"时期的 1942 年,在列宁格勒封锁时期被疏散到北高加索,但不幸被德国法西斯俘虏,在基斯洛沃德斯克被枪决。格鲁贝(Вильгельма Грубе, 1855 ~ 1908),柏林大学东方语言教授,其东方学知识来源于在彼得堡大学东方系师从瓦西里耶夫的时期。

④ В. Грубе, Духовная культура Китая: литература, рулигия, культ, СПб., Брокгауз - Ефрон, 1912.

苏维埃社会主义革命胜利以后，"苏维埃国家需要在东方学家的帮助下同东方各国建立友好的贸易与外交关系，同东方各国建立起密切的文化联系"[1]，"东方学家应该解释东方所发生的复杂的经济、政治、社会和文化的进程，理解东方各国历史对于当代重大事件的影响，预测东方各国的未来发展"[2]，在这一思想的主导下，苏联汉学家科洛夫和马马耶夫撰写的《中国》[3] 一书于1924年应运而生，该书介绍了中国基本概貌、气候、动植物、居民、语言、宗教、文学、行政区划和国家政制、农业、工商业、工业、历史概貌、中国与外国交往史、19世纪中国国内基本状况、辛亥革命、当代社会、工人运动、军队。该书在1924年和1925年两次出版，反响很大，很多杂志上都发表了评论文章。随着关于中国的知识的丰富，苏联汉学家的研究也不断深入，他们重视中国的物质文化和精神文化，也关注中国现实，在各个学科领域展开了关于中国的研究，1940年，院士汉学家阿列克谢耶夫倡导之下，阿氏与杜曼、彼得罗夫共同主编出版了《中华》[4] 一书，汇集了苏联汉学家研究中国哲学、文学、艺术、语言文字、经济状况、国民教育的成就，再现中国的历史、现状，以及社会生活的方方面面。1954年出版的《苏联大百科全书》第2版中的第21卷为《中国卷》，展现了中华人民共和国成立以后现实中的中国。在20世纪的50~90年代，苏联汉学家的中国研究不断深入，各个学科领域都出现了研究专著，而从历史演变的顺序从整体上研究中国文化的，有如下6部著作：《古代中国人：民族起源源问题》、《帝国轴心时期的古代中国人》、《中世纪中国》、《民族史和新时期之交的中国民族史》、《19~20世纪初的中国民族史》[5]。

---

[1] Н. А. Кузнецова и Л. М. Кулагина, Из истории советского востоковедения 1917 – 1957, М., 1970, стр. 5.

[2] Н. А. Кузнецова и Л. М. Кулагина, Из истории советского востоковедения 1917 – 1957, М., 1970, стр. 6.

[3] В. Колоколов и И. Мамаев, Китай. Страна, население и история. М., 1924. 2 – е изд. М., 1925.

[4] Китай. История, экономика, культура, героическая борьба за национальную независимость. М. – Л., 1940.

[5] 几书相关信息如下：М. В. Крюков, М. В. Софронов, Н. Н. Чебоксаров, Древние китайцы: проблемы этногенеза. М., 1978；

М. В. Крюков, Л. С. Переломов, М. В. Софронов. Н. Н. Чебоксаров, Древние китайцы в эпоху централизованный империй. М., 1983；

М. В. Крюков, В. В. Малявин, М. В. Софронов, Китайский этнос в средние века（VII – XVIII вв.）. М., 1984；

М. В. Крюков, В. В. Малявин, М. В. Софронов, Этническая история китайцев на рубеже средневековья и нового времени. М., 1987；

М. В. Крюков, В. В. Малявин, М. В. Софронов, Н. Н. Чебоксаров, Этническая история китайцев в XIX – начале XX века. М., 1993.

苏联解体以后，俄罗斯国家一改历经 70 余年在文化领域以"思想划一"一统天下的"独白"状态，进入了文化视角的"多声部"阶段，俄罗斯社会追索俄罗斯文化传统的呼声很高，出现了大批关于俄罗斯文化史的著作。与此同时，从历史的角度来看，俄罗斯社会一直处于多种文化的影响之下，其自身民族众多，政治上和地理上又处于东西方力量之间，俄罗斯文化在形成和发展的过程中即体现了与他种文化相互影响、相互渗透的特点，同时与俄罗斯在历史传统上的联系又使之对于中国文化格外关注。1999 年出版的两部知识普及性著作——特卡琴科的《中国文化史》[1] 和克拉夫佐娃的《中国文化史》[2]，表明俄罗斯关于中国文化的研究向前推进了一步。前者是一部包括 256 年词条的中国文化辞典，能够满足教学的实际需要。后者则全面地展示了由中国文化传统和精神价值构成的自远古至当今的中国文化的状况与发展的全景，从产生、其实质和主要特点几个方面诠释了中国的世界与人的观念、中国人的信仰、崇拜、哲学思想、政治和艺术文化、行为准则，作者以中文原始文献为基础，吸收俄罗斯及其他国家主要的研究成就，运用最新的文化学理论和研究方法，以百科全书的方式介绍中国文化。该书在涉及内容及材料梳理的系统化程度上大大地超越了前人，5000 册的发行量很快售罄，2003 年出版了第二版。如果说该书的实际含量相比于"中国文化史"的书名略有欠缺，如没有涉及哲学的方法论问题、中国传统的科学技术、医学和军事艺术等。另外，该书是为"文化学"专业的大学生所编的教材，因而一些必要的中文和西文未能在著作中得以体现。不过，2000 年出版的马良文的《中华文明》[3] 对克拉夫佐娃《中国文化史》中疏于深究之处有所补充，是俄罗斯第一部系统介绍中国传统文化的主要方面的著作，对于中国的物质文化传统也有所涉及。除这些著作外，这一时期关于中国文化的著作还有《中国百科：文化、宗教、传统》[4]、《过去的中国》、《中国：文化简史》和《中国历史》等。

本书通过 1900~2000 年俄罗斯出版的（或在中国为俄罗斯人出版的）关于中国传统文化的书籍，旨在透过书目展现中国文化在俄罗斯传播的过程和轨迹。

本书目编写过程中，得到了中外学者的大力支持，俄罗斯科学院院士米亚斯尼科夫、李福清、俄罗斯科学院科学出版社"东方文学出版公司"总经理阿尼盖耶娃女士等为编者提供了大量线索，并赠送本书目编写的重要资料。

---

[1] Г. А. Ткаченко, Культура Китая, М., 1999.
[2] М. Е. Кравцова, История культура Китая, СПб., 1999.
[3] В. В. Малявин, Китайская цивилизация, М., 2000.
[4] Все о Китае: культура, религия, традиция. СПб: Профит - стайл, 2002, 2003, 2008.

第六节　中国古代文化经典在美国的传播导论

在 20 世纪之前，美国汉学的主导权掌握在以传教士为主体的业余汉学家手中。1784 年在第一艘到达中国的美国商船上，大副山茂召（Samuel Shaw）写下了他对中国的第一印象，美国汉学伴随着中美直接贸易的产生而产生。商人虽然很早就来到中国，但他们来去匆匆，无心他顾，中美通商 50 年后还几乎没有一个商人能懂中文，也就更谈不上对中国文化的研究。这种可悲的情况直到 19 世纪 30 年代传教士的到来才告结束。第一次鸦片战争前美国来华传教士的人数很少，长期生活在广州、澳门的只有裨治文（Elijah C. Bridgman）、卫三畏（Samuel W. Williams）、伯驾（Peter Parker）、史第芬（Edwin Stevens）四人。1842 年后美国传教士的人数迅速增加，到 1850 年已经达到 88 人，1877 年新教入华 70 周年（是年召开第一次新教大会）时则达到 210 人。[①] 几乎所有的传教士都致力于汉语的学习和对中国的研究，他们的著作成为 19 世纪美国人关于中国信息的最主要来源。传教士主导美国的汉学研究将近一个世纪，20 世纪 20 年代后才逐渐让位给职业汉学家。

1877 年耶鲁大学率先设立汉学教授席位，聘请卫三畏为首任教授。尽管 1877 年耶鲁设立第一个汉学教授职位可以看作是美国专业汉学建立的标志，但专业汉学在 19 世纪末 20 世纪初发展很慢，赖德烈（Kenneth S. Latourette）在 1918 年的一篇文章中这样描述当时的情况："我们的大学给予中国研究的关注很少，在给予某种程度关注的大约三十所大学中，中国仅仅是在一个学期关于东亚的概论性课程中被涉及，只有在三所大学中有能够称得上对于中国语言、体制、历史进行研究的课程。美国的汉学家是如此缺乏，以至于这三所大学中的两所必须到欧洲去寻找教授。"[②] 一个可以说明问题的例子就是加州大学。加州大学步耶鲁后尘于 1890 年设立了汉学教授席位，然而，这一职位一直空缺，直到 1896 年才由英国人傅兰雅（John Fryer）充任。傅氏是著名的翻译家，曾在位于上海的江南制造局工作 28 年（1868～1896），其间将一百多部西书译成中文，但其汉学研究的水平难称上乘。

美国学术界逐渐意识到了这个问题，1929 年 2 月美国学术团体理事会

---

① S. W. Williams. The Middle Kingdom Vol. 2（New York：Charles Scribner's Sons, 1883）, p. 367.

② Kenneth S. Latourette. "American Scholarship and Chinese History". *Journal of the American Oriental Society*, Vol. 38（1918）, p. 99.

(American Council of Learned Societies，1919 年建立的全国性学术促进机构）专门成立了"促进中国研究委员会"（Committee on the Promotion of Chinese Studies），以此来改变美国汉学研究落后于其他学科的局面。① 1928 年建立的哈佛燕京学社也于 1929 年开始派遣留学生到中国进修，对培养美国专业汉学人才起到了极大的推动作用。

可以说，从 20 世纪 20 年代末开始，美国专业汉学才开始真正走上发展的正轨。从 1877~1928 年（哈佛燕京学社建立）或 1929 年（促进中国研究委员会建立）的这 50 年只能看作是从业余汉学向专业汉学的过渡时期。

从 20 世纪 50 年代开始，美国专业汉学进入快速增长时期。1958 年，美国通过了国防教育法，要求在各大学设置外语、地域研究中心，训练和培养从事国外区域研究的专家。根据这一法律，美国政府在 1959~1970 年为中国研究拨款 1 500 多万美元。与此同时，各大基金会也在这一时期内提供了约 2 600 万美元经费。根据统计，这一时期美国公私方面投入中国研究的经费共约 7 000 万美元，比"二战"结束至 1958 年的 13 年的总经费增加了 19 倍。②

全美到 20 世纪 70 年代有关中国的研究机构已达数百个，虽然各中心在研究重点和规模上差别很大，但它们在各自的大学都成为催化中国研究兴趣的中心，并共同促进了美国中国研究的发展。在这些研究机构中，由费正清领导的哈佛大学东亚研究中心在推动美国中国研究，尤其是中国历史研究走向繁荣方面，做出了特殊的贡献。

20 世纪 80 年代以来，美国中国学在不少方面都表现出了新的发展趋势。研究资料更加丰富，研究队伍更加壮大，组织形式更加完善。除外部研究条件的变化外，当代美国中国学研究在内部学术理路上也发生了一系列的变化，主要表现在两个方面：社会科学方法的大量借用以及后现代主义思潮的普遍影响。

从以上的简介我们可以看到，美国的汉学研究虽然起步比欧洲晚，但大有后来居上之势，特别是第二次世界大战以后，随着汉学研究的专业化和大量汉学研究机构的建立，美国的汉学研究步入了发展的快车道。今天，无论是在资金投入、学术资源方面，还是在研究模式、人才培养方面，美国均处于整个西方汉学研究的领先地位，其研究成果对中国本土学术研究的影响也日益巨大。

就中国古代文化经典的传播而言，美国传教士的开创之功是不可抹杀的。他们最早接触和阅读中国的典籍，并着手做了一些译介工作，虽然他们的工作比较零散，也难免浅陋，但中国古代文化经典在美国的传播却由此开始。这里以娄理

---

① *American Council of Learned Societies Bulletin*，No. 10（Apr. 1929），p. 10.
② John M. H. Lindbeck，*Understanding China：An Assessment of American Scholarly Resources*（New York：Paraeger，1971），addenda 5.

华译介《诗经》为例做一简要分析。

娄理华是美国北长老会第一位派往中国的传教士，1842 年来华，1847 年在从上海前往宁波的途中遇海盗落水溺死。就在他去世的这一年，他在裨治文创办的《中国丛报》（Chinese Repository, 1832~1851）第 16 卷第 9 期（1847 年 9 月）上发表了一篇题为 Readings in Chinese Poetry; translations of two odes from the Shi King 的文章。在这篇文章中他全文翻译了《诗经·周南》中的《关雎》、《卷耳》并对两首诗做了简要的说明。此文是美国人最早的《诗经》英译，也是英语世界最早从中文直接翻译的《关雎》、《卷耳》文本。篇幅所限，这里只以《关雎》为例进行分析。

为了便于分析，现将原文和译文对照抄录如下：

关关雎鸠，在河之洲。窈窕淑女，君子好逑。
The harmonious voices of the sacred water-birds,
Are heard from their river island home.
This excellent damsel, retiring and mild,
Is a lovely mate for our virtuous prince.

参差荇菜，左右流之。窈窕淑女，寤寐求之。
求之不得，寤寐思服。悠哉悠哉，辗转反侧。
On the waves of the river's running stream,
The Hang plant's stalks uneven stems,
Are swaying to and fro.
This excellent damsel retiring and mild,
When waking and sleeping, our prince was seeking.
While seeking, but not having found,
His troubled thoughts waking and sleeping exclaimed,
How long! Oh how long!
He turns him around on his bed, and turns back,
He turns him all around, and returns.

参差荇菜，左右采之。窈窕淑女，琴瑟友之。
参差荇菜，左右芼之。窈窕淑女，钟鼓乐之。
The Hang plant's stalks uneven stems,
Are swaying to and fro, he gathers them now.

This excellent damsel retiring and mild,
With lutes and guitars he welcomes her home.
The Hang plant's stalks uneven stems,
Are swaying to and fro, they are fit for offering now.
This excellent damsel retiring and mild,
With music of bells and of drums come welcome her home. ①

  总体来说,译文传达了原文的意思。但由于是初次尝试,误解也在所难免。在第一章中娄理华将"雎鸠"翻译成 water-bird(水鸟)是不够精确的。在译文后的解说中,他说第一句如果直译是这样的:Mandarin ducks quack-quack。可见他将雎鸠理解成了鸳鸯(Mandarin duck),所以在 water-bird 前加了一个形容词 sacred(神圣的、受崇敬的),说明不是一般的水鸟,而是鸳鸯。其实雎鸠是一种鱼鹰,《尔雅·释鸟》:"雎鸠,王鴡。"郭璞注:"鵰类,今江东呼之为鶚,好在江渚山边食鱼。"相传这种鸟雌雄情意专一,非常鸟可比。当然鸳鸯也是著名的"匹鸟",但和雎鸠不是一回事,《诗经》中也写到鸳鸯,如"鸳鸯于飞,毕之罗之。"(《小雅·鸳鸯》)

  与词语相比,句子是更为重要的。原诗中"参差荇菜"之后,是三个结构相同的句子——左右流之,左右采之,左右芼之。这三句的意思也大致相近,流、芼都有采摘、选择的意思。但我们发现译者只翻译了后两句,没有翻译第一句"左右流之",而后两句的翻译——he gathers them now 和 they are fit for offering now——从结构上看又完全不同。这当然就不是个别字句的问题了,而是牵涉到对整首诗的理解。根据译文后的解说,我们知道娄理华认为"参差荇菜,左右流之"属于起兴(suggestive),以荇菜在水中的上下浮动来预示后面君子的辗转反侧。所以 swaying to and fro 就已经表达出"左右流之"的意思了。如果事情是这样的话,那么后面的"参差荇菜,左右采之"、"参差荇菜,左右芼之"是否也是起兴呢?娄理华没有给予说明,但从译文看显然不是。这时的荇菜已经成为采集和食用的对象。换句话说,这后两句是描写,是"赋",而不再是"兴"。这样的理解虽然很有新意,也不能说完全没有道理,但相当牵强。传统的看法是认为《关雎》中起兴的是头两句,后面的内容都是"赋"。

  尤其值得注意的是,娄理华把"左右采之"翻译成 he gathers them now,那么这个 he(他)是谁呢?根据译文的上下文,显然是诗中的男主人公"君子"。

---

① Walter M. Lowrie. Readings in Chinese Poetry; translations of two odes from the Shi King, *Chinese Repository*, Vol. 16 (1847), pp. 454-455.

从娄氏的解说，我们知道他对全诗理解的根据是朱熹的《诗集传》："周之文王，生有圣德，又得圣女姒氏以为之配，宫中之人于其始至，见其有幽闲贞静之德，故作是诗。"所以他把第一章中的"君子"翻译成 virtuous prince（有德之君）。此后译文中的 he 均指文王，这倒也说得过去，但到了"左右采之"这句就来问题了。以文王之尊，去到水面采摘荇菜，虽然并非绝不可能，但毕竟有失体统。而且就整个《诗经》来看，其中无论是采蘩、采蘋，还是采卷耳的，都是妇女，没有男子干这件事，更不用说君王了。

朱熹的《诗集传》自宋代以来一直是权威的解释，影响实在太大。朱熹的解释比毛传、郑笺无疑前进了一大步，但偏颇乃至荒唐的地方还是不少。就《关雎》一首而言，清人方玉润就大胆否定了前人的权威解释："《小序》以为'后妃之德'，《集传》又谓'宫人之咏大（太）姒、文王'，皆无确证。诗中亦无一语及宫闱，况文王、（太）姒耶？窃谓风者，皆采自民间者也，若君妃，则以颂体为宜。"（《诗经原始》）近人关于这首诗的解读，我以为余冠英先生的最为合情合理："这诗写男恋女之情。大意是：河边一个采荇菜的姑娘引起一个男子的思慕。那'左右采之'的窈窕形象使他寤寐不忘，而'琴瑟友之'、'钟鼓乐之'便成为他寤寐求其实现的愿望。"① 根据余先生的解读，采荇菜的人就是淑女，这位姑娘不仅面容姣好，而且还勤于劳作，这更增加了小伙子梦寐以求的动因。

《关雎》被置于《诗经》之首，除了它最好地体现了"乐而不淫，哀而不伤"（《论语·八佾》）的儒家精神，其高超的艺术技巧或许也是原因之一吧。可惜的是，娄理华对这首诗的意蕴和技巧理解尚不够到位。但是他的首译之功是应予肯定的。

到了 20 世纪，随着职业汉学的发展，美国学人在中国文化典籍的译介方面取得了长足的进步。译介和研究的著作大量涌现。下面列举一些重要的译本以说明之。

哲学方面译著很多，尤其是《论语》和《老子》出现了多个译本，《论语》主要译本有：魏鲁男（James R. Ware）译本 The Best of Confucius（Garden City, N. Y.：Halcyon House, 1950）；庞德（Ezra Pound）译本 Confucian Analects（New York：Kasper & Horton, 1952）；安乐哲（Roger T. Ames）译本 Analects of Confucius：a philosophical translation（New York：Ballantine Publication Group, 1998）；白牧之（E. Bruce Brooks）译本 Original Analects：sayings of Confucius and his successors（New York：Columbia University Press, 1998）；David Hinton 译本 Confucius：The Analects（Washington, D. C.：Counterpoint, 1998）；David H. Li 译本

---

① 余冠英：《诗经选》，中华书局 2012 年版，第 3 页。

The Analects of Confucius: *A New – Millennium Translation*（Bethesda，Md.：Premier，1999）等。《老子》主要译本有：Paul J. Lin 译本 *A Translation of Lao Tzu's Tao Te Ching and Wang Pi's Commentary*（Ann Arbor：University of Michigan Center for Chinese Studies，1977）；Ariane Rump 译本 *Commentary on the Lao-tzu by Wang Pi*（Honolulu：University Press of Hawaii，1979）；梅维恒（Victor H. Mair）译本 *Tao te ching*：*the classic book of integrity and the way*，*Lao Tzu*（New York：Bantam Books，1990）；Richard J. Lynn 译本 *The Classic of the Way and Virtue*：*A New Translation of the Tao-te ching of Laozi as Interpreted by Wang Bi*（New York：Columbia University Press，1998）等。

在史学方面，主要译本有华兹生（Burton Watson）的《史记》选译（*Records of the Grand Historian of China translated from the Shih chi of Ssu-ma Ch'ien*，New York：Columbia University Press，1961）；倪豪士（William H. Nienhauser）的《史记》全译（*The Grand Scribe's Records*，Bloomington：Indiana University Press，1994 – ）；德效骞（Homer H. Dubs）的《汉书》英译（*The History of the Former Han Dynasty*，Baltimore：Waverley Press，1938～1955）等。

在文学方面，主要的历代作品选译本有梅维恒（Victor H. Mair）主编的《哥伦比亚中国古典文学作品选》（*Columbia Anthology of Traditional Chinese Literature*，New York：Columbia University Press，1994）；宇文所安（Stephen Owen）主编的《中国古代文学作品选》（*Anthology of Chinese Literature*：*Beginnings to 1911*，New York：W. W. Norton，1996）；全译本很多，代表性的有庞德（Ezra Pound）的《诗经》英译（*The Classic Anthology Defined by Confucius*，Cambridge：Harvard University Press，1954）；余国藩（Anthony C. Yu）的《西游记》英译（*The Journey to the West*，University of Chicago Press，1977～1983）等。

20 世纪以来，美国在译介中国典籍方面出现了一大批专家，其中尤以华兹生（Burton Watson）的成就最为突出。他生于 1925 年，1956 年凭借有关司马迁的研究论文获哥伦比亚大学博士学位。其后他将主要精力投入翻译，在哲学方面他翻译了《庄子》、《墨子》、《荀子》、《韩非子》等先秦诸子的作品，在历史方面他翻译了《史记》、《左传》等著作，在文学方面他翻译了杜甫、苏东坡、陆游等人的诗歌。他不仅翻译的内容广泛，而且质量上乘，是当今英语世界首屈一指的翻译家。

下面以三部经典著作的具体译介情况为例，管窥中国文化在美国的传播和影响。

（一）《庄子》

华兹生（Burton Watson）的《庄子菁华》（*Chuang Tzu*：*Basic Writings*）自

1964 年出版以来，一直备受好评，读者甚多。所谓菁华就是并非全译，而是选择有代表性的，除全部内篇（《逍遥游》、《齐物论》、《养生主》、《人间世》、《德充符》、《大宗师》、《应帝王》）外，作者选译了外篇中的《秋水》、《至乐》、《达生》和杂篇中的《外物》，共 11 篇。

19 世纪后半期以来，英语世界出版了多部《庄子》译本，水平参差不齐，但都为华兹生的翻译提供了参考。最早的译本是巴尔福（Frederic H. Balfour）的 *The Divine Classic of Nan-hua*: *Being the Works of Chuang Tsze*, *Taoist Philosopher*，出版于 1881 年。巴氏是英国人，1870 年来华经营丝绸和茶叶，后来弃商从文，先后担任过《通闻西报》、《华洋通闻》、《字林西报》等报纸的主笔。除了把《庄子》翻成英文外，巴尔福还翻了《老子》，看来他对道家情有独钟。对于他的《庄子》翻译，著名汉学家翟理斯（Herbert A. Giles，剑桥大学第二任汉学教授）评价不高，认为巴尔福的汉语水平完全不足以胜任这一工作（the knowledge of the Chinese language possessed by the translator was altogether too elementary to justify such an attempt）。相比之下，另外一位著名汉学家理雅各（James Legge，牛津大学首任汉学教授）则要宽容得多，他认为翻译《庄子》实在太难，第一个尝试的人毕竟勇气可嘉（it was no small achievement to be the first to endeavour to lift up the veil from Kwang Tze）。

巴尔福的译文确实不能细看，有些地方错得离奇。如《庚桑楚》有云："介者侈画，外非誉也。""介"就是"兀"，指被斩足的人；"侈"训弃；"画"指装饰自己——这两句的意思是说，一个遭受酷刑被砍掉脚的人，也就不自顾惜，对于"非"和"誉"全都不在乎了。俞樾在《庄子平议》中讲过这两句，一般认为最确切。陈鼓应先生将这两句译为"刖足的人不拘法度，超然于毁誉之外"[①]，极得要领。巴氏不大理解原文，翻为 Servants will tear up a protrait, not liking to be confronted with its beauties and its defects（仆人撕毁画像，不管画得好还是不好），完全不知所云。

巴尔福的汉语水平确实有些问题，而翟理斯对他评价不高，可能还有一个原因：他本人是《庄子》的第二位英译者，难免所谓"影响的焦虑"（anxiety of influence）吧。翟理斯的译本（*Chuang Tzu*: *Mystic*, *Moralist*, *and Social Reformer*）出版于 1889 年，水平当然要高出很多，上面那句"介者侈画，外非誉也"他翻译成：a one-legged man discards ornament, his exterior not being open to commendation，与原意比较靠近。总体来讲，翟理斯能够抓住《庄子》原文的精神，因此也成为华兹生认真参考的第一个译本。但翟译也不是没有问题，华兹生认为

[①] 陈鼓应：《庄子今注今译》（下册），中华书局 2009 年版，第 666 页。

翟理斯太过于迁就维多利亚时代英国人的阅读口味。如"北冥有鱼，其名为鲲"被他翻译成：in the northern ocean there is a fish, called the Leviathan.《尔雅》说"鲲"是"鱼子"的意思，明人方以智说："鲲本小鱼之名，庄用大鱼之名"。（《药地炮庄》）但无论是大鱼还是小鱼，都很难和《圣经》中力大无穷的巨兽 Leviathan（利维坦）对应起来。佛教刚传入中国时曾经有过一段"格义"的时期，就是用中国的思想，特别是道家思想去比附佛教教理。翟理斯这里的做法可以说是用基督教去"格义"道家了。

说来有趣的是，肯定巴尔福首译之功的理雅各恰好是《庄子》的第三位英译者。理氏早年埋首儒家典籍，将四书五经翻译成英文，产生巨大影响。只是到了晚年才开始着手翻译道家的作品，他收于《东方圣书》（The Sacred Books of the East）系列中的《庄子》译本出版于1891年。理雅各的汉学功力无疑是一流的，但可能浸淫于儒家太久，华兹生认为他的《庄子》翻译尽管非常忠实于原文，但对于《庄子》的精神实质却常常把握不住（miss Chuang Tzu's point rather often）。

到了20世纪，又有几种《庄子》译本出现，它们对于华兹生同样具有参考作用。冯友兰1933的译本（Chuang Tzu, a new selected translation with an exposition of the philosophy of Kuo Hsiang）最大的好处在于其中包含了郭象的注释。英国汉学家魏理（Arthur Waley）的《庄子》译文包含在《古代中国的三种思想》（Three Ways of Thought in Ancient China, 1939）一书中，虽然只有不多几篇，但质量上乘，足资借鉴。让华兹生比较失望的是他的同胞魏鲁男（James R. Ware）的译本（The Sayings of Chuang Chou, 1963）。在"译者前言"中魏鲁男竟然把庄子说成是"儒家的一派，而且是进步、有活力的一派"，这让华兹生感到莫名其妙，在这样的理解下翻译出来的《庄子》恐怕只能充当反面教材了。

除了《庄子》外，华兹生还在20世纪60年代翻译过《墨子》等其他几种子书。他说他在翻译这些子书时基本采用意译，不太拘泥于原文。但是译《庄子》时却非常谨慎，对原文亦步亦趋，尽量贴近。因为在他看来庄子使用的虽然是散文，但却像诗人一样驾驭文字。举一个例子。《德充符》中有句话："使之和豫通而不失于兑；使日夜无隙而与物为春，是接而生时于心者也。"其中"与物为春"是一个非常诗意的表达，对此翟理斯的翻译是：live in peace with mankind；冯友兰的翻译是：be kind with things。华兹生认为他们的翻译没有表达出原文的意象，让人感觉到庄子使用的是"陈腔滥调"（cliches），而实际上，庄子使用语言的方式是前无古人的。华兹生将这句话译成：make it be spring with everything，以诗译诗，堪称后来居上。

华兹生的"译者前言"主要谈翻译问题，但也论及《庄子》的主题思想，华兹生认为简而言之可以说是"自由"（freedom）。中国上古的哲学家关注的是同一个问题：如何在一个混乱、痛苦的世界里生存下去？其他人提出了一些具体的行动纲领，庄子的答案是"从这个世界解放你自己"（Free yourself from the world）。在华兹生看来，庄子对这个病态和充满恐惧的时代的表述最好地体现在这样一个比喻中："疠之人夜半生其子，遽取火而视之，汲汲然唯恐其似己也。"（《天地》）基于这样的理解，华兹生将《庄子》开篇《逍遥游》译成 Free and Easy Wandering，1993 年克里雷（Thomas Cleary）在自己的译本中则仅用 Freedom 一词，更加直截了当。

除了《庄子菁华》外，华兹生还在"菁华系列"中翻译过《墨子》、《荀子》、《韩非子》。在华兹生看来，这几子所讨论的政治和道德问题虽然也具有普世意义，但更多的还是和当时的政治和社会联系在一起；相比之下《庄子》的高论则不局限于他那个时代，而是面对所有的时代、所有的人。华兹生认为《庄子》最难译，但也最值得译，因为它具有永恒的价值（a text of timeless import）。从销售的情况来看也是如此，华兹生在《庄子菁华》1996 年新版前言中指出，三十年来其他三子之英译本的阅读和购买者基本是学习亚洲文化的学生，而《庄子》的受众，范围那就广大得多了。

（二）《诸蕃志》

《诸蕃志》是中国古代记录海外地理的一部名著。它成书于宋理宗宝庆元年（1225），分上下卷，上卷《志国》记录了占城、真腊、大秦、大食等海外诸国的风土人情，下卷《志物》记载了乳香、没药、芦荟、犀角等海外诸国的物产资源，为研究宋代海外交通提供了重要的文献。该书作者赵汝适（1170～1228）为宋太宗八世孙，曾任福建路泉州市舶司提举，任职期间与当时的外国商人，特别是来自阿拉伯地区的商人，有比较多的接触，了解了不少海外各国地理、风土、物产等方面的情况，并一一记录下来，正如《四库全书总目提要》（史部地理类四）所评价的那样："是书所记，皆得诸见闻，亲为询访。宜其叙述详核，为史家之所依据矣。"该书原本已佚，后来从《永乐大典》卷四二六二"蕃"字韵下辑出，旧刻有《函海》本和《学津讨原》本，近代则有冯承钧的《诸蕃志校注》本（商务印书馆 1940 年版）。

《诸蕃志》作为中外关系上的一部重要著作，在 19 世纪末期就受到了西方学者的关注。首先对这本书表现出兴趣的是夏德（Friedrich Hirth）。夏德于 1870 年来华，在中国生活了 20 多年，曾先后在厦门、上海、镇江、重庆等地的海关任职。夏德在华期间潜心研究中外交通史和中国古代史，著有《中国与罗马人的东方》（有朱杰勤节译本，改名《大秦国全录》，商务印书馆 1964 年版）、《中国古代的海上交通》、《中国艺术中的外来影响》等多部著作。由于他的突出成就，曾被选为 1886~1887 年度的皇家亚洲文会北中国支会会长。1901 年美国哥伦比亚大学创设首个汉学讲座，即于次年聘请夏德为第一任教授。夏德在哥大任教 15 年，其间出版了具有广泛影响的《周朝末年以前的中国古代史》一书。夏德在 1890 年左右着手《诸蕃志》的翻译工作，但由于种种原因在翻完几段后就停止了。

在夏德之后对《诸蕃志》产生兴趣的是美国汉学家柔克义（William Woodville Rockhill）。柔克义于 1884 年来华，长期在中国任职，并于 1905~1909 年出任美国驻华公使。在华期间他先是对中国的边疆地理进行了比较深入的研究，曾独自一人两次进入西藏地区考察，并根据考察所得陆续出版了《喇嘛之国》和《1891 和 1892 年蒙藏旅行日记》。这两部著作大大增加了西方读者对蒙古、西藏的了解。进入 20 世纪后他的研究兴趣逐渐转向了中外关系，陆续发表了《15 世纪至 1895 年间的中朝交通》和《中国朝廷上的外交觐见》等论著。1900 年他还将《鲁布鲁克东行记》从拉丁文译成英文。13 世纪时法国人鲁布鲁克（William of Rubruck）受路易九世派遣出使中国，留下了中世纪外国人对中国的珍贵记录。《诸蕃志》同样出现在 13 世纪，它是当时中国人对外国的认识，其价值同样珍贵，柔克义想把它译成英文，是非常自然的。

1904 年当夏德听说柔克义想把《诸蕃志》翻译成英文的消息后，立刻与他取得了联系，于是两位大汉学家联手展开了翻译。《诸蕃志》部头并不大，但翻译工作却历时六年才告完成。为什么会花这么长时间呢？最主要的原因是两人都无法全身心地投入这一工作，夏德要教书，而柔克义作为驻华公使有大量的公务要处理，1909 年后他又被调任美国驻俄罗斯大使，学术研究工作只能挤业余时间进行。从两人的通信可以看出他们的合作方式是这样的：夏德先翻译一个初稿，然后寄给柔克义进行修订并做注解，最后再由柔克义撰写一篇导言。

翻译此书就难度很大，而撰写注释和导言则更需功力。在洋洋万言的导言中，柔克义回顾了自古代至 12 世纪的中外关系史，其中不仅引用了中国的正史材料，还使用了古希腊、阿拉伯和欧洲中世纪的大量文献。这种扎实的文献工夫也体现在注释中，柔克义在解释《诸蕃志》中出现的国家和物品时，将中文文献和德文、法文、英文文献进行对照，互相发明。在这一工作中，夏德也给予了积极的帮助。

这样一部高水平的学术著作完成后，出版却成了问题。柔克义和夏德希望这本书能以中英文对照的方式呈现在读者特别是专家的面前，因为只有这样才便于人们判断和检验他们翻译和注解的正确与否；可是当时美国国内没有一家出版社能够排印汉字，他们不得不在别的地方想办法，作为驻俄大使的柔克义最终找到了圣彼得堡的皇家科学院印刷所。全书于 1911 年 9 月印刷完成。此后不久，柔克义离开了俄罗斯，出任美国驻土耳其大使。

译本出版时在标题上做了一些改变，为的是让西方读者更为一目了然，其英文标题为 *Chau Ju-kua: His Work on the Chinese and Arab Trade in the Twelfth and Thirteenth Centuries, Entitled Chu-fan-chi*（《赵汝适：他关于12和13世纪中国和阿拉伯贸易的著作，名为〈诸蕃志〉》）。两位汉学家对这样一本专业性很强的书之读者反应没有抱过高的期望，觉得顶多只会在汉学研究的小圈子里产生一些影响，没想到结果却大大出乎他们的意料。1912年12月29日《纽约时报》周末书评版用了近一版的篇幅来介绍这本书的内容，给予两位译者以非常高的评价，在谈到柔克义时，文章指出，"他是凭借业务能力而不是政治背景被任命为驻外大使的，这可以算是美国国务院有史以来第一遭。"这里显然不无调侃的味道，但只限于美国政治。就柔克义而言，他完全够得上学而优则仕、仕而优则学这个古老的标准。

（三）《水浒传》

赛珍珠（Pearl Buck）是第一个因描写中国而获得诺贝尔文学奖的西方作家（1938年），她对于中国文学特别是中国小说十分推崇。在所有的中国古典小说中，赛珍珠最喜爱、最崇拜的是《水浒传》。从1927~1932年她用了整整四年的时间翻译了《水浒传》（七十回本）全文，这是最早的英语全译本。该译本于1933年在美国纽约和英国伦敦同时出版，改书名为《四海之内皆兄弟》（*All Men Are Brothers*），在欧美风靡一时。此书于1937年、1948年、1957年在英、美都曾再版，有些国家还据赛珍珠译本转译成其他文本。

赛珍珠的翻译是《水浒传》（七十回本）最早的英语全译本，但这不是说，这一译本是原文一字不落的翻译。译本中将原作中绝大部分诗词删去未译，那些描写人物外貌、打斗场面、山川景物以及日常用品等的诗词歌赋虽然生动、形象，但对于译者来说却是不小的难题。当然这并不是说赛珍珠没有能力翻译这些内容，如原作《引首》开篇的诗词以及著名的"九里山前作战场，牧童拾得旧刀枪；顺风吹动乌江水，好似虞姬别霸王"一诗都得到了很忠实的翻译。赛珍珠表示，她翻译《水浒传》不是出于学术的目的，而"只是觉得它是一个讲得很好的故事"（英文本序言第5页），从译文的效果来看，不翻译那些时常打断小说叙事的诗文反而有利于故事情节发展的流畅性。同时，与故事情节发展密切相关的诗词赛珍珠全部予以了翻译。

除了上述的删节之外，赛珍珠的译本基本上可以说是逐字逐句的翻译，赛珍珠在《序言》中表达过这样的雄心："我尽可能地直译，因为中文原文的风格与它的题材是非常一致的，我的工作只是使译文尽可能像原文，使不懂原文的读者仿佛是在读原文。原文中不精彩的地方，我的译文也不增添。"我们知道，赛珍珠是著名的作家，在翻译这本书的同时还在进行创作，而且她的代表作《大地》(The Good Earth) 已在译本完成之前出版并为她赢得了极大的声誉。作为一个不仅能翻译，也能创作的译者来说，遇到对原作不满意的地方时往往会技痒，会情不自禁地加上几笔，晚清翻译家林纾就是一个典型的例子（参阅钱钟书《七缀集·林纾的翻译》）。但赛珍珠忍住了没有这么做，她的翻译是相当忠实于原文的，有时甚至过于拘泥于原文，如 If aught was dropped upon the road, none picked it up, nor were the doors of houses locked at night （路不拾遗，夜不闭户）；His three souls floated from his body and his seven earthly spirits left him（三魂荡荡，七魄悠悠）；Four directions and eight parts（四面八方）；To extricate yourself from a difficulty there are thirty-six ways but the best of them all is to run away（三十六计，走为上策）。至于一百零八将的诨号，赛珍珠也采取了同样的翻译方法：The Opportune Rain（及时雨）；The Leopard Headed（豹子头）；The Fire in the Thunder Clap（霹雳火）；He Whom No Obstacle Can Stay（没遮拦）；White Stripe in the Waves（浪里白条）；Flea on a Drum（鼓上蚤）。

  总的来看，赛珍珠的《水浒传》译本是质量上乘的，这除了她本人对于中、英两种语言的把握之外，也与她的中国友人的帮助分不开。龙墨乡先生在翻译过程中向赛珍珠提供了许多有益的建议，包括解释小说中出现的中国的风俗习惯、武器以及当时已经不再使用的语汇。除此之外，他们还有更为有趣的合作方式："首先我独自重读了这本小说，然后龙先生大声地读给我听，我一边听，一边尽可能准确地翻译，一句接一句，我发现这种他一边读我一边翻的方式比我独自翻译要快，同时我也把一册《水浒传》放在旁边，以备参考。翻译完成以后，我和龙先生一起将整个书过一遍，将翻译和原文一字一句地对照。"（英文本序言第9页）这种翻译方式让我们很容易想到林纾和他的合作者，但更靠近的例子似乎应该是英国汉学家理雅各（James Legge）和晚清文人王韬合作翻译儒家经典，虽然我们不是十分清楚理雅各和王韬合作的具体细节，但是一个熟悉中外语言的外国人与一个精通中文的中国人一起来翻译中国的著作无疑是相当理想的合作模式。正因为如此，赛译《水浒传》取得了令人满意的结果。

  胡适曾将中国古代小说分为两种：一种是"由历史逐渐演变出来的小说"，另一种是由某一作家"创造的小说"。前者如《水浒传》，后者如《红楼梦》。关于前者他写过著名的论文《水浒传考证》，此文的方法正如他后来指出的那样，是"用历史演进法去搜集它们早期的各种版本，来找出它们如何由一些朴素的原始故事逐渐演变成为后来的文学名著"。① 他用同样的方法考察了李宸妃的故事在宋元明清的流变后，提出了著名的"滚雪球"理论："我们看这一个故事在九百年中变迁沿革的历史，可以得一个很好的教训。传说的生长，就同滚雪球一样，越滚越大，最初只有一个简单的故事作个中心的'母题'（Motif），你添一枝，他添一叶，便像个样子了。后来经过众口的传说，经过平话家的敷衍，经过戏曲家的剪裁结构，经过小说家的修饰，这个故事便一天天的改变面目：内容更丰富了，情节更精细圆满了，曲折更多了，人物更有生气了。"② 赛珍珠对此也有很深刻的认识，她在《译序》中说，"《水浒》成长为现在这个样子的过程是一个非常有趣的故事，像很多中国小说一样，它是逐渐发展而来而不是写出来的，直到今天到底谁是它的作者还不知道。"在后来的《中国小说》（*The Chinese Novel*，1939）一文中，她更进一步地提出了"人民创造了小说"的见解，与胡适的观点相视而笑，甚至可以说归纳得更为深刻。

正因为"水浒故事"是逐渐丰富发展的，所以版本情况十分复杂，今知有 7 种不同回数的版本，而从文字的详略、描写的细密来分，又有繁本和简本之别。赛珍珠选择七十回本，并不是因为这是最短的版本，而是她认为七十回本代表了《水浒》的真精神："这些章节都是一个人写的，其他版本中后面的章节是别人增加的，主要是写他们的失败和被官府抓住的情形，目的显然是为了将这部小说从革命文学中剔除出去，并用一个符合统治阶级的意思来结束全书"，她认为这样的版本失去了七十回本"主题和风格所表现的精神和活力。"（英文本序言第 7 页）赛氏的看法无疑是很有见地的，胡适在 1920 年顷建议亚东图书馆出版新式标点符号本古典小说时推荐的也正是七十回本。

从上面的介绍可以看出，在整个 20 世纪，中国古代文化经典在美国得到了比较广泛的译介和传播，中国文化在美国的影响力日益深远。

---

① 《胡适口述自传》，台北传记文学出版社 1981 年版，第 194 页。
② 《胡适古典文学研究论集》，上海古籍出版社 1988 年版，第 1193 页。

第五章

20世纪中国古代文化经典在中东欧的传播概述

"中东欧",顾名思义是指欧洲的中部和东部,但作为一个区域概念,它在地理学上的疆界和在国际政治领域的特指是不完全相同的。我们在这里借用的是后一种概念,简言之就是今天政治外交方面所说的中东欧,它是冷战时期"东欧"(社会主义国家)概念的变体,是一个具有特定的地缘、政治、历史和文化内涵的区域范畴。它的出现与1989年东欧剧变有关,是20世纪90年代以后中国在对外交往中为淡化社会制度和意识形态特征而采取的一种突出地缘意义但又蕴含国际政治变迁的整体称谓,与目前国际政治学界对该地区使用的术语也相符合。按照目前中国政府和学术界对"中东欧"的划分,这一地区包括阿尔巴尼亚共和国、爱沙尼亚共和国、保加利亚共和国、波兰共和国、波斯尼亚和黑塞哥维那、黑山、捷克共和国、克罗地亚共和国、拉脱维亚共和国、立陶宛共和国、罗马尼亚、马其顿共和国、塞尔维亚共和国、斯洛伐克共和国、斯洛文尼亚共和国和匈牙利等16个自20世纪90年代开始制度全面转型的国家。这一地区总国土面积约135万平方公里,总人口约1.23亿。

中东欧地区是世界文明的一方沃土,这里孕育了众多的民族、悠久的历史、厚重的文化、优质的教育和先进的科学,为人类文明做出了许多重大贡献。从世界文明的整体格局看,中东欧显然属于西方文明的范围,在与东方文明的交流方面有其独特的进程和丰富的内涵。其中对华夏民族和中国文化的接触有千百年的历史。进入20世纪以后,中东欧地区的许多国家都开始了对中国的研究,重视对中国古代文化经典的译介出版，通过许多思想家、文学家和汉学家的推动，取得了不凡的成就，形成了各自的特色，推动了中东欧各国人民对中国的认识和本土文化与中国文化的相互交融。

第一节　中东欧民族与华夏文明交往的萌发（20世纪以前）

中东欧民族与东方文明和华夏民族的接触可以追溯到久远的年代。中国和中东欧分处在亚欧大陆的东西两部，草原的游牧民族是彼此之间最早的信息传递者。自公元前2世纪中国汉代"张骞凿空"以后，中西之间的人员往来、商队贸易和文化交流就通过"丝绸之路"逐渐增多，黑海沿岸和多瑙河流域也属于"丝绸之路"西端的辐射范围。强大的罗马帝国对东方的知识和物质产品的交换活动，对其统治下的东南欧民族产生了影响，孕育了它们对东方世界的最初意识。

（一）匈牙利民族和保加利亚民族的东方基因

中欧的匈牙利、东南欧的保加利亚等国的一些历史学家，对其先民与东方民族的关系有很多推测、考证和研究。公元前后，中国北方高原的游牧民族匈奴在经历强盛之后为汉朝军队征伐，在1世纪末被逐出漠北地区之后开始西迁。在中东欧史学著作中对公元4世纪末进入东欧的匈奴人有不少记载，中国历史学家陈序经等对北匈奴向西迁徙并进入东欧也有所论述。虽然国内外史学界对进入欧洲的匈奴人与中国史书中记载的匈奴是否为同一族源的问题还存在不同观点和争论，但匈奴人、匈牙利人的祖先都来自东方，在国际学术界得到了普遍的认同，匈牙利人在人种、语言和文化方面的东方基因也已证实。保加利亚的东方学者多里扬·阿列克桑德罗夫等人在研究中认为，作为保加利亚先祖的古保加尔人源于匈奴帝国的一个部落，生活在中亚，在历史上同包括华夏民族在内的众多民族有过交流。从公元4世纪起，巴尔干地区不断受到民族大迁徙的冲击，在匈奴人之后接踵而来的是阿瓦尔人，对巴尔干半岛和匈牙利平原地区形成了长达两个世纪的控制。有观点认为，阿瓦尔人即兴起于蒙古高原上的中国古代强悍民族柔然（汉文史料又作蠕蠕、芮芮、茹茹等）。对此，张星烺在《中西交通史料汇编》也有提及。这些研究观点都从不同的侧面折射出中东欧民族与华夏民族间最初的接触和交融。

(二) 通过 13 世纪的战争和旅行认识东方

13 世纪是中东欧民族认识和了解东方的重要开端时期，出现了三件在东西方交通史上产生深远影响的大事。

一是蒙古帝国的亚欧军事远征。成吉思汗死后，术赤的次子钦察汗拔都和速不台率领 15 万蒙古精兵从 1237 年开始向俄罗斯草原上的突厥游牧部落进攻，在两次战役之后完成对其征服，之后继续向罗斯诸公国发起战争，一路破城。1241 年蒙古人攻入波兰的克拉科夫，随后与西里西亚的波兰大公亨利克二世率的联军在莱格尼察城郊发生激战。蒙古军队又进入摩拉维亚。由拔都统帅和速不台指挥的另一支蒙军分三路侵入匈牙利，攻临佩斯，匈牙利国王贝拉四世集合精锐军队出城迎战。在决战中，匈牙利军队被击败，蒙古军队攻陷佩斯城并放火焚烧，匈牙利国土惨遭蹂躏，一半居民被屠杀或沦为奴隶。蒙古军队的征战还经过了罗马尼亚、克罗地亚等地。战争给中东欧民族带来了杀戮和掠夺，另一方面也通过武力突破了东西方文明之间的隔绝和障碍。蒙古军队在作战中使用的马具、兵器、火器、战术等，在当时都优于对手；不同民族的俘虏、为服务自身而留用的工匠、通译等，在客观上都起到了促进民族和文化融通的作用。

二是波兰人本尼迪克特（Benedykt Polak）随意大利方济各会修士柏朗嘉宾（Jean de Plan Carpin）出使蒙古，到达东方。13 世纪蒙古军队在中欧的战争使西欧列国陷入震惊和惶恐。为了解蒙古人的军事、政治情况，制定抵御策略，防范其再度西侵，教皇英诺森四世（Innocent IV）在法国里昂召开全欧主教会议，决定遣使蒙古汗国。柏朗嘉宾受旨出使，1245 年 4 月从法国里昂起程，途径波希米亚（捷克）、波兰等地，次年 8 月抵达蒙古大汗都城哈剌和林，参加贵由大汗的登基，向其递交了教皇的信件。在柏朗嘉宾东行过程中，波兰人本尼迪克特随行并充作通译，成为第一位到达东方的波兰人。

三是大旅行家马可·波罗，1275 年来到中国，这比柏朗嘉宾和本尼迪克特的东方之行要晚三十年。长期以来，中外学术界一直称马可·波罗为出生于威尼斯商人之家的意大利人，然其出生地今天属于克罗地亚共和国达尔马提亚地区的科尔丘拉（Korčula）岛。克罗地亚人引以为豪，将"马可·波罗的故乡"塑造为本民族对外交往的重要文化符号。因此，马可·波罗及其业绩的意义，也自然延伸到中东欧国家早期对华关系方面。

(三) 明清时期中东欧耶稣会士来华及其贡献

明清之际，西方为数众多的耶稣会士来华传教，他们深入中国内地，一方面传播西方宗教和科学，另一方面广泛结交官僚士大夫阶层，研习中国传统文化，直至进入京城，影响宫廷，形成了西学东渐的高潮。在这些耶稣会士当中，也有多位来自中东欧地区。明朝末年，先后有达尔马提亚（南斯拉夫）人邬若望神父（Johann Ureman, 1616）、波希米亚（捷克）人祁维材神父（Wenceslav Pentaléon Kirwítzer, 1619）等进入中国。清前期又陆续有波兰人穆尼阁神父（Johannes Nikolaus Smogulecki, 1645）、卜弥格神父（Michał Boym, 1646）、波希米亚人严嘉乐神父（Karel Slavíček, 1716）、艾启蒙神父（Ignaz Sichelbarth, 1745）、斯洛文尼亚传教士刘松龄神父（August von Hallerstein, 1738）等人来华。他们大都具有很高的科学素养，通晓数学、天文、音乐等，受到重视，为当时中国社会和学术做出多方贡献。如卜弥格，通过注译"大秦景教流行中国碑"碑文开创了世界上拉汉辞书编纂的先河，他还绘制了中国各省地图，第一次将中国的中医药比较详细地介绍到欧洲，并且作为南明永历王朝的特使前往罗马教廷，在沟通中欧的政治和宗教关系过程中也起到了特殊作用。又如严嘉乐，因精于音乐演奏而深得皇帝和宫廷显贵的宠幸，而且参与了中国的天文观测和测绘，将许多科学信息和资料传回欧洲科学界。再如刘松龄，以擅长数学受到乾隆皇帝的赏识，在清朝钦天监任职30年，官至三品。他为清廷极尽职守，在天文观测、历法制定、地理舆图、人口研究等方面都有重要建树。他继前任戴进贤之后，主持了《灵台仪象志》的纂修，包含了中西两方面的天象观测成果，1757年出版后引起西欧学术界的重视。由他主持设计和制造的天球仪，被乾隆皇帝命名为"玑衡抚辰仪"，至今仍陈设在北京古观象台。作为沙俄使臣1676年来华的罗马尼亚人米列斯库—斯帕塔鲁（Nicolae Spătarul Milescu），以其撰写的三部有关东方之旅和中国社会的著作，对欧洲宫廷和社会了解中国也有殊功。这些杰出的历史人物，都成为本民族认识中国的先驱，在有关国家对华关系史上留下了重要的一页。

（四）17、18世纪中东欧本土文明范围的中国

在中东欧民族中，波兰、捷克等地处中欧的国家，在教育、文化和艺术等方面都有优秀的传统。12世纪以后，历史编纂学首先在波兰发端，14世纪捷克最早的编年史著作问世；到17世纪前后，匈牙利、罗马尼亚、保加利亚等民族都有自己的编年史书。这类史籍除记载民族地理、先祖业绩、朝代延续、内外战争、宗教传播、文化创造等，也包含本民族与周边其他民族的关系和对世界的认知，其中不乏对东方和中国的最初知识。如罗马尼亚民族史学开创者格里戈雷·乌雷凯（Grigore Ureche，约1590~1647年）在17世纪撰著的《摩尔多瓦公国史记》一书中对波兰、匈牙利、鞑靼、土耳其等民族的描写，对"鞑靼人帝国及其习俗和疆域"的叙述，就是一个例证。但是在当时包括后来相当长的

一段时间里，中东欧民族对中国的了解仅还停留在十分模糊的程度。

自17下半叶至18世纪，受到在法国等西欧国家出现的"中国热"影响，在波兰、捷克、匈牙利等中欧封建公国，对东方的兴趣也日渐增长，王公贵族通过各种途径收藏辗转进入欧洲的中国工艺品，中国的建筑风格和装饰元素也受到喜爱和效仿。波兰国王杨·索别斯基三世（Jan III Sobieski，1674～1696年在位）对来自东方特别是中国的异域文化格外钟情。通过战争缴获、王世联姻和传教士的途径，他不仅接触到了来自中国的工艺品，而且对遥远的"天朝上国"发生兴趣。他曾通过耶稣会士南怀仁致函康熙皇帝，表达通好之意。1680年代初，他还在华沙郊区的维兰努夫行宫（Wilanów Palace）布置了一个"中国厅"，摆放来自中国的瓷器、漆器、家具、绘画和其他珍稀物品。中国的造园艺术不仅影响到波兰，而且在邻近的捷克、匈牙利也有。1785年在克拉科夫的雅盖沃大学开始有人讲授孔子思想和儒学，大约18世纪末在华沙还上演过伏尔泰的《中国孤儿》。从这些事例大体可以看到波兰人在吸收中国文化方面达到的程度。

（五）19世纪对中国的探索和文化吸纳

进入19世纪以后，中东欧民族普遍受到欧洲革命运动的影响，摆脱帝国统治、争取民族独立的意识日益觉醒，民族语言、文化和教育受到重视，这些都促进了对世界问题的关注和研究。在认识东方和吸收中国文化方面，出现了两个方面的变化。

一方面是人员的直接往来增多，促进了中东欧民族对中国的认识。早在1819年，匈牙利人科罗什·乔玛·山多尔（Körösi Csoma Sándor，1784～1842）就进入西藏进行考察，并在1834年出版了世界上第一部《藏英词典》和《藏语语法》，成为国际藏学的开山鼻祖和匈牙利人对华交往的先驱之一。1867年2月，在奥地利帝国（1804～1867）基础上建立了奥匈帝国，地跨中欧、东欧和南欧，国土面积在欧洲位居第二，仅次于俄国，今天的匈牙利、捷克、斯洛伐克、克罗地亚、斯洛文尼亚等国，波兰的西里西亚地区、罗马尼亚的特兰西瓦尼亚地区等，当时都在其版图。奥匈帝国（旧译奥斯马加）与清政府在同治八年（1869年）签订和约和通商章程等，之后两国互派使臣，奥匈帝国先后在中国几十个城市设领，与其他列强一起攫取了大量在华利益和特权。其政治、军事和经济实力，推动了本国人员到中国和亚洲旅行或探险，其中规模最大的是"多瑙河号"和"弗里德里希大公爵号"两艘军舰1868年10月启程前往东亚的考察，随行的有多位匈牙利人。

另一方面是中东欧地区本土的汉学研究开始起步。中东欧地区文化教育较为发达的民族，通过法国、德国等西欧大国已有的汉学研究成果，不断增加了对中国文化的了解，在传播和接受方式上呈现出多态化。在整个 19 世纪，辑译自《论语》、《道德经》等经典的"东方智慧"、中国古典文学短篇和诗词以及其他关于中国和东方世界的知识信息等，不时散见于各种报刊。在中东欧地区，捷克人是最早关注东方文化的民族之一，早在 16 世纪就通过拉丁文的媒介接触到中国哲学和文学。19 世纪后期，作家尤里乌斯·泽耶尔（Julius Zeyer，1841～1901）根据阅读的中国神话和历史知识，从 1881 年开始创作"中国风格故事"，包括小说《汉宫之背叛》（*Treachery in the House of Han*）和诗剧《比干的心》等。另一位捷克东方学家鲁道夫·德沃夏克（Rudolf Dvořák，1860～1912）在 1887～1889 年发表《孔子的生平和教义》，还同诗人雅罗斯拉夫·维尔克里茨基（Jaroslav Vrchlicky，1853～1912）合作，参照英译本等，选译了《诗经》160 首，1897 年结集出版。在罗马尼亚，著名文学家蒂图·马约雷斯库（Titu Maiorescu，1840～1917）在 1880 年从德文转译了明末抱瓮老人辑著的《今古奇观》卷二十《庄子休鼓盆成大道》，发表在当年的《文学谈话》杂志。政治家和作家瓦西列·阿列克山德里（Vasile Alecsandri，1818～1890）在 19 世纪 70 年代还创作了《满大人》和《中国风景诗》等两首中国题材诗作。民族诗人米哈伊·爱明内斯库（Mihai Eminescu，1850～1889）和小说家伊万·斯拉维支（Ioan Slavici，1848～1925）在维也纳留学期间大量研读东方哲学，对老子、孔子的思想极为推崇，并将许多理念和价值的元素融于自身的创作。在 19 世纪下半叶的保加利亚等巴尔干国家，有关中国社会和文化的知识也零散地通过各种媒介开始流传。从这些史实中，我们或许可以管窥到中国文化最初进入中东欧地区的若干历史踪迹和特征。

第二节　中国文化在中东欧国家传播的奠基（20 世纪前半期）

进入 20 世纪以后，中东欧民族普遍进入了一个反抗帝国主义统治、争取民族自由独立的斗争。第一次世界大战后期的 1917 年，布尔什维克夺取俄国政权。1918 年，爱沙尼亚、立陶宛和拉脱维亚相继独立。同年奥匈帝国及其军队土崩瓦解，中东欧地区的政治格局发生巨大变化：捷克斯洛伐克共和国宣告成立；波兰恢复独立，重建自己的国家；"塞尔维亚人、克罗地亚人、斯洛文尼亚人王国"也由此诞生；而匈牙利人在 1919 年建立了中东欧地区最早由共产党人领导，但为期短暂的匈牙利苏维埃共和国。在东南欧，奥斯曼帝国的解体使此前已经获得独立的罗马尼亚、保加利亚、阿尔巴尼亚等国进一步巩固了其民族国家地位。两次大战之间的二三十年代，中东欧国家的经济、教育和文化普遍得到较快的发展，不幸的是很快又受到第二次世界大战的严重破坏。

在20世纪前半期，中东欧国家对中国社会有了越来越多的了解，在研习中国文化方面较19世纪后期有了显著进步，我们可以从几个方面来看到这种变化及其成就。

（1）各类来华人员大量增加，促进了对中国及其文化从内部的直接了解。这些人员来自中东欧地区不同的国家，从其来华目的、活动范围、生存状况、业绩影响等方面考察，他们大致可以分为几类。

第一类是因参与中东铁路修建而来华的中东欧民族工程技术人员和侨民，以及西伯利亚地区的流放者。中东铁路原为沙皇俄国在19世纪末至20世纪初为攫取中国东北资源，称霸远东地区而修建的一条铁路。1898年开工之后，大批俄国工程技术人员及其家属，以及商人、教师、医生、律师等随之来华。同期来华的还有相当一些波兰人[①]，当时正值俄国收购华沙到维也纳铁路东段，波兰铁路工人大量被解聘，中东铁路的修建无疑为他们提供了工作和生存的机遇。以后波兰人来华的各类侨民不断增加，他们主要居住在哈尔滨并逐渐建立了自己的社区。到20世纪二三十年代时，波兰在哈尔滨的侨民已经超过万人。除波兰人外，还有来自捷克斯洛伐克、匈牙利、罗马尼亚、塞尔维亚等中东欧国家侨民。后来，这批侨民中的一些人陆续回国，对于在其本土传播中国文化也起到了一定作用，如1925年出生在哈尔滨的波兰人爱德华·卡伊丹斯基（Edward Kaydanski），在很大程度上就是因其特殊的在华经历而形成了深厚的中国情结，直接影响到他的外交生涯和史学研究，使他在东方学领域尤其是波兰对华关系研究方面的取得卓越成就。又如匈牙利工程师古巴尼·卡洛伊（Gubányi Károly，1867～1935）1897年来华，参加中东铁路绥芬河至哈尔滨段的修建，1904年返回匈牙利，著有《在满洲的五年》，记录了他在华的工作和生活。

第二类是部分中东欧国家派驻中国的外交和领事人员。20世纪上半叶，中华民国陆续与部分中东欧国家建立了领事、贸易、外交关系。1909～1942年，波兰在哈尔滨设有领事馆。1929年9月18日，民国政府与波兰政府在南京签署《中波友好通商条约》，正式建立外交关系。同年，波兰在上海设立总领事馆。1931年，中波两国互设公使馆。1930年2月12日，中华民国与捷克斯洛伐克建立外交关系，两国代表在南京签署《中捷友好通商条约》。1939年，民国政府通

[①] 1795年，经过俄国、奥地利和普鲁士三国的瓜分，波兰亡国。此后波兰大部领土处于俄国统治下，直至1918年波兰国家重建。

过外交途径向罗马尼亚王国政府建议两国建交，得到积极回应，同年向布加勒斯特委派全权公使。然而，在 1932 年日本侵略者在中国东北扶持建立傀儡政权"满洲国"后，罗马尼亚、保加利亚、克罗地亚、波兰、匈牙利、斯洛伐克等中东欧国家都对其承认。1940 年南京汪伪政府成立后，罗马尼亚、斯洛伐克、克罗地亚、保加利亚和匈牙利等国也与其"建交"。今天看来，这些都是有关国家当时的亲德右翼政府在处理对华关系方面的历史错误，但在当时也有严峻的国际局势影响和各国民族利益相互交织冲突的复杂背景。

第三类是中东欧国家科学界和文化艺术界来华考察、访问或学习的人士。在科学考察方面，最为突出的大概是匈牙利人，一个无法绕开的人物就是原籍匈牙利的英国考古探险家和东方学家奥里尔·斯坦因（Stein Aurél，1862~1943）。他在英国和印度政府支持下，在 1900~1901 年、1906~1908 年、1913~1915 年、1930 年，先后四次到中国新疆和河西地区进行探险。一方面，他取得了大量成果，形成了《沙埋和阗废墟记》、《西域考古图记》、《亚洲腹地考古图记》等著作，在国际上引起巨大轰动；另一方面，也因盗掘破坏古遗址，从莫高窟掠走上万件遗书和文物而引起人们义愤，受到中外一些学者的抨击。另一位匈牙利人利盖蒂·拉约什（Ligeti Lajos，1902~1987），中文名字李盖蒂，1928~1931 年经北京前往内蒙古考察，回国后在匈牙利开创中国语言文化教学，在东方学研究方面多有建树。在文学艺术方面，捷克艺术家鲍孚斯拉夫·高崎（B. Koči）1920 年从弗拉迪沃斯托克来华，1922 年后侨居上海，1929 年为南京中山陵创作了孙中山卧姿雕像。捷克人雅罗斯拉夫·朴实克（Jaroslav Průšek，1906~1980），1932 年到中国进行了两年半的学术考察，与鲁迅、郭沫若、茅盾、冰心等文化界人士建立了深厚友情，回国后极大地推动了捷克汉学的形成和发展。波兰人维托尔德·雅布翁斯基（Witold Jabłoński，1901~1957），中文名字夏伯龙，1930 年来华，担任国联中国教育改革委员会顾问，在清华大学教授法语和法国文学。这些人物及其成就，体现着那个时代中东欧地区对华科学考察和文化交流所达到的高度。

第四类是一些零散来华的传教士、旅行家和商人。这方面的事例也为数不少。在近代从中东欧地区来华的教士中，有多位匈牙利人，其中埃尔德伊·依格纳茨（Erdélyi Ignác，1828~1885）早在 19 世纪中叶就被派往中国，在华传教布道 25 年，其间写有通信寄回匈牙利，讲述在华情况。进入 20 世纪以后，又有匈牙利人孔斯特·伊琳（Kunst Irén，1869~1934）加入苏格兰传教队伍来华，传教同时从事教育和卫生服务，对其在华情况及中国社会，有多篇通信和报告发表。1910 年，有四位在巴黎留学的罗马尼亚青年利用法国环游俱乐部组织的比赛机会来到中国，游历了不少地方。1936 年，一位名叫扬·瓦西列斯库—诺塔拉（I. Vasilescu-Nottara）的罗马尼亚人在中国进行了半年的旅行，还著有《从上海到北平穿越中国》（Străbătând China de la Shanghai la Pekin），记述见闻观感。在三四十年代的上海，已有一定数量的罗马尼亚侨民，并有罗马尼亚远东商会等组织。

第五类是来华支援中国人民革命斗争的国际友人。在 19 世纪后期的部分中东欧国家，国际工人运动兴起，社会主义思想开始传播，反抗帝国主义和争取民族解放逐渐成为社会的发展的主导，也在一定程度上使中东欧民族对中国人民苦难深重的民族命运寄予了同情和声援。20 世纪二三十年代，中东欧国家已经普遍建立了本国的共产党，在共产国际的领导和影响下，各国共产党人开展了大量国际性的活动。特别是抗日战争期间，一批中东欧国家的共产党人和进步人士先后辗转来到中国，支援中国革命。国际主义新闻战士汉斯·希伯（Hans Shippe，1894～1941）和伊斯雷尔·爱泼斯坦（Israel Epstein，1915～2005），都出生在波兰，后来又把自己的命运同中国紧紧地连在一起。1939 年，来自波兰、捷克、德国、奥地利、罗马尼亚、匈牙利、保加利亚和苏联的共产党人组成一支国际援华医疗队，直接参加了中国人民的抗日战争。战后他们陆续回到自己的祖国，成为对华友好的民间使者，也为中国文化的传播作出了许多奠基性的贡献。

（2）在 20 世纪上半期，在文化和教育基础较为雄厚的波兰、捷克和匈牙利等中欧国家，开始出现最初的东方学和汉学研究机构，以及汉语教学。由于地缘和文化关系，部分学者从事的东方学和汉学研究依托于德国、法国、英国等欧洲主流学术，有的还融入其中。

从 1919 年起，东方研究和汉学开始出现在波兰，毕业于莱比锡大学的波格丹·雷赫特尔（Bogdan Richter，1891～1980）在华沙大学讲授东西方关系史和远东历史，创办远东教研室，后改称远东文化教研室，1921～1932 年，他教授汉语和日语。1932 年，华沙大学成立了东方学院，曾在巴黎攻读汉学和日本学、又在华沙大学取得汉学高级博士学位的扬·雅沃尔斯基（Jan Jaworski，1903～1945）担任助教。1933 年，东方学院设立汉语教研室。曾在中国工作，在清华大学讲学的雅布翁斯基从 1934 年起任东方学院讲师，协助雅沃尔斯基创办汉语教研室。1935 年，雅布翁斯基以《中国民歌研究》通过了高级博士论文答辩，20 世纪三四十年代他的学术活动相当广泛，并涉足对华外交，对波中关系有多方面的贡献。

1922 年，在捷克斯洛伐克总统马萨里克的支持和一批早期东方学者的倡导下，东方研究所在布拉格成立，这是一个独立自主的学术机构，其宗旨是培养并建立与东方国家的科学和经济联系。1927 年，马萨里克总统任命了研究所第一批共 34 名成员，其学科领域包括赫梯学、印度学、埃及学、阿拉伯学、伊朗学等,但没有汉学,因为当时德沃夏克已经去世,朴实克还年轻在学。从 1929 年开始,该所出版《东方学文献》(Archív Orientální)季刊,汇集研究亚洲国家历史、文化和社会的各类成果,以英文、法文、德文发稿,在国际上受到好评,也使捷克斯洛伐克的东方学研究影响不断扩大。战后,该所自 1945 年 9 月出版《新东方》(Nový Orient)月刊,以学术和普及相结合的方式,介绍包括中国在内的亚洲国家各方面情况,保持发刊至今。

捷克汉学传统的继承和发展在很大程度上要归功于朴实克。他 1928 年在布拉格查理大学毕业后赴瑞典,在汉学家高本汉(Bernhard Karlgren)指导下学习,后转赴德国深造,1932 年来华考察,1934 年赴日本留学。1937 年回到捷克,在东方研究所和查理大学工作,先后翻译了鲁迅的《呐喊》和孔子的《论语》。1939 年,德军吞并捷克斯洛伐克,捷克大学封闭,东方研究所陷入瘫痪,但朴实克仍未放弃对中国的研究。在极其困难的情况下,他开办汉语讲习班,编写了《中国口语课本》。"二战"结束后,他成为查理大学教授,出任哲学院远东系主任;另外,他还在奥洛穆茨的帕拉斯基大学兼职讲授汉语、中国历史和文化,从多方面培养人才,极大地推动了捷克的东方学研究。

这一时期,捷克人古斯塔夫·哈隆(Gustav Haloun, 1898~1951),中文名字霍古达,在中国哲学研究方面也有重要影响。他出生于捷克,无国籍。20 世纪二三十年代,先后在捷克查理大学、德国哈雷大学和哥廷根大学、英国剑桥大学任教,从事汉学研究,主要学术和成就涉及中国古代典籍尤其是散佚的诸子著作的复原,中国古代典籍中有关大夏的知识整理,大月氏研究、管子研究等。

1923 年,匈牙利罗兰大学建立东亚学院。20 世纪匈牙利汉学的形成和发展与李盖蒂的名字密不可分。李盖蒂是国际知名语言学家、东方学家,匈牙利科学院院士、副院长、教授,尤其以对蒙古语、突厥语、满—通古斯语的研究见长。他 1921~1927 年在法兰西学院师从法国汉学家伯希和(Paul Pelliot)学习东方学。1928~1931 年到内蒙古和北满蒙古族居住地进行田野调查,1936~1937 年前往阿富汗考察,1940 年到日本考察。从 1931 年起,先后在布达佩斯大学、巴黎东方语言学校担任教师,1938 年当选匈牙利科学院通讯院士,1947 年当选为院士。1947 年创办《匈牙利科学院东方学报》(Acta Orientalia Hungaricae)并担任主编直至 1976 年。20 世纪 30 年代,布达佩斯大学组建了内陆亚洲教研室,李盖蒂在那里任教,后担任教研室主任,开创了东方学和汉学研究。

1940 年代初,华人医生赵东生从上海到匈牙利,在布达佩斯行医,同时在布达佩斯大学兼授中文。

匈牙利东方学家李盖蒂、波兰汉学家雅布翁斯基、捷克汉学家朴实克等人,都受过当时欧洲的完好教育和学术训练,因此当他们进入东方研究这个宽广领域后，就自觉地以科学的方法指导相关的考察和研究，使本国的东方学和汉学逐步获得了学科地位和应有品质。

（3）在捷克斯洛伐克、波兰、匈牙利、罗马尼亚等中东欧国家，学者和翻译家们克服了各种困难，借助已有的欧洲通行语言译本，开展对中国历史书籍和古代文化典籍的译介，取得了一批初步的成果。

捷克在1912年出版了由德沃夏克与诗人沃尔赫利茨基选译的《诗经》（*Ši-king VII – XV*）第二部。1920年出版了德沃夏克从汉语翻译的老子的《道德经》（*Lao-tsiova kanonická kniha O Tau a ctnosti*［*Tao-tek-king*］），另外还有雅罗斯拉夫·普谢尼奇卡（Jaroslav Pšenička，1865~1954）翻译的《中国古代诗歌选》（*Ze staré čínské poesie*：［*VII. – IX. stol. po Kr.*］）。博胡米尔·马泰休斯（Bohumil Mathesius，1888~1952）通过俄文、德文和法文转译了许多中国古典诗词，分别结集为《黑塔和绿壶》（*Černá věž a zeleny džbán*）、《中国古代诗歌》（*Zpěvy staré Číny*）、《中国古诗新编》（*Nové zpěvy staré Číny*）等，多次再版。1936~1937年，在布拉格还出版了两卷本的《水浒传》（*Všichni lidé jsou bratři*），由诺瓦科娃（Nováková, Marie）、玛多绍娃（M. Matoušová）和万丘拉（Zd. Vančura）三人参照赛珍珠的英译本转译。1940年，朴实克与捷克印度学家文岑茨·莱斯尼（Vincenc Lesny，1882~1953）教授合作，从汉语翻译出版《论语》（*Hovory Konfuciovy*）。朴实克还独自从汉语翻译了多种典籍，包括清人沈复的自传体散文《浮生六记》（*Šest historií prchavého života*），1944年版；选自冯梦龙的话本小说《警世通言》的《神奇的中国市井故事》（*Podivuhodné příběhy z čínskych tržišť a bazarů*），刘鹗的《老残游记》（*Putování starého Chromce*），1947年版；他撰写的长篇序文《刘鹗及其小说〈老残游记〉》在国外相关研究中颇有影响。

波兰的对华研究和出版主要涉及中国的民族、历史、文学、社会和风俗等方面，还有若干关于中国东北的介绍，而中国古代文化典籍的翻译品种和数量不多。比较突出的研究者和译者是杨·维普莱尔（Jan Wypler），他先后翻译了《庄子思想选编》（*Czuang-dze, Myśli wybrane*），李白、李清照、杜甫的诗作，在1937~1939年发表。

在中欧的匈牙利，也陆续出版一批介绍中国历史文化书籍。1903年，德威格·艾尔诺（Ludwig Ernö）从《笑林广记》中选译若干内容，辑成《中国故事》（*Khinai mesék*）出版。斯托依持·依万（Stojits Iván）1907年翻译了《道德经》，是目前我们知道的最早的匈文译本。在匈牙利学者撰著的多种世界文学史中，都有对中国古代文学的介绍。另外，还有多种中国古代诗歌译本问世，如阿科奈·劳约什（Ágner Lajos）选译、1937年出版的《中国诗歌一百首》（*Száz kínai vers*），收有《诗经》内容，以及陶渊明、孟浩然、王维、李白、杜甫、白居易、李商隐、韩愈、王安石、苏东坡等诗人的作品。

在东南欧的罗马尼亚，1907年，诗人和翻译家什特凡·奥克塔维安·约瑟夫（Șt. O. Iosif，1875～1913）通过德文翻译了李白的诗歌《静夜思》（*Clar de lună*）；1938年，亚历山德鲁·特奥多尔·斯塔马蒂亚德（Alexandru Teodor Stamadiad，1885～1956）翻译出版中国诗歌集《玉笛》（*Din flautul de jad*）。孔子及其思想和语录继续受到关注，大约在1941～1942年，格奥尔基·迪霍尤（Gheorghe Dihoiu）从法文翻译了乔治·苏利耶·德莫朗（G. Soulié de Morant）的《孔子生平》（*Vieața lui Confucius [Krong Țe]*），乔治·杜尔库（George Dulcu）转译了乔治·苏利耶·德莫朗翻译的《孔子箴言录》（*Preceptele lui Confucius [Krong Țe]*）。1937年，塞尔维亚出版过根据英文本转译的《水浒传》。斯洛文尼亚也有对中国古代诗歌的零星译介。

（4）中东欧国家的一些著名学者都不同程度地涉足对中国古代文化的研究，其深厚的学养和独特的视角对解读中华文明和扩大其影响起到了重要的作用，对后世的研究也有示范。以罗马尼亚为例：历史学家、政治家尼古拉·约尔卡（Nicolae Iorga，1871～1940）对20世纪初东亚的政治与社会极为关注，他撰著的《远东的战争：中国、日本、亚洲的俄国》（*Războiul din Extremul Orient. China, Japonia, Rusia asiatică*）1904年出版，其中有不少关于中国历史、文化和传统的述评。哲学家鲁齐安·布拉加（Lucian Blaga，1895～1961）在1942年出版《宗教与精神》（*Religie și spirit*）一书，其中的《论道》（*Tao*）专门谈及中国文化和艺术。文学批评家和文学史家乔治·克林内斯库（George Călinescu，1899～1965）根据法国汉学家马塞尔·葛兰言（Marcel Granet，1884～1940）对中国神话、宗教和文明的著作，在1943年创作发表了以中国神话为题材的五幕话剧《舜帝——平安大道》（*Șun sau Calea neturburată*），也堪称一朵奇葩。战后以世界宗教史研究享誉国际的学者米尔恰·埃利亚德（Mircea Eliade，1907～1986），在二三十年代也对中国文化有所论述。类似的情况在其他中东欧国家也有一些。

（5）对中国文化艺术品的收藏热情持续不断，中国藏品室乃至博物馆的建立，专题展览的举办，为大众了解中国的古老文化提供了真实而神奇的窗口。在这方面，匈牙利的情况尤其突出。早在1871年，民族博物馆自然藏品厅就举办过曾参加奥匈舰队东亚科考的自然科学家海克桑都什·杨诺什（Xántus János，1825～1894）的远东手工艺藏品展，其中中国艺术品807件。[①] 霍普·费伦茨（Hopp Ferenc，1833～1919）多次环游世界并到过中国，其大量藏品在逝世后捐

[①] György Fajcsák. *Collecting Chinese Art in Hungary from the Early 19th Century to 1945. As Reflected by the Artefacts of the Ferenc Hopp Museum of Eastern Asiatic Arts*. Department of East Asian Studies, Eötvös Loránd University, Budapest 2007：129–154.

赠国家，成为以他的名字命名的东亚艺术博物馆的基本馆藏。在20世纪前半期，匈牙利人举办过大量有关东方的各种展览。1901年，以高加索探险活动闻名并曾到过中国的基希·耶诺（Zichy Jenö，1837~1906）伯爵在布达佩斯建立私人博物馆，藏品中包括中国的青铜器、瓷器等。1913年，应用艺术博物馆举办了来自柏林的收藏家威格纳（Olga Julia Wegener）夫人的中国收藏展，有绘画、青铜器、玻璃器皿、陶器、织锦、化妆盒和珠宝等，总计172件。民族酒店在1930年举办过中国现代绘画展，有西藏唐卡、现代绘画大师齐白石等人的作品；在1938年还举办了中国工艺品和应用艺术展。

以上介绍的这些史实，都反映出20世纪上半叶中国及其古代文化在部分中东欧国家引发的兴趣和产生的影响，以及作为文化交流和学术现象的基本内容与特征。这些努力和成就，为中东欧国家1949年与新中国建交后有计划有组织地全面研究介绍中国，构建了深厚的历史基础。

第三节 社会主义年代译介中国文化典籍的成就（1949~1989年）

1949年10月1日中华人民共和国成立，中东欧国家是继苏联之后最早承认新中国的一批国家。中国与保加利亚在10月4日建交，与罗马尼亚10月5日建交，与捷克斯洛伐克、匈牙利10月6日建交，与波兰10月7日建交，与阿尔巴尼亚11月23日建交。中国与苏联、东欧等社会主义阵营在共同的意识形态下进入了一个全面交往的新时期。各类代表团有组织的互访促进了国家间关系的发展，在文化领域，图书译介出版受到重视，各种交流活动频繁。尤其值得称道的是，新中国与东欧国家建交后，在1950年即开始互派留学生，大力培养通晓对方国家语言文化的专门人才。东欧国家的留学生主要集中在清华和北大，中国政府对他们的培养十分重视，一批中国语言、文学、历史等学科的知名教授都亲自为他们授课，东欧留学生很快掌握了汉语，成为后来本国与新中国交往的骨干，其中一些人还为本国的中国语言文化教学、中国研究、典籍译介等做出了重要贡献。

从战后到1989年，东欧国家经历了40多年的社会主义时期。在对华关系方面，部分国家因国际环境的影响也经历了不同程度的曲折。对这一时期的历史总结和评价是一个十分复杂的问题，我们在这里仅就其间译介中国文化典籍的情况按国别作一大致梳理。

（一）波兰

在 20 世纪 50 年代波兰的中国文化研究领域，资深的中国研究专家雅布翁斯基发挥着极为重要的引领作用。他 1947 年卸任波兰驻华使馆参赞回国，先后担任华沙大学汉学教研室主任、人文科学系主任、哲学系主任，兼任东方学院院长，此外他还是波兰科学院东方委员会成员，1956 年出任波兰科学院东方部主任。在国际上，他多次出席国际东方学大会，50 年代三次访问中国。他对中国文化和欧洲的汉学研究都有独到的见地，发表了多种论述中国历史、思想和制度的著作。他翻译的中国文化著作主要有《中国书法》（*Kaligrafia chińska*，1950）、《南华真经》（*Prawdziwa księga południowego kwiatu*，合译，1953）、《中国智慧》（*Mądrość Państwa Środka*）和《楚辞》（*Pieśni z Czu*，合译，1958），他还与当时年轻的汉学家亚努什·赫米耶莱夫斯基（Janusz Chmielewski）等人编译出版了《中国文学选本》（*Antologia literatury chińskiej*，1956）和《中国文学史选读》（*Z dziejów literatury chińskiej*，1956）等。

1953 年，世界和平委员会把屈原定为世界文化名人，在波兰和其他东欧国家都举行了一系列纪念活动。

在中国古典文学译介方面，波兰出版了施耐庵的《水浒传》（*Opowieści znad brzegów rzek*，1952）、杨·维普莱尔翻译的《今古奇观》（*Małżonek nikczemny i inne opowiadania chińskie*，1958）。另外，阿莱克斯·邓布尼茨基（Aleksy Dębnicki）在 1955 年节译并发表过《孟子》。

20 世纪 60 年代以后，汉学家米耶奇斯瓦夫·昆斯特莱尔（Mieczysław Jerzy Künstler，中文名字金斯德）在中国研究领域取得了一系列成果，学术影响很大。他 1972 年担任波兰科学院东方学委员会委员，1993～2006 年担任该委员会主席，1978 年成为华沙大学教授。金斯德的学术涉猎广泛，包括对孔孟学说的研究，与人合译了《论语》（*Dialogi konfucjańskie*，1976），著有《孔子的事业》（*Sprawa Konfucjusza*，1983）；在汉语研究方面著有《汉字》（*Pismo chińskie*）一书；中学方面著有《中华帝国的早期》（*Pierwsze wieki cesarstwa chińskiego*，1972），选译过司马迁的《史记》，还把法国汉学家葛兰言（Marcel Granet）的《中华文明》（*Cywilizacja chińska*，1973）一书译成波兰文；艺术方面译有普罗丹·马塞尔（Prodan Marcel）的《中国艺术导论》（*Sztuka chińska. Wprowadzenie*，1975）；哲学方面翻译了贝科夫（Bykow F.）的《中国政治思想和哲学思想起源》（*Powstanie chińskiej myśli politycznej i filozoficznej*，1978）；建筑方面著有《中国建筑传统》（*Tradycje architektury chińskiej*），译有美国学者劳伦斯·斯克曼（Laurence Sickman）和亚历山大·索珀（Aleksander Soper）的《中国的艺术与建筑》

(*Sztuka i architektura w Chinach*) 等。

波兰译介出版的中国古代文化典籍还有蒲松龄的《聊斋志异》(*Mnisi-czarnoksiężnicy, czyli Niesamowite historie o dawnych ludziach*) 波热娜·科瓦尔斯卡 (Bożena Kowalska) 译，1961 年版；罗贯中的《三国演义》(*Dzieje Trzech Królestw*)，比利 (N. Billi) 译，1972 年版；吴承恩的《西游记》(*Wędrówka na zachód. tom II*) 第二卷，塔杜施·日比科夫斯基 (Tadeusz Żbikowski) 译，1984 年版；等等。

1978 年波兰科学院增设了非欧洲国家研究中心，涵盖中国研究。在教育系统，除华沙大学外，克拉科夫的雅盖隆大学在 1987 设立汉语教学与中国学研究，波兹南"亚当·密茨凯维奇"大学也在 1988 年建立汉语教研室。教学点和研究机构的增设，有利于中国文化在波兰的传播。

（二）捷克斯洛伐克

战后的捷克汉学在普实克领导下得到很大发展。1952 年捷克斯洛伐克科学院成立，原东方研究所转到科学院，朴实克离开查理大学，调任东方研究所所长。同年，他当选科学院通讯院士，不久成为院士。1950 年，普实克教授率捷克斯洛伐克文化代表团访华，他利用与郭沫若等中国文化名人的友谊，争取到中国政府的一大批赠书，其中包括十分丰富的现代文学书籍和大量善本线装书，如《中国二十五史》、古本戏剧丛书、完整的《新青年》、《小说月报》等合订本、民间文学、地方志、宗教典籍、中国现代文学的各种作品版本、系统的报纸杂志等，使东方研究所的"鲁迅图书馆"藏书达到 6.6 万册之多，在中东欧地区堪称之最。20 世纪 50 年代，有十多位汉学家在该所开展工作，研究领域主要是中国历史、中国文学、汉语语言学等，取得了一批重要成果，到 60 年代时已经形成具有国际影响"布拉格汉学学派"。

1966 年中国发生"文革"，加之中苏关系恶化的影响，中、捷两国之间的文化关系几乎完全中断。1968 年苏军入侵捷克，捷克汉学研究蒙受巨大灾难，对华友好的汉学家处境十分艰难。普实克被赶出东方研究所，被禁止参加一切学术活动，即便如此，他也始终拒绝附和反华，保持他对中国的友好感情和对汉学研究的坚定信念。

从 20 世纪 40 年代末至 80 年代末，捷克斯洛伐克的汉学家们在译介中国古代文化典籍方面主要取得了以下一些成就。

朴实克译有《中国古诗第三编》(*Třetí zpěvy staré Číny*, 1948)；《孙子兵法》(*O umění válečném*, 1949)；《聊斋志异》选注本《命运之六道的故事》(*Zkazky o šesteru cest osudu*, 1955)；他早期的几种中国文学译著多次再版。他主持编写了两卷本的《亚非作家词典》(*Slovník spisovatelů：Asie a Afrika I：A-J, II：K-Ž*)，

1967 年在布拉格出版；后又和史罗甫（Zbigniew Słupski）等学者共同主持编写了三卷本的《东方文学词典》（*Dictionary of Oriental Literatures*, *I-III*），1974 年在伦敦出版。文集《抒情的与史诗的——雅罗斯拉夫·普实克的中国现代文学研究》（*The Lyrical and the Epic Studies of Modern Chinese Literature*），由李欧梵选编，1980 年在美国印第安纳州布鲁明顿市出版。

奥古斯丁·帕拉特（Augustin Palát，中文名字白利德，1923 ~ ）翻译了唐代绝句集《玉笛》（*Nefritová flétna*，1954），与赫鲁宾合译李白诗歌集《碧波亭》（*Pavilon u zelených vod*）；还译有《水浒传》（*Příběhy od jezerního břehu*，1962）。

约瑟夫·科尔马什（Josef Kolmaš，中文名字高马士，1933 ~ ）从中文选译了白居易诗集《黑潭龙》（*Drak z černé tůně*，1958）、《佛国记》（*Zápisky o buddhistických zemích*，1972）等。

奥尔特瑞赫·克拉尔（Oldřich Král，中文名字克拉尔，1930 ~ ）从汉语辑译了《道——中国古代文选》（*Tao-texty staré Číny：Antologie*，1971），包括《道德经》在内的老子、庄子以及其他中国古代哲学家的思想。从中文翻译了《儒林外史》（*Literáti a mandaríni*，1962），曹雪芹的《红楼梦》（120 回本，1986 ~ 1988）。

达娜·卡尔沃多娃（Dana Kalvodová，中文名字高德华，1928 ~ 2003）翻译了关汉卿的戏剧《窦娥冤及其他剧本》（*Letní sníh a jiné hry*，1960）、《桃花扇》（*Vějíř s broskvovými květy*，1968）等。

玛尔塔·李莎娃（Marta Ryšavá，1933 ~ ）译有李白诗集《关山月》（*Měsíc nad průsmykem*，1977），包括李诗 235 首，另外还有王维、白居易和孟浩然的作品合集《三和弦》（*Trojzvuk*，1987），寒山、拾得诗集《玉潭明月》（*Nad Nefritovou tůní jasný svit*，1987）等。

波科拉·蒂莫特乌斯（Pokora Timoteus，中文名字波科拉，1928 ~ 1985）翻译了《秦始皇帝》（*Čchin Š'Chuang-ti*）和王充的《论衡》（*Kritická pojednání*，1971）。

雅罗米尔·沃拉哈（Jaromír Vochala，中文名字吴和，1927 ~ ）从中文翻译了中国古诗选《黄河之歌》（*Zpěvy od Žluté řeky*，1987）

薇娜·赫尔德里奇科娃（Věna Hrdličková，中文名字何德佳，1924 ~ ）及其丈夫德涅克·赫尔德里奇卡（Zdeněk Hrdlička，中文名字何德理，1919 ~ 1999），出版了《中国古典文学》（1980）、《中国古典文学史》（1989）等。

另外，捷克汉学家米莲娜·多列热洛娃—薇林格洛瓦（Milena Doleželová-Velingerová，1932 ~ ），1969 年以后侨居加拿大，在多伦多大学讲授中国古典文学和现代文学。斯洛伐克汉学家高利克（Marián Gálik，1933 ~ ）以研究中国现代文学而享誉国际。他们在研究传播中国文化方面都有卓越贡献。

（三）匈牙利

在社会主义年代，匈牙利对中国古代文化的研究和译介取得了相当丰富的成就，其内容涉及中国语言、哲学、文学、历史、社会等诸多领域。李盖蒂1947年当选匈牙利科学院院士，1949～1969年担任科学院副院长，在他的领导下，以杜克义为代表的一批中青年汉学家崭露头角，在学术研究和翻译活动进入旺盛高产时期，极大地推动了中国文化在匈牙利的传播。

杜克义（Tökei Ferenc，1930～2000）是继李盖蒂之后最重要的匈牙利汉学家，也是哲学家和文学理论家。1949～1953年在匈牙利罗兰大学文学院学习汉语，毕业后当研究生，获语言学副博士、文学博士学位。早在学生时期他就对中国古代文化产生兴趣，1954年，年方24岁的杜克义在科学院出版的《东方学报》上发表论文《中国古代哲学家老子极其学说》，1956年又发表《古代中国的哲学》，在此基础上他翻译了《道德经》（LAO-ce：*Az út és Erény Könyve*）1958年出版。在1953年世界和平委员会隆重纪念诗人屈原的影响下，杜克义大学尚未毕业就开始尝试翻译屈原的诗，经他译成散文、又由诗人翻译家加工的《屈原诗选》在1954年出版。此后他的专著《中国哀歌的诞生：屈原及其时代》（*A kínai elégia születése：Kü Jüan és kora.*）也在1959年问世。由他初译、查纳迪·依姆莱（Csánády Imre）等一批诗人加工润色的《诗经》（*Dalok Könyve*）1957年出版，后又多次再版。在中国古代戏剧方面翻译出版了关汉卿的杂剧《窦娥冤》和《救风尘》（*Tou O ártatlan halála：Csao Pen-er，a mentőangyal*，1958），以及王实甫的《西厢记》（*A nyugati szoba*，1960）等。他还为《今古奇观》（选译本）等一批中国文化书籍匈文本撰写序文或校订评注。20世纪60年代，他主持翻译了《中国古典短篇小说选》（*Klasszikus kínai elbeszélések*）；独立翻译了三卷本的《中国古代哲学》（*Kínai filozófia：ókor I-III.：Szöveggyöjtemény*），在科学院出版社出版，首次全面系统地介绍了中国古代哲学。此外，他还著有《中国文学史简编》（*A kínai irodalom rövid története*，1960，合著）、《中国3世纪～4世纪文学理论：刘勰诗歌理论研究》（*Műfajelmélet Kínában a III-IV. Században：Liu Hie elmélete a költői műfajokról*，1967）等。

杜克义1969年出任匈牙利科学院哲学研究所所长，1973年当选通讯院士，1985年当选院士。他领导的科学院东方学工作室和语言学研究所东方学研究室与巴拉士出版社合作，从1985年起合作编辑出版"历史与文化"丛书，汇集东方学和中国学研究成果，到1998年共出版16册。他本人担任主编，策划选题，组织文稿，也亲自撰写一些序言或后记。其间又发表《关于亚细亚生产方式的若干争论问题》（1981）、《论游牧生活方式问题》（1983）等重要论文，早年的一些著述也被陆续翻译成英文出版。

陈国（Csongor Barnabás，1923～）毕业于布达佩斯罗兰大学，获匈牙利语—意大利语专业师资文凭。大学期间，曾在旅匈华人赵东生的指导下学习汉语。1947年通过汉语博士论文答辩，后留校在中国与东亚教研室任教，1963～1983年担任主任。20世纪50年代以后，他先是协助诗人沃莱什·山道尔（Weöres Sándor）翻译过屈原、杜甫和李白的诗歌（1952），后陆续主译出版了《白居易诗选》（*Po Csü-ji versei*，1952）、《杜甫诗选》（*Tu Fu versei*，1955）、《李白诗选》（*Li Taj-po versei*，1961），参与两卷本的《中国古代诗歌选》（*Klasszikus kínai költők I-II*，1967）等书的选编和翻译。由他翻译的《水浒传》两卷本1961年出版，经增订的三卷本（Si, Naj-an：*Vízparti történet I – III*）1977年出版，印数近15万册，在东欧国家属于罕见。

陈国教授1984年在北京大学进行中国古典小说研究，特别是围绕《水浒传》研究撰写了多篇有影响的论文：《中国古典小说的叙事范围》（1981）、《〈水浒传〉与〈西游记〉分析比较》（英文1975，中文1982）、《中国小说〈水浒传〉中人物的环境背景》（1985）等。

米白（Miklós Pál，1927～2002）是艺术史家和汉学家，毕业于罗兰大学，20世纪50年代留学中国，在中央美术学院攻读艺术史，回国后担任过霍朴·费伦茨东亚艺术博物馆馆长，后在罗兰大学讲授中国艺术史，出版《敦煌千佛洞》（*A tunhuangi Ezer Buddha Barlangtemplomok*，1959）等美术论著，对齐白石、郭沫若、老舍、曹禺等都有研究，翻译了多种中国现代文学作品，与杜克义合著《中国文学史简编》，学术研究还兼及佛教。

高恩德（Galla Endre，1926～2008）最初考入罗兰大学文学院的匈德语言文学系，1950年毕业留校任教。同年12月，作为中、匈建交后首批交换的留学生来华留学，先在清华大学学习了两年汉语，后在北大攻读文学专业研究生。1955年毕业，进入匈牙利外交部，后转入罗兰大学文学院中文和东亚系，曾担任系主任，在汉语教学、人才培养和中国现当代研究方面都做出了重要贡献。先后参加《中国古代诗歌选》的翻译，著有《走遍世界的匈牙利文学——匈牙利文学在中国》（*Világjáró magyar irodalom：A magyar irodalom Kínában*，1968）等。

艾之迪（Ecsedy Ildikó，1938～2004），罗兰大学教授，罗马欧洲科学院院士（1994）。她1961年毕业于罗兰大学中文专业，出版的专著有《中国边境的游牧民族及其商旅》（*Nomádok és kereskedök Kiná hátarain*，1979）和《华夏国家的起源》（*A kínai állam kezdetei*，1987），主要论文包括《7世纪中期在中国北方的西突厥人》（*Nyugati türkök észak-Kínában a VII század közepen*，1979）、《论述草原

地区历史的远东文字史料》（*Far Eastern sources on the history of steppe region*，1981）、《中国的编年学》（*Kína időszámítása*，1983）等，另外还发表了大量介绍中国社会与文化的文章。主编《匈牙利出版的亚洲和非洲文献目录（1950～1962）》（*Magyar szerzők ázsiáról és Afrikáról 1950～1962. Válogatott bibliográfia*，1962），校注匈牙文版的《儒林外史》；她曾计划翻译《三国演义》并译出其中六个章回（*A három királyság története* [I–VI. fejezet]，1987），但由于出版困难等原因未能继续。

在20世纪后半期匈牙利对中国文化经典的研究译介方面，还有一些重要的成果，如拉扎尔·久尔吉（Lázár György）从德语转译的两卷本《红楼梦》（*A vörös szoba álma I-II*，1959），前后出过4个版次，影响甚广。瓦尔格·依伦娜（Varga Ilona）从德语转译的两卷本《好逑传》（*Virágos gyertyák avagy egy jó házasság története*：*Kínai regény a XVII. századból*，1961）。鲍若尼（Polonyi Péter，1935～）翻译的《儒林外史》（*Írástudók*，1966）。另外还有马特拉伊·塔马斯（Mátrai Tamás）的《金瓶梅》（*Titkos találkák*：*Részlet a Szép asszonyok egy gazdag házban című XVI. századi kínai regényből*，1989）节译本，基什·依姆莱（Kiss Imre）从英文转译的《肉蒲团》（*A szerelem imaszőnyege*：*Erotikus regény a Ming-korból*，1989），以及多种《道德经》译本等。

一些汉学家的研究主要涉及现当代中国，其成果不在本文确定的古代文化典籍范围，故未罗列。另外，还应当提到的是，匈牙利的东方学研究涉及领域之广，在东欧国家中最为突出，特别是在藏学和蒙古学方面具有深久的传统，涌现了一批卓有成就的专家学者，取得了丰硕的成果。

（四）罗马尼亚

中国与罗马尼亚从1950年开始互派留学生，在交流合作方面首先重视人才培养，为后来两国关系的全面发展和文化的相互借鉴解决了语言障碍。在20世纪50年代，罗马尼亚人对中国的了解还非常有限，认识中国的有效方式之一就是借助被译成罗文的中国文学作品。由于罗马尼亚的汉学传统远不及一些中欧国家，所以当时多通过俄文或英文转译，内容首先是当时官方推介的那些典型的革命作品，中国古代文化典籍甚少。1953年罗马尼亚与苏联和东欧国家一样，举行了纪念世界文化名人屈原的活动。作家杰奥·博格扎（Geo Bogza，1908～1993）还撰写了《论屈原》（*Ciu-Yuan*）一文，全面介绍这位伟大的中国古典诗人。

尤塞比乌·卡米拉尔（Eusebiu Camilar，1910～1965）是位小说家、诗人和翻译家，但并不懂汉语。1954年他来华进行了为期三个月的访问交流，曾为

1950 年首批赴罗留学生、时任外交部翻译的裘祖遂协助他选译了部分古代诗歌，1956 年结集为《中国古代诗歌选》（*Din poezia chineză clasică*）出版。后来又翻译出版了《李白诗选》（*Li-Tai-Pe*），收录 54 首。

李白诗歌的另一个译本是阿德里安·马纽（Adrian Maniu，1891～1968）翻译的《李太白诗选》（*Din cîntecele lui Li-Tai-Pe*，1957），收录 101 首。

诗人罗穆鲁斯·弗尔佩斯库（Romulus Vulpescu，1933～）主持编译的《中国古代诗歌选》（*Antologia poeziei chineze clasice*，1963）是当时罗马尼亚出版的最为完整的一个译本，所收作品自公元前 11 世纪至 1911 年，包括《诗经》作品和晚清诗人作品共 239 首。参照的蓝本之一是郭沫若与苏联汉学家费德林（N. T. Fedorenko，1912～2000）合作主编、20 世纪 50 年代末在莫斯科出版的四卷本《中国诗歌集》。

中国古典小说中最早被译成罗文的是《水浒传》（*Pe malul apei*，1963），由斯特凡娜·韦里萨尔—特奥多雷亚努（Ştefana Velisar-Theodoreanu，1897～1995）和安德烈·班塔什（Andrei Bantaş，1930～1997）根据赛珍珠的英文译本转译而成。

关于中国古代哲学，罗马尼亚在 20 世纪 50 年代出版了两部著作。一是苏联华裔汉学家杨兴顺（Ян Хин-шун，1904～1989）的《中国古代哲学家老子及其学说》（*Filosoful antic chinez Lao-Ţzî şi învăţătura sa*，1953），该书俄文本 1950 年出版后，在东欧多国都出了转译本。二是苏联阿·阿·彼得罗夫（Apollo Alexandrovici Petrov）原著、由马德莱娜·福尔图内斯库（Madeleine Fortunescu，1927～2002）等翻译成罗文的《中国古代唯物主义者和启蒙主义者王充》（*Van Ciun, materialist şi iluminist al Chinei antice*，1958）。

20 世纪 60 年代中期以后，随着一代留学中国的译者队伍逐渐成熟，以及中、罗交往的增多，罗马尼亚对中国古代文化典籍的译介情况也有了较大改观。

托妮·拉迪安（Toni Radian，中文名字江东妮，1930～1990），1950 年来华，先后在清华大学和北京大学学习。回国后于 1956 年在布加勒斯特大学外国语言文学院创办汉语专业，长期从事教学，培养了许多人才。1966 年，她选译出版了《聊斋志异》15 篇，结集《黄英》（*Duhul crizantemei*）出版，标志着罗马尼亚人开始独立直接从中文翻译文学作品。1983 年，她又出版了《聊斋志异》的增订本。她的另一部译著是《今古奇观》（*Întîmplări uimitoare din zilele noastre şi din vechime*，1982），另外还主持翻译了三卷本的《中国中古小说选》（*Nuvela chineză medievală*，1989）。

伊丽亚娜·霍贾—韦利什库（Ileana Hogea-Velişcu，中文名字杨玲，1936～），1955～1962 年在北京大学学习中国语言文学，毕业回国后一直在布加勒斯特大学汉语专业执教。她的主要译著包括与伊夫·马尔丁诺维奇（Iv Matinovici, 1924~2005）合译的《红楼梦》（Visul din pavilionul roşu，节译本，1975、1985），《楚辞》（Qu Yuan, Poeme, 1974），另外还编有《中国古代和近代文学词典》（Dicţionar de literatura chineză clasică şi modernă, 1983）等。

20 世纪罗马尼亚最高产的中国文学和文化翻译家当数康斯坦丁·鲁贝亚努（Constantin Lupeanu，中文名字鲁博安，1941~），他是职业外交官，1966 年毕业于布加勒斯特大学汉语专业，考入外交部，在罗马尼亚驻华使馆工作多年，从随员到公使衔参赞，后出任驻泰国、新加坡和越南大使，2015 年出任罗马尼亚文化中心（北京）主任。他和夫人、诗人米拉·鲁贝亚努（Mira Lupeanu，中文名字鲁美娜，1944~2006）一起翻译出版了大约 40 部中国文学和文化作品，其中在 1989 年以前翻译出版的文化典籍有《诗经选》（Cartea poemelor Shijing, 1985）、《儒林外史》（Întîmplări din lumea cărturarilor, 1978）、《金瓶梅》（Lotus de Aur, Vaza şi Prunişor de Primăvară, 1985）、《官场现形记》（Întîmplări din lumea mandarinilor, 1986）、《水浒传》（Osândiţii mlaştinilor，三卷，1987~1989）等。

（五）保加利亚

保加利亚与中国建交后，也在 1950 年派遣留学生来华学习。1953 年 2 月，索非亚大学开设汉语讲习班，首批学员 22 人开始学习汉语。保方邀请抗日战争胜利后随丈夫、援华医生扬托·卡耐提（Dr. Ianto Kaneti，中文名字甘扬道，1910~2004）迁居保加利亚的张荪芬女士参与教学。她与中国政府派遣的第一位汉语专家、北京大学的朱德熙先生合作，共同开创了保加利亚的汉语教学。当时，保加利亚是新中国成立后向国外派遣汉语教师的首批四个国家之一。在 50 年代，保加利亚文化界主要通过俄语译介了一批中国政治、文化图书，其中有许多是当时中国有政治影响的小说。在对中国古代文化典籍的译介、出版和研究方面，比较重要人物和成果有以下一些。

鲍拉·贝丽婉诺娃（Бора Беливанова，中文名字白宝拉、白雪松，1934~）参加了索非亚大学第一届汉语班学习，1964 年在莫斯科大学完成有关中国文学的论文答辩，获副博士学位，之后在索非亚大学担任汉语教师，讲授古代东方文学史、中国文学史等课程。她先后翻译出版了《中国中古小说》（1967）、《中国朝代历史的"列传"部分：李太白列传》（1972）、《远古东方的历史》、《聊斋志异》（节译本，1978）、《老子校释》（1980）、《山海经和天问》（1985）等；撰写论文《关于以〈诗经〉为基础的中国古代民歌的韵律问题推论》（1966）、《关于中国古代文学中的"循环"问题》（1974）等；编辑出版教材《中国古代文学作品选读》（1979）、《中国文学史纲要》等。

德西斯拉娃·伊万科娃·伊万诺娃（Десислава Иванкова Иванова）完成博士论文《〈聊斋志异〉研究》。

索菲娅·菲尔迪南多娃·卡特洛娃（София Фердинандова Кадрова，1943~），1962 年来华，第二年进入北京大学中文系学习，1966 年因中国发生"文革"而中断学习回国。1967 年，她转赴莫斯科大学东方语言学院继续学业，1970 年获硕士学位。1972 年再度赴莫斯科，完成论文《〈庄子〉句法》，获副博士学位。她翻译出版了中国古代神异小说《搜神记》（1986）。

（六）南斯拉夫

贝尔格莱德大学 1974 年设汉语选修课，1985 年正式发展为汉语专业，开创人是南斯拉夫第一位汉学家丹阳·拉兹奇博士（Dejan Razić，1935~1985）。20 世纪 80 年代主要开展中文教学和中国文学译介，侧重当代文学。

20 世纪 80 年代，南斯拉夫联邦的斯洛文尼亚也开始培养汉语人才，为后来建立汉语专业和开展中国研究做了必要的先期准备。这一时期有两位较重要的学者：一位是米加·萨耶（Mitja Saje，1947~），60 年代曾留学日本，后转攻汉学。1976 年他在贝尔格莱德大学学习汉语，80 年代到中国进修，著有《中国明清绘画》（Kitajsko slikarstvo dinatij Ming & Qing，1988）等。另一位是玛雅·米利琴斯基（Maja Miličinski，1956~），1983 年作为南斯拉夫公派留学生在南京大学进修汉语言文学，1984 年到北京大学学习中国哲学史，1985 年在中国社会科学院世界宗教研究所研习世界宗教史。学成归国后，在卢布尔雅那大学哲学系教授中国古代哲学，译有《孔子》（Konfucij，1988），辑译《中国古代智慧》（Stara kitajska modrost，1988）内收《孟子》、《中庸》、《大学》等"四书"中的古代思想。

（七）阿尔巴尼亚

1949 年与新中国建交后开始介绍中国文化，翻译出版中国文学作品，扩大了对中国的认识。20 世纪 60 年代主要有诗人安德里亚·瓦尔斐（Andrea Varfi，1914~1992）翻译的《离骚》（Li Sao apo brenga e internimit，1960），有后来成为著名作家的伊斯玛依尔·卡达莱（Ismail Kadare，1936~）翻译的《中国唐代古典诗歌集》（1961），诗人约尔果·布拉茨（Jorgo Bllaci，1938~）翻译的《吾为何心痛——杜甫诗选》（Përse më dhemb zemra – Du Fu [vjersha të zgjedhura]，1962）。但是限于研究基础和翻译力量不足等原因，对中国文化的译介出版非常有限。1978 年以后中阿关系趋冷，文化交流停止，中国文化淡出阿尔巴尼亚读者的视线，直到 90 年代以后才逐渐恢复。

第四节 转轨之初接受中国传统文化的特征（1990~2000年）

东欧国家战后的政治体制由于其自身的缺陷与问题，加之国际上的外力作用，在1989年发生颠覆性改变，随之进入了一个政治、经济、文化等各个领域全面转型的时期。中国在尊重中东欧国家人民的制度选择、尊重和平共处五项基本原则的基础上，继续发展同这些国家的关系。尽管个别国家政治制度改变后，亲西方势力在涉台、涉藏和人权问题上也不时发出噪声，但发展同中国的友好合作还是中东欧各国的普遍共识。

1990年之后中东欧国家原有的意识形态被彻底推翻，官方意志操控和禁锢文化事业、学术研究和新闻出版的状态被彻底打破；在民主政治、市场经济和回归欧洲的基本方向下，文化交流、学术研究、艺术创造、图书出版环境等，都日趋多元、开放和自由。文化、教育等领域从法规政策、组织结构、价值体系，到机构设置、人员队伍、经费来源等诸多方面进入了一个不断变化和调适的时期。中国改革开放的巨大成就和不断提升的国际影响力，在世界范围引起了新一波的"中国文化热"。中东欧各国对中国文化的关注、研究和传播，也受到这些背景和因素的影响，总体上延续了社会主义年代的传统，并且不断有所拓展，这些变化大体上反映在以下几个方面：

（1）对中国文化的研习和中国问题的研究受到重视，大学的汉语专业、学术研究机构、民间友好组织等都有所增加，规模不断扩大，汉语教学和中国学研究进入了一个蓬勃发展时期。由于捷克斯洛伐克和南斯拉夫联邦的解体，原东欧地区的汉学或中国学研究的国别格局也随之变化。

捷克斯洛伐克科学院东方研究所的中国学研究在1968年以后基本中断，1990年开始全面恢复。1993年，查理大学成立远东研究所，下设中国和日本研究部和韩国、蒙古国、越南研究部，另开设维吾尔语、满语、藏语和泰语课程。中国部是东亚研究所中规模最大的部，主修中文的本科生和研究生有一百多人，可以培养硕士和博士，侧重中国传统文化、汉语语言和文学研究。设在奥洛莫乌茨市的帕拉斯基大学也从1993年恢复中断了40年的汉语教学。

1994年8月29日~9月1日，欧洲汉学学会第十届汉学大会在捷克首都布拉格召开，查理大学远东研究所承办，来自欧洲的近200名汉学家与会。

1993年1月1日，斯洛伐克独立，对中国的研究也相对与捷克学术界脱离。

斯洛伐克在1960年建立了第一个汉学研究机构，即斯洛伐克东方学研究室。马利安·高利克和安娜·多勒日洛娃—弗尔奇科娃（Anna Doleželová, 1935 ~ 1992）是最早学习汉语的斯洛伐克人，他们从1953年起在布拉格的查理大学学习，后主要研究中国现代文学，尤其是高利克教授的学术成果极为丰硕，为斯洛伐克汉学的奠基和发展做出巨大贡献，在国际汉学界也有重要影响。20世纪90年代以后，斯洛伐克的中国研究主要在科学院东方研究所、考门斯基大学的哲学系东亚语言和文化教研室两个机构开展。

波兰1996年成立"亚太学会"（the Asia-Pacific Society），克日什托夫·加夫利科夫斯基（Krzysztof Gawlikowski）教授担任首任会长。学会出版年鉴《亚太地区社会、政治与经济》（Asia-Pacific, Society-Politics-Economy）发表波兰学界对东亚地区社会、政治、文化和经济的研究论文。1997年，在该学会倡议下又成立了波兰亚太理事会（Polish Council of the Asia Pacific），由知名学者、政治家和与亚洲有关的机构领导人组成，加夫里科夫斯基教授任主席。该理事会以促进波兰与亚洲的关系和开展不同文明之间对话为宗旨。1998年，波兰科学院也增设东亚研究中心。在西里西亚大学、格但斯克大学增设了汉语教学。

罗马尼亚1990年成立"塞尔久·阿—乔治"东方研究所，1994年成立了以汉学家和对华友好人士为主体的"罗中友好协会"，前驻华大使弗洛里亚·杜米特列斯库（Florea Dumitrescu）担任会长。雅西大学、克卢日大学和布加勒斯特的"金星"大学都增设了汉语教学。

在保加利亚，保中友协1990年成立了汉学家俱乐部。1991年5月，索非亚大学设立保加利亚第一个"汉语言文学"专业，并逐步达到本科、硕士和博士三个层次，建立了完整的汉语人才培养体系。在大特尔诺沃大学也增设了汉语教学。

在前南国家中，克罗地亚的萨格勒布大学、斯洛文尼亚的卢布尔雅那大学，以及波罗的海沿岸的爱沙尼亚、拉脱维亚和立陶宛三国的大学，也增加了汉语教学和中国研究。

（2）中东欧国家的部分老一代汉学家依然活跃，一批年轻的中国学者开始崭露头角。各国汉学家利用各种机会加强了与中国教育、文化和学术界的交流，图书增添，信息更新，学术空间拓展，学术自由加强，国际交流机会增多，成果出版条件改善，这些都为中国文化的传播提供了更为有利的条件。但由于各国的汉学传统和研究力量差异很大，所以在规模、成果和达到的水平方面也不尽相同。市场和利益的驱动，致使出版内容十分庞杂，有关中国武术、太极、针灸、按摩、生肖、风水类图书不少。重复译介、重印出版和从其他语言译本转译的书籍较多，学术性很强的研究与某些猎奇的出版并存。

20 世纪 90 年代中东欧国家对中国古代文化典籍译介出版还是取得了许多新的成绩,这里仅举例若干。

波兰　出版了爱娃·维泰茨卡(Ewa Witecka)从英文和俄文转译的《龙的女儿:16～17 世纪的中国奇幻小说》(Córka smoka-chińskie opowiadania fantastyczne. VII – XVII w. n. e.，1990)。尤什维亚克(Jóźwiak W.)等人从德文转译了《易经》(I Cing. księga Przemian，1994);胡佩芳(Irena Sławińska)等人合译《金瓶梅》(Kwiaty śliwy w złotym wazonie，1994);马热娜·史兰克—列娃(Marzenna Szlenk-Iliewa)翻译了《诗经》(1995)。

金思德的成就尤其突出,他选译了司马迁著作《龙子:〈史记〉摘译》(Syma Ts'ien, Syn smoka, Fragmenty zapisków historyka，2000),出版了《中国艺术》(Sztuka Chin，1991)、《中国文化史》(Dzieje kultury chińskiej，1994)、《中国语言》(Języki chińskie，2000)等多部专著,编纂了《中国艺术小词典》(Mały słownik sztuki chińskiej，1996)等。

捷克　汉学家米莲娜·多列扎洛娃—薇林格洛娃 1969～1996 年侨居加拿大,在多伦多大学讲授中国古典文学和现代文学。1996 年回到捷克,在查理大学执教,兼任东亚研究所学术委员,她的《中国的理论与批评·卷二·中国前期现代戏剧与小说理论》(1994)有较大影响。

克拉尔有多种译著:《沉默之书:老子道德经》(Kniha mlčení: texty staré Číny: Lao-c': Tao Te Ting，1994)、《易经》(I-t'ing = Kniha proměn，1995)、《孙子兵法》(O válečném umění，1995);《文心雕龙》(Duch básnictví řezany do draků, 2000)。

费迪南·斯多切斯(Ferdinand Stočes，1929～)在中国古诗译介方面出版了李清照诗集《玉桂花》(Květy skořicovníku，1992),李白诗选《天地即衾枕》(Nebe mi pokryvkou a země polštářem，1999)等。

达娜·卡尔沃多娃以研究中国戏剧见长,她的《中国戏剧》(Čínské divadlo，1992)和《亚洲戏剧》两部著作颇受好评,其中包括对关汉卿、孔尚任等中国古代戏剧家的研究。

斯洛伐克　玛丽娜·查尔诺古尔斯卡(Marína Čarnogurská,中文名字黑山,1940～),1991 年政治平反后,以论文《战国时期儒学的发展和独特性》在布拉迪斯拉发的考门斯基大学获哲学博士学位。此后,她发表一系列有关中国哲学的论文,从中国古典哲学视角反思当代文明冲突和全球世界观危机。同时,还翻译出版了中斯文对照的《荀子》(Sün c': Eseje, 1. Vol.，2000)等。

匈牙利　科苏特奖得主、汉学家、作家卡拉琼·加博尔(Karátson Gábor)直接从中文翻译了《道德经》和《易经》,后者为三卷,包含了译者从欧洲哲学视角撰写的大量评注。

杜克义翻译的《论语》（1995）出版；他主编的中匈双语系列丛书《中匈文选》，列入匈牙利文化教育部资助的"高等教育教科书和专业图书资助项目框架"，第一辑包括《论语》等9种，第二辑也为9种，为《诗经》、《左传》、《墨子》、《史记》等典籍的选译。此外，还有一批中匈双语对照的中国古代文化典籍出版，《道德经》、《孟子》、《孙子兵法》等典籍都有多种译本问世。

艾之迪主编出版了《古代中国社会、文化史研究入门：古代欧洲的中国研究文集》（*Ex oriente lux：Bevezetés a régi Kína társadalmának és kultúrájának történetébe：Tanulmányok Kínáról Európa ókorában*，1992）。

罗马尼亚 在中国传统文化和哲学著作的译介方面有许多新书问世。仅《道德经》就出了6种译本，其中迪努·卢卡（Dinu Luca）译本（*Cartea despre Dao și Putere*，1993）、谢尔班·托阿德尔（Șerban Toader）译本（*Cartea despre Tao și virtuțile sale*，1994）都是直接从中文翻译。

鲁博安夫妇是将《道德经》和《论语》（*Lao Zi și Confucius，Cartea despre Tao și virtute；analecte*，1997）两部译本合集出版，此外他们还翻译了《易经》（*Cartea schimbărilor*，1997）、《肉蒲团》（*Rogojina de rugă a cărnii*，1996）等。

弗洛伦蒂娜·维珊（Florentina Vișan，1947~）翻译出版了《玉阶——中国古代诗歌选》（*Trepte de jad. Antologie de poezie chineză clasică SHI*，1990）、《论语》（*Confucius，Analecte*，1995）和《列子》（2000）。她还将多种西方汉学著作译成罗文出版，如法国汉学家康德谟（Max Kaltenmark）的《中国哲学》（*Filozofia chineză*，1995）、澳大利亚汉学家费子智的《中国文化简史》（*Istoria culturală a Chinei*，1998）等。

杨玲教授著有《中国与中国文学散论》（*Eseu despre China și literatura chineză*，1997）等。

保加利亚 在历史研究方面，玛丽安娜·马林诺娃（Мариана Малинова，1965~）出版《欧亚与中国：青铜器时代的文化接触问题》（*Евразия и Китай. Проблемът за културните контакти през бронзовата епоха*，1995）。特奥朵拉·库察罗娃（Теодора Куцарова）发表《〈道德经〉，道与德之经》（*Лао Дзъ. Дао Дъ дзин Трактат за Дао и Добродетелта*，1996）等论文。

塞尔维亚 汉学家普西奇（Radosav Pušič，1960~）在中国学研究成果相当丰富，发表了论文《论早期道教》（1990）、《糖和纸：印度、波斯和中国文化的纽带》（1991）、《婴儿与水：老子的道》（1994）、《论老子的"无"》（1998）等，译有《天子——中国古典哲学选译》（1996）、《老子》（1997）等。20世纪90年代，还有《易经》、《道德经》、《孙子兵法》等典籍的其他译本，以及对中国古代文学的多种译介和研究问世。

斯洛文尼亚　有彼得·阿马列蒂（Peter Amalietti）的《〈易经〉：智慧之泉》（*Ji Cing - vodnjak modrosti*，1992）；玛雅·米利琴斯基辑译的《道家经典：老子、庄子与列子》（*Klasiki daoizma，Lao Zi，Zhuang Zi in Lie Zi*，1992），《〈易经〉：轮回转换之书》（*Yijing = Knjiga premen*，1992）。另外，还出版过《王维诗集》。在对中国古代哲学研究方面，斯洛文尼亚学者也有一些论著发表。

（3）在1989年以前，东欧国家的中国学研究作为对华关系的一个方面，在很大程度上体现着官方的态度，合作的对象主要是中国（大陆）的大学和学术机构，而转轨以后的情况有很大改变。20世纪90年代以后，中东欧国家将加入"北约"和"欧盟"作为基本国策，积极推行与欧洲一体化。在这样一种背景下，中东欧国家的学者参与国际学术交流的渠道得到拓宽。汉学家们大多加入了欧洲汉学学会，参与各种国际学术会议，在国际学术交流中频繁接触，相互影响。一些汉学家特别是年轻一代，大多在价值取向和研究方法上同时受到欧美主流中国学研究的影响，他们更多地把中国作为一个客观的、纯学术的研究对象，这与50年代在中国培养的那一代汉学家有明显不同。

另外，有的汉学机构与中国台湾学术界也建立了联系，利用蒋经国国际学术交流基金会的资助到台湾访学，接受赠书和其他形式的支持。例如，捷克查理大学1997年成立了"蒋经国国际汉学中心"，波兰、匈牙利等国大学的汉学系与台湾也有一定的交往。这些都反映了中东欧国家汉学研究在价值和路径上的多元取向。

20世纪中国古代文化经典在中东欧地区的传播是中外文化交流史的一个重要组成部分，取得了丰富的成果，具有显著的特质，产生了深远的影响。从以上粗略的回顾介绍可以看到，通过中东欧国家几代汉学家和知识阶层的努力，大量中国文化典籍得到译介，中国文化逐步走入这些国家，使人们得以认识中国的古老文明和精神实质，极大地促进了不同文化之间的交流与互补，为中国与中东欧国家关系的发展提供了历史文化的支撑和思想理论的维度。这种文化选择的百年进程，再次彰显了中华文明的博大精深及其世界性影响，折射出中东欧地区无数人文学者对中华文化的仰慕情怀和为之付出的艰苦探索，书写了中欧文化交流春华秋实的历史篇章。

世纪之交只是一个时间上的节点，而非文化和学术发展分期的理由和标准。我们在回眸中国文化及典籍在中东欧国家的传布和影响的同时也注意到，进入21世纪之后，随着中国经济的发展和国际地位的不断提高，中国文化在世界上受到越来越多的重视，特别是2004年以后"孔子学院"的建立和发展，为中国语言文化的国际推广提供了广阔的平台。截至 2015 年，中东欧 16 国均开设了"孔子学院"，总数已达到 27 所。无论是外国人在本国了解研习中国文化，还是到中国访学交流，都具有更多的机会和更好的条件。中东欧国家在吸收中国文化方面延续着原有的传统，在新的条件下蓬勃发展：汉语学习者人数大量增加，中国研究的新一代专业队伍日渐成熟，有关中国的图书翻译出版备受重视，中国文化经典的译本层出不穷。这些都从不同的侧面向我们昭示，中国文化在中东欧国家将得到更多的传播，而 21 世纪不仅是全球化的时代，同时也是中国文化走向世界的时代。

第六章

20 世纪中国本土传播古代文化经典的历程

第一节 中国学者开辟中国经典外译新领域：《天下》

一、留洋学生对中国文化的传播

中国古代文化典籍从 17 世纪西班牙传教士高母羡将《明心宝鉴》翻译成西班牙文开始，"中学西传"拉开了它的大幕，但从 17 世纪~20 世纪在这三百年间在西方传播中国文化的主体是来华的传教士或西方汉学家，中国人只是偶尔参与此事。最早从事中国典籍西译的中国人或许是 18 世纪被传教士带到法国的黄嘉略，据说他翻译了《玉娇梨》的前三回，尽管没有出版，但中国人传播自己文化的序幕缓慢地拉开了。晚清中国驻法的外交官陈季同开始用法文出书，写下了中国人自主向西方传播中国文化的第一篇章。①

---

① 陈季同从 1884 年发表第一篇西文著作到 1904 年最后一部著作出版，先后在法国出版了 8 部著作，将中国的戏剧、小说翻译成法文出版。参阅李华川《晚清一个外交官的文化历程》，北京大学出版社 2004 年版。

19 世纪末到 20 世纪初的辜鸿铭无疑是中国人从事中国文化西传的重要人物。①

20 世纪初的留学大潮兴起,中国的读书人中开始出现了一批中西兼通的新学者,特别是在西方的留学生活使他们认识到中国文化对其生命与国家的意义,他们开始自觉或不自觉地走上了向西方介绍中国文化的道路。首批哈佛燕京的中国留学生杨联昇、齐思和、翁独健、王伊同、蒙思明、杨联升、邓嗣禹、郑德坤;周一良、陈观胜、洪业等,开始在美国介绍中国文化,而留学欧洲的陈受颐、陈世骧、梁宗岱、陈仲年、初大告等也拿起笔开始翻译中国的典籍,在欧洲发表。②

但 19 世纪以来中国的社会自然发展被西方强国的外部势力所打断,20 世纪初更是一个中国向西方学习的艰难时期,此时的留学生在留学西方后"主要是'引进',而不是输出。这种逆差性决定了中国留学生只能充当吸收西方文化的'天使',不能去做传播中国文化的'传道者'。诚然,留学生在力所能及的范围内,向西方介绍了一些中国古典文化,如文学、史学、哲学、社会习俗、人文演化,而且留学生本身涉足海外,就是一种中国形象的文化传播,但这并未构成留学生与近代中外文化交流的主体。"③

其实,此时的留学生身在西洋,心在中国,学的是西洋文化,精神传统上又摆不脱中国传统,他们的内心常常处在苦恼之中,如吴宓所说"心爱中国旧礼教道德之理想,而又思西方积极活动之新方法,维持并发展此理想,"但二者之间充满矛盾,甚至背道而驰,这两种文化的冲突"如二马并驰,宓必以左右二足分踏马背而絷之;又以二手紧握二马之缰于一处,强二马比肩同进。然使吾力不继,握缰不紧,二马分道而奔,则宓将受车裂之刑。"④

哈佛燕京学社早期赴美的中国青年学者,他们发挥作用也大都在 20 世纪下半叶,即便在他们成长起来后对美国的中国研究起到了一些重要作用,但其身份和角色决定他们在中国古代文化的西传上仍是一种辅助角色,或像萧公权所说,在学术研究上,他们是美国汉学家一种"学术警察",但学术的主角不是他们。

---

① 辜鸿铭 1898 年在上海出版了他的第一个儒家典籍英译本《论语》(The Discourses of Confucius: A new Special Translation, Illustrated with Quotations from Goethe and other Writers),1906 年推出了他的《中庸》译本(The Universal Order or Conduct of Life),以后还内部刊印了他的《大学》译本(Higher Education)。

② 梁宗岱在《欧洲》杂志上发表了他翻译的王维的诗,并在 1930 年翻译出版的《陶潜诗选》,陈仲年的《中国诗文选》、陈宝吉的《西厢记》译本、朱家健 1900 年出版了法文版的《中国戏剧》。

③ 李喜所:《近代留学生与中外文化交流》,天津教育出版社 2006 年版,第 3 页。参阅 [美] 史黛西·比勒著,张艳译:《中国留美学生史》,上海三联出版社 2010 年版;刘晓琴:《中国近代留英教育史》,南开大学出版社 2005 年。

④ 《吴宓日记》,1927 年 6 月 14 日,第 3 册,第 335 页。

所以，无论是在客观上还是在主观上，留洋学生在向西方传播中国文化上虽有一定的贡献，但终因时代所限，挑不起中国文化向外传播之大旗。

二、《天下》杂志横空出世

《天下》（T'ien Hsia Monthly）是民国期间中国人自主创办的一份旨在向西方世界介绍中国文化的英文杂志。这份刊物的诞生两个人最为关键：一个是国民党的元老孙科，另一个是留美的法学家吴经熊。

孙科在1935年12月成立了中山文化教育馆，旨在通过民间组织加大对孙中山思想的宣传以及展开文化和教育的工作，这样中山文化教育馆自然把教育和文化出版作为其重要的任务。中山文化教育馆表面上是一个民间文化机构，实际上同时也得到民国政府和一些省份政府的支持，因此，《天下》杂志早期获得了发展文化事业的足够资金。邓其峰在《国父思想之实践与阐扬者：孙哲生先生》中曾明确讲述了孙科成立中山文化教育馆的经过与想法，他写道："先生首见及此，乃'民国'二十一年冬，在上海以个人资格，多次召开谈话会，极力倡议建立中山文化教育馆，以阐扬国父遗教，俟党中央召开三中全会时，获得中央同志签名赞助，经数月的筹划，将建馆之计划大纲及章则，提经中央核准，且经教育部备案，遂于二十二年三月十二日国父逝世八周年纪念日在南京国父管理委员会，召开成立大会，先生亲任该馆理事长，负起宣扬国父遗教的实际责任，并郑重声明："因鉴于吾国文化之衰落，实为国运艰阻之主因，兹为振起衰风，阐扬总理遗教，以树立文化基础，培养民族生命起见，爰成立中山文化教育馆，集中学术专家，研究中山先生之主义与学说。……本馆创办之始意与目的，纯为致力于学术之研究，既不受实际政治之牵制，尤不为任何关系所绊系。"①

吴经熊（John C. H. Wu 1899～1986）民国期间著名的法学家，早年留学美国学习法律，后到欧洲访学。1930年从美国返回国内后，第二年就担任了南京政府立法院的委员，撰写了《五五宪法》。他是孙科的重要幕僚。《天下》杂志的创办与他有着直接的关系。他在自传体的著作《超越东西方》一书中谈到《天下》杂志时写道："《天下》的诞生，正如我生命中其他好事一样，是很偶然的事。我在《中国评论》的一次宴会上遇到了温源宁（Wen Yuan-ning），他曾是北京大学英国文学教授，我对这个人的学问和人格有很深的印象，后来我们成为朋友。一天，我们谈起了办一个中英文的文化和文学期刊——以向西方解释中

---

① 邓奇峰：《国父思想之实践与阐扬者——孙哲生先生》（下），载于《政治评论》第31卷第10期，第312～313页。

国文化的可能性。这只是一时之想，这样的一种期刊会显得曲高和寡，很少会有人订阅，不能自养。谁能资助它呢？我们只是谈谈而已。

正巧，我在担任立法院的工作时，还兼任孙中山文教进步研究所宣传部（Publicity Department of Yat-sen Institute for the Advancement of Culture Education）部长。一天早上，我和孙科博士在公园散步时，谈到我和温源宁的谈话，出乎我意料，他对这件事比我还要热心。他马上说：'给我一个计划，研究所也许可以支持。'于是我们制订了一个计划交给他。他作为研究所主席立即同意了。我和源宁一起商量编辑部人选，决定请林语堂和全增嘏。他们两人毫不犹豫地接受了我们的邀请。……这样我们的工作就开始运转了。我们的办公室位于愚园路，'愚园'字意为'傻瓜的公园'，正好用来描述我们。"①

从1935年8月创刊到1941年9月停刊，杂志每月15号出版，6、7两月休息。到1940年时出版了50期，从1940年8月改为双月刊，这样前后共出版了11卷56期。在抗战的年代，编辑部1937年底前往中国香港，并在香港出版。当时，《天下》主要靠别发洋行（NESSRS, KELLY & WALSH, Ltd）发行，除在国内发行外，别发洋行还在中国香港、日本、英国、德国、法国、美国等国家和地区发行。由此，从一开始《天下》就是一个国际性的学术刊物。

在吴经熊的召集下，《天下》杂志编辑部汇集了一批熟知中西方文化的学者，毕业于英国剑桥大学的温源宁、毕业于德国莱比锡大学的林语堂、毕业于哈佛大学的全增嘏、毕业东吴大学的姚莘、毕业于美国印第安纳大学的叶秋原。这些人有着共同的心愿就是：将中国介绍给世界。

孙科在《天下》创刊号中写道，以往通过宗教形态联系起国家之间的关系，现在经济之间的联系成为国家之间联系的主角，但实际上，文化之间的联系才是国家之间相互了解的重要方面。文化交往的载体是思想，文化没有边界，在文化之间的交往中，文化得以发展。没有文化上的理解就很难做到在政治和经济上的相互理解。他认为"在每一个国家都建立一个推动国际文化交流的机构，这是一个好的办法。我们中山文化教育馆就是这样的一个机构，在它的资助下《天下》才开始出版。作为一份中国人创办的杂志《天下》更关心的是将中国介绍给西方，而不是相反，将西方介绍给中国。正如《天下》这个名字所意味的（'天下'就是'宇宙'）任何事关全世界人类利益的文章都可以在这里发表。因此，我们十分欢迎来自西方的学者的论文和那些对思想有兴趣，希望推动国际文化理解文章。但我们拒绝发表争论当前政治的文章，那种纯粹个人性的文章我

---

① 吴经熊著，周伟驰译，雷立伯校：《超越东西方》，中国社会科学文献出版社2002年版，第29页。

们也不予发表。

我们已故的孙中山博士最喜爱的一句箴言"天下为公"（The Universe is for everybody）我们希望这个两千多年的梦想成真，《天下》就是为此目标努力的。"①

温源宁在创刊号的编者按语中说，《天下》是一个思想性的文化杂志，而不是一个过于专业化的学术期刊，文化性和思想性是《天下》杂志区别于各类专业杂志的特点。因此，温源宁说："作为中国人经营的一份月刊，毫无疑问，主题是关于中国的。但为了避免国际上的偏见，《天下》每期也至少刊出一篇非中国人的文章，主题也不一定限制在中国，不过关键在于文章要对感兴趣的人有吸引力。"②《天下》中也有讨论外国文学等方面的文章，但主题是中国则是它的立刊之本，介绍中国文化是其主旨，这是它的最根本特点。

由中国人主办，超越政治的论争，以文化性和普遍性为特点，以向西方世界介绍中国为宗旨。这样的英文刊物在当时的中国是独一份。当时在中国的英文刊物很多，但绝大多数为西方人所办，在内容上也是以西方人的知趣为主，或者介绍西方文化，或者传播基督宗教，或者以研究中国为主，或者以政论为主，《天下》以其独特的身份、崭新的视角、学术的立场跻身于中国当时的英文期刊，真可谓是横空出世，使人耳目一新，开启了中国人自主向外部世界传播中华文化之先河。

这样鲜明的文化立场在当时的中国时很难得的，我们所以说《天下》是横空出世，就是因为，以这样的文化立场，办这样一个面向西方世界的杂志，在中国是第一次。《天下》的出现当然有它内在的原因，绝非几个文人心血来潮所至。

首先，在20世纪的30年代是中国近代史上发展的重要时期，虽然此时国内军阀混战，国共两党内战激烈，但从近代历史的角度来看，1927年4月南京政府成立后全国总算有了个形式上的统一政府，结束了北洋政府以来的混乱局面，从而拉开了1927～1937年史学界所说的"黄金十年"。国内的相对发展，才会有孙科这样地站在国家立场的考虑，财政的相对稳定也奠定了《天下》的财政基础。

其次，从晚清以来的留学生教育，历经清、北洋政府两朝，到南京政府时，留学生教育开始逐步走向正规，"1933年4月29日，教育部公布了《国外留学规程》，该规程多达46条，对于公费生资格、考选办法、经费及管理等内容作了详细的规定，对于自费生资格、经费以及管理等也作了限定，而且还制定了

---

① 孙科《前言》，《天下》1935年，创刊号，第4~5页，国家图书馆出版社2009年版。
② 《天下》1935年，创刊号，编者按，10~11页，国家图书馆出版社2009年版。

公、自费学生呈领留学证书办法等,这是民国期间制定的最详备的留学政策。"① 而此时,晚清和北洋时期的出国留学生已经开始在国内崭露头角,成为推动当时中国文化教育发展的重要力量。林语堂是从德国回来,全增嘏是从美国回来、叶秋原从美国回国、吴经熊也是从美国回来。有了人,就有了新的事业。同时,由于从晚清以来的长期留学生运动,国内开始有了一批可以用英文写作的作者队伍,正是这批人保证了《天下》学术质量。下面这个作者队伍表格(见表6-1)很能说明问题。

表6-1　　《天下》主要的国内撰稿人(发表两篇及以上)

编号	姓名	籍贯	教育背景	职业及活动	撰稿内容
1	胡先骕	江西新科	博克莱大学农学士、哈佛大学植物分类学博士	执教于东南大学、北京大学等多所大学,"学衡派"主要成员之一	科学、诗歌
2	陈受颐	广东番禺	芝加哥大学文学博士	先后任教岭南大学、北京大学	中外文学比较
3	邵洵美	浙江余姚	剑桥大学经济系	出版家、翻译家、新月派诗人	现代诗
4	钟作猷	四川双流	爱丁堡大学文学博士	多所高校任教	英国文学
5	陈依範(范)	特里尼达华侨	莫斯科绘画学院	新闻工作	中国艺术
6	郭斌佳	江苏江阴	哈佛大学历史学博士	先后任光华大学、武汉大学教授	中国历史
7	萧公权	江西泰和	康奈尔大学政治学博士学位	先后执教数十所国内大学	政治学
8	金岳霖	湖南长沙	哥伦比亚大学哲学博士	先后任教清华、西南联大	政治
9	骆传华	不详	社会学	中央宣传部国际宣传处	中国问题
10	夏晋麟	浙江鄞县人	爱丁堡大学哲学博士	外交、高校	上海史、中国问题

① 刘晓勤:《中国近代留英教育史》,南开大学出版社2004年版,第294页。

续表

编号	姓名	籍贯	教育背景	职业及活动	撰稿内容
11	吴光清	江西九江	密歇根大学图书馆学硕士 芝加哥大学图书馆学博士	国立北平图书馆、美国国会图书馆	中国图书事业
12	黄维廉	上海	不详	先后任职南京中央大学图书馆、上海圣约翰大学罗氏图书馆	图书学

注：转引自严慧《1935~1941：〈天下〉与中西文学交流》博士论文抽样本第 27 页。资料来源：徐友春主编《民国人物大辞典》（增订本），河北人民出版社 2007 年版。

另外，《天下》也有着自己的基本读者群，这和上海当时的城市特点有着很大的关系。"从《上海租界志》的数字统计来看，1936 年上海公共租界人口超过 118 万。法租界人口接近 50 万，其中外国人为 23 398 人。外侨人口数共计 6.2 万人。1942 年上海的外侨人数到了最高峰 8.6 万人。……因此，20 世纪 30 年代上海在远东的特殊地位及人口构成保证了《天下》现在中国地区的读者群——对中西文化交流感兴趣的外国人和具有中西文化背景的中国知识分子。"① 《天下》杂志创刊以来的外国作者，例如斯诺（Edgar Snow，1905~1972 年）、阿克顿（Harold Acton）、博克赛（C. R. Boxer）、拉摩铁尔（Owen Lattimore，1900~1989）等都是这些居住在上海的外国人中的成员。

《天下》在传播中国古代文化经典上的贡献如下：

《天下》是中国官方和知识界合作，以民间形式和学术形态首次主动面向西方传播中国文化的一份期刊，作为一本英文学术期刊，《天下》发挥了学术期刊兼容、广博的特点，以介绍中国文化为主旨，对中国文化的方方面面都有所涉猎，由于本书重点是在对中国古代文化在西方的传播与影响的研究，因而，这里的讨论仅仅局限在《天下》对中国古代文化的介绍和传播方面，对《天下》在向西方介绍近现代文学和思想的文章以及作品的翻译不在此书讨论之列。②

我们从以下四个方面对《天下》在对中国古代文化的传播上做的探索做一初步的总结和研究。

---

① 严慧：《1935~1941：〈天下〉与中西文学交流》博士论文抽样本第 14 页。
② 《天下》对鲁迅作品的翻译、对现代小说、戏剧的介绍也颇有成就，参阅 T'ien Hsia Monthly，Vol. I. No3；Vol. II. No1；Vol. II. No. 2；No3；No. 4 等一系列对中国现当代文学的翻译与介绍。

第一，开启了中国学者自主翻译中国古代文化的经典的实践。

《天下》的编者们尽管大都留洋国西方，但都对中华文化有着深厚的情感，吴经熊的《唐诗四季》是一部比较文学的著作，但书中所流露出的文化自信和企盼是清楚的，他在书中说："唐朝衰亡后，千年以来中国在啜泣下生存着，直到现在她方才觉得灵魂深处的鼓舞，好似新春的蓬勃！严冬延搁已久，'春天还会远吗？'倘是祖国的将来还有一个黄金时代的话（我深信不疑），愿它的光比唐朝更灿烂，更辉煌！……在将来的黄金时代下，生活就是诗，否则它是不值得欢唱的！想到那时候的盛况，情不自禁地神往。"

《天下》诞生与中华民族最为苦难之际，但它反映出中华民族在苦难面前的不屈和自强，实际上它是在文化上的抗战、是一种精神上的抗战，用文字，用英文向世界展示中华民族在苦难中的精神世界。吴经熊在评论《〈和平和战争时期的中国〉蒋宋美龄的写作精选》这本书时，着眼就是这一点，他认为在宋美龄这本书中："有一个统一的精神。这个贯穿本书始终的精神很难用语言描述，但是就像闻花的芬芳一样，或者说像在精心打理的花园里闻到的花的和谐香气，在每一处，人们都可以发现对贫困和弱小的同情，处处都可以找到对敌人带来的无辜者所受痛苦的愤慨。处处可以找到改变他们命运的迫切渴望，处处可以看到一颗高贵的灵魂在指出向更好世界转变的道路。'我确信，我们不仅要训练大脑还要锻造心灵和双手。我希望学生能够把古老中国的美德与活力和强烈目的性结合起来，以重建一个新中国。'"

这种民族立场、国家情怀是《天下》的编辑们的文化立场，但《天下》的编者们将这种情怀表达在学术上，通过学术与文化来完成了自己的文化情怀。虽然在《天下》创办之前已经有中国学者开始了将中国典籍翻译成外文的历史，上面我们曾提到过的晚清在法国出任外交官的陈季同，张之洞的幕僚，后来成为北大教授辜鸿铭等，但像《天下》这样以中国学者为主导的、在全球以学术期刊形式稳定发行、来向西方介绍中国文化的，在中国还是第一次。以吴经熊、温源宁、全增嘏、林语堂为核心，中国学者第一次如此主动、自觉地承担起了向外部世界介绍中国文化的使命。

《天下》几位编者对中国文化在西方的传播历史十分熟悉，他们知道只有当中国的思想传入西方后，西方世界才能理解中国文化价值的内核，对此，哲学专业出身的全增嘏说得十分清楚，他在《天下》1940年1月1期的编者按语中说："中国最早为西方国家所知是在罗马帝国时期，那时中国被称为'赛里斯'（serica），即丝绸的国家。从16世纪耶稣会入华开始，中国的书籍才开始被翻译到西方。欧洲人从来华耶稣会的书简集中开始了解了孔孟的思想。这点就像西方人从《马可波罗游记》中知道了神秘的中国①使用纸币和使用黑石头做燃料一样。从那时候起，欧洲开始有了中国热。上个世纪末，几乎所有的儒家经典都已经有了英文本、法文本。在英译本中，理雅各的译本影响最大，他也是最早把老子思想介绍到西方的人。在中国古代典籍中老子的《道德经》是被翻译成西方语言最多的书籍，其他的先秦诸子典籍直到最近才被陆续译成英文，如墨子、杨朱、荀子等。去年出版的阿瑟·韦利的《中国古代三大思想方式》填补了西方知识界对韩非子认识的空缺。但是，只有在先秦以后的重要思想家被译介到西方后，西方的一般民众才可能对中国的哲学发展历史有一个全面的了解。"②

全增嘏的这段话说明《天下》的几个作者是熟悉中国文化在域外传播的历史，知道西方汉学上的一些关键性人物，读过像理雅各等人翻译的中国经典。这样一个知识背景，说明了他们从事《天下》的编辑和写作时，对自己所从事的事业是很自觉的，知道其历史、知道其意义。

《天下》的编者们在向英语世界介绍中国的历史文化史，首先从翻译中国的哲学思想和经典入手。在《天下》刊登出中国先秦诸子的古代哲学著作的翻译本有吴经熊1939年的《道德经》；③ 1940年廖文魁所翻译的韩非子的《五蠹——一种政治学的非理智分析》；④ 这是他在伦敦出版的《韩非子全书：中国政治学经典》的第一卷的部分内容。1939年赖发洛（Leonard A. Lyall）翻译的《列子杨朱篇》。赖发洛也是20世纪前半叶中国典籍的重要译者，1909年翻译了《论语》，1932年翻译出版了《孟子》。他翻译《列子杨朱篇》时也知道当时中国学术界对这本书的真伪有所争论，因为，《杨朱篇》是东晋时张湛注复于《列子》中，张湛在《列子序》中说，该篇为"仅有存者"之一。这样有的学者就认为杨朱的"为我论"不过是魏晋时代的产物。⑤

1937年1月4卷1期：吴经熊评《论语》翻译，1938年3月评《论语》翻译，1939年11月9卷4评韦利的《论语》翻译，1939年11月吴经熊翻译《道德经》。

---

① 这点有无，马可波罗当时没有提到中国，书中讲的是契丹，将马可波罗游记中的"契丹"确定为是中国则是来华的耶稣会士利玛窦所完成的。

② T. K. C（全增嘏）：Editiorial Commentary，T'ien Hsia Monthly，Vol. X. No. I，January 1940，P. 5.

③ John C. H. Wu（吴经熊）：, Lao tzǔ's the tao and its virtue，T'ien Hsia Monthly，Vol. IX. No. 4 – 5，November – December 1939.

④ W. K. Liao（廖文魁）：Five Vermin：A Pathological Analysis of Politics，T'ien Hsia Monthly，Vol. X. No. 2，February，1940. 韩非子的译者廖文魁（1905 – 1952）1931年毕业于芝加哥大学获哲学博士，回国后在中央政治学校、金陵大学等处任职。他的《韩非子全书：中国政治学经典》（The Complete Works of Han Fei Tzu：a classic of Chinese Political Science，Translated from Chinese with Introduction and notes），伦敦：亚瑟·普罗赛因（Arthur Probsthain），普罗赛因东方文学丛书25 – 26（Probsthain's Oriental Series，Vol. 25 – 26），第一卷（310页），1937；1939；1954年；第二卷（338页），1959；1960年。

⑤ 陈旦：《"列子杨朱篇"伪书新证》，1924年《国学丛刊》第二卷第一期。

对中国古代文学作品的介绍在《天下》中有很重的分量。在《天下》封底的介绍中明确地说"将重要的中国文学作品,包括诗歌、散文、小说、轶事,无论古今与体裁都将翻译成英文。"所以,对古代文学作品的翻译介绍成为中国学者在《天下》中发表作品发的最具有特色的内容之一。这和《天下》的几个骨干的兴趣有关,几个编辑中从事文学研究者居多,除全增嘏外,主编温源宁,编辑姚莘农、叶秋原、林语堂都是以文学研究为主,尽管在《天下》中发表的关于中国古代文化的译文也有汉学家所为,但显然中国学者所翻译的数量占绝对的优势,具体数字在下面读者会看到。

在笔者看来,最能体现出《天下》这个中国文人群体的文化自觉性的作品之一就是林语堂的《浮生六记》译本和吴经熊的连载的《唐诗四季》。我们对这两部作品做一简要的分析。

《天下》首期的翻译栏目就以《浮生六记》开篇,连载三期,可见对这篇作品的重视。《浮生六记》是晚清文人沈复所作,但并不为世人所知,仅在自己的很小的朋友圈中有所流传。1877年(光绪三年)晚清著名文人王韬的妻兄杨引传在苏州的一个书摊上发现此书手稿,但只有前四记。王韬等人如获至宝,"皆阅而心醉焉"。杨引传和王韬先后写了序跋,将手稿排印出版。① 俞平伯对此书给予了很高的评价,1923年2月校刊了《浮生六记》,写下了《重刊〈浮生六记〉序》和《〈浮生六记〉年表》。从此,《浮生六记》进入了读书人的世界。

林语堂1935年在《天下》创刊号中将其译为英文,1939年汉英对照本由上海西风出版社出版,1942年英译本在纽约出版。其实当时的中国学界对这本书注意的并不多,除1935年上海世界书局在《美化文学名著》第六种刊出了《足本浮生六记》引起人们注意外,并无太多人研究。林语堂翻译的中国古代文化英译本主要有《浮生六记》、《古文小品》、《冥廖子游》、《英译老残游记第二集及其他作品》等,而其中《浮生六记》影响最大。他将《浮生六记》作为他英译中国文化的第一个本子,说明了他的文化趣味和独特的文化眼光。

《浮生六记》作为清代文人沈复的自传体的文学作品,他以不加雕琢、纯净自然的笔法描述了自己平凡但快乐充满诗意的夫妻生活。林语堂选择它,正是符合林语堂的文化趣味和审美趣味,他在译者序言中说:"在这个故事中,我好像看到中国的处世哲学之精华,在这两位巧成姻缘的夫妻平凡生活中表现了出来。"在他看来,在沈复夫妻身上体现出了"那种爱美爱真的精神和最具有中国文化特色的那种知足常乐恬淡自然的天性"。②

---

① 沈复:《浮生六记》,北京人民文学出版社1980年版。
② 林语堂:《浮生六记英译自序》,外研社1999年版。

另外，林语堂作为五四以降的新文化人，他对中国文化有着自己的新理解，选择《浮生六记》反映出他的文化观，如陈寅恪所说："吾国文学，自来自礼法顾忌之故，不敢多言男女关系，而正式男女关系如夫妻者，尤少涉及……以后来沈三白《浮生六记》之闺房记乐，所以为例外创作。"① 林语堂选择了《浮生六记》也是表达自己的文化立场。

这两点对当时的西方世界来说都是很重要的。因为，19 世纪以来，中国人在西方人眼中的形象完全改变了，中国热完全消退，"黄祸论"兴起，中国人的愚昧、僵化、落后成为西方人中国形象的主基调。林语堂很清楚这些。所以，选择《浮生六记》，将其翻译成英文，就是通过一个普普通通的中国夫妻的生活，告诉西方人中国人的实际的生活状态和精神世界，并通过他们的实际生活状态，在他们的谈笑话语之间，在柴米油盐的日常生活中，说明中国传统文化的实质所在。如林语堂所说："在他们面前，我们的心气也谦和了，不是对伟大者，而是对卑弱者让我们谦恭而敬畏；因为，我相信淳朴恬淡自然地生活才是世界上最美丽的东西。"②

林语堂在《生活的艺术中》中曾写道："道家哲学和儒家哲学的含义，一个代表消极的人生观，一个代表积极的人生观。那么我相信这两种哲学不仅中国人有之，而且也是人类天性所固有的东西。我们大家都是生来就一半道家主义一半儒家主义。"③ 在他看来理想的人生应是介于儒道之间，"达则兼济天下，穷则独善其身"。这是典型的儒家的中庸观，一种中庸的生活哲学，也是大多数中国文人所选择的一种生活观。如他在序言中所说："因为我在这两位无猜的夫妇的简朴的生活中，看他们追求美丽，看他们穷困潦倒，遭不如意事折磨，受奸佞小人的欺负，同时一意求享浮生半日闲的清福，却又怕遭神明的忌——在这个故事中，我仿佛看到中国处世哲学的精华在两位巧成夫妇的生平上表现出来。两位平常的雅人，在世上并没有特殊的建树，只是欣爱宇宙间的良辰美景，山林泉石，同几位知心朋友过他们恬淡自适的生活——蹭蹬不遂，而仍不改其乐。"④ 所以，在林语堂选择了《浮生六记》作为译本时，他就把中国人的这种生活哲学介绍到了西方。

选择了《浮生六记》就是译者文化态度和立场的最好表白，说明恰恰是这种自然的夫妻生活是正常的中国人的生活，而所谓的封建礼教并不是中国人所追求的。由此，林语堂才十易其稿，完成了《浮生六记》的翻译。如他自己所说，"素好《浮生六记》，发愿译成英文，使世人略知中国一对夫妻之恬淡可爱生活。

---

① 陈寅恪：《元白诗笺证稿》，上海古籍出版社 1978 年版。
②④ 林语堂：《浮生六记英译自序》，外研社 1999 年版。
③ 林语堂《生活的艺术》，哈尔滨北方文艺出版社 1987 年版，第 90 页。

"民国"二十四年春夏间陆续译成,刊登英文《天下》月刊及《西风》月刊。颇有英国读者徘徊不忍卒读,可见小册子入人之深。"①

从文化传播的角度来看,林语堂的文化立场,《天下》杂志的文化立场十分鲜明地表达了出来,民国文人郑逸梅说:"林语堂把《浮生六记》译成英文,已传诵环宇。"② 因此,《天下》将林语堂的翻译放在创刊号上发表,林语堂选择《浮生六记》作为其一生中国文化英译的首篇,都表达了一种文化的自信和文化的自足立场,我们说《天下》是横空出世其意义就在这里。

至于林语堂在《浮生六记》中的翻译实践和翻译方法学界已多有研究,在此不再赘言。

吴经熊无疑是《天下》的灵魂人物,他不但翻译《道德经》,也翻译中国古代的诗歌,在《天下》1936年1月号上他发表的《诗经随笔》③ 在这篇长文中吴经熊不仅自己翻译了中国古代诗歌,同时还编入了西方汉学家的一下中国古代诗歌的翻译,其中编入了英国汉学家翟理斯(Herbert Allen Giles,1845~1935年)翻译的中国古代诗经,法国汉学家葛兰言(Marcel Granet,1884~1940年)翻译的中国古代诗经。吴经熊所以将《诗经》作为他向西方介绍中国文学的一部作品,因为,在他看来"作为中国的第一部诗集,《诗经》传达了最纯粹的诗歌特性,从这些诗歌可以看到人们最强烈情感的自然表达,这些情感是如此之强烈、如此之炽热,充满了渴望。这些最真挚、最纯洁的感情就如同从山泉流出的清泉一般,从古人的内心直接流入读者的心田。"④ 吴经熊编选翻译《诗经随笔》就是想西方展示中国人的内心世界,"试图对中华民族的民族特性做一个概括,以便使西方的读者更好地理解中国诗歌的特性。"⑤ 所以,有些学者认为"吴经熊创办《天下》源于他自觉的中西文化交流使命感,所以《诗经随笔》带有强烈的目的性,是通过中国最优秀的诗歌作品向西方世界展现中华民族的情感与心理世界。"⑥

但对吴经熊来说,他的诗歌翻译最成功、影响最大的是他在《天下》连载发表的《唐诗四季》,《唐诗四季》所表现的文化主体性产生了积极的影响,一位读者在来信中说:"世界之间的联系现在越来越紧密了,使世界各国之间相互了解,这是我们应该努力的。西方人在科学、文学与艺术发展上已经做出了贡

---

① 林语堂:《浮生六记英译自序》,外研社1999年版。
② 郑逸梅:《"浮生六记"佚稿之谜》,载于《文苑花絮》,中州书画社1983年版,第91页。
③ Johna C. H. Wu(吴经熊),Some Random Notes on The SHI CHING,T'ien Hisa Monthly,Vol. II. No. I,January 1936,P. 9.
④⑤ Johna C. H. Wu(吴经熊),Some Random Notes on The SHI CHING,T'ien Hisa Monthly,Vol. II. No. I,January 1936,P. 10.
⑥ 严慧:《1935~1941:〈天下〉与中西文学交流》抽样稿第72页。

献，中国也应对世界做出自己的贡献。将中国古典诗歌翻译成英文，这是我们与世界分享我们的祖先所留下的珍贵遗产的一种方法。目前，中国正处在抗日战争期间，但我们仍可以自豪地说，中国的精神与文化建设并未受到战争的影响，而在蓬勃的发展中。中国回报世界所给予的同情与祝福的最好方式，就是向世界展示我们文化所取得的成就。"①

对自己的文化充满自信这是《天下》这群知识分子的文化立场，也是《天下》最重要的学术特点。

第二，全面地向西方介绍了中国古代文化。

《天下》通常有四个栏目：编者按语、文章、翻译、书评，偶尔也会刊出"记事"和"通信"。在这几个栏目中"翻译"栏目是专门对中国文化的翻译，内容包括中国古代文化也包括当代文化，如鲁迅、闻一多、沈从文等当代作家的作品，而对中国古代文化典籍的翻译占去了"翻译"栏目的半壁江山。例如，《天下》对中国古代诗歌的翻译独有情重，为此投入了极大的热情，吴经熊除发表了《唐诗四季》外，还用李德兰（Teresa Li）的名字分别在《天下》的 1938 年 1 月第 6 卷第 1 期、1938 年 3 月第 6 卷第 3 期、1939 年 1 月第 8 卷第 1 期和 1939 年 10 月第 9 卷第 3 期，上发表诗歌译文。《天下》在文学体裁的翻译上还有姚莘农翻译的戏剧《贩马记》、《庆顶珠》，阿克顿所翻译的《狮吼记》、《林冲夜奔》、《牡丹亭》中的《香春闹学》等。

"文章"这个栏目以学者对中外文化的研究论文为主，这些论文既有介绍西方文化的学术论文，如一些西方学者对西方文化的介绍。也有对当时中国文化时局问题的研究，例如，高尔德（Randall Gould）在 1936 年 11 月第 3 卷第 4 期发表的《一个外国人眼中的新生活运动》等。但《天下》的"文章"专栏有相当一部分是对中国古代文化的研究论文，这些研究论文和"翻译"专栏的翻译文章形成一个呼应。

"书评"是《天下》杂志一个有特色的栏目，这里发表的书评并不仅仅是对在国内外新出版的著作的溢美之词，而是从学术上对其认真的评价，这是《天下》文化自足立场的最突出表现。这点我们在下面还会专门研究。如果从对中国文化的介绍角度来审视这个栏目，编者的立场十分清楚：以评论西方关于中国文化的著作为主要内容。

这里我们将"翻译"、"文章"、"书评"三个栏目中所涉及的与中国古代文化有关的翻译和研究、书评做一个初步的统计，这样我们便可以看到《天下》

---

① 《天下》1939 年 3 月号，第 272 页，第 18 卷（Kung Ling-kai: To the Editor-in Chif of Tiean Hsia Monthly, Vol Ⅷ, No. 3 March 1939, P. 272）

杂志对中国古代文化介绍的全貌（见表6-2～表6-9）。

表6-2　《天下》"翻译栏目"中所翻译的中国古代文化作品目录

作品	作者	译者	出处
《浮生六记》（第1章）	沈复	林语堂	第1卷第1期1935年8月
《书谱》序	孙过庭	孙大雨	第1卷第2期1935年9月
《浮生六记》（第2章）	沈复	林语堂	第1卷第2期1935年9月
《浮生六记》（第3章）	沈复	林语堂	第1卷第3期1935年10月
《浮生六记》（第4章）	沈复	林语堂	第1卷第4期1935年11月
《贩马记》（4幕剧）		姚莘农	第1卷第5期1935年12月
《庆顶珠》		姚莘农	第2卷第5期1936年5月
《乙酉扬州城守纪略》	戴名世	毛如升	第4卷第5期1937年5月
《古诗十四首》		李德兰（吴经熊笔名）	第6卷第1期1938年1月
《古诗二十二首》		李德兰（吴经熊笔名）	第6卷第3期1938年3月
《古诗五十六首》		李德兰（吴经熊笔名）	第8卷第1期1939年1月
《苏东坡诗九首》	胡先骕	阿克顿（Haroldacton）	第8卷第2期1939年2月
《春香闹学》		阿克顿（Haroldacton）	第8卷第4期1939年4月
《狮吼记》		阿克顿（Haroldacton）	第9卷第1期1939年8月
《林冲夜奔》		阿克顿（Haroldacton）	第9卷第2期1939年9月
《列子杨朱篇》		LeonardLyall	第9卷第2期1939年9月
《古诗五十首》		李德兰（吴经熊笔名）	第9卷第3期1939年10月
《中国诗二十四首》		N. L. Smith and R. H. Kotrwall	第9卷第4期1939年11月
《道德经》	老子	吴经熊译注	第9卷第4期1939年11月
《道德经》	老子	吴经熊译注	第9卷第5期1939年12月
《道德经》	老子	吴经熊译注	第10卷第1期1940年1月
《五蠹》	韩非	廖文魁	第10卷第2期1940年2月
《列女传·贞顺传》		Balfour	第10卷第3期；1940年3月
《错斩崔宁》		李继唐	第10卷第4期1940年4月25日
《儒林外史》（第55回）	吴敬梓	徐诚斌	第11卷第2期1940年10～11月
《琴赋》	嵇康	高罗佩	第11卷第4期1941年2～3月
《李煜、欧阳修词两首》		罗书肆	第11卷第5期1941年4～5月

《天下》所翻译的中国古代诗歌篇名，如表6-3~表6-7所示。

表6-3　　　　　唐代之前中国古典诗歌的翻译

作者	数量	诗作
诗经	2	邶风·静女、小雅·伐木
项羽	1	垓下歌
阮籍	1	咏怀十五
陶潜	2	杂诗十二之一、饮酒（一）
刘德仁	1	村中闲步
司空图	1	秋思
曹邺	1	官仓鼠
聂夷中	1	咏田家
高蟾	1	金陵晚望
李群玉	1	感春

表6-4　　　　　唐宋诗的翻译

作者	数量	诗作
陈子昂	2	登幽州台歌、感遇诗三十八之五
李白	3	君马黄、春夜洛城闻笛、宣州谢朓楼饯别校书叔云
杜甫	4	近无李白消息、漫兴之七、大云寺赞公房四首之三、哀江头
白居易	2	问友诗、游赵村杏花
元稹	4	酬乐天醉别、古行宫、得乐天书、任醉
李绅	1	悯农诗
顾况	1	囝
贾岛	1	三月晦日送春
李商隐	10	无题、锦瑟、乐游园、明神、端居、天涯、嫦娥、寄远（实为夜雨寄北）、落花、韩冬郎即席为诗相送
韦应物	1	子规啼
杜牧	1	金谷园
温庭筠	1	碧涧驿晓思
李山甫	1	乱吼途中
韦庄	1	春愁
杜荀鹤	1	旅社遇雨
程颐	1	春日偶成

续表

作者	数量	诗作
杨巨源	1	城东早春
王中	1	干戈
文天祥	1	逢有道者
吴融	1	情
陆游	1	示儿
苏拯	1	世迷
苏轼	1	纵笔之一
陈与义	1	春日
杨万里	1	初夏睡起
刘克庄	1	莺梭
王逢原	1	送春
孙嘉树	1	出门

表6-5　　　　　　　　　唐宋词的翻译

作者	数量	词作
李煜	17	望江南·多少恨、虞美人·春花秋月何时了、子夜歌·寻春须是先春早、长相思·云一过、清平乐·别来春半、长相思·一重山、渔父·浪花有意千重雪、望江南·多少泪、长相思·冉冉秋光留不住、破阵子·四十年来家国、相见欢·无言独上西楼、相见欢·林花谢了春红、乌夜啼·昨夜风兼雨、子夜歌·人生愁恨何能免、望江南·闲梦远，南国正芳春、望江南·闲梦远，南国正清秋、蝶恋花·遥夜亭皋闲信步
柳永	2	蝶恋花·伫倚危楼风细细、雨霖铃·寒蝉凄切
晏殊	1	浣溪沙·一曲新词酒一杯
笪监	1	最落魄·春阴漠漠
辛弃疾	5	浪淘沙·身世酒杯中、丑奴儿·少年不识愁滋味、丑奴儿·近来愁似天来大、贺新郎·甚矣我衰矣、鹧鸪天·老病那堪岁月侵
朱敦儒	4	鹧鸪天·我是清都山水郎、卜算子·古城一枝梅、念奴娇·老来可喜、西江月·日日深杯酒满
范仲淹	1	苏幕遮·碧云天
张升	1	离亭燕·一带江山如画、浣溪沙·春半

续表

作者	数量	词作
欧阳修	1	玉楼春别后不知君远近
苏轼	4	水调歌头·明月几时有、南乡子·重九、卜算子·缺月挂疏桐、西江月·世事一场梦
王采	1	渔家傲·日月无根天不老
黄庭坚	1	西江·断送一生惟有
陆游	2	钗头凤、西江月·五柳坊中烟绿
唐婉	1	钗头凤
刘克庄	1	满江红·老子年来
李清照	2	渔家傲·天接云涛连晓雾、声声慢
陈妙常	1	太平时·清净堂中不卷帘
康海	1	朝天子
晏几道	1	鹧鸪天·彩袖殷勤捧玉钟
姚遂	1	阳春曲

表 6-6　　　　　　　　　　清诗的翻译

作者	数量	诗作
张维屏	1	杂诗
赵翼	4	论诗五首之一、二、三，舟行绝句
黄仲则	1	癸巳除夕偶成
龚自珍	1	己亥杂诗

表 6-7　　　　　　　　　　清词的翻译

作者	数量	诗作
纳兰性德	11	宿双林禅院有感、菩萨蛮·新寒中酒敲夜窗雨、采桑子·谁翻乐府凄凉曲、沁园春·丁巳重阳前三日、采桑子·而今才道当时错、采桑子·明月多情应笑我、太常引·晚来风凄寒花玲、金缕曲（赠梁汾）、菩萨蛮·白日惊飙动一半、浣溪沙·谁道飘零不可怜、蝶恋花·散花楼送客
赵翼	1	卜算子·春归

《天下》所翻译的中国古代诗歌篇名转引自严慧：《1935~1941：〈天下〉与中西文学交流》博士论文抽样本。

表 6-8 《天下》"论文栏目"中所涉及的有关中国古代文化作品目录

论文	作者	卷期
《真孔子》	吴经熊	1935 年 8 月第 1 卷第 1 期
《中国古代戏曲中的悲剧》	钱钟书	1935 年 8 月第 1 卷第 1 期
《中国画的民族特色》	温源宁	1935 年 8 月第 1 卷第 1 期
《中国古代的女性主义》	林语堂	1935 年 9 月第 1 卷第 2 期
《真孔子》	吴经熊	1935 年 9 月第 1 卷第 2 期
《中国的宗教艺术》	福开森（John C. Ferguson）	1935 年 10 月第 1 卷第 3 期
《太平天国》	简又文	1935 年 11 月第 1 卷第 4 期
《元杂剧的主题与结构》	姚莘农	1935 年 11 月第 1 卷第 4 期
《古代中国的音乐艺术》	John Hazedel Levis	1935 年 11 月第 1 卷第 4 期
《中国书法美学》	林语堂	1935 年 12 月第 1 卷第 5 卷
《汉代石雕略论》	腾固	1935 年 12 月第 1 卷第 5 卷
《宋代的瓷器》	福开森（John C. Ferguson）	1935 年 12 月第 1 卷第 5 卷
《诗经随笔》	吴经熊	1936 年 1 月第 2 卷第 1 期
《李鸿章与中日战争》	袁道峰	1936 年 1 月第 2 卷第 1 期
《昆曲的兴衰》	姚莘农	1936 年 1 月第 2 卷第 1 期
《曾国藩》	全增嘏	1936 年 2 月第 2 卷第 2 期
《古代中国对科学及科学方法的态度》	Derk Bodde	1936 年 2 月第 2 卷第 2 期
《中国园林在 18 世纪的英国》	陈受颐	1936 年 4 月第 2 卷第 4 期
《中国建筑中屋顶的图案》	Mathias Komor	1936 年 4 月第 2 卷第 4 期
《对伦敦中国艺术展的思考》	福开森（John C. Ferguson）	1936 年 5 月第 2 卷第 5 期
《李鸿章与中日甲午战争》	袁道峰	1936 年 8 月第 3 卷第 1 期
《玉石文化与人之生死》	J. Goette	1936 年 8 月第 3 卷第 1 期
《18 世纪欧洲文学里的赵氏孤儿》	陈受颐	1936 年 9 月第 3 卷第 2 期
《道家的莎士比亚》	吴经熊	1936 年 9 月第 3 卷第 2 期
《中国印刷业的发展》	吴光清	1936 年 9 月第 3 卷第 2 期
《以江苏、浙江两地为代表的中国园林》	董隽	1936 年 10 月第 3 卷第 3 期

续表

论文	作者	卷期
《月蚀诗及其同类作品》	韦利（Arthur Waley）	1936年10月第3卷第3期
《中国政治思想中的无政府主义》	萧公权	1936年10月第3卷第3期
《美国东印度舰队司令Lawrence Kearny与中国的对外贸易》	Thomas Kearmy	1936年11月第3卷第4期
《魏忠贤》	全增嘏	1936年11月第3卷第4期
《早期的中国瓷器》	福开森（John C. Ferguson）	1936年12月第3卷第5期
《中国在南海领域的扩张》	林幽	1936年12月第3卷第5期
《中国史前民俗》	郭斌佳	1937年2月第4卷第2期
《中国的家具》	福开森（John C. Ferguson）	1937年3月第4卷第3期
《辜鸿铭》	温源宁	1937年4月第4卷第4期
《玉足的标准》	福开森（John C. Ferguson）	1937年4月第4卷第4期
《古代的歌妓》	姚莘农	1937年5月第4卷第5期
《朱熹哲学思想及莱布尼茨对朱熹的解读》	裴化行（Henri Bernard）	1937年8月第5卷第1期
《作为政治家与教育家的唐文治》	唐庆治	1937年8月第5卷第1期
《开封的华裔犹太人》	福华德（Walter Fuchs）	1937年8月第5卷第1期
《王充》	李思义	1937年9月第5卷第2期
《印刷术发明前中国的藏书楼与藏书》	吴光清	1937年10月第5卷第3期
《王充》（续）	李思义	1937年10月第5卷第3期
《最后的举人》	福开森（John C. Ferguson）	1937年11月第5卷第4期
《戴名士》	毛如升	1937年10月第5卷第3期

续表

论文	作者	卷期
《中国艺术中的语言学与书法》	John Hazedel Levis	1937年12月第5卷第5期
《辜鸿铭》	温源宁	1937年12月第5卷第5期
《北京太庙》	福开森（John C. Ferguson）	1938年3月第6卷第3期
《中国的兴起》	Emily Hahn	1938年3月第6卷第3期
《基督教影响在中国与日本的兴衰》	Harry Paxton Howard	1938年3月第6卷第3期
《三百年前的澳门》	博克赛（C. R. Boxer）	1938年4月第6卷第4期
《李贽：16世纪的反传统人物》	萧公权	1938年4月第6卷第4期
《唐诗四季》	吴经熊	1938年4月第6卷第4期
《中国建筑中的外来影响》	董隽	1938年5月第6卷第5期
《反清活动考》	L. Carrington Goodrich	1938年5月第6卷第5期
《中国的天下主义与现代民族主义》	Harry Paxton Howard	1938年5月第6卷第5期
《唐诗四季》（续）	吴经熊	1938年5月第6卷第5期
《孤独的吟咏者》	Robin Hyde	1938年8月第7卷第1期
《1621~1647葡萄牙支援明朝抗清的军事行动》	博克赛（C. R. Boxer）	1938年8月第7卷第1期
《唐诗四季》（续）	吴经熊	1938年8月第7卷第1期
《孔子论诗》	邵洵美	1938年8月第7卷第1期
《藏传佛教及其对中国佛教的影响》	John Calthorpe Blofeld	1938年9月第7卷第2期
《武训传》	许地山	1938年10月第7卷第3期
《晚明的基督教人文主义》	裴化行（Henri Bernard）	1938年10月第7卷第3期
《唐诗四季》（续）	吴经熊	1938年11月第7卷第4期
《荷兰Isaac Titsingh使团1794~1795年出使乾隆始末》	博克赛（C. R. Boxer）	1939年1月第8卷第1期

续表

论文	作者	卷期
《Oliver Goldsmith 与〈中国信札〉》	陈受颐	1939 年 1 月第 8 卷第 1 期
《在中国佛教寺庙中的一段生活》	John Blofeld	1939 年 2 月第 8 卷第 2 期
《唐诗四季》（续）	吴经熊	1939 年 2 月第 8 卷第 2 期
《中国饮茶文化中的雅致艺术》	John Calthorpe	1939 年 4 月第 8 卷第 4 期
《五代至清末中国的藏书楼与藏书》	黄维廉	1939 年 4 月第 8 卷第 4 期
《早期耶稣会士对崇祯帝的影响》	陈受颐	1939 年 5 月第 8 卷第 5 期
《澳门早期开埠地名 TAMAO 考》	J. M. Braga	1939 年 5 月第 8 卷第 5 期
《早期耶稣会士对崇祯帝的影响》	陈受颐	1939 年 8 月第 9 卷第 1 期
《唐诗四季》（续）	吴经熊	1939 年 8 月第 9 卷第 1 期
《创办出洋局及官费生历史》	容尚谦	1939 年 10 月第 9 卷第 3 期
《1514 年葡萄牙对东亚地区的描述》	J. M. Braga	1939 年 11 月第 9 卷第 4 期
《明末清初（1500~1750）海外中国人状况》	博克赛（C. R. Boxer）	1939 年 12 月第 9 卷第 5 期
《阮籍和竹林七贤》	全增嘏	1939 年 8 月第 9 卷第 1 期
《中国印章知识》	叶秋原	1940 年 1 月第 10 卷第 1 期
《唯实论的复兴》	James Feibleman	1940 年 2 月第 10 卷第 2 期
《郑樵：中国古代的目录学家》	吴光清	1940 年 2 月第 10 卷第 2 期
《唯实论的复兴》（续）	James Feibleman	1940 年 3 月第 10 卷第 3 期
《杂感》对翻译道德经的想法	吴经熊	1940 年 3 月第 10 卷第 3 期
《葡萄牙人会永远占据澳门吗？》	博克赛（C. R. Boxer）	1940 年 4 月第 10 卷第 4 期
《太清楼贴》	福开森（John C. Ferguson）	1940 年 5 月第 10 卷第 5 期
《明代水彩画》	吴光清	1940 年 8~9 月第 11 卷第 1 期

续表

论文	作者	卷期
《中国地理知识的初期扩大》	陈观胜	1940年8~9月第11卷第1期
《汤因比的历史观》	James Feibleman	1940年8~9月第11卷第1期
《宫廷画院》	福开森（John C. Ferguson）	1940年10~11月第11卷第2期
《儒家的人生观》（*The Confucian Conception of Human Nature*）《孔子的人性观》	经乾堃	1940年10~11月第11卷第2期
《早期美国的访问者》	Tomas La Fargue	1940年10~11月第11卷第2期
《汤因比的历史观》（续）	James Feibleman	1940年10~11月第11卷第2期
《中国人的道教思想》	林同济	1940年12月~1941年1月第11卷第3期
《中国艺术的精髓》	陈荣捷	1940年12月~1941年1月第11卷第3期
《中国古代婚姻类型与家族关系考》	许良光	1940年12月~1941年1月第11卷第3期
《汉字的未来》	沈有乾	1941年2~3月第11卷第4期
《殖民地之前的香港》	S. F. Balour	1941年2~3月第11卷第4期
《中国古代婚姻类型与家族关系考》	许良光	1941年2~3月第11卷第4期
《殖民地之前的香港》（续）	S. F. Balour	1941年4~5月第11卷第5期
Nicholas Iquan（郑芝龙）传	博克塞	1941年4~5月第11卷第4~5期
《滑稽文学》	全增嘏	1941年4~5月第11卷第5期
《缅甸、印尼、越南三国间贸易路线简明史》	谷春帆	1941年8~9月第12卷第1期
《中国画与日本画》	R. H. van Gulik	1941年8~9月第12卷第1期

表6-9　《天下》"论文栏目"中所涉及的有关中国古代文化作品目录、评论者、原作者、被评论作品名

作品名	评论者	原作者	卷期
《论语英译》	吴经熊评	Leonard. Lyall	1937年1月，第4卷第1期

续表

作品名	评论者	原作者	卷期
《论语》（Oxford University Press）	Craigdarrock 评	苏慧廉翻译	1938年3月，第6卷第3期
《论语》译本	福开森（John C. Ferguson）	韦利（Arthur Waley）	1939年11月，第9卷第4期
《道德经》译本的 p227 页	吴经熊评	韦利（Arthur Waley）	1935年9月1卷2期
《王安石评传》	全增嘏评	柯昌颐	1935年9月，第1卷第2期
《道与德："道德经"机器在中国思想中地位研究》	吴经熊评	韦利（Arthur Waley）	1935年9月，第1卷第2期
《苏东坡的赋》	林语堂评	李高洁（Cyril Drummond Le Gros Clark）	1935年10月1卷第3期
《中国的书法》	林语堂	Lucy Driscoll and Kenji Toda	1935年11月1卷第4期
《乾隆朝的文字狱》	郭斌佳	Luther Carringon Goodrich	1936年2月第2卷第2期
《中国艺术入门》	温源宁	Arnold Silcock	1936年2月第2卷第2期
《中国艺术背景》	温源宁	Hugh Gordon Porteus	1936年2月第2卷第2期
《西厢记》	姚莘农	熊式一译	1936年3月第2卷第3期
《殷周考》	福开森（John C. Ferguson）	斯德哥尔摩远东古物博物馆	1936年4月第2卷第4期
《嘉庆帝解读》	郭斌佳	A. E. Grantham	1936年4月第2卷第4期
《中国的艺术》	温源宁	Leigh Ashton	1936年4月第2卷第4期
《中国文化简史》	Edward Ainger	Benjamin March	1936年5月第2卷第5期
《中国画中的专业术语》	郭斌佳	Benjamin March	1936年5月第2卷第5期
《中国的画家》	福开森（John C. Ferguson）	Osvald Siren	1936年8月第3卷第1期
《曾国藩的精神世界》	全增嘏	Allan W. Watts	1936年8月第3卷第1期

续表

作品名	评论者	原作者	卷期
《中国史纲要》	郭斌佳	F. L. Hawks Pott	1936年8月第3卷第1期
《中国的诞生》	福开森（John C. Ferguson）	Herlee Glessner Creel	1936年9月第3卷第2期
《秘密的中国》	姚莘农	Egon Erwin Kish	1936年9月第3卷第2期
《中国的玉器》	温源宁	Frank Davis	1936年9月第3卷第2期
《中国地图》	福开森（John C. Ferguson）	A. Herrmann	1936年10月第3卷第3期
《刺痛双塔》	福开森（John C. Ferguson）	Gustav Ecke and Paul Demieville	1936年10月第3卷第3期
《中国镜像》	郭斌佳	Louis Laloy	1936年10月第3卷第3期
《中国的缔造者》	郭斌佳	C. Wifrid Allan	1936年11月第3卷第4期
《利玛窦对中国科学的贡献》	张珏哲	裴化行（Henri Bermard）	1936年12月第3卷第5期
《清代文集篇目分类索引》	张珏哲	国家图书馆出版	1936年12月第3卷第5期
《论语英译》	吴经熊	Leonard A. Lyall	1937年1月第4卷第1期
《庚子西狩丛谈》	全增嘏 吴永口述刘治襄笔记	Ida Pruitt	1937年2月第4卷2期
《云冈石窟的佛教雕塑》	裴化行（Henri Bermard）	Mary Augusta Mullikin and M. Hotchkis	1937年3月第4卷第3期
《浑源青铜器》	福开森（John C. Ferguson）	南京大学出版社出版	1937年3月第4卷第3期
《中国音乐艺术基础》	Benjamin Z. N. Ing	John Hazede Levis	1937年3月第4卷第3期
《中国艺术》	全增嘏	R. L. Hobson, Laurence Binyon, Oswald Siren	1937年5月第4卷第5期
《王安石》	福开森（John C. Ferguson）	H. R. Williamson	1937年11月第5卷第4期
《西厢记》	于乐天	Henry H. Hart	1938年1月第6卷第1期

续表

作品名	评论者	原作者	卷期
《宝绘集：J. P. Dubosc 收藏的十二幅中国画》	福开森（John C. Ferguson）		1938 年 1 月第 6 卷第 1 期
《生活的艺术》	全增嘏	林语堂	1938 年 2 月第 6 卷第 2 期
《牡丹亭》	福开森（John C. Ferguson）	Pro. Hundhausen	1938 年 2 月第 6 卷第 2 期
《左宗堂：旧中国的政治家和军事家》	全增嘏	W. L. Bales	1938 年 2 月第 6 卷第 2 期
《相思曲》	Emily Hahn	James M. Cain	1938 年 3 月第 6 卷第 3 期
《论语》	Craigdarrock	Oxford University Press	1938 年 3 月第 6 卷第 3 期
china body and soul	全增嘏	E. R. Hughes	1938 年 9 月第 7 卷第 2 期
《砚石》	福开森（John C. Ferguson）	米芾 R. H. van Gulik 译	1938 年 9 月第 7 卷第 2 期
《林则徐》、《曾国藩》、《左宗棠》	福开森（John C. Ferguson）	Gideon Chen	1938 年 10 月第 7 卷第 3 期
《中国史前陶器》	叶秋原	G. D. Wu	1938 年 12 月第 7 卷第 5 期
《牡丹亭》	李德兰	Henry H. Hart 译	1939 年 3 月第 8 卷第 3 期
《论语》	福开森（John C. Ferguson）	Aethur Waley 译	1939 年 11 月第 9 卷第 4 期
《唐代散文作品》	宋谊	E. D. Edwrds	1939 年 11 月第 9 卷第 4 期
《明初官窑考》	福开森（John C. Ferguson）	A. D. Brankstone	1939 年 12 月第 9 卷第 5 期
《中国基督教艺术的起源》	N. Maestrini	德礼贤（R. Accademia Pasquale D'lian）	1940 年 1 月第 10 卷第 1 期
《中国艺术考》	全增嘏	福开森（John C. Ferguson）	1940 年 1 月第 10 卷第 1 期
《中国青铜器精选》	福开森（John C. Ferguson）	W. Perceval 编	1940 年 1 月第 10 卷第 1 期

续表

作品名	评论者	原作者	卷期
《中国竹画集》	福开森（John C. Ferguson）	William Charles White	1940年1月第10卷第1期
《京华烟云》	全增嘏	林语堂	1940年1月第10卷第1期
《古代中国墓砖画》	福开森（John C. Ferguson）	William Charles White	1940年3月第10卷第3期
《亚洲内幕》	全增嘏	John Gunther	1940年4月第10卷第4期
《中国之行》	Emily Hahn	M. C. Gillett	1940年4月第10卷第4期
《吾家》	伍爱莲	林如斯　林太一	1940年4月第10卷第4期
《中国古代三大思想方式》	福开森（John C. Ferguson）	Arthur Waley	1940年8~10月第11卷第1期
《门口的野蛮人》	温源宁	Leinard Woolf	1940年10~11月第11卷第2期
《家具进化史》	福开森（John C. Ferguson）	Lucretia Eddy Cotchett	1940年10~11月第11卷第2期
《中国艺术本质论》	福开森（John C. Ferguson）	Arthur de Carle Sowerby	1940年12月~1941年1月第11卷第3期
《中国建筑与庭园》	全增嘏	Henry Inn and S. C. Lee	1940年12月~1941年1月第11卷第3期
《中国内部的而亚洲内陆边疆》	凌岱	Owen Lattimore	1941年2~3月第11卷第4期
《突厥之乱》	凌岱	Aitchen K. Wu	1940年12月~1941年1月第11卷第3期
《慈禧外传》	福开森（John C. Ferguson）	J. O. P. Bland and E. Backhouse	1941年4~5月第11卷第5期
《中国之旅》	Thomas E. La Fargue	Emil S. Fischer	1941年4~5月第11卷第5期
《航行》	Emily Hahn	Charles Morgan	1941年4~5月第11卷第5期

从以上《天下》的三个主要栏目所刊出的文章，我们可以看出：
《天下》所翻译的中国古代文化作品23篇；

《天下》翻译的中国古代诗歌作品涉及 65 名作者；

《天下》发表的研究中国古代文化的论文 105 篇；

《天下》在"书评"栏目中所涉及中国古代文化的书评 70 篇。

从这四组数字可以看出《天下》对中国古代文化的翻译、研究和介绍范围之广、数量之多是前所未有的，它涉及了中国文化的方方面面，经史子集无所不包，我们完全可以说，这是中国近代以来中国学者主导的全面向西方介绍中国文化的一份高质量的学术刊物。

第三，《天下》开启了与西方汉学家积极合作。

20 世纪 30 年代的上海是东亚最大、最国际化的城市，各色各样的外国人生活在上海，作为一份英文杂志，《天下》在上海找到研究中国的外国人是十分容易的。从《天下》发表的文章来看，参与这份杂志写作的外国人成分很庞杂。如美国作家项美丽（Emily Hahn，1905～1997），她是《纽约客》杂志社的常年记者，一生写了是多本关于中国的书，最著名就是《宋氏三姐妹》，项美丽是经新月派文人邵洵美介绍进入《天下》这个文人圈的，并成为一个作者。在《天下》发表英文诗歌的朱利安·赫沃德-贝尔（Julian Heward Bell）当时在武汉大学教授英国文学，类似这样的作者还有不少。

但对《天下》的学术地位产生重要影响的是一批西方的汉学家，他们不仅成为《天下》的主要作者队伍，而且《天下》在与这批汉学家的合作中也积累了一些与西方汉学家合作，向西方介绍中国文化的成功经验，这是我们特别关注的。

与《天下》合作最为紧密的老牌汉学家福开森（John Calvin Ferguson，1886～1945 年），福开森 1886 年来到中国，从事教育等各类社会活动，与中国社会上层有着多重紧密的关系，做过两江总督刘坤一和湖广总督张之洞的幕僚，1910 年因为赈灾募款得力，还被清廷封赐为二品顶戴。同时他与新派文人蔡元培、张元济、章太炎也都有交往，他是晚清时美国在华的神通广大的"中国通"。虽然他没有受过专业的汉学训练，但在中国长期的生活，与中国高层的密切交往，加之对中国文化的浓厚兴趣，从而使他在中国文化研究上也做出了自己的贡献。在一定意义上他是 20 世纪在中国的那种"中国通式的汉学家"的典型。[①] 由于《天下》创办时福开森已经是近七十高龄，他阅读广泛，经历丰富，

[①] 一般讲西方汉学家分为专业汉学家和传教士汉学家，这是从信仰的上来讲的，从身份上来分也可以分为"专业汉学家"、"外交官汉学家"和福开森这样的"中国通汉学家"。这类汉学家没有固定的职业，他们当过外交官，但并不是终身的，作为传教士但只是一个时段，但有一个共同点，在中国长期生活，熟悉中国的方方面面，也有较为严肃的著作。他们和一般的中国通不同在于，这批人并不仅仅是混迹于中国社会各个阶层，或政，或商，或教，他们有一个共同的特点是热爱中国文化，并对中国文化的每一个方面有自己的专深的研究。

对中国艺术品有独到的见解，他编著的《历代著录画目》、《历代著录吉金目》、《艺术综览》至今仍是中国学术界研究中国艺术史的重要参考书。因此，福开森在《天下》撰稿 37 篇，成为《天下》杂志外国人中的第一撰稿人也是很自然的。鉴于福开森的社会地位，在中国和美国以及西方的影响，《天下》刊出他的稿件对于广大《天下》的学术与文化影响力无疑是有益的。

福开森是一位经验丰富的社会活动家和品位很高的中国艺术品鉴赏家，他在《天下》所发表的文章主要集中在这两个方面。就文章形式来说，主要是发表在《书评》栏目和《文章》栏目。例如，在所发表在《文章》栏目中的《宋代的瓷器》、《对伦敦中国艺术展的思考》、《早期的中国瓷器》、《中国的家具》、《玉足的标准》、《北京太庙》、《宫廷画院》，在《评论》栏目中所发表的评论《殷周考》、《中国的画家》、《浑源青铜器》、《宝绘集：J. P. Dubosc 收藏的十二幅中国画》、《中国青铜器精选》等西方学者的论文都显示了他深厚的艺术鉴赏的功力，这些文章对西方人通过中国古代的艺术品来了解中国古代文明的发展自然是十分有价值的。而他所写的几篇评论晚清中国政治家的论文则显示出其对晚清社会的深入了解，如他评论《林则徐》、《曾国藩》、《左宗棠》等几篇文章。

像福开森这样在《天下》发表如此多的论文的外国人并不多，他毕竟是一位长期浸泡在中国社会生活与文化中的老人。但在《天下》发表论文的外国人中也有不少是初出茅庐的青年汉学家，而其中这些青年汉学家中日后不少成为在西方具有重要影响的资深汉学家。在这个意义上，《天下》是西方汉学家成长的一个重要摇篮。

例如，美国汉学家卜德（Bodde, Derke）他 1936 年 2 月在《天下》所发表《古代中国对科学及科学方法的态度》一文时，年仅 27 岁，作为哈佛燕京来华的首批留学生刚刚从中国返回美国，日后他成为美国宾夕法尼亚大学中国研究的开创者，在中国文化研究方面多有贡献。

欧文·拉摩铁尔（Lattimore, Owen J. 1900~1989 年）自幼随父亲来到中国，年轻时开始在外国人在中国所办的企业和报纸中谋职，1929 年开始在哈佛读书，1930~1933 年他被哈佛燕京学社派往中国的青年汉学家，1934 年他成为《太平洋事务》（Pacific Affairs）的编辑，1935 年他在《大下》杂志第一期发表《论游牧民族》（On the wickedness of Being Nomads）时刚刚进入学术界不久，这篇论文也预示着他以后的学术方向，以后拉摩铁尔成为美国中国学界研究中国少数民族和中国内陆的专家，特别是他的《中国在亚洲腹地的边疆》（Inner Asian Frontiers of China）在美国中国学界有着重要的影响。

福克斯（Walter Fuchs, 1902~1979 年）福克斯 1926 年来到中国后在沈阳做德语老师，1938 年才来到北京的辅仁大学，他 1937 年在《天下》8 月号上发表《开封府的华裔犹太人》(The Chinese Jews of Ka'Aifengfu)一文时才35岁,那时他在学术上尚未出师,以后回到德国1951年师从海西西,1956年才坐上教授的位置。他的主要学术成就是在来华耶稣会的地图绘制研究上,也是德国少有的几位精通满语的汉学家①。

这说明《天下》对西方汉学家无论资格深与浅都给予了一定的关照。如果我们总结一下《天下》与西方汉学的合作,以下几点对我们总结中国文化的传播的规律与经验是很有启发的。

首先,注意团结著名的汉学家或东方学家,通过发表他们的作品来扩大中国文化的影响。《天下》在中国出版,由几名中国文人来主编,如果想走入西方学术界谈何容易,即便当时是在国内发行出版也面临着国内一系列的外文汉学杂志的竞争,如《教务杂志》(The Chinese Recorder and Missionary Journal)、《密勒式评论报》(Mollard's Review)等。在笔者看来,《天下》在西方产生影响,一炮打响,成功的第一原因在于:团结了一些当时著名的西方汉学家或东方学家,从而保证了刊物的学术质量。

例如,英国当时的著名的远东学研究者、澳门学研究专家博克塞(Charles R. Boxer, 1904~1997年)他当时虽然实际上是英军在远东的情报负责人,但其东亚研究已经在西方产生影响。估计他是通过项美丽的关系,进入《天下》这个圈子的。《天下》杂志转移到中国香港后他和项美丽结了婚。博克塞精通多国语言,他的研究集中在明清之际的东亚与澳门,例如,1938年4月第6卷第4期上发表的)《三百年前的澳门》,1938年8月第7卷第1期上发表的《1621~1647葡萄牙支援明朝抗清的军事行动》,1941年4~5月第11卷第5期发表的《Nicholas Iquan(郑芝龙)》至今仍是具有很搞学术价值的论文。这些论文都会给《天下》带来很好的学术声誉。日后博克塞后来成为西方东方学研究中少有的东亚研究,尤其澳门研究的专家,发表了一系列的重要论文和著作,晚年他致力于整个葡萄牙扩张时期的研究,发表过关于葡萄牙在巴西、在非洲、在印度的扩张研究。博克塞的博学、对原始档案的熟悉、视野的广阔、写作的勤奋都是后人难以企及的,如一位英国的历史学家所说:"很难相信将来还会有另外一个博克塞那样的人,他拥有百科全书式的学术知识、去地球上每一个角落收集第一手资料的出色经历,他还有强迫自己著述的偏执狂(这类书如今健在的历史学家

---

① 季羡林先生曾对福克斯有过评价,他说:"福克斯的研究范围非常广。他的取材都是有原始性的。在许多方面他都能开辟一条新路。他的每篇文章都几乎能把握住一个新的问题。他所提出的问题有很多都是前人没有注意到的。关于明清两朝的地图,他写过几篇很精辟的文章。他又精通满文,写过几篇讨论满洲语文的论文。对于《尼布楚条约》,他也有过独到的研究。慧超旅行中亚印度的记述,他加了注释译成德文。他几年前出版的康熙时代天主教士的地图也是一部很重要的著作。"《季羡林文集》,第六卷,江西教育出版社1996年初版,第24~25页。

都不能写了）他还是一个优秀的健谈者以及令人愉快的伙伴。"① 对本书的研究来说，《天下》成为"二战"期间博克塞研究的一个阵地，他不仅和项美丽生一起生下了一个女儿，而且两人的合作也促使他在《天下》发表了这些的高水平的论文。尽管博克塞还谈不上是严格的汉学家，他的研究主要是依据西方的文献来展开的，但他在《天下》的这些论文对扩大了《天下》在西方学术界的影响，这是毫无疑问的。②

又如，英国汉学家阿瑟·韦利（Arthur Waley，1888～1966 年）是理雅各后英语世界中中国典籍的最著名的翻译家，从 20 世纪初他的作品已经开始出版，1918 年伦敦康斯特布尔出版有限公司出版了他的《中国古诗一百七十首》（A Hundred and Seventy Chinese Poems）书很快被翻译成为法语、德语等文字。内收从秦朝至明朝末年的诗歌 111 首，另有白居易的诗 59 首。1919 年 7 月在伦敦出版了《中国古诗选译续集》（More Translations from the Chinese（Alfred A. Knopf, New York, 1919）。内收李白、白居易、王维等诗人的诗作多首。1919 年出版了《诗人李白》，书中附《导论》、《李白的生平》及译诗说明，收录李白的诗歌 23 首。1923 年出版的《中国绘画研究介绍》（Introduction to the Study of Chinese Painting），1934 年对《道德经》的研究（The Way and its Power：A Study of the Tao Te Ching and its Place in Chinese Thought）。他对中国唐代诗歌有着持续的热情，1949 年发表了《白居易的生平及时代》（The Life and Time of Po Chu‐1771‐846），1950 年发表了《李白的生平及诗歌》（The Poetry and Career of Li Po 701‐762），1956 年发表了《18 世纪中国诗人袁枚》（Yuan Mei：Eighteenth Century Chinese Poet），《天下》1937 年 10 月号发表了他的《月烛诗及其同类作品》（The Eclipse Poem and its Group），此时韦利正如日中天，在西方汉学冉冉升起，发表他的文章显然大大提高了《天下》的知名度和学术影响力。

这样的例子还有研究中国教会史的著名汉学家裴化行（Henri Bernard 或 Bernard‐Maitre S. J. 1889～1975 年），从中国回到美国担任美国国家图书馆东亚部主任的恒慕义（Arthur William Hummel，1884～1975 年），这些人的文章所产生

---

① 奥登（Dauril Alden）著，顾为民译：《博克塞：澳门与耶稣会士》，载于［美］鄢华阳等著，顾为民译：《中国天主教历史译文集》，广西师范大学出版社 2010 年版，第 86 页。
② C. R. Boxer works. Jan Compagnie in Japan, 1660‐1817 (1936); Fidalgos in the Far East, 1550‐1770. Fact and Fancy in the History of Macao (1948); The Christian Century in Japan (1951); Salvador de Sá and the Struggle for Brazil and Angola, 1602‐1686 (1952); South China in the Sixteenth century (1953); The Dutch in Brazil (1957); The Great Ship from Amacon (1959); The Tragic History of the Sea (1959); The Golden Age of Brazil, 1695‐1750 (1962); The Dutch Seaborne Empire (1965); The Portuguese Seaborne Empire (1969).

的学术影响是可想而知的。

《天下》的实践给我们一个重要的启示：将中国文化介绍给西方学术界，一个重要的途径是西方的汉学家，这些汉学家以中国文化研究为其使命，或从学术上，或从思想上从中国文化中汲取营养，在西方不断开拓对中华文明研究的学术空间，由此渐渐扩大了中国文化在西方的影响。对于这些汉学家的学术研究应给与应有的尊重，因为这个基本的事实要很清楚，中国文化在西方文化的传播与接受主要是由他们来完成的，而不是中国学者，尽管我们也可以发挥很重要的作用。[①] 对于这些汉学家在学术上的成就与不足主要应放在一个学术的层面展开讨论，而不是简单地用一种'东方主义'来加以抛弃。[②] 这点我们在下面会专门的研究。

其次，合作翻译——开启中国文化典籍西译的新模式。

《天下》杂志在"翻译"栏目中发表的中国文化译文时，有一些作品是由汉学家和中国学者联合翻译的，这是一个特别引起笔者兴趣的地方。笔者初步统计有以下几篇合作翻译（见表 6-10）。

表 6-10　　　《天下》"翻译"栏目中合作翻译的作品

作品	合作译者		出处
《现代诗两首》（邵洵美、闻一多作）	Harold Acton	陈世骧	1935 年 8 月第 1 卷第 1 期
《诗两首》（李广田作）	Harold Acton	陈世骧	1935 年 11 月第 1 卷第 4 期
《翠翠》（即沈从文的《边城》）	项美丽（Emily Hahn）	辛墨雷（邵洵美）	1936 年 1 月第 2 卷第 1~4 期
《无耻》（凌淑华作）	Julian Bell	凌淑华	1936 年 8 月第 3 卷第 1 期
《疯了的诗人》（凌淑华作）	Julian Bell	凌淑华	1937 年 4 月第 4 卷第 4 期
《声音》（邵洵美作）	Harold Acton	邵洵美	1937 年 8 月第 5 卷第 1 期
《苏东坡诗九首》	Harold Acton	胡先骕	1939 年 2 月第 8 卷第 2 期

---

① 目前中国国内对文化走出去的一些基本理解需要反思。例如，中国典籍的翻译一哄而上，这些著作只是在国内买卖，在国外几乎完全没有市场。因为，不少人忘记了一个基本事实，中国文化典籍的基本翻译是要依靠汉学家来完成的，我们可以做一些，但只是辅助性的。尽管我们也有林语堂这样的天才，但毕竟是少数，如果认为依靠五十年来我们外语教育所培养出来的外语队伍就可以完成这件事，就太乐观了。

② 参阅关于笔者对国内一些学者借用赛义德的"东方学"理论对域外汉学的想象性的批评。

在《天下》的翻译栏目中，对中国文化的作品的翻译，无论是中国传统文化的作品还是现代的作品，从翻译者队伍来看是三类：第一类是中国学者，第二类是西方学者，第三类是中外合作。初步统计在《天下》"翻译"栏目共发表了翻译文章71篇次[①]，其中中国学者发表的翻译论文篇次是52次，西方学者参与翻译栏目发表的译作篇次是4次，中外学者联合翻译的文章篇次是15次。

从这个统计可以看出在《天下》的"翻译"栏目中，中外合作翻译的作品数量虽然并不大，但却是"翻译"栏目的重要形式。

在中国文化作品的翻译上当下有两种意见：一种意见认为中国文化特别是中国典籍的翻译主要应以中国学者来从事，另一种意见认为中国典籍的翻译主要应以西方汉学家来做。从目前中国文化的外译的总量来看[②]，主要作品是由西方汉学家来做的，由中国学者所翻译的作品也主要是生活在西方的华裔学者，真正由国内学者所翻译的作品是很少的。关于这一点我们在"文献编"中可以通过考狄书目和袁同礼书目来说明这一点。

《天下》的特点在于，在典籍的翻译上中国学者为主体，这是由于当时的文化环境所决定，同时，作为一份由中国学者所主持的英文刊物，在翻译上中国学者占主导地位，这显示除了《天下》的基本文化立场。但在笔者看来，《天下》所开创的中外合作翻译中国文化作品的尝试是值得肯定的。因为，从语言的角度来说，英语毕竟不是中国人的母语，在语感的掌握上、在文化的理解上中国学者都要逊于西方汉学家，但在对中国文化的理解上，特别是古代经典文化的知识上，西方汉学家一般要逊于中国学者。采取联合翻译，合作翻译应是一个理想的中国典籍外译的模式。

在《天下》"翻译"栏目中英国人哈罗德·阿克顿是一个引人注意的人物，这位意大利人的后裔，所长是研究欧洲文学，但他在北京期间不仅在1939年4月第8卷第4期、1938年8月第9卷第1期、1939年9月第9卷第2期上先后独立翻译了中国传统戏剧《春香闹学》、《狮吼记》、《林冲夜奔》剧本，还和多位中国学者合作翻译了一系列的作品，例如，1939年2月第8卷第2期上他与胡先骕合译的《苏东坡诗九首》，与陈世骧合译的《现代诗两首》，与陈世骧合译李广田的《诗两首》等，他还与美国人阿灵顿（L. C. Aelington）合作翻译了33出京剧折子戏《戏剧之精华》（Famous Chinese Plays），他和陈世骧合作翻译，并丁1936年在伦敦出版的《中国现代诗选》（Modern Chinese Poetry）是较早将

---

① 作品的连续翻译发表，统计是不按照作品数量统计，而是按照《天下》每期实际发表的翻译文章来统计。
② 这点在下面的研究中会有研究。

中国现代诗歌接收到西方的译本。①

《天下》开创了中外合作翻译的模式，这一模式需要我们认真地加以总结，从中提升出一般性的经验，用于今后中国典籍的外译事业。

最后，平等地展开学术批评，推进汉学研究的进展。

《天下》在与西方汉学家的合作中并不仅仅是刊登期作品，与他们合作展开中国典籍和当代文学的翻译，同时他们也站在中国文化的立场对西方汉学的研究展开建设性的对话，其中也有福开森的评论，但主体是中国学者。

首先，《天下》的评论文章显示了编者的学术敏感性，通过评论栏目，展示了中国学术界对西方汉学研究进展的熟悉与了解甚至可以说了如指掌。例如，美国汉学家顾立雅1938年出版的《对中国古文化的研究》，这是顾立雅代表性的著作。

很快，中国学术界就知道了这本书，叶秋原②在《天下》上发表文章，在评论中，叶秋原认为顾立雅这本书是有贡献的，他说："在其关于商代史来源资料的研究里，列举了顾立雅犯的几个错误，如把殷墟随意理解成殷窟或者当成殷的废墟，之后教授继续总结了所有在安阳重要的发现，包括一些在本世纪初关于甲骨文的书。在这些总结之后，作者大篇幅地讨论了中国的关于中国早期三个朝代的编年史古书。顾立雅教授像研究历史的中国学者一样，认为这些古代的记录并不可信，只是出于对政治宣传的需要。因为这个原因，中国古代史的学术不得不寻求其他途径。幸运的是，现在有成百上千的甲骨文，而且在安阳河其他地方也发现了很多同时代的资料，为这一时期的研究带来了曙光。正是脑中带着这些资料，作者写道：我们有义务从头开始学起，在极度科学地考察这些我们所能获得的同期的资料的基础上，并且想方设法、尽我们所能重新建构一幅拼接的历史画卷。"由于顾立雅这本书是在安阳小屯考古发现的基础上写出的，因此，对中国上古时期的历史可信度开始有了信心，叶秋原说："至于关于'商朝人是谁？'

---

① 阿克顿是一位多产的作家，他发表了一系列的著作，例如，*Aquarium*, London, Duckworth, 1923; *An Indian Ass*, London, Duckworth, 1925; *Five Saints and an Appendix*, London, Holden, 1927; *Cornelian*, London, The Westminster Press, 1928; *Humdrum*, London, The Westminster Press, 1928; *The Last of the Medici*, Florence, G. Orioli, 1930; *The Last Medici*, London, Faber & Faner, 1932; *Modern Chinese Poetry* (with Ch'en Shih-Hsiang), Duckworth, 1936; *Famous Chinese Plays* (with L. C. Arlington), Peiping, Henri Vetch, 1937; *Glue and Lacquer: Four Cautionary Tales* (with Lee Yi-Hsieh), London, The Golden Cockerel Press, 1941; *Peonies and Ponies*, London, Chatto & Windus, 1941.

② 叶秋原1922年时为杭州宗文中学毕业，期间与施蛰存、戴望舒等人有交往，并共同组织成立"兰社"。后赴美国留学，获社会学硕士学位。20世纪30年代初回国后，在申报馆工作，并为《前锋周报》起草了《民族主义文艺运动宣言》。1936年他在《震旦人与周口店文化》一书中曾提出将 Sinanthropus pekinensis（即北京人）的中文名改为"震旦人"。此名称提出后曾在一定范围内被采用，终究未通行。后经吴经熊介绍进入《天下》编辑部。1948年3月2日逝世，年仅40岁。

的研究可能是本书中最为有趣的部分。不仅是因为它是书中最长的论述,占据了100多页,而且它讨论和回顾了不同地区关于这一时期的人类学发现。从人种、地理、文化的立脚点,作者试图揭开商代的起源之谜。从地理上讲,古代把商代都城定位到好几个地方:河南西北部、湖南南部、山东的西南部。从人种上说,依据最近 ANDERSSON 的发现和周口店的发现,可以得出结论,中国北方平原在旧石器时代已经有人居住,而商朝人据说和蒙古人人种很相近。从文化上讲,商朝人从先于他的新石器时代文化中汲取很多,特别是城子崖文化,或者被称为黑陶文化。作者做出如下研究结论:

  中国在文化的连续性上是独一无二的。它的最突出的特点是容纳变化而不被打断。这个特点可以一直追溯到在商代之前的中国东北部的新石器时代文化。商代文化,像所有其他伟大的文化一样是折中的,被很多种文化所影响。但是当这些影响和技术被接受后,就遇到所有入侵中国的所有人、所有宗教和所有哲学相同的命运。他们被吸收、发展并随着中国形势一起发展并且转变成为中国基础的、富有特色的文化的一个有机组成部分。

  因为叶秋原本人对早期中国历史也有深入的研究,所以,问题抓得准,揭示出了顾立雅著作的价值。当然,对顾立雅书中的一些不足他也没有回避,例如,顾立雅认为,"初步比较可以得出预期:仔细研究可能看出商朝文化和在美国和太平洋岛屿发现的一些文化存在关联。"叶秋原说:"这可能有点超出了正常的研究和推断范围,而推断在研究中通常是冒险的就像在华尔街和巴黎股票交易所投机一样。"由此可以看出评论栏目显示了《天下》编辑的学术视野和学术水平(见表 6-11)。

表 6-11 评论栏目的评论

作品	外方	评论	出处
中国的艺术	Leigh Ashton	温源宁评	第 2 卷第 4 期(1936 年 4 月)
中国画中的专业术语	Benjamin march	郭斌佳评	第 2 卷第 5 期(1936 年 5 月)
曾国藩的精神世界	Allan W. Watts	全增嘏评	第 3 卷第 1 期(1936 年 8 月)
秘密的中国	Egon Erwin Kisch	姚莘农评	第 3 卷第 2 期(1936 年 9 月)
论语英译	Leonard A. Lyall	吴经熊评	第 4 卷第 1 期(1937 年 1 月)
中国艺术	R. L. Hobson Laurence Binyon Oswald Siren 等	全增嘏评	第 4 卷第 5 期(1937 年 5 月)
西厢记	Henry H. Hart	于乐天评	第 6 卷第 1 期(1938 年 1 月)

续表

作品	外方	评论	出处
论语（Oxford University Press）	Craigdarrock 评		第 6 卷第 3 期（1938 年 3 月）
China Body and Soul	E. R. Hughes 著	全增嘏评	第 7 卷第 2 期（1938 年 9 月）
牡丹园：中诗译集	Henry H. Hart 译	李德兰评	第 8 卷第 3 期（1939 年 3 月）
早期中国文化研究	Herrlee Glessner Creel 著	叶秋原评	第 9 卷第 1 期（1939 年 8 月）
论语	Arthur Waley 译	福开森评	第 9 卷第 4 期（1939 年 11 月）
中国艺术考	John C. Ferguson	全增嘏评	第 10 卷第 1 期（1940 年 1 月）
中国艺术本质论 中国建筑与庭院	Arthur de Carle Sowerby 著 Henry Inn and S. C. Lee 著	福开森评 全增嘏评	第 11 卷第 3 期（1940 年 12 月~1941 年 1 月）
嵇康及其琴赋	R. H. van Gulik 著	John C. Ferguson 评	第 12 卷第 1 期（1941 年 8~9 月）

《天下》的周围是一批当时中国知识界兼通中西的知识分子，这些人大都在国外学习过，有很好的英文阅读能力，同时也有较好的中国古代文化选训练和修养。这样他们对西方汉学的译本就会提出很中肯的意见，对汉学家的文本做深入的文本翻译研究。这些评论性文章在《天下》中虽然不占多数，但却体现了《天下》的文化知趣和文化自觉的精神。

例如，中国学者于乐天（Yu Lo–T'IEN）对亨利·哈特（Henry H. Hart）于 1936 在美国斯坦福大学、牛津大学出版的《西厢记》译本（*The West Chamber. A Medieval Drama*）（西厢记），Translated from the Original Chinese with Notes by Henry H. Hart. （Published by Stanford University Press,）pp. xxxix and 192.）的批评就十分典型。[①]

于乐天首先肯定亨利·哈特（Henry H. Hart）的译本比以往的汉学家译本要

[①] 耿纪用：《远游的寒山：英译第一首寒山诗》中说："亨利·哈特是美国著名的汉学家，早年毕业于加州大学，获法学博士学位，然后赴中国学习和研究中国文学和文化。在一篇英译中国诗集的序言里，哈特明确表示了他对中国诗的热爱和高度评价。他称中国为 Mother China，认为中国比西方更文明，西方文化从中国受益良多，他说中国诗，'是用最柔软的笔写在最薄的纸上的，但是作为汉民族的生活和文化的记录，这些诗篇却比雕刻在石头或青铜碑上更永垂不朽。'"见《中国比较文学》2012 年 2 期。

好些。亨利·哈特的译作很精彩，尽力做到翻译准确。他通过与当时的中国学者熊式一的译本的比较来说明这一点。我们看看下面的对话：

莺莺云："有人在墙角吟诗。"

红云："这声音便是那二十三岁不曾娶妻的那傻角。"

亨利·哈特把这段对话译为：

Ying Ying: There is someone at the corner of the wall, reciting verses.

Hung Niang: The voice is that of that young twenty-two-year-old idiot who has not got himself a wife.

熊式一（S. I. Hsiung）把这段对话译为：

Ying Ying: There is some one, at the corner of the wall, who is chanting a poem.

Hung Niang: The sound of the voice is exactly that of that foolish fellow who is twenty-three years old and still unmarried.

于乐天认为亨利·哈特译得比熊式一要好。首先，因为他的译文读起来更顺畅，而且，根据西方的年龄计算方法，张生的确应该是只有22岁。

于乐天又举了一个例子来说明自己的观点。

红娘说道："张生，你见么？今夜一弄儿风景分明助你两成亲也。"

亨利·哈特将其翻译为："Don't you see, Chang? Tonight there is a magic spell about, to favor your mutual joy."（第123页），这样的翻译保持了原汁原味。相比于亨利·哈特的译本，熊式一翻译地就比较生硬："This evening, with its beautiful surroundings, is evidently assisting you and her to complete your union."

于乐天甚至认为，亨利·哈特在译本的一些方面表达上，比原本要好，他说："亨利·哈特的翻译非常精彩，可敬可佩。有的片段甚至译文比原文都要优美，如第82页的两处译文：

My sorrow is deep as the murky sea, As vast as the earth, And as boundless as the blue heavens above.

She has crushed the tender buds of the twin blossoms, And she has severed the cord which bound together Two hearts fragrant with their love."

但作者对亨利·哈特翻译中的错误也并不回避，而是直言指出其翻译的错误。"《西厢记》里一个很有意思的片段是：莺莺催促红娘去看看张生，但是红娘不愿前往，说：我去便是了，单说'张生你害病，俺的小姐也不弱'。我把这段译为：All right then I will go. I will simply say to him, 'Mr. Chang, you are sick, and my little mistress is not weak either.'这听起来似乎什么都没说，但其实却微妙地蕴含着这样的意义：她知道张生不是别的病，是相思病，也知道莺莺小姐也深深地爱上了张生。但是亨利·哈特的译文是：Well, then, I'll go, but I shall simply say: "Chang, sir, do you think you are the only person sick at heart? Is not my little mistress in like case?"（第 94 页）意为：那好，我去。但是我只会说：'张生，你以为只有你自己有心病吗？我家小姐还不是和你一样。'He has hit at the meaning, but where is the sense of humor with which the original is packed full? Where is the charming nonsense? In this connection, Mr. Hsiung's translation is even worse: Well, I will go. I will merely say to him: 'Mr. Chang, you have caused my Young Mistress a very great affection.' This is neither literal nor imaginative. 他把意思译对了，但是原文中蕴含的幽默哪去了？闲话中有深意的味道哪去了？这句话亨利·哈特翻译地更糟糕：Well, I will go. I will merely say to him: 'Mr. Chang, you have caused my Young Mistress a very great affection.'

好吧我去。但我只会对他说：'张生，你真的让我家小姐动情了。'这样译不符合原意，也没有想象力。"①

从这里我们可以看到《天下》对西方汉学家的典籍翻译持一种公正的学术态度。

综上所述，《天下》作为 20 世纪中国学者编辑的第一份面向英语世界介绍中国文化的杂志成就显著，他们在动荡的战争环境下所开创的事业如此辉煌，他们在中西文化交流史上留下了这些金玉般的篇章，他们宽大的文化情怀所催生出的文化成果，使我们这些后人高山仰止。这些历史性的篇章，应在中国近代学术史上留下重重的一笔，它所创办的理念与实践值得我们今天格外珍惜。在中华民族在历经苦难与动荡后，我们重新回到了他们所开创的事业上来，此时，我们发现吴经熊、温源宁、林语堂、全增嘏那一代人的才华在今天的中文世界已经很难找到，固守中国传统的学人们大都无法像他们那样自如的游走中西之间，用英文写作，介绍中华文化。百年欧风美雨后那些从西洋回来的学子们已经很少再有他们那样的情怀，更谈不上有他们那一代人中西兼容的学识，"海龟们"对本土文化的隔膜已经十分常见，文化的断裂已成为生活的现实。

延绵几千年的中华文化，今天又到了一个新的时刻，一个三千年未见之大变局的历史关头，一个中华文化的复兴已是站在高山之巅遥望即来的时刻。

归来兮！《天下》！

---

① 天下 pp. 92 – 95, The West Chamber. A Medieval Drama（西厢记）, Translated from the Original Chinese with Notes by Henry H. Hart. （Published by Stanford University Press, Stanford University, California; Humphrey Milford, London; and Oxford University Press,）pp. xxxix and 192. 1936.

第二节　新中国国家外文局的开创性工作

动荡的 20 世纪，巨变的 20 世纪。

天玄地黄，沧桑巨变。中国的成立是世界现代史中最重要的事件，它是中国文明史上崭新一页的开始。新中国的成立使中国的外部形象发生了根本性的变化。由于当时正处在冷战状态，中国站在以苏联为首的社会主义阵营，从而使中国在冷战的双方阵营处呈现出截然不同的形象：在苏联为首的社会主义阵营，中国是同志加兄弟；在美国为首的西方阵营，中国是一个可恶的专制政权。新中国一边倒的外交政策决定了它的外宣政策也是一边倒。

一、新中国传播中国文化的重镇：外文局

如果说，《天下》杂志代表着 20 世纪上半叶民国政府和以吴经熊代表的一批知识分子合作，向西方世界介绍中国古代传统文化的一次重要尝试。那么中国外文局的历史则是 20 世纪下半叶，新中国在对中国传统文化的海外传播上的一个代表，研究 20 世纪下半叶新中国的中国古代文化经典在西方的传播，无论如何是绕不过外文局这座巍峨的高山的，我们必须从这里开始，展开我们对 20 世纪下半叶，中国古代文化典籍在西方的传播研究。

（一）外文局中国古代作品翻译出版史

对于中国古代文化经典的翻译历史，外文局在 60 年的历程中大体可以分为二个阶段：

第一个阶段：1950～1976 年，从新中国成立到"文化大革命"的结束。中国外文出版发行事业局又名中国对外出版集团，外文局是和新中国同一天建立的。它的指导原则就是：

"第一，宣传中国人民在中央人民政府及中国共产党领导下彻底进行革命斗争，恢复战争破坏，开展生产建设与文化建设，和争取世界持久和平与人民民主的活动。

第二，强调中国与苏联及新民主主义国家在苏联领导下的亲密团结，强调民主和平力量的不断增长；证实马列主义的普遍适用性和毛泽东思想在中国的伟大成就。

第三，开展对亚洲殖民地国家的宣传，并逐步开始在世界范围反映亚洲殖民地人民的斗争，以使亚洲殖民地人民的斗争情况通过我们达于欧美各国人民，同时也使被帝国主义禁锢着的各个亚洲殖民地民族通过我们互相了解，交换经验，鼓舞斗志。"①

万事起头难，一个崭新的国家，一个崭新的事业。在1950年外文局就出版了《人民中国》半月刊的英文版和俄文版，《人民中国》、《人民中国报道》等外文刊物。在总结这一年工作时，外文局的领导认为："总起来说：这一年来我们依照共同纲领，在中央人民政府一般宣传政策的正确领导下，对宣传国内建设生活和团结国际友人，反帝、反侵略与坚持和平等方面，起了一定程度上的国家喉舌作用。"② 但面对这个崭新的事业，外文局面临着不少困难，其中之一就是外语人才，而新中国成立时的那种政治观念也反映在他们对待人才的看法。在1950年工作总结中提到这一点，认为新干部外语能力不够，而"有由欧美资本主义国家回来的留学生，有自小就在外国长大而不甚谙习中国语言的华侨，有长期服务于帝国主义或国民党机关中的旧知识分子；一年来经过了社会发展史及各种时事和政策学习，并以两个半月时间做了一次思想总结，或多或少批判了个人主义的旧人生观，初步建立了为人民服务的意识。因此我们的工作一直是在摸索、改造和培养干部的努力下进行的。"③

培养新的知识分子，改造旧的知识分子，这是当时整个新中国在知识分子上的基本政策，这样的政策也必然影响到以后外文局的译者队伍的文化视野和文化态度，如果不了解从20世纪50年代开始到文化大革命这一时期的基本文化政策，我们将无法了解在外文局从事中国古代文化经典翻译的那些知识分子的心态和作品，例如，杨宪益。这点我们在下面会专门的研究。

外文局成立后"截至1950年12月15日为止，共编译了24种44本小册子。就内容论，这些小册子可以分别为两类，一类介绍中中国革命经验，另一类介绍新中国各方面的生活。第一类小册子，占全部小册子的28%，第二类小册子，占72%。"④ 这一年所翻译的文学作品只有一种，这就是赵树理的《田寡妇看瓜》，先后被翻译成了捷克文、日文和保加利亚文。古代文化的作品一篇也没有

---

① 《国际新闻局一九五〇年工作计划（草案）1950年2月10日》，《中国外文局五十年史料选编》(1)，新星出版社1999年版第4页。
② 《国际新闻局一九五〇年工作计划（草案）1950年2月10日》，《中国外文局五十年史料选编》(1)，新星出版社1999年版第13页。
③ 《国际新闻局一九五〇年工作计划（草案）1950年2月10日》，《中国外文局五十年史料选编》(1)，新星出版社1999年版第12页。
④ 《国际新闻局一九五〇年工作计划（草案）1950年2月10日》，载于《中国外文局五十年史料选编》(1)，新星出版社1999年版第26~27页。

翻译。

　　1950年第一年的工作方针大体预示了外文局第一阶段的工作特点，在一定意义上，也基本预示着60多年的工作基本特点，正如前局长杨泉在总结外文局60年的工作时所说的："在不断的变动之中，有两个不变，这是了解和把握外文局的中心环节。一是党和国家领导人一直非常关心和支持我国书刊对外宣传事业，毛泽东、周恩来、刘少奇、邓小平、宋庆龄等老一辈无产阶级革命家和以江泽民为核心的第三代领导集体，对外宣和外文局的工作都做过重要的批示和指示，从书刊外宣的指导思想、方针政策到书刊的内容、宣传艺术，从人员的调配、干部培训到机构设置，都有过明确的意见，至今仍有很强的指导意义。我们重温他们的这些教诲，深感有些基本要求到今天我们还远没有做好，尤其是对于外宣工作的要求。二是外文局的中心任务一直没有变，它承担着党和国家的书刊对外宣传任务。从根上来说，外文局就是为书刊对外宣传的需要应运而生的。"① 外文局是国家的对外喉舌，国家立场是它的基本原则，一切都要应从此出发来理解它的历史与成就，进步与问题。

　　在这一阶段1952年《中国文学》（*Chinese Literature*），英文刊的出版是一件大事。② 在这一时期，外文局在翻译上仍是以翻译领袖的著作为主，起初"关于中国历史、地理、文化、艺术方面的，几乎一种也没有。"③ 第一次将中国历史文化著作的翻译，中国古代文化典籍的翻译提到工作日程之上是从1953年8月胡乔木在中宣部部务会议上关于《人民中国》方针问题的讲话开始的。他在讲话中说："关于中国的基本知识的介绍：外国人对中国的事物一直不很明了，知识很少，而且有不少歪曲。在马可·波罗到中国以前，外国人根本不知道中国，那以后虽知道较多，但歪曲更多。因此，《人民中国》应该担负起这个政治任务，即与资产阶级长期以来所造成的影响做斗争，供给希望了解中国的读者以背景知识。这种知识对社会主义国家一般的读者同样需要，因为，他们也知道得很少。

　　在介绍这种知识时，我们可以按历史事件或人物的纪念来拟定题目。例如，可以通过鸦片战争、中日战争、太平天国，以及其他在历史上起过进步作用的事件或在历史人物的多少周年纪念来介绍这些基本知识；也可以介绍关于中国过去与亚洲各国的历史关系和文化交流，例如中国与日本、朝鲜民族的关系，西藏与

---

① 杨正全《序》，周东元、亓文公编《中国外文局五十年史料选编》（1），新星出版社1999年版第3页。

② 参阅中央人民政府政务院文化教育委员会主任郭沫若在1952年4月28日所写的《中央人民政府文教委就国际新闻局改组为外文出版社给政务院的报告（文教办〔1952〕第43号1952年4月28日）》，周东元、亓文公编《中国外文局五十年史料选编》（1），第45～47页。

③ 《外文出版社一九五三年工作计（摘录）（1953年2月3日）》，周东元、亓文公编《中国外文局五十年史料选编》（1）第71页。

内地的关系，以及世界先进科学在中国的传播，等等。同时，我们有计划地介绍中国一些文学艺术的作品，可以刊登一些现代的或者古典的作家作品，但是必须要有很漂亮的翻译。"① 胡乔木讲话后，外文局开始将中国古代文化的知识翻译、中国古典作品的翻译列入议事日程。两年后在对中国古代文化历史文化著作的翻译上开始有了新的进展，在1955年的总结中，开始从市场的反馈中感到"通过古典和近代文艺作品，不少外国读者改变了因长期反动宣传造成对中国人民形象的歪曲观念，增进了他们对中国丰富和悠久的文化传统的认识。""文艺作品（古典的和现代的），这是各国人民所喜爱的，是最吸引各国广泛阶层的读者口往中国读物，只要所选择的是真正优秀的，数量是永远不会嫌太多的。"同时外文局开始有了一个对中国古代文化经典的翻译的三五年计划。② 这的确是一个新的开端，到1956年时已经将"编译一套介绍我国基本情况（如历史、地理等）的丛书约20种，一套我国古今文学名著的丛书约一百种"③。到1957年时，翻译刊登中国古代和近代文学作品的《中国文学》（英文）开始由季刊改为半月刊，发行量也有了明显的改变。《中国文学》成为向世界介绍中国古代文化作品的主要窗口。但在当时冷战的国际背景下，对外文化联络委员会在1959年按照毛泽东提出的"厚今薄古"的文化政策对中国古代文化和当代文化作品的发表比例做了规定。"在当代和'五四'、古典作品的比例上似可适当增加'五四'的部分，因为'五四'新文化运动对于于亚、非、拉丁美洲的民族文化发展，将是有帮助和影响的。为此，拟大体定为4（当代文学）、4（'五四'时期作品）、2（古典作品）的比例。"④

外文局在这一时期，尽管以介绍和宣传新中国的社会经济发展，扩大新中国

---

① 《胡乔木同志在中宣部部务会议上关于〈人民中国〉方针问题的讲话》，载于周东元、亓文公编：《中国外文局五十年史料选编》（1），第90页。

② 《外文出版社一九五三年至一九五四年图书编译出版工作总结》（1955年2月23日），载于周东元、亓文公编：《中国外文局五十年史料选编》（1），第109页、114页，在1953年的总结中说："迄今我社除古典文艺作品外还未做任何一个三五年的选题计划。"这说明对古典作品的翻译已经开始有了三五年的计划。

③ 周东元、亓文公编《中国外文局五十年史料选编》（1），第123页。

④ 对外文化联络委员会《对外文委〈关于外文出版社出版的四种外文刊物编辑方针〉的请示报告》（[59]联46致字第606号1959年4月7日），《中国外文局五十年史料选编》（1），第159页。1958年5月8日，在中共八大二次会议上，毛泽东讲破除迷信的问题，从"厚今薄古"转到了秦始皇的话题。他说："范文澜同志最近写的一篇文章，《历史研究必须厚今薄古》，我看了很高兴。（这时站起来讲话了）这篇文章引用了很多事实证明厚今薄古是史学的传统。敢于站起来讲话了，这才像个样子。文章引用了司马迁、司马光……可惜没有引秦始皇，秦始皇主张'以古非今者族'，秦始皇是个厚今薄古的专家。当然，我也不赞成引秦始皇。（林彪插话：秦始皇焚书坑儒）秦始皇算什么？他只坑了四百六十八个儒，我们坑了四万六千个儒。我们镇反，还没有杀掉一些反革命知识分子嘛！我与民主人士辩论过，你骂我们是秦始皇，不对，我们超过了秦始皇一百倍，骂我们是秦始皇，是独裁者，我们一贯承认，他们说的不够，往往要我们加以补充。（大笑）。"（《在中共八大二次会议上的讲话》（1958年5月8日））

的政治文化影响为主，但仍是关注了对中国古代文化经典的介绍和翻译问题，从而开辟了新中国对外传播的一个新的领域。尽管此时，在对中国历史文化与新中国文化思想建设的关系上尚在探索之中，但已经明确当代中国与中国历史文化之间的关系，开始摸索一个更好的对古典和文化的翻译介绍的途径和方式。在这一时期，关于对中国古代文化经典的介绍的作品主要是在《中国文学》中发表的，它是这一时期外文局对外翻译发表中国古代文化作品的主要阵地，其经验尤为重要。这点笔者将在下面专门研究。

图6-1是外文局前三十年英语、法语、德语外文图书的出版趋势。

第二阶段：1976~2009年，从改革开放至今。粉碎"四人帮"后，国家建设进入新的阶段，特别是在党的十一届三中全会以后，实事求是，解放思想成为全党、全国的思想路线，外文局在对外文化宣传上开始呈现出的新的气象。"解放思想就是使我们的思想比较合乎辩证唯物主义和历史唯物主义，比较实事求是！否则就是不大解放。要做很多工作，当前主要要解决这个问题。"[1] 中宣部副部长廖井丹说得很清楚："什么叫思想解放？思想解放就是要回到辩证唯物主义路线上来，……就是正确地解决了实事求是地对待'文化大革命'和'四人帮'遗留下来的许多重大问题。凡是不符合党的方针、政策的，统统都要改变

法语前30年出版各类书目数量走势

(a)

---

[1] 《中宣部负责同负责同志在听取外文局部分单位汇报改革方案时的插话（摘录）（1979年5月）》，载于周东元、亓文公编：《中国外文局五十年史料选编》(1)，第449~450页。

德语前30年出版各类书目数量走势

（b）

图 6-1　外文局前三十年英语、法语、德语外文图书的出版趋势

过来，使之符合我们党的路线方针。三中全会主要是解决了这个根本性的问题，这个问题一解决，就给党，也给所有的单位打开了前进的道路，告诉了我们在工作比较繁杂的情况下，应该抓什么，干什么。"①

　　思想的解放，正确思想文化路线的确定，使外文局重启了对中国古代文化经典的翻译和介绍。外文局确定了"1. 目前仍维持原定的以介绍中国当代优秀文学作品为主的方针，对古典和现代文学中的优秀作品也要有计划地作系统介绍。同时考虑今后做较大的改革，打破文学为主、作品为主、当代作品为主三个框框，改《中国文学》为《中国文学艺术》，文学和艺术并重，作品与评论并重，准备于1987年1月起正式易名改刊。2. 适当扩大选题品种，包括访问记、札记、回忆录、评论、书评以及古今绘画和工艺美术作品、作家介绍，评介戏剧、电影、音乐、舞蹈、曲艺等方面的新作品等。3. 已发表并受到国外读者好评的优秀文学和美术作品，拟不定期地汇辑出丛刊。4. 发挥外国专家以及翻译人员在编辑工作中的作用并立社外顾问委员会。"②

　　这说明，对中国古代文化的翻译介绍将向更为宽阔的空间扩展，同时开始注

---

①《中宣部负责同志在外文局干训班开学典礼上的讲话（1979年10月8日）》，载于周东元、亓文公编：《中国外文局五十年史料选编》（1），第489页。

② 外文局领导小组：《有关工作情况和改革意见的报告（[79]外文办字第215号1979年6月26日）》，载于周东元、亓文公编：《中国外文局五十年史料选编》（1），第481~482页。

意到在外文局的外国汉学家的翻译作用。

正是从改革开放以后,外文局的出版系列中关于中国古代文化经典的翻译著作不断推出,外文版的《水浒传》四卷出版、外文版的《西厢记》、《三国演义》、《红楼梦》等古典名著开始出版、《中国出土文物三百品》、《中国绘画三千年》、《孔子传》(英文版)、《孙子兵法》(西文版)等一系列的翻译著作出版。也是在这一时期著名的《熊猫丛书》推出,一时好评如潮。关于《熊猫丛书》的起伏,下面我们将专门研究,这里不再展开。

这一时期外文局在翻译中国古代文化经典、面向西方世界中国传统优秀文化的出版物中与美国耶鲁大学合作的《中国文化与中国文明》丛书最为成功。中国外文局与美国耶鲁大学的《中国文化与文明》系列丛书大型合作出版项目始于1990年,《中国文化与文明》丛书开创了前所未有的新型合作出版方式,它是外文局与国际合作出版的成功范例。中美两国领导高度重视丛书出版工作,美国前总统乔治·布什担任该项目美方委员会的名誉主席,联合国副秘书长里德任美方总协调人;基辛格等8位前国务卿和耶鲁大学校长为顾问委员会成员。中国前国家副主席荣毅仁曾担任此项目中方委员会的荣誉主席,前人大副委员长黄华任顾问委员会主席。1997年首卷《中国绘画三千年》面世以来,多本图书已被时任的中国国家领导人胡锦涛、江泽民作为国礼赠予美国总统、国会图书馆和耶鲁大学等,在美国政界、文化界、学术界备受关注与重视。迄今已出版了《中国古典哲学概念范畴要论》、《中国文明的形成》、《中国雕塑》、《中国书法》等7种图书,其中多本图书在中美两国获得图书大奖。按计划还将陆续出版《中国陶瓷》、《中国丝织品》等,全部项目将涵盖多文种画册、中国文学名著、中国哲学思想三个系列70种图书。这套书代表着新时期以来,外文局在中国古代文化历史出版上的最高成就。在1998年的工作部署中,外文局认为:"对外合作出版结出了硕果。经过几年来的艰苦努力,我局与美国耶鲁大学出版社合作出版的'中国文化与文明'丛书首卷《中国绘画三千年》(中、英、法文版)隆重推出,中美双方在北京和纽约分别举行了首发式。该丛书其他各卷的编译出版工作也在顺利进行。这套丛书首卷的出版,使中国题材的图书通过西方有国际影响的出版社和发行商,在西方主主流社会产生较大的影响。该书刚一出版,适逢江泽民主席访问美国,被作为代表团礼品,由江泽民主席赠送给克林顿总统、戈尔副总统、国会领导人及江主席的老师顾毓琇,对提高我局局知名度、体现我局业务水准起到了很好作用。"[①]

[①] 《中国外文局一九九七年总结和一九九八年工作部署,(1998年1月6日)》,载于周东元、亓文公编《中国外文局五十年史料选编》(1),第492页。

《中国文化与中国文明》从选题到作者队伍的确定，出版合作的模式，在多方面都做了有益的探索，为今后向世界介绍中国古代文化积累了宝贵的经验。

中国古代历史文化经典著作的翻译和介绍，在外文局向世界介绍中国的繁杂多样的工作仅仅是其一个方面。但从 1950 年到今天，外文局在这一领域的发展上走过了不平凡的道路，取得了不平凡的成绩。从这里折射出整个国家对自己历史文化认识的起伏变迁的历史，反映出了我们走向世界的历程。作为国家队，外文局的努力与经验是值得学术界珍视和珍惜，它的教训和所走过的弯路是值得我们重视和研究的。因为，将中国介绍给世界，将中国优秀的历史文化翻译到世界各种语言，这里不仅仅是一个简单的翻译和语言的转换问题，也不仅仅是一个单纯的学术问题。传统文化在我们自己文化思想中的地位，国家意识形态的变化，国家在世界文化交流与冲突所在的位置，中国对外部世界的了解与熟悉，译者的文化视野与合作，出版的市场与开发与利用，接受语的反响等，这一切将文化的传播综合成为一个国家文化政策。它是一个国家软实力的重要表现，一种文化间的交流与会通，一种国家文化力量的扩展。这一事业表达了我们对世界的认知和对文化传播事业的探索，体现了我们对自己文化的逐步走向理性的认识和自信。

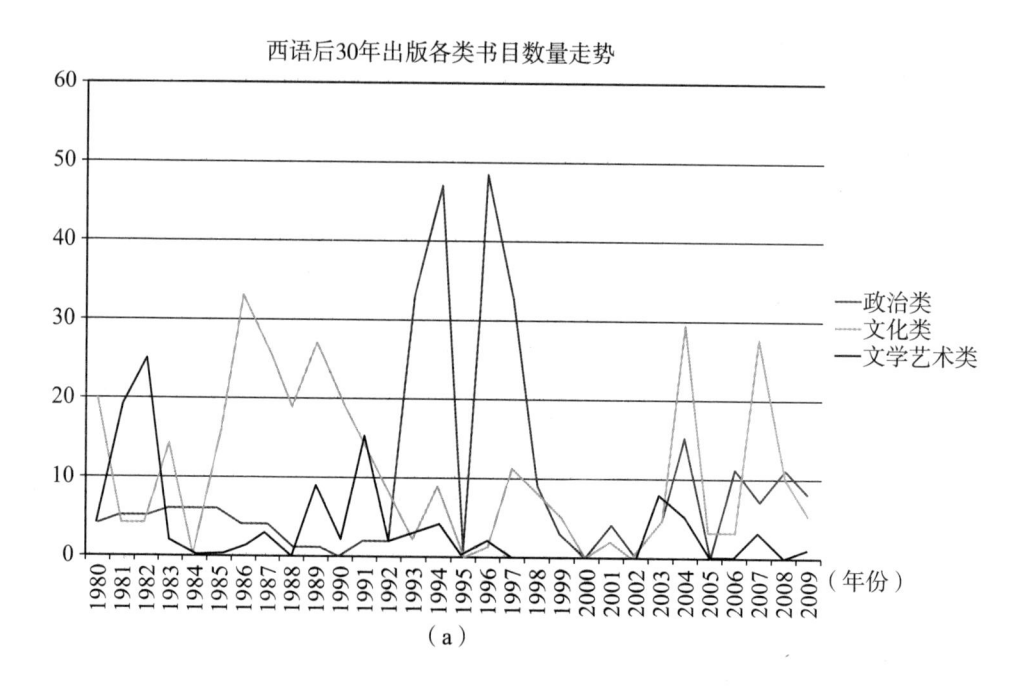

图 6-2 是外文局后三十年外文图书的出版走势。

表 6-12～表 6-14 分别是外文局中国古代文化节目分类统计、中国古代文化书目 60 年统计和各语种外文书出版量统计。

(a)

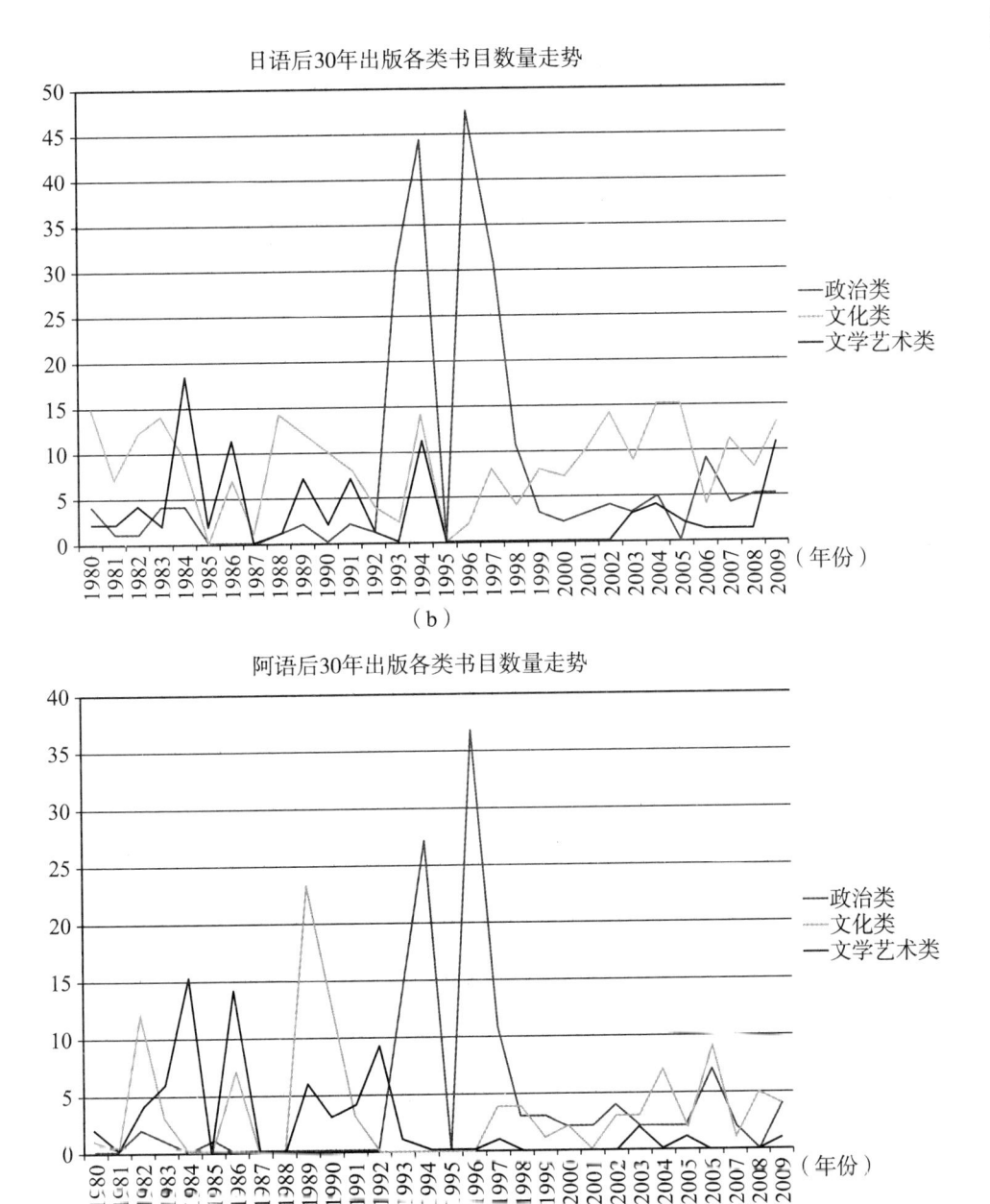

图 6-2 外文局后三十年外文图书的出版走势

表6-12　　　　　外文局中国古代文化书目分类统计

时段	译著（册）	画册（册）	总量（册）
1949～1976年	57	111	168
1977～2009年	449	311	760

表6-13　　　　　外文局中国古代文化书目60年统计

60年出版总量（册）	译著（册）	语种
928	506	21

表6-14　　　外文局出版的各语种外文图书出版量统计（1949～2009）

语种	出版量
阿拉伯语	40
朝鲜语	12
德语	75
俄语	14
法语	131
荷兰语	1
孟加拉语	40
缅甸语	11
葡萄牙语	24
日语	27
僧伽罗语	6
世界语	10
斯瓦希里语	14
泰语	35
乌尔都语	19
西班牙语	96
意大利语	6
印地语	65
印尼语	9
英语	279
越南语	14

(二)《中国文学》对中国古代文化典籍的翻译

《中国文学》(Chinese Literature) 创刊于 1951 年，它是由当时刚从英国返回国内的著名作家叶君健建议，后经周扬等同意后开始创建的。[①] 国家当时将其作为专门对外介绍中国文学的英文刊物。前三期是叶君健一个人负责，杨宪益等人帮助翻译，三期出版后在国外有了影响，这样"为了理顺工作关系，上级有关领导将叶君健调到新的专门出版对外宣传书刊的外文出版社（外文局的前身），并主持《中国文学》的工作。之后，又陆续调来杨宪益、戴乃迭、沙博理（Sidney Shapiro，1915 年 12 月 13 日~）、唐笙等专家。20 世纪 50 年代中期又从作协调来何路同志负责编辑部的行政工作。一时间《中国文学》的编译力量，特别是翻译力量十分雄厚。"[②] 作为一份面向西方读者，翻译、介绍中国文学的国家级刊物。自 1951 年创刊到 2001 停刊，《中国文学》在 50 年里，共出版了 590 期，英文版共出了 394 期，介绍作家、艺术家 2 000 多人次，译载文学作品 3 200 篇。这是新中国成立后向英语传播中国文学最重要的刊物。

《中国文学》作为一个文学刊物，它发表的作品包括了几乎所有的文学类型，小说、诗歌、散文、戏曲、杂剧、剧本、寓言、回忆录、相声、小品文等等，在翻译的内容上既有古典文学也有当代文学、近代文学、解放区文学等。作为一份反映新中国文学成就和发展的期刊，当然是将当代文学作品的翻译放在首位。例如，1958 年 4 月 14 日，《人民日报》发表社论《大规模地收集全国民歌》，全国大规模地开始了"新民歌"的创作和采风运动。《中国文学》在当年第 6 期就刊发了 43 首新民歌，1960 年第 4 期又发表了选自郭沫若、周扬主编的《红旗歌谣》中 13 首新民歌。中国当时的意识形态决定了《中国文学》的价值倾向，作为国家对外宣传的文学刊物，它不可能脱离这个总的环境。

问题的复杂性在于，在文学传播的理解上中共高层也并非一个声音，1959 年陈毅给《中国文学》的谈话在当时真可谓空谷之音。他希望《中国文学》增加它的可读性"《中国文学》方针不变，但要增强艺术。题材可以有恋爱，也可以有战

[①] 叶君健的夫人苑茵女士曾在回忆中写道："经过一段时间的学习和锻炼，君健了解到白五四以后中国文学的发展，特别是解放以后的文学更是向前迈进了一大步。如赵树理的写实作品《小二黑结婚》，作品生动活泼，使广大读者易于接受，《王贵与李香香》，以及老舍先生写的《龙须沟》等，都是描写解放后人民当家做主的好作品。……此时君健急不可待地向周扬同志提出建议：'办一种像《苏联文学》一样的刊物，把中国古典文学和现代文学介绍到世界去。'周扬同志对他的建议十分重视，便责令他负责组建这个刊物。"苑茵著，叶念伦整理：《往事重温》，华东师范大学出版社，2008 年 1 月第 1 版，pp. 142 - 143.

[②] 吴旸：《〈中国文学〉的诞生》，载于《中国外文局五十年回忆录》，新星出版社 1999 年版，第 489 页。

斗;有大花园,也要有盆景(即随笔)。总之是用艺术性浓的作品来宣扬人民革命战争和人民生活。人家说你们'太右',是你们的成功;说你们'太左',是你们的失败。要"宁右毋左"。要记住,你们的读者是西方世界的高级知识分子。"① 陈毅强调题材的多样性,在当时情况下实际上这是很难落实的,但看出党内仍有智者。在翻译作品的题材选择上《中国文学》主要介绍在中国共产党领导下,在毛泽东文艺思想指引下的中国文学成就,这样,当代和近代作品成为主要翻译题材是很自然的。刊物译介的作品主要分为四大部分:古典作品(民间文艺)占5%~20%;当代作品占35%~45%;"五四"以来作品(现代作品)占10%~25%;论文、文艺动态、作家画家占25%。② (人民文学出版社,1~22、42页)

从1953年第2期选译了屈原的《离骚》开始,《中国文学》也拉开了它对中国古代文学作品翻译的序幕。杨宪益先生说:"翻译、介绍屈原,那是因为当时人们视它为超越民族、国家的文化典型来加以纪念的。"③ 20世纪50年代末,随着国内关于《红楼梦》问题的讨论,中国古典文学作品的翻译开始增多。从数量上看,杜甫、李白王维、柳宗元、苏轼、陆游、陶渊明等人的作品开始刊出,包括吴敬梓的《儒林外史》、洪昇的《长生殿》、李朝威的《柳毅传》、李公佐《南柯太守传》、李汝珍的《镜花缘》、刘勰的《文心雕龙》、《三国演义》、《水浒传》、红楼梦》和《西游记》四大名著及《西厢记》、《牡丹亭》、《二十四诗品》等先后出版。1962年12月和1965年9月先后翻译发表了苏轼的诗作39首。建安三曹、建安七子、唐宋八大家等多位古代著名诗人学者及其创作等都得到翻译出版。

学者们现在研究《中国文学》对中国古典文学的翻译中,诗歌被翻译的最多,小说占的分量最重。"刊物译介的古典小说的类型包括笔记小说、传奇小说、章回体小说、志怪小说,这些小说多以政治腐败、官场黑暗、人民疾苦为题材,反映封建社会的腐朽和没落,如《儒林外史》、《水浒传》、《西游记》、《三国演义》、《红楼梦》、《长生殿》等名著名剧都有节译。有些作品是为了配合毛泽东提出的"不怕鬼"的思想,如选译《列异传》、《幽明录》、《搜神记》、《佛国记》、《聊斋志异》。很多作品的后面都加上了以'马列主义观点'对该作品和作者的解读,或者附上一篇按当下文艺政策对该作品或作家重新阐释的相关论文。如从《红楼梦》看阶级斗争的重要性,1963年是曹雪芹逝世200周年,刊

---

① 《陈毅同志对〈中国文学〉编辑部同志的讲话(1959年6月9日)》,载于周东元、亓文公编:《中国外文局五十年史料选编》(1),第163页。

② 转引自郑晔博士论文抽样本:《国家机构赞助下的中国文学对外译介:以英文版〈中国文学〉(1951~2000)为个案》。

③ 何琳、赵新宇:《〈中国文学〉新中国文学西播前驱》,载于《中华读书报》2003年9月24日。

物第 1 期译介了何其芳的《论〈红楼梦〉》和吴世昌的《〈红楼梦〉演变历史》两篇论文,把曹雪芹作为古典现实主义作家来纪念和讨论。"①

《中国文学》的发展经历了三个时期:(1) 1951~1965 年的"创刊与成长期";(2) 1966~1979 年的"波折与停滞期";(3) 1979~2001 年的"繁荣发展与成熟期"②。《中国文学》作为中国向外部世界介绍自己文学作品的唯一窗口,在几十年的历程中起到了传播中国文化的桥梁作用。作为中国文化传播的国家队,它必然反映国家的文化意志,从而,几十年的文化翻译也成为世界了解中国政治与文化变迁的窗口。它所积累下的经验和教训,成就和影响都需要我们认真加以总结。③

诗词	31
小说	31
史书	7
散文	14
戏曲	9
其他	20

(三)《熊猫丛书》的翻译研究

熊猫丛书是在 20 世纪 80 年代一开始由外文局推出的一套面向国外的中国文化的丛书。当时杨宪益先生担任《中国文学》的主编,他从英国的企鹅丛书中得到启示,建议出版《熊猫丛书》(Panda Books),丛书一开始是先从《中国

---

① 郑晔博士论文抽样本:《国家机构赞助下的中国文学对外译介:以英文版〈中国文学〉(1951~2000)为个案》,第 67~68 页。

② 何琳、赵新宇:《〈中国文学〉的历史与文化价值》,载于《文史杂志》,2011 年第 2 期;郑晔在其博士论文中将《中国文学》分为四个时期:1951~1965:为工农兵服务;1966~1976:以阶级斗争为纲;1977~1989:否定"文革"、反思"当代";1990~2000:"主旋律"被分化。

③ 关于《中国文学》(英文版)的研究参阅:徐慎贵《〈中国文学〉对外传播的历史贡献》《对外大传播》2007 年第 8 期;冚文文《〈中国文学〉(英文版)(1951~1966)研究》,硕士论文抽样本;林文艺《中国文学(英文版)农村题材小说翻译选材探析》,福建农林大学学报(哲学社会科学版)2013 年第 1 期;林文艺《英文版中国文学作品翻译选材要求及影响因素》,《龙岩学院学报》2011 年第 8 期;林文艺《中国文学英文版少数民族题材作品选材分析》,《武夷学院学报》2012 年第 2 期;林文艺《英文版中国文学译介诗经探究》,《东南学术》2012 年第 6 期;林文艺《英文版中国文学译介的少数民族形象分析:以阿诗玛和阿凡提为例》,《民族文学研究》2012 年第 5 期;林文艺《20 世纪五六十年代中国文学(英文版)作品选译策略》,《福建论坛(社科教育版)》2011 年第 4 期;马士奎《特殊时期的文化输出)))/"文革"10 年间的对外文学翻译》,《山东外语教学》2011 年第 5 期;林文艺《为异域他者架设理解的桥梁:英文版中国文学的文化译介及其传播功能》,《福州大学学报(哲学社会科学版)》2012 年第 4 期。

表 6-15　熊猫丛书古代文学目录

中文书名	英文书名	作者	译者	出版社	出版年	备注
《三部古典小说节选》	Excerpts from Three Classical Chinese Novels	李汝珍/罗贯中/吴承恩	杨宪益与戴乃迭	Chinese Literature (CL)	1981	
《聊斋故事选》	Selected Tales of Liaozhai	蒲松龄	杨宪益与戴乃迭	CL	1981	
《老残游记》	The Travels of Lao Can	刘鹗	杨宪益与戴乃迭	CL	1981	
《聊斋故事选》	Selected Tales of Liaozhai	蒲松龄	杨宪益与戴乃迭	CL	1982	重
《老残游记》	The Travels of Lao Can	刘鹗	杨宪益与戴乃迭	CL	1983	重
《诗经选》	Selections from the Book of Songs	不详	杨宪益与戴乃迭/Hu Shiguang	CL	1983	
《聊斋故事选》	Selected Tales of Liaozhai	蒲松龄	杨宪益与戴乃迭	CL	1984	重
《三部古典小说节选》	Excerpts from Three Classical Chinese Novels	李汝珍/罗贯中/吴承恩	杨宪益与戴乃迭	CL	1984	重
《唐宋诗文选》	Poetry and Prose of the Tang and Song	李白等	杨宪益与戴乃迭	CL	1984	
《明清诗文选》	Poetry and Prose of the Ming and Qing	不详	杨宪益	CL	1986	
《唐代传奇选》	Tang Dynasty Stories	不详	杨宪益与戴乃迭	CL	1986	
《汉魏六朝诗文选》	Poetry and Prose of the Han, Wei and Six Dynasties	不详	杨宪益与戴乃迭	CL	1986	

续表

中文书名	英文书名	作者	译者	出版社	出版年	备注
《历代笑话选》	Wit and humor from old Cathay	廖静文	Jon Eugene Kowallis	CL	1986	
《三部古典小说节选》	Excerpts from Three Classical Chinese Novels	李汝珍/罗贯中/吴承恩	杨宪益与戴乃迭	CL	1987	重
《唐宋诗文选》	Poetry and Prose of the Tang and Song	李白等	杨宪益与戴乃迭	CLP	1990	重
《历代笑话选》	Wit and humor from old Cathay	廖静文	Jon Eugene Kowallis	CLP	1990	重
《王维诗选》	Laughing Lost in the Mountains – Selected Poems of Wang Wei	王维	不详	CLP	1990	
《陶渊明诗选》	Selected Poems by Tao Yuan-ming	陶渊明	不详	CLP	1993	
《诗经选》	Selections from the Book of Songs	不详	杨宪益与戴乃迭/Hu Shiguang	CLP	1994	
《唐宋诗文选》	Poetry and Prose of the Tang and Song	李白等	杨宪益与戴乃迭	CLP	1994	重
《孙子兵法与评述（英汉对照）》	Sun Zi: The Art of War With Commentaries	谢国良评注	张惠民	CLP	1995	

247

第六章 20世纪中国本土传播古代文化经典的历程

续表

中文书名	英文书名	作者	译者	出版社	出版年	备注
《明清文言小说选》	Short Tales of the Ming & Qing	蒲松龄等	张西蒙等	CLP	1996	
《中国文学集锦：从明代到毛泽东时代》	A Sampler of Chinese literature: from the Ming Dynasty to Mao Zedong	沙博理编译	沙博理编译	CLP	1996	
《寒山诗选》	Encounters with Cold Mountain – Poems by Han Shan	寒山子	不详	CLP	1996	
《唐宋诗文选》	Poetry and Prose of the Tang and Song	李白等	杨宪益与戴乃迭	CLP	1996	重
《七侠五义》	The Seven Heroes and Five Gallents	石玉昆/俞樾	宋绶权等	CLP	1997	
《初刻拍案惊奇》	Amazing Tales First Series and Second Series	凌濛初	温晋根	CLP	1998	
《二刻拍案惊奇》	Amazing Tales Second Series and Second Series	凌濛初	马文谦	CLP	1998	
《朝花夕拾——古代诗歌卷（英汉对照）》	不详	不详	不详	CLP	1999	
《唐宋散文诗选（英汉对照）》	Selected Prose from the Tang and Song Dynasties	不详	不详	CLP	1999	

续表

中文书名	英文书名	作者	译者	出版社	出版年	备注
《诗经选》	Selections from the Book of Songs	不详	杨宪益与戴乃迭/Hu Shiguang	Foreign Language Press (FLP)	2004	重
《初刻拍案惊奇》	Amazing Tales First Series and Second Series	凌濛初	温晋根	FLP	2005	重
《二刻拍案惊奇》	Amazing Tales Second Series and Second Series	凌濛初	马文谦	FLP	2005	重
《七侠五义》	The Seven Heroes and Five Gallants	石玉昆/俞樾	宋绶权等	FLP	2005	重
《汉魏六朝诗文选》	Poetry and Prose of the Han, Wei and Six Dynasties	不详	杨宪益与戴乃迭	FLP	2005	重
《唐宋诗文选》	Poetry and Prose of the Tang and Song	李白等	杨宪益与戴乃迭	FLP	2005	重
《老残游记》	The Travels of Lao Can	刘鹗	杨宪益与戴乃迭	FLP	2005	重
《唐宋诗文选》	Poetry and Prose of the Tang and Song	李白等	杨宪益与戴乃迭	FLP	2006	重
《唐宋诗文选》	Poetry and Prose of the Tang and Song	李白等	杨宪益与戴乃迭	FLP	2007	重

文学》上已经发表的译作选出来，编辑丛书，随着丛书的快速发展，杨宪益等组织了新的作品的翻译。至 2009 年年底，据相关统计，"熊猫丛书"共出版英文版图书 149 种，法文版图书 66 种，日文版图书 2 种，德文版图书 1 种及中、英、法、日四文对照版 1 种，共计 200 余种。

关于熊猫丛书的整体研究耿强博士已经有专文研究，这里仅从熊猫丛书中的古代文化和中国传统典籍的翻译入手作一初步研究。

首先，我们看一下熊猫丛书中当代文学著作和古代传统文学著作的翻译比例表。

从表 6-16 和表 6-17 对照中我们可以看到熊猫丛书的翻译出版是以中国现当代文学作品的翻译为主的，传统文化的翻译虽然占据了一定的数量，但远远少于现当代文学的翻译。为何熊猫丛书这样确定自己的选题和翻译策略呢？笔者认为有两条原因：

第一，熊猫丛书是在《中国文学》的基础上发展起来，《中国文学》的办刊思想直接影响了熊猫丛书的选题特点。《中国文学》英文版是 1951 年创刊，法文版是 1964 年创刊。《中国文学》"当然以文学为主。文学部分既译介鲁迅以来的现当代优秀的文学作品，也译介自《诗经》以来的古代作品，其中以当代为主。"这是因为新中国成立后，世界各国希望了解中国的当代文学，《中国文学》将中国当代文学作为主要内容是完全合理，也符合了国家发展对于文化对外传播的基本要求。《中国文学》的这个特点，在前几期就表现了出来。在 1951 年 10 月出版的《中国文学》第一期中发表了由沙博里翻译的《新儿女英雄传》，由杨宪益、戴乃迭夫妇翻译的长诗《王贵与李香香》。1952 年那一期又发表了由杨宪益、戴乃迭合译的《阿 Q 正传》（鲁迅）。1953《中国文学》出版了两辑，其中有由戴乃迭翻译的长篇小说《太阳照在桑干河上》。

改革开放以后，杨宪益就任《中国文学》主编，他 1981 年倡议出版"熊猫"丛书，熊猫丛书就是将在《中国文学》上曾经发表过的当代文学作品，尚未集结成书的结集出版。以后，随着丛书的发展，又增加了新译的作品。这样我们看到《中国文学》和熊猫丛书有着明显的接续关系，前者的选题和特点直接决定了在其后的熊猫丛书的选题和特点。熊猫丛书以当代中国文学的翻译为主，将中国古代文化作品放在第二位，这是符合它自身发展的逻辑的。

第二，20 世纪 80 年代的文化氛围决定了熊猫丛书的选题特点。

20 世纪 80 年代是思想解放的时代，是经历十年"文化大革命"后，文化界在长期的压抑后得到极大释放的时代。中国当代文学出现了前所未有的繁荣，新的作品像喷泉一样涌出，新的作家像雨后春笋一样成长起来，中国文坛出现了前所未有的繁荣。选择当代中国文学的作品，将其翻译成英文，介绍到国外，"熊猫丛书此举可谓吹响了新时期中国现当代文学'走向世界'的第一声号角，是新时期'走向世界'的最早努力。"这时涌现出来的作品"不仅是'文革'十年不能与之相比拟的，就是和'文革'前17年里那些单调的文学相比，新时期的文学也有长足的进步。国内文艺空前繁荣，当然也就大大地促进了我社对外文学编译事业的发展。"徐慎贵的这番话不仅仅是指《中国文学》实际也说出了熊猫丛书诞生的文化背景。

其次，杨宪益与戴乃迭在熊猫丛书中的作用。

在熊猫丛书的中国传统文化经典的翻译中杨宪益与戴乃迭的翻译占据了重要的位置，从表6－16中可以看出：

杨宪益夫妇将一生献给了中国的翻译事业，熊猫丛书只是其翻译生涯的一部分，研究者整理出一个他一生的翻译作品表，从这里可以看出他的翻译的整体旨趣（见表6－17）。

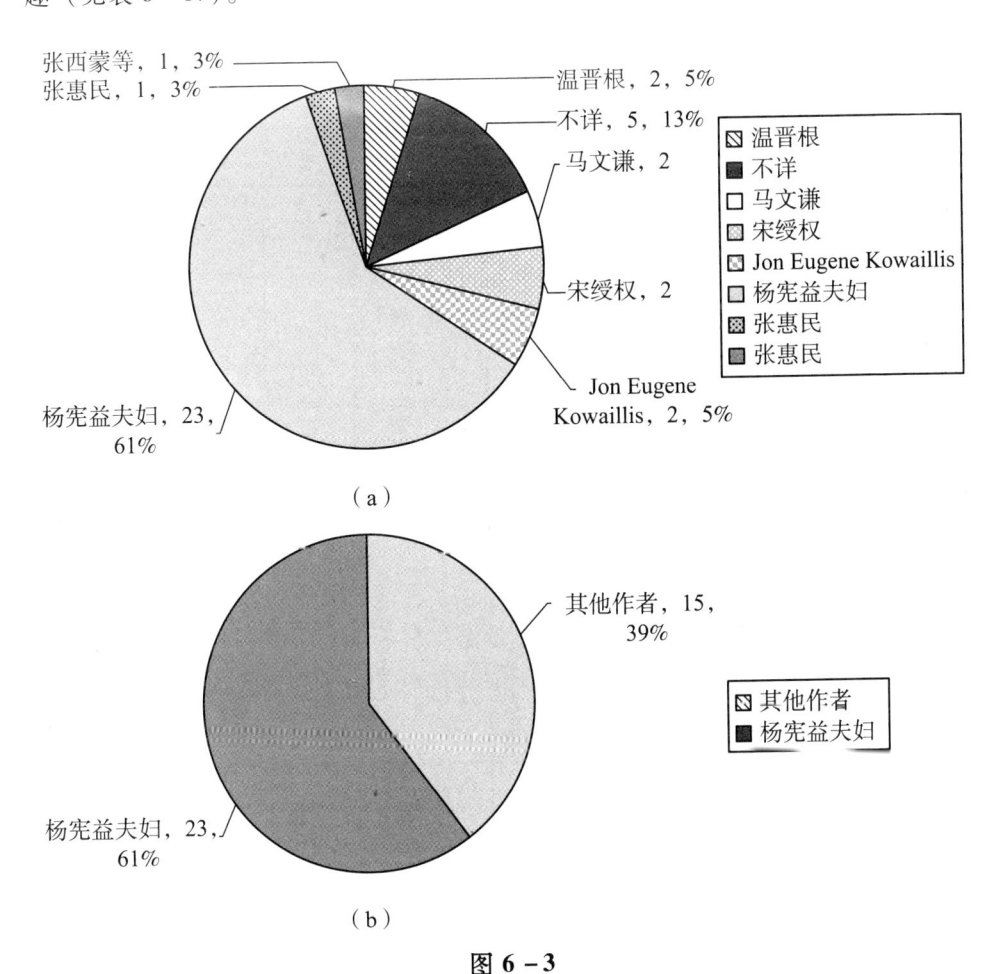

（a）

（b）

图6－3

表 6-16 熊猫丛书中杨宪益与戴乃迭的翻译作品

中文书名	英文书名	作者	译者	出版社	出版年	备注
《三部古典小说节选》	Excerpts from Three Classical Chinese Novels	李汝珍/罗贯中/吴承恩	杨宪益与戴乃迭	Chinese Literature（CL）	1981	
《聊斋故事选》	Selected Tales of Liaozhai	蒲松龄	杨宪益与戴乃迭	CL	1981	
《老残游记》	The Travels of Lao Can	刘鹗	杨宪益与戴乃迭	CL	1981	
《聊斋故事选》	Selected Tales of Liaozhai	蒲松龄	杨宪益与戴乃迭	CL	1982	重
《老残游记》	The Travels of Lao Can	刘鹗	杨宪益与戴乃迭	CL	1983	重
《诗经选》	Selections from the Book of Songs	不详	杨宪益与戴乃迭/Hu Shiguang	CL	1983	
《聊斋故事选》	Selected Tales of Liaozhai	蒲松龄	杨宪益与戴乃迭	CL	1984	重
《三部古典小说节选》	Excerpts from Three Classical Chinese Novels	李汝珍/罗贯中/吴承恩	杨宪益与戴乃迭	CL	1984	重
《唐宋诗文选》	Poetry and Prose of the Tang and Song	李白等	杨宪益与戴乃迭	CL	1984	
《明清诗文选》	Poetry and Prose of the Ming and Qing	不详	杨宪益	CL	1986	
《唐代传奇选》	Tang Dynasty Stories	不详	杨宪益与戴乃迭	CL	1986	
《汉魏六朝诗文选》	Poetry and Prose of the Han, Wei and Six Dynasties	不详	杨宪益与戴乃迭	CL	1986	

续表

中文书名	英文书名	作者	译者	出版社	出版年	备注
《历代笑话选》	Wit and humor from old Cathay	廖静文	Jon Eugene Kowaillis	CL	1986	重
《三部古典小说节选》	Excerpts from Three Classical Chinese Novels	李汝珍/罗贯中/吴承恩	杨宪益与戴乃迭	CL	1987	重
《唐宋诗文选》	Poetry and Prose of the Tang and Song	李白等	杨宪益与戴乃迭	CLP	1990	重
《历代笑话选》	Wit and humor from old Cathay	廖静文	Jon Eugene Kowaillis	CLP	1990	
《王维诗选》	Laughing Lost in the Mountains – Selected Poems of Wang Wei	王维	不详	CLP	1990	
《陶渊明诗选》	Selected Poems by Tao Yuanming	陶渊明	不详	CLP	1993	
《诗经选》	Selections from the Book of Songs	不详	杨宪益与戴乃迭/Hu Shiguang	CLP	1994	重
《唐宋诗文选》	Poetry and Prose of the Tang and Song	李白等	杨宪益与戴乃迭	CLP	1994	
《孙子兵法与评述（英汉对照）》	Sun Zi: The Art of War With Commentaries	谢国良评注	张惠民	CLP	1995	

续表

中文书名	英文书名	作者	译者	出版社	出版年	备注
《明清文言小说选》	Short Tales of the Ming & Qing	蒲松龄等	张西蒙等	CLP	1996	
《中国文学集锦：从明代到毛泽东时代》				CLP	1996	
《寒山诗选》	Encounters with Cold Mountain – Poems by Han Shan	寒山子	不详	CLP	1996	
《唐宋诗文选》	Poetry and Prose of the Tang and Song	李白等	杨宪益与戴乃迭	CLP	1996	重
《七侠五义》	The Seven Heroes and Five Gallents	石玉昆/俞樾	宋绶权等	CLP	1997	
《初刻拍案惊奇》	Amazing Tales First Series and Second Series	凌濛初	温晋根	CLP	1998	
《二刻拍案惊奇》	Amazing Tales Second Series and Second Series	凌濛初	马文谦	CLP	1998	
《朝花夕拾—古代诗歌卷（英汉对照）》	不详	不详	不详	CLP	1999	
《唐宋散文选（英汉对照）》	Selected Prose from the Tang and Song Dynasties	不详	不详	CLP	1999	

续表

中文书名	英文书名	作者	译者	出版社	出版年	备注
《诗经选》	Selections from the Book of Songs	不详	杨宪益与戴乃迭/Hu Shiguang	Foreign Language Press（FLP）	2004	重
《初刻拍案惊奇》	Amazing Tales First Series and Second Series	凌濛初	温晋根	FLP	2005	重
《二刻拍案惊奇》	Amazing Tales Second Series and Second Series	凌濛初	马文谦	FLP	2005	重
《七侠五义》	The Seven Heroes and Five Gallants	石玉昆/俞樾	宋绶权等	FLP	2005	重
《汉魏六朝诗文选》	Poetry and Prose of the Han, Wei and Six Dynasties	不详	杨宪益与戴乃迭	FLP	2005	重
《唐宋诗文选》	Poetry and Prose of the Tang and Song	李白等	杨宪益与戴乃迭	FLP	2005	重
《老残游记》	The Travels of Lao Can	刘鹗	杨宪益与戴乃迭	FLP	2005	重
《唐宋诗文选》	Poetry and Prose of the Tang and Song	李白等	杨宪益与戴乃迭	FLP	2006	重
《唐宋诗文选》	Poetry and Prose of the Tang and Song	李白等	杨宪益与戴乃迭	FLP	2007	重

第六章　20世纪中国本土传播古代文化经典的历程

表6-17 杨宪益译作目录

序号	原作名称	原作作者	译者	出版社	出版时间	备注	所属时期
1	老残游记	刘鹗	杨宪益、戴乃迭	Allen & Unwin Pbulishing House of London	1948		中国近代文学
2	为新中国奋斗	宋庆龄	杨宪益、戴乃迭		1952		中国当代文学
3	鲁迅生平及他思想发展的梗概	冯雪峰	杨宪益、戴乃迭	中国文学	1952（2）		中国当代文学
4	伟大的爱国诗人屈原	郭沫若	杨宪益、戴乃迭	中国文学	1952（2）		中国当代文学
5	原动力	草明	杨宪益、戴乃迭	外文出版社	1953		中国当代文学
6	风云初记	孙犁	杨宪益、戴乃迭	外文出版社	1953		中国现代文学
7	青春之歌	杨沫	杨宪益、戴乃迭	外文出版社	1953		中国当代文学
8	暴风骤雨	周立波	杨宪益、戴乃迭	外文出版社	1953		中国现代文学
9	离骚	屈原	杨宪益、戴乃迭	外文出版社	1953		中国古代文学
10	《屈原》（5幕剧）	郭沫若	杨宪益、戴乃迭	外文出版社	1953		中国现代文学
11	雪峰寓言	冯雪峰	杨宪益、戴乃迭	外文出版社	1953		中国现代文学
12	《柳毅传：唐代传奇选》		杨宪益、戴乃迭	外文出版社	1954		中国古代文学
13	《白毛女》	贺敬之	杨宪益、戴乃迭	外文出版社	1954		中国现代文学
14	《王贵与李香香》	李季	杨宪益、戴乃迭	外文出版社	1954		中国现代文学
15	周扬文艺论文集	周扬	杨宪益、戴乃迭	外文出版社	1954		中国现代文学

续表

序号	原作名称	原作作者	译者	出版社	出版时间	备注	所属时期
16	《长生殿》	洪昇	杨宪益、戴乃迭	外文出版社	1955		中国古代文学
17	宋元朝故事选		杨宪益、戴乃迭	外文出版社	1955（1）		中国古代文学
18	关汉卿杂剧选	关汉卿	杨宪益、戴乃迭	外文出版社	1956		中国古代文学
19	废荒	白危	杨宪益、戴乃迭	外文出版社	1956		中国当代文学
20	打渔杀家		杨宪益、戴乃迭	外文出版社	1956	京剧	中国现代文学
21	柳荫记		杨宪益、戴乃迭	外文出版社	1956	川剧	中国当代文学
22	《鲁迅选集》（1）	鲁迅	杨宪益、戴乃迭	外文出版社	1956		中国现代文学
23	《鲁迅选集》（2）	鲁迅	杨宪益、戴乃迭	外文出版社	1957		中国现代文学
24	牧歌	维吉尔	杨宪益、戴乃迭	人民文学出版社	1957		外国文学
25	儒林外史	吴敬梓	杨宪益、戴乃迭	外文出版社	1957		中国古代文学
26	中国古代寓言选		杨宪益、戴乃迭	外文出版社	1957		中国古代文学
27	《杜十娘怒沉百宝箱——宋明平话选》		杨宪益、戴乃迭	外文出版社	1957（4）		中国古代文学
28	早期神话故事选	李广田整理	杨宪益、戴乃迭	中国文学	1958		中国古代文学
29	阿诗玛		杨宪益、戴乃迭	外文出版社	1958		中国当代文学
30	十五贯		杨宪益、戴乃迭	外文出版社	1958	昆曲	中国当代文学
31	白蛇传		杨宪益、戴乃迭	外文出版社	1958	京剧	中国当代文学
32	汉魏六朝小说选		杨宪益、戴乃迭	外文出版社	1958		中国古代文学
33	不怕鬼的故事	张友鸾（编）	杨宪益、戴乃迭	外文出版社	1958		中国当代文学

续表

序号	原作名称	原作作者	译者	出版社	出版时间	备注	所属时期
34	中国古典文学史	冯沅君	杨宪益、戴乃迭	外文出版社	1958		中国古代文学
35	中印人民友谊史话	金克木	杨宪益、戴乃迭	外文出版社	1958		中国当代文学
36	The Forsaken wife		杨宪益、戴乃迭	外文出版社	1958	Pinchu Opera	外国文学
37	新民歌		杨宪益、戴乃迭	中国文学	1958 (6)	43首	中国当代文学
38	《鲁迅选集》(3)	鲁迅	杨宪益、戴乃迭	外文出版社	1959		中国现代文学
39	地心游记	儒勒 凡尔纳	杨宪益、戴乃迭	外文出版社	1959		外国文学
40	春	李大钊	杨宪益、戴乃迭	中国文学	1959 (5)		中国现代文学
41	西藏抒情诗		杨宪益、戴乃迭	中国文学	1959 (5)		中国古代文学
42	夜	Fou Chou	杨宪益	中国文学	1959 (6)		中国现代文学
43	Brides Galore		杨宪益、戴乃迭	中国文学	1959 (7)	川剧	中国当代文学
44	The Cloud Maiden	Yang Mei-ching	杨宪益、戴乃迭	中国文学	1959 (8)		中国当代文学
45	论文学和艺术	鲁迅	杨宪益、戴乃迭	中国文学	1959 (9)		中国现代文学
46	青春的闪光	刘白羽	杨宪益、戴乃迭	中国文学	1959 (11)	散文	中国现代文学
47	Our Party and Our Reader	Han Pei-ping	杨宪益、戴乃迭	中国文学	1959 (11)		中国当代文学
48	阿Q正传	鲁迅	杨宪益、戴乃迭	外文出版社	1960		中国现代文学
49	牡丹亭	汤显祖	杨宪益、戴乃迭	中国文学	1960 (1)		中国古代文学
50	晚唐传奇选	裴铏	杨宪益、戴乃迭	中国文学	1960 (3)		中国古代文学

续表

序号	原作名称	原作作者	译者	出版社	出版时间	备注	所属时期
51	诗二首	殷夫	杨宪益、戴乃迭	中国文学	1960（5）		中国现代文学
52	反帝斗争的连锁反映	郭沫若	杨宪益、戴乃迭	中国文学	1960（7）		中国当代文学
53	致古巴诗	郭小川等	杨宪益、戴乃迭	中国文学	1960（7）		中国当代文学
54	长征铁事		杨宪益、戴乃迭	中国文学	1960（8）		中国现代文学
55	致刚果人民诗	闻捷	杨宪益、戴乃迭	中国文学	1960（10）		中国当代文学
56	海市	杨朔	杨宪益、戴乃迭	中国文学	1960（11）		中国当代文学
57	革命烈士诗选		杨宪益、戴乃迭	中国文学	1960（12）		中国现代文学
58	诗二首	Li Yeh-kuang	杨宪益、戴乃迭	中国文学	1960（12）		中国现代文学
59	《鲁迅选集》(4)	鲁迅	杨宪益、戴乃迭	外文出版社	1961		中国现代文学
60	故事新编	鲁迅	杨宪益、戴乃迭	外文出版社	1961		中国现代文学
61	红旗谱	梁斌	杨宪益、戴乃迭	外文出版社	1961		中国当代文学
62	"西沙群岛"诗四首	柯岩	杨宪益、戴乃迭	中国文学	1961（1）		中国现代文学
63	Life Beckons—In Memory of Felix Mournie	杨朔	杨宪益、戴乃迭	中国文学	1961（2）		中国现代文学
64	Books Written in Blood—on reading No Answer From Cell 7	刘白羽	杨宪益、戴乃迭	中国文学	1961（2）		中国现代文学
65	诗二首	Pao Yu-tang	杨宪益、戴乃迭	中国文学	1961（3）		中国当代文学

第六章 20世纪中国本土传播古代文化经典的历程

续表

序号	原作名称	原作作者	译者	出版社	出版时间	备注	所属时期
66	林则徐	叶元	杨宪益、戴乃迭	中国文学	1961 (4)	电影剧本	中国当代文学
67	诗选	陈毅	杨宪益、戴乃迭	中国文学	1961 (8)		中国现代文学
68	The Faithless Lover		杨宪益、戴乃迭	中国文学	1961 (10)	川剧	中国当代文学
69	评雪辨踪		杨宪益、戴乃迭	中国文学	1961 (10)		中国古代文学
70	长江三日	刘白羽	杨宪益、戴乃迭	中国文学	1961 (10)		中国现代文学
71	登峨眉山	徐迟	杨宪益	中国文学	1961 (11)	诗歌	中国现代文学
72	Strange Encounter in the Northern Capital		杨宪益、戴乃迭	中国文学	1961 (12)		中国当代文学
73	刘三姐		杨宪益、戴乃迭	外国出版社	1962	八幕歌剧	中国当代文学
74	赤壁战鼓		杨宪益、戴乃迭	外国出版社	1962	七幕话剧	中国现代文学
75	诗三首	Chen Hui	杨宪益、戴乃迭	中国文学	1962 (2)		中国当代文学
76	杜甫传	冯至	杨宪益、戴乃迭	中国文学	1962 (4)		中国现代文学
77	诗六首	鲁特夫拉木太力夫	杨宪益、戴乃迭	中国文学	1962 (6)		外国文学
78	《文心雕龙》节选	刘勰	杨宪益、戴乃迭	中国文学	1962 (8)		中国古代文学
79	守财奴	Chen Ting-yu	杨宪益、戴乃迭	中国文学	1962 (9)		中国当代文学
80	诗十二首	田间	杨宪益、戴乃迭	中国文学	1962 (10)		中国现代文学
81	By My Window	刘白羽	杨宪益	中国文学	1963 (3)	散文	中国现代文学
82	While Herons and Sunlight Cliff	Ho Wei	杨宪益、戴乃迭	中国文学	1963 (5)		中国现代文学

续表

序号	原作名称	原作作者	译者	出版社	出版时间	备注	所属时期
83	诗品	司空图	杨宪益、戴乃迭	中国文学	1963（7）		中国古代文学
84	诗一六首	Lu Yu	杨宪益、戴乃迭	中国文学	1963（8）		中国古代文学
85	诗九首	臧克家	杨宪益、戴乃迭	中国文学	1963（9）		中国当代文学
86	白光	鲁迅	杨宪益、戴乃迭	中国文学	1963（11）		中国现代文学
87	长明灯	鲁迅	杨宪益、戴乃迭	中国文学	1963（11）	小说	中国现代文学
88	诗一首	N. Sayntsogt	杨宪益、戴乃迭	中国文学	1964（1）		外国文学
89	《战国策》选		杨宪益、戴乃迭	中国文学	1964（1）		中国古代文学
90	诗六首	殷夫	杨宪益、戴乃迭	中国文学	1964（4）		中国现代文学
91	寓言二则	Liu Chi	杨宪益、戴乃迭	中国文学	1964（4）		中国古代文学
92	A Village in Hopei	Ho Chi fang	杨宪益、戴乃迭	中国文学	1964（6）		中国当代文学
93	诗八首	鲁迅	杨宪益、戴乃迭	中国文学	1964（7）		中国现代文学
94	《红楼梦》摘译	曹雪芹	杨宪益、戴乃迭	中国文学	1964（7）		中国古代文学
95	《红楼梦》摘译	曹雪芹	杨宪益、戴乃迭	中国文学	1964（8）		中国古代文学
96	芦荡火种	吴玉章	杨宪益、戴乃迭	中国文学	1964（9）	样板戏	中国当代文学
97	Young Folk in a Remote Region		杨宪益、戴乃迭	中国文学	1964（11）		中国当代文学
98	Pillar of the South	Tsao Jo-hung	杨宪益、戴乃迭	中国文学	1965（2）		中国当代文学
99	诗十一首	Lu Yu	杨宪益、戴乃迭	中国文学	1965（5）		中国古代文学
100	红灯记		杨宪益、戴乃迭	中国文学	1965（5）	样板戏	中国现代文学

续表

序号	原作名称	原作作者	译者	出版社	出版时间	备注	所属时期
101	诗三首	Liu Chen	杨宪益、戴乃迭	中国文学	1965 (6)		中国古代文学
102	Childhood Dreams	Sun Yu-tien	杨宪益、戴乃迭	中国文学	1965 (6)		中国当代文学
103	East Flows the Mighty Yangtze	Sha Pai	杨宪益、戴乃迭	中国文学	1965 (8)		中国当代文学
104	诗四首	Liang Shang-chuan	杨宪益、戴乃迭	中国文学	1965 (10)		中国当代文学
105	Friendship Power Station	Chi Chi-kuang	杨宪益、戴乃迭	中国文学	1965 (12)		中国当代文学
106	A New Worker	Wang Fang-wu	杨宪益、戴乃迭	中国文学	1965 (12)		中国当代文学
107	明朝散文四首		杨宪益、戴乃迭	中国文学	1966 (2)		中国古代文学
108	诗四首	Chang Yung-mei	杨宪益、戴乃迭	中国文学	1966 (3)		中国古代文学
109	诗二首	Lu Chi	杨宪益、戴乃迭	中国文学	1966 (6)		中国古代文学
110	The Girl Driving Yaks	Fou Chou	杨宪益、戴乃迭	中国文学	1966 (6)		中国当代文学
111	The Hammer Forged with Blood	Chi Chi-kuang	杨宪益、戴乃迭	中国文学	1966 (6)		中国当代文学
112	《无声的中国：鲁迅作品选》	鲁迅	杨宪益、戴乃迭	牛津大学出版社	1970		中国现代文学
113	野草	鲁迅	杨宪益、戴乃迭	外文出版社	1974		中国现代文学
114	朝花夕拾	鲁迅	杨宪益、戴乃迭	外文出版社	1976		中国现代文学

续表

序号	原作名称	原作作者	译者	出版社	出版时间	备注	所属时期
115	《史记》选	司马迁	杨宪益、戴乃迭	外文出版社	1976		中国古代文学
116	《红楼梦》	曹雪芹	杨宪益、戴乃迭	外文出版社	1978~1980	3卷	中国古代文学
117	《奥德修斯》	荷马	杨宪益	人民文学出版社	1979		外国文学
118	《中国古典小说"六选》（西游记、三国演义、镜花缘）		杨宪益、戴乃迭	中国文学出版社	1981	"熊猫丛书"	中国古代文学
119	聊斋选	蒲松龄	杨宪益、戴乃迭	中国文学出版社	1981	"熊猫丛书"	中国古代文学
120	明代话本选		杨宪益、戴乃迭	中国文学出版社	1981	"熊猫丛书"	中国古代文学
121	呐喊	鲁迅	杨宪益、戴乃迭	外文出版社	1981		中国现代文学
122	彷徨	鲁迅	杨宪益、戴乃迭	外文出版社	1981		中国现代文学
123	罗兰之歌		杨宪益	上海译文出版社	1981		外国文学
124	《我走过的道路》序	茅盾	杨宪益	中国文学	1981（7）		中国当代文学
125	《卖花女》	萧伯纳	杨宪益	中国对外翻译出版公司	1982		外国文学
126	罗隐和他的谗书	邓魁英	杨宪益	中国文学	1982（2）		中国古代文学
127	《谗书》七则	罗隐	杨宪益	中国文学	1982（2）		中国古代文学
128	《阅微草堂笔记》选	纪昀	杨宪益	中国文学	1982（4）		中国古代文学
129	近代英国诗抄	艾略特等	杨宪益	人民文学出版社	1983		外国文学
130	诗经选		杨宪益、戴乃迭	中国文学出版社	1983	"熊猫丛书"	中国古代文学
131	龚自珍诗选	龚自珍	杨宪益	中国文学	1983（5）		中国古代文学

续表

序号	原作名称	原作作者	译者	出版社	出版时间	备注	所属时期
132	沈从文的中国历代服饰研究	黄裳	杨宪益	中国文学	1983（5）		中国当代文学
133	龙的传人	侯德健	杨宪益	中国文学	1983（9）	歌词	中国当代文学
134	唐宋诗文选		杨宪益、戴乃迭	中国文学出版社	1984	"熊猫丛书"	中国古代文学
135	寓言十六则	黄永玉	杨宪益、戴乃迭	中国文学	1984（1）		中国当代文学
136	西方影响与民族风格	唐弢	杨宪益、戴乃迭	中国文学	1985（1）		中国当代文学
137	温庭筠词选	温庭筠	杨宪益、戴乃迭	中国文学	1985（4）		中国古代文学
138	古趣集	丁聪	杨宪益、戴乃迭	新世界出版社	1986		中国当代文学
139	汉魏六朝诗文选		杨宪益、戴乃迭	中国文学出版社	1986	"熊猫丛书"	中国古代文学
140	明清诗文选		杨宪益、戴乃迭	中国文学出版社	1986	"熊猫丛书"	中国古代文学
141	红楼梦	曹雪芹、高鹗	杨宪益、戴乃迭	商务印书馆	1986	节译本	中国古代文学
142	《古罗马戏剧选》	普劳斯	杨宪益	人民文学出版社	1991		外国文学
143	古希腊抒情诗选		杨宪益	工人出版社	1995		外国文学
144	古代散文卷		杨宪益、戴乃迭	外语教学与研究出版社	1998		中国古代文学
145	古代诗歌卷		杨宪益、戴乃迭	外语教学与研究出版社	1998		中国古代文学
146	古代小说卷		杨宪益、戴乃迭	外语教学与研究出版社	1998		中国古代文学
147	现代散文卷		杨宪益、戴乃迭	外语教学与研究出版社	1998		中国现代文学
148	现代诗歌卷		杨宪益、戴乃迭	外语教学与研究出版社	1998		中国现代文学
149	现代小说卷		杨宪益、戴乃迭	外语教学与研究出版社	1998		中国现代文学

续表

序号	原作名称	原作作者	译者	出版社	出版时间	备注	所属时期
150	李白诗选		杨宪益、戴乃迭	外语教学与研究出版社	1999		中国古代文学
151	杜甫诗选		杨宪益、戴乃迭	外语教学与研究出版社	1999		中国古代文学
152	陆游诗选		杨宪益、戴乃迭	外语教学与研究出版社	1999		中国古代文学
153	王维诗选		杨宪益、戴乃迭	外语教学与研究出版社	1999		中国古代文学
154	辛弃疾诗选		杨宪益、戴乃迭	外语教学与研究出版社	1999		中国古代文学
155	苏轼诗选		杨宪益、戴乃迭	外语教学与研究出版社	1999		中国古代文学
156	陶渊明诗选		杨宪益、戴乃迭	外语教学与研究出版社	1999		中国古代文学
157	《圣女贞德》	萧伯纳	杨宪益	漓江出版社	2001		外国文学
158	楚辞选	屈原	杨宪益、戴乃迭	外文出版社	2001		中国古代文学
159	乐府		杨宪益、戴乃迭	外文出版社	2001		中国古代文学
160	唐诗		杨宪益、戴乃迭	外文出版社	2001		中国古代文学
161	宋词		杨宪益、戴乃迭	外文出版社	2001		中国古代文学
162	凯撒和克莉奥佩特拉	萧伯纳	杨宪益	人民文学出版社	2002		外国文学
163	老残游记	刘鹗	杨宪益、戴乃迭	外文出版社	2005		中国近代文学
164	临江亭		杨宪益、戴乃迭	中国文学		川剧	中国古代文学
165	秦香莲		杨宪益、戴乃迭	中国文学			中国古代文学
166	打金枝		杨宪益、戴乃迭	中国文学			中国古代文学
167	炼印		杨宪益、戴乃迭	中国文学			中国当代文学
168	搜书院		杨宪益、戴乃迭	中国文学			中国古代文学

续表

序号	原作名称	原作作者	译者	出版社	出版时间	备注	所属时期
169	维摩诘所述经变文		杨宪益、戴乃迭				中国古代文学
170	燕子赋		杨宪益、戴乃迭				中国古代文学
171	《弘明集》		杨宪益、戴乃迭			摘译	中国古代文学
172	苗族创世诗		杨宪益、戴乃迭				中国古代文学
173	中国戏剧史		杨宪益、戴乃迭				中国现代文学
174	资治通鉴	司马光	杨宪益、戴乃迭			从战国到西汉	中国古代文学

杨宪益和戴乃迭无疑是新中国成立以来最重要、最有影响的翻译家，他们对熊猫丛书的贡献是决定性的，没有他们的努力就没有熊猫丛书的成功。杨宪益先生晚年获得中国翻译终身成就奖，这个奖项是对他和戴乃迭一生翻译事业的肯定，同样也是包括对他在《中国文学》和熊猫丛书上所做出的重要贡献。

熊猫丛书 2000 年由于国际销售市场萎缩，外文局停止了出版。学者在总结熊猫丛书时，认为其中一个重要的原因在于外文局和当时的熊猫丛书将主要精力放在了翻译的语言质量上，而忘记了翻译并不仅仅是一个语言的转换问题，"有些人之所以在这方面产生误解，根本在于他们坚持的翻译观实质是传统的语言翻译观，认为翻译是语言符码的转换，看不到或低估语言之外的影响因素能够塑造翻译的方方面面。我们应该坚持文化翻译观，即视翻译不仅仅是语言转换，更是跨文化传播，它涉及诸多文本外的因素，其中起主导作用的往往是'译入语文化中的诗学、赞助人和意识形态三大要素'。它们决定了译本的归化或异化、接受或拒斥、经典或边缘。因此，通过文学译介促进中国文学的域外传播，必须在坚持高质量的翻译的基础上，跨出语言转换的藩篱，充分考虑接受方的文化、文学甚至地缘政治的语境，并及时调整自己的选材、翻译策略和方法及营销策略等。其中最应该引起我们注意的就是，在选材阶段不能仅仅按照发出方自己的标准选择那些我们喜欢的或认为重要的或水平高的作品和作家，我们还需将接受方的因素如读者对象的需要考虑进去。"这些研究从跨文化的角度，从传播学的角度揭示了熊猫丛书的问题所在。

但也要看到熊猫丛书后期的结局，不能仅仅从熊猫丛书的选题和发行来看，为何这套丛书的前半期市场效果很好，而进入 90 年代后直线下滑呢？这里还有熊猫丛书之外的原因，这是杨宪益和外文局所无法控制的。这就是我们应从当时大的国际背景来看，1989 年的风波后，整个中国都处在世界舆论的中心，西方国家对中国采取了制裁。国家的命运直接影响到了外宣的命运。当时我国"对美国发行中外书刊总册书从 1988 年 86.7 万余册开始下滑，1990 年降为 18.3 万余册，1991 年为 16.7 万余册，1992 年 16.5 万余册。"不仅仅是在美国我国的书刊发行受到影响，在全球范围内我们的对外书刊发行都受到了重大的影响。"由于 1989 年政治风波、苏联解体，国内政策调整等原因，我国外文书刊对外发行变化较大，总发行量 1991 年为 650 多万册，1992 年为 590 多万册，1993 年为 240 多万册，1994 年为 205 多万册。"熊猫丛书的命运给我们留下了深刻思考，需要我们从多方面总结外文局在中国文化传播上的经验和教训，仅仅从熊猫丛书本身的历史出发很难对其结局做出一个全面的结论。

改革开放以来国家日益重视对中国古代文化的对外翻译工作，新闻出版总署设立了中国图书对外推广计划，其中中国古代文化的图书成为重要的内容，这样我们看到，中国对外的中国古代文化的翻译和出版已经开始多元化，外文局仍是主力军，但其他出版社在新闻出版总署的推动下也开始进入这个领域。①

（4）外文局对中国古代文化传播60年的启示

第一，国家立场的必然性。

作为中国文化走出去的"国家队"，外文局的文化翻译，特别是对中国古代文化的翻译从根本上受制于国家的总体文化政策。有的学者在研究熊猫丛书时，将外文局称为"'机构翻译'（Institutional Translation）一般而言指的是'在或为特定的组织机构翻译的行为'，国家机构的对外翻译便属于此类，其特点是翻译的动机强烈、过程复杂和产品多样。"我们这里也是将外文局作为一个整体来研究，这样它的翻译动机、翻译目的就和一般个人的翻译完全不同，考察其翻译成果，就必须首先考虑其的本质性特点。

1950年外文局的前身国际新闻局在其年度工作计划中指出新闻局的指导原则"一、宣传中国人民在中央政府及中国共产党领导下彻底进行革命斗争，恢复战争破坏，开展生产建设和文化建设，并争取世界持久和平与人民民主的活动。二、强调中国与苏联及新民主主义国家，在苏联领导下的亲密团结，强调民主和平力量的不断增长；证实马列主义的普遍适用性和毛泽东思想在中国的伟大成就。三、开展对亚洲殖民地国家的宣传，并逐步开始在世界范围内反映亚洲殖民地人民的斗争，以使亚洲殖人民的斗争情况通过我们达于欧美各国人民，同时也使被帝国主义禁锢着的各个亚洲殖民地民族通过我们相互了解，交换经验，鼓舞斗志。"这个指导原则虽然随着时局会有变化，但外文局的这种国家文化机构的性质和使命至今没有任何变化。胡锦涛在全国宣传思想工作会议上谈到对外宣传时指出："坚持把加强和改进对外宣传作为宣传思想战线的一项战略性任务。要紧紧围绕党和国家的工作大局，认真贯彻中央的对外工作方针，全面客观地向世界介绍我国社会主义物质文明、政治文明和精神文明不断发展的情况，及时准

---

① 进入这个领域的中央级出版社有27家：外文出版社；商务印书馆；三联书社新世界出版社；中国旅游出版社；人民卫生出版社；少年儿童出版社；中国财政经济出版社；《中国文学》杂志社；朝华出版社；人民画报社；外语教学与研究出版社；中国对外翻译出版公司；海豚出版社；高等教育出版社；新华出版社；国际文化出版公司；新星出版社；中国民族摄影艺术出版社；五洲传播出版社；中国国际广播出版社；人民文学出版社；中国画报出版社；世界图书出版公司；中国摄影出版社；中国民族摄影出版社。进入这个领域的地方出版社有35家：北京出版社；北京美术摄影出版社；北京周报社；现代出版社；湖南人民出版社；山东科学技术出版社；山东人民出版社；山东美术出版社；齐鲁书社；上海科学技术出版社；上海人民美术出版社；上海外语教育出版社；上海美术出版社；上海教育出版社；上海文艺出版社；上海译文出版社；华东师范大学出版社；复旦大学出版社；译林出版社；西藏人民出版社；四川人民出版社；辽宁美术出版社；浙江人民出版社；西湖书社；云南人民出版社；新疆人民出版社；甘肃人民出版社；漓江出版社；吉林人民出版社；湖北人民出版社；陕西人民美术出版社；黄山书社；鹭江出版社；青海人民出版社；内蒙古人民出版社。

确地宣传我国对国际事务的主张,着力维护国家利益和形象,不断增进我国人民同各国人民的相互了解和友谊,逐步形成同我国国际地位相适应的对外宣传舆论力量,为全面建设小康社会营造良好的国际舆论环境。"这些都揭示了作为国家外宣机构的基本性质和使命,这是我们解释外文局的文化事业和翻译活动的基本出发点。

从传播学的角度,外文局所承担的是代表中国所进行的"国际传播"。这种代表国家所进行的国家之间的文化传播,必然受其国家利益的支配。这种行为的文化传播是"一个国家或文化体系针对另一个国家或文化体系所开展的信息交流活动,其目标是要信息接收国了解信息输出国,培养其友善态度和合作愿望,并创造一个有利于信息输出国的国际舆论环境,取得最高程度的国际支持和合作"。

所以,无论从翻译学的角度还是从传播学的角度,外文局的这一性质都是十分清楚的。国家立场是其必然的选择,是它存在的本质。其实这并非中国所独有,任何国家都有传播自己文化价值的文化机构、出版机构等,这是一个常识。所以,那种希望外文局在其对外文化传播中去意识形态化的观点是幼稚的,而在这样的大背景下,翻译家个人的命运是受制于这个整体的性质的,脱离了这个背景去研究翻译家的个人翻译实践也有很多问题是说不清的。

外文局"国家队"的性质决定了它与国家整体政策之间的密不可分的关系,国家本身的文化政策和政治变动就成为决定其成败的关键原因。作为机构翻译的基本特点,为国家服务,不是单纯的个人翻译;作为国家传播文化的'国家队'外文局的文化态度是整个国家文化态度的晴雨表,因此,对外文局的文化态度的评价实质是对国家文化态度的评价。这真是"成也萧何,败也萧何"。所以,对外文局这样的机构的文化翻译研究就必须在更大的层面来展开,这样才能回答它在中国古代文化典籍翻译上的起伏与特点。

在明确了这个根本点之后,如何在对外的文化传播中表达国家的文化意志,如何以更为切实的形式传播自己的政治理念,这是另一个重要的问题。如果仅仅将贯彻国家的文化意志作为自己的使命,而不很好地研究如何去贯彻、落实这一使命,那就会使文化的传播落空。

这里的核心问题就是:政治目的与传播手段的协调。外文局作为中国文化走出去的国家队,其政治使命和性质是十分清楚的,但在如何完成自己的政治使命,有效地做好对外文化传播上仍有探讨的空间。其中最重要的问题就是在自己的传播目的和传播手段之间如何协调。过度政治化,缺乏对传播对象的深入分析和了解,对外传播文化的规律把握不够深入,这些都是亟待要考虑的。在这方面外文局历史上曾有过深刻的教训。从外文局的图书发行效果就可以看到这一点。

"以拉丁美洲为例，新中国60年在拉丁美洲大陆的文化传播行为，尤其是从1952~1977年的26年间，有一个极为明显的特征，即中国书刊的对外发行与传播，基本是从属于国际政治、国家外交战略服务角色，文化政治性突出。"这样的传播方略一方面使我国迅速打开了拉美市场，但随着后来的中苏论战"在1952~1961年第一个10年里建立文化联系的国际书店，如巴西、委内瑞拉、阿根廷等国家在1962~1976年的第二阶段大幅萎缩，甚至完全陷入停顿状态。"如何服务国家的总体战略，这是做好对外传播中必须研究的问题，当然，从这里可以看到中共从革命党到执政党，在其角色的转变中，尚缺乏其国际形象运作和传播的经验，在如何向世界宣传自己在理论与实践上经验不足。国内的极"左"思想长期支配着思想文化界，这也使从事外宣出版的外文局处在尴尬的地位。对于这一点，外文局内部也是有着很深入的反思。曹建飞在《对外发行的回顾与思考》一文中说："长期以来，外文图书出版工作也受到'左'的路线的干扰，片面强调'以我为主'的出版方针。在过去相当长的时间里不顾客观需要，出版了大量以阶级斗争为纲，配合国际斗争和国内政治运动的出版物，将外文图书出版发行提高到'促进世界革命'等不恰当的地位。这类出版物，不仅以时事政治小册等形式出现，而且在各类图书中都有，甚至在儿童读物、连环画里也有这方面的内容。这类出版物由于在译文、印刷、装帧甚至在书名方面，与国外读者需要有一定的距离，因而不能适应国外图书市场的需求。这类出版物的大量出版发行，社会效益和经济效益都是很差的。这是长期存在的严重问题。"[①]

外文局的这个教训说明，国家文化意志并不能说明文化传播的效果。从传播学和翻译学的角度来说西方的一些理论认为"赞助人"控制、影响着译者。"赫曼斯认识到翻译都是有目的的，离不开文本和语境，更脱离不了社会政治、权力关系、意识形态，认为勒菲弗尔提出的意识形态、诗学和赞助人三要素能够直接解释植根于社会和意识形态之中的翻译的影响，并为翻译的实证研究建立一个全面的理论上和方法论上的框架做出了努力。……由此可见，意识形态、诗学和赞助人制约着'翻译规范'，尤其是当各种翻译规范之间发生矛盾或冲突的时候，'改写理论'三要素决定了译者对翻译规范的选择，也制约着译本在译语环境的接受和影响"[②]这样的理论说明了社会环境与社会意识形态对译者的"翻译规范"的影响，这样的分析和理论对于以前长期沉溺于文本翻译研究来说，别开洞天。但必须注意：当学术研究的重点开始从以往的文本内翻译研究转向翻译的

---

① 曹健飞：《对外发行的回顾与思考》，载于《书刊对外宣传的理论与实践》，新星出版社1999年版第654页。
② 郑晔：《国家赞助下的中国文学对外译介：以英文版中国文学（1951~2000）为个案》抽样本第17~18页。

外部影响研究时,外部影响和译者之间的关系,诗学与意识形态之间的关系并未完全说清楚。因为,翻译的文本既有其文学的一面,也有其内在知识客观性的一面,尤其面对中国文化的文本时,在文史哲原本一体的情况下,文本既有文学性解释,也有知识性的叙述。当下的这些西方翻译理论过于强调了翻译者的外部影响,从而在考虑翻译文本的知识内容传达问题上考虑不周,这是不全面的。文化传播,翻译的文化转换既有超出文本的跨文化文化问题,超出语言和知识内容的问题,也有语言本身和文化知识本身的问题,这是内在联系的两个方面。

同时,从外文局的翻译实践中我们可以看到,即便在"赞助人"、"意识形态"的影响下,译者也是可以在自己的翻译范围内呈现出不同的文学作品形态,正向我们可以被《拯救大兵瑞恩》所感动,但不可能被一种完全政治化的电影《春苗》所感动一样,同样是国家文化意志的控制,但却有着不同的传播文化效果。这里既有诗学本身的力量,也有其在"赞助人"、"意识形态"控制下译者的诗学能力问题。仅仅强调"赞助人"、"意识形态"的外在力量,并不能完全解释文化翻译的作品的效果问题。

另一方面,说"统治阶级总是按照自己的意识形态和文学审美态度把一部分文学作品塑造成'经典'文本。在《中国文学》国家译介行为中,译介主体代表的是统治阶级的旨趣,因此,他们很大程度上会译介那些被树立为'经典'的作品,这些作品便有机会成为翻译文学的一部分。"[1] 这样的观点仅仅说明了翻译文本和文学文本产生的一个重要方面,并未说明它的全面问题,在强调了文学的外在因素,翻译文本产生的外在因素后,并不能完全说明在文学翻译中译者主体完全失去了功能。这样的看法将统治阶级的意识形态看得太绝对了,文学和译者都成为无足轻重的部分。显然,这样的理论分析在充分说明翻译社会性作用时,走得太远了。

第二,意识形态的必要性。

新中国成立后的文化政策变化决定了外文局在翻译中国古代文化上的起伏。新中国成立后在外交上采取了"一边倒"的战略,这个战略直接影响了新中国的对外文化传播,而采取这样的选择是当时新中国唯一可能的选择。毛泽东也在《新民主主义论》说:"社会主义的苏联和帝国主义之间的斗争已经进一步尖锐化,中国不站在这方面,就要站在那方面,这是必然的趋势。难道不可以不偏不倚吗?这是梦想。全地球都要卷进这两个战线中去,在今后的世界中,中立只是骗人的名词。"这就是新中国在两大阵营之间的一个选择,在当时美国支持蒋介

---

[1] 郑晔:《国家赞助下的中国文学对外译介:以英文版中国文学(1951~2000)为个案》抽样本第13页。

石政权的情况下，新中国没有别的选择，只能这样做出决定。"

与此同时，在国家思想和意识形态上以马克思主义"文艺为人民服务，首先是为工农兵服务"的方针的提出，旧中国的"中央研究院"、"国立北平研究院"被撤销，并在此基础上组建了中国科学院。新国家、新文化，在一定的意义上当时国内的文化政策和国家的外交政策都是当时的历史情况所决定的。这个阶段突出新文化而轻视历史文化，在今天看来似乎有所偏颇，但实际上对外文局的文化出版政策评价时不能仅仅从国内立场的角度来评价，必须从国内和国内和国外两个视角来加以观察。作为刚刚推翻了蒋介石民国政府的新政权，作为后发现代性国家在西强我弱的局面下，在以美国为首的西方国家围剿的情况下，这样的文化表达自然有其历史的合理性。不能完全否认新中国成立后前17年，新中国在文化建设上的成就，不能仅从其发展中存在的问题，给予你批评，而应从更大的历史背景来考察其产生的原因。历史不是站在今天立场简单给予评判，而是还原历史发生的原因，揭示其产生的逻辑。

当然，即便在当时冷战时期，外文局的翻译也并非仅仅局限在政治内容上，他们也同样展开了对中国历史文化的介绍，只是这种介绍的立场和角度与旧中国完全不同了。作为外文局上级的胡乔木曾在给他们的谈话中指出："关于中国的基本知识的介绍：外国人对中国的事物一直不很明了，知识很少，而且有不少歪曲。在马可·波罗到中国以前，外国人根本不知道中国，那以后虽然知道较多，但歪曲更多。因此，《人民中国》应该担负起这个政治任务，即与资产阶级长期以来对中国知识的歪曲所造成的影响做斗争，供给希望了解中国的读者北京知识。这种知识对于社会主义国家一般读者同样需要，因为他们知道得很少。在介绍这种知识时，我们可以按照历史事件或人物的纪念来拟订题目。例如，可以通过鸦片战争、中日战争、太平天国以及其他在历史上起过进步作用的事件或在历史人物的多少周年纪念来介绍这些基本知识；也可以介绍关于中国过去与亚洲各国的历史关系和文化交流，例如中国与日本、朝鲜民族的关系，西藏与内地的关系，以及世界先进科学在中国的传播等。"胡乔木的谈话指出了当时介绍中国历史文化的基本立场和目的，将对中国古代文化的翻译和出版纳入整个国家的文化规划之中。

这样我们才能解释从1950~1966年间外文局在中国古代文化出版上出现低谷的原因，我们就可以理解外文局在新中国成立后的十七年间在介绍中国古代历史文化的基本情况，并给予合理的说明。

外文局的这种对外文化传播的特点自然也影响了他们所出版的中国古代文化典籍的翻译作品。最著名就是杨宪益和戴乃迭翻译的《红楼梦》，杨宪益夫妇为翻译这部中国文学名著历经十几年，1980年出版时是当时世界上第一部《红楼梦》全英文译本。与此同时，英国著名汉学家大卫·霍克斯（David Hawkes）用了十年时间，分别在1973年、1977年、1980年出版了英文版《红楼梦》分册，最后四十回，由霍克斯的女婿汉学家闵福德（John Minford）完成。由此，西方世界第一部全本120回的《红楼梦》出版。杨宪益的译本在国内获得了很高的评价，而霍克斯的译本在西方汉学界也获得了很高的声誉。在西方汉学界在关于《红楼梦》研究著作和论文中，主要是应用霍克斯的译本，这里除了企鹅出版社和外文局出版社不在一个水平上，对书的学术处理、外在包装和宣传完全不在一个等级上以外。其中一个重要的原因是政治因素对翻译的影响。70年代后"国内红学研究的主流发生意识形态倾向的巨大转变，以胡适、俞平伯、吴世昌为代的'新红学'考证式研究模式被彻底摒弃，取而代之的是以李希凡、蓝翎为首的、立足于马克思主义理论的文艺批评，这一研究模式不仅将'新红学'的重要研究成果全部抹杀，而且完全从阶级斗争的角度来诠释这部小说。杨氏夫妇翻译时也不免受其影响。例如，原文第30回提到'负荆请罪'这个典故，杨译本在脚注中特别解释说李逵是一个农民起义者，而宋江是一个投降派。（Yang & Gladys Yang，1978：443）"这里说明译者仍然受到当时红学研究模式的影响，不仅译者受到当时政治的影响，更为糟糕的是，外文出版社编辑出版是的"出版说明"。"《红楼梦》是一部关于政治斗争的小说，一部政治历史小说。……作者根据表达政治斗争主题的需要构思情节……因此，这部小说庞大、复杂的艺术结构巧妙地融合在一起，完全反映了政治斗争的主题……这部作品意识形态方面的价值在于其触及了政治斗争，在于其通过展示四大贵族家庭的兴衰，真实地揭露了封建统治阶级的腐败堕落，指出了其必然灭亡的趋势，歌颂了大观园内奴隶们进行的反抗。"（Yang & Gladys Yang，1978：ⅱ-ⅶ）同时，"出版说明"还对"新红学"的成就做了批判："……'五四'运动以来，出现了一批以反动作家胡适为首的'新红学家'，他们对这部小说进行的'研究'是出于反动统治的动机，因此胡适和他的追随者宣扬反动的实用主义和唯心主义，通过他们的'研究'来反对马克思主义在中国的传播。"（Yang & Gladys Yang，1978：ⅷ）

中国文化在海外的传播必须立足读者立场，必须考虑接受者的阅读习惯和文化背景，其实早在1963年陈毅和《中国文学》的谈话中就已经指出了文学作品的翻译问题，他说："外文杂志不要都一味搞政治，搞硬的东西，而要多方面迂回作战。文学和政治不同，政治开门见山，文学要通过形象化的方法，慢慢说服，这里应该有五颜六色都有。高明的手法是搞一点政治，十分之一，十分之二，这样人家可以接受。"直到今天，陈毅的这个讲话仍是很有指导意义的。

六十年的历程，缺乏对传播对象的认真研究，在传播目的和传播手段上不能做细致的区分，在思想上极"左"思想的长期影响极大影响了外文局的图书出版效果。直到今天，我们不少人仍习惯于那种将国内政治运作搬到对外文化传播上来，追求一种国内的轰轰烈烈，完全不知对外文化传播的基本规律，这是值得我们格外注意的。

在自己的发展历程中外文局已经开始认识到这一点，最值得总结的就是外文局与耶鲁大学出版社合作的《中国文化与文明》，这个合作开创了一个中国古代文化在海外传播的新模式、新思路。2008年美国休战基金会在北京举行隆重的仪式，向外文局和耶鲁大学出版社颁发了开拓奖。美方给予了这套书高度的评价。这种合作模式的核心就是，外文书的出版，中国古代文化典籍的翻译和研究要面向读者，以需求为导向，以中外合作为基本工作方式，打破以我为主的传统观念。文化走出去主要成绩是国外，是在读者市场，中国古代文化的图书走出去成功与否在于是否能真正进国外常规的书店，上一般读者的书架。那种在国内搞的热热闹闹，习惯于国内官场运作的图书，完全是在做文化秀和政治秀，这样的书看起来流光十色，其实是一堆废纸，毫无任何文化的意义。外文局60年的历史从正反两个方面都已经充分证明了，我们必须回到文化本身，要就文化传播的自身规律展开我们的工作，将文化传播的目的和手段有机地统一起来。

第三，从输出革命到输出文化

通过以上基本数据统计我们可以看到外文局60余年来在中国古代文化经典的翻译与出版的基本情况，从这个历史进程中我们可以看到两个基本点：

第一，外文局对传播中国古代文化的成绩是巨大的。尽管，在对中国古代文化经典的翻译和出版认识上经历了不同的历史阶段，但如果将外语局的对外传播工作和民国期间的《天下》杂志，乃至和以后梁实秋所主持的文化外译工作相比，就可以明显看出，无论是在规模和范围上，外语局在对中国古代文化的传播工作都是民国政府所不可比拟的。

外文局是一个国家级的出版集团，自己拥有21种期刊，每年以20个语种出版1 000多种不同题材的图书和出版物，有近2亿多册图书在海外发行，这样的出版规模和多语种的出版能力在世界范围内也是不多见的。

第二，从学术的质量上看，外文局的中国古代文化典籍翻译和出版在国内都是一流的水平。在翻译上杨宪益夫妇所翻译的中国古代文化典籍系列，至今在国内仍是一流的水平，外文局所出版的关于中国古代文化研究著作，在国内出版界也是无人可比，上面提到的《中国文化与文明》就是一个典型。这套书的意义在于，它开启了中外合作出版中国古代文化图书的模式。这套书是外文局与美国耶鲁大学出版社合作，它直接在国外主流图书渠道出版发行。这样的合作方式就改变了以往那种图书在中国出版，发行在国外的模式。以往的出版的模式，书出了不少，但大多数图书进入不了主流的图书市场，实际的文化影响很少。

这套书也探索了中外学者合作，共同书写中国文明与文化的途径。以往向西方中国古代文化的著作，主要是中国学者来写，但由于中国学者不十分了解西方读者的知识背景和接受情况，往往写出的东西内容准确、学术深厚，但在西方实际的销售不好。这本书吸收了国内外最优秀的学者，组成了强大的的作者队伍。丛书所吸收的国内著名学者有：张岱年、杨新、邓绍基、傅熹年、何兆武、欧阳中石等，所吸收的美国学者有张光直、高居翰（James Cahill, 1926~ ）、班宗华（Richard Barnhart）、屈志仁（James C. Y. Watt）、曾佑和、艾兰（Sarah Allan）、夏南悉（Nancy Shatzman Steinhart）、巫鸿、康大维、何恩之、雷敦和等，"后来，连美国总统老布什、前国务卿基辛格，中国的前领导人黄华、荣毅仁的名字都出现在合作双方的支持行列中，内行人看了这份作者名单无不赞叹。"

由于这些，《中国文化与文明》这套书是外文局几十年来在西方图书市场上销售最好的一套书，受到了西方学术界的高度评价。实践也证明我们这个评判，"《中国绘画三千年》获1997年度美国出版商协会和学术出版组最高奖；《中国书法艺术》获2008年度美国出版商协会和学术出版组人文类优秀图书、艺术和艺术史最佳图书奖；2008年《中国文化与文明》丛书获美国休战基金会'拓展奖'《中国书法艺术》入选中国新闻出版总署第二届'三个一百'原创图书出版工程。"《中国绘画三千年》至今已经出版了5个文版，其中法文版于2003年出版，在法国大小书店热销。此外，韩文版和中文繁体字版也都销路畅通。这套书不仅代表着外文局在传播中国古代文化的经典之作，也在这个出版过程中探索了一条切实可靠的中国古代文化走向世界的切实途径，它所体现出的经验至今仍有极大的指导性意义。

第三，从图书发行的角度来看，外文局的成绩也是巨大的。在发行上的巨大成绩，以国际书店和后来的中古国际图书贸易公司为主干，外文局的中国图书海外发行走过了60年的道路，中国古代文化的发行是在这个发行的总体框架中的。中国图书在海外的发祥大体可以分为两个阶段，1949~1978年为第一阶段，1978年至今为第二阶段。

在第一个阶段"从1949~1978年，以国际书店为代表的第一批开拓者筚路蓝缕，在20世纪50年代至70年代，突破以美国为首的西方社会对新中国政治、经济、文化等方面的全面封锁，把以传播新中国取得民族独立经验为核心的大量中国图书、期刊发行到西欧、北美、非洲、拉丁美洲、中东以及东南亚地区，不仅初步建立了编辑100多个国家拥有813家中国书刊经销的发行网络，还在非洲、拉美、中东等第三世界国家形成了一股'学习中国'的思潮，并成功塑造了一个新中国的国家形象。"由于新中国当时受到西方国家的围堵，当时冷战的存在，外文局在对外文化传播上只能以意识形态为主，以政治宣传为主，期间也有对中国古代文化图书的发行，但数量极少。关于这一点，我们在下面还要专门进行总结和分析。

改革开放以后，外文局累计出版图书 2 万多种，总印数 2 亿余册，先后与国外进行版权贸易 975 种，是国内版权贸易最大的出版机构，其中有 723 种是由国内向国外转让版权。2010 年外文局的《中国道路——从科学发展观解读中国发展》、《20 个当代中国基本问题》、《唐家璇回忆录》、《对话：中国模式》、《中国读本》、《认识中国》、《我和父亲季羡林》等一批反映当代中国的图书实现了版权的输出。同时，在此期间，外文局所出版的中国传统文学的书籍也受到国外的欢迎，例如，《孙子兵法》、《中医方法论》、《红楼梦》、《少年天子》、《当代中国名家书画宝鉴》、《宫藏扇画选珍》、《中国古代木刻与新兴木刻》、《中国青铜器》等。新时期，由于外文局树立了国际化的眼光和视野，充分利用国内和国际两个资源，实行了"本土化"战略，从而取得了优异的成绩。2010 年书刊出口贸易额达到 2 800 万美元，占全国书刊出口总额的 65%，继续遥遥领先于全国同行。

作为中国文化走出去的国家队，外文局的成绩是巨大的，地位是不可以动摇的。

第四，回归传统价值，探寻中国传统文化在当代中国价值重建的艰难历程。中共作为一个革命党，在其自身发展的历程中所面临的一个最重要的问题就是将来自欧洲的马克思主义中国化和本土化，毛泽东的思想路线最终被中国共产党确定为党的指导思想，根本上在于他走了一条将马克思主义中国化和本土化的道路。马克思思想的中国化和本土化的核心就是用中国的传统思想来表达中国化的革命思想，从中国传统文化中汲取智慧，使其融入马克思主义理论之中，使这个来自欧洲的思想脱掉洋装。从宏大的历史叙述来看，这和中国文化对佛教的吸收，晚明后中国文化对西学的吸收是异曲同工的。

最典型的例子莫过于中国共产党思想路线的确立和表述，毛泽东在《改造我们的学习》中对"实事求是"做出了全新的解释，他指出"'实事'就是客观存在着的一切事物，'是'就是客观事物的内部联系，即规律性，'求'就是我们去研究。"西汉景帝第三子河间献王刘德的思想和语言——"实事求是"被表述为马克思主义的精髓和党的思想路线，这里显示出毛泽东与那些在苏联喝了洋墨水的王明对中国文化和中国的革命实践有着更为深刻地了解。"实事求是"作为马克思主义和毛泽东思想的精髓，揭示了中国化的马克思主义与中国传统文化之间的那种密不可分的血肉关系。

中国近代的历史进程有着自身的逻辑，这绝非一些书斋中的读书人所臆想的是可以随意涂改的历史。中共在现代历史中获得国家政权，中国化的马克思主义在中国获得成功都有深刻的历史原因。不可能因为中共在其历史和"文革"中所犯下的一些严重错误，就否认整个中国现代进程。这是极为荒唐的和极为不严肃的。

中国传统的大同思想无疑是中国早期知识分子接受马克思主义的思想基础，孔子曰："大道之行也，与三代之英，丘未之逮也，而有志焉。大道之行也，天下为公，选贤与能，讲信修睦。故人不独亲其亲，不独子其子，使老有所终，壮有所用，幼有所长，矜寡孤独废疾者皆有所养，男有分，女有归。货恶其弃于地也，不必藏于己；力恶其不出于身也，不必为己。是故谋闭而不兴，盗窃乱贼而不作，故外户而不闭。是谓大同。"以"大同社会"理想来理解马克思主义的共产主义理想的。这是早期中国知识分子最终接受马克思主义，接受社会主义学说，向往共产主义理想的深层次原因。

总之只有从中国传统文化出发，才能揭示出今日中国共产党的特色与特点。

三、新中国中国古代文化对外传播六十年回顾

60 年来在对外传播中，对中国历史文化的翻译传播有着很大的起伏与变化。

在 1949～1979 年的三十年间，中国用各种外国语言文字翻译出版了以下 13 类的内容：

第一类为马克思、列宁主义、毛泽东思想、邓小平理论，在前 30 年里，中国共用 44 个外文翻译出版，该类图书的品种数量为 3 045 种；第二类为中国政治、法律类，30 年间共出版了 2 709 种；第三类为社会科学总论类，共出版了 424 种；第四类为综合性图书，共出版了 1 138 种；第五类为中国文化、科学、教育、体育类，30 年间共出版了 1 232 种；第六类为中国文学类，共出版了 190 种；第七类中国艺术类，共出版了 344 种；第八类为中国历史、地理类，30 年间共出版了 187 种，第九类为中国哲学、宗教类，共 24 种；第十类为中国医药类，共出版了 31 种；第十一类为中国经济类，共出版了 25 种；第十二类为语言文字类，共出版了 7 种。图 6-4 为上述十二个内容分类示意图。

由图 6-4 可看出，在 1949～1979 年的 30 年间，中国共用 44 个外文翻译出版了中国文化类图书的总品种数量为 9 356 种，其中最多的是马克思、列宁主义、毛泽东思想、邓小平理论这一分类，达到 3 045 种。而其中主要是毛泽东著作选集（一、二、三、四卷）、毛泽东各种著作的单行本、毛主席语录等，其他少量是马克思、恩格斯、列宁等著作的英译本，其中邓小平的讲话各个语种的外译出版品种数量为 37 种。

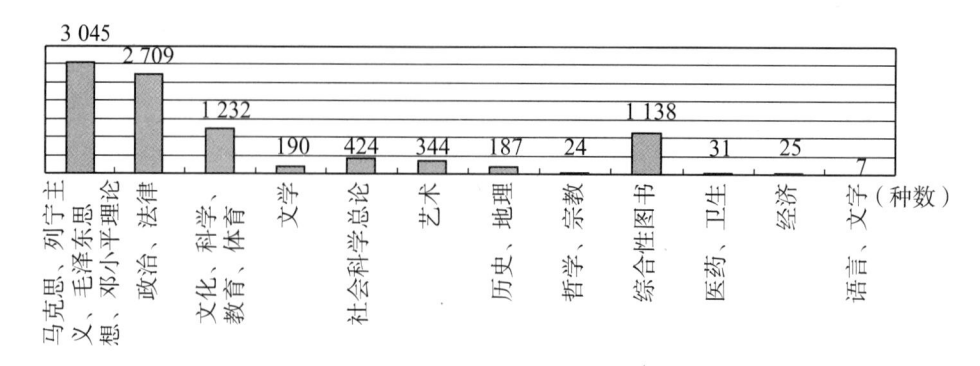

```
3 045
      2 709
              1 232
                                      1 138
                     190  424  344  187   24        31   25
                                                              7
```

马克思、列宁主义、毛泽东思想、邓小平理论　政治、法律　文化、教育、科学、体育　文学　社会科学总论　艺术　地理、历史　哲学、宗教　综合性图书　医药、卫生　经济　语言、文字（种数）

图 6 - 4　1949～1979 年中国文化外译的图书内容分类

　　仅次于第一类的是中国政治、法律类，在中译外的 2 709 种政治、法律类文献中，包括中华人民共和国宪法、土地法、中国共产党党章、党代会文件、政治会议决议、历届人民代表大会文件、中国与其他国家建交公报、联合声明等发布性法律文件、外交公告，除此之外，还有大量的政治声明，诸如在与苏联关系破裂之后，中苏两党关于国际共运论战的"九评"文件，声援印度支那三国人民的抗法斗争、声援非洲、拉丁美洲人民的民族独立运动等政治文件，都属于此类内容。

　　这两类内容占据了整个中国文化外译图书总品种的 62%，体现了前 30 年间中国对外译介的文化特征。这两类图书集中了中国政府和中国共产党对当时国际局势的政治思考和哲学判断，具有鲜明的时代政治特征。

　　在中译外的第五、第六、第七、第八类图书中，1 232 种文化、科学、教育、体育类图书、190 种文学图书、344 种艺术图书和 187 种地理、历史类外译图书，这些图书在当时的特殊历史时期是作为毛泽东思想以及政治、法律等文献的辅助对外翻译出版的，但却获得了久远的传播效果。①

　　由图 6 - 5 中数据显示，1980～2009 年的 30 年间，在大文化统计口径下，翻译成各个语种出版的图书，30 年累计共有 9 763 种②。最高的是历史地理类，达到 2 426 种，其次是中国政治法律类，为 2 079 种，再次为中国艺术类，为 1 347 种，文化、科学、教育、体育类为 1 018 种（其中包含中国武术类），中国文学类，993 种，中国经济类，为 745 种，语言文字类，493 种，中医药类 315 种，哲学宗教类 181 种，社会科学总论类 118 种，最少的为马克思主义、列宁主义、毛泽东思想类，为 48 种。从总品种来看，后三十年仅比前三十年的 9 356

---

　　①　参阅何明星、张西平、于美晨：《中国文化对外翻译出版发展报告（1949～2009）》。
　　②　按照本报告中国大文化内容分类的统计口径，30 年累计出版的品种数量要少于按照语种统计的数量。

种多 407 种，总量上并没有增加多少，但从翻译出版的内容分类来看，前后三十年呈现截然不同的面貌。

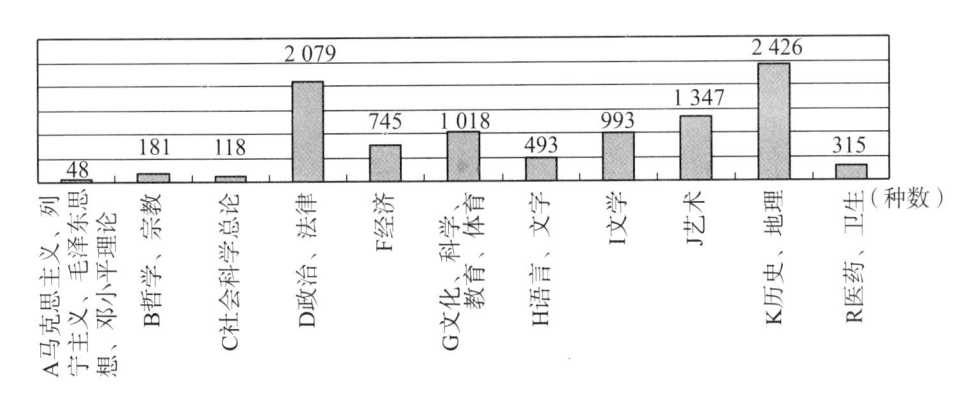

图 6-5　1980~2009 年中国文化外译图书内容分类品种

分类	种数
A 马克思主义、列宁主义、毛泽东思想、邓小平理论	48
B 哲学、宗教	181
C 社会科学总论	118
D 政治、法律	2 079
F 经济	745
G 文化、科学、教育、体育	1 018
H 语言、文字	493
I 文学	993
J 艺术	1 347
K 历史、地理	2 426
R 医药、卫生	315

注：本表数据来源均为《全国总书目》，依据其中的"外国文字图书目录"编制成本表。其中，1980~2003 年为纸质，2004~2009 年为光盘数据。

最为显著的不同就是，前三十年最多的是马克思、列宁主义、毛泽东思想、邓小平理论这一类内容，在 1980~2009 年的三十年间成为最少的一类，仅有 48 种。而前三十年排名第八位的历史地理类图书成为大宗品种，总数达到 2 426 种，占整个比例的 25%，这是前后三十年对比最为显著的不同。[①]

对毛泽东晚年的严重错误的纠正与反思，改革开放路线的确立，中国近三十年的快速崛起，中华民族自立于世界之林的理想逐步实现，使中共对中国传统文化的价值认识提到了前所未有的高度。2011 年 10 月 18 日所召开的中共第十七届六中全会通过的《中共中央关于深化文化体制改革推动社会主义文化大发展大繁荣若干重大问题的决定》是一个对中国文化重新认识的极为重要的决定。决议所提出的"文化复兴是整个中华民族复兴的最后标志。从这个意义上，这个会议不仅吹响了文化复兴的号角，同时也吹响了中华民族复兴的号角。"会议所提出的文化自觉、文化自信为中国文化走出去奠基了思想基础。决议所指出"当今世界正处在大发展大变革大调整时期，世界多极化、经济全球化深入发展，科学技术日新月异，各种思想文化交流交融交锋更加频繁，文化在综合国力竞争中的地位和作用更加凸显，维护国家文化安全任务更加艰巨，增强国家文化软实力、中国化文化国际影响力的要求更加紧迫。"这段话更是表明了中国传统文化的核心内容已经成为中国重建自己新的中华文化的重要资源，对自己文化的自信才产生出将文化推向世界的理想。

[①] 参阅何明星、张西平、于美晨：《中国文化对外翻译出版发展报告（1949~2009）》。

对中国文化的回归，从传统文化汲取智慧，开创性的发展中国特色的社会主义理论，这些在思想和文化上重大变化是我们理解近三十年来中国文化海外的传播蓬勃发展的根本原因，也是我们理解外文局在近三十年来在对中国古代文化典籍翻译和出版取得一系列重大成就的根本原因。

表6-18列出了1979~1990年外文局所属机构中外合作出版项目。

表6-18　　1979~1990年外文局所属机构中外合作出版项目

1979~1990年外文局所属机构中外合作出版项目（历史、地理类）*		
时间	合作国家、出版社	合作项目摘要
1979年6月	法国 Arthhaud 出版社	人民画报杂志社与该出版社合作出版法文版《丝绸之路》
1979年10月	美国读者文摘杂志社	人民画报社出版，该杂志社包销《中国风光》画册，第一版4 000册，再版15 000册，不久销售一空
1979年11月	美国立新书店	外文出版社与该公司合作出版英文版《苏州园林》，美方负责出版、印刷、发行，并支付中方版税
1979年11月	美国 Hwong Publishing 公司	国际书店与该公司合作翻译出版《中国概貌》英文版，美方支付中方版税
1980年2月	美国时代明镜出版公司下属哈利·艾布拉姆斯出版社	人民画报社与其合作出版《中国文物》画册英文版
1980年9月	意大利皮钦出版社	国际书店与其合作出版《针灸经穴图》意大利文版，意方负责翻译、印刷、发行并支付中方版税
1981年2月	日本极东书店	人民中国杂志社连载《中国历史之旅》在该社出版
1981年2月	日本讲坛社	《人民中国》杂志社连载《中国史话》在该社出版
1981年4月	日本美乃美出版社	外文出版社自1980年12月起与其签订了《贵州苗族蜡染图案》《大足石刻艺术》《中国陶瓷》《永乐宫壁画》4本画册合同，1982年5月出版。这是第一次与日本签订画册合作出版合同
1982年4月	日本小学馆	《人民中国》杂志社游记连载《丝绸之路的今与昔》在该社出版
1982年8月	美国哈利·艾布拉姆斯出版社	外文出版社与其合作出版《探索青藏高原的奥秘》英文版
1983年12月	美国布莱克敦出版社	人民画报社与其合作出版《中国菜谱》，印刷2.5万册，在英、法、澳大利亚发行

续表

1979~1990年外文局所属机构中外合作出版项目（历史、地理类）*		
时间	合作国家、出版社	合作项目摘要
1984年8月	香港商务出版公司	外文出版社与其合作出版画册《西藏佛教密宗艺术》，在香港发行，这是第一本与香港出版界合作的画册
1984年12月	日本美乃美出版社	外文出版社与其合作出版《新疆克孜尔壁画》（上、下集）
1987年6月	香港和平图书有限公司、香港佛教文化事业公司	中国建设出版社与其合作出版大型画册《四大名山——五台山、峨眉山、普陀山、九华山》
1987年11月	加拿大莫塞克出版社	外文出版社与其合作出版《中国历史图册》

资料来源：参阅何明星、张西平、于美晨：《中国文化对外翻译出版发展报告（1949~2009）》。

* 来源《中国外文局五十年大事记（一）（二）》，新星出版社，1999年5月1版。

我们在这里之所以在这里对中共的马克思主义中国化与中国传统文化之间的关系和认识历程做这样的论述，是因为在21世纪的中国古代文化经典在海外的传播中，中国将日益成为一个主要的力量。长期以来的以西方汉学家为主体的对中国古代文化典籍的翻译和传播的结构将发生改变，即便翻译者仍是西方汉学家，但其背后中国外文局为代表的中国力量的推动将会越来越大。对于这个重大的转变，我们必须说明其内在根由和逻辑。下面是外文局近六十年来在中国古代文化典籍翻译上的两个图表，这两个图表就是对以上内容的一个生动说明（见图6-6、图6-7）。

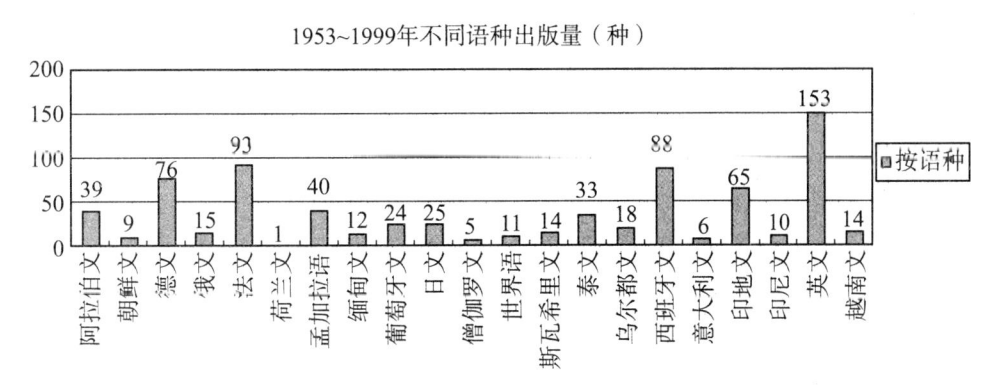

1953~1999年不同语种出版量（种）

阿拉伯文 39、朝鲜文 9、德文 76、俄文 15、法文 93、荷兰文 1、孟加拉语 40、缅甸文 12、葡萄牙文 24、日文 25、僧伽罗文 5、世界语 11、斯瓦希里文 14、泰文 33、乌尔都文 18、西班牙文 88、意大利文 6、印地文 65、印尼文 10、英文 153、越南文 14

图6-6 外文局六十年中国古代文化典籍翻译语种示意图

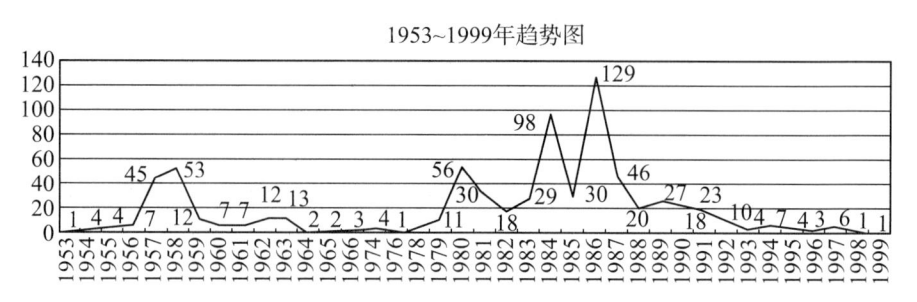

图 6-7　外文局六十年中国古代文化典籍翻译出版发展示意图

第五，中国文化"走出去"的重要实践。

外文局作为中国文化走向世界的国家队，它的实践、它的经验都具有全局性意义。笔者认为，外文局在近三十年的对中国古代文化的翻译、出版和传播中以下三个方面是十分重要的。

首先，要将国内学术翻译力量和国外翻译力量结合起来，开启国际化战略。我们讨论许渊冲先生的翻译成就时指出，中国学者也可以在一些中国古代文化典籍的翻译领域做出很大的贡献。但总体上来说，中译外这项事业是一个以汉学家为主体的事业，中国学者是不可以包办这项事业的，从国内学术界的学术素养来看，许渊冲、杨宪益之后很难找到有这样高中西学养兼备的学者。外文局作为中国文化走出去的国家队，它有不可以推卸的责任要做好中国古代文化典籍的翻译工作，从其六十年的经验来看，中外合作展开中国典籍的翻译是一个成功的经验。杨宪益夫妇的翻译工作量占据了全局中国古代文化典籍翻译的半壁江山，其原因在于戴乃迭这个英国汉学家与杨宪益的完美结合。今后应继续坚持这个成功的经验，邀请更多的汉学家来华长期生活和工作，同时，将自己的翻译工作安排在世界范围内展开，打通国内与国外之间的壁垒。在互联网的时代这已经完全可能了。外文局仅十余年所施行的本地化政策都是非常成功的，选题来自当地，译者来自当地，发行进入当地，这就是"三贴近"的落实。这样中国古代文化以及整个中国文化的图书才可能有效进入各国的图书市场中，真正将中国文化传播到国外。

目前，外文局的本土化战略已经初见成效，《今日中国》的西文版成绩明显，本土化之前该杂志在墨西哥只有 26 个订户，目前已经达到了 630 个订户，比本土化之前增长了 23 倍。但是，在笔者看来，外文局的本土化只是其国际化的第一步，真正的目标是国际化，即将其打造成一个国际化的出版集团，在全球主要国家落地，进入图书市场，将走出去这样一个由内向外的被动战略转化成为一个自身具有国际市场和国家文化能力的国家级文化企业。目前，在中国出版社走出去的历史中，真正在国外立足的寥寥无几，而只有外文局的本土化政策获得成功。这自然和它的传统与优势是分不开的。但不应停留在一份杂志或几份杂志的本土化，而是整个集团的本土化，将国内和国外两个市场完全打通，使自己立足于国际大出版集团的前列。

从思想文化的角度来看，中国古代文明的智慧对于后工业社会的西方来说，有着独特的价值；中国当代社会的巨大进步表示着其文化的内在的统一，这些经验对于非西方国家也有着启示意义。我们期待着外文局这个中国文化走出去的国家队在未来的中国腾飞历史中扮演更为重要的角色。

其次，将理想与市场结合起来。在外文局的图书走出去中贸易类图书和非贸易类图书的关系如何处理一直是一个大问题。从文化的角度来看，这是一个传播的理想和传播的途径问题，是一个政治目标和市场的关系问题。这方面他们走过漫长的艰苦道路，"文革"期间非贸易类图书成为发行的主流，甚至提出"对外发行要促进世界革命"这样的荒唐口号。改革开放以后，逐步扭转了这种局面，贸易类图书直线上升。对于贸易类图书的理解，外文局国图公司的曹建飞说得很好，"采取贸易发行具有下列重要作用：1. 可以在政治上避免授人以柄。我国对外发行书刊，尤其是外文书刊，基本上是以政治类书刊为主，宣传性很强。对外发行渠道，主要是依靠各国共产党办的图书发行机构和进步有好人士开设的书店。不少国家的统治当局对我出版物又往往存在不同程度的疑惧心理。因此，采取贸易发行方式，可以增加图书对外发行活动的合法性，也可以减少外国当局的疑虑，有利于对外发行业务活动的展开。2. 贸易发行是检验发行效果的有效方式。"这是一个从事几十年的国图老同志的总结，十分深刻。文化的走出去只有经过市场的洗礼，才会产生真实的效果，将文化作为宣传，而不遵循文化传播的规律，投入大，收益小。在没有进行彻底的改革以前，外文局2002年1~6月的利润总额1万元，这对一个国家对其有巨大投入的图书对外传播机构来说是十分可笑的。

由于有了贸易的观念，版权贸易开始活跃，本土化战略开始实施，外文局的图书贸易发生了巨大的变化。2005年以来连续蝉联全国版权贸易的榜首，到2008年收入已达到8.08亿元，是2001年2.16亿元的3.74倍。2008年全局发行图书3 463万册，是2001年722万册的4.8倍；发行期刊1.53亿册，其中发行外刊3 463万册，较2001年的346万册增长68%。这个成绩是巨大的，正如蔡名照所说："对外文局来说，加强经营具有特殊的意义，不仅要通过提高经营收入增强自我发展能力，更重要的是通过市场推广扩大宣传的覆盖面和影响力。"

当然，作为一个国家队，在全局上将贸易图书作为重点的方向是正确的，但应在这个重点之下根据不同国家和地区的特点适当展开非贸易发行也是可以的。但重点是研究在市场运作情况下如何展开中国文化的传播。目前，尽管中国图书走出去已经迈开了步伐（见图6-8），但可以看到中国古代文化在海外的传播并不理想，图书仍很难进入主流发行渠道，关于中国文化的图书仍是以消费性图书，如食谱、气功、中医为主。显然，这和一个有着三千年文明历史的中国来说是很不合适的。如何像外文局和美国耶鲁大学的合作那样，使中国古代文化的图书走进主流仍是一个待破解的难题。

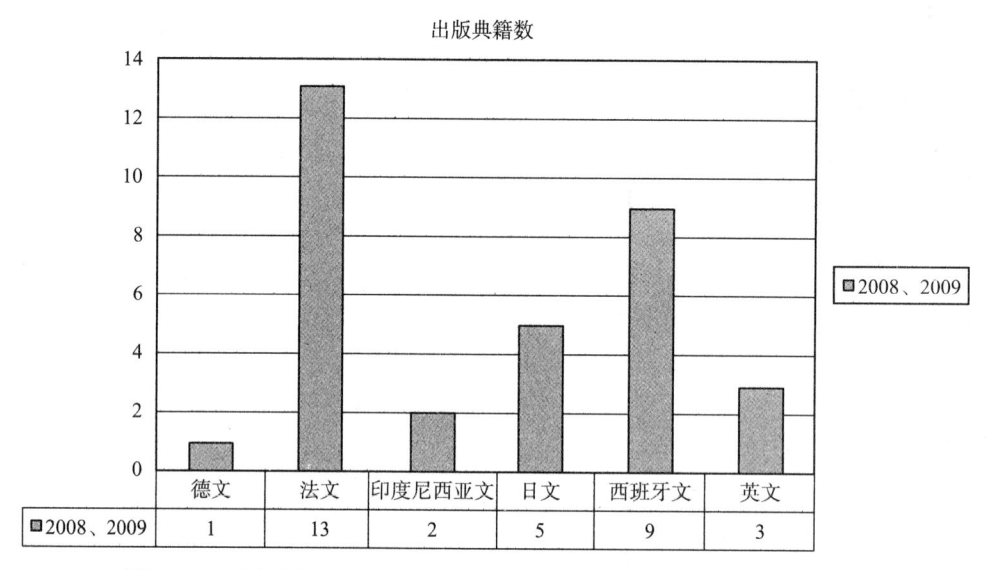

出版典籍数

	德文	法文	印度尼西亚文	日文	西班牙文	英文
2008、2009	1	13	2	5	9	3

图 6-8 新时期以来国家日益重视中国文化经典的翻译与出版

最后，文化对外传播主体的多元化已成定局。

长期以来外文局在中国对外文化传播事业中占有主导型地位，特别是在中国文化著作的翻译方面更是无人可比，但随着国家文化事业的发展，中国文化的外部传播日益成为一个紧迫的国家重大任务，在政府的推动下，对外传播的事业进一步展开，市场化机制开始返回作用，文化对外传播主体的多元化已成定局。

由图6-9可以发现，中国在1980年之后至2009年30年的翻译出版单位，已经达到61家，占全国约600家出版社的10%左右，一改前三十年98%由外文局所属系统出版社独家翻译出版的局面，这也正是我国对外翻译出版单位在经济改革开放的大潮中逐步走向市场化、多样化的一个重要标志。

众所周知，出版单位作为文化传承、知识生产的重要组织单位，在20世纪70年代之前一直被纳入国家政府行政序列，对外文化翻译服务于对外宣传长达30多年，造成翻译人才局限在一个或者几个新闻、出版单位之中，文化翻译的范围、品种受到严格控制。改革开放之后，随着文化体制改革的步伐加快，不断有新的对外翻译图书出版单位的加入，长期由一家公司垄断的局面被打破，对外翻译事业出现千帆竞发的局面，出现了以国家级专业出版单位为主力阵营，地方出版单位纷纷加入的新格局。

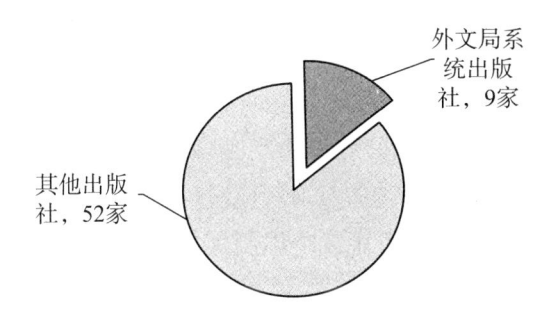

图 6 - 9　1980 ~ 2009 年三十年出版对外翻译图书的出版机构分类

下列出版单位 1980 ~ 2009 年后三十年的出版机构名单，除外文局系统 9 家出版机构之外，其他专业出版社、地方出版社的比例为 85%，他们分别是：外语教学与研究出版社、中国对外翻译出版公司、中国财政经济出版社、高等教育出版社、新华出版社、国际文化出版公司、少年儿童出版社、中国民族摄影艺术出版社、五洲传播出版社、中国国际广播出版社、人民文学出版社、人民卫生出版社、世界图书出版公司、中国摄影出版社、中国民族摄影出版社、中国旅游出版社、现代出版社、三联出版社、商务印书馆北京出版社、北京美术摄影出版社、青海人民出版社、内蒙古人民出版社、湖南人民出版社、山东科学技术出版社、山东人民出版社、山东美术出版社、齐鲁书社、上海科学技术出版社、上海人民美术出版社、上海外语教育出版社、上海美术出版社、上海教育出版社、上海文艺出版社、上海译文出版社、华东师范大学出版社、黄山书社、鹭江出版社、复旦大学出版社、译林出版社、西藏人民出版社、四川人民出版社、辽宁美术出版社、浙江人民出版社、西湖书社、云南人民出版社、新疆人民出版社、甘肃人民出版社、漓江出版社、吉林人民出版社、湖北人民出版社、陕西人民美术出版社等 52 家。前后 30 年翻译出版机构的不同，也是中国对外翻译出版 60 年历史的另外一个基本特征。

除了政府推动、众多出版机构积极参与之外，第二个变化就是大量外国出版机构与中国出版单位一道，积极介入中国对外翻译事业，开创了中外专业机构协力翻译介绍中国文化的新局面，从传播效果、语言文字水准等方面，都是前三十年所没有的。

外国出版机构介入到中国对外翻译事业中来的标志，就是由国务院新闻办公室、国家新闻出版总署联合主持的"中国图书对外推广计划"和全国哲学社会科学办公室主持的"中华学术外译计划"实施。"中国图书对外推广计划"计划自 2006 年实施以来，截止到 2010 年年底，"中国图书对外推广计划"工作小组已同美国、英国、法国、德国、荷兰、俄罗斯、澳大利亚、日本、韩国、越南、巴西等46个国家246家出版社签订了1 350项资助出版协议,资助出版1 910种图书,涉及26个文版。2011年共与29个国家124家出版机构签订了240个资助协议,涉及240个项目,文版20个,资助金额超过1 500万元,"中国图书对外推广计划"成为推动中国出版"走出去"的重要推手之一。

"中国图书对外推广计划"的组织机构同时还承担了另外一个推动中国文化著作走出去工程,即"中国文化著作出版工程"。该工程于2009年正式启动,2011年继续顺利推进,共与8个国家16家出版机构签订了18个资助协议,涉及文版5个,资助金额超过3 600万元。2011年被纳入工程的项目有:五洲传播出版社的《中国丛书》和《人文中国》;中国青年出版社的《魅力中国系列丛书》;外文社的《21世纪中国当代文学书库》;中华书局的《文物中国史》;人民大学出版社的《中国现代美术思潮》和《朱永新教育作品集》;黄山书社的《新版中国美术全集》;安徽美术社的《中国国家博物馆馆藏系列》;北京大学出版社的《中华文明史》;中央文献出版社的《毛泽东传》;安徽少儿出版社的《全国优秀儿童文学奖获奖作家精品书系》;社科文献出版社的《国际关系评论》;中国对外翻译出版有限公司的《多媒体中国通史》;辽宁科技出版社的《中国当代建筑大系》;浙江大学出版社的《中国智能科学与技术研究前沿》以及商务印书馆的《中国法律丛书》。

全国哲学社会科学办公室主持的"中华学术外译计划",由国家社会科学基金支持,2010年启动,项目旨在促进中外学术交流,推动我国哲学社会科学优秀成果和优秀人才走向世界。主要资助我国哲学社会科学研究的优秀成果以外文形式在国外权威出版机构出版,进入国外主流发行传播渠道,增进国外对当代中国和中国哲学社会科学以及中国传统文化的了解,推动中外学术交流与对话,提高中国哲学社会科学的国际影响力。外译资助文字2010年有英文、法文、西班牙文、俄文、德文五种,2011年又增加了日本语、韩语和阿拉伯语,外译语种达到8种。"中华学术外译计划"自2010年实施以来,当年立项资助13项,其中《中国走向法治30年》英文版、《中国治理变迁30年》英文版、《中国社会变迁30年》英文版、《中国经济转型30年》英文版、《中国佛教文化》英文版等均获得出版发行。2011年资助两批共达到40项,其中高等教育出版社、中国人民大学出版社、外语教学与研究出版社、社会科学文献出版社、广东人民出版社等多家获得资助。由"中国图书对外推广计划"和"中华学术外译计划"的推动,中国对外翻译事业形成了政府推动,众多专业以及地方出版机构积极参与的崭新格局。

这两个中国政府支持的外译计划,从其资助的翻译语种上看,仅涉及26个文版，与1949~1979年前三十年的44个文版相比，还有一定差距，但这些文版的翻译出版，却是由许多外国翻译家、外国出版机构参与并组织实施的，因此在与传播对象国读者接受心理的把握上，在译介质量方面，应该说都是前三十年所难以比拟的。

在中国图书对外推广网上，列出了近一百年来曾经翻译中国文化作品的中外翻译家名单，其中中国国内翻译家有642位，外籍翻译家为75位。这个名单可能并不全面，而有些也已经离开人世，但这种分类体现了新世纪中国文化外译的一种世界视野（见图6-10）。

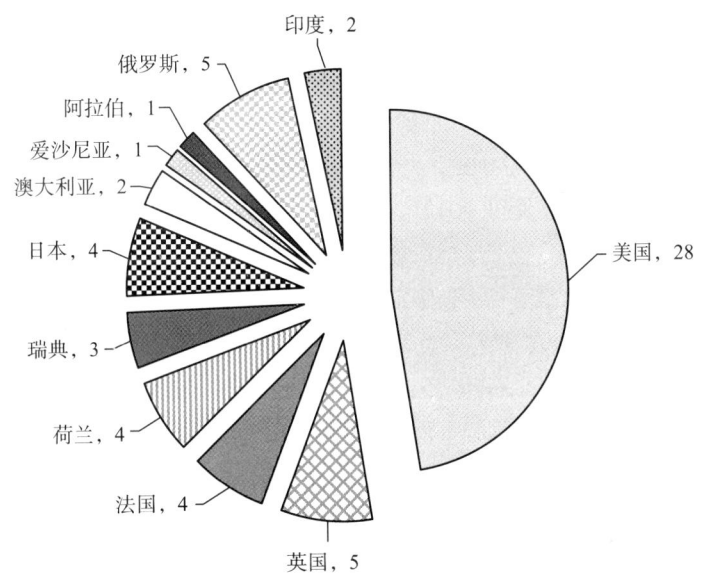

图6-10 中国图书对外推广网站上发布的外籍翻译家国别分类图

注：根据中国图书对外推广网公布的翻译家名单整理，http://cbi.gov.cn/wisework/content/cn_18315.html。

这种以政府主持，专项基金形式大力推动中国文化对外传播的做法，一个直接效果就是提高了中国文化在国际文化格局中的地位，增加了中国文化产品的竞争力，并带动了世界其他国家主动翻译出版中国经济、文学、艺术、历史等内容的"中国热"的形成。以翻译最多的中国文学为例，下图是本报告根据WORD-CAT数据库①检索出的，在1983~2009年，全世界各个国家出版中国文学作品的语种分类图（见图6-11）：

---

① 该数据库是全世界最大的图书馆联机书目系统，诞生于20世纪60年代，覆盖170个国家2万多家图书馆，具有13亿条数据记录，基本反映了世界图书市场全貌。详见http://www.oclc.org/word.cat。

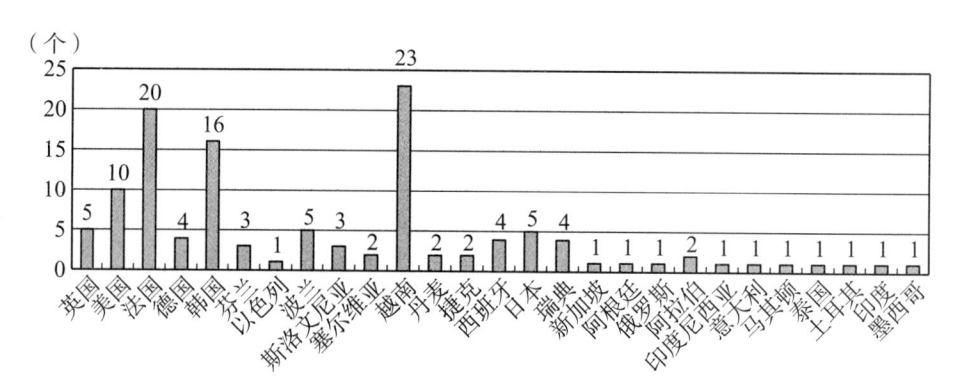

(个)
25
20　　　　　　　　　　　23
　　　　20
15　　　　　16
10　10
5　　　　　　　　　5　　　　　　　　　　5　4
5　　　　4　3　　　3　　　　　　　　4　　　　　　　　　　2
　　　　　　　　　1　　　2　　　2 2　　　　　1 1 1 1 2 1 1 1 1 1

英国 美国 法国 德国 韩国 荷兰 以色列 波兰 斯洛文尼亚 塞尔维亚 越南 丹麦 捷克 西班牙 日本 瑞典 新加坡 阿根廷 俄罗斯 阿拉伯 印度尼西亚 意大利 马其顿 蒙国 土耳其 印度 墨西哥

图 6-11　2000~2010 年海外出版中国文学作品的出版机构国别分布

由图 6-11 可以发现，新世纪 10 年间，中国当代文学作品的海外出版，出版机构多达 121 家，分布在 27 个国家。以越南、法国、韩国、美国为最多，分别为 23 家、20 家、16 家、10 家。尤其是美国、英国等出版机构，多属于世界级的出版集团。以刚刚获得 2012 年诺贝尔文学奖的莫言作品为例，其英文版《红高粱》、《生死疲劳》、《天堂蒜薹之歌》、《丰乳肥臀》、《酒国》、《师傅越来越幽默》、《红高粱家族》八部作品，在全世界馆藏量分别是 644 家、618 家、504 家、472 家、398 家、357 家、265 家，出版单位就是企鹅集团和它所属美国维京出版社（New York：Viking）、美国纽约阿卡德出版社（New York：Arcade Pub，又译为拱廊出版）出版，译者均是著名翻译家葛浩文，传播范围和影响力堪称历史之最。尤其是《红高粱》一书的英文版在美国的图书馆收藏数量达到了 602 家，覆盖美国 40 多个州、郡的公共图书馆和社区图书馆，这样一个覆盖广泛图书馆数量是 1979 年之前所难以想象的。

1983~2009 年世界出版中国当代文学作品语种数量（图中数字单位为翻译出版品种数）如图 6-12 所示：

图 6-12 显示了 1983~2009 年全世界翻译出版当代中国文学作品的语种数量为 24 个，语种最多的是法语，翻译出版了 50 种，英语为 43 种，越南语 33 种，韩语 25 种，日本语 7 种，德语 5 种，西班牙语有 5 种，阿拉伯语有 1 种。显然这个语种数字是挂一漏万的，有很多遗漏。这主要是因为 WORDCAT 数据库的覆盖范围的局限，仅仅收录了主要发达国家的大型图书馆数据，一些中小图书馆并不在期间。但由于这个数据体现的是绝大部分为海外出版社主动翻译出版的中国当代文学作品，语种数量虽然仅仅有 24 种，与 1979 年之前中国第一代文化对外传播工作者想尽办法动员、说服海外出版社机构，翻译出版中国图书的时代相比，是一个巨大的进步。

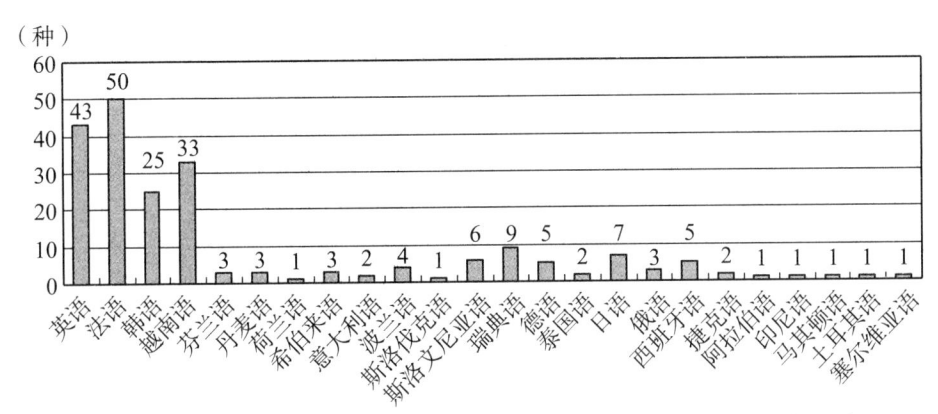

图 6-12　1983～2009 年海外出版中国当代文学作品语种数量（种）

此外，还需要提及一点的是，世界文坛上出现的"中国热"，与改革开放以来经过 30 年的高速发展，中国经济实力显著增强，已经成为一个举足轻重的经济大国密切相关，但同时也不能说世界文坛上的"中国热"，与自新中国成立以来，中国对外文化翻译事业历经几代人前赴后继、不懈努力不无关系。①

这里我们讨论研究的是外文局，这实际是在研究中国出版界如何将中国古代文明介绍到世界。目前，中国迅速崛起，中国的崛起改变了世界的大的政治和经济文化格局，但在世界的话语控制上，中国仍处在弱势，西强我弱的局面，短时间内不会改变。中国的崛起是工业革命以来人类最重大的事件，它的崛起的意义并不意味着仅仅是一种经济和政治力量的崛起，而是一个古老文明的崛起，是有别于西方工业文明文化的崛起。当然，中国也是以工业化国家、现代人类文明的继承者的身份进入现代世界的核心。但应看到，中国文化所包含着超越工业文明的许多智慧，中国古代文明的智慧不是博物馆中已经死去的东西，面对近四百年来西方文明崛起所带给人类和地球的苦难与问题，中国古代文明有着西方思想完全不具有的智慧。在这个意义上，将当代中国与古代中国统一起来，将传播古代文明作为发展当代世界文明的一部分是一个重要的理念。外文局的使命就在于此。

这是一个伟大的开始，我们期待着。

第三节　许渊冲的实践及其价值

在 20 世纪下半叶的中国典籍翻译的历史上，如果我们选择人物的话，中国

---

① 参阅何明星、张西平、于美晨：《中国文化对外翻译出版发展报告（1949～2009）》。

的许渊冲先生，无疑是一个绕不过的丰碑，无论是将其放在国际汉学的范围内，还是将他放在中国近百年的中译外的历史上来看，许渊冲都是一个典范，他不仅给我们提供了丰硕的翻译作品，也写了大量的关于翻译理论的文字，这些都成为我们研究 20 世纪中国古代文化经典在域外传播的宝贵财富。

一、许渊冲的中国典籍翻译成就

许渊冲先生是 20 世纪中国的一位大翻译家，他在中译外和外译中两条战线同时展开，这本身就十分罕见，同时，在中国典籍外译中，他可以在英文和法文两个语种同时展开，这更是无人可比。"书销中外五十本，诗译英法唯一人"的确是他真实的写照。许渊冲在中国典籍翻译上的成就可以从以下几个方面加以说明。

第一，从中国古代经典的翻译的数量上，许渊冲的翻译成就无人可比。我们可以对许先生的翻译成果做一个简单的梳理：

在 20 世纪的西方汉学界对中国文学作品翻译数量最多的是英国汉学家阿瑟·韦利，（Arthur David Waley，1889~1966）韦利是一个奇特式的人物，自学成才，成为 20 世纪整个西方汉学界的一座丰碑，英国汉学家霍克斯曾说过："韦利一共出版了 36 部长篇的汉学著作，这种产量只有在那些随意删改的译者或者侦探小说家那里才有可能。"[1] 韦利一生著述丰厚，在研究写作的范围上要大大超过许渊冲先生，他对中国的哲学、历史、文学、艺术等多方面都有研究，一生写了数不清的书评和序言，这看出他兴趣广泛，涉猎很多领域。但韦利一生代表性的成就仍是中国古代文化经典的翻译，而对中国古代文学的翻译是其主要的成就。

韦利从 1916 年在 Lowe Bros 出版他的第一本中国古代诗歌翻译集《中国诗歌》（*Chinese Poems*）开始，到 1963 年他在 *Bulletin of the School Oriental Studies Vol. XXVI* 正式发表最后一篇关于敦煌诗歌研究的论文 *A Song From Tun—huang*，韦利尽管在翻译上涉猎中国古代文化的许多方面，但他成就最大、影响最大的仍是诗歌。

但如果将韦利所翻译的中国古代诗歌数量和所翻译的中国古代诗人的作品与许渊冲所翻译的中国古代诗歌数量和所翻译的中国古代诗人的作品相比，许渊冲在翻译的数量上仍然超过韦利。

第二，从翻译的质量上，许渊冲先生的翻译在许多方面高于同时代的西方汉学家。诗歌从一种语言翻译成另一种语言是相当困难的，由于其语言的简约性和

---

[1] David Hawkes. *Obituary of Dr Arthur Waley*. *Asia Major*, Volume 12, part2, 1966, P.145.

内容上所包含的文化深刻性，有人认为诗歌甚至是不可翻译的。[①] 但由于诗歌代表了一个文化的精华，在理解一个文化时，如果不知道文化中的诗歌这个文学形式，我们就很难全面理解这个文化。因此，尽管诗歌不可译的声音不断，但对诗歌的翻译总是成为翻译领域中一个新人辈出，成果不断的领域。西方汉学界对中国古代诗歌的翻译如果从来华耶稣会士的翻译《诗经》算起，西方汉学界也经历了近四百年的时间。如果将许渊冲的中国诗歌外译放入西方汉学的脉络中，如果我们从所翻译诗歌的质量上加以考察，许渊冲先生虽然在这个领域是一个后来者，但其贡献仍是很大的。

在对中国古典诗歌内容的理解上，许渊冲先生有着自己独有的特色。在比较中国学者和西方学者在古典诗歌的翻译时，他说："美国人译的杜诗更能体现西方文化的'求真'精神，中国人的译文更能显示东方文化的求'美'传统。但姜词《扬州慢》包含的文化典故太多，没有英美人译文，只有中国人的译作。这又说明了中美文化的一个差异。译文只能使人'知之'，很不容易使人'好之'。"[②] 在许渊冲看来，对诗歌内容的理解是诗歌翻译的关键，由于中国古典诗歌的用典很多，包含的历史文化内容厚重，这样对西方汉学家来说是一个很艰巨的事情，在这点上，中国学者对于内容的理解要胜西方汉学家一筹，所以，许渊冲说，西方汉学家只能"知之"，不能"好之"。他经常对英国汉学家佛来遮（Tr. W. J. B. Fletcher）、美国汉学家宾纳（Witter Bynner）的作品展开讨论和批评。

他用唐诗中刘长卿的《逢雪宿芙蓉山主人》一首诗的西方译者和中国译者来说明自己的这个观点。这首诗的原文是：

日暮苍山远，天寒白屋贫。柴门闻犬吠，风雪夜归人。

第一种翻译：The daylight far is dawning across the purple hill.
And white the house of the poor with winter's breathing chill.
The house dog's sudden barking, which hears the wicket go.
Greets us at night returning through driving gale and snow.
(Tr. W. J. B. Fletcher)

第二种翻译：I Stay with the Recluse of Mount Hibiscus
Dark hills distant in the setting sun.
Thatched hut stark under wintry akies.
A dog barks at the brushwood gate.

[①] 《论诗之不可译》，载于《编译参考》，1981 年第 1 期。
[②] 徐渊冲：《诗词·翻译·文化》，北京大学学报（哲学社会科学版），1990 年第 5 期。

As someone heads home this windy, snowy night.

(Tr. Dell R. Hall)

第三种翻译：At sunset hillside village still seems far,

Cold and deserted the thatched cottages are.

At wicket gate a dog is heard to bark;

With wind and snow I come when night is dark.

(Tr. X. Y. Z)

许渊冲从中西文化的对比中，对这三种翻译做了评述。他说："唐诗的三种英译文，第一种的译者是英国人，第二种是美国人，第三种是中国人。第一种英译把'日暮'改为'日出'，把'苍山'改成'紫山'，这样就把唐诗中'暮色苍茫'的灰暗情调换成了朝霞漫天的紫红彩色，也就把中国古代的文化翻译成了西方现代的文化了。'夜归人'译成'我们'，这又破坏了原诗的孤寂感；'犬吠'似乎也在欢迎'我们'胜利归来，这就把意气消沉的唐诗译成意气风发的英诗。……由此可见，英诗译者往往自觉不自觉地按照西方文化的精神来解释中国文化。"[①]

许渊冲先生性格直爽开朗，他的名言是"自豪使人进步，自卑使人落后。"因此，在谈到他的翻译和西方汉学家的翻译时，他丝毫不回避自己的翻译自己的成就，他在《典籍英译，中国可算世界一流》这篇文章中举出了两个例子，说明自己的翻译比西方汉学翻译要强，这里加以引用，以说明这个问题。

《无题·其二》

飒飒东风细雨来，芙蓉塘外有轻雷。
金蟾啮锁烧香入，玉虎牵丝汲井回。
贾氏窥帘韩掾少，宓妃留枕魏王才。
春心莫共花争发，一寸相思一寸灰。

李商隐这首诗是一首艳情诗，回忆他与情人的相会，表达一种思念。其中诗中有两句"金蟾啮锁烧香入，玉虎牵丝汲井回。"这两句尤其费解，如果中国文学知识不足，很难解释。许渊冲先生认为，这两句诗的意思是"早晨打井水的时候，诗人就离开他所相思的情人回家了。这两句诗是影射一次幽会的。"他认为，英国汉学家所翻译的：

A gold toad gnaws the lock. Open it, burn the incense.

A tiger of jade pulls the rope. Draw from the well and escape.

这个译文表面上看和原文几乎字字对等，但在内容的理解上相差甚远。他用

---

① 徐渊冲：《诗词·翻译·文化》，北京大学学报（哲学社会科学版），1990 年第 5 期。

自己的译文做对比：

When doors were locked and incense burned, I came at night;
I went at dawn when windlass pulled up water cool.

许先生认为"这个译文既没有译'金蟾'，也没有译'玉虎'，可以说是很不形似的了，但却基本传达了原诗的内容，不形似而意似。至于诗人在'入'与'回'之间的良宵一刻值千金，却尽在不言中了。"① 所以，在他看来，自己的译文"不但意似，而且神似"，而汉学家的译文只是"形似"。他通过这两个例子，来说明英国汉学家所说的"我们几乎不能让中国人去翻译唐诗"的观点是不正确的。当然，这并不是说，所有西方汉学家在唐诗的翻译上都不行，平心而论，西方汉学家在唐诗的翻译上也有佳作，例如美国汉学家宇文所安（Stephen Owen）。② 但由于唐诗中用典较多，特别是像李商隐这样的诗人，其诗歌内容的理解和解释，许多西方汉学家是不知所云的，在这个意义上许渊冲的自豪和批评是合理的。他在谈到英国汉学家翟理斯的诗歌翻译时说："英国有个叫 Strachey 的文学家，认为 Giles 的翻译是当代最好的诗。Giles 是在十九世纪末期搞的翻译，已经一百多年了。他最大的问题，就是译文不够忠实；他不懂中文，误译是在所难免的。所以，我就把他的诗改得更加忠实一些。对于他的译诗，我能接受的就接受，可以改进的就改进，在这个基础上，更向前走一步。"尽管在中国古典诗歌英译是用散文体还是用诗歌韵体，许渊冲先生是赞同翟理斯的韵体翻译方法的，不赞同韦利等人的散文体翻译方法，但对翟理斯的翻译他给予了客观评价，译的好的诗歌他充分肯定，译的不好的诗歌他就改译。由于翟理斯是近100多年前的来华传教士，所以，许渊冲的翻译在质量上肯定高于翟理斯。

这样的例子还很多，许渊冲先生在翻译中的一个重要讨论者就是西方的汉学家，这些汉学家的翻译作品成为他进一步展开自己翻译的前提，所以，在《诗经》的翻译上、在《长恨歌》的翻译上他都是不断地与像韦利等这些重要的汉学家讨论、争辩，应该说，许渊冲先生保持了自己的翻译特点，他对西方汉学家所翻译诗歌的改写是成功的，他自己的翻译也显示出一名中国学者的深厚学养。③

---

① 徐渊冲：《诗词·翻译·文化》，北京大学学报（哲学社会科学版），1990 年第 5 期。
② 参阅宇文所安《中国早期诗歌的生成》，三联 2012 年版；《晚唐：九世纪中叶的中国诗歌（827－860）》，三联书店 2011 年版。
③ 至今西方汉学界对许渊冲先生翻译的中国古代诗歌仍有不同的争议，有的汉学家对他的翻译不屑一顾，但同时他的翻译作品在英国企鹅出版，2014 年在第二十届世界翻译大会上，他获得"北极光"杰出文学翻译奖，成为该奖项1899 年设立以来，第一位获此殊荣的亚洲翻译家。对许渊冲先生翻译的学术讨论可以继续展开，但其一生翻译的成就是不可不议的。

二、许渊冲在中国典籍翻译理论上的贡献

（一）许渊冲不仅在翻译实践上取得骄人的成绩，同时，在翻译理论上也做出了重要的贡献，特别是在中译外的翻译理论上独树一帜

他自己曾经总结了自己的翻译理论，他说："中国学派的文学翻译却要求优化，传情而又达意。我评论文学翻译标准是：一要达意；二要传情；三要感动。正如孔子说的，'知之者不如好之者，好之者不如乐之者。'知之就是理解，达意；好之就是喜欢，传情；乐之，就是愉快，感动。形似而又意似的翻译能使人知之，传达意美才能使人好之，传达三美（意美、音美、形美）更能使人乐之，如把'关雎'译成 Cooing and Wooing，传达三美，可以用等化、浅化、深化（三化）的方法。等化包括对等、等值、等效，如把'死生契阔'译成 meet or part, live or die；浅化指一般化、抽象化，如把'千里目'、'一层楼'译成 a grander sight, a greater height；深化是指特殊化、具体化，如把'杨柳依依'、'雨雪霏霏'译成 Willows shed tear 和 Snow bends the bough。总之，我把文学翻译总结为。三美是诗词翻译的本体论，三化是方法论，三之是目的论，艺术是认识论。"[①] 他还提出了"创优似竞赛"的理论。

学者将他这套理论做了总结和分析，把他提出的"美化之艺术，创优似竞赛"。作为他的翻译理论的总概括，而"实际上，这十个字是拆分开来解释的。'美'是许渊冲翻译理论的'三美'论，诗歌翻译应做到译文的'意美、音美和形美'，这是许渊冲诗歌翻译的本体论；'化'是翻译诗歌时，可以采用'等化、浅化、深化'的具体方法，这是许氏诗歌翻译的方法论；'之'是许氏诗歌翻译的意图或最终想要达成的结果，使读者对译文能够'知之、乐之并好之'，这是许氏译论的目的论；'艺术'是认识论，许渊冲认为文学翻译，尤其是诗词翻译是一种艺术，是一种研究'美'的艺术；'创'是许渊冲的'创造论'，译文是译者在原诗规定范围内对原诗的再创造；'优'指的是翻译的'信达优'标准和许氏译论的'三势'优势、劣势和均势说，在诗歌翻译中应发挥译语优势，用最好的译语表达方式来翻译'似'是'神似'说，许渊冲认为忠实并不等于形似，更重要的是神似"竞赛"指文学翻译是原文和译文两种语言与两种文化的

---

① 许渊冲《中国学派的古典诗词翻译理论》，载于《外语与外语教学》2005 年第 11 期。

竞赛。"①

（二）许渊冲翻译理论的特点

许渊冲先生在中国典籍外译的实践中价值何在？笔者认为以下几点是应特别注意的。

其一，在翻译理论上，特别是在中译外的翻译理论上，他反对生硬的套用西方的翻译理论。90 年代以来，西方翻译理论涌入我国，一大批关于西方翻译的理论出版。运用这些西方翻译理论来研究翻译的著作开始大量出版。许渊冲通过自己的翻译实践，对在中国流行的翻译理论提出了批评，反对在中译外过程中套用西方的翻译理论。在谈到奈达的"动态对等理论"时，他认为，这个理论在中英互译的翻译实践中是不符合常理的。"为什么呢？从理论上讲，动态对等论可以适用于西方文字之间的互译，因为根据电子计算机的统计，西方主要文字的词汇大约有 90% 是对等的，例如英文和法文 to be or not to be 译为 être ou non pas être；就可以说是对等了。但中文和西方文字大不相同，据电子计算机统计，大约只有 40% 可以对等，而 50% 以上都找不到对等词。"② 他通过具体的翻译实例，以自己所建立的"优化翻译法"来评价西方翻译学中的对等理论，对这种西方翻译理论做了批评。他说："（1）对等译法比优化译法要容易得多；（2）对等译法可以适用于西方文字之间的互译，不完全适用于中西互译；（3）优化译法既可用于中西文学翻译，也可用于西方文字之间的文学翻译。"③ 许渊冲在 20 世纪 90 年代以来的关于的翻译理论的辩论中是孤独者，但实践证明，他的一些想法，他从自己的翻译实践中总结出来的翻译理论都是有价值的。

从另一个角度来看这场讨论时，我们可以体会到它更大的文化意义。百年来中国人文学科基本上都是拿西方的理论，来套中国的实际。理论上的崇拜西方，跟随西方理论界跑是一个普遍的问题。当然，西方的人文社会科学理论有相当多的都是有价值的，是西方学者的深入思考和创造的结果，问题在于，如何在中国文化的语境中消化这些理论，如何发现其中不适应中国文化的特点而加以抛弃和改造。如果放到中国整个的人文学科来看，像许渊冲这样的学者，敢于对西方的理论提出挑战，敢于根据自己的实践修正和批评西方的理论的人实在太少了。

其二，坚持从翻译实践中总结翻译理论，建立中国自己的翻译理论。许渊冲

---

① 张进：《许渊冲唐诗英译研究》，硕士论文抽样本第 19 页，参阅张智中《许渊冲与翻译艺术》，湖北教育出版社 2006 年版。

②③ 许渊冲：《谈中国学派的翻译理论：中国翻译学落后于西方吗？》，载于《外语与外语教学》2003 年第 1 期。

之所以敢于对西方的翻译理论提出挑战，根本原因在于他自己就是一个翻译家，一个有外译中和中译外双重丰富实践经验的翻译家，而不是一个空头的理论家。目前在国内翻译理论研究领域，有不少学者谈起翻译理论口若悬河，但自己本身并未从事过真正的翻译实践。尤其在中译外方面，一些翻译理论研究者只是凭借着外译中的理论来改造中译外的理论。许渊冲说："关于翻译理论与翻译实践的关系，我认为实践是第一位的，理论是第二位的；也就是说，在理论和实践有矛盾的时候，应该改变的是理论，而不是实践。……要用实践来检验理论，而不是用理论来检验实践。文学翻译理论如果没有实践证明，那只是空头理论，根据我60年的经验，我认为空论没有什么价值。"[①] 许渊冲的翻译实践的一个重要方面是中译外，目前的西方翻译理论几乎没有涉及这个问题，据我所知韦利曾写过关于中文翻译成英文的理论文章[②]，但他在西方翻译理论界并未有影响，而在中国能在外译中和中译外两方面都有杰出贡献的许渊冲先生是重要的代表人物。所以，在许先生看来所谓的西方翻译理论其实并不全面，这些理论基本没有涉及西方语言和中文之间的关系，这些理论顶多只是西方各种语言之间翻译实践的总结。因此，许渊冲下面的观点无疑是正确的。他说："其次，翻译理论应该是双向的，也就是说，既可以用于外文译成中文，也可以应用于中文译成外文。因此，没有中外互译的经验，不可能提出解决中外互译问题的理论。目前，世界上用中文和英文的人最多，几乎占了全世界人口的一小半，因此，中文和英文可以说是全世界最重要的文字，中英互译是国际上最重要的翻译，而西方翻译家和翻译理论家没有一个出版过一本中英互译的文学作品，他们不可能提出解决中英互译问题的翻译理论。"[③]这场争论实际给我们提出一个问题，中国学者能否根据自己的实践来提出理论。就中译外来说，当年王国维先生在评价辜鸿铭的翻译时做过一些总结，林语堂先生、梁实秋先生也都讲过一些，但大都比较零碎。系统的提出自己的中译外翻译理论的，近百年来中国学术界只有许渊冲一人。更难得的是，他所提出的这些理论全部是在自己的翻译实践，而且主要是在中译外的翻译中提出来的。

（三）许渊冲翻译理论的中国特色

努力从中国文化本身的传统来总结翻译理论，这是许渊冲翻译理论的重要特点。许渊冲的翻译理论表达简洁、明了，像'美化之艺术'，就是三美，三化，

[①][③] 许渊冲：《实践第一，理论第二》，载于《上海科技》，2003年第1期。

[②] Arthur Waley, *Notes on Translation*, 参阅 Arthur Waley, *The Secret History of the Monogols and other Piecs*, 1964 New York.

三之,其中三之就是知之,好之,乐之,这样的表达非常中国化,但这样的表达确实是许渊冲先生从中国文化本身汲取营养所做的创造性转化。"三美"之说来源于鲁迅,鲁迅在《汉文学史纲要》中指出:"诵习一字,当识形音义三:口诵耳闻其音,目察其形,心通其义,三识并用,一字之功乃全。其在文章,则写山曰嶙峋嵯峨,状水曰汪洋澎湃,蔽荟葱茏,恍逢丰木,鳟鲂鳗鲤,如见多鱼。故其所函,遂其三美:意美以感心,一也,音美以感耳,二也;形美以感目,三也。"1978年,他在自己翻译的《毛泽东诗词四十二首》英文、法文版的序言中正式把鲁迅的这个观点运用到对中国古代诗歌的外译上,提出了他的"三美"理论。许渊冲的"三知"理论也是从中国文化中提取出来的。孔子在《论语·雍也篇》中说:"知之者不如好之者,好之者不如乐之者。"他在《外语教学与研究》1998年第六期的《知之·好之·乐之·三论之》一文中,正式将其运用到自己的翻译理论中,并同时将孔子的这个思想和王国维的《人间词话》的思想结合起来,加以总结。他说:"我想这话可以应用到翻译上来,那就是说,忠实的译文只能使读者'知之',忠实而通顺的译文才能使读者'好之',只有忠实通顺而又发挥了优势的译文才能使读者'乐之'"。王国维在《人间词话》中说:"古今之成大事业大学问者,必经过三种之境界。'昨夜西风凋碧树,独上高楼,望尽天涯路'。此第一境也。'衣带渐宽终不悔,为伊消得人憔悴。'此第二境也。'众里寻他千百度,回头蓦见(当作'蓦然回首'),那人正(当作'却')在灯火阑珊处。'此第三境也。"我想这话如果应用到翻译上来,第一境可以说是"知之"境,第二境是"好之"境,第三境是"乐之"境。"乐之"是翻译的最高境界,是读者对译者的最高评价,是翻译王国的桂冠。他自己也明确地指出,自己的翻译理论来自中国文化和前辈学者,是对他们的继承和发扬,他说:"为什么说'美化之艺术'是中国学派的文学翻译理论呢?因为'美'字取自鲁迅的三美论(意美以感心,音美以感耳,形美以感目),'化'字取自钱钟书的化境说,'之'字取自孔子的知之,好之,乐之;'艺术'取自朱光潜的艺术论('从心所欲而不逾矩'是一切艺术的成熟境界)。此外,我还把文学翻译总结为'创优似竞赛','创'字取自郭沫若的创作论,'优'字就是翻译要发挥译语优势,要用最好的译语表达方式;'似'字取自傅雷的神似说,'竞赛'取自叶君健的竞争论。这10个字取自中国的翻译大家,所以可以说是中国学派的文学翻译理论。"[1]

许渊冲翻译理论中最具有特色和创造性的是他从《易经》中所汲取的智慧,总结出的翻译理论。他所提出的译者八论,极有智慧,他说:"翻译学也可以说

---

[1] 许渊冲:《中国古典学派的翻译理论》,载于《外语与外语教学》2005年第11期。

是《易经》，'换易语言'之经；自然，译学的八论和《易经》的八卦是形同实异的，现在解释如下：

一论：译者一也，译文应该在字句、篇章、文化的层次和原文统一。

二论：译者依也，译文只能以原文字句为依据。

三论：译者异也，译文可以创新立异。

一至三论是翻译的方法论。

四论：译者易也，翻译要换易语言形式。

五论：译者意也，翻译要传情达意，包括言内之情，言外之意。

六论：译者艺也，文学翻译是艺术，不是科学。

四至六论是翻译的认识论，也可以算是'译者依也'的补论。

七论：译者益也，翻译要能开卷有益，使人'知之'。

八论：译者怡也，文学翻译要能怡性悦情，使人'好之'、'乐之'。

七八论是翻译的目的论。"①

译学八论之间的逻辑关系是"译者一也"是翻译的理想，翻译就是两种语言的统一；"译者依也"，翻译只能以原文字句为依据；"译者异也"，就是译文可以创新立异；"译者易也"，翻译就是转换语言；"译者意也"就是要求翻译要传情达意；"译者艺也"说明翻译是一门艺术；"译者益也"指出翻译要开卷有益；"译者怡也"，指出翻译应该怡性说情。

他套用道德经的语言所总结的翻译理论，在语言上达到了炉火纯青的地步，在理论上也完备而简洁，这是近百年来中国学者对翻译理论的最精彩总结。

译可译，非常译。

忘其形，得其意。

得意，理解之始；

忘形，表达之母。

故应得意，以求其同；

故可忘形，以存其异。

两者同出，异名同理。

得意忘形，求同存异；

翻译之道。

中国学者翻译中国古代文化从陈季同开始已有近百年，期间辜鸿铭、林语堂、吴经熊、杨宪益等都有翻译的佳作，林语堂、杨宪益也谈过自己的翻译理论，但像许渊冲这样翻译中国古代文化的经典如此之多，在翻译理论上如此全面

---

① 许渊冲：《译学与易经》，载于《北京大学学报》1992年第3期。

展开的唯有许渊冲一人。许渊冲的翻译理论是在同当代学者的论战中，在自己的翻译实践中逐步积累和总结出来的。尽管对他的翻译理论仍有不同意见，但如果将其翻译理论放在一个大的文化背景下考察，其贡献和学术意义就十分明显了。

百年来中国学术界都是以西为师，用西方的理论来分析自己研究的领域和问题，这样的学术路径在一些研究领域是完全可以的，例如国际关系、政治学、社会学等，但一旦涉及中国的问题，在这些领域就必须注意其理论的适应性问题。而在中国文化研究领域，十分悲哀的，绝大多数研究者也都在使用者西方人文社会科学的理论，这并非说在中国文化研究中不可以使用西方的理论，而是说，在用这些理论处理中国的材料时要更加的小心和谨慎。缺乏从自己文化根基总结本研究领域的基础性学术理论，这是目前中国人文研究领域最重要的问题。许渊冲先生尖锐地指出：20世纪中国翻译理论界，大多是从西方语言学派摘取片言只字，用于中文，并无多少经验，并无多少翻译实践，更无杰出成果，却妄自尊大……

许渊冲翻译理论的文化价值在于：

首先，中国当代的人文社会科学理论，应逐步走出"以西为师"的"学徒时代"，不能依靠仅仅援引外部的理论和思想来支撑中国的实践。我们看到绝大多数中国的人文学术研究者仍在重复者西方的各种理论，无论是古典的还是后现代的，食洋不化，从骨子里的崇洋是很多人的通病。在这个意义上，许渊冲的学术实践和理论对整个人文学术都有着极大的启示。

其次，要注重自己的社会现实和实践，将其作为学术发展的生命源泉。尽管，近四百年来中译外的主体是西方汉学界，但从陈季同开始，中国学者已经进入这个领域，并开启了自己的实践。许渊冲的理论并非是自己编造出来的词汇，而是从自己的实践中总结出来的，他的实践的数量和规模在中译外的历史上都是完全值得肯定的。我想，许渊冲如果没有大量的翻译实践，他是总结不出来这些理论的。没有一种学术是在空中楼阁中产生的，中国当下正经历着三千年未有之巨变，社会发展之迅速，社会进步之猛烈是前所未有的。百年来对外来文化，特别是对西方文化的学习和吸收，终于产生出今天这样宏大复杂的社会局面。但在如此丰富、多样的社会实践面前，很多学者不能投入其中，而是醉心于连自己也搞不清楚的一些西方理论，来解释今日之中国。关注中国当下的社会实践，投身于这种实践中，才能创造出新的理论。许渊冲先生正是在近三十年来的中译外大量翻译实践中，才脱颖而出，创造自己的独特的翻译理论。

再次，中国的理论必须是自己民族的语言。许渊冲在自己的翻译实践中，努力从中国文化的土壤，从近代文化的发展历史来总结翻译的理论。这些理论无论在表述上、在概括的内容上都表现出中国气派、中国风格。他的语言表达尤其值得注意，对照一下目前国内翻译界的人所使用的语言，几乎绝大多数是洋腔洋调。翻译理论的表达，表面上是一个语言问题，实际上反映了一个学术的自主和自觉。"海德格尔曾引述洪堡的观点说：一个民族有可能给予它所继承的语言另一种形式，使之完全变成另一种崭新的语言；换言之，它可能不改变语言的语音、形式和规律，而把崭新的东西赋予语言，使同一个外壳获得另一个意义。"①在语言上许渊冲表现出了极大的创造性，如果将其放入当代中国人文学术这无疑是最具有中国特色的学术语言。

最后，学术心理上的自足是学术创新的基础。自己不自信，如何谈创新。读一读许渊冲这段话，就足以看出他的学术心理状态是多么的自觉。他说："在我看来，现在世界上有十多亿人用中文，又有十多亿人用英文，所以中英文是世界上最重要的语言。中、英文之间的差距远远大于西方语言之间的差距，因此，中英互译的难度远远大于西方语言之间的互译。直到目前为止，世界上还没有一个外国人出版过中英互译的作品；而在中国却有不少能互译的翻译家，成果最多的译者已有四十种译著出版。因此，以实践而论，中国翻译家的水平远远高于西方翻译家。而理论来自实践。没有中英互译的实践，不可能解决中英互译的理论问题。因此，能解决中英（或中西）互译实践问题的理论，才是目前世界上水平最高的译论。"②

一般人读到许先生这段话时，初步感觉他似乎在自我陶醉，但一旦细想一下，这个论断是正确的。在中国典籍外译的历史上，许渊冲先生是一个里程碑，他的翻译理论不仅是在翻译领域具有重要的学术意义，同样在整个人文学术研究领域也具有重要的学术意义和文化意义，他的思想和道路对即将走出和正要走出学术的"学徒期"的中国学术界来说，对绝大多数人文学者来说都是一个榜样、一面旗帜。

---

① 转引之吴晓明：《论中国学术的自我主张》，载于《学术月刊》，2012 年第 7 期。
② 许渊冲：《译学要敢为天下先》，载于《中国翻译》，1999 年第 2 期。

第七章

20世纪中国古代文化经典在西方的影响：以庞德为例

晚清后中国国门被西方强行打开，到20世纪初，西方的商会、教会、驻外使节已经大批进入中国，这样原来由传教士们所塑造的那些中国形象开始动摇，特别是在19世纪后期以后更是这样。"晚至1840年，大多数西方人可能还在接收这些定型的观点，但是，英中之间这一年爆发的敌对冲突使得那些习以为常的认识渐渐瓦解。许多在这场战争之后著书立说的作者们宣称：中国不再是一个不为人知、裹着秘密和神秘外衣的区域。1842年之后，欧洲和美国的公众不再相信少数被允许进入中国疆界的旅行者和传教士们那些有趣和夸张的报告中提供的有关中国问题的信息了。"①

20世纪初，西方对中国古代文化的理解认识和接受完全和18世纪时一样，西方思想界对中国古代文化典籍的理解，都是他们站在自己的学术体系和思想立场上来理解的。只是由于时代的变迁，问题和想法完全变了，因此呈现出了不同于18世纪，乃至19世纪的一些特点。20世纪西方现代化的进展，使其内含的现代性矛盾日益突出，从而也使他们对中国古代文化的认识也日益分化。而20世纪后半期，特别是20世纪末中国的快速崛起，在西方思想引起了新的震动，是西方对中国的理解，对中国古代文化的理解，呈现出更为复杂的局面。在这一章中，我们无法全面展开20世纪中国古代文化经典在西方传播后所产生的影响，也无法概括出西方思想文化界在20世纪对中国认识的整体特点，这需要专门深

---

① ［美］马森：《西方的中华帝国观》，时事出版社1999年版，第104页。

入地展开研究。本章仍是采取本书写作的基本方法，通过节点式的研究，力图从个案中探究中国古代文化经典在西方的影响，为今后更为深入、宏大的研究打下基础。

第一节　庞德与中国文化的连接

美国意象派诗人埃兹拉·庞德（Ezra Pound）是 20 世纪西方诗坛上影响巨大的诗人。帕金斯（D. Perkins）在他的《现代诗歌史》中评道："庞德是英国和美国影响最大，一定意义上也是最好的诗歌批评家。"凯曼（M. Kayman）在其著作《庞德的现代主义：诗歌的科学》中评道："说庞德是英美现代派的奠基人和首要代表，这并不夸张。"[①] 庞德一生诗作、论文集、翻译文集 70 多部，成为英美现代诗歌的一座里程碑，而庞德所取得的这些成就的主要原因就是他几乎倾尽一生对中国文化，特别是儒家文化的学习、翻译、吸收与创造，中国文化成为他走向英美现代诗歌顶峰的重要原因，庞德是 20 世纪中国古代文化在西方影响的典型代表。

早在庞德结识对其产生重大影响的费诺罗萨（Ernest Fenollosa, 1853~1908）遗稿前，他通过阅读翟理斯的《中国文学史》（A History of Chinese Literature）就在《格利柏》（GLebe）杂志上发表了他的"仿中国诗"四首：《仿屈原》（After Ch'u Yuan）、《扇诗，致皇上》（Fan - Piece, for Her Imperial Lord）、《刘彻》（Liu Ch"e）以及至今无法确定的"Ts'ai Chi'h"（Cai Chi）。当然，他对中国文化的全面接触，并开始影响他的诗歌创作是 1912 年他在伦敦生活期间偶然结识了美国诗人、东方学家厄内斯特·费诺罗萨的遗孀玛丽·费诺罗萨，[②] 他正在寻找整理他已故丈夫遗稿的人，玛丽·费诺罗萨读过庞德的"仿中国诗"，两人一见如故，她很快就感到庞德就是她苦苦寻找的整理她丈夫遗稿的最合适人

[①] 转引陶乃侃：《庞德与中国文化》，首都师范大学出版社 2006 年版，第 2 页。

[②] "厄内斯特·费诺罗萨（1853~1908）是美国诗人，东方学家。他是西班牙裔美国人，自哈佛毕业后，到东京大学教经济与哲学，自此改攻东方学，主要研究领域是日本美术。著有长诗《东文与西方》，认为中国文化唯心、唯思，而西方文化过于物质主义。……1896~1900 年，他再次到日本游学，向有贺永雄（Ariga Nago - ）、森海南（Mori Kainan）等著名学者学习中国古典诗歌和日本诗歌、诗剧，做了大量的笔记。1908 年他逝世后，他的寡妻玛丽·费诺罗萨（Mary Fenollosa）出版了他的著作《中日艺术时代》The Epochs of Chinese and Japanese Art 但是费诺罗萨的翻译，只是中国诗笔记（其中每首诗有原汉文、日文读音、每个字的译义和串解），显然不能原样付梓。于是玛丽·费诺罗萨试图找到一个合适的诗人与他死去的丈夫'合作翻译'。"参阅赵毅衡《诗神远游：中国如何改变了美国现代诗》，上海译文出版社 2003 年版，第 18 页。

选。不久，就把这批遗稿分批寄给了庞德，从此，庞德开始了他的通过中国古代文化创作现代诗歌的历程。

第二节 庞德对中国古典文化的研读、翻译和他的现代诗歌创作

费诺罗萨的笔记中记录了大约150首中文诗，其中有屈原、宋玉、班婕妤、白居易、李白、陶潜、王维等诗人的作品，庞德从中选取了十九首，编译成册，取名《神州集》。或《中国诗抄》诗集全名为：*Cathay：Tranltions by Ezra Pound Torthe Most Part From the Chinese of Rihaku. From the Notes of the Emest fenllosa and the Deciphering of the Professor Moil and Ariga*，它们是 *song of the Bowmen of shu*（《诗经·小雅》中的《采薇》）、*Th Beatiful Toilet*（古诗十九首中的《青青河边草》）、*Th River Song*（李白：《江上吟》和《侍从宜春苑奉诏赋龙池柳色初青听新莺百啭歌》庞德误将它们当作一首，并把后一首冗长的标题讹译成诗句）、*The River Merchant's，Wife：A Letter*（李白：《长干行》）、*Poem by the Bridge at Ten—shin*（李白：《天津三月时》）、*Th jewel Stair's Grievance*。（李白：《玉阶怨》）、*Lament of the Frontier Guard*（李白：《胡关绕风沙》）、*Exil's Letter*（李白：《忆旧游寄谯郡元参军》）、*Fourpoems of Departure*（王维：《渭城曲》），*Leave－Taking near Sho ku*（李白：《送友人入蜀》）、*Separation on the Rive－Kiang*（李白：《黄鹤楼送孟浩然之广陵》）、*Taking Leave of a friend*（李白：《送友人》）、*The City of Chaon*（李白：《登金陵凤凰台》）、*South－Folk in Cold County*（李白：《古风·代马不思越》）、*Sennin Poem ba kakuhaku*（郭璞：《游仙诗·翡翠戏兰苔》）、*A Ballad of the Mulberry Road*（《古风十九首·陌上桑》）、*Oldea of Chao by Rosoriu*（卢照邻：《长安古意》）和 *To Em－mei's "The Unmoving Cloud"*（陶渊明：《停云》）。

我们以一首诗，看庞德的翻译中的文化转换。
以下是《采薇》原文：
采薇采薇，薇亦作止。
曰归曰归，岁亦莫止。
靡室靡家，玁狁之故；
不遑启居，玁狁之故。
采薇采薇，薇亦柔止。

曰归曰归，心亦忧止。
忧心烈烈，载饥载渴。
我戍未定，靡使归聘！
采薇采薇，薇亦刚止。
曰归曰归，岁亦阳止。
王室靡盬，不遑启处。
忧心孔疚，我行不来！
彼尔维何？维常之华。
彼路斯何？君子之车。
戎车既驾，四牡业业。
岂敢定居，一月三捷。
驾彼四牡，四牡骙骙。
君子所依，小人所腓。
四牡翼翼，象弭鱼服。
岂不日戒？玁狁孔棘！
昔我往矣，杨柳依依。
今我来思，雨雪霏霏。
行道迟迟，载渴载饥。
我心伤悲，莫知我哀。

以下是庞德的译文：

Song of the Bowmen of Shu

Here we are, picking the first fern-shoots

And saying: When shall we get back to our country?

Here we are because we have the Ken-nin forour fo-emen,

We have no comfort because of these Mongols.

We grub the soft fern-shoots,

When anyone says "Return," the others are full of sorrow.

Sorrowful minds, sorrow is strong, we are hungry and thirsty.

Our defence is not yet made sure, no one can let his friend return.

We grub the old fern-stalks.

We say: Will we be let to go back in October?

There is no ease in royal affairs, we have no com-fort.

Our sorrow is bitter, but we would not return to our country.

What flower has come into blossom?

Whose chariot? The General's.

Horses, his horses even, are tired. They were strong.

We have no rest, three battles a month.

By heaven, his horses are tired.

The generals are on them, the soldiers are by them

The horses are well trained, the generals have ivory

arrows and quivers ornamented with fishskin.

The enemy is swift, we must be careful.

When we set out, the willows were drooping with spring,

We come back in the snow,

We go slowly, we are hungry and thirsty,

Our mind is full of sorrow, who will know of our grief?

这里我们看到中文诗歌中的韵律完全没有了，中文诗歌的短句变成了英文的散文式表达，中文诗的句式结构也发生了变化，中文诗歌所特有的托物寄情没有了。但庞德在英文中用语简洁、明快、鲜明也很突出。中国的古典诗歌变成了美国的现代诗歌。正如赵毅衡所说："从历史角度看，《神州集》不仅是庞德的第一次真正的成功，也是中国古典诗歌在美国的第一次真正的成功。自此以后，中国诗受人瞩目"。①

《神州集》的诗歌对中国古典诗歌的理解和变动，使它"具有翻译与创新的双重性，但绝不是艾略特所说的'原作'。我们把它看作庞德对中国古典诗的再创作性翻译较为恰当。主要理由是庞德的再创作并没有从本质上改变原诗。"② 对《神州集》的整理是庞德迈向汉学研究的坚实一步，也是他开始一种东西方诗歌融合创作的一个新的开始。

他移居意大利后，他沿着《神州集》的方向，继续他长达几十年的对儒学和中国历史文化的学习、移植与诗歌创作的过程。这突出的表现在其用一生经历所创作，最终也未完成的宏篇巨制《诗章》中，乃至有人认为，儒家思想史"《诗章》全诗的哲学思想支柱。"③

1926年所发表的《诗章第13》是他对《四书》的翻译与改写，他所用的主要参考书是法国汉学家波蒂埃（M. G. Pauthier）的法译《四书》（Ies Quartre

---

① 赵毅衡：《诗神远游：中国如何改变了美国现代诗》第166页。

② 陶乃侃：《庞德与中国文化》，首都师范大学2006年版，第67页。

③ Pearlman：*The Barb of Time：On the Unity of Ezra Pound's Cantos*, P. 51, New York：Oxford University Press, 1969. 转引自陶乃侃《庞德与中国文化》第148页。

Iivres de Philosophie Morale et Politique de La Chine，1841），他分别改写了《论语》的《子罕篇第九》的"达巷党人曰：'大哉孔子！博学而无所成名。'子闻之，谓门弟子曰：'吾何执？执御乎？执射乎？吾执御矣。'"《先进篇第十一》中的"子路、曾皙、冉有、公西华侍坐。子曰：'以吾一日长乎尔，毋吾以也'。居则曰：'不吾知也！'如或知尔，则何以哉？'子路率尔而对曰：'千乘之国，摄乎大国之间，加之以师旅，因之以饥馑；由也为之，比及三年，可使有勇，且知方也。'夫子哂之。'求！尔何如？'对曰：'方六七十，如五六十，求也为之，比及三年，可使足民。如其礼乐，以俟君子。''赤！尔何如？'对曰：'非曰能之，愿学焉。宗庙之事，如会同，端章甫，愿为小相焉。''点！尔何如？'鼓瑟希，铿尔，舍瑟而作，对曰：'异乎三子者之撰。'子曰：'何伤乎？亦各言其志也。'曰：'莫春者，春服既成，冠者五六人，童子六七人，浴乎沂，风乎舞雩，咏而归。'夫子喟然叹曰：'吾与点也！'三子者出，曾皙后。曾皙曰：'夫三子者之言何如？'子曰：'亦各言其志也已矣。'曰：'夫子何哂由也？'曰：'为国以礼，其言不让，是故哂之。''唯求则非邦也与？''安见方六七十如五六十而非邦也者？''唯赤则非邦也与？''宗庙会同，非诸侯而何？赤也为之小，孰能为之大？'"。

同时庞德也分别引用改写了《大学》和《中庸》部分内容。引用改写《大学》的内容是"大学之道，在明明德，在亲民，在止于至善。知止而后有定，定而后能静，静而后能安，安而后能虑，虑而后能得。物有本末，事有终始，知所先后，则近道矣。古之欲明明德于天下者，先治其国；欲治其国者，先齐其家；欲齐其家者，先修其身；欲修其身者，先正其心；欲正其心者，先诚其意；欲诚其意者，先致其知；致知在格物，物格而后知至，知至而后意诚，意诚而后心正，心正而后身修，身修而后家齐，家齐而后国治，国治而后天下平。"引用《中庸》的内容是第二十章第一节："哀公问政。子曰：'文武之政，布在方策。其人存，则其政举；其人亡，则其政息。人道敏政，地道敏树。夫政也者，蒲卢也。故为政在人；取人以身，修身以道，修道以仁。仁者，人也，亲亲为大；义者，宜也，尊贤为大。亲亲之杀，尊贤之等，礼所生也。（在下位，不获乎上，民不可得而治矣。）故君子不可以不修身；思修身，不可以不事亲；思事亲，不可以不知人，思知人，不可以不知天。'"

作为诗人，他从儒家吸取思想，但他的翻译完全是改写的翻译，一切根据自己的诗作需要。如学者所说"《诗章十三》的写作已经脱离了他是先按原文改写和再创性翻译的写法，完全是以他个人的创作需要为主导。所有《四书》的引用并未按原章句的题旨发展，而是根据他的写作需要从自己的记忆中信手拈来，加以想象，发挥为巧妙的诗性表达。整体结构仍以'会意'集合模式为主，集合《四书》

相关的片语。全篇衔接精工而不留斧凿痕迹，显得天衣无缝，但同时又暗合了《论语》的散片特点与'问答'文体，实为一个内外皆顾的有机整体。"[1]

如果说庞德钟情于儒家文化的话，他对道家思想也十分欣赏，《诗章47》就是在曾国藩的孙女曾宝荪的帮助下完成的。这首诗是对宋代文人画家宋迪的《潇湘八景图》的一种改写，从中看出庞德对道家思想的认同。

学者研究后认为庞德读过的《潇湘八景图》文字如下：

《潇湘八景图》

平沙落雁
古字书空淡墨横
几行秋雁下寒汀
芦花错作衡阳雪
误向斜阳刷冻翎

远浦归帆
鹭界青山一抹秋
潮平银浪接天流
归樯渐入芦花去
家在夕阳江上三

山市晴岚
一竿酒斾斜阳里
数簇人家烟嶂中
山路醺瞑归去晚
太平无日不春风

江天暮雪
云淡天低糁玉尘
扁舟一叶寄吟身
前湾咿轧数声橹
疑是山阴乘兴人

---

[1] 陶乃侃：《庞德与中国文化》第161页。

洞庭秋月
西风剪出暮天霞
万顷烟波浴桂花
渔篷不知羁客恨
直吹寒影过芦花

潇湘夜雨
先自空江易断魂
冻云影雨湿黄昏
孤灯篷里听菁瑟
只向竹技添泪痕

烟寺晚钟
云遮不见梵王宫
殷殷钟声诉晚风
此去上方犹远近
为言只在此山中

渔村夕照
薄暮沙汀惑乱鸦
江南江北闹鱼虾
呼童买酒大家醉
卧看西风零荻花

我们看庞德的翻译。从这个翻译中可以看出，他采取不同于翻译儒家经书的方法，诗歌中不再支离破碎，有了中国诗歌的意境。如赵毅衡所说："如果说庞德在其他地方坚持儒家思想，《七湖》明显是道家精神的产物。"①

献给七湖，不知是谁写的诗：②

雨；空阔的河；远行，

冻结在云里的火，暮色中的大雨

茅屋墙下有一盏灯。

---

① 赵毅衡：《诗神远游：中国如何改变了美国现代诗》，第140页。
② 这里用的是赵毅衡的翻译。

芦苇沉重，垂首；
竹林细语，如哭泣。
秋月，山从湖中升起
背倚着落日，
夜晚像一幅云幕，
抹去了轻波；而桂树
枝干尖细，刺穿夜幕，
芦荻丛中一支凄凉的曲调。
风从山背后
吹来钟声。
帆船四月过去，十月可能归来
船消失于银光中；缓缓地；
只有太阳在河上燃烧。
在秋旗抓住落日的地方
只有几缕炊烟与阳光交叉。
然后，雪急落于河上
整个世界盖上白玉
小船像一盏灯在河上漂
流水似乎冻住了，而在山阴
却有人自在悠闲
雁扑向沙洲
云聚集在窗口
水面空阔；雁字与秋天并排
乌鸦在渔灯上喧噪
光亮移动于北方天际；
那是孩子们在翻石头抓虾。
一千七百年前来到这些山间
光亮移动于南方天际。
生产财富的国家却因此而负债？
这是丑事，是盖利翁。
这条河静静地流向 Tenshi
虽然老国王建造运河是为取乐
卿云烂兮
纠绳绳兮

第七章　20世纪中国古代文化经典在西方的影响：以庞德为例

日月出兮

旦复旦兮

日出；工作

日落；休息

掘井而饮水。

耕田而吃粮

帝王的力量？对我们它又有什么意义？

第四度；静止度。

降服野兽的力量。

第三节　庞德对中国文化吸收的思想意义

　　庞德对中国文化的吸收不是一时之兴趣，而是贯穿其一生；不是仅仅为了一种猎奇，而是其思想内在倾向与追求的自然体现。在意大利的囚笼中，唯一能支持他精神的就是他随身所带的儒家经典译本和他每日坚持不懈的对儒家思想的翻译。在西方 20 世纪文化史上庞德对中国文化的态度无疑是个典型，值得从思想角度加以深入考察。

　　第一，中国文化的丰富性成为西方思想的重要资源。

　　1909 年庞德的母亲曾建议他写一部"西方史诗"，他在回信中问道："西方有何德何能，值得为其修写史诗？"[1] 庞德毅然转向东方，在那里他发现了中国的文化。首先，在中国文化中，庞德看到了完全不同于西方文化的异域文化，一种多样性的文化，这与他主张的一种世界文学观念是相符合的。作为一个诗人，作为一个意象派诗歌的领袖，他从中国诗歌中发现了与自己所追求的诗歌相近的诗歌表现形式，这自然让他兴奋。尽管庞德在英文诗歌所努力创造的现代诗歌和中国古代诗歌完全不同，但中国古代诗歌重意象、重直觉，在这些方面却有着一定的相似性。可以说，庞德在中国诗歌中找到了自己的理想。

　　中国历史的悠久、博大和深远更使庞德感受到，这是东方之根，文明之源。正像他一直钟情于希腊文化一样，他开始将中国古代文化收入自己的创作之中。例如，他在《诗章》中对中国历史的记述。

　　《诗章 53》写道：

---

[1] 转引自孙宏：《论庞德的史诗与儒家经典》，载于《外国文学评论》，1999 年第 2 期。

黄帝发明如何制砖，
元妃是养蚕法的首创者，
这些都是黄帝时代的金钱。
黄帝于公元前2611年，
测定管箫的尺度，
削竹管吹奏乐曲，
黄帝一家有四位皇妃，二十五子。①

《诗章53》描写了中国远古时代的帝王巢氏、火遂人氏以及伏羲氏如何治国：
巢氏教人折枝造屋，
火遂人氏搭台教人以物易物，
教人结绳记事，
伏羲氏教人种麦，
公元前2837年，
人们至今不知道他的陵墓在何处，
在高耸的柏树边，在坚硬的围墙中。②

在《诗章53》直接用汉字书写"尧、舜、禹"以赞扬这些圣君治水、修桥、降低税收的治国之策，直接用汉字书写"皋陶"颂扬其辅佐舜、禹的贤臣之美德。《中国诗章》中列举了许多中国古代政治家，从周文王、周武王、周公、秦始皇、刘邦、唐太宗、忽必烈、朱元璋一直写到康熙、雍正、乾隆，庞德认为他们都是尊崇孔子思想的圣贤君王，并因此使国家安康富足，社会和谐稳

---

① Ezra Pound. *The Cantos of Ezra Pound* P262. New York：New Directions，1970. 庞德所读到的这本书是来华耶稣会士冯秉正所翻译。他所翻译的"《中国通史法译本》（Histoire Générale de la Chine）共十二卷，4开本，1777年、1783年巴黎刊行。后由 Frang. Rossi 译成意文，三十五卷，8开本，Sienne 刊行。再经奥斯定会士 P. Jamin 神父压缩成简史两卷，4开本、至今仍是手稿（现存里昂）。（Cordier, Bibl., p. 585）这部《中国通史法译本》由 Grosier 司铎负责发行，由 LeRoux des Hautesrayes 主持。这部译本是以《通鉴纲目》为蓝本编译的。冯秉正神父的译著是选译本，并非全译本；但冯神父在译著中充实了《通鉴纲目》之外的很多其他内容，特别是明清两代的重要历史。增加的内容主要摘自《资治通鉴纲目》满文译本，即冯神父奉康熙之命而编译的，共九十七卷。冯神父锲而不舍地用了6年余时间完成了他的不朽杰作，并把它赠予里昂图书馆，于1737年到达那里。著名学者 Freret 非常重视这部著作，自愿负责出版事宜，并由国库拨款印行。但因 Freret 因病逝世，事告中断。里昂地方政府把这部著作共十二卷转赠给 Grosier 司铎，后由他负责发行。"（W. Cordier, L'imprimerie（1901），p. VI；I Biblio-th.，pp. 583 seq. De-landine, Catal, des MSS. de la Bib – lioth. de Lyon, pp. 3& – 39, Sommervogel, Bibi.，t. V：ol. 332 – 333.）《通鉴纲目》共分三部分，其中以宋司马光的部分为主，内容包括自公元前425年至公元960年的中国历史，于1084年完成。在公元前425年之前的历史，后由金履祥（13世纪人）作前编，为早期史。第二部分为正编，即司马光编撰的主要部分。第三部分为续编（自960~1368年），由陈仁锡编。本书原称《通鉴》，后由朱熹作纲目，以纲为经，以目为传，便于读者一目了然。［法］费赖之著，梅乘骐、梅乘骏译《明清间在华耶稣会士列传》，第721~722页。

② Ezra Pound. *The Cantos of Ezra Pound* P262，New York：New Directions，1970.

定,人民温饱有加。

从这里可以看出,中国文化的丰富、悠久是吸引庞德的重要原因。中国文化在世界文化史的独特性在于,由于北临大漠、东面大海,西临高山,它的文化从未受到外来文化的大规模的入侵,造成文化的中断。这样中国文化成为人类历史上至今唯一从古至今没有中断的文化,它的历史悠久令许多西方文人感叹与敬仰。中国文化的另一独特之处在于中国文化是在相对封闭的地理环境内的各民族的融合,黄河流域的农耕文明与草原民族的游牧文明经过了长时期的接触、冲突与融合,形成了中原文化与草原文化、西部文化、南方文化多种文化的交融,呈现出色彩斑斓的文化色彩。如果讲中国文化与欧洲文化的关系,最突出的一点在于,两大文化都是独立形成的,在形成自己的文化内核前,双方基本上没有交流。在这个意义上中国文化与欧洲文化的差异性十分明显,作为文化的他者,中国文化为其提供了完全不同的另一种文化符号,这样中国文化从启蒙时代开始一直受到西方文化的重视,无论是颂扬还是批评,中国文化都成为西方文化反观自己的重要参考系。庞德是一个典型,从这里我们看到中国文化的悠久和丰富是它吸引西方学者关注的重要原因。

第二,对西方现代社会的不满:中国思想成为思想创造重要的资源。

资本主义文化有着内在的深刻矛盾,如丹尼尔·贝尔(Daniel Bell, 1919~2011)所说:"回顾历史,可以看到资产阶级社会有双重的根源和命运。一个源头是清教与辉格党资本主义,它不仅注重经济活动,而且强调品格(节制、诚实、以工作为天职)的塑造。另一个源头是世俗的霍布斯学说,它本身是一种激进的个人主义,认为人的欲壑难填。虽然这种个人欲望在政治领域受到君主制的限制,它在经济和文化领域却肆意蔓延。这两种冲动力长期难以和睦相处。但这种紧张关系逐渐消失了。如上所述,美国的清教思想已经沦落成为乖戾的小城镇心理,它只讲究所谓的体面。世俗的霍布斯学说养育了现代主义的主要动机——追求无限体验的贪欲。新官僚机构的出现侵蚀了社会自我管理的自由主义观点,在此影响下,把历史看作是开放而进步的辉格党世界观业已寸步难行,尽管它尚未完全垮台。以往支撑所有这些信念的基础都被彻底粉碎了。"① 这里指出了资本主义,特别是美国的政治思想和内在矛盾,物欲成为其基础,真正的新教精神已经瓦解。

庞德对西方资本主义文化失去希望,他寄托于希腊文化,寄托于东方文化,他在儒家思想中发现了中国人的理想,而他的《诗章》就是这一理想的宣言书。他指出,西方"需要孔子",因为"需要的含义在于缺乏,患病者需要求医,需

---

① [美]丹尼尔·贝尔著,赵一凡译:《资本主义文化矛盾》,三联书店1989年版,第128~129页。

要某种他不具备的东西。孔子是一剂良药。"① 庞德始终将儒学作为自己创作的重要源泉，1928年和1940年分别用英文和意大利文两度翻译《大学》，1938年根据冯秉正的《中国通史》，写下了《诗章52～61》，表达了他的政治理想；他还翻译了《诗经》，1947年他的英译《大学》、《中庸》出版。我们从他《诗章》的写作过程可以看出庞德对儒家的学习和理解过程，从《诗章第13》到《中国诗章》（第52～61章），最后到《比萨诗章》（第74～84章），在这些著作中庞德日益加深了对儒家思想的理解，儒家思想成为他构架自己理想国的思想来源。仅在《比萨诗章》中，他就引用了《大学》2次，《中庸》4次，《论语》21次，《孟子》9次。

他认为"整个西方理想主义是一片丛林，基督教神学也是一片丛林"② 正如艾略特找到了印度教、叶芝找到了神秘教一样，庞德找到了中国和中华文明。在他看来西方文学艺术之所以问题丛生，根本在于社会制度问题丛生，这样他不仅仅是在文学艺术中寻找解决的办法，也开始寻求自己的政治理想。因此，当庞德1920年离开伦敦时，他希望找到一种真正理想的社会制度。从古希腊看到了理想，他从意大利的文艺复兴的普罗旺斯看到了理想，但这些仍不足以支撑他的理想。他继续寻找，转向了东方。如他在自己的诗句中所写"杏花，从东方吹到西方，我一直努力不让花凋落。"艾略特（Thomas Stearns Eliot，1888～1965年）在1928年曾问："庞德先生信仰什么呢？"庞德在1930年未明说自己皈依什么或者信仰什么，但他的回答是：我多少年来回答此类问题时告诉提问人去读孔子和奥维德。在1934年，庞德在《日界线》（"Dat Line"）一文中公开答复："我信仰《大学》。"四年后，他的《文化指南》（Guid to Kulchur）一书首页印上了"一以贯之"四个汉字。庞德在这里说的是儒家的思想，但这四个字亦可解释为他要"以儒教信仰终其一生"。在1955年，他再一次重复自己的誓言："我信仰《大学》。"③

庞德在儒家中看到了一种高尚的道德主义理想，对物欲的批评，对人精神世界的追求。庞德第一篇尊孔文章《孔门晚辈弟子明毛之语》（"*The Words of Ming Mao*" Least among the Disciples of Kung Fu—Tse）就是批评英国东方学家海尔（William Loftus Hare）《中国人的利己主义》一文，指出儒家思想高于杨朱思想之处，在于对人类精神生活的追求，他在文章中说："杨朱说孔夫子'生无一日

---

① Ezra Pound, "Immediate Need of Confucius", *Impact: Essays on Ignorance and the Decline of American Civilization*, ed. Noal Stock, Chicago: Henry Rognery Co., 1960, P. 203.
② 转引自蒋洪新：《庞德的翻译理论研究》，载于《外国语》2001年。
③ 钱兆明、管南异：《逆向而行——庞德与宋发祥的邂逅和撞击》，载于《外国文学》，2011年第6期。

之欢'，可是我们读到，夫子听到曼妙的音乐之后曾迷狂三日，或者用道家的话说，三日忘形。要说这么一个具有审美情趣的人'无一日之乐'，岂不愚蠢！至于杨朱及其与利己主义的联系，还是孔子的教诲来得真切。他教人要以内心的尊严为乐，而不要心为物役。这样，即便他只是一个渔夫，死的时候也会心安理得。至于桀纣之流，他们的快乐来自生而为王的地位，奢侈的生活从天而降。他们只是因袭了王位，与生俱来拥有寻欢作乐的机会，他们凭什么当榜样，诱使命运寻常的人们，空有恣情享乐的本事，空有施展这种本领的欲望，却要将他们所有的生命都耗费在追求虚饰的欲望上，追求数不清的锦绣佳人、亭台楼阁、宝马香车。杨朱的劝告其实完全算不上自我主义，因为这些说法教人依赖世上的一切，却不教他自立。而这种自立才是儒家哲学的核心。"① 很显然，这里他是从人文精神的额角度来理解儒家思想，也抓住了儒家思想的关键所在。

庞德对儒学的热情并非一时一事，他将儒学作为其精神和思想的重要支点。"在 1915 年 2 月发表的《文艺复兴》（The RenaiS-sanee）一文中，他重申：'本世纪人们将从中国看到又一个希腊。'（1968：215）同年，他撰文讽刺大英博物馆东方学家比宁（Laurence Binyon）'一味倾听 19 世纪欧洲的蠢话，一味想把中国与过去的西方硬扯在一起。'（1991，3：99）1918 年，他又在一篇书评中批评阿瑟·韦利'总是放不下对东方施恩的架子'。1937 年，在《孔子之迫切需要》（Immediate Need of Confueius）一文中，他进一步指出，'西方接触远东的时代，正是其堕落的时代。'（1973：76）。"② 从 1914 年开始到晚年的《比萨诗章》，儒学一直是他的思想和灵感的来源。如学者所说："在《比萨诗章》中，我们读到了自古至今的世界文明史，也聆听到了古代圣哲的教诲；诗中既表达了诗人对中国古代圣人和盛世敬仰，也抒发了诗人树立理想，兴国安邦的豪情壮志，当然也写出了诗人自我深省时的忧叹和希望泯灭时的懊丧。《比萨诗章》是世界真实历史的写照，是中西方文化的大融汇；儒家思想作为诗人表达思想感情的主要元素在诗里贯穿始终，诗人的思想中充满了儒家的道德精神。"③

庞德对儒家思想的这些认识至今仍有其意义，尽管他是从自己所生活的时代来理解儒家思想的，但却看到了儒家思想的本质特点之一，对道德生活的追求。面对资本主义制度所释放出的个人享乐主义，儒家思想无疑是一个解毒剂。禁欲主义是不对的，但纵欲享乐也同样是错误的，在现代思想的背景下，阐发儒家的

---

① 转引自钱兆明、管南异：《逆向而行——庞德与宋发祥的邂逅和撞击》，载于《外国文学》，2011 年第 6 期。

② 钱兆明、管南异：《逆向而行——庞德与宋发祥的邂逅和撞击》，载于《外国文学》，2011 年第 6 期。

③ 王贵明：《〈比萨诗章〉中的儒家思想》国外文学（季刊），2001 年第 2 期。

当代意义是很重要的。

第三，从跨文化的视角来理解庞德。

如何理解庞德对中国文化的解释？如何理解庞德的儒情结？学术界看法并不一致，有两种认识：一种是将庞德归为东方主义，而加以批评；另一种，则是认为庞德的儒学人只是其个人的乌托邦，与真实的儒学没有关系。从跨文化的角度来看，这两种看法都需要辨析。

我们先看第一种认识。一些研究者认为，"如果换一个角度审视庞德与中国文化的关系，就可以发现庞德对待中国文化的肤浅理解。往深层挖掘，更可以看出庞德歪曲中国汉字、儒家思想的文学错误。作为英美现代派诗歌的开创者，庞德的诗才固然无可怀疑，但他对中国文化的许多肆意曲解之处，却是他文人生涯中的败笔。在本文看来，庞德实际上是一位浅薄的儒者，却是一位顽固的西方中心论者。"① 有的学者认为"中国研究庞德的学者对萨义德的东方主义也有所回应"，在对庞德的翻译与诗作提供了中西文化相遇的契机的一片赞扬声中，庞德也背负了一些骂名，有人指责庞德借用东方古代文化"有其自身的标准和目的，他的标准是为意象派诗歌理论服务，他的目的是更好地充实帝国文化，带着殖民话语的倾向为帝国的政治和文化服务"。②

庞德肯定不是一个中国式的儒家，他是一个美国现代派的诗人，他是从自己的社会生活环境和历史传统来理解儒学的，从上面的介绍可以看出，他对儒家思想怀抱着人文主义的理想，并自认为坚信儒家思想。萨义德所说的'东方主义'是指西方的东方学在文化和学术上的帝国主义，将东方在学术上贬低，在文学上进行歪曲和丑化，这样整个西方的东方学是帝国主义的，如他所说："因此有理由认为，每一个欧洲人不管他会对东方发表什么看法，最终都几乎是一个种族主义者，一个帝国主义者，一个彻头彻尾的民族中心主义者。如果我们偶尔能想到人类社会——至少是那些发展较高的文化——在处理'异质'文化时除了帝国主义、种族主义和民族中心主义外几乎没有提供任何别的东西，这一说法所带给我们的痛苦也许会稍许减轻。因此，东方学助长了试图对欧洲和亚洲进行更严格区分的总体文化压力并被其助长。我的意思是，东方学归根到底是一种强加于东方之上的政治学说，因为与西方相比东方总处在弱势，于是人们就用其弱代替其异。"③

相反，我们在庞德那里没有看到他对待儒家的居高临下，没有看到他对待中

---

① 罗坚：《西方中心主义的变奏：重评庞德的中国文化态度》，载于《湖南师范大学社会科学学报》，2009年第2期。
② 朱谷强：《庞德的一种东方主义》，载于《疯狂英语（教师版）》，2009年第4期。
③ 萨义德：《东方学》，三联书店1999年版，第260页。

国文化歪曲与污蔑。"由此可以看出,庞德所表现的中国是一个理想化的中国,而不是一个妖魔化的中国。虽然庞德也将自己的某些价值观和'他者'观念投射到他的'中国'之中,但是他的'东方主义'绝不是萨义德所说的'东方主义',而是正好相反。"①

的确,萨义德的《东方学》一书也提出了许多深刻的思想,但其理论上的不足也是很明显的。问题在于,中国学术界已经习惯了将西方的时髦理论套用到中国,不管哪种理论,都不加分析地加以套用,这是一种理论软骨的表现。显然,上面的那种观点就是对萨义德理论的套用,而不是对研究对象做深入地分析,根据实际情况做出自己的判断。

在这个问题上,美国华裔学者钱兆明《东方主义与现代主义:庞德与威廉斯诗的中国遗产》(Qian Zhaoming. *Orientalism and Modernism*:*The Legacy of China in Pound and Williams* [M]. Duke University Press,1995.) 对从东方主义角度批评庞德的观点进行了批驳。他认为,不能将庞德的《华夏集》看成是他自己的创作,他首先是一种对中国古代诗歌的翻译,是他对中国古代诗歌的解释,这种解读把中国看成是积极地影响西方的力量而不仅仅是接受注视的被动对象。在《东方主义与现代主义》中钱兆明一开始就指出了他所使用的东方主义与萨义德东方主义概念的区别,"萨义德的东方主要是指穆斯林的东方。我所说的东方指的是远东地区,特别是中国……对萨义德而言,东方主义是一种文化和政治事实……而对我而言,它是一个文学概念。"② 这就是说,庞德的诗歌创作首先是从翻译中国古代诗歌开始的,而不能仅仅看成庞德的创作,如艾略特所说的"庞德为我们的时代发明了中国诗歌",实际上庞德的成果在于他对中国古代诗歌的吸收和转化。这反映出了东方是可以影响西方的,东方并不是一个单纯被关注者,他同样是一个文化的输出者。要走出萨义的理论,重新评价庞德。

如果以上的批评是将庞德归为东方主义,从而在总体上否认了庞德的文化意义,那么对他以拆字的方法对待中国文化典籍的批评,主要是从翻译的角度展开的。

一些学者认为"庞德对中国汉字的理解,是他与中国文化之关系的重要部分。他从美籍汉语研究者厄内斯特·费诺洛萨那里继承到的'会意图示法'是他解读汉字的基础。庞德将这建立在主观臆断基础上的'会意图示法'广泛应用于翻译儒家经典与诗歌创作,结果是以讹传讹,使得翻译出来的作品荒唐不

---

① 张剑:《翻译与表现:读钱兆明主编〈庞德与中国〉》,载于《国外文学》,2007 年第 4 期(总第 108 期)。

② 王勇智:《庞德译作〈华夏集〉研究中的"东方主义"视角述评》,载于《学术探索》,2013 年 3 月。

堪，写出的诗作晦涩难懂。"①

庞德的确是使用拆字的方法来进行自己的诗歌创作，这点他受到了费诺洛萨的影响，在《比萨诗章》中这种拆字的方法的诗歌创作达到了高潮。赵毅衡统计"检查整部《诗章》，我们可以看到庞德嵌入的无数汉字中，用了五次以上的汉字有十四个：

正，14次，（包括"正名"5次）

人，8次

明，10次

仁，7次

本，10次（包括"本业"6次）

止，9次

新，8次（包括"日日新、次"）

灵，8次

旦，8次

端，7次

日，7次（即"日日新"）

中，7次

显，6次

周，5次。"②

庞德对汉字的理解并不全面，在中国文字的形成中，先人们不但用象形法，还用"指事"，"会意"，"形声"等方法造字。其中用形声法来解释其构造的字占绝大多数。这种由形旁、声旁、语素、字义综合构成的汉字在汉语史上最为通行。但庞德的'会意图示法'并不是一种语言学的工作，这样，在一些学者看来"在庞德所翻译的儒家经典中，处处可以看见他对进行汉字随意拆解。形象地说，一个个汉字都被他粗暴地拆成碎片，然后被强行附加种种意义。例如他把'新'字解作'一把举起的斧子正去砍一棵树'，把'慎'字解释成'在右边的眼睛直视心灵深处'；把'学'字解释为'在大脑的臼里研磨玉米'；把'诚'字理解成'太阳的长矛以语词的形式投射到精确的位置'；'德'字被解释成'直视心灵深处的结果'；'志'字被解释成'官员站立在心之上'（上'士'下'心'）；'得'字被解释成'在适当的时候成功，前缀行为在太阳转动之际产生

---

① 罗坚：《西方中心主义的变奏：重评庞德的中国文化态度》，载于《湖南师范大学社会科学学报》，2009年第2期。

② 赵毅衡：《诗神远游：中国如何改变了美国现代诗》，第311页。

效果'；'道'字被解释成'脚印与脚携头而行'"。①

如何看待庞德诗歌创作中'会意图示法'呢？能否说庞德这是在歪曲中国文化，"庞德对中国文化的态度充分表现了他强烈主观性色彩及其隐藏在个体背后的西方中心主义意识。……庞德是一位东方主义者。"需要做跨文化的分析，而不能仅仅从这种方法的本身来加以评价。②

首先，他用'会意图示法'主要是创意一种美学和诗学，而不是语言学，他明确声称："我们面前这本书不是讨论语言学的，而是一切美学基本原则的研究。"③他要为美国的新诗运动找到一个诗学的基础，"庞德所需要的，实际上是为美国新诗运动中既成的事实找辩解的理由，为结论找推理，而他的目的就是要建立一种诗学，这种诗学要求语言直接表现物象以及物象本身包含的意蕴。"④正因为此，庞德自己特别看重这个创造，他说："如果我对文学批评有任何贡献的话，那就是我介绍了表意文字体系。"⑤

如果从思想角度考察，他实际上他想从汉字获得一种思想的力量，希望借助汉字走出习惯已久的西方逻辑思维的模式。他用这种方法对《诗经》的翻译就十分明显。《邶风·柏舟》起首二行"泛彼柏舟，亦泛其流。耿耿不寐，如有隐忧。"庞德从"耿"字拆出一个"耳"（ear），一个"火"（flame），于是有"耳内的火焰"（flame in the ear），原诗中的"耿耿不寐"经此一译，变得具体形象化了。

  Pine boat a-shift
  on drift of tide,
  or flame in the ear,
  sleep riven"

（松柏之舟随波飘荡，耳内的火焰撕裂睡眠）

《诗经》中《大雅》"崧高"篇："崧高维岳，骏极于天"。庞德从"崧"字中读出了"盖满松树的山"；从"岳"中找出被围起来的"言"，即回声；从

---

① Pound Ezra. *Confucius* [M]. New York: New Directions Publishing Corporation, 1983., 转引自罗坚：《西方中心主义的变奏：重评庞德的中国文化态度》，载于《湖南师范大学社会科学学报》，2009年第2期。

② 钱钟书先生谈过庞德，他在谈德国汉学家翻译他的《围城》一书时说："庞德对中国语文的一知半解、无知妄解、煞费苦心的误解增强了莫妮克博士探讨中国文化的兴趣和决心……庞德的汉语知识常被人当作笑话，而莫妮克博士能成为杰出的汉学家；我们饮水思源，也许还该把这件事最后归功于庞德。可惜她中文学得那么好，偏来翻译和研究我的作品；也许有人顺藤摸瓜，要把这件事最后归罪于庞德了。"钱钟书：《钱锺书集·写在人生边上的边上》，生·读书·新知三联书店2001年版，第171页。

③ 转引自赵毅衡：《诗神远游：中国如何改变了美国现代诗》，第249页。

④ 赵毅衡：《诗神远游：中国如何改变了美国现代诗》，第249页。

⑤ 转引自赵毅衡：《诗神远游：中国如何改变了美国现代诗》，第254页。

"极"字中找出了撑住天的木。①

我们不能从汉字学的角度来评价庞德翻译中的拆字问题，而应从比较文学与跨文化的角度创造性地加以理解。这样我们看到"庞德的《诗经》翻译又是典型的'介入式翻译'，即不以'信'为目的，而作任性误译。他进行的是半翻译半创作，是寻找一种积极的写作或阅读方式。从总体上说，他的努力是成功的。虽然他译的《诗经》在美国诗坛造成的震动，远不如当年的《神州集》，但也是美国当代诗不可不读的一部'作品'。就文笔之优雅洒脱而言，我个人认为其他英译《诗经》几十种，无人能望其项背"。②

从思想深处来讲，庞德对欧洲文明充满了焦虑，他在中国文化中，在汉字中找到了自己的理想。因此，我们不能简单地将其作为'东方主义'而加以批判。

庞德是20世纪中国经典外译的重要人物，又是从自身文化解释和运用中国古代文化智慧，解决西方文化问题的引渡者，他把中国古代文化的经典介绍到了西方文化之中，庞德不仅崇尚儒学，奉孔子为最高神灵，而且还将古老中国的所有辉煌全部归功于孔子，归功于儒家思想。在他看来中国历史上只要尊孔弘儒，中国就会繁荣昌盛，反之就衰落分裂，他的目的是要用中国的历史作西方的镜鉴，让混乱的西方学习东方圣哲的政治智慧。正如杰福·特维切尔所说："请记住庞德对孔子感兴趣，不是把他作为博物馆的宝物，而是把孔子的思想或者是把庞德对孔子思想的理解带给当代西方读者，这样就明显地凸现了这位圣人与当今时代的关联。"③对中国文化的吸收，使他在西方诗歌的创作中标新立异，成为影响一代人的重要诗人。④

---

① 参阅袁婧：《庞德〈诗经〉译本研究》，博士论文抽样本。
② 赵毅衡：《诗神远游：中国如何改变了美国现代诗》，第288页。
③ 黄运特译：《庞德诗选·比萨诗章》，漓江出版社1998年版。
④ 关于庞德的研究，近年来已经出版和发表了一系列的学术论文和著作。赵毅衡《意象派与中国古典诗歌》(《外国文学研究》1979年第4期）；丰华瞻《意象派与中国诗》(《社会科学战线》1983年第3期）；王军《艾兹拉·庞德与中国诗》(《外语学刊》1988年第1期）；韩燕红：《庞德对汉字的接受与误读》，《邯郸师专学报》2001年第4期；胡向华：《汉字与艾兹拉·庞德的立文之道——表意文字法》，《国外文学》2003年第1期；蒋洪新：《庞德的七湖诗章与潇湘八景》，《外国文学评论》，2006年第3期；姜蕾：《意象派诗人埃兹拉·庞德的中国文化情结》，《辽宁大学学报》(哲学社会科学版），2007年第4期；罗朗：《意象的中西合奏与变奏》，《解放军外国语学院学报》，2004年第5期；冒键：《踩高跷的"孔子"：庞德与中国古典文化》，《当代外国文学》2002年第2期；李贻荫、毛红旗：《埃兹拉·庞德妙译〈诗经〉》，《中国翻译》1994年第3期；李玉良：《庞德翻译〈诗经〉中译古喻今的"现实"原则与意象主义诗学》，《外语教学》，2009年第3期；刘象愚：《从两例译诗看庞德对中国诗的发明》，《中国比较文学》，1998年第1期；吴伏生：《汉诗英译研究：理雅各、翟理斯、韦利、庞德》，学苑出版社2012年版。

第八章

全球化视野下的中国文化经典外播研究

中国典籍的西译绝不仅仅是一个知识论的问题，它涉及对自身文化的认识，涉及对翻译的重新理解，涉及对西方汉学如何认识。以上几章我们对中国文化的外译所涉及的几个问题作了初步的探索，本章将对全书做一个小结，从中国古代文化典籍的外译历史和实践的探索中对中国文化在全球的传播做一个初步的展望。

第一节　从跨文化角度把握中国古代文化典籍的西译

通过以上各章的研究，我们看到在中国文化走向世界的四百年的漫长历史中，中国文化经典在西方有着漫长的传播历史，这个传播历史给我们留下了许多宝贵的经验和教训。当今日崛起的中国充满的文化复兴的伟大理想，重启新一轮的中华文化走出去的重大决策时，认真总结中华文化外传的 400 年历史，特别是在西方传播的历史，梳理其基本历史，总结其基本规律，研究其基本方法就显得十分重要。因为，任何决策都应建立在坚实的学术研究基础上，仅仅凭热情，如果没有学识做基础往往成为莽撞，而历史永远是人类的教科书。正像自然科学者的探索者总是不断地把研究的触角伸向更远的太空一样，人文学者的探索总是不断把研究的触角伸向历史的深处，以求获得历史的智慧。中国古代文化经典在西方传播的 400 年历史，笔者认为以下几点是我们应该注意的。

1. 西方汉学家是中国文化经典西传的翻译主体

从中国古代典籍西译的历史来看，翻译的主体是西方的汉学家，这个结论是可以从考狄书目和袁同礼书目中得到坚实的数据支撑。

在这里我们再次明确提出这个问题是目前在中国文化走出去的实践中，中国文化经典的翻译主体问题究竟是西方汉学家还是中国学者，以及如何看待中国学者的翻译作用，这是一个涉及当下如何做好中国古代文化经典翻译的全局性的理论和实践问题。目前的争论在于：一些学者认为，中国古代文化经典的翻译，中国学者可以作为翻译的主力，汉学家只是作为辅助的一部分；另一种意见则认为，中国典籍西译的主力是西方汉学家，而不是中国学者，中国翻译家只是作为一个辅助性的角色出现，不可能作为翻译的主力军。

从学术上说，关于如何看待中国学者从事中国典籍的外译问题上，学术界意见并不一致。英国汉学家葛瑞汉（Angus Charles Graham，1919～1991）认为："在翻译上我们几乎不能放手给中国人，因为按照一般规律，翻译都是从外语译成母语，而不是从母语译成外语的，这一规律很少例外。"（"we can hardly leave translation to the Chinese, since there are few exceptions to the rule that translation is done into, not out of, one' own language"）[①] 潘文国先生认为葛瑞汉完全剥夺中国学者的翻译资格是没有道理的，葛瑞汉的重要理由是从翻译学上讲"翻译只能是译人母语、而不是译出母语的问题"。潘文国认为，译出从理论上有三个侧面：一个是语言层面，一个是文学层面，一个是文化层面。如果从前两个侧面来看在前两个层面上，"西人"的优势是明显的，第二语言的学习和掌握确实很难达到母语水平。但从文化侧面则很难说，在翻译文本的选择，如何展开翻译等问题都和文化立场有关。

应该说，潘先生这三个理由都是成立的，否认中国学者进入中国典籍的英译的资格是没有理由的，在中国典籍英译的历史上，除林语堂外，有相当多的华裔学者从事中国经典的翻译，并取得了不俗的成绩。他的第三条理由也同样有道理，因为，任何翻译都是文化的输出，都是价值观念的传播，这都涉及文化立场问题。

在这个问题有些学者大体和潘先生看法一致，如王岳川先生。他认为，西方汉学家的中国典籍的翻译，误读比比皆是。因为，西方汉学家对中国文化的认识"无论是强调相似相同还是主张绝对相异，往往自说自话，相似的成为附庸、复制和不完善的模仿，相异的成为异端、边缘和野蛮的象征，且将对本土的沉默误以为懦弱或附和。中国之形象的重新发现之所以不能依仗西方汉学家，原因在乎

[①] 转引自潘文国：《译入与译出：谈中国译者从事汉籍英译的意义》，载于《中国翻译》，2004年第2期。

此"①。由此,王岳川提出由中国学者主导,做文化输出,分别翻译300本中国古代、当代的思想文化著作,拍摄100集中国的电视文化片,向海外发行。

从实践的角度来看,学者们的这些建议和想法已经开始在中国的行政部门产生了影响,目前在新闻出版总署的工作和在国家社科基金安排的项目有了关于中国典籍翻译的项目。由于中国政府的经费充足,在这方面的投入日益增大。

应该如何看待西方汉学家和中国学者的中国古代典籍的翻译呢?这样就涉及一个重要的问题,中国典籍外译的主体是谁?如何看待中国学者和汉学家的翻译作用问题。

笔者从以下两个方面做一尝试性探讨。

首先,在中国古代典籍的外译数量上中国学者的翻译是无法和西方汉学家的翻译数量相比的。我们当然承认,从19世纪辜鸿铭的翻译开始,在译出这个领域中很多中国学者是很优秀的。像杨宪益的《红楼梦》译本、像陈荣捷的《中国哲学文献选编》、像洪业先生的《杜甫诗歌翻译》、像留法华裔学者李治华的《红楼梦》法文译本等,这些在中国典籍外译的历史上都有着不可取代的地位。近年来在中国古代文化典籍的泰文翻译上北外邱苏伦教授也取得令人瞩目的成就,她翻译的《大唐西域记》的泰文版受到泰国学术界和读书界的高度评价。

但我们必须承认一个基本点:从目前的考狄书目和袁同礼书目的基本统计来看,在全世界范围内从事中国古代典籍的主力军是各国的汉学家,从西方来说更是如此。这是一个基本的事实。特别是在英语以外的其他欧洲语言上,这点就更为突出,例如,意大利语、葡萄牙语等。做出这样的判断时绝不能仅仅局限在英语的范围。

另外,葛瑞汉所说的"翻译只能是译入母语、而不是译出母语的问题"。是有道理的,这点潘文国先生也是承认的。中国学者的外语再好,但不是母语,因此,在文学和语言上中国学者从事中译外语西方汉学家有着明显的不足。近年来由于中国的崛起,中国在对外文化传播上有了较大的热情和较多的经费,使一些学者认为,中国学者可以承担起中译外的主要任务,为此一些单位制订了宏大的计划,投入了相当的费用。在笔者看来,这是对中译外语言特点和文学特点不了解所致,中国学者有这样的资格来做此事,也可以从事一些这方面的工作,但如果中国学者作为主力军,这就有问题了。

对中国国内的中国典籍翻译的评价的一个重要标准是这些翻译的中国典籍在海外销售如何?被读者接受了多少?中国学者所从事的这些典籍翻译是否被国外的一般读者所接受,这是一个至今未解决的问题。对此王宏印先生指出:"毋庸

① 王岳川:《发现东方》,北京大学出版社2011年版,第279~280页。

置疑,虽然我们取得的成就很大,但国内的翻译、出版的组织质量良莠不齐,加之推广和运作方面的困难,使得外文形式的中国典籍的出版发行多限于国内,难以进入世界文学的视野和教学研究领域。有些译作甚至成了名副其实的'出口转内销'产品,只供学外语的学生学习外语和翻译技巧,或者作为某些懂外语的人士的业余消遣。在现有译作精品的评价研究方面,由于信息来源的局限和读者反应调查的费钱费力时,大大限制了这一方面的实证性研究和有根有据的评论。一个突出的困难就是很难得知外国读者对于中国典籍及其译本阅读经验和评价情况,以至于影响了研究和评论的视野和效果,有些译作难免变为译者和学界自作评价和自我欣赏的对象。"①

应该说,王宏印先生这段话揭示了目前国内学术界中国典籍外译的现状。

2. 从比较文学与跨文化角度看待西方汉学家翻译的误读问题

王岳川先生在他的书中提出了西方汉学家翻译中的误读问题,他希望是一种忠实的中国文化典籍翻译,而不是像西方传教士汉学家那样的误读式的翻译。显然,这样的看法缺乏比较文学的视角,也就是说在研究中国典籍外译时,如果没有这个跨文化这个视角,不知道比较文学的方法许多问题是说不清的。

"误读"是翻译中的常态,无论是外译中,还是中译外,这里除了由于文化之间的转换所造成的知识上的不足产生的误读外,② 文化理解上的误读更是比比皆是。甚至是故意的误译,完全按照自己的理解来解释中国典籍,最明显就是美国诗人庞德(Ezra Pound, 1885~1972年)。1937年他只带有理雅各的译本,没有带词典,由于理雅各的译本本身就有中文原文,他就自己瞪眼看书中的汉字,从中理解《论语》,并自称这是"注视字本身"方法,瞪眼看汉字三遍就有了新意,开始翻译。例如《论语·公治长第五》,"子曰:道不行,乘桴桴于海。从我者,其由与?子路闻之喜。子曰:由也,好勇过我,无所取材。"朱熹注:"不能裁度事理","理雅各按照朱注释,庞德不同意,因为他从'材'字中看到'一棵树加半棵树'马上想到孔子需要一个'桴'。于是庞德译成'Yu like danger better than I do, But he wouldn't bother about getting the logs'(由比我喜欢危险,但他不屑去取树木)。庞德还指责理雅各译文'失去林肯式的幽默'。后来他甚至把理雅各译本称为'丢脸'(an infamy)"③ 庞德的这种译文完全是为自己所用,谈不上忠实,但庞德的译文却在美国和西方产生了影响。日本比较文学大家塚幸男说:"翻译文学,在对接受国文学的影响中,误解具有异乎寻常的力

---

① 王宏印:《中国文化典籍英译》,外研社2009年版,第6页。
② 英国著名汉学家阿瑟·韦利在翻译陶渊明的《责子》时将"阿舒已二八"翻译成"A-Shu is eighteen",显然是他不知在中文中"二八"是指十六岁,而不是十八岁。这样知识性的翻译错误是常有的。
③ 赵毅衡:《诗神远游 "中国如何改变了美国"现代诗》,上海译文出版社2003年版,第263页。

量。有时拙劣的译文，意外地产生极大的影响。"① 庞德就是这样的翻译家，他翻译了《论语》、《中庸》、《孟子》、《诗经》等中国典籍，但他一个汉字不认识，完全借助理雅各的译本，但他又不依靠理雅各的译本，而是在此基础上根据自己的想法来翻译，他把《中庸》翻译为"不动摇的枢纽"（Unwobbling Pivot），将"君子而时中"翻译成"君子的轴不摇动"（The master man's axis does not wobble），这里的关键在于他认为"中"是"一个动作的过程，一个某物围绕旋转的轴"。只有有了比较文学和跨文化理论的视角，我们才能理解庞德这样的翻译，同时，从这个角度来理解来华耶稣会的索隐派对《易经》的解释，对中国经典的理解，也就很自然了。

在比较文学看来，文学的译本一旦被翻译成不同的语言，它就成为各国文学历史的一部分，"在翻译中，创造性的叛逆几乎是不可避免的。"② 这种叛逆就是在翻译是对原语言文本的改写，任何译本只有在符合本国文化时，译本才会"获得了第二生命"。正是在这个意义上谢天振先生主张将近代以来的中国翻译界对外国文学的翻译作为中国近代文学的一部分，它不再隶属于外国文学，这些译本是中国近代文学的一部分，为此，他专门写了《中国现代翻译文学史》③ 这个观点给我们提供了很理解被翻译成西方语言的中国古代文化典籍的新视角。

英国比较文学者 A. C. 格雷厄姆在谈到中国的诗的翻译时，举了一个很典型的例子，即杜甫的《秋兴八首》中的一联诗句的翻译来说明汉学翻译中的叛逆性创造。

杜甫的原句是："丛菊两开他日泪，孤舟一系故园心。"

第一种翻译（艾米·洛威尔）

The myriad chrysanthemums have bloomen twice. Days to come——tears.
The solitary little boat is moored, but mu heart is in the old-time garden.

第二种翻译（洪业）

The sight of chrysanthemums again loosens the tears of past menorieas;
To a lonely detained boat I vainly attach mu hope of going home.

第三种翻译（格雷厄姆）

The clustered chryoanthemums have opend twice in tears of other days;
The forlorn boat once and for all, tethers mu nomeward thought.

同样的诗句为何翻译差别却如此之大？格雷厄姆说："所以差别这样大，是因为英语必须作出诗人在原文里用不着作的选择。是花开还是泪流开，系住的是

---

① 大塚幸男：《比较文学原理》，陕西人民出版社 1985 年版，第 101 页。
② 韦斯坦因：《比较文学与文学理论》，辽宁人民出版社 1987 年版，第 35 页。
③ 谢天振：《中国现代翻译文学史》，上海外语教育出版社 2004 年版。

舟还是诗人的心？'他日'是指过去，还是指未来的一天，这一天很可能像他在异乡看见菊花绽开的两个秋天一样悲哀？泪是他的眼泪，还是花上的露珠？这些泪是在过去的他日还是在未来的他日流下的，或者他现在是在为他日的哀愁而流泪？他的希望全系在可以载他回家的舟上，还是在想象中回到故乡，看到了在故园中开放的菊花？各家的评注已经提出了这里的大部分解释，而理想的译文应能包含所有这些理解，这就是那种含义达到最复杂丰富程度的语言。"①

这正是应了中国的古话"诗无达诂"。谢天振先生认为以上这些英语中的杜诗"我们只能说它们是杜诗的译本，却不能说它们是杜诗"②。实际上这些被翻译成西方语言的中国典籍、中国古代文学已经进入对象国的文化史和文学史之中，成为它们自己文化学术历史的一个组成部分。所以，中国古代典籍的外译，已经不能仅仅从忠实还是不忠实的角度来判断其学术价值的高低，已经不能仅仅从语言和文字之间的转换，来理解这些译本的文化意义。应该看到，中国古代文化经典的在西方的翻译就是中国文化通过译者与西方文化的一种交流，是文化之间的一种转换，这些译本已经呈现出多重文化的特征。

3. 中国译者的地位

从历史的角度看，中国学者进入中国典籍的翻译历史要短于西方汉学家对中国古代文化典籍翻译的历史，从翻译的数量来看，中国学者的翻译数量要少于西方汉学家的翻译数量。从图书的发行和出版情况来看，目前中国学者所主导翻译的中国古代文化作品真正进入西方的图书市场要远远少于西方汉学家的翻译作品。时间短、数量少、发行有限，这三个基本情况说明，在中国典籍的外译、出版方面中国学者和出版界尚不能充当主力军。这种状况是由多种原因所造成的，在短时期内恐怕很难改变。因此，笔者认为，在世界格局中的中国典籍外译和出版，特别是在西方国家的中国典籍外译和出版，中国学者作为译者仍处在边缘状态。我们必须冷静地面对这个问题，文化走出去是一个长期的艰苦过程，文化的传播是不能用大跃进的办法来解决的，单纯的政治热情、轰轰烈烈的场面对于文化的传播都无济于事。中国译者必须卧薪尝胆，做好长期的准备。

以上是一个总体性的分析，但并不妨碍有些例外。前面我们所研究的许渊冲先生就是一个例外。许渊冲先生目前在全球范围内，特别是在中国和西方，就翻译中国古代文化经典的数量和语种，特别是在翻译中国古代诗歌方面无人可以与其相比。前面的研究已经证明，尽管英国著名汉学家阿瑟·韦利在翻译的中国文化典籍的范围上要大于许渊冲先生，但在中国古代诗歌的翻译上，他远不及许先

---

① [英] A. C. 格雷厄姆著，张隆溪译：《中国诗的翻译》，载于张隆溪选编《比较文学译文集》，北京大学出版社 1982 年版，第 225~226 页。

② 谢天振：《比较文学与翻译研究》，复旦大学出版社 2011 年版，第 136 页。

生，尤其许渊冲从事英法两种语言的中国典籍翻译，目前看真是他所说的世界第一人。不仅仅在翻译的数量上，在中译外的理论上，许渊冲先生都有重要的贡献，如他所说："在我看来，现在世界上有十多亿人用中文，又有十多亿人用英文，所以中英文是世界上最重要的语言。中、英文之间的差距远远大于西方语言之间的差距，因此，中英互译的难度远远大于西方语言之间的互译。直到目前为止，世界上还没有一个外国人出版过中英互译的作品；而在中国却有不少能互译的翻译家，成果最多的译者已有四十种译著出版。因此，以实践而论，中国翻译家的水平远远高于西方翻译家。而理论来自实践。没有中英互译的实践，不可能解决中英互译的理论问题。因此，能解决中英（或中西）互译实践问题的理论，才是目前世界上水平最高的译论。"①

尽管许渊冲先生做出了如此大的贡献，取得了如此大的成绩，但在中国文化典籍的西译大格局中并不能改变中国译者的边缘性地位。而且由于许渊冲先生特殊的个体生命历程，目前我们尚未看到有年轻的学者能步许渊冲先生之后尘。目前在中国译界活跃的大都是20世纪50年代以后出生的学者，这些人大都是外语专业出身，尽管有一些学者留学国外，但仍不能改变其对中国古代文化的陌生。中国文化学养的不足是目前中青年翻译者最大的问题，因为，理解是翻译的根本，而语言则是基础，如果只有一个好的基础，对自己文化的理解跟不上，那样从事中译外就会产生问题。

因此，目前过多强调中国学者比西方汉学更为适合从事翻译中国古代文化经典，这样的判断需要十分谨慎。许渊冲只是一个例外，随着杨宪益等老一代学者的去世，随着许渊冲先生年事渐高。笔者认为新一代的中国译者尚挑不起中国典籍外译的重担，中国译者会在相当长的一段时间内处在边缘地位。这是历史给我们留下的苦果，大约需要一两代人的过渡，中国学术界才会产生像林语堂、许渊冲这样的译者。我们必须耐心等待，因为文化的高潮是不会像盖楼房那样快的。即便将来产生了像林语堂这样优秀的翻译家，也得承认，中国学者仍不能成为中国文化外译的主力军，特别是在非英语的国家更是如此。

4. 放飞了的风筝——被误读了中国文化

我们说在世界范围内展开中国文化的研究，说中国典籍的外译揭示中国文化的世界性意义，并不是说西方国家完全按照我们的理解接受了中国古代文化的精神，而是说，中国文化通过这些古代文化典籍的翻译，进入了西方文化之中，开启了他们对东方和中国的理解，这些理解和接受已经构成了他们文化的一部分。尽管，这种被误读的中国文化在不同的时期在西方文化史中呈现出不同的形态，

---

① 许渊冲：《译学要敢为天下先》，载于《中国翻译》，1999年第2期。

但它都说明了中国文化作为他者的存在价值和意义。这种误读尽管变了形,但它们总是和真实的中国有着这样和那样的联系,已经融入了西方文化中的这种变了形的中国文化和中国自身在发展已经是两种形态的中国文化。不能用中国自身文化的理解来看待这种变了形的中国文化,反之,也不能从这种变了形的中国文化,作为标准来判断真实发展中的中国文化。从西方的文化史来说,后殖民主义只是从其批判的方面说明西方的东方文化观的特点和原因,而18世纪的中国热则是从肯定的方面说明中国对欧洲的影响。其实无论是从批判的方面还是从肯定的方面,中国作为西方文化的他者,成为西方文化眼中的变色龙这是注定的。这些变化并不能改变中国文化自身的价值和它在世界文化史的地位,但恰恰是这样的不同反映,在不同时期对中国的不同认知和不同中国形象,说明中国文化成为塑造西方文化的一个重要外部因素,中国文化的世界性意义从而彰显出来。

从中国文化史来看,这种远游在外,已经进入西方文化史的中国古代文化并非和中国自身文化完全没有联系,这种被误读和变形了的中国文化总是这样或那样的与真实的中国、真实的中国文化和精神相关联的,这样一种文化的纽带一直存在。笔者反对后现代理论下的比较文学解释,这种解释完全隔断了被误读和变形的中国文化与真实中国文化之间的精神关系。我们完全不可跟着后现代的殖民主义思潮跑,将这种误读的中国文化看成纯粹的西方人的幻觉,似乎这种中国形象和真实的中国是没有任何关系的。笔者认为,在西方文化中被误读的中国文化和真实的中国文化之间的关系,很像在云端飞翔的风筝和牵动着它的放风筝者之间的关系。这是一只飞出去的风筝,它随风飘动,但线还在,只是细长的线已经完全无法解释飞翔的风筝上下起舞的原因,因为,那是风的作用。完全将风筝的飞翔说成放风筝的人的作用是片面的,但将飞翔的风筝说成它在自由地翱翔也是违背事实的。

正是在这个意义上,笔者对建立在19世纪实证主义哲学基础上的兰克史学理论持一种谨慎的态度,同时,对20世纪后现代理论的文化理论更是保持时刻的警觉,因这两种理论都无法说明中国和西方之间复杂多变的文化关系,用其任何一面都无法说清西方的中国形象。中国文化在世界的传播和影响,西方对中国文化的接受需要用一种新的理论加以说明。这就是笔者一直对那些看起来洋洋洒洒地解释西方中国形象的著作保持一种距离的原因。

第二节 中西文化关系发展的三阶段

在以上各章我们研究了中国古代文化典籍在西方传播的各个历史时期,从中我们可以从这种典籍的翻译,揭示出中国和西方文化关系变迁的漫长历史过程,在一个长时段中看清中国和西方的文化关系是很重要的,因为历史的真相只有在长时段的发展中展现出来。

中国和西方在欧亚大陆架的两端,中古时期在丝绸之路的驼铃中,文化的交流主要停留在器物阶段上。大航海以后,海路打通,西班牙和葡萄牙这两个伊利比亚半岛上的国家开启了人类历史的全球化时代,葡萄牙由西非海岸进印度洋,越马六甲海峡,到达南中国海,西班牙沿大西洋西行,由墨西哥跨太平洋到达吕宋岛。由此,来华传教士开启了中国文化典籍外译与西传。从 400 年前西班牙传教士高母羡翻译明代儒家伦理格言《明心宝鉴》开始,到今天西方汉学家对中国古代文化经典持续不断的翻译与出版,在这样一个长达 400 年的历史时段中,我们大体可以通过中国古代文化经典的西译看出中国文化在西方的传播轨迹。这是一个由高到低、再由低向高的波浪形起伏历史过程,在西方文化世界中中国成为典型的变色龙,但正是在这样的长时段的变化中,我们才可以从变动的历史风云中,梳理出一些规律性的东西。

1. 16~18 世纪是中西方文化关系的蜜月期

"耶稣会士是第一批影响世界的人,他们最先在某种程度上让世界网络变成了世界体系。在耶稣会士的视野里,到中国传教有着特殊的意义,这是所有传教地区声望最高的,最需要知识而又最不需要回报的。"与此同时,"在塞维利亚的世界经济体系中,中国贸易业有特殊的作用。到中国贸易周期最长,为了保持活力追求的利润最大,……对新的国际宗教组织和世界经济体系,中国都是一个地平线,她将为微观的共同市场和世界信息的循环,提供最大的单个要素。"[①]中国当时在世界经济中的地位是:富庶和强大,这个地位和它在世界初期全球化中的作用,决定了西方对中国的文化态度。以来华传教士为翻译主体,开启了的中国文化西传的第一个高潮,此阶段中国典籍西译的数量之大就是今天看起来也是很惊人的,按照考狄书目统计,从 16~18 世纪 200 年间,西方出版了上百部关于中国研究的各类图书。由于译者的主体是来华的传教士,耶稣会士,他们所翻译的中国典籍显然是经过他们加工过的,特别是在礼仪之争之后,为了耶稣会在华事业,教派之争更大的影响了他们的翻译,"Confucianism"就是他们所发明的一个词汇,在中文中并没有对应的词汇。

尽管在欧洲思想界也有着"贬华派",但当时欧洲思想界的主流对中国文化持一种热情的态度,最典型就是伏尔泰和莱布尼茨。伏尔泰认为:"中国人的历

[①] [英] S. A. M. 艾兹赫德著,姜智芹译:《世界历史中的中国》,上海人民出版社 2009 年版,第 268~269 页。

史书中没有任何虚构，没有任何奇迹，没有任何得到神启的自称半神的人物。这个民族从一开始写历史，便写得合情合理。"① 莱布尼茨认为："人类最伟大的文明与最高雅的文化今天终于汇集在了我们大陆的两端，即欧洲和位于地球另一端的——如同'东方之欧洲'的 Tschina（这是当时中国的读音）。我认为这是命运之神独一无二的决定。也是天意注定如此安排，其目的就是当这两个文明程度最高和相隔最远的民族携起手来的时候，也会把他们两者之间的所有民族都带入一种更为合乎理性的生活。"② 这里充满了对中国文化的敬仰。

2. 19~20 世纪上半叶中国和西方的文化关系是不平等关系

峰回路转，随着英国工业革命的兴起，科学的进展，法国大革命、英国革命，从 18 世纪晚期到 20 世纪上半叶，东西方关系发生根本性的逆转。在亚洲除了日本以外，其余基本已经被欧洲人所控制，在此期间即便当时中国和奥斯曼帝国在名义上仍保持着独立，实际上那只是因为西方列强在如何瓜分像中国这样的大国上有着分歧，才形成表面上的一种独立。可以这样说，"到 1914 年时，欧洲已称霸全球。这是一个漫长过程的非凡顶峰，这一漫长过程从 500 年前葡萄牙船长开始沿着非洲海岸摸索前进时就开始了。现在，随着权力的史无前例的集中，欧亚大陆的一个半岛已成了世界的中心。"③

经济的强大，政治势力的扩张使欧洲人再没有任何谦卑的文化态度，西方就是一切，东方是无足轻重。在黑格尔眼中孔子的儒学再没有莱布尼茨眼中那样神奇，中国根本没有哲学。亚当·斯密从外贸的角度已经在他的学说中宣判了中国死刑。对于当时中国的知识分子来说是相当的痛苦与矛盾的，青年时代的毛泽东曾说过，要救中国只有一条路，学习西方。但老师总是欺负学生，这真是万般无奈。读西方的书，到西方去留学，接受西方的思想，已经成为知识精英的必选之路。西方的一切都是好的"甚至喝白兰地酒也是一种美德；凡不是英国的都值得怀疑"④。此时，中国自己的文化已经成为一种必须抛掉的文化包袱，五四运动中"打倒孔家店"口号的提出，标志着中华文化的古老体系在当时国人心中已经轰然倒塌。尽管有着梁漱溟这样的人，从新的角度来讲述中国文化的意义，有学衡派努力在西学与国学之间力求平衡，将中国传统文化的精华保留下来，但

---

① 伏尔泰著，梁守锵译：《风俗论：论各民族的精神与风俗以及自查理至路易十三的历史》，商务印书馆 1985 年版，第 73 页。

② 莱布尼茨编，梅谦立等译：《中国近事：为了我们这个时代的历史》，大象出版社 2005 年版，第 1 页。

③ [美] 斯塔夫里阿诺斯著，吴象婴等译：《全球通史：1500 年以后的世界》，上海社会科学院出版社 1999 年版，第 562 页。

④ [美] 斯塔夫里阿诺斯著，吴象婴等译：《全球通史：1500 年以后的世界》，上海社会科学院出版社 1999 年版，第 565 页。

西方文化的强大已经无法阻挡。

在这一时期中国文化典籍的外译仍在继续，无论是新教传教士还是西方专业汉学家们还在做着基础性的学术工作，但此时中国古代文化已经是一个死去的文化，一个博物馆中的文化。她精致、高深、艳丽，她只是西方的贵族们饭后茶余品尝的一杯清茶，西方汉学家知识考古的一个饶有兴趣的玩物而已。马克斯·韦伯在其《儒教与道教》中已经像黑格尔一样宣布了中国文明在现代化道路面前的死刑。第一次世界大战后，西方思想与文化出现短暂的衰败，一些西方哲人在战争的废墟中遥望中国和东方，如汤因比（Arnold Joseph Toynbee，1889~1975年）等人，但在西方文化阵营中这只是凤毛麟角，尚形不成对中西文化关系的根本改变。因此，19~20世纪上半叶中国和西方的文化关系，是不平等关系，是奴役与被奴役的关系，是主流文化与依存文化的关系。此时的中国文化不要说有世界意义，它连起码的地域文化的意义也都丧失了。

20世纪上半叶，西方在全球的势力达到了它的顶端。"西方世界如今是人类命运的主宰者。似乎十分有悖常理但又千真万确的是：对西方实际统治的反抗已大大有助于完成西方文化对世界的征服。为了确保自己的生存，世界其余地区不得不模仿西方。正是西方的方式，信仰和目标已为人们接受，并被用来同西方的控制做斗争。"①

3. 中国的崛起开启了中西文化关系的回归——平等的文化关系

20世纪下半叶冷战结束，华沙条约集团瓦解，苏东解体。一时一些西方学者认为这是历史的终结，西方完成了对全球的真正统治。但令世界真正震撼的是中国在近三十多年中的崛起，这是一个有着超大国土的国家的崛起，这是有着超多人口的国家的崛起，这是一个有着超长文化历史的文明型国家的崛起，这是一个在政治体制和文化传统与西方文化有着重大区别的东方大国的崛起。中国的崛起不仅是20世纪历史的重大事件，也是人类现代化历史中最重大的事件。美国学者威廉·W·凯斯说："中国的经济崛起和政治转型既是全球政治经济历史中的重大事件，也是亚洲经济、技术、外交和安全联盟等诸多领域变革的主要动力。""中国的崛起就像历史上其他大国的崛起一样，代表了一种全球制度性的结构改变，涉及外交、安全和商业，很可能会带来不稳定，甚至战争。"② 从这位美国战略家的话语中我们已经感受到中国崛起对西方的影响。

中国的崛起必然带来文化的发展，中国崛起必然带来对统治世界近四百年的

---

① ［美］斯塔夫里阿诺斯著，吴象婴等译：《全球通史：1500年以后的世界》，上海社会科学院出版社1999年版，第876页。
② ［美］威廉·W·凯斯等编，刘江译：《中国的崛起于亚洲的势力均衡》，上海人民出版社2010年版，第1页，第14页。

欧美文化的冲击，对于这种文化格局的变化，西方思想和文化界至今仍不适应，唱衰中国仍是西方主流媒体的主调。西方如何回到一种正确的文化态度上，回到多元文化共存的立场仍是一个待考察的问题，尽管在欧洲和美国已经有相当多的有识之士对西方帝国文化提出了尖锐的批评，积极倡导多元文化的对话，但这种声音并不占主流。因此，中国和西方目前的文化关系处在一个重要的调整期，对西方来说，如何继承他们18世纪中国观的文化遗产，回到一个正常的文化心态上来，清醒认识到西方文化统治世界的时代一去不复返了，一个文化共生的时代到来了，这是一个亟待解决的问题。但我们相信，中国文化和西方文化平等对话的新时期一定会到来。

因此，四百年的中西文化关系历经了三个大阶段：蜜月期——文化相互的仰慕；不平等时期——西方文化统治世界，中国追随西方文化；平等对话时期——多元文化的共存共生，中国文化真正显示出世界性的文化意义。

十余年前笔者在《中国和欧洲早期宗教与哲学交流史》一书中曾提出，中国和西方应该重新回到平等对话的起点上来，十余年过去了，至今笔者仍保留这种看法，正如笔者在书的序言中所写的："西方所孕育出的商品文化是一种矛盾，它一方面为个性的发展提供了更为广阔的空间，另一方面它却在使人平白化，单一化，从卢梭以来的西方浪漫思潮几百年来一直在西方文化内部进行着批判西方主流文化的工作。历史是一个圆，在这个圆的任何一点上似乎都能看到一条直线，但相对于整个历史，那只是一个点。今天，我们必须走出点，从整个圆来看历史。19世纪东西方所形成的东西方文化观都应重新检讨，尤其是西方。文化交流与对话的前提是对对方的承认和尊重，丧失了这个前提就根本不存在对话。在这个意义上，中西双方应回到明清间的初识阶段，回到'大航海时代'，重新梳理四百年来的中西关系史，回到平等对话的起点上来。"[①]

第三节 传播主体的困境——中国知识界在思想与文化上的争执

通过我们对长达400年的中国古代文化典籍西传历史的研究，特别是对20世纪这一百年中国古代文化经典外译的研究，我们可以看到，一种文化在域外的传播能否成功，取决于两个基本条件：一个是接受方的心态，一个是传播者的心

---

① 张西平：《中国和欧洲早期宗教与哲学交流史》，东方出版社2000年版。

态。从西方接受者的心态来看，目前中西文化关系如上所讲正处在调整和转变期，至少在目前一段时间从整体上来看，西方的文化心态并未转变过来。对于中国文化重新的复兴，西方主流意识形态仍是持批判的态度的，近年来西方借助各种问题对中国政治制度和社会问题的批评，大多并不出于善意，有些也让并非出于恶意，而是一种疑惑。因为，中国的崛起是近二百年来世界现代化历史中的一个另类。按照西方已定的价值观念无法完全理解当下的中国，或者希望中国继续发展，或者希望这个另类崩溃，或者无法解释。这是一个古老而崭新的中国，是一个西方文化尚不能完全理解的中国。但大江东去，中国的崛起已经不可以阻挡，世界文化格局的改变已经开始，西方能否认识到中国文化的本质特点，回到一个正确的文化立场上来，决定着中西文化关系能否渡过这充满矛盾与误解的调整期。回到平等对话，回到多元文明共存的文化关系上，这是西方文化最正确的选择。西方文化能否完成的这个态度的转变，不仅决定着中国文化在西方乃至在整个世界的传播，而且也决定着西方文化未来发展的命运。因此，中国文化的重新复兴，中国文化在世界文化中彰显其文化价值，这并非只是我们所努力就做到的。目前这个世界文化的主导者——西方文化的态度，对中国文化的世界影响力的提高，中国文化海外传播有着重要的影响。

　　文化传播的成功与否还取决于另一个重要的方面，即传播者对自己文化的理解和解释，如果传播者向外部世界所介绍的文化是清晰的、明了的、充满智慧的文化，这样的文化就一定会被理解和接受。但目前我们所面临的困境恰恰在于：当下在中国、在我们的知识界在对待中国文化的整体理解与解释上，在解释中国当代文化和古代中国传统文化关系上仍处在混乱之中，中国知识界在如何向外部世界传播中国文化存在着严重的分歧。这已经成为中国文化是否能在世界真正传播开来的关键所在，因为，任何一种文化传播的成功都不可能是在传播主体的自我认识混乱，传播主体对自身文化表达矛盾与混乱中完成的。本书的重点并不在这个问题，也不可能在有限的篇幅中对这个问题展开深入的研究，但笔者认为，这已经成为我们做好中国文化外播工作的一个基本前提，也是展开中国文化海外传播历史与理论研究的一个关键，这个问题已经到了不得不说的时候，故，这里用一节篇幅做一简单论述。

　　百年以西为师，当代中国知识分子的知识体系和思想观念基本上是以西方的学术框架和思想影响下形成的。同时我们自己的传统知识和文化也是在百年西学东渐中，被纳入了西方近代的学术体系后表述出来的。重建中国文化与学术是当代中国思想文化界的重大使命，但否认近四百年的西学东渐和中国近代知识体系的形成是荒唐的，试图回到西人东来前中国自己的原有知识体系和思想观念的表达是幼稚的。因为，不仅仅今天中国的话语已经完全和前近代时期不同了，而且在于，在四百年的西学东渐中，我们的文化也融入了大量西方具有时代性和进步性的文化观念，丰富了我们的文化观念，使中华文化在当代呈现出一种既不是完全的西方当代文化，又不是完整的中国传统文化这样一种混杂而崭新的文化形态。

作为后发现代化国家的中国，我们的文化表达和叙述已经不再是按照它的自然逻辑的表达和叙述，中国文化的自然发展史从清后期后已经打断，被强行纳入到西方文化主导的世界文化体系之中。当下崛起的中国希望在西方主导的文化体制中重新获得平等的对话权力，这是将是一件十分艰难的事！作为长期压抑的现代化激情在短短的三十年多年中爆发出来的中国，在其取得令世人瞩目的成就同时，我们突然感到一个大国的崛起必然是文化的崛起，但在三十多年的快速发展的同时，资本这个"双刃剑"也将人们引向拜金主义，浓重的重商主义的风气在给我们带来前所未有的思想开放的同时，也给我们的思想与文化的发展带来了前所未有的尴尬与困惑，给文化的崛起带来前所未有的困境和艰难。这表现在两个方面：

其一，中国学术界对近四百年西学东渐的历史尚无完整系统的研究和梳理，对自己近代思想文化史尚无完整系统的说明和整理，尚未形成一个成熟的中国当代文化体系，西学、国学、马克思主义处在一个艰巨的磨合期，而由于中国快速的崛起，我们不得不面临向世界重新说明中华文化的价值。如何完整地表达中国文化的价值和世界性意义？

其二，近代中国的历史和思想证明，对封建思想的清理仍是一个长期任务，"文革"的悲剧就在眼前，现实生活中沉渣时时浮起。文化自觉和自信表现在两个侧面，一个是始终对自己的文化持一种清醒的认识，批评其漫长的历史中的文化痼疾，使其文化的主流和底色凸显出来，成为民族文化的优秀传统。在这个意义上鲁迅并未过时，尽管在当时的条件下，作为思想家和文学家的他在一些用语显得激进，但其自省精神仍是我们重建中国文化的精神来源。正像没有伏尔泰、尼采这些西方文化内部的批判者就没有西方文化的不断更新一样，崛起的中国仍需要这样的维度。文化自觉和文化自信的另一个方面就是，在文化心态上必须对自己的历史文化敬重，将其作为文化大国崛起的基础。因为，在新时代被重新解释的中国思想和文化的主线肯定是以传统文化为底色展开与叙述的，中国的现代之路肯定走出一条有自己特色的中国道路。一切以西方文化为师的时代过去了，作为中国这样有着世界唯一传承下来的古代文化的大国，它的精神价值的主流不可能是生硬地将西方当代文化嫁接到中国文化的复兴之中。由此，在"文化底色"与"转换型创新"之间就出现了紧张，这种紧张感就是我们在文化走出去中如何处理历史中国与当代中国的文化关系，如何说明中国传统的当代意义。

习近平总书记在 2014 年 8 月全国宣传思想工作会议上提出的"四个讲清楚"："宣传阐释中国特色，要讲清楚每个国家和民族的历史传统、文化积淀、基本国情不同,其发展道路必然有着自己的特色;讲清楚中华文化积淀着中华民族最深沉的精神追求,是中华民族生生不息、发展壮大的丰厚滋养;讲清楚中华优秀传统文化是中华民族的突出优势,是我们最深厚的文化软实力;讲清楚中国特色社会主义植根于中华文化沃土、反映中国人民意愿、适应中国和时代发展进步要求,有着深厚历史渊源和广泛现实基础。"这里已经将传统中国文化和当代中国文化做了一个统一的表达,将历史和现实置于统一的中国传统中国文化的基础之上。这对于厘清当下的一些思想混乱是十分重要的。

文化走出去,中国古代文化在世界的传播任务的完成首先是传播者对自身文化清醒的认知与充分的理解,唯有如此,才能在世界范围内说明中国文化的价值、中国道路的意义。显然,困境在于我们自己。而社会转型期的动荡与矛盾重生,又给我们理解与说明这个快速发展的中国增加了困难,中国思想和文化处在前所未有的混乱时期,一个百家争鸣的时期,一个新思想诞生的前夜。如何在历史的表象中洞察到历史的真谛,越过思想的表层,揭示中国文化当代价值和世界意义,这是中国思想界的重要任务。

笔者在《东方的希望》一文中表达了对重建中国文化和学术的思考,引出来可以作为这一节的总结,说明向世界说明中国文化价值的意义与当代困境。我在文章中是这样写的:

"2011 年是辛亥百年,百年来的中国是在向西方学习中发展与变迁的,百年欧风美雨给了我们哪些东西呢?当代经济学家温铁军先生从经济学的角度总结了百年辛亥以来的基本经验,他认为'在经济基础的洋务运动和上层建筑的戊戌维新之后,中国已在教育、军事乃至政治体制上采取西制。……后来我们知道,引进西制及人才没能救活被内外战争搞得财政崩溃、地方弄权的清王朝。'而民国之亡,很少人注意从整个世界经济和西方的危机的角度加以考察,他认为 1929~1933 年西方大危机所导致的中国白银大量外流已经埋下了国民党失败的种子,'所以说,民国先亡于无储备之西制财政金融崩溃,后亡于无军饷之西制军事失败。天可怜见的,西制也没能救民国'。"对今天来说,温铁军认为"有个现实需要承认:辛亥逾百年,中国至今仍是不得不承担西方国家转嫁过来的制度成本的后发国家。如果没有另辟蹊径的创新能力,则难逃玉石俱毁之宿命。"

他的结论是:"告别百年西制崇拜。"① 尽管对温铁军的观点也有争论,但一些人没有看到,他并不是否认百年来向西方的学习,而是以一个经济学家的视角,从长时段的百年世界经济发展的角度,说明今天的世界经济仍在西制之中,在这样的体制中的中国发展面临着一个根本性的问题,即如何对待这个 400 年来

---

① 温铁军:《告别百年西制崇拜》,载于《环球时报》2011 年 9 月 16 日。

已经统治全球的西方制度，如何超越这个制度的不足，中国发展的真正困局在此。这是中国百年来的一个结：我们以西为师，但老师总是在欺负学生。正是这样的结，使新中国走上一条独特的想超越老师的道路。中国的超大的国土，超长的历史文化，超多的人口，使我们这种"一万年太久，只争朝夕"的梦想屡屡受挫，只好耐下心来向这个"总是欺负学生的老师"学习，但心中不爽。而今天，当我们在奋斗中走到了中心时，这样的念头自然在心中涌动。

其实，不仅仅是在经济上，在文化上亦是如此。现代化源于西方，对欧美来说，现代化与文化意识的解放、自我的实现是同步的，但当欧美的现代化向全球扩展时，西方在全球的发展给殖民地国家带来的是灾难。在黑格尔所说的"历史的狡计"中，后发现代化国家被带上西方所开辟的现代化轨道，在灾难中并非没有进步。历史在恶中进步，精神也得到释放。或许像王船山所说的"秦以私天下之心而罢侯置守，而天假其私以行其大公，存乎神道……"但必须看到作为后发现代化的国家，其文化上的内在矛盾，一直内存于我们的精神之中。在我们追求现代化的过程中，其文化在接受西方优秀文化的同时，也同时已经受制于"文化帝国主义"的控制。或许对那些历史短暂的小国来说，西方文化这些洋玩意还能完全被接受。但对于历史文化比西方文化还要久远的中国来说，这几乎是不可能的，环看今日中国的文化，本土的文化已经面目全非，但它在，它仍在我们的生活中，隐隐地在我们精神世界的深处。而在表层的生活中，我们的确已经完全西化了，甚至在如何表达自己文化上都已经有了困难，因为言语已经完全词不达意。崛起的中国在自身文化和已经进入自己骨髓的西方文化之间痛苦的徘徊和挣扎。

或许我们像中国古代文化吸收佛教文化的历史那样，当下的混乱和苦恼只是因为"张载"未出，"二程"显世还有待时日，总有一天中国会像消化佛教那样把四百年来的进入中国的西方文化彻底消化，让新的"宋明理学"再生，新的"朱熹"横空出世，把中国文化提升到新的世界的高度。但西方文化和东汉后进入中国的佛教文化有着根本性的区别，这或许只是白日做梦。目前的现实是，走向世界强国，中国已经是指日可待，走向文化强国，结束百年来中西混杂，重建一个立足自身文化之根而又有强烈时代感，将其西方文化化解于其中的新的中国文化形态尚未出现。

应该清醒认识到，虽然地理大发现后西方文化渐成强势文化，但东方有着比西方文化还要悠久的文化历史，有着自己完全独立于西方的一整套的价值体系和精神世界。[①] 希望在东方，一个消化了世界文明成果于其身的崭新东方。

---

① 张西平：《东方的希望》，载于《中华读书报》2012年3月7日。

第四节 中国文化海外传播一个崭新的学术研究领域

长期以来中国学术界在展开中国古代文化的研究中基本上是在中国自身的文化范围内展开的，通过本书初步的梳理，我们可以看到，从晚明后中国的知识和思想已经传播到世界，同时，海外汉学界对中国典籍的翻译和研究开始使中国的古代思想和知识呈现出前所未有的一个形态：中国学术和思想展开的空间大大扩大了，开始以一种世界性的学问在全球展开，走出了以前的东亚汉字文化圈；从事中国学术和思想的研究者大大扩展了，汉学家开始进入这个领域，无论是传教士还是专业的汉学家。

空间的扩大和研究主体的扩大不仅仅标志着中国古代文化和思想影响的扩大，说明关于中国的学问和知识已经不再属于中国学术界的独有，但同时，这种在中国以外的中国研究形态又反馈中国自身的研究和变迁，从而呈现出中国学术和思想研究的多维性和复杂性。笔者曾在《国学与汉学三题》一文中对这种复杂性和对中国近代学术的影响做过这样的分析。

一、汉学之国学：近代中国学术的基本特征

海外汉学（中国学）从其诞生起就同中国学术界有着千丝万缕的关系，特别是西方汉学，在一定意义上讲中国近现代学术的产生和西方近现代的汉学发展是紧密联系在一起的，也就是说中国近现代学术之建立是中国本土学者与汉学家们互动的结果。利玛窦与徐光启，理雅格与王韬，王韬与儒莲，伯希和与罗振玉，胡适与夏德、钢和泰，高本汉与赵元任，等等。汉学家与中国学人的交往我们还可举出许多例子，正是在这种交往中双方的学术都发生了变化，互为影响，相互推动。戴密微在厦门大学任教，卫礼贤执教于北大讲坛，陈寅恪受聘于牛津、剑桥，在20世纪20~30年代双方的交往比今天还要频繁。就中国来说，正是在这种交往中中国学术逐步地向现代化形态发展。

当年傅斯年在谈到伯希和的学问时说："本来中国学在中国在西洋原有不同的凭籍，自当有不同的趋势。中国学人，经籍之训练本精，故治纯粹中国之问题易于制胜，而谈及所谓四裔，每以无较材料而隔膜。外国学人，能使用西方的比较材料，故善谈中国之四裔。而纯粹的汉学题目，或不易捉住。今伯先生能沟通

此风气，而充分利用中国学人成就，吾人又安可不仿此典型，以扩充吾人之范围乎。"[1] 这说明了当时汉学对中国学人的启示。实际上近现代以来，中国学术对西域的研究日益加强，引起许多学者感兴趣，这显然是受到了西方汉学家的影响。胡适在 1916 年 4 月 5 日的日记中说："西人之治汉学者，名 Sinologists or Sinoloques，其用功甚苦，而成效殊微。然其人多不为吾国古代成见陋说所拘束，故其所著书往往有启发吾人思想之处，不可一笔抹杀也。"[2]

这里胡适已认识到汉学的特点，以后胡适在与汉学家钢和泰交往中改变了原来认为汉学家治学"成效殊微"的看法，而是直接向钢氏求教于梵文。而他对瑞典汉学家高本汉的评价更说明西方近代汉学对中国学术的影响，高本汉以治音韵学而著称，胡适说："近年一位瑞典学者珂罗倔伦（即高本汉）费了几年工夫研究《切韵》，把 260 部的古音弄的（原文如此）清清楚楚。林语堂先生说：'珂先生是《切韵》专家，对中国音韵学的贡献发明，比中外过去的任何音韵学家还重要。'（《语丝》第四卷第二十七期）珂先生成绩何以能这样大呢？他有西洋音韵学原理作工具，又很充分地运用方言的材料，用广东方言作底子，用日本的汉音吴音作参证，所以他几年的成绩便可以推倒顾炎武以来 300 年的中国学者的纸上工夫。"[3] 鉴于西方汉学的这一成就，他号召青年人要掌握新的研究方法，那时再来重新整理国故，便可"一拳打倒顾亭林，两脚踢翻钱竹江"。

当时西方汉学对中国学界的冲击非常之大，以致陈垣先生说："现在中外学者谈论汉学，不是说巴黎如何，就是说日本如何，没有提到中国的，我们应当把汉学中心夺回中国，夺回北京。"[4] 其实中国近代学术从传统的注经转变为现代社会科学的方法，一个重要因素是受启于海外汉学。陈寅恪任教清华之初，遵循地道的欧洲汉学及东方学方法，讲授欧洲东方学研究之目录学。赵元任和李方桂的语言学研究走出传统的小学，而采取现代语言学的方法，一个重要原因就是受到高本汉语言学研究的影响。这说明汉学和我们自己本土的学术传统有着内在的联系。

在这个意义上陈来提出"汉学之国学"是有一定的道理的，如他所说"汉学化的国学是什么意思呢？就是世界化的，就是跟世界学术的研究接轨、合流的一个新的国学研究"，当年以陈寅恪为代表的清华国学院在国学研究上主要是吸收西方汉学和日本汉学的研究方法，将中国的学问在世界学术空间中展开，与国

---

[1] 《法国汉学家伯希和莅平》，载于《北京晨报》1933 年 1 月 15 日，转引自桑兵《国学与汉学：近代中外学界交往录》，浙江人民出版社 1999 年版，第 140 页。
[2] 胡适：《胡适留学日记》，安徽教育出版社 2006 年版，第 860～861 页。
[3] 胡适：《胡适文存》，上海亚东图书馆印行，商务印书馆发行，1940 年，第三卷，第 203～205 页。
[4] 转引自郑天挺：《五十自述》，载于《天津文史资料选辑》，第 28 辑，第 8 页。

外汉学展开积极的对话,同西方的人文社会科学展开积极对话,这才是今日国学发展之正确的途径。

汉学在学术对象上是中国的历史文化,但它是在各国的学术传统中发展的,从而必然受到本国学术传统和方法的影响。从西方汉学来说,它是西方学术的一部分,是其东方学的重要分支。它和西方哲学与社会思想之间的互动,至今我们仍不能说得很清楚。如果这个问题搞不清楚,对域外汉学只是采取一种知识论的立场,不能揭示其背后的方法论,那么,我们最终也很难把握好域外汉学。

陈寅恪在谈到学术发展时说:"一时代之学术,必有其新材料与新问题。取此材料,以研求问题,则为此时代学术之潮流。治学之士,得预此潮流者,谓之预流。其未得预者,谓之未入流。此古今学术之通义,非闭门造车之徒,所能同喻者也。"[1] 今日中国学术之发展,掌握域外汉学研究成果已经成为研究之前提,无论在问题意识上还是在研究材料上,海外汉学界的成果都是令国内学者不可以忽视的。尽管近年来我们在汉学的知识论和思想背景研究这两个方面都有了长足的进步,但与国内国学发展的需要来看,仍是很不够的。仍需要我们卧薪尝胆,扎扎实实地做好这些工作。这是其一。

二、汉学研究与中国文化的重建

随着中国的快速崛起,中国学术界逐步走出了晚清以降的"西方中心主义"的学术框架,不再像过去那样在"现代与传统"、"东方与西方"的二元对峙的框架中思考问题。文化自觉需要我们清理近百年的学术思想和学术体系,这几年关于"反向格义"的争论,在一定意义上是如何看待晚清以来的"西学东渐"对中国人文社会科学的影响。这里当然涉及对西方汉学或者日本汉学的评价问题。正如我们在上面所指出的,如果近代以来是"汉学之国学",那么这些在西方学术体系和西方学术观念下所产生的现代学术体系,现代学术话语的合理性在哪里?

实际上西学在中国的影响还远不止晚清,对西学的接受从晚明就开始了。明清之际的来华传教士耕笔之勤是今天我们无法想象的,根据笔者近年来的研究,这些来华的传教士和入教文人大约写下了近千部中文著作和手稿,如果加上那些反教儒生所写的著作就是一个更大的数量。明清之际的传教士汉学和今天专业汉学的重大不同是他们生活在中国,用中文写作。从方以智到刘献庭,从王夫之到黄宗羲,明清之际的中国文人很多都受到他们中文著作的影响。如果梳理"西

---

[1] 陈寅恪:《金明馆丛稿二编》,三联书店2009年版,第266页。

学东渐"的历史则必须从这一时期开始,唯有如此,才能揭示出从晚明以来中国学术思潮的变迁,合理地说明中国近代学术和思想的产生,为我们重新建立新的中国学术和思想体系奠定一个扎实的学术基础。

这样,我们看到,如果真正走出"西方中心主义",站在中国立场上书写我们自己的本土知识,阐明中国自己的独有学术思想价值,那么,彻底地梳理晚明以来的传教士汉学发展在中国思想学术中的影响,彻底地梳理清近代以来"西学东渐"对我们表达中国本土知识和思想所取得的成就和问题,就成为我们学术建设和思想建设中一个重要任务。这就揭示了汉学研究和中国学术文化重建的复杂关系。[①]

近年来对域外汉学的研究大大向前推进了,对中国典籍的翻译研究也呈现出前所未有的发展,一大批年轻学者进入这个研究领域,也涌现出了一批非常优秀的博士论文。应该看到这是一个全新的研究领域,这里不仅仅是对研究者的外语能力提出了基本的要求,同时,对研究者的学术视野和跨学科研究能力也提出了非常高的要求。对中国古代文化典籍外传的研究是在:翻译学、宗教学、比较文学几个领域交叉展开的,研究者必须问学于中西之间,在中国古代文化和西方近代文化之间游移。同时,研究者面临着双重的挑战:每一个研究者必须面对中国国内学术界的考问,同时,研究者也始终有一个永恒的对话者:西方汉学家。尽管困难重重,但这一研究领域仍吸引着一批批勇敢的探索者。

中国古代文化典籍的外译不仅仅是一个单纯的学术问题,同时也是一个文化的自信问题,尤其在西方文化主导的今日世界更具有文化意义。当年辜鸿铭翻译《中庸》和《大学》目的十分清楚,他在解释自己的翻译时说:

"关于道德责任感,每一个曾有过文明的民族最优秀的文学作品中都能找到以各种方式对之所作的阐述。不过最引人注目的是,正如我在译本附录中所显示的,在现代欧美最优秀和最伟大的思想家的最近著述中,能够找到与这本写于两千年前的书同样的形式和语言的阐述,而这,正是该书特有的价值所在。就我有限的知识来看,在所有欧洲文学作品中,无论是古代还是现代,都没有见过像这本小书中所发现的那样简明到了极点,同时又如此完整而丰富的关于道德责任感或道的阐述。

最后,我希望说的是,如果这本出自中国古代智慧的小书能有助于欧美人民,尤其是那些正在中国的欧美人更好地理解'道',形成一种更明白更深刻的道德责任感,以便能使他们再对待中国和中国人时,抛弃那种欧洲'枪炮'和'暴力'文明的精神和态度,而代之以道,无论是以个人的方式,还是作为一个

[①] 张西平:《国学与汉学三题》,载于《清华大学(哲学社会科学学报)》,2011年第6期。

民族同中国人交往，都遵从道德责任感——那么，我将感到我多年理解和解释这本书所花费的劳动没有白费。"①

本 章 小 结

百年欧风美雨，百年来一切以西为师过去了。天地苍黄，今日中国在社会物质发展上已经终于赶上了"老师"的步伐，超越欧美发展的前景也不太遥远。但作为后发现代性国家，百年文化批判，文化的中断与接续，文化吸收与创造已经成为一个极为重要的文化问题，没有精神与文化的浴火重生，中国文化永不能真正的复兴。应该从这样的角度来重新审视辜鸿铭，来评判他的中国经典的翻译工作。

一个新的时代到来了，继承辜鸿铭的理想，展开中国古代文化典籍的翻译已经成为当代中国学术界新的使命，愿本书能为这个伟大的学术事业贡献绵薄之力。

---

① 辜鸿铭著：《辜鸿铭文集》（下册），海南出版社1996年版，第513页。

第九章

域外中国文献学：中国古代文化经典域外传播研究的基础

第一节 外文之中国文献学导论

做中国学问，文献学是其基础。"文献学"一词源于1920年梁启超在《清代学术概论》中所说的"全祖望亦私淑宗羲，言文献学者宗焉"。他在《近代三百年学术史》中说："明清之交各大师，大率都重视史学——或广义的史学，即文献学。"当代文献学大家张舜徽先生在谈到中国文献学时，总结历史，阐明近义，对中国文献学做了很好的表述，他说："我国古代，无所谓文献学，而有从事于研究、整理历史文献的学者，在过去称之为校雠学家。所以，校雠学无异成为文献学的别名。凡是有关整理、编纂、注释古典文献的工作，都有校雠学负担了起来。假若没有历代校雠学家们的辛勤劳动，尽管文献资料堆积成山，学者们也是无法去阅读、去探索的。我们今天，自然要很好的继承过去校雠学家们的方法和经验，对那些保存下来了的和已经发现了的图书、资料（包括甲骨、金石、竹简、帛书），进行整理、编纂、注释工作，使杂乱的资料条理化、系统化；古奥的文字通俗化、明朗化。并且进一步去粗取精，去伪存真，条别源流，甄论得失，替研究工作者们提供方便，节省时间，在研究、整理历史文献方面做出有益贡献，这是文献学的基本要求和任务。"①

张舜徽先生所讲的中国文献学的范围是中文文献。但至晚明以后，中国的历史已经纳入全球史之中，晚清之后，更是被拖入以西方世界主导的世界历史之中。这样，来华的传教士、做生意的西方各国东印度公司、驻华的外交官和汉学家留下了大批关于研究中国的历史文献，翻译了大批关于中国古代的历史典籍。由此，中国文化开始以西方语言的形态进入西方文化之中，关于中国近代历史的记载也再不仅仅是中文文献组成。这样，西方中国研究中的文献问题就成为西方汉学之基础，同样也构成了研究中国近代历史的重要文献。这里我们还简略掉了中国文化在汉字文化圈的传播和影响，那有更长的历史、更多的历史文献，或者以中文形态，或者以东亚各国的文字形态存在着，形成东亚文明史的一个整体。由于本书仅仅限于西方汉学的研究，对中国文化在东亚的传播和影响不做研究和展开。

根据张舜徽的理解，我们可以说，在西方汉学的历史中也同样存在一个西方汉学文献学的研究领域，西方汉学文献学作为一个西方汉学研究的基础研究领域是完全存在的。进一步扩展来讲就是"西方语言的中国文献学"。金国平建议建立"西方语言中国史料学"，而来华传教士的西方语言文献是其中重要的内容。他认为，"只要充分地利用在华传教士留下的这批宝贵历史遗产，比堪汉语史乘，从新的视角对已知史料进行新的诠释，披沙觅金，某些较具有争议的重大历史事件真相的发潜彰显不无可能。"②

从全球史研究的新进展来看，如果打破欧洲中心主义的世界史写作，就必须将全球化的进程纳入世界史之中，这个进程不是东方被动的适应西方，而是一个互动的过程。从全球化史的角度构建中国历史，中西之间的互动就成为关键，由此，传教史和贸易史就成为必须研究之材料。从东西互动的角度来构建中国史，就必须将"西学东渐"和"中学西传"作为一个整体来把握，中国近代历史就不仅仅是一个西化的历史，同时也是一个西方不断吸收东方，从而促进西方变化的历史，由此，西方汉学史的研究就成为全球化史研究的关键。同时，中国近代的历史也不是仅仅局限于中文文献，这样，西文之中国文献成为完整记载中国近代历史不可以或缺的基本文献。如果确立这样的史观，西方语言的中国文献整理就成为基础性的工作，在这个意义上金国平所说的"西方语言中国史料学"，或者"西方语言中国文献学"就成为学术界必须做的基础性工作。"西方语言的中国文献学"包括：凡是由西方文字出版的关于中国的书籍、藏于西方档案馆尚

---

① 张舜徽：《中国文献学》，上海世纪出版集团2009年版，第3页。
② 金国平：《构建"西方语言中国史料学"之刍议》，载于金国平、吴志良《过十字门》，澳门成人教育学会2004年版。

未出版的关于中国的档案、手稿、资料。

中国文献学作为一门学问包括目录、版本、校勘。同样西方语言中国文献学大体也包括这几个方面,不过呈现出不同的特点。

清代著名学者王鸣盛说:"凡读书,最切要者,目录之学。目录明,方可读书。不明,终是乱读","目录之学,学中第一紧要事,必从此问途,方能得其门而入。"[①]

治西方语言中国文献学亦是如此,西方关于中国的历史记载已经有几百年历史,关于中国的研究著作,中国游记同样浩如烟海,如果不从目录入手完全不知从何读书。考狄书目、袁同礼书目是目前最基础的书目,各类专业书目也有多种,只有对这些书目都要烂熟于心,方可摸到西方汉学发展至脉络。

版本学是文献学之基础之一,它主要研究各种中文版本的源流,比较刻本之优劣,鉴别各种版本之真伪。

西方的中国研究同样存在版本学的问题,在16~18世纪关于中国的知识是一个剽窃流行的时代,海员的记载,传教士的著作在欧洲相互转抄,相互翻译出版。一部重要的著作很快就有各种语言的翻译。从16~19世纪,随着欧洲各国实力的变迁,关于中国记载的语言也在不断变化。因为,在19世纪前中国典籍的翻译以传教士为主,传教士的这些中国典籍的译本在欧洲呈现出非常复杂的情况。17世纪时传教士的一些译本是拉丁文本的,例如柏应理和一些耶稣会士联合翻译的《中国哲学家孔子》,这里包括了《论语》、《大学》、《中庸》,这本书的影响很大,很快就有了各种欧洲语言的译本,有些是节译,有些是改译,如果我们没有西方汉学文献学的知识,一定会搞不清这些译本之间的关系。

18世纪时欧洲的流行语言是法语,会法语是上流社会的标志。恰好此时来华的传教士由意大利籍已经转变为法国耶稣会士为主。这些法国来华的传教士学问基础好,对中国典籍翻译极为勤奋。法国传教士的汉学著作中包含了大量的对中国古代文化典籍的介绍和翻译,例如来华耶稣会是李明返回法国后所写的《中国近事报道》(*Nouveaux mémoires sur L'état present de la Chine*,1687~1692),1696年在巴黎出版,他在书中介绍了中国古代重要的典籍《五经》,同时介绍了孔子的生平,李明所介绍的孔子的生平在当时欧洲出版的来华耶稣会士的汉学著作中是最为详细的。这本书出版后在四年内竟然重版五次,并开始有多种译本。如果我们对法文本和其他文本之间的关系不了解,就很难做好翻译研究。

19世纪后英语逐步取得霸主地位,英文版的中国典籍著作逐渐增加,版本之间的关系也更为复杂。美国诗人庞德在翻译《论语》时既看早年由英国汉学

---

① 王鸣盛:《十七史商榷》卷二十二,卷一。

家柯大伟（David Collie）翻译的第一本英文版《四书》，也参考理雅各的译本，如果只是从理雅各的译本来研究庞德的翻译肯定不全面。

因此，认真比较西方出版的关于中国的书籍的各种版本以及各种版本之间的关系，是做好西方汉学之必须，是做好西方语言中国文献学之基础。

"校勘学是研究总结校勘工作的一般性方法和规律的专门学问。"张瞬徽说："在雕版印刷术没有发明以前，书籍都是手写。在抄写过程中，有时不小心在字体上加了一笔或者减少了一笔，便成为另一个字，直接改换了文句原意，影响到内容的真实，甚至牵涉到古代制度的认识，说明和处理，以致引起许多混乱。"① 这是说的稿本转写和抄写的问题需要校勘。"至于古书在长期写、刻的过程中，有时无意识地掉一个字，或者添一个字；由于一个字的不同，便直接影响到内容的真相，带来许多不必要的争论和纠纷。对于做研究工作的人来说，关系尤大。"② 这就提出中国文献学中校勘的重要性。

这在西方语言的中国文献学来说是同样存在的，只是在形态上有所不同。目前西方国家的档案馆中藏着大量的关于中国的手写档案，例如《耶稣会在亚洲》（Jesuíitas na ásia）档案文献原藏于葡萄牙的阿儒达图书馆（Biblioteca da Ajuda），它是从1549年沙勿略到达日本后西方传教士在远东传教活动的真实原始记录。全部档案共61卷，均为手抄本，计3万页。文献是以拉丁文、葡萄牙文、西班牙文和意大利文及法文写成。这批文献最早是由葡萄牙耶稣会神父若瑟·门丹哈（José Montanda）和若奥·阿尔瓦雷斯（JoãO ÁLvares）修士等于1742～1748年对保存在澳门的日本教省档案室的各个教区整理而成的。在这些教区中包括中国的副省北京、广州、南京以及交趾支那、老挝、柬埔寨等地。他们将这些原始文献加以分类，整理和编目，最后抄录，形成这批档案。

这批文献是研究中国清代天主教史和明清中西文化交流史及清代社会史的最重要的一手文献，它包括向耶稣会总会的年报告表；教区内的通信；发生在康熙年间的"礼仪之争"的伦理学和神学的争论；宗座代牧与罗马传信部争论的报道；耶稣会殉难者列传；中国澳门、日本和中国教区的主教和各省会长记载；航行于澳门和日本之间的黑船所载运货的货物表；澳门及各省会修会的财产清单；传教士之间的通信等。这些文献为我们提供了清中前期的许多重要的情况，许多文献都是中文文献所不记载的。

类似这样的档案文献在西方还很多，对于欧美所收藏的关于中国的外文文献，至今无论是欧美学术界还是中国学术界均无一个基本的书目介绍。这批文献的基本

---

① 张舜徽：《中国文献学》，第71~72页。
② 张舜徽：《中国文献学》，第75页。

特点是以手稿为主，基本内容是原始的传教报告、贸易报告、外交档案等。

但如果使用这批文献就一个对文献的校勘问题。对于西文文献的校勘来说，它有着悠久的传统，1933 年胡适在为陈垣先生的《元章校补释例》一书所写的序中对中西校勘学做了比较，他说："西洋印书术起于 15 世纪，比中国晚了六七百年，所以西洋古书的古本保存多，有古本可供校勘，是一长。欧洲名著往往译成各国文字，古译本也可供校勘，是二长。欧洲很早就有大学和图书馆，古本的保存比较容易，校书人借用古本也比较容易，所以校勘之学比较普及，只算是治学的人一种不可缺少的工具，而不成为一二杰出的人的专门事业，这是三长。在中国则刻印书流行以后，写本多被抛弃了；四方邻国偶有古本流传，而无古书古译本；大学与公家藏书又都不发达，私家学者收藏有限，所以一千多年来，够得上科学的校勘学者，不过两三人而已。"①

对于西方语言的中国文献来说，在校勘上更有中西之共同特点，也是一个专门之学问。我们要学习西方校勘学的经验，②但这批文献又有其自身的特点，需要我们特别注意。

一是这批文献数量之大令人惊讶，数量之大超出一般学者的想象。英国东印度公司的关于中国的手稿文献，荷兰东印度公司关于中国的手稿文献，梵蒂冈传信部关于中国的手稿文献等，这些文献加起来可以绕地球几圈。至今我们中国学术界对这批手稿中国文献没有一个基本的把握。

二是这批关于中国的西文手稿辨读困难。由于这些手稿文献大都是 16～19 世纪的欧洲各类语言的手稿，辨读十分困难。即便在西方，能辨读这些手稿也需要专门的训练。对中国学者来说，这就更为困难。外语能力、历史知识、西方校勘学的训练都需要具备。目前，能辨认这些手写稿的中国学者不多。笔者在国外看到这些手写稿时，如果转写只能求教于国外学者，因为自己不具有这样的辨认能力。这样转写就是第一难事。

三是这些文献内容的核对困难。尽管是西方语言的文献，但其内容是关于中国的。如上边所说的《耶稣会在亚洲》文献，其中相当多的文献内容是对中国各地传教的记载。这样即便一般的西方汉学家，如果不是专业的研究者，即便转写成现代西方语言，这些内容对他们来说也是陌生的，如果核对其中的内容更是要有专业的知识，尤其是涉及中国古代的地名、人名，正确理解极为困难。因为记载这些文献的西方人当时并未有统一的拼读中国文字的法则，加之许多人又生活在中国各地，方言、口音夹杂其中，使人完全不知所云。即便后来威托码汉

---

① 胡适：《胡适文集》（5），北京大学出版社 1998 年版，第 122 页。
② 苏杰编译：《西方校勘学论著选》，上海人民出版社 2009 年版。

语拼音系统出现后,也减轻不了多少核对的困难。

四是翻译更为复杂和困难,来华的传教士翻译了很多中国经典,但将这些经典回译成中文是件很难的事,有些译者直接就将中文原文套入翻译之中,这样看似准确,但缺少了跨文化的视角,不知两种文化之间的翻译所产生的"误译"和"误读"实为正常。

在笔者看来,西方语言之中国文献的研究整理是比中国文献学和西方本身的文献研究整理都要困难的学问。

中国文献学的目的是为"辨章学术,考镜源流",对学术之发展有一个宏观之了解和把握;西方语言之中国文献学亦是如此。尤其从事中国古代文化经典在西方的翻译和传播研究,一定要从文献学入手,从目录学入手,这样才会保证我们在翻译研究上对版本之间的复杂关系有一个清楚的了解,为研究打下坚实的基础。中国学术传统中的"辨章学术,考镜源流"的传统在我们致力于西方汉学研究时是同样需要的。

另一方面,国家目前对汉籍外译投入了大量的费用,国内学术界也有相当一批学者在从事这样的事业。但我们在开始这项工作时应该摸清西方汉学界已经做了哪些工作,哪些译本是受到欢迎的,哪些译本问题较大,哪些译本是节译,哪些译本是全译。只有清楚了这些以后,我们才能确定新的翻译政策。显然,由于目前我们在西方汉学的文献学上做得不够理想,对西方汉学界近400年来对中国古代文化经典的翻译情况若明若暗。这样,国内现在确立的一些翻译计划是重复的,这在学术上是一种浪费。即便国内学术进行重译,也需要建立在前人的基础上展开。这点我们做的是不够理想的。

因此,建立西方语言的中国文献学是展开西方汉学研究之基础,是做好中国典籍外译和流播研究之基础,同时,也是在全球范围内展开中国历史文化研究,将中国史放入全球史中加以研究的基础性工作。本书作为研究中国古代文化经典西译的导论,其基本任务并不是在某一个中国典籍西译的具体文本上展开研究,也不是对某一个在中国古代文化典籍西译上的重要汉学家,例如像理雅各或韦利这样的具体文本展开深入研究,而是对其历史做一初步的梳理,以从宏观上展示中国典籍西译的历史阶段和文化背景;对展开中国典籍西译的理论与方法展开初步的研究,以从理论上把握展开这一领域研究的基本理论与方法。从文献学上对做好西方语言的中国文献研究的方法提出一个初步的设想,以其引起学界之重视,开启西方语言之中国文献之研究和整理,将其纳入中国学术发展的一个基础性工作。只有将这批西方语言的中国文献彻底掌握时,我们才能真正写出全球史背景下的中国近代历史文化之研究,才能揭示出中国文化在西方的影响,才能在全球史的背景下说明中国文化之意义。

西文之中国文献学是一门崭新之学问，作为研究导论这里不能一一展开，下面，笔者仅仅从目录学的角度做一初步的勾勒，以使研究者沿着前人之研究深入展开。①

第二节　20世纪中国古代经学典籍在域外传播编年举要

公元1900年（光绪二十六年）

1. 《大学》（Thay Hak），陈庆忠、尤才祥合译，苏加武眉出版社（Sukabumische Snelpers Drukkerij）、苏加武眉。（印度尼西亚）

2. 《中庸》（Tiong Yong），陈庆忠、尤才祥合译，苏加武眉出版社（Sukabumische Snelpers Drukkerij）、苏加武眉。（印度尼西亚）

3. 서건학（徐乾學）：通志堂經解索引本，35，v.35；孝經．論語．孟子．漢京文化事業．1900.（韩国）

4. 現代語訳孟子（现代语译孟子），原富男（著），春秋社、東京；付：矛盾論・実践論訳注。（日本）

公元1901年（光绪二十七年）

1. Grube, Wilhelm (Übers.): *Mandschu – Textprobe aus der Übersetzung des Mengtse mit deutscher übersetzung*（孟子的满文试译及德文翻译）.（Marksteine der Weltliteratur, herausg. von Baensch – Drugulin, P. 85 suiv.）Leipzig, 1901.（德国）

2. 孟子（孟子），永井惟直（著）、宮川春汀（图）博文館、東京。（日本）

公元1902年（光绪二十八年）

四書新釋論語（四书新释论语），久保天隨（著），博文館、東京；上下卷。（日本）

公元1903年（光绪二十九年）

1. 詩経新註（诗经新译），山本章夫（著），山本読書室、京都；三卷。（日本）

---

① 以下的《20世纪中国古代经学经典在域外传播编年举要》
《20世纪中国古代史学经典在域外传播编年举要》
《20世纪中国古代文学经典在域外传播编年举要》
是由张西平、孙健根据本项目中各编年卷的书目，加以挑选汇编的、具体目录均由各编年卷作者所做，张西平、孙健做了分类汇编，故这三个举要是项目集体成果。

2. 論語補註（论语补注），山本章夫（著），山本規矩三、眞下正太郎（校），山本読書室、京都；三卷。（日本）

公元 1904 年（光绪三十年）

1. Old, Walter Gorn：*The Shu King or the Chinese Historical Classic*, being an authentic record of the religion, philosophy, customs and government of the Chinese from the earliest times（《书经》英译）New York：John Lane.（美国）

2. Dvořák, Rudolf：*Dějiny mravouky v Orientě*：（1. *Konfucius*）（《东方伦理史》：孔子），译著，Praha：Nákladem Dědictví Komenského v Praze, 118 页，布拉格。（捷克）

公元 1905 年（光绪三十一年）

尚書（尚书），山井幹六（注），哲學館大學、東京；哲學館講義録；漢學科第 6 輯。（日本）

公元 1907 年（光绪三十三年）

1. Giles, Lionel：*The Sayings of Confucius*（论语），London：J. Murray, 1907, the first edition.（英国）

2. Salerno, G. B. *Il Grande Studio*（*Ta Hie*）（大学）. Milano, Vallardi, 1907, P. 31.（意大利）

公元 1908 年（光绪三十四年）

論語（论语），依田喜一郎（点），嵩山房、東京。（日本）

公元 1909 年（宣统元年）

1. Schütz, Ludwig Harald：*Die hohe Lehre des Confucius oder die Kunst, Weise zu regieren. Ein Beitrag zur Kenntnis der Sprache und Kultur Chinas. Mit dem chinesischen Text des Ta Hsio und Reproduktionen von Bildern Helman's nach den chinesischen Originalen des P. Amyot*（孔子高贵的学说或曰统治的艺术与方式：论对中国的语言和文化的认识。附有《大学》中文原文以及赫尔曼根据钱德明著作中的中国原作图片的复制品）. Frankfurt a. M.：Verlag von J. St. Goar, 1909. 64 S.（德国）

2. 大学説；大学章句；中庸説；中庸章句；論語集説（大学说；大学章句；中庸说；中庸章句；论语集说），孟子（著）、服部宇之吉（校），冨山房、東京；第 1 卷。（日本）

3. ダイヤモンド論語（口袋论语），朱熹（著）、矢野恒太（译），博文舘、東京。（日本）

4. 標註論語（标注论语），山田喜之助（著），有斐閣、東京。（日本）

公元 1910 年（宣统二年）

1. Bönner, Theodor：*Chinas Urkundenbuch und Odenbuch*（中国的《书经》与《诗经》）. Steglitz‐Berlin：Verlag von Dr. Bönner, 1910. Ⅵ, 131 S. （德国）

2. Wilhelm, Richard（Übers.）：*Kungfutse：Gespräche（Lun Yü）*（论语）. Aus dem Chinesischen verdeutscht und erläutert von Richard Wilhelm. Jena：Eugen Diederichs，1910/1914/1923. ⅩⅩⅫ, 255 S. Düsseldorf und Köln：E. Diederichs, 1955. ⅩⅩⅫ, 255 S. （德国）

3. Попов П. С., 孔子、其弟子及他人的言论（《论语》俄译本）Изречения Конфуция, учеников его И других лиц：Перевод с китайского и примечания. СПб. （俄罗斯）

公元 1911 年（宣统三年）

1. Tschepe, Albert：Das Kapitel Jü‐Koung（禹貢）oder der Tribut des Jü "（禹贡篇），in：*MSOS*, *Ost. asiat. Studien*, Jahrg. XIV, 1911, S. 99 – 107. （德国）

2. 尚書（尚书），星野恒、服部宇之吉（校），冨山房刊、東京。（日本）

3. 毛詩（毛诗），星野恒、服部宇之吉（校），冨山房、東京。（日本）

4. 論語 10 卷（论语），（宋）朱熹（注），觀文堂刊、不详。（日本）

公元 1912 年（民国元年）

1. Dvořák, Rudolf（鲁道夫·德沃夏克）：*Ši‐king* Ⅶ – ⅩⅤ（《诗经》第Ⅱ册），诗集，由汉学家鲁道夫·德沃夏克与诗人雅罗斯拉夫·沃尔赫利茨基（Jaroslav Vrchlický, 1853 -1912）合译，从汉语翻译。Praha：J. Otto, 96 頁, 布拉格。（捷克）

2. 박건회譯・中庸章句，朝鮮書館，1913。（韩国）

3. 書經（书经），大田錦城（述），早稻田大學出版部、東京。（日本）

4. 大学説；大学章句；中庸説；中庸章句；論語集説（大学说；大学章句；中庸说；中庸章句；论语集说），孟子（著）、服部宇之吉（校），冨山房、東京；10 版：第 1 卷。（日本）

公元 1913 年（民国二年）

1. COUVREUR, Séraphin 译，*Li Ki*：*Mémoires sur les bienséances et les cérémonies*：

texte chinois avec une double traduction en français et en latin（《礼记》），Imprimerie de la mission catholique（Cathasia），Ho Kien fou，1913，2 vol.（xvi，P. 788）（P. 848）.（法国）

2. 論語（论语），鄭玄（注），出版者、出版地不明。（日本）

公元 1914 年（民国三年）

1. COUVREUR，Séraphin 译，*Tch'ouen Ts'iou et Tso Tchouan*（《春秋左传》），texte chinois avec traduction française，Imprimerie de la Mission catholique，Ho Kien Fou，1914，3 vol.（法国）

2. 조선도서：（懸吐具解）集註孝經，朝鮮圖書，1914。（韩国）

3. 書經（书经），大田錦城（述），早稻田大學出版部、東京；第 6 卷；付：漢籍國字解全書。（日本）

4. 尚書（尚书），服部宇之吉（校），冨山房刊、東京；第 6 版；付：漢文大系，服部宇之吉（校）；第 12 卷。（日本）

5. 毛詩；尚書（毛诗；尚书），服部宇之吉（校），冨山房刊、東京；第 7 版付：漢文大系，服部宇之吉（校）；第 12 卷。（日本）

6. 詩經（诗经），中村齋（述），詩疏圖解（诗疏图解），淵景山（述），早稻田大學出版部、東京；付：漢籍國字解全書；第 5 卷。（日本）

公元 1915 年（民国四年）

Dawson, Miles Menander：*Ethics of Confucius*；*the sayings of the master and his disciples upon the conduct of "the superior man"*《孔子的道德规范：孔子及其弟子关于君子品行的语录》New York：Putnam。（美国）

公元 1916 年（民国五年）

1. Wilhelm, Richard（Übers.）：*Mong Dsi*（*Mong ko*）（孟子）. Aus dem Chinesischen verdeutscht und erläutert von Richard Wilhelm. Jena：Eugen Diederichs，1916/1921. XIX, 206 S.（德国）

2. COUVREUR，Séraphin 译，*Cérémonial*（《礼记》），texte chinois avec traduction，Imprimerie de la Mission Catholique，Hien Hien，1916，667 pp.（法国）

3. COUVREUR，Séraphin 译，*Cheu King*（《诗经》），texte chinois avec traduction，2e éd.，Imprimerie de la Mission Catholique，Hien Hien，1916，2 pp. 1.，xxxii，409 pp. Ill.，cartes.（法国）

4. COUVREUR，Séraphin 译，*Chou King*（《书经》），texte chinois avec traduc-

tion, 2ᵉ éd., Imprimerie de la Mission Catholique, Hien Hien, 1916, n. p.（法国）

5. 論語：新譯：全（论语：新译：全），大町桂月（译），至誠堂刊書店刊、東京；付：新譯漢文叢書；第 11 編。（日本）

6. 論語（论语），宇野哲人、今村完道（編），大日本漢文學會、東京；付：漢文講義錄；第 17 號。（日本）

7. 論語（论语），何晏（集解），南宗寺。（日本）

公元 1917 年（民国六年）

1. 남궁준：（懸吐具解）集註孝經，唯一書館，1917。（韩国）

2. 선우일：集註孝經：懸吐具解，唯一書館，1917。（韩国）

3. 朱熹集註論語新譯（朱熹集注论语新译），伯井秋梧（編），立川文明堂刊、大阪；卷之 1～10，第 22 版。（日本）

公元 1918 年（民国七年）

1. 朱熹：懸吐具解集註孝經，唯一書館，1918。（韩国）

2. 和譯孟子（和译孟子），三島章道（译），大同館、東京。（日本）

公元 1919 年（民国八年）

1. 尚書（尚书），服部宇之吉（校），冨山房刊、東京；第 7 版；付：漢文大系，服部宇之吉（校），第 12 卷。（日本）

2. 毛詩；尚書（毛诗；尚书），服部宇之吉（校），冨山房刊、東京；付：漢文大系，服部宇之吉（校），第 12 卷。（日本）

公元 1920 年（民国九年）

口譯論語詳解（口译论语详解），野中元三郎（述），冨山房、東京。（日本）

公元 1921 年（民国十年）

1. Tucci, G.（tr. a cura di）. *Scritti di Mencio*（孟子的作品）. Lanciano, Carabba, 1921, IX, P. 199.（意大利）

2. 詩經（诗经），國民文庫刊行會（編），國民文庫刊行會、東京；付：國譯漢文大成，國民文庫刊行會，經子史部第 3 卷。（日本）

3. 小學；孝經；孔子家語（小学；孝经；孔子家语），塚本哲三（編），有朋。（日本）

4. 堂刊書店刊、東京；付：漢文叢書，塚本哲三編，有朋堂刊書店刊。（日本）

5. 四書（四书），塚本哲三（編），有朋堂刊書店刊、東京；付：漢文叢書，有朋堂刊文庫，塚本哲三（編）。（日本）

6. 論語集註（论语集注），簡野道明（補註），明治書院、東京。（日本）

公元 1922 年（民国十一年）

1. Ehrenstein, Albert（Übers.）：*Schi-king. Das Liederbuch Chinas*, *hundert Gedichte*（诗经）. Gesammelt von Kung-fu-tse; dem deutschen angeeignet nach Friedrich Rückert von Albert Ehrenstein. Leipzig, Wien, Zürich: E. P. Tal und Co., 1922. 148 S. （德国）

2. 詩經；書經；易經（诗经；书经；易经），塚本哲三（編），有朋堂書店刊、東京；漢文叢書。（日本）

3. 詩經（诗经），國民文庫刊行會（編），國民文庫刊行會、東京；再版；付：國譯漢文大成，經子史部第 3 卷。（日本）

4. 論語：現代語譯（论语：现代语译），小野機太郎（著），支那哲学叢書刊行会、東京；支那哲學叢書。（日本）

5. 諺譯論語（言译论语），鮎貝房之進（編），儒教經典講究所、京都；儒教經典諺譯叢書，第 2，第 4。（日本）

6. 論語（论语），國民文庫刊行會（編），東京；經子史部第 2 冊（第 1 帙の2）。（日本）

公元 1924 年（民国十三年）

1. Wilhelm, Richard（Übers.）：*I Ging. Das Buch der Wandlungen*（易经）. Jena: Eugen Diederichs Verlag, 1924. 3 Teile in 2 Bden. XIII, 285S; 267 S. （德国）

2. Castellani, A.（tr. a cura di）：*I Dialoghi di Confucio tradotti sul testo cinese e corredati di introduzione e di note*［孔子《论语》的翻译（译自中文），附序言和注解］. Firenze, Sansoni, 1924, XXXI, P. 196,（Miranda 826）.（意大利）

3. 四書：全（四书：全），有朋堂刊書店刊，塚本哲三（編），有朋堂刊文庫、東京；漢文叢書。（日本）

公元 1925 年（民国十四年）

1. 《孝经》，陈文盛译。（印度尼西亚）

2. 주문공：(懸吐具解) 集註孝經. 朝鮮圖書株式會社. 1925.（韩国）

3. 書經（书经），國民文庫刊行會（編），國民文庫刊行會刊行、東京；國譯漢文大成，經子史部第 7~8 冊。（日本）

4. 大学説；大学章句；中庸説；中庸章句；論語集説（大学说；大学章句；

中庸说；中庸章句；论语集说），孟子（著）、服部宇之吉（校），富山房、東京；第 1 卷。（日本）

公元 1926 年（民国十五年）

1. *Mạnh Tử*（《孟子》）第一册，Trần Tuấn Khải（陈俊凯）译，Đông Kinh ấn quán，河内。（越南）

2. 尚書（尚书），服部宇之吉（校），富山房刊本、東京；漢文大系；第 12 卷。（日本）

3. 論語：10 卷（论语：10 卷），澁澤榮一書（著），晚香書屋、出版地不詳。（日本）

4. 新譯論語（新译论语），小野機太郎譯（述），關書店刊、東京。（日本）

公元 1927 年（民国十六年）

1. Adespoto（tr. a cura di）.*Il libro di Mencio ed altre massime della scuola confuciana*（《孟子》及其他儒家训诫）. Napoli，La Tipografia，1927，P. 55.（意大利）

2. Magnani，L.（tr. a cura di）.*Il libro delle sentenze di Confucio*（孔子语录集）. Parma，Istituto Missioni Estere 宗座外方传教会，1927，P. 162.（意大利）

3. 小學；孝經；孔子家語（小学；孝经；孔子家语），塚本哲三（編），有朋堂刊書店刊、東京；漢文叢書。（日本）

4. 四書：全（四书：全），塚本哲三（編），有朋堂刊書店刊、東京；漢文叢書。（日本）

5. 新譯註解朱熹集註論語（新译注解朱熹集注论语），秋梧散史（著），立川書店刊、大阪。（日本）

6. 論語讀本（论语读本），安藤圓秀（編），開成館、東京；訂正再版。（日本）

公元 1928 年（民国十七年）

1. Wilhelm，Richard（Übers.）：*Frühling und Herbst des Lü Bu We*（吕氏春秋）. Aus dem Chinesischen verdeutscht und erlaütert von Richard Wilhelm. Jena：E. Diederichs，1928. XIII，541 S. Düsseldorf，Köln：Diederichs，1971. Neuausg. mit einem neuen einleitenden Essay von Wolfgang Bauer. XXII，541 S.（1979：*Diederichs gelbe Reihe*，25：*China*）. Köln：Anaconda，2006. 559 S.（德国）

2. 노익환：原本孝經集註，全．新舊書林．1928．（韩国）

3. 尚書（尚书），服部宇之吉（校），富山房刊本、東京；漢文大系；第 12 卷。（日本）

4. 國譯論語（国译论语），斯文會（译），龍門社刊、東京。（日本）

5. 校刻論語集注（校刻论语集注），朱熹集（注），池善書店刊、金沢；観文堂刊叢書。（日本）

6. 補註論語集註（补注论语集注），簡野道明（注），明治書院、東京；增訂版。（日本）

7. 論語：斯文會訓點（论语：斯文会训点），斯文會，龍門社刊、東京；論語全解；島田鈞一（著）。（日本）

8. 補註論語集註（补注论语集注），簡野道明（补注），明治書院、東京；增訂版。（日本）

公元 1929 年（民国十八年）

1. 論語集注（论语集注），田中慶太郎（校），文求堂刊書店刊、東京；上冊，下冊。（日本）

2. 現代語譯論語（现代语译论语），小野機太郎（著），金の星社刊、東京。（日本）

3. 論語（论语），宇野哲人（校），廣文堂刊、東京；高等漢文定本叢書。（日本）

4. 論語新釋（论语新释），宇野哲人（著），弘道館、東京。（日本）

公元 1930 年（民国十九年）

1. Wilhelm, Richard (Übers.)：*Li Gi. Das Buch der Sitte des älteren und jüngeren Dai. Aufzeichnungen über Kultur und Religion des alten China*（礼记：大戴礼、小戴礼。有关古代中国文化与宗教的记载）. Aus d. Chines. verdeutscht u. erl. von Richard Wilhelm. Jena：Eugen Diederichs, 1930. XVIII, 450 S. Düsseldorf u. Köln：Diederichs, 1958. 355 S. (*Diederichs Taschenausgaben*, 16). （德国）

2. 邦譯論語（日译论语），東洋生命保險奉公部（编），東洋生命保險奉公部、東京；修養叢書；第3篇。（日本）

3. 論語（论语），宇野哲人（注），開成館、東京。（日本）

公元 1931 年（民国二十年）

論語善本書影（论语善本书影），大阪府立図書館（编），貴重図書影本刊行会、京都。（日本）

公元 1932 年（民国二十一年）

1. Lyall, Leonard A.：*Mencius*《孟子》英译 New York：Longmans, Green,

and Co. （美国）

2. Eichhorn, Werner: Ein Beitrag zur Kenntnis der chinesischen Philosophie. 通書 T'ûng-šŭ des Ceu-tsï mit Cû-hî's Kommentar. Nach dem Síng-lì tsîng-í. Chinesisch mit mandschuischer und deutscher Übersetzung und Anmerkungen. Herausgegeben von Wilhelm Grube（Kap. 1 – 20）. Fortgeführt und beendet von Werner Eichhorn（Kap. 21 – 40）（对中国哲学的认识——周子的《通书》及朱熹的评论，据《性理精义》。附中文原文及满语、德语译文和注释，格罗贝编第 1~20 章，艾士宏续译第 21~40 章），in: AM 8（1932 – 1933），S. 23 – 104. Leipzig: Verlag Asia Major, 1932. XVI, 173, 2 S. （China – Bibliothek der, Asia Major, Bd. 3）. （德国）

3. Mạnh Tч quốc văn giải thích（《〈孟子〉国文释解》）上、下册，Nguyễn Hữu Tiến, Nguyễn Đôn Phục（阮有进、阮尊服）译, Trung Bắc Tân Văn, 河内。（越南）

4. 이범규: 言解四書. 文言社. 1932. （韩国）

公元 1933 年（民国二十二年）

1. Giles, Lionel: *The analects of Confucius: Translated from the Chinese, with an Introd. and Notes*（论语），Shanghai: the Commercial Press, 1933. （英国）

2. Waley, Arthur: *The Book of Change*（《易经》），Bulletin of the Museum of Far Eastern Antiquities. 5（1933）: 121 – 42. （英国）

3. 論語（论语），武内義雄（注），岩波書店刊、東京。（日本）

4. 論語（论语），五十澤二郎（著），支那古典叢函，方圓寺、鎌倉。（日本）

5. 老子・大學・中庸: 英和雙譯（老子　大学　中庸: 英和双译），清水起正廣瀬又一（译），エームズ、レッグ（译），二三子堂書店、東京英和双譯支那古典全集，第 3 編。（日本）

公元 1935 年（民国二十四年）

1. TAKEUCHI, Yoshio, 《Le Tchong yong, examen critique》（《中庸》），Annales de l'Université de Paris, 1935, pp. 225 – 239. （法国）

2. *Luận Mngữ quốc văn giaả i thích*（《〈论语〉国文解释》）上册，Nguyễn Hữu Tiến, Nguyễn Đôn phục（阮有进、阮尊服）译, Nxb. Lê Văn Phuúc, 河内。（越南）

3. かながきろんご（假名论语），川瀬一馬（编），安田文庫、東京；安田文庫叢刊，第 1 篇。（日本）

公元 1936 年（民国二十五年）

증삼：原本孝經集註．세창서관．1936．（韩国）

公元 1937 年（民国二十六年）

1. Giles, Lionel：*The saying of Confucius*（《论语》），London：J. Murray, 1937, the eighth edition.（英国）

2. Waley Arthur：*The Book of Songs*（《诗经》），London：George Allen & Unwin Ltd., 1937.（英国）

3. 毛詩抄：校（毛诗抄：校），三ケ尻浩（校）、朋文堂、東京。（日本）

4. 孔子・論語（孔子・论语），青年書房、東京；室伏高信全集；第 8 卷。（日本）

公元 1938 年（民国二十七年）

1. Lin, Yutang：*The Wisdom of Confucius*《论语》英译 New York：Modern Library.（美国）

2. Waley, Arthur：*The Analects of Confucius*（《论语》），London：George Allen & Unwin Ltd., 1938.（英国）

公元 1939 年（民国二十八年）

1. 古文尚書　孔氏傳（古文尚书　孔氏传），東方文化研究所（编），京都東方文化研究所刊本、東京。（日本）

2. 尚書正義（尚书正义）（6 册），（唐）孔穎達等（撰）、東方文化研究所經學文學研究室（编），京都東方文化研究所刊本、東京；十三經注疏定本之 1；東方文化學院京都研究所研究報告，第 14 冊。（日本）

3. 尚書正義定本；第 1 冊虞書；第 2 冊夏書商書（尚书正义定本；第一册虞书；第二册夏书商书），東方文化研究所（编），東方文化研究所經學文學研究室、東京；十三経注疏定本；1。（日本）

4. 古文尚書　孔氏傳（古文尚书　孔氏传），東方文化研究所（编），東方文化研究所、東京；東方文化學院京都研究所研究報告；第 14 冊。（日本）

公元 1940 年（中华民国二十九年）

1. Behm, Bill (Hrsg.)：*I Ging, das chinesische Orakelbuch*（易经）．Klagenfurt：J. Leon Sen., 1940. 139 S.（德国）

2. Lesný, Vincenc（文·莱斯尼，1882 - 1953），Průšek, Jaroslav（普实

克）：*Hovory Konfuciovy*（《论语》），从汉语翻译。Praha：Jan Laichter，226 页，布拉格。文岑茨·莱斯尼教授为著名的印度学家，他和汉学家普实克共同翻译孔子的《论语》，含注释，目录索引，普实克撰写了一篇很长的序言。（捷克）

3. 國譯尚書正義の序（国译尚书正义の序），吉川幸次郎（撰），吉川幸次郎自刊本，出版地不详。（日本）

4. 尚書正義（尚书正义），吉川幸次郎（译），岩波書店、東京。（日本）

5. 毛詩抄：詩經（毛诗抄：诗经），清原宣賢（述），倉石武四郎、小川環樹（校），岩波書店、東京；岩波文庫，青－4 補－15－16。（日本）

公元 1941 年（民国三十年）

集註本論語新譯：全（集注本论语新译：全），西澤道寬（著）、松雲堂刊書店刊、東京。（日本）

公元 1942 年（民国三十一年）

1. Wrede，Rudolf（Übers.）：*Worte des Konfuzius；aus dem Buch der Gespräche*（论语）. München：P. Hugendubel，1942. 157 S. Heidelberg：Meister，1948. 72 S.（*Die kleinen Meister － Bücher*，Nr. 83）. Heidelberg：Meister，1948. 72 S. Tübingen a. Neckar：Heos Verl.，1960. 158 S. München：Goldmann，1962. 150 S.（*Goldmanns gelbe Taschenbücher*，Bd. 914）.（德国）

2. Giles Lionel：*The book of Mencius，the Abridged*.（《孟子》节译本），London：J. Murry，1942，the first edition.（英国）

3. Hughes，Ernest Richard：*The Great Learning and the Mean-in－Action*（《大学与中庸》），London：J. M. Dent & sons Ltd.，1942.（英国）

4. 尚书残卷（尚书残卷），京都帝国大学文学部（编），京都帝國大學文學部刊、東京；京都帝國大學文學部景印舊鈔本第 10 集之 1。（日本）

公元 1943 年（民国三十二年）

1. Hamvas，Béla：Kungfutse：*Lun yü － Kung mester beszélgetései*（孔夫子：论语）. Budapest：Bibliotheca Kiadó，1943. 由豪姆沃什·贝拉（Hamvas Béla）从德语翻译的《孔夫子：论语》一书出版。（匈牙利）

2. 論語（论语），武內義雄（译注），岩波書店、東京；第 11 刷改版。（日本）

公元 1945 年（民国三十四年）

Magrini，S. L.（tr. a cura di）. Confucio e Mencio 孔子和孟子. *I quattro libri：*

la Grande Scienza，*il Giusto Mezzo*，*il libro dei Dialoghi e il libro di Mencio*（四书：《大学》，《中庸》，《论语》，《孟子》）. Milano, Fratelli Bocca, 1945, P. 269. （意大利）

公元 1947 年（民国三十六年）

1. Magrini, S. L.（tr. a cura di）. Confucio 孔子. *Massime raccolte da Giovanni Scheiwiller tolte dal Libro dei Dialoghi*［由约翰·施维尔（Giovanni Scheiwiller）选自《论语》的名言警句］. Milano, Scalini di Grigna, 1947, P. 29. （意大利）

2. 新譯論語（新译论语），穗積重遠（著），東京社刊会教育協会、東京。（日本）

公元 1948 年（民国三十七年）

1. Grimm, Irmgard（Übers.）：*Lun-yü. Gespräche des Konfuzius*（论语）. Aus dem Chinesischen von Irmgard Grimm. Heidelberg：Mölich, 1948. 113 S. （德国）

2. Treichlinger, W. M.（Übers.）："Shu ist jagen gegangen"：Chinesische Gedichte aus dem *Schi-king*（《诗经》选译）. Zürich：Verl. d. Arche, 1948. 61 S. （德国）

公元 1949 年

1. Schubert, Mario（Übers.）：*I Ging：Das Buch der Wandlungen*（易经）. Aus d. Chines. neu übertr. von Mario Schubert. Zürich：W. Classen, 1949. 85 S. （*Vom Dauernden in der Zeit*, Nr. 48）. （德国）

2. Waley, Arthur：*Notes on Mencius*（《孟子注说》），Asia Major, New Seires, Vol. 1（1949）：pp. 99 – 108. （英国）

3. 論語（论语），漢文研究会（编），学友社刊、東京。（日本）

4. 論語（论语），倉石武四郎（译），日光書院、東京。（日本）

公元 1950 年

1. Ware, James R.：*The best of Confucius*（《论语》选译）Garden City, N. Y.：Halcyon House. （美国）

2. Karlgren, Klas Bernhard Johannes（Übers.）：*The books of Odes*（诗经），Stockholm：Museum of Far Eastern Antiquities, 1950. P. 270. （德国）

3. COUVREUR, Séraphin 译, *Chou king：les annales de la Chine*（《书经》），E. – J. Brill；Paris：Les Belles – lettres（Cathasia, série culturelle des hautes études

de Tien - Tsin; Textes de la Chine; Humanités d'Extrême - Orient), Leiden, 1950, 464 pp. [Texte chinois, transcription, traductions française et latine.] (法国)

4. COUVREUR, Séraphin 译, *Mémoires sur les bienséances et les cérémonies*: *Li ki*(《礼记》), E. -J. Brill (Leiden) et Les Belles lettres (Paris) (Cathasia, série culturelle des hautes études de Tien-tsin; Textes de la Chine), 1950, 2 tomes en 4 vol., XVI - 788, 848 pp. [Texte en français et en chinois.] (法国)

5. *Tứ thơ Luận Ngữ* (《四书——〈论语〉》), Đoàn Trung Còn (段中刚) 译, 西贡。(越南)

6. *Tứ thơ Đại Học* (《四书——〈大学〉》), Đoàn Trung Còn (段中刚) 译, 西贡。(越南)

7. *Tứ thơ Mạnh Tử* (《四书——〈孟子〉》) 上、下两册, Đoàn Trung Còn (段中刚) 译, 西贡。(越南)

8. 新譯論語 (新译论语), 穗積重遠 (著), 社刊会教育協会、東京。(日本)

公元 1951 年

1. Ezra Pound: *Confucian analects* 《论语》英译. New York: Kasper & Horton. (美国)

2. COUVREUR, Séraphin 译, *Cérémonial* (《礼记》), E. -J. Brill (Leiden) et Les Belles Lettres (Paris) (Cathasia, série culturelle des hautes études de Tien-tsin; Textes de la Chine; Les humanités d'Extrême - Orient), 1951, 667 pp. [Texte chinois, et transcription, traduction française.] (法国)

3. COUVREUR, Séraphin 译, *La Chronique de la principauté de Lou*: *Tch'ouen Ts'iou et Tso Tchouan* (《春秋左传》), E. -J. Brill (Leiden) et Les Belles Lettres (Paris) (Cathasia, série culturelle des hautes études de Tien-tsin; Textes de la Chine; Les humanités d'Extrême - Orient), 1951, 3 vol. (671 pp., 585 pp., 828 pp.) [Texte chinois et trad. française.] (法国)

4. 조지훈 譯: 大學. 中庸. 서울: 玄岩社. 1951. (韩国)

公元 1952 年

論語・孟子・大學・中庸 (论语・大学・中庸), 中西清 (著), 學燈社、東京。(日本)

公元 1953 年

1. 김중식: 孟子註譯 (孟子注译). [발행자불명]. 1953. (韩国)

2. 김중식譯：맹자 孟子註譯（孟子注译）. 한국인쇄주식회사 . 1953. （韩国）

3. 論語・孟子・大學・中庸（论语・大学・中庸），中西清（著），學燈社、東京。（日本）

公元 1954 年

1. Pound, Ezra：*The Classic Anthology Defined by Confucius*《诗经》英译 Cambridge：Harvard University Press. （美国）

2. Kremsmayer, Haymo (Übers.)：*Kung-fu-tse. Worte der Weisheit. Luin-yü. Die Diskussionsreden Meister Kung's mit seinen Schülern*（孔子《论语》）. Aus dem Urtext übertragen und erläutert von Haymo Kremsmayer. Wien：Europäischer Verlag, 1954. 128 S. （德国）

公元 1955 年

1. Behm, Bill (Übers.)：*Das chinesische Orakelbuch I Ging*（易经）. München：Drei Eichen Verlag；Berlin：Weltweite - Verlag, 1955. 173 S. （德国）

2. Desderi, P. *Il 'Libro delle Odi'*（诗经），《Quaderni di Civiltà Cinese》（中华文明手册），2（1955），pp. 104 - 10. （意大利）

3. Lokuang, S. (tr. a cura di). *Confucio* 孔子. *La Grande Scienza*（大学），《Quaderni di Civiltà Cinese》（中华文明手册），1（1955），pp. 73 - 78. （意大利）

4. Luchini, A. (tr. a cura di). *Confucio* 孔子. *Studio Integrale e l'Asse che non vacilla. Versione e commento di Ezra Pound* ［《大学》（艾兹拉・庞德的翻译及评论）］. Milano, All'Insegna del Pesce d'Oro, 1955, P. 195. （意大利）

5. Aleksy Dębnicki（阿莱克斯・邓布尼茨基）译, Fragmenty z dzieła《Meng-tsy》（《孟子》选读），*Przegląd Orientalistyczny*，nr 1/1955，登载于《东方概览》期刊 1955 年第 1 期。（波兰）

公元 1956 年

1. Lokuang, S. (tr. a cura di). *K'ung-fu-tzu* 孔夫子. *La Grande Scienza, Il Giusto Mezzo, I Dialoghi*（《大学》，《中庸》，《论语》）. Milano, Istituto Culturale Italo - Cinese 意中文化研究院, 1956, P. 111. （意大利）

2. 《诗经》俄译本 Шицзин. Избранные песни. Пер. с китайского А. А. Штукина, под ред. Н. ИКонрада. М. : Гослитиздат. 299 с. （俄罗斯）

3. 詩經（诗经），東洋文化協會、東京；國譯漢文大成經子史部；第 3 卷。（日本）

公元 1957 年

1. Dalok Könyve（诗经）. Ford. Csanádi Imre et al.：Kínai eredetiből magyar prózára fordította és a magyarázó jegyzeteket írta Tőkei Ferenc. Budapest：Európa Könyvkiadó，1957. P. 473 ua. ：2. kiad. Budapest：Európa Könyvkiadó，1959. P. 485.

Énekek éneke：Az örök szerelem versei（永恒的爱情诗歌集）. Ford. Ady Endre et al. Budapest：Európa Könyvkiadó，1957. P. 653.

《诗经》汉学家杜克义初译，由诗人查纳迪·依姆莱（Csánády Imre），依耶什·久拉，亚诺西·伊斯特万，卡洛依·艾米，科尔莫什·依什特万（Kormos István），拉多尔·拉斯洛（Lator László），奈迈什·纳吉·阿格奈什，饶波·茹若（Rab Zsuzsa），萨博·玛格达（Szabó Magda），韦莱什·山道尔进行诗歌语言的加工。后记和注释由杜克义撰写。绘图：卡尔曼·克拉拉（Kálmán Klára），郭玉恒（Kuo Jü–Heng）。印数 2000 册。（匈牙利）

2. 《诗经》俄文全译注释本 Шицзин. Издание подготовили А. А. Штукин и Н. Т. Федаренко. М.：издательство АН СССР. 611 с. （俄罗斯）

3. 新しい論語（新论语），魚返善雄（译），弥生書房、東京；弥生書房，1957.12。（日本）

公元 1958 年

1. JABŁOŃSKI Witold（雅布翁斯基·维托尔德）选译，Mądrość Państwa Środka（《中国的智慧》），Seria：Myśli Srebrne i Złote（光辉的哲思系列丛书），Wiedza Powszechna，Warszawa. （波兰）

2. 詩經國風（诗经国风），吉川幸次郎（译），岩波書店、東京；中國詩人選集/吉川幸次郎，小川環樹編集·校閱，第 1～2 卷。（日本）

公元 1959 年

1. Bauer, Wolfgang（Hrsg.）：*Tsch'un-ts'iu mit den drei Kommentaren Tso-tschuan*，*Kung-yang-tschuan und Ku-liang-tschuan in Mandschuischer Übersetzung*（《春秋》三传：《左传》、《公羊传》、《谷梁传》、《公羊传》、《谷梁传》为满文译本），Wiesbaden：Franz Steiner，1959. 1026 S. （德国）

2. Ou, C. （tr. a cura di），C. M. *Meng-tzu. Il libro di Mencio*（孟子）. Milano，Istituto Culturale Italo–Cinese（意中文化研究院），1959，P. 128. （意大利）

3. *Dalok Könyve*（诗经）. Ford. Csanádi Imre et al.：Kínai eredetiből magyar prózára fordította és a magyarázó jegyzeteket írta Tőkei Ferenc. Budapest：Európa Könyvkiadó，1957. P. 473.

ua.：2. kiad. Budapest：Európa Könyvkiadó，1959. P. 485. （匈牙利）

4. 論語（论语），吉川幸次郎（著），朝日新聞社刊、東京；中国古典選；吉川幸次郎監修。（日本）

公元 1960 年

1. Thiel, Friedrich（Übers.）：*Confucius*：*Die goldene Mitte*；*Besinnliches aus dem Lun Yü*（孔子《中庸》），eingeleitet und übersetzt von Friedrich Thiel. Stuttgart：Schuler‑Verlag, 1960. 163 S. （德国）

2. ŻBIKOWSKI Tadeusz（日比科夫斯基·塔杜施），*Konfucjusz*（《孔子》），Seria：Światowid Książka i Wiedza, Warszawa. （波兰）

3. 詩経；楚辞（诗经；楚辞），目加田誠（译），平凡社、東京；中国古典文学全集；第 1 卷。（日本）

公元 1961 年

Makra，Mary Lelia：*The Hsiao Ching*（*or Classic of Filial Piety*）《孝经》英译 New York：St. John's University Press. （美国）

公元 1962 年

尚書標識（尚书标识），東條一堂（著）、稲葉誠一（校），書籍文物流通會刊本、東京；東條一堂著作集。（日本）

公元 1963 年

論語（论语），武内義雄（译），筑摩書房、東京；筑摩叢書：11。（日本）

公元 1965 年

1. COUVREUR，Séraphin 译，*Les Quatre livres*：*la GrandeÉtude*（《四书：大学》），traduction intégrale et préface du R. P. Séraphin Couvreur, introduction du R. P. Henri Bernard Maitre, Paris, Padoux, 1965，XXII‑751 p. (16 lith. en coul. avec suite en noir, 48 pl. lithogr. h.）．［Contient：*L'Invariable milieu* ; *Entretiens de Confucius et de ses disciples* ; *Œuvres de Meng Tzeu*. Texte en chinois et en français, tiré à 1000 exemplaires.］（法国）

2. 김경탁：논어．（论语）한국자유교육협회. 1965. （韩国）

3. 李東歡譯：（新譯）四書 1，大學·中庸．（新译四书 3 大学中庸）．현암사 . 1965. （韩国）

4. 表文台譯：新譯四書 . 2. 論語（新译四书 2 论语）. 현암사 . 1965. （韩国）

5. 安炳周譯：（新譯）四書 3，孟子．（新译四书 3 孟子）. 현암사 . 1965. （韩国）

6. 論語（论语），久米旺生（译），経営思潮研究会、東京；中国の思想；9。（日本）

7. 左伝（左传），松枝茂夫（译），経営思潮研究会、東京；中国の思想，11。（日本）

8. 論語（论语），吉川幸次郎（著），朝日新聞社刊、大阪；上，下；新訂中国古典選：2－3。（日本）

9. （日本）易経（易经），丸山松幸（译），経営思潮研究会、東京；中国の思想，第 7。（日本）

公元 1966 年

1. 김경탁譯：論語 . 中庸 . 大學 . 광문출판사 . 1966. （韩国）

2. 易（易经），本田済（著），朝日新聞社刊、大阪；新訂中國古典選：1。（日本）

3. 詩經（诗经），高田眞治（著），集英社、東京；漢詩大系，青木正兒等編集：1－2。（日本）

公元 1967 年

1. COUVREUR, Séraphin 译, *Cheu king*: texte chinois avec une double traduction en français et en latin, une introduction et un vocabulaire （《诗经》），4e éd., Kuang-chi Press, Taichung, 1967, XXI－XXXII－556 p. －［2］f. de pl., ill., cartes. [Reproduction photo mécanique de l'édition de: Ho Kien Fou, Imprimerie de la Mission Catholique, 1896. （法国）

2. "*Księga dokumentów*"（《书经》/《尚书》），Mieczysław J. Kunstler（［波］金思德）译，登载于《东方概览》期刊 1967 年第 2 期．（波兰）

3. 《孝经》（*Kitab Bakti*），MATAKIN 出版、雅加达。（印度尼西亚）

4. 김학주譯：易經（易经）. 光文出版社 . 1967。（韩国）

5. 論語（论语），久米旺生（译），徳間書店刊、東京；新版；中国の思想；9。（日本）

6. 論語（论语），斯文會（编），斯文会、東京。（日本）

公元 1968 年

1. PERROT, Étienne 译, *Yi king：le livre des transformations*（《易经》），[Vol. I], Version allemande de Richard Wilhelm；préfacée et traduite en français par Etienne Perrot,：Librairie des Médicis, Paris, 1968, XXIX – 415 pp., ill.（法国）

2. Pilone, R.（tr. a cura di）. Confucio 孔子. *I colloqui. Gli studi superiori. Il costante mezzo*（《论语》、《大学》、《中庸》）. Milano, Rizzoli, 1968, P. 236.（意大利）

3. 大学；中庸（大学·中庸），俣野太郎（著），明德出版社、東京；中国古典新書6。（日本）

公元 1969 年

1. Strauß, Victor von（übers.）：*Schi-king. Das kanonische Liederbuch der Chinesen*（诗经）. Aus dem Chinesischen übers. und erklärt von Victor von Strauss. Heidelberg: Carl Winter's Universitätsbuchhandlung, 1880. 528 S. Darmstadt：Wissenschaftliche Buchgesellschaft, 1969. 2 Bll., 528 S.（德国）

2. BIOT, Édouard 译, *Le Tcheou-li ou rites des Tcheou, trad. pour la première fois du chinois par feu Edouard Biot*（《周礼》）, reproduction en fac-similé, Ch'eng Wen publ., Taipei, 1969, 3 vol.（500, 620, 119 pp.）, cartes. [Reproduction en fac-similé de l'édition de 1851 publiée sous le titre：*Tcheou-li, rites des Tcheou, ou plus exactement Tcheou-kouân, offices institutés par les Tcheou*, Imprimerie nationale, 1851.]（法国）

3. *Thi Kinh tập truyện*（《诗经集传》）全三册，Tạ Quang Phát（谢光发）译，Nxb. Trung tâm học liệu bộ Giáo dục, 西贡。（越南）

4. 詩経国風（诗经国风），橋本循、尾崎雄二郎（译），筑摩書房、東京；世界古典文学全集；2。（日本）

5. 詩経；楚辞（诗经；楚辞），目加田誠（译），平凡社、東京；中國古典文學大系；第15卷。（日本）

6. 論語：現代語訳（论语：现代语译），原富男（著），春秋社刊、東京。（日本）

公元 1970 年

1. HARLEZ, Charles de 译, *Le Livre des mutations*（《易经》）[Yi king], texte primitif traduit du chinois par Charles de Harlez, présenté et annoté par Raymond de Becker, éditions Planète, Paris, 1970.（法国）

2. 《四书》（Kitab Yang Empat），Thie Tiay Ing，Su Si 译，MATAKIN 出版、雅加达。（印度尼西亚）

3. （《论语》），ล.เสถียรสุต（沙田素）译，สำนักพิมพ์รุ่งนคร（榕那空出版社），曼谷。（泰国）

4. 거상원：书经．明文堂．1970．（韩国）

5. 장기근：论语．明文堂．1970．（韩国）

6. 이원섭譯：論語/孟子．대양서적．1970．（韩国）

7. 차주환譯：（新譯四書）孟子（新译四书 - 孟子）．明文堂．1970．（韩国）

8. 口語訳論語（口语论语），倉石武四郎（译），筑摩書房、東京；筑摩叢書；152。（日本）

9. 論語（论语），木村英一、鈴木喜一（译）；孟子（孟子），藤堂刊明保、福島中郎（译）；荀子（荀子），竹岡八雄、日原利国（译）；礼記（抄）（礼记），竹内照夫（译），平凡社刊、東京；中国古典文学大系；第 3 卷。（日本）

公元 1971 年

1. Wilhelm, Richard（Übers.）：*Frühling und Herbst des Lü Bu We*（吕氏春秋）. Aus dem Chinesischen übertragen und herausgegeben von Richard Wilhelm, Düsseldorf – Köln：Eugen Diederichs Verlag, 1971. 541 S.（德国）

2. *Trung dung thuyết ước*（《〈中庸〉说约》），Nguyễn Duy Tinh（阮维精）译，Phuủ quốc vụkhanh đặc trách văn hoá，西贡。（越南）

3. 論語（论语），吉川幸次郎（译），筑摩書房、東京；世界古典文学全集；4。（日本）

公元 1972 年

1. COUVREUR, Séraphin 译, *Les Quatre livres：avec un commentaire abrégé en chinois, une double traduction en français et en latin et un vocabulaire des lettres et des noms propres*（《四书》），Kuangchi Press, Taipei, 1972, 748 pp.［Texte français et traduction latine et chinoise en regard. – Fac-similé de l'édition de 1885. – Contenu：1. La Grande Étude；2. L'Invariable Milieu；3. Les Entretiens de Confucius et de ses disciples；4. Les Œuvres de Meng tzeu. – Autre tirage：2000.］（法国）

2. WILHELM, Richard 译, *Yi king：le livre des transformations*（《易经》），Vol. I, version allemande de Richard Wilhelm, préfacée et traduite en français par Étienne Perrot, Librairie des Médicis, Paris, 1972, 394 pp., ill.（法国）

3. 안병주,김길환,유칠노譯：論語/孟子/大學/中庸/孔子、孟子、曾子、子

思著．휘문출판사．1972．（韩国）

4．譯者不詳：尚書．3（尚书．3）．文史哲出版社．1972．（韩国）

5．譯者不詳：詩經．4（诗经．4）．文史哲出版社．1972．（韩国）

6．易經（易经），赤塚忠（译），平凡社、東京；中國古典文學大系；第 1 卷。（日本）

7．書経（书经），赤塚忠（译），平凡社、東京；中國古典文學大系；第 1 卷。（日本）

8．論語；孟子；大学；中庸（论语；孟子；大学；中庸），倉石武四郎、湯浅幸孫、金谷治（译），筑摩書房、東京；筑摩世界文學大系．5。（日本）

公元1973年

1. WILHELM, Richard 译, *Yi king*: *le livre des transformations*（《易经》），version allemande de Richard Wilhelm, préfacée et traduite en français par Étienne Perrot, nouvelle édition revue et mise à jour, Librairie des Médicis, Orsay, 1973, XXXI - 804 pp., ill. ［Autres tirages：1981, 1983, 1986, 1994, 2001, 2009.］（法国）

2. Valle, B., O.F.M.（tr. a cura di）. *Cuo Fong*（国风），in B. Valle, O.F.M.（tr. a cura di）. *Saggi dell'antica letteratura cinese*（中国古代文学中的杂文）. Hong Kong, Tai Tung Printing Co., 1973, pp. 102 - 35. （意大利）

3. Valle, B., O.F.M.（tr. a cura di）. *Sciao ia*（小雅），in B. Valle, O.F.M.（tr. a cura di）. *Saggi dell'antica letteratura cinese*（中国古代文学中的杂文）. Hong Kong, Tai Tung Printing Co., 1973, pp. 135 - 54. （意大利）

4. Valle, B., O.F.M.（tr. a cura di）. *Ta ia*（大雅），in B. Valle, O.F.M.（tr. a cura di）. *Saggi dell'antica letteratura cinese*（中国古代文学中的杂文）. Hong Kong, Tai Tung Printing Co., 1973, pp. 154 - 71. （意大利）

5. Valle, B., O.F.M.（tr. a cura di）. *Song*（颂），in B. Valle, O.F.M.（tr. a cura di）. *Saggi dell'antica letteratura cinese*（中国古代文学中的杂文）. Hong Kong, Tai Tung Printing Co., 1973, pp. 172 - 77. （意大利）

6. Valle, B., O.F.M.（tr. a cura di）. *Il grande studio*（大学），in B. Valle, O.F.M.（tr. a cura di）. *Saggi dell'antica letteratura cinese*（中国古代文学杂文）. Hong Kong, Tai tung Printing Co., 1973, pp. 1 - 6. （意大利）

7. Valle, B., O.F.M.（tr. a cura di）. *Discorsi di Confucio*（论语），in B. Valle, O.F.M.（tr. a cura di）. *Saggi dell'antica letteratura cinese*（中国古代文学杂文）. Hong Kong, Tai Tung Pringting Co., 1973, pp. 19 - 49. （意大利）

8. Valle, B., O. F. M. (tr. a cura di). *Mencio*（孟子）, in B. Valle, O. F. M. (tr. a cura di). *Saggi dell'antica letteratura cinese*（中国古代文学杂文）. Hong Kong, Tai Tung Printing Co., 1973, pp. 50 – 89. （意大利）

9. 김범부：新譯四書. 2, 논어（新译四书. 2, 论语）. 현암사. 1973。（韩国）

10. 儀禮（仪礼），池田末利（注），東海大學出版會、東京；東海大學古典叢書。（日本）

11. 經・論語（孝经・论语），安居香山、中村璋八（编），明德出版社、東京；重修緯書集成，安居香山，中村璋八編；卷 5。（日本）

公元 1974 年

1. *Dalok Könyve*（诗经）. Ford. Csanádi Imre et al.：［Kínai eredetiből a nyersfordításokat készítette Tőkei Ferenc］. Budapest：Európa Könyvkiadó, 1974. Lyra Mundi. 342 p. 欧洲出版社在 1957 年和 1959 年出版《诗经》后，于 1974 年推出新的版本。（匈牙利）

2. 차주환：孟子（上・下）. 乙酉文庫. 1974.（韩国）

3. 남만성譯：新譯論語. 1974.（韩国）

4. 이종은 譯：論語. 정음사. 1974.（韩国）

5. 이을호譯：한글論語.（韩文论语）. 박영사. 1974.（韩国）

6. 차주환譯：맹자.（孟子）을유문화사. 1974.（韩国）

7. 이민수譯：（新譯）孟子. 서문당. 1974.（韩国）

公元 1975 年

1. Masi, E. (tr. a cura di). *Confucio* 孔子. *I Dialoghi*（论语）. Milano, Rizzoli, 1975, P. 160.（意大利）

2. Tomassini, F. (tr. a cura di). *Confucio* 孔子. *I Dialoghi*（论语）. Milano, Rizzoli, 1975, P. 203（意大利）

3. 차주환：中庸. 大学. 乙酉文庫. 1975.（韩国）

4. 이민수：新译书经. 瑞文堂. 1975.（韩国）

5. 김경탁 譯：孟子/孟子著. 명지대학교출판부. 1975.（韩国）

6. 계명원譯：論語. 삼중당. 1975.（韩国）

7. 김경탁譯：論語. 中庸. 大學. 명지대학교출판부. 1975.（韩国）

8. 尚書（尚书），星野恆（校），冨山房、東京；增補普及版；漢文大系；第 12 卷。（日本）

9. 毛詩（毛诗），星野恆（校），冨山房、東京；增補版；漢文大系，冨山

房，编辑部编辑；第 12 卷；普及版。（日本）

公元 1976 年

1. *Dialogi konfucjańskie*（《论语》），金思德译并作序，Warszawa 1976。（波兰）

2. *Dalok Könyve*（诗经）. Ford. Csanádi Imre et al.：［Kínai eredetiből a nyersfordításokat készítette Tőkei Ferenc］. Budapest：Európa Könyvkiadó, 1974. Lyra Mundi. P. 342《诗经》第二次出版。（匈牙利）

3. 이민수 譯：大學，中庸，孝經．平汎社．1976．（韩国）

4. 장기근：论语．平凡社．1976．（韩国）

5. 장기근：孟子．平凡社．1976．（韩国）

6. 전인초：书经．共同翻译．平凡社．1976．（韩国）

7. 이기석，한백우 譯：新譯論語．홍신문화사．1976．（韩国）

8. 정순목，이기석譯：論語選．배영사．1976．（韩国）

9. 정순목，이기석譯：孟子選．배영사．1976．（韩国）

10. 범선균 譯：孟子．三省堂．1976．（韩国）

11. 이동환譯：（新譯）四書．1 – 3 ［（新译）四书．1 – 3］．成均書館．1976．（韩国）

12. 이민수譯：맹자．1，2（孟子．1，2）．서문당．1976．（韩国）

13. 이기석譯：詩經（诗经）．弘新．1976．（韩国）

14. 이원섭譯：（新譯）三經［（新译）三经］．成均書館．1976．（韩国）

15. 장기근譯：論語（论语）．汎友社．1976．（韩国）

16. 권덕주：书经．平凡社．1976．（韩国）

17. 論語；孟子；大學；中庸（论语；孟子；大学；中庸），倉石武四郎等（译），筑摩書房、東京．（日本）

公元 1977 年

1. *Księga powinności synowskiej*（《孝经》），Tadeusz Żbikowski（塔杜施·日比科夫斯）译，nr 4/1977，登载于《东方概览》期刊 1977 年第 4 期。（波兰）

2. 도광순譯：新譯論語．문예출판사．1977．（韩国）

公元 1978 年

「論語」新訳（《论语》新释），魚返善雄（译），學生社刊、東京；新装版。（日本）

公元 1979 年

1. 李民樹；張基槿譯註：四書五經/3：大學．中庸．孝經．서울．平凡社．1979．（韩国）

2. 이민수：礼记（上·下）．成均馆大学出版部．1979．（韩国）

3. 범선균譯：孟子．區德出版社．1979．（韩国）

4. 민정사편집부譯：禮記．民晶社．1979．（韩国）

公元 1980 年

1. Moritz, Ralf: "Gedanken und Gespräche des Konfuzius (das 'Lun-yu' aus dem chinesischen Originaltext neu übertragen und erläutert)" (《论语》新译注), Leipzig, Univ., Diss. B, 1980. （德国）

2. 김학주金学主：시경（诗经）．탐구당．1980．（韩国）

3. 장기근譯：論語新譯．범조사．1980．（韩国）

4. 장기근譯：孟子新譯．범조사．1980．（韩国）

5. 장기근譯：（新完譯）四書五經．6，周易〔（新完译）四书五经．6，周易〕．平凡社．1980．（韩国）

6. 周禮（周礼），栗田奏二（编），栗田、東京。（日本）

7. 論語（论语），平岡武夫（著），集英社刊、東京；全釈漢文大系；宇野精一、平岡武夫编；第 1 卷。（日本）

8. 論語新釈（论语新译），宇野哲人（著），講談社刊、東京；講談社刊学術文庫；451。（日本）

公元 1981 年

1. Wilhelm, Richard (Übers.): *Li Gi. Das Buch der Riten, Sitten und Gebräuche* (礼记：礼俗之书). Düsseldorf, Köln: Diederichs, 1981, 352 S. (*Diederichs gelbe Reihe*, 31: *China*). München: Diederichs, 2. Aufl. 1994, 352 S. Köln: Anaconda, 2007. 415 S. （德国）

2. 차주환：论语．乙酉文化社．1981．（韩国）

3. 김학주譯：詩經．탐구당．1981．（韩国）

4. 지하철문고편집부：五經：서경·시경·역경·춘추·예기．（书经，诗经，易经，春秋，礼记）．地下鐵문고社．1981．（韩国）

5. 안병주，김길환，유칠노，중용譯：論語/孟子/大學/中庸/孔子、孟子、曾子、子思著．휘문출판사．1981．（韩国）

6. 譯者不詳：四書；동양사상입문서（四书；东洋思想入门书）．地下鐵

문고社．1981．（韩国）

7．論語（论语），藤堂刊明保（译），学習研究社刊、東京；中国の古典；1。（日本）

8．新訳論語（新译论语），穗積重遠（著），講談社刊、東京；講談社刊学術文庫。（日本）

公元 1982 年

1．Moritz，Ralf（Übers.）：*Konfuzius. Gespräche*（孔子《论语》），aus dem Chinesischen übers. u. hrsg. von Ralf Moritz. Leipzig：Reclam，1. Aufl. 1982. 166 S. (*Reclams Universal - Bibliothek*，Bd. 888：*Philosophie*，*Geschichte*). （德国）

2．譯者不詳：四書五經（四书五经）．翰林出版社．1982．（韩国）

3．김학주 譯：書經．명지대학교출판부．1982．（韩国）

4．한상갑 譯：論語；中庸．삼성출판사．（韩国）

5．한상갑 譯：孟子；大學．삼성출판사．（韩国）

6．차주환 譯：논어；맹자；중용；대학（论语、孟子、中庸、大学）．을유문화사．（韩国）

7．조지훈 譯：大學・中庸（大学・中庸）．翰林出版社．1982．（韩国）

8．이원섭 譯：詩經（诗经）．翰林文化社．1982．（韩国）

9．김관식 譯：書經（书经）．翰林文化社．1982．（韩国）

10．이민수 譯：禮記（礼记）．翰林文化社．1982．（韩国）

11．남만성 譯：春秋左氏傳（春秋左氏传）．翰林文化社．1982．（韩国）

12．구본명 譯：孟子（孟子）．翰林出版社．구본명．1982．（韩国）

13．남만성 譯：春秋左氏傳（春秋左氏传）．翰林文化社．남만성．1982．（韩国）

14．詩経（诗经），加納喜光（译），学習研究社、東京；中国の古典；18 - 19。（日本）

15．定本詩経訳注；定本楚辭訳注（定本诗经译注；定本楚辞译注），龍溪書舍；目加田誠著作集；第 2 卷，第 3 卷。（日本）

16．論語（论语），金谷治（译注），岩波書店刊、東京；岩波クラシックス；13。（日本）

公元 1983 年

1．Kerényi，Grácia：*Dalok Könyve*（诗经）. Budapest：Pannon Könyvkiadó，1983. 诗人凯雷尼·格拉齐奥（Kerényi Grácia）翻译的《诗经》属于私人出版，

未进入流通。（匈牙利）诗经（诗经），中島みどり（著），筑摩書房、東京；中国詩文选；第 2 册。（日本）

2. 周礼（周礼），栗田奏二（编），栗田、東京；日本食肉史基礎資料集刊；第 151 輯。（日本）

3. 爾雅（尔雅），栗田奏二（编），栗田、東京；日本食肉史基礎資料集刊；第 151 輯。（日本）

公元 1984 年

1. Tomassini, F. (tr. a cura di). Confucio 孔子. *Primavera e Autunno con i commentari di Tso*（左氏春秋）. Milano, Rizzoli, 1984, XXVI, P. 1099. （意大利）

2. 《易经》（Kitab Suci Yak King），Thie Tiay Ing 译，MATAKIN 出版、雅加达。（印度尼西亚）

3. 이민수：新译孟子（上・下）. 瑞文堂. 1984.（韩国）

4. 譯者不詳：四書三經集註. 태산문화사. 1984.（韩国）

5. 이성규：左傳選. 三星美術文化財團. 1984.（韩国）

6. 안병주：論語. 성균관대학교출판부. 1984.（韩国）

7. 이성규：左傳選（左传选）. 三星美術文化財團. 1984.（韩国）

8. 詩経（诗经），石川忠久（著），明德出版社、東京；中國古典新書。（日本）

9. 論語：自由思想家孔丘：全訳と吟味（论语：自由思想家孔丘：全译和欣赏），新島淳良（著），新地書房、東京。（日本）

公元 1985 年

1. *Cartea poemelor, Shijing*, Selecţie, traducere din limba chineză veche, prefaţă şi note de Mira şi Constantin Lupeanu, Editura Albastros, 1985.（《诗经选》，米拉和康斯坦丁・鲁贝亚努选、译、序、注，布加勒斯特：信天翁出版社，1985 年）。（罗马尼亚）

2. 김학주：忠經. 孝經. 명문당. 1985.（韩国）

3. 이상옥譯：（新完譯）禮記. 明文堂. 1985.（韩国）

4. 이민수譯：（正本新譯）四書五經. 7，8，9，禮記上，中，下. 三聖文化社. 1985.（韩国）

5. 김학주譯：論語. 서울대학교출판부. 1985.（韩国）

6. 譯者不詳：論語（论语）. 청목문화사. 1985.（韩国）

7. 譯者不詳：四書五經. v.1（四书五经）. 삼성문화사. 1985.（韩国）

8. 안병주譯：四書五經．v.2 孟子（四书五经 2 孟子）．삼성문화사．1985．（韩国）

9. 표문태譯：四書五經．v.3 論語（四书五经 3 论语）．삼성문화사．1985．（韩国）

10. 김관식譯：四書五經．v.4 書經（四书五经 4 书经）．삼성문화사．1985．（韩国）

11. 김원변譯：四書五經．v.5 詩經（四书五经 5 诗经）．삼성문화사．1985．（韩国）

12. 남만성譯：四書五經．v.6 周易（四书五经 6 周易）．삼성문화사．1985．（韩国）

13. 이민수譯：四書五經．v.7 禮記上（四书五经 7 礼记上）．삼성문화사．1985．（韩国）

14. 이민수譯：四書五經．v.8 禮記中（四书五经 8 礼记中）．삼성문화사．1985．（韩国）

15. 이민수譯：四書五經．v.9 禮記下（四书五经 9 礼记下）．삼성문화사．1985．（韩国）

16. 김학주譯：（新完譯）大學中庸（大学中庸）．明文堂．1985．（韩国）

17. 韓相甲譯：孟子，大學/朱熹著（孟子，大学）．三星出版社．1985．（韩国）

18. 李相玉譯：（新完譯）禮記，서울．明文堂．1985．（韩国）

公元 1986 年

1. 남만성譯：（正本新譯四書五經）周易．청목문화사．1986．（韩国）

2. 譯者不詳：（合本）四書三經：大學．中庸．論語．孟子．詩經．書經．周易．學力開發社．1986．（韩国）

3. 李元燮譯：論語/孟子（论语/孟子）．양우당．1986．（韩国）

4. 毛詩正義訳注（毛诗正义译注），岡村繁（译注），福岡中國書店、福岡．（日本）

5. 周禮鄭氏注（周礼郑氏注），主婦の友社、東京；複製版．（日本）

公元 1987 年

1. RYCKMANS, Pierre 译, *Les Entretiens de Confucius*（《论语》），Paris, Gallimard, coll. Connaissance de l'Orient (62), 1987, IX – 168 pp.（法国）

2. Judica Cordiglia, E. (tr. a cura di). *I-ching*：*il Libro dei mutamenti*（易经）.

Roma，Edizioni Mediterranee，1987，P. 311.（意大利）

3. Семененко И. И. 论语 Афоризмы Конфуция. М. 301 с.（俄罗斯）

4.《易经》，拉伊·希拉诺编译，朵雅出版社，曼谷。（泰国）

5. 이민수：大学·中庸·孝经. 平凡社. 1987.（韩国）

6. 권오돈 譯：（新譯）禮記. 弘新文化社. 1987.（韩国）

7. 이상옥 譯：（新完譯）禮記. 明文堂. 1987.（韩国）

8. 训讀周禮正義（训读周礼正义），孫詒讓（撰）、原田悅穗（著），二松學舍大學附屬東洋學研究所（編），二松學舍、東京；卷一、二 - 卷第四十五、四十六。（日本）

公元 1988 年

1. Miličinski, Maja：*Konfucij*（孔子）. Ljubljana：Cankarjava založba，1988. *Konfucij* 由米利琴斯基结合《论语》的中文、德语和英语版本，编译成斯洛文尼亚语。（斯洛文尼亚）

2. สรรนิพนธ์เม่งจื้อ 2.《孟子》，索·素旺注译，文艺出版社，曼谷。（泰国）

3. 김석원 譯：論語. 中庸. 大學. 혜원출판사. 1988.（韩国）

4. 범선균 譯：孟子. 혜원출판사. 1988.（韩国）

5. 허경진 譯：孟子. 청아출판사. 1988.（韩国）

公元 1989 年

1. Watson, Burton：*The Tso chuan：Selections from China's Oldest Narrative History*.《左传》选译 New York：Columbia University Press.（美国）

2. RYCKMANS, Pierre 译，*Les Entretiens de Confucius*（《论语》），traduction du chinois, introduction, notes et index, Gallimard,（Connaissance de l'Orient；35）(Collection Unesco d'oeuvres représentatives, Série chinoise), Paris, 1989, IX – 168 pp.［Autres tirages：1995，1999，2003，2004，2006.］（法国）

3. *Ji Csing*：*A Változás Könyve*：*Egy ősi kínai jóskönyv*（易经）. Ford. és összeállította Beöthy Mihály és Dr. Hetényi Ernő. Budapest：Háttér Lap-és Könyvkiadó, 1989. Háttér könyvek.《易经》，183 页，背景出版社，布达佩斯，1989 年，贝欧蒂·米哈依（Beöthy Mihály）翻译，海得尼·艾尔诺（Hetényi Ernő），插图：泽莱尼雅斯基·佐尔坦（Zelenyiánszky Zoltán），格莱格尔·拉斯洛（Gregor László）。（匈牙利）

4. Ацев，Крум：Книга на промените（《易经》）(основен текст и тълкувания，София).（保加利亚）

5. 최완식譯：周易．혜원출판사．1989．（韩国）

6. 周禮注疏（周礼注疏），（清）阮元（校），京都中文出版社、東京；十三經注疏附校勘記；第三版。（日本）

公元 1990 年

1. Köser, Heide（Übers.）：*Das Liederbuch der Chinesen*：*Guofeng*（诗经·国风），in neuer dt. Übertr. von Heide Köser. Philol. Bearb. von Armin Hetzer. Frankfurt am Main：Insel – Verlag, 1990. 259 S. （德国）

2. RYCKMANS, Pierre 译, *Les Entretiens de Confucius*（《论语》），traduction du chinois, introduction, notes et index par Pierre Ryckmans, préface d'Étiemble, Paris, Gallimard, coll. Connaissance de l'Orient（35），IX – 168 pp. （法国）

3. Lamparelli, C. （tr. a cura di）. *Confucius. I Dialoghi*（孔子·《论语》）. Milano, Mondadori, 1990, XVI, P. 127，（Miranda 829）. （意大利）

4. Zysk T. （塔杜施·Z.），Kryg J. （雅采克·K.），"*I Ching, Księga wróżb*"（《易经：中国古代占卜经典》），Bydgoszcz 1990. （波兰）

5. 성백효：（懸吐完譯）論語集註（［悬吐完译］论语集注）. 전통문화연구회．1990．（韩国）

6. 황병국譯：論語（论语）. 범우사．1990．（韩国）

7. 한상갑譯：논어；중용（论语；中庸）. 삼성문화개발．1990．（韩国）

8. 전대환譯：맹자（孟子）. 자유문고．1990．（韩国）

9. 詩経國風（诗经国风），白川靜（译注），平凡社、東京；東洋文庫；518。（日本）

10. 詩経（诗经），海音寺潮五郎（译），中央公論社、東京；中公文庫。（日本）

公元 1991 年

1. Tomassini, F. （tr. a cura di）. Mencio 孟子．*Meng-tzu*（孟子）. Milano, TEA, 1991, XLII, P. 204. （意大利）

2. *Kinh thi*（《诗经》）全三册，Tạ Quang Phát（谢光发）译，Nxb. Văn học，河内。（越南）

3. *Nho giáo*：*Đại học và Trung dung*（《儒教〈大学〉与〈中庸〉》），Quang Đạm（光淡）译，Nxb. Khoa học xã hội，河内。（越南）

4. *Kinh dịch*（《易经》）全套，Ngô Tất Tố（吴必素）译，Nxb. Tp. Hồ Chí Minh，胡志明市。（越南）

5. 조관희：论语．菁我出版社．1991．（韩国）

6. 성백효：（懸吐完譯）論語集註/3卷（［悬吐完译］论语集注/3 篇）．傳統文化研究會．1991．（韩国）

7. 김문해譯：孟子（孟子）．一信書籍出版社．1991．（韩国）

8. 成百曉譯：（縣吐完譯）孟子集註（［悬吐完译］孟子集注）/孟子著．一信書籍出版社．1991．（韩国）

9. 차주환譯：（한글판）맹자（［韩文版］孟子）．明文堂．1991．（韩国）

10. 論語（论语），金谷治（译注），岩波書店刊、東京；ワイド版岩波文庫；6。（日本）

公元 1992 年

1. PHILASTRE, Paul‐Louis‐Félix 译, *Le Yi King*（《易经》），trad. du chinois, présenté par François Jullien, Zulma, Cadeilhan, 1992, 876 pp.［La couverture porte aussi：《Le livre des changements.》］．（法国）

2. Ji King: A Változások Könyve Ⅰ‐Ⅱ（易经：变化之书）．［Richard Wilhelm német változatából］Ford. Pressing Lajos. Budapest: Orient Press, 1992. Kelet Szent Könyvei. (I Ging, Das Buch der Wandlungen). 770 p. 理查德·维尔海姆（Richard Wilhelm）：《易经：变化之书》（3 册），德语翻译，东方出版社，布达佩斯，1992 年，佩雷斯·劳约什（Pressing Lajos）翻译。（匈牙利）

3. Amalietti, Peter: *Ji Čing-vodnjak modrosti*（易经：智慧之泉）．Ljubljana: Amalietti, 1992．（斯洛文尼亚）

4. Miličinski, Maja: *Yijing = Knjiga premen*（易经 = 轮回转换之书）．Ljubljana: Domus, 1992．（斯洛文尼亚）

5. Переломов Л. С. 论语 Слово Конфуция. М. 191 с. （俄罗斯）

6. *Kinh chu dịch bản nghĩa*（《〈周易〉本义》），Nguyễn Duy Tinh（阮维精）译，Nxb. Cửu Long, 胡志明市。（越南）

7. 《诗经》，雍·英卡卫译，阴阳出版社，曼谷。（泰国）

8. 장기근譯：한글판 論語（韩文版论语）．明文堂．1992．（韩国）

9. 홍인표譯：孟子（孟子）．서울대학교출판부．1992．（韩国）

10. 정영호：여씨춘추 12 기．상 = 呂氏春秋十二紀（吕氏春秋 12 纪上）．자유문고．1992．（韩国）

11. 毛詩鄭箋（毛诗郑笺），鄭玄（笺），米山寅人郎（解题），汲古書院、東京；古典研究会叢書；漢籍之部 1‐3；静嘉堂文庫藏写本『毛詩 20 卷』の影印。（日本）

公元1993年

1. Moran, Patrick Edwin: *Three Smaller Wisdom Books*: *Lao Zi's Dao De Jing*, *The Great Learning* (*Da Xue*), *and The Doctrine of the Mean* (*Zhong Yong*). 《老子〈道德经〉、〈大学〉、〈中庸〉》Lanham, Md.: University Press of America. (美国)

2. JULLIEN, François 译, *Zhong Yong ou La régulation à usage ordinaire* (《中庸》), texte traduit, introduit et commenté par François Jullien, Paris, Imprimerie nationale, coll. La salamandre, 1993, 194 pp. (法国)

3. Щуцкий Ю. К. 《易经》俄译注释本 Китайская классическая 《Книга перемен》. М.: Наука. В кн.: (俄罗斯)

4. 《论语》,ล沙田素译, 高概出版社, 曼谷。(泰国)

5. 장기근 譯: 新完譯論語 (新完译论语). 明文堂. 1993. (韩国)

6. 송주복: 孟子集註 (孟子集注). 여산한학연구소. 1993. (韩国)

7. 차주환 譯: (新完譯) 孟子 ([新完译] 孟子). 明文堂. 1993. (韩国)

8. 鄭英昊譯: 여씨춘추: 呂氏春秋 8 覽/呂不韋著 (呂氏春秋 8 览). 자유문고. 1993. (韩国)

9. 정영호: 여씨춘추: 六論 (呂氏春秋: 六论). 자유문고. 1993. (韩国)

10. 권오돈 譯: (新譯) 禮記 ([新译] 礼记). 弘新文化社. 1993. (韩国)

11. 류정기譯: 四書五經: 한글해설판 (四书五经: 韩文解说版). 聖文社. 1993. (韩国)

12. 김학주 譯: 新完譯詩經 (新完译诗经). 明文堂. 1993. (韩国)

13. 김학주 譯: 新完譯大學, 中庸 (新完译大学、中庸). 明文堂. 1993. (韩国)

14. [刊者未詳]: (懸吐具解) 集註孝經. 대전: 學民文化社. 1993. (韩国)

公元1994年

1. DUBOIS, Jean-Claude 等译, *Yi King*: *sagesse & santé* (《易经: 睿智与健康》), [traduit du chinois par Jean-Claude Dubois et *alii*], Guy Trédaniel, éditions de la Maisnie, Paris, 1994, 148 pp., ill. (法国)

2. LÉVY, André 译, *Les Entretiens de Confucius et de ses disciples* (《论语》), introduction, traduction, notes et commentaires par André Lévy Paris, Flammarion, coll. G. F., 1994, 256 pp. [Traduction française et texte chinois à la suite.] (法国)

3. LIEOU, Yi-Ming, *Yi king*: *texte intégral* (《易经(全本)》), [commentaire chinois de Lieou Yi-Ming, trad. du chinois en américain par Thomas Cleary],

trad. de l'américain par Zéno Bianu, Éditions du Rocher（Les Grands textes spirituels），Monaco，1994，530 pp.，ill.［Traduction de：The Taoist I Ching.］（法国）

4. Adespoto（tr. a cura di）. *I King. Il libro dei mutamenti.*（易经）. Lainate，Vallardi，1994，P. 204.（意大利）

5. Adespoto（tr. a cura di）. *Io non creo，tramando. I dialoghi.*（论语：述而不作），Vimercate，la Spiga，1994，P. 63.（意大利）

6. WILHELM Richard（理查德·威尔海姆）（译成德文并注释），JÓŹWIAK W.（尤什维亚克·W.），BARANKIEWICZ M.（巴兰凯维奇·M.），OSTAS K.（奥斯塔斯·K.）（从德文译成波兰文），*I Cing. Księga Przemian*（《易经》），Latawiec，Warszawa。（波兰）

7. Richard W.（W. 理查德），*I-cing，Księga przemian*（《易经》），Warszawa 1994。（波兰）

8. *A Változások Könyve*：*Ji Csing*（易经）.［Richard Wilhelm német változatából］Ford. Deseö László. Budapest：Édesvíz Kiadó，1994. Titkos tanok 12.（*I Ging，Das Buch der Wandlungen*）. P. 345。理查德·维尔海姆：《易经》，346 页，德语翻译，淡水出版社，布达佩斯，1994 年，德塞欧·拉斯洛（Deseő László）翻译。（匈牙利）

9. *Dalok Könyve*（诗经）. Ford. Csanádi Imre et al.：［Kínai eredetiből a nyersfordításokat készítette Tőkei Ferenc］. Budapest：Európa Könyvkiadó，1974. Lyra Mundi P. 342《诗经》，363 页，第四版，欧洲出版社，布达佩斯，1994 年，初译、注释：杜克义，诗歌翻译：查那迪·依姆莱·依雷什·久拉、亚诺什·依什特万、卡洛依·艾米、科尔莫什·依什特万、拉多尔·拉斯洛、奈迈什·纳吉·阿格奈什、饶波·茹若、萨博·玛格达、沃莱什·山道尔。（匈牙利）

10. *Doctrina lui Confucius sau Cele Patru cărţi clasice ale Chinei*，traducere din limba farnceză de Vlad Cojocaru，Editura Timpul，Iaşi，1994.（［法国］让·皮埃尔·纪尧姆·波蒂埃：《孔子学说或中国的"四书"》，弗拉德·科若卡鲁从法文翻译，雅西：时代出版社，1994 年，477 页）。（罗马尼亚）

11. *Kitab Klasik Confucianisme*（《大学中庸》），叶新田译。（马来西亚）

12. *Men Zi*（《孟子》），Obaidellah Hj. Mohamad（乌拜德拉·哈吉·穆罕默德）译，马来西亚国家语文局出版、吉隆坡。（马来西亚）

13. *Lun Yu Pembicaraan Confusius*（《孔子的学说论语》），Obaidellah IIj. Mohamad 译，马来西亚国家语文局出版、吉隆坡。（马来西亚）

14. 김영수 譯：論語（论语）. 一信書籍出版社. 1994.（韩国）

15. 김혁제：懸吐釋字具解論語集註（悬吐释字具解论语集注）. 明文堂.

1994.（韩国）

 16. 박정수譯：논어（论语）. 青木社. 1994.（韩国）

 17. 홍승직譯：論語（论语）. 고려원. 1994.（韩国）

 18. 홍성욱譯：孟子（孟子）. 고려원. 1994.（韩国）

 19. 차주환譯：孟子（孟子）. 범우사. 1994.（韩国）

 20. 李元燮解說，譯：論語/孟子（论语/孟子）. 양우당. 1994.（韩国）

 21. 김혁제：原本孟子集註全（原本孟子集注全）. 明文堂. 1994.（韩国）

 22. 王启才譯：呂氏春秋제2권，八覧/吕不韦等著（吕氏春秋第2卷八览）. 民音社. 1994.（韩国）

公元 1995 年

 1. PAUTHIER, Guillaume 译, *Les Quatre livres：les Sse-chou ou：les Quatre livres de philosophie morale et politique de la Chine*（《四书：中国道德政治哲学》），de Confucius, avertissement, présentation et notes de Guy Rachet, [trad. de G. Pauthier], France Loisirs (Bibliothèque de la sagesse), Paris, 1995, 455 pp. – [Titre de couverture：Sagesse du Confucianisme. – 《Bibliothèque de la sagesse》 n'est pas une collection, mais une suite fermée en 10 volumes.]（法国）

 2. Santangelo, P. (tr. a cura di). *Confucio* 孔子. *Massime*（论语）. Roma, Newton Compton, 1995, P. 97.（意大利）

 3. Yuan Huaqing 袁华清 (tr. a cura di). *I classici confuciani*（儒家经典）. Lainate, Vallardi, 1995, P. 314.（意大利）

 4. *Księga pieśni = Szy-cing/* [wybór i oprac.] Konfucjusz（《诗经：孔子选编版》）; przeł. [z chiń.] Marzenna Szlenk-Iliewa; 马日娜·S－I. 译，[wstęp Mieczysław Jerzy Künstler]. 金思德作序，Warszawa："Alfa－Wero", 1995。（波兰）

 5. Král, Oldřich（克拉尔）：*I-t'ing = Kniha proměn*（《易经》），克拉尔从中文翻译，注释和评论，排版格雷依查。Praha：Maxima, 1995 年第 1 版, 277 页, 布拉格。（捷克）

 6. K. B. Maradas（马拉达斯）：*Iging：Staročínská kniha o věštění, přeměnách, projevu ducha, jang-jin*（《易经》：中国古代占卜, 转化, 精神, 阴阳之书），马拉达斯从德语译本翻译。Brno：Svatá Mahatma, 106 页, 布尔诺。（捷克）

 7. Lesný, Vincenc（文·莱斯尼，1882－1953），Průšek, Jaroslav（普实克）：*Rozpravy：hovory a komentáře*（《论语》），从汉语翻译, 普实克写原序言和说明, 白利德筹备出版, 写评论和附录。Praha：Mladá fronta, 180 页, 布拉格。（捷克）

8. Konfuciusz: *Beszélgetések és mondások*（论语）. Ford., bev. és jegyzetekkel ell. Tőkei Ferenc. Szeged：Szukits Könyvkiadó，［1995］. A bölcselet mérföldkövei［1.］. 175 p.《论语》，175 页，苏科奇出版社，塞格德市，1995 年，翻译：杜克义。（匈牙利）

9. Confucius, *Analecte*, traducere din limba chineză veche, studiu introductiv, tabel cronologic, note şi comentarii de Florentina Vişan, Editura Humanitas, Bucureşti, 1995. 318p.（孔子：《论语》，弗洛伦蒂娜·维珊翻译、作序、年表、注释、评论，布加勒斯特：人文出版社，1995 年，318 页）。（罗马尼亚）

10. 최근덕譯：한글논어（韩文论语）. 成均館. 1995.（韩国）

11. 김근譯：呂氏春秋. 제1권 – 제3권（吕氏春秋第 1 卷 – 第 3 卷）. 民音社. 1995.（韩国）

12. 김경탁譯：（新完譯）周易（［新完译］周易）. 明文堂. 1995.（韩国）

13. 김학주譯：*대학*/曾子著（大学）. 서울대학교출판부. 1995.（韩国）

14. 자사：중용（中庸）. 서울대학교출판부. 1995.（韩国）

15. 이기석譯：（新譯）論語（新译论语）. 弘新文化社. 1995.（韩国）

16. 譯者不詳：中國古典學研究. 2，尚書·詩經./레기제임스 著（中国古典学研究 2 尚书诗经）. 아름출판사. 1995.（韩国）

17. 譯者不詳：中國古典學研究. 3，春秋左傳./레기제임스 著（中国古典学研究 3 春秋左传）. 아름출판사. 1995.（韩国）

18. 이상옥：（新完譯）禮記.（礼记）. 明文堂. 1995.（韩国）

公元 1996 年

1. STEENS, Eulalie 译, *Le Livre de la sagesse de Confucius*（《论语》）, traduit du chinois et présenté par Eulalie Steens, Monaco, éditions du Rocher, coll. Les Grands Textes spirituels, 1996, 239 pp.（法国）

2. VINOGRADOFF, Michel 译, *Yi jing ou La marche du destin*（《易经》），［trad. du chinois et présenté par］, préface d'Alice Fano, Éditions Dervy, Paris, 1996, 627 pp., ill.（法国）

3. Král, Old rich（克拉尔）：*I-t'ing = Kniha proměn*（《易经》），克拉尔从汉语翻译、解释和评论. Praha：Maxima, 1996 年第 2 版, 修订版, 277 页, 布拉格。（捷克）

4. Král, Old rich（克拉尔）：*I-t'ing = Kniha proměn*（《易经》），克拉尔从汉语翻译、解释和评论. Praha：Maxima, 1996 年第 3 版, 277 页, 布拉格。（捷克）

5. Zahradníčková, Eva（扎赫拉德尼奇科娃）：*Jednoduchý I-t'ing*：*okamžité*

věštby Knihy proměn（《简易易经》），从 Ken Spaulding & Lois Richards 出版的英译本转译。Praha：Pragma，1996 年第 1 版，16 页，布拉格。（捷克）

6. Щуцки，Юрий К.："И Дзин. Класическа китайска книга на промените"（易经—中国经典的变易之书），превод от старокитайски и коментари. София：издателство"Шамбала"。（保加利亚）

7. 남만성譯：논어/개정판（论语/修订版）. 서문당. 1996.（韩国）

8. 진기유：呂氏春秋（吕氏春秋）. 고려원. 1996.（韩国）

9. 홍승직譯：呂氏春秋（吕氏春秋）/呂不韋著. 고려원. 1996.（韩国）

10. 黃秉國譯：論語/1~2，7~8/孔子著（论语 1~2，7~8）. 대현출판사. 1996.（韩国）

11. 黃秉國譯：孟子，9/孟子著（孟子 9）. 대현출판사. 1996.（韩国）

12. 黃秉國譯：小學，17/朱熹著（小学 17）. 대현출판사. 1996.（韩国）

13. 黃秉國譯：中庸，18/子思著（中庸 18）. 대현출판사. 1996.（韩国）

14. 차주환譯：(한글판) 孟子. [（韩文版）孟子]. 明文堂. 1996.（韩国）

15. 刊者未詳：呂氏春秋.（吕氏春秋）. 불함문화사. 1996.（韩国）

16. 한무희譯：（新完譯）論語. [论语（新译）]. 부민문화사. 1996.（韩国）

17. 정진일：대진의맹자읽기.（孟子选读）. 조선대학교출판국. 1996.（韩国）

18. 장기근：（新完譯）論語. [（新完译）论语]. 明文堂. 1996.（韩国）

19. 김경탄譯：論語. 中庸. 大學（论语，中庸，大学）. 명지대학출판부. 1996.（韩国）

20. 詩経（诗经），高田眞治（译），集英社、東京；漢詩選；1–2。（日本）

公元 1997 年

1. Menciusz：*Konfuciusz nagy követője*（孟子）. Vál., ford., bevezetéssel és jegyzetekkel ell. Tőkei Ferenc. Szeged：Szukits Könyvkiadó，1997. A bölcselet mérföldkövei 2. P. 162.《孟子》，164 页，苏科奇出版社，塞格德市，1997 年，翻译、选编、注释、前言：杜克义。此书的前言由杜克义完成，文中首先介绍了孟子，之后分析了孟子与同时代哲学家的关系，另外也介绍了孔子的《论语》和《礼记》。（匈牙利）

2.《书经洪范》，33 页，翻译、前言：杜克义，校对：郝清新。（匈牙利，118 页）

3.《易经系辞》24 页，杜克义翻译、注释，郝清新校对。（匈牙利，118 页）

4. Кълинг，Луис：Древният И Дзин. Мъдростта на древен Китай（古老的《易经》，古代中国的智慧）. София：издателство "Аратрон"。（保加利亚）

5. *Kinh dịch phổ thông*（《普通〈易经〉》），Bùi Hạnh（裴幸），Nxb. Văn hoá thông tin，河内。（越南）

6. *Kinh dịch nguyên thủy*（《原始〈易经〉》），Lê Chí Thiệp（黎志涉）译，Nxb. Văn học，河内。（越南）

7. *Kinh thi tinh tuyển*（《诗经精选》），Phạm Thị Hảo（范氏好）编，Nxb. Đng Nai，同奈。（越南）

8. *Tứ thư tâp Mchuú*（《四书集注》），Nguyễn Đức Lân（阮德临）译，Nxb. Văn hoá thông tin，河内。（越南）

9. *Chu dịch-dịch chú*（《周易译注》），Nguyễn Trung Thuần，Vương Mộng Bưu（阮忠淳、王梦邮）译，Nxb. Khoa học xã hội，河内。（越南）

10. 《论语》，奔萨·散拉维编译，阿拉雅川出版社，曼谷。（泰国）

11. 김인환：주역（周易）. 나남출판. 1997.（韩国）

12. 金敬琢譯：周易/원등소덕 著［（新完译）周易］. 내외문화. 1997.（韩国）

13. 이기동 譯：（新完譯）周易［（新全译）周易］. 동인서원. 1997.（韩国）

14. 김경탁 譯：（新完譯）周易［（新完译）周易］. 明文堂. 1997.（韩国）

公元 1998 年

1. Ames, Roger T.：*Analects of Confucius*：*a philosophical translation*《〈论语〉：哲学化翻译》Ballantine Pub. Group, New York.（美国）

2. Hinton, David：*Confucius*：*The Analects*《论语》英译 Washington, D. C.：Counterpoint.（美国）

3. Hinton, David：*Mencius*《孟子》英译 Washington, D. C.：Counterpoint.（美国）

4. KAMENAROVIĆ, Ivan P. 译，*Printemps et automnes de Lü Buwei*（《吕氏春秋》），Paris, Cerf, coll. Patrimoine（Confucianisme），1998，551 pp.（法国）

5. PHILASTRE, Paul Louis Félix 译，*Le Yi-king*：*le livre des changements*（《易经》），traduit du chinois par Paul Louis Félix Philastre, présentation par François Jullien, Cadeilhan（Gers），Zulma, 1998, 896 pp.（法国）

6. Семененко И. И. 孔子《论语》俄译本 пер. с китайского：Конфуций. Уроки мудрости. М.：Эксмо-пресс. 本书同时在乌克兰的哈尔科夫（Харьков：Фолио）出版。（俄罗斯）

7. 전일환 譯: 맹자（孟子）. 자유문고. 1998.（韩国）

8. 신상재譯:（新完譯）孟子. 上（（新完译）孟子上）. 중앙대학교출판부. 1998.（韩国）

9. 詩経（诗经），石川忠久（著），明治書院、東京；新釈漢文大系；110 - 112。（日本）

10. 書経（书经），加藤常賢（著），明治書院刊本、東京；十三版；上册；新釈漢文大系；卷 25。（日本）

11. 詩経雅頌（诗经雅颂），白川靜（译），平凡社、東京；東洋文庫；635 - 636。（日本）

公元 1999 年

1. Li, David H.: The Analects of Confucius: A New - Millennium Translation. 《〈论语〉新千年译本》Bethesda, Md.: Premier.（美国）

2. COUVREUR, Séraphin 译, *Chou king = les annales de la Chine*（《书经》），You - Feng, Paris, 1999, 464 pp. [Texte chinois, transcription, traductions française et latine. - Titre original: *Shujing*.]（法国）

3. KAMENAROVIĆ, Ivan P. 译, *Printemps et automnes de Lü Buwei*（《吕氏春秋》），traduit du chinois, Éditions du Cerf（Patrimoines, Confucianisme），Paris, 1998, 551 pp.（法国）

4. RYCKMANS, Pierre 译, *Les Entretiens de Confucius*（《论语》），édition et traduction, préface d'étiemble, Gallimard（Connaissance de l'Orient poche；35），Paris, 1999, 180 pp.（法国）

5. RELIGA Małgorzata（莱利嘉·玛乌戈热塔）选译并撰写前言, *Mencjusz i Xunzi O dobrym władcy, m*e*drcach i naturze ludzkiej, Seria: Ma*,*drości Orientu*（《孟子和荀子关于明主、智者和人类天性》，《东方的智慧》系列），Dialog, Warszawa。（波兰）

6. Лукьянов А. Е. 《论语》俄译本 Беседы и суждения Конфуция. СПб.: Кристалл.（Библиотека мировой литературы）. Пер. с китайского: Лунь Юй.（俄罗斯）

7. 이수태譯:（새번역）논어（新译论语）. 생각의나무. 1999.（韩国）

8. 성백효譯:（縣吐完譯）周易傳義（系吐完译周易传义）. 傳統文化研究會. 1999.（韩国）

9. 論語（论语），孔子（著）、金谷治（译注），岩波書店刊、東京；岩波文庫。（日本）

公元 2000 年

1. Král, Oldrich（克拉尔）：*I-t'ing = Kniha proměn*（《易经》），克拉尔从汉语翻译、解释和评论 Praha：Maxima，2000 年第 4 版，298 页，布拉格。（捷克）

Крюков В. М. 周礼 Текст и ритуал：Опыт интерпретации древнекитайской эпиграфики эпохи.（俄罗斯）

2. Семененко И. И.，《论语》俄译注释本 пер. с кит.，коммент. И вступ. ст. Конфуций. Луньюй. М.：Эксмо – пресс.（俄罗斯）

3. 周礼 Текст и ритуал. Опыт интерпретации древнкитайской эпиграфики эпохи Инь – чжоу. М.：Памятники исторической мысли. 464 с.（俄罗斯）

4. 채지충：孝經（효경）.（孝经）. 대현출판사 . 2000.（韩国）

5. 정후수：（주희가집주한）논어［（朱熹集注）论语］. 장락 . 2000.（韩国）

6. 김용옥：도올論語（论语）. 통나무 . 2000.（韩国）

第三节　20 世纪中国古代史学典籍在域外传播编年举要

公元 1904 年（光绪三十年）

1. CHAVANNES, Édouard 译，*Pei yuan lou: récit d'un voyage dans le nord, écrit sous les Song par Tcheou Chan*（周煇《北辕录》），*T'oung pao*，Vol. 5，fasc. 2，1904，pp. 163 – 192.（法国）

2. SAINSON, Camille Auguste Jean 译，*Nan-tchao ye-che = Histoire particulière du Nan-tchao*（《南诏野史》），traduction d'une histoire de l'ancien Yun-nan, accompagnée d'une carte et d'un lexique géographique et historique par Camille Sainson, E. Leroux（Publication de l'École des langues orientales vivantes, 5ᵉ série; 4），Paris，1904，III – 294 pp.，carte.（法国）

公元 1911 年（宣统三年）

Hirth, Friedrich：8233277 *Chau Ju-kua, his work on the Chinese and Arab trade in the twelfth and thirteenth centuries, entitled Chu-fan-chï*（《诸蕃志》译注）St. Petersburg：Imperial Academy of Sciences.（美国）

公元 1930 年（民国二十年）

Gale, Esson M.：*Discourses on Salt and Iron: A Debate on State Control of*

Commerce and Industry in Ancient China（《盐铁论》译注）Leiden：E. J. Brill. （美国）

公元 1932 年（民国二十一年）

ROTOURS，Robert DES，*Le Traité des examens，traduit de la Nouvelle Histoire des T'ang（chap. XLIV，XLV）*（《论考试：译自〈新唐书〉44、45 章》），Paris，E. Leroux，Bibliothèque de l'Institut des hautes études chinoises（Ⅱ），1932，viii – 416 pp. （法国）

公元 1933 年（民国二十二年）

Schindler，Bruno："Das Kapitel 36 des *Chou-shu*：克殷 K'oh – Yin：Die Bewältigung von Yin"（《周书》第 36 章《克殷》），in：AM 9（1933），S. 183 – 194. （德国）

公元 1934 年（民国二十三年）

Stange，Hans Otto Heinrich：*Leben，Persönlichkeit und Werk Wang Mang's，dargestellt nach dem 99. Kapitel der Han-annalen*（根据《汉书》卷九十九论王莽生平及其著作）. Erlangen – Bruck：M. Krahl，1934. 98 S. Berlin，Phil. Diss.，1934. （德国）

公元 1938 年（民国二十七年）

1. Dubs，Homer H.：*The History of the Former Han Dynasty* 《汉书》英译. Baltimore：Waverly. （美国）

2. Stange，Hans O. H.：*Die Monographie über Wang Mang（Ts'ien – Han-shu kap. 99）*（《后汉书》卷九十九《王莽传》）；kritisch bearbeitet，übersetzt und erklärt von Hans O. H. Leipzig：Deutsche Morgenländische Gesellschaft，in Komm. bei F. A. Brockhaus.（*Abhandlungen für die Kunde des Morgenlandes*，Bd. 23，Nr. 3）. Berlin，Phil. Hab. – Schr.，1939. Nendeln/Liechtenstein：Kraus Reprint，1966. （德国）

3. Dubs，Homer Hasenpflug：The History of the Former Han dynasty（《汉书》选译），Vol. 1，Baltimore：Waverley Press，1938. （英国）

公元 1939 年（民国二十八年）

1. Stange，Hans O. H.：*Die Monographie über Wang Mang（Ts'ien – Han-shu*

kap. 99）(《后汉书》卷九十九《王莽传》); kritisch bearbeitet, übersetzt und erklärt von Hans O. H. Stange. Leipzig: Deutsche morgenländische Gesellschaft, in Kommission bei F. A. Brockhaus, 1939. XLI, 336 S. (*Abhandlungen für die Kunde des Morgenlandes*, Bd. 23, Nr. 3). Zugl.: Berlin, Phil. Hab. – Schr., 1939. (德国)

2. STEIN, Rolf, 《Leao – Tche》(《辽志》), *T'oung pao*, Vol. 35, fasc. 1 – 5, 1939, pp. 1 – 154. (法国)

公元 1940 年（民国二十九年）

Bodde, Derk: *Statesman, patriot, and general in ancient China; three biographies of the Chin dynasty* (255 – 206 B. C.) 秦朝的三位人物传记英译 New Haven, Conn.: American Oriental Society. (美国)

公元 1941 年（民国三十年）

Haenisch, Erich (Übers.): *Die geheime Geschichte der Mongolen, aus e. mongolischen Niederschrifte d. J. 1240 von d. Insel Kode'e im Keluren – Fluss* (元朝秘史). Erstmalig übers. u. erl. v. Erich Haenisch. Leipzig: Harrassowitz, 1941. XXXII, 209 S. (*Das mongolische Weltreich*, 1). (德国)

公元 1944 年（民国三十三年）

Sứ ký Tư Mã Thiên (《司马迁〈史记〉》), Nhượng Tống (让宋) 译, Nxb. Tân Việt, 西贡。(越南)

公元 1945 年（民国三十四年）

1. O'hara, Albert Richard: *Position of woman in early China: according to the Lieh nü chuan "The biographies of eminent Chinese women"* 刘向《列女传》英译 Washington, D. C.: Catholic University of America Press. (美国)

2. HAMBIS, Louis, *Le chapitre CVII du Yuan che: les généalogies impériales mongoles dans l'histoire chinoise officielle de la dynastie mongole*（《〈元史〉第 107 章：蒙古朝官方中国史中的蒙古皇族世系》), avec des notes supplémentaires par P. Pelliot, E. J. Brill, Leiden, 1945, XII – 181 pp., tables généalogiques sur dépliants. (法国)

3. SERRUYS, Henri, 《Pei-lou teng-sou, les coutumes des esclaves septentrionaux de Hsiao Ta-heng》(《萧大亨〈北虏风俗〉》), *Monumenta Serica*, Vol. X, 1945, pp. 117 – 208. (法国)

公元 1947 年（民国三十六年）

ROTOURS，Robert DES 译，《〈新唐书〉百官志、兵志》（*Traité des fonctionnaires et traité de l'armée，traduit de la Nouvelle Histoire des T'ang（chap. XLVI - l）*），Leyde，E. J. Brill，Bibliothèque de l'Institut des hautes études chinoises（VI），1947，2 Vol.，cxvii - 1094 p.，plus deux appendices，1 tableau et 9 cartes ou plans.（法国）

公元 1948 年（民国三十七年）

Haenisch，Erich（Übers.）：*Manghol-un-niuca-tobca'an：Die geheime Geschichte der Mongolen. Aus e. mongol. Niederschr. d. Jahres* 1240 *v. d. Insel Kode'e im Keluren - Fluss*（元朝秘史）. Erstmalig übers. u. erl. v. Erich Haenisch. Leipzig：Harrassowitz，2.，verb. Aufl. 1948. XVIII，196 S.（德国）

公元 1950 年

Swann，Nancy Lee：*Food & Money in Ancient China：The Earliest Economic History of China to A. D. 25* 《汉书·食货志》译注 Princeton：Princeton University Press.（美国）

公元 1952 年

Fang，Achilles：*The chronicle of the Three Kingdoms*（220 - 265）. *Chapters 69 - 78 from the Zizhi Tongjian by Sima Guang* 《资治通鉴》69 - 78 卷英译 Cambridge：Harvard University Press.（美国）

公元 1953 年

1. Carroll，Thomas D.：*Account of the T'u-yu-hun in the history of the Chin dynasty* 《金史·吐谷浑》英译 Berkeley：University of California Press.（美国）

2. Chen，Shih-hsiang：*Biography of Ku K'ai-chih*（*Jin Shu 92. 21a - 22a*）《晋书·顾恺之传》英译 Berkeley：University of California Press.（美国）

3. Goodrich，Chauncy S.：*Biography of Su Ch'o*（*translation from the Zhou Shu*）《周书·苏绰传》Berkeley：University of California Press.（美国）

4. Rogers，Michael C. *The rise of the Former Ch'in state and its spread under Fu Chien，through 370 A. D. based on Chin shu* 113 《晋书·苻坚传》英译 Berkeley：University of California Press.（美国）

5. Swisher，Earl：42849261998986—*China's management of the American bar-*

barians; a study of Sino – American relations, 1841 – 1861, with documents（《筹办夷务始末》选译 New Haven：Yale University Press.（美国）

6. Debon, Günther: Die Kapitel 101 und 102 (die Biographien des Yüan Ang, 袁盎, und Ch'ao Ts'oh, 晁错, Chang Shih-chi, 張釋之, und Feng T'ang, 馮唐) aus Szema Ts'iens Shi-ki 史记（司马迁《史记》卷一百一《袁盎晁错列传》和卷一百二《张释之冯唐列传》）. München, 1953. 116 l. Diss. – Univ. Munich.（德国）

公元 1955 年

1. Levy, Howard S.: 42849261998986 – Biography of Huang Ch'ao（《新唐书·黄巢传》英译）. Berkeley：University of California Press.（美国）

2. Solomon, Bernard S.: 42849261998986 – The veritable record of the Tang emperor Shun-tsung, February 28, 805 – August 31, 805.（韩愈《肃宗实录》英译）Cambridge：Harvard University Press.（美国）

公元 1956 年

1. Schurmann, Herbert Franz: M4592993B – Economic structure of the Yüan dynasty; translation of chapters 93 and 94 of the Yüan shih（《元史》93 – 94 章英译）Cambridge：Harvard University Press.（美国）

2.《史记》俄文节译本（第三至二十篇）Сыма Цянь. Избранное. Пер. с китайского В. Панасюка. Общ. ред., предисл. И коммент. Л. И. Думана. М.：Гослитиздат. 359 с.（俄罗斯）

公元 1957 年

1. Haenisch, Erich (Übers.): "Kaiserliches Vorwort zum Aktenwerk über den Krieg gegen G'aldan, aus dem Mandschu übersetzt"（皇帝为有关噶尔丹战争的公文卷宗所批序言，译自满文），in：ZDMG 107 (1957), S. 402 – 411.（德国）

2. Kraft, Eva: "Zum Huai-nan-tzu. Einführung, Übersetzung (Kapitel I und II) und Interpretation (Erster Teil)"［《南淮子》研究：导论、翻译、评析（卷一、二）］, in：MS 16 (1957), S. 191 – 286.（德国）

公元 1958 年

Feifel, Eugen: "Biography of Po Chü – I – Annotated translation from chüan 166 of the Chiu T'ang-shu"（白居易传：《旧唐书》卷 166 之翻译及注解），in：MS 17 (1958). S. 255 – 311.（德国）

公元 1959 年

1. Miller, R. A.： *Accounts of Western nations in the history of Northern Chou dynasty*《周书》卷五十英译 Berkeley：University of California Press.（美国）

2. Mather, Richard B.： *Biography of Lu Kuang*（*translation from the Jin Shu*）《晋书·陆康传》英译 Berkeley：University of California Press.（美国）

公元 1961 年

Watson, Burton：*Records of the Grand Historian of China translated from the Shih chi of Ssu-ma Ch'ien*（《史记》英译）New York：Columbia University Press.（美国）

公元 1962 年

1. Dien, Albert E.： *Biography of Yü-wen Hu*《周书·宇文护传》英译，University of California Press, Berkeley.（美国）

2. Haenisch, Erich（Übers.）：*Gestalten aus der Zeit der chinesischen Hegemoniekämpfe. Übersetzungen aus Sze-ma Ts'iens Historischen Denkwürdigkeiten*（中国战国时代的形成，译自司马迁《史记》）. Wiesbaden：Franz Steiner, 1962. XV u. 52 S.（*Abhandlungen für die Kunde des Morgenlandes*, Vol. XXXIV, No. 2）.（德国）

公元 1964 年

1. *Sử ký Tư Mã Thiên*（《司马迁〈史记〉》）, Nhượng Tống（让宋）译, Nxb. Trường Sơn, 西贡。（越南）

2. 김구용 譯：（完譯丘庸）列國志/第 1-5 卷（（完译丘庸）列国志/第 1-5 卷），語文閣. 1964.（韩国）

3. 戦国策（战国策），守屋洋（译），経営思潮研究会、東京；中国の思想，2。（日本）

公元 1965 年

1. Haenisch, Erich（Übers.）：*Der Herr von Sin-Ling. Reden aus dem Chan-kuo-tse und Biographien aus dem Shi-ki*（信陵君：《战国策》中的言论以及《史记》中有关他生平的记载）, eingeleitet und übers. von Erich Haenisch. Stuttgart：P. Reclam Jun, 1965. 79 S.（*Unesco-Sammlung repräsentativer Werke*：*Asiatische Reihe*；*Universal-Bibliothek*, Nr. 8947）.（德国）

2. 김구용 譯：丘庸列國志（丘庸列国志）. 語文閣. 1965.（韩国）

3. 탈탈：宋史藝文志.1-4.藝文印書館.1965.（韩国）

4. 左伝（左传），松枝茂夫（译），経営思潮研究会、東京；中国の思想，11。（日本）

公元 1966 年

Průšek, Jaroslav："A New Exegesis of Chan-kuo-ts'e"（《战国策》新注），in：*AO* 34（1966），pp. 587-692.（德国）

公元 1967 年

1. MOYRIAC DE MAILLA, Joseph Anne Marie de 译，*Histoire générale de la Chine*：*ou annales de cet empire*（《中国通史》），t. X, traduites du *Tong-Kien-Kang-Mou*, par le feu père Joseph Anne Marie de Moyriac de Mailla…, publiées par M. l'abbé Grosier, et dirigées par M. Le Roux des Hautesrayes, Ch'eng-Wen Publishing Company, Taipei, 1967, 579 pp., ill. [Ouvrage enrichi de figures & de nouvelles Cartes Géographiques de la Chine ancienne & moderne, levées par ordre du feu Empereur Kang-hi, & gravées pour la première fois. - Reprint de l'édition originale publiée par Ph. - D. Pierres et Clousier en 1777. - 《Ch'eng-wen gratefully acknowledges the assistance of Harvard College Library in loaning an original copy of this work for reproduction.》]（法国）

2. MOYRIAC DE MAILLA, Joseph Anne Marie de 译，*Histoire générale de la Chine*：*ou annales de cet empire*（《中国通史》），t. XI, traduites du *Tong-Kien-Kang-Mou* par le feu père Joseph Anne Marie de Moyriac de Mailla…, publiées par M. l'abbé Grosier, et dirigées par M. Le Roux des Hautesrayes, Ch'eng-Wen Publishing Company, Taipei, 1967, 610 pp., ill. [Ouvrage enrichi de figures & de nouvelles Cartes Géographiques de la Chine ancienne & moderne, levées par ordre du feu Empereur Kang-hi, & gravées pour la première fois. - Reprint de l'édition originale publiée par Ph. - D. Pierres et Clousier en 1777. - 《Ch'eng-wen gratefully acknowledges the assistance of Harvard College Library in loaning an original copy of this work for reproduction.》]（法国）

3. MOYRIAC DE MAILLA, Joseph Anne Marie de 译，*Histoire générale de la Chine*：*ou annales de cet empire*（《中国通史》），t. XII, traduites du *Tong-Kien-Kang-Mou* par le feu père Joseph Anne Marie de Moyriac de Mailla…, publiées par M. l'abbé Grosier, et dirigées par M. Le Roux des Hautesrayes, Ch'eng-Wen Publishing Company, Taipei, 1967, 348 pp., ill. [Ouvrage enrichi de figures & de nou-

velles Cartes Géographiques de la Chine ancienne & moderne, levées par ordre du feu Empereur Kang-hi, & gravées pour la première fois. – Reprint de l'édition originale publiée par Ph. – D. Pierres et Clousier en 1777. –《Ch'eng-wen gratefully acknowledges the assistance of Harvard College Library in loaning an original copy of this work for reproduction.》］（法国）

4. WEULERSSE, Delphine,《Journal de voyage d'un lettré chinois en 1177：Wuchuan-lu de Fan Cheng-da/Cheng – Da Fan》(《1177 年一个中国文人的游记：范成大〈吴船录〉》), texte traduit, présenté et annoté. Thèse de 3e cycle：Lettres：Paris：1967（155 f.；ill.；30 cm）.（法国）

5. 김구용 譯：（丘庸）列國志. 第 1－5 卷（丘庸）列国志. 第 1－5 卷. 語文閣. 1967.（韩国）

公元 1968 年

1. Rogers, Michael C.：*The chronicle of Fu Chien*：*a case of exemplar history*《晋书·苻坚传》英译 Berkeley：University of California Press.（美国）

2. Teng, Ssu – Yü：5135P16617R25*Family instructions for the Yen clan*：*Yen-shih chia-hsün*《颜氏家训》译注：Leiden：E. J. Brill.（美国）

3. Васильев К. В.《战国策》翻译与研究 Планы Сражающихся царств：(Исследование и переводы), АН СССР. Институт народов Азии. М.：Наука. 255 с.（俄罗斯）

4. Переломов С. 商君书俄文译注本 Книга правителя области Шан（Шан цзюнь шу）. М. 351 с. 2 – е изд. 1993.（俄罗斯）

5.《明代史籍汇考》, 傅吾康（德）著, 马来亚大学出版社、吉隆坡.（马来西亚）

6. Chiến Quốc sách（《战国策》）, Giản Chi, Nguyễn Hiến Lê（简之、阮献黎）译, Nxb. Lá Bối, 西贡.（越南）

7. 석현장：大唐西域記. 1－3. 藝文印書館. 1968.（韩国）

公元 1969 年

1. Watson, Burton：*Records of the historian*；*chapters from the Shih chi of Ssu-ma Chien*（史记选译）：New York, Columbia University Press.

2. MOYRIAC DE MAILLA, Joseph Anne Marie de 译, *Histoire générale de la Chine：ou annales de cet empire*（《中国通史》）, t. I, traduites du *Tong – Kien – Kang – Mou* par le feu père Joseph Anne Marie de Moyriac de Mailla…, publiées par

M. l'abbé Grosier, et dirigées par M. Le Roux des Hautesrayes, Ch'eng – Wen Publishing Company, Taipei, 1969, cc – 349 pp., ill. [Contient une liste des souscripteurs. – Ouvrage 99 enrichi de figures & de nouvelles Cartes Géographiques de la Chine ancienne & moderne, levées par ordre du feu Empereur Kang-hi, & gravées pour la première fois. – Reprint de l'édition originale publiée par Ph. – D. Pierres et Clousier en 1777. – 《Ch'eng-wen gratefully acknowledges the assistance of Harvard College Library in loaning an original copy of this work for reproduction.》]（法国）

3. MOYRIAC DE MAILLA, Joseph Anne Marie de 译,（*Histoire générale de la Chine*：*ou annales de cet empire* 《中国通史》）, t. II, traduites du *Tong – Kien – Kang – Mou* par le feu père Joseph Anne Marie de Moyriac de Mailla…, publiées par M. l'abbé Grosier, et dirigées par M. Le Roux des Hautesrayes, Ch'eng – Wen Publishing Company, Taipei, 1969, 590 pp., ill. [Ouvrage enrichi de figures & de nouvelles Cartes Géographiques de la Chine ancienne & moderne, levées par ordre du feu Empereur Kang-hi, & gravées pour la première fois. – Reprint de l'édition originale publiée par Ph. – D. Pierres et Clousier en 1777. – 《Ch'eng-wen gratefully acknowledges the assistance of Harvard College Library in loaning an original copy of this work for reproduction.》]（法国）

4. MOYRIAC DE MAILLA, Joseph Anne Marie de 译, *Histoire générale de la Chine*：*ou annales de cet empire*（《中国通史》）, t. III, traduites du *Tong – Kien – Kang – Mou* par le feu père Joseph Anne Marie de Moyriac de Mailla…, publiées par M. l'abbé Grosier, et dirigées par M. Le Roux des Hautesrayes, Ch'eng – Wen Publishing Company, Taipei, 1969, 588 pp., ill. [Ouvrage enrichi de figures & de nouvelles Cartes Géographiques de la Chine ancienne & moderne, levées par ordre du feu Empereur Kang-hi, & gravées pour la première fois. – Reprint de l'édition originale publiée par Ph. – D. Pierres et Clousier en 1777. – 《Ch'eng-wen gratefully acknowledges the assistance of Harvard College Library in loaning an original copy of this work for reproduction.》]（法国）

5. MOYRIAC DE MAILLA, Joseph Anne Marie de 译, *Histoire générale de la Chine*：*ou annales de cet empire*（《中国通史》）, t. IV, traduites du *Tong – Kien – Kang – Mou* par le feu père Joseph Anne Marie de Moyriac de Mailla…, publiées par M. l'abbé Grosier, et dirigées par M. Le Roux des Hautesrayes, Ch'eng – Wen Publishing Company, Taipei, 1969, 594 pp., ill. [Ouvrage enrichi de figures & de nouvelles Cartes Géographiques de la Chine ancienne & moderne, levées par ordre du feu Empereur Kang-hi, & gravées pour la première fois. – Reprint de l'édition originale

publiée par Ph. – D. Pierres et Clousier en 1777. – 《Ch'eng-wen gratefully acknowledges the assistance of Harvard College Library in loaning an original copy of this work for reproduction.》] （法国）

6. MOYRIAC DE MAILLA, Joseph Anne Marie de 译, *Histoire générale de la Chine*：*ou annales de cet empire*（《中国通史》）, t. V, traduites du *Tong – Kien – Kang – Mou* par le feu père Joseph Anne Marie de Moyriac de Mailla…, publiées par M. l'abbé Grosier, et dirigées par M. Le Roux des Hautesrayes, Ch'eng – Wen Publishing Company, Taipei, 1969, 564 pp., ill. [Ouvrage enrichi de figures & de nouvelles Cartes Géographiques de la Chine ancienne & moderne, levées par ordre du feu Empereur Kang-hi, & gravées pour la première fois. – Reprint de l'édition originale publiée par Ph. – D. Pierres et Clousier en 1777. – 《Ch'eng-wen gratefully acknowledges the assistance of Harvard College Library in loaning an original copy of this work for reproduction.》] （法国）

7. MOYRIAC DE MAILLA, Joseph Anne Marie de 译, *Histoire générale de la Chine*：*ou annales de cet empire*（《中国通史》）, t. VI, traduites du *Tong – Kien – Kang – Mou* par le feu père Joseph Anne Marie de Moyriac de Mailla…, publiées par M. l'abbé Grosier, et 100 dirigées par M. Le Roux des Hautesrayes, Ch'eng – Wen Publishing Company, Taipei, 1969, 586 pp., ill. [Ouvrage enrichi de figures & de nouvelles Cartes Géographiques de la Chine ancienne & moderne, levées par ordre du feu Empereur Kang-hi, & gravées pour la première fois. – Reprint de l'édition originale publiée par Ph. – D. Pierres et Clousier en 1777. – 《Ch'eng-wen gratefully acknowledges the assistance of Harvard College Library in loaning an original copy of this work for reproduction.》] （法国）

8. MOYRIAC DE MAILLA, Joseph Anne Marie de 译, *Histoire générale de la Chine*：*ou annales de cet empire*（《中国通史》）, t. Ⅶ, traduites du *Tong – Kien – Kang – Mou* par le feu père Joseph Anne Marie de Moyriac de Mailla…, publiées par M. l'abbé Grosier, et dirigées par M. Le Roux des Hautesrayes, Ch'eng – Wen Publishing Company, Taipei, 1969, 584 pp., ill. [Ouvrage enrichi de figures & de nouvelles Cartes Géographiques de la Chine ancienne & moderne, levées par ordre du feu Empereur Kang-hi, & gravées pour la première fois. – Reprint de l'édition originale publiée par Ph. – D. Pierres et Clousier en 1777. – 《Ch'eng-wen gratefully acknowledges the assistance of Harvard College Library in loaning an original copy of this work for reproduction.》] （法国）

9. MOYRIAC DE MAILLA, Joseph Anne Marie de 译, *Histoire générale de la*

Chine：*ou annales de cet empire*（《中国通史》），t. Ⅷ，traduites du *Tong – Kien – Kang – Mou* par le feu père Joseph Anne Marie de Moyriac de Mailla…，publiées par M. l'abbé Grosier，et dirigées par M. Le Roux des Hautesrayes，Ch'eng – Wen Publishing Company，Taipei，1969，662 pp.，ill.［Ouvrage enrichi de figures & de nouvelles Cartes Géographiques de la Chine ancienne & moderne，levées par ordre du feu Empereur Kang-hi，& gravées pour la première fois. – Reprint de l'édition originale publiée par Ph. – D. Pierres et Clousier en 1777. – 《Ch'eng-wen gratefully acknowledges the assistance of Harvard College Library in loaning an original copy of this work for reproduction.》］（法国）

10. MOYRIAC DE MAILLA，Joseph Anne Marie de 译，*Histoire générale de la Chine*：*ou annales de cet empire*（《中国通史》），t. Ⅸ，traduites du *Tong – Kien – Kang – Mou* par le feu père Joseph Anne Marie de Moyriac de Mailla…，publiées par M. l'abbé Grosier，et dirigées par M. Le Roux des Hautesrayes，Ch'eng – Wen Publishing Company，Taipei，1969，658 pp.，ill.［Ouvrage enrichi de figures & de nouvelles Cartes Géographiques de la Chine ancienne & moderne，levées par ordre du feu Empereur Kang-hi，& gravées pour la première fois. – Reprint de l'édition originale publiée par Ph. – D. Pierres et Clousier en 1777. – 《Ch'eng-wen gratefully acknowledges the assistance of Harvard College Library in loaning an original copy of this work for reproduction.》］（法国）

11. MOYRIAC DE MAILLA，Joseph Anne Marie de 译，*Histoire générale de la Chine*：*ou annales de cet empire*（《中国通史》），t. ⅩⅢ，traduites du *Tong – Kien – Kang – Mou* par le feu père Joseph Anne Marie de Moyriac de Mailla…，publiées par M. l'abbé Grosier，et dirigées par M. Le Roux des Hautesrayes，Ch'eng – Wen Publishing Company，Taipei，1969，798 pp.，ill.［Ouvrage enrichi de figures & de nouvelles Cartes Géographiques de la Chine ancienne & moderne，levées par ordre du feu Empereur Kang-hi，& gravées pour la première fois. – Reprint de l'édition originale publiée par Ph. – D. Pierres et Clousier en 1777. – 《Ch'eng-wen gratefully acknowledges the assistance of Harvard College Library in loaning an original copy of this work for reproduction.》］（法国）

公元 1970 年

資治通鑑選（资治通鉴选），司馬光（著）、賴惟勤、石川忠久（编），新田大作（译），平凡社、東京；中国古典文学大系，第 14 卷。（日本）

公元 1971 年

1. 大唐西域記（大唐西域记），玄奘（著），水谷真成（译），平凡社、東京；中国古典文学大系，第 22 卷。（日本）

2. 史記（史记），司馬遷（著），小竹文夫、小竹武夫（译），筑摩書房、東京；筑摩世界文學大系，6，7。（日本）

公元 1972 年

1. HERVOUET, Yves, *Le Chapitre* 117 *du Che-ki*, *Biographie de Sseu-ma Siang-jou*（《〈史记〉第 117 章：司马相如传》），traduction avec notes, Bibliothèque de l'Institut des Hautes études Chinoises, Vol. XXIII, Paris, PUF, 1972, v + 285 pp. （法国）

2. RATCHNEVSKY, Paul 译, *Un Code des Yuan*（《元法典》）, t. 2, [éd. et trad.] par Paul Ratchnevsky, Collège de France, Institut des hautes études chinoises (Bibliothèque de l'Institut des hautes études chinoisess, Presses universitaires de France, Paris, 1972, XI – 197 pp. （法国）

3. Albanese, A. *Le biografie di Ch'en Sheng e Hsiang Yu nel cap.* 31 *dello Han shu*（《汉书》卷三十一陈胜项籍传），《Rivista degli Studi Orientali》（东方学研究杂志），47（1972），pp. 277 – 312；49（1975），pp. 207 – 63. （意大利）

4. 《战国策研究》，郑良树著，新加坡学术出版社、新加坡。（马来西亚）

5. *Sử ký của Tư Mã Thiên*（《司马迁〈史记〉》），Gian Chi，Nguyễn Hiến Lê（简之、阮献黎），Nxb. Lá Bối, 西贡。（越南）

6. 학의행：顔氏家訓・記．（颜氏家训脚记）．藝文印書館．1972．（韩国）

公元 1973 年

1. *Chiến Quốc sách*（《战国策》），Giản Chi, Nguyễn Hiến Lê（简之、阮献黎）译，Nxb. Lá Bối, 西贡。（越南）

2. 이영무 譯：史記/司馬遷著．新太陽社．1973．（韩国）

3. 홍석보 譯：史記列傳．三星文化財團出版部．1973．（韩国）

公元 1974 年

문선규 譯：사기열전．2（史记列传．2）．한국자유교육협회．1974．（韩国）

公元 1975 年

1. Вяткин Р. В. 《史记》俄文全译注释本第二卷 Сыма Цянь. Исторические

записки（《Ши цзи》）АН СССР．，отделение истории．Институт востоковедения． Т. 2. Совместно с Таскиным．（俄罗斯）

2. Свистунова Н. П. 《盐铁论》俄文译注本 Установления о соли и чае．АН СССР．Институт востоковедения．М．：Наука．279 с．，ил．（俄罗斯）

公元 1976 年

1. Dien，Albert E.：*Pei Chi shu* 45：*biography of Yen Chih-tui*《北齐书·颜之推传》英译 Herbert Lang，Bern．（美国）

2. Dien，Albert E.：*Pei Chi̇-shu* 45. *Biography of Yen Chih-t'ui*（《北齐书》卷四十五：颜之推传），Frankfurt am Main，München：Peter Lang，1976. 183 S. (*Würzburger Sino – Japonica*. Bd. 5). （德国）

3.（標點校勘）二十五史［(标点校勘)二十五史］．景仁文化史．1976.（韩国）

公元 1977 年

1. Sargent，Clyde Bailey：*Wang Mang*：*A Translation of the Official Account of His Rise to Power as Given in the History of the Former Han Dynasty*．《汉书·王莽传》英译 Westport，Conn．：Hyperion．（美国）

2. RATCHNEVSKY，Paul 译，*Un Code des Yuan*（《元法典》），t. 3，[éd. et trad.] par Paul Ratchnevsky，Collège de France，Institut des hautes études chinoises Bibliothèque de l'Institut des hautes études chinoises，Presses universitaires de France，Paris，1977，209 pp.［Index，par Paul Ratchnevsky et Françoise Aubin.］（法国）

3. 정남수譯：戰國策．일지사．1977.（韩国）

4. 홍석보譯：史記列傳．삼성출판사．1977.（韩国）

5. 譯者不詳：資治通鑑今註/사마광著．경문사．1977.（韩国）

6. 이종동：資治通鑑今註：漢記魏記晉記宋記（资治通鉴今注：汉记魏记晋记宋记）．景文社．1977.（韩国）

公元 1978 年

1. BAUDRY，Pierre，BAUDRY – WEULERSSE，Delphine，Jean LÉVI 译，*Dispute sur le sel et le fer*［*Yantie lun*］*Chine*（《盐铁论》），an – 81，présentation par Georges Walter，Paris，Seghers，coll. Mots，1978，271 pp.（rééd.：1991）．（法国）

2. 최인욱, 김영수 譯: *Great books*. 13, 史記列傳（1）/司馬遷著［*Great books*. 13, 史记列传（1）］東西文化社. 1978. （韩国）

3. 최인욱, 김영수 譯: *Great books*. 14, 史記列傳（2）/司馬遷著［*Great books*. 14, 史记列传（2）］東西文化社. 1978. （韩国）

公元 1979 年

1. 경인문화사: （標點校勘）金史（全）［（标点校勘）金史（全）］. 景仁文化社. 1979. （韩国）

公元 1980 年

1. Бокщанин А. А., Лин Кюн-и, 中世纪早期中国经济史资料 Материалы по экономической истории Китая в раннее средневековье. М. 《隋书》俄文译注见第 86 - 120 页、第 192 - 232 页。（俄罗斯）

2. 의정: 大唐西域求法高僧傳. 東國大學校佛典刊行委員會. 1980. （韩国）

3. 성원경譯: 이사람의짓을보세요: 史記列傳要解/司馬遷著. 서광사. 1980. （韩国）

公元 1981 年

1. McKnight, Brian E.: *The Washing Away of Wrongs*: *Forensic Medecine in Thirteenth - Century China* 宋慈《洗冤集录》英译. Ann Arbor: University of Michigan Center for Chinese Studies. （美国）

2. LÉVI, Jean 译, *Le Livre du prince Shang* ［*Shangjunska*］（《商君书》）, Paris, Flammarion, coll. Aspects de l'Asie, 1981, 212 pp. （Rééd.: 2005）. （法国）

公元 1982 年

1. Cleaves, Francis Woodman: *The Secret History of the Mongols* 《蒙古秘史》英译. Cambridge, Mass: Harvard University Press. （美国）

2. Knechtges, David R.: *The Han shu Biography of Yang Xiong* (53 B. C. - A. D. 18)《汉书·扬雄传》英译 Tempe: Center for Asian Studies, Arizona State University. （美国）

3. 홍석보 譯: 史記列傳/신편호화보급판.삼성출판사. 1982. （韩国）

公元 1983 年

1. Sy-ma Ts'ien（司马迁）, "K'ing Pu. Zapisków historyka rozdział dwudziesty

pierwszy czyli Biografii rozdział trzydziesty pierwszy",金思德译,nr 1 – 4/1983 登载于《东方概览》期刊 1983 年第 1 – 4 期。（波兰）

2. 권덕주 譯：大唐西域記/玄奘著．우리출판사．1983．（韩国）

3. 권덕주 譯：大唐西域記．日月书阁．1983．（韩国）

4. 의정：大唐西域求法高僧傳．［동국대학교도서관］．1983．（韩国）

5. 譯者不详：史記索引：二十五史索引之一（史记索引：二十五史索引之一）．경인문화사．1983．（韩国）

6.（標點校勘）新元史（（标点校勘）新元史）．경인문화사．1983．（韩国）

7. 최학근：滿夢學叢書（v.1：滿文《大遼國史》）（满梦学丛书梦文《大辽国史》）．民俗苑．1983．（韩国）

8. 최학근：滿夢學叢書（v.2：夢文《滿洲實錄》，上）（满梦学丛书梦文《满洲实录》上）．民俗苑．1983．（韩国）

9. 최학근：滿夢學叢書（v.3：夢文《滿洲實錄》，下）（满梦学丛书梦文《满洲实录》下）．民俗苑．1983．（韩国）

公元 1984 年

1. Wang, Yi-t'ung：*Record of Buddhist Monasteries in Lo-yang*《洛阳伽蓝记》英译 Princeton U P, Princeton.（美国）

2. Варенов А. В. 中国考古学新发现 Новое в археологии Китая：（Исследования и проблемы）．Новосибирск，Вяткин，Р. В.，Сыма Цянь．Исторические записки（《Ши цзи》АН СССР．，отделение истории．Институт востоковедения. Т. 3. М.（俄罗斯）

3. 이민수：近思录·近思录续．朱熹·吕祖谦·宋秉璿原著．乙酉文化社．1984．（韩国）

4. 이주홍，유문동 譯：사마천사기/司馬遷著．배재서관．1984．（韩国）

5 이성규：左傳選．三星美術文化財團．1984．（韩国）

6 황종희：明夷待訪錄（明夷待访录）．三星美術文化財團．1984．（韩国）

公元 1985 年

1. RATCHNEVSKY, Paul 译，*Un Code des Yuan*（《元法典》），t. 1，［éd. et trad.］par Paul Ratchnevsky，nouvelle édition，Collège de France，Institut des hautes études chinoises（Bibliothèque de l'Institut des hautes études chinoises，Paris，1985，XCIX – 348 pp.（法国）

2. RATCHNEVSKY, Paul 译，*Un Code des Yuan*（《元法典》），t. 4，［éd. et

trad.］par Paul Ratchnevsky，Collège de France，Institut des hautes études chinoises（Bibliothèque de l'Institut des hautes études chinoises，Paris，1985，VII－426 pp.（法国）

  3. 임동석：战国策．刘向原著．教学研究社．1985.（韩国）

  4. 최인욱譯：동양의사상．4，사기열전（东洋思想 4 史记列传）．양우당．1985.（韩国）

  5. 박종화譯：三國誌．/陳壽著．語文閣．1986.（韩国）

  6. 李英茂譯：史記．1～6/사마천著．小設文學社．1986.（韩国）

  7. 문선규譯：史记列传（上、下）．三镜堂．1985.（韩国）

公元 1986 年

1. 《史记》俄文全译注释本第四卷 Вяткин，Р. В.，Сыма Цянь．Исторические записки（《Ши цзи》АН СССР．，отделение истории．Институт востоковедения．Т. 4.（俄罗斯）

  2. 李相玉譯註：史記列傳．/司馬遷原著명문당．1986.（韩国）

  3. 李英茂譯：史記（史记）．小說文學社/사마천著．1986.（韩国）

公元 1987 年

1. Вяткин Р. В. 《史记》俄文全译注释本第五卷 Сыма Цянь．Исторические записки（《Ши цзи》АН СССР．，отделение истории．Институт востоковедения．Т. 5.（俄罗斯）

  2. 이성규譯：史記．서울대학교출판부．1987.（韩国）

  3. 金忠烈譯：資治通鑑/司馬光著．삼성출판사．1987.（韩国）

  4. 이상옥譯：史記列傳（史记列传）．明文堂．1987.（韩国）

公元 1988 年

1. *Sử ký*（《史记》），Như Thành（汝成）译，Nxb. Văn học，河内。（越南）

  2. 한국경제사회연구소：史記（史记）．CPI. 1988.（韩国）

  3. 시흥군지편찬위원회：始興郡誌（始兴郡志）．始興郡．1988.（韩国）

公元 1989 年

1. Watson，Burton：*The Tso chuan*：*Selections from China's Oldest Narrative History*．《左传》选译 New York：Columbia University Press．（美国）

  2. *Chiến Quốc sách*（《战国策》），Giản Chi，Nguyễn Hiến Lê（简之，阮献

黎）译，Nxb. Trẻ，胡志明市。（越南）

公元 1990 年

1. Gardner, Daniel K. : *Learning to Be a Sage*: *Selections from the Conversations of Master Chu*《朱子语录》选译 Berkeley: University of California Press.（美国）

2. 홍석보譯：사기열전（史记列传）．삼성문화개발．1990.（韩国）

3. 김충열譯：자치통감（资治通鉴）．삼성문화개발．1990.（韩国）

4. 보경문화사 編：資治通鑑綱目，1-4（资治通鉴纲目，1-4）/朱熹著．보경문화사．1990.（韩国）

5. 譯者不詳：史記：古代中國의 歷史와 文化의 結晶體/司馬遷著（史记：古代中国的历史与文化结晶）．내외1990.（韩国）

公元 1991 年

1. Ebrey, Patricia Buckley: *Chu Hsi's Family Rituals*: *A Twelfth - Century Chinese Manual for the Performance of Cappings*, *Weddings*, *Funerals*, *and Ancestral Rites*.《朱熹〈家礼〉：12 世纪中国关于"冠"、"婚"、"丧"、"祭"诸礼的手册》Princeton: Princeton University Press.（美国）

2. BAUDRY - WEULERSSE, Delphine, LEVI, Jean, BAUDRY, Pierre 译, *Dispute sur le sel et le fer*, *Yantie lun*: *Chine, an -81*（《盐铁论》），[un prodigieux document sur l'art de gouverner], présentation par Georges Walter, trad. du chinois par Delphine Baudry - Weulersse, Jean Lévi, Pierre Baudry, collaboration de Georges Walter, Seghers (Mots), Paris, 1991, 271 pp.（法国）

3. 金筌園譯：戰國策/劉向著（战国策）．명문당．1991.（韩国）

4. 權五鉉譯：史記列傳/司馬遷著（史记列传）．一新書籍出版社．1991.（韩国）

公元 1992 年

1. Вяткин Р. В.《史记》俄文全译注释本第六卷 Сыма Цянь, Исторические записки（《Ши цзи》АН СССР. , отделение истории. Институт востоковедения. Т.6.（俄罗斯）

2. 정영호：呂氏春秋：12 紀：동양사상의백과전서（吕氏春秋：12 纪：东方思想的百科全书）．자유문고．1992.（韩国）

3. 정영호：여씨춘추 12 기．상 = 呂氏春秋十二紀（吕氏春秋 12 纪上）．자유문고．1992.（韩国）

公元 1993 年

1. Watson, Burton: *Records of the Grand Historian*: *Han Dynasty*. 《史记》汉代部分英译 New York: Columbia University Press. （美国）

2. Watson, Burton: *Records of the Grand Historian*: *Qin Dynasty*. 《史记》秦代部分英译 New York: Columbia University Press. （美国）

3. Переломов Л. С《商君书》俄译注释本. Книга правителя области Шан (Шан цзюнь шу). РАН. Институт Дальнего Востока. М,: Ладомир. 392 с. （俄罗斯）

4. 南晚星譯: 史記列傳/司馬遷著（史记列传）. 乙酉文化社. 1993. （韩国）

5. 임동석: 戰國策（战国策）. 고려원. 1993. （韩国）

6. 김충열譯: 자치통감（v.1, 2, 3）（资治通鉴1, 2, 3）사마광 著. 삼성문화개발. 1993. （韩国）

公元 1994 年

1. Nienhauser, William H.: . *The Grand Scribe's Records* 《史记》英译 Bloomington: Indiana University Press. （美国）

2. Bozza, E. (tr. a cura di). Wang Anshi 王安石. *Il memoriale delle diecimila parole ovvero l'arte del governo* (万言书). Milano, Mondadori, 1994, P.126. （意大利）

公元 1995 年

1. 金瑩洙，崔仁旭譯: 史記列傳/司马迁著（史记列传）. 신원문화사. 1995. （韩国）

2. 김우옹: 東岡先生全書/7: 續資治通鑑綱目1（东冈先生全书/7 续资治通鉴纲目1）. 晴川書院. 1995. （韩国）

3. 김우옹: 東岡先生全書/8: 續資治通鑑綱目2（东冈先生全书/8 续资治通鉴纲目2）. 晴川書院. 1995. （韩国）

4. 김우옹: 東岡先生全書/9: 續資治通鑑綱目3（东冈先生全书/9 续资治通鉴纲目3）. 晴川書院. 1995. （韩国）

5. 김우옹: 東岡先生全書/10: 續資治通鑑綱目4（东冈先生全书/10 续资治通鉴纲目4）. 晴川書院. 1995. （韩国）

6. 商君書: 中国流統治の学（商君书: 中国统治之学），商鞅（著）、守屋洋（编译），德間書店、東京。（日本）

公元 1996 年

1. Вяткин, Р. В. 《史记》俄译注释本第七卷 Сыма Цянь. Исторические

записки（《Ши цзи》）АН СССР., отделение истории. Институт востоковедения. Т. 7. Совместно с А. Р. Вяткиным. М.：Восточная литература.（俄罗斯）

2. 최진규譯：史記/司馬遷著（史记）. 고려원. 1996.（韩国）

3. 譯者不詳：史記，20（史记 20）/司馬遷著. 대현출판사. 1996.（韩国）

4. 신상환：（正史）三國志.（正史三国志）. 학생여행문화센터. 1996.（韩国）

公元 1997 年

1. 윤백현：山海經穆天子傳（山海经穆天子传）. 弘益齋. 1997.（韩国）

2. 김종윤：山海經穆天子傳（山海经穆天子传）. 弘益齋. 1997.（韩国）

3. 홍익재：山海經箋疏覆校穆天子傳（山海经覆校穆天子传）. 홍익재. 1997.（韩国）

4. 김종윤譯：山海經穆天子傳/郭璞著（山海经穆天子传）. 弘益齋. 1997.（韩国）

5. 박일종：산해경（山海经）. 육문사. 1997.（韩国）

6. 이상엽：李商隱列傳：新唐書卷 203（李商隐列传：新唐书卷 203）. 刊地未詳. 1997.（韩国）

7. 우재호：元稹列傳：〈新唐書〉卷一百七（元稹列传《新唐书卷 107》）. 영남대학교중국문학연구실. 1997.（韩国）

8. 박안수：陶潛列傳：晉書券九十四（陶潜列传：晋书九十四卷）. 남대학교중국문학연구실. 1997.（韩国）

公元 1998 年

1. Кроль Ю. Л. 《盐铁论》俄文译注本 Пер. с китайского, введение и комментарии. Спор о соли и железе（《Ян те лунь》）Хуань Куаня. Т. 1. СПб.：Петербургское Востоковедение. 416 с.（俄罗斯）

2. 마에노나오키譯：山海經列仙傳/刊者未詳（山海经列仙传）. 韓國人文科學院. 1998.（韩国）

3. 임동석譯：안자춘추/晏子著（晏子春秋）. 동문선. 1998.（韩国）

4. 임동석譯：안자춘추/안자著（晏子春秋）. 동문선. 1998.（韩国）

公元 1999 年

1. Crump, James I.：Legends of the Warring States：Persuasions, Romances and *Stories from the Chan-kuo Ts'e*，《战国策》选译 Ann Arbor：Center for Chinese

Sutdies, University of Michigan. （美国）

2. McKnight, Brian E.: The Enlightened Judgements: Ch'ing-Ming Chi: The Sung Dynasty Collection.《宋本名公书判清明集》英译 Albany: State University of New York Press。（美国）

3. 이미령, 박용길, 김경집譯: 大唐西域記/玄奘著（大唐西域记）. 東國譯經院. 1999.（韩国）

4. 譯者不詳: 大唐西域記外/동국대학교（大唐西域记外）. 동국대학교동안국역경원. 1999.（韩国）

5. 안지추 譯: 안씨가훈（颜氏家訓）: 어려운시대를살았던아버지가남겨준인생지침서（颜氏家训: 了解艰难时代的一位父亲留下的人生指南）. 홍익출판사. 1999.（韩国）

6. 고종: 六典條例（六典条例）. 서울大學校奎章閣. 1999.（韩国）

7. 김원중譯: 사기열전. 상, 하（史记列传上, 下）. 을유문화사. 1999.（韩国）

8. Рыбаков В. М., Уголовные установления Тан с разъяснениями и комментариями. В 3 - х т. Т. 1. Цзюани 1 - 8., СПб.: Петербургское Востоковедение. 384 с.《唐律疏议》俄译注本第一卷。（俄罗斯）

公元 2000 年

KÜNSTLER Mieczysław Jerzy（金思德）译, 司马迁著, *Sy-ma Ts'ien*, *Syn smoka*, *Fragmenty zapisków historyka*（司马迁,《龙子: 史记摘译》）, Warszawa。（波兰）

第四节　20 世纪中国古代文学典籍在域外传播编年举要

公元 1900 年（光绪二十六年）

1. De Sanctis, N. (tr. a cura di). Kiu-Youen 屈原. *Li-sao, grande poema cinese del III secolo a. C*（公元前三世纪中国伟大的诗篇《离骚》）. Milano, Sonzogno, 1900, P. 79,（Mranda 203）。（意大利）

2.《三国志演义》（Sam Kok）, 译者不详。（印度尼西亚）

公元 1901 年（光绪二十七年）

김성탄：增像全圖三國演義．2，4－7，9，13－15．（增像全图三国演义）．（韩国）

公元 1902 年（光绪二十八年）

Grube, Wilhelm："Betreffend den Knochen Buddhas"（论佛骨表），in: Geschichte der chinesischen Literatur, Leipzig 1902. S. 303－308. （德国）

公元 1903 年（光绪二十九年）

1. Ludwig, Ernő: *Khinai mesék*（中国故事），Budapest：Athenaeum, 1903. 译者是鲁德威格·艾尔诺，书中注明译自中文原著（主要译自《笑林广记》）。他是第一个直接从中文翻译成匈牙利语的翻译家。（匈牙利）

2.《镜花缘》，译者不详。（印度尼西亚）

公元 1904 年（光绪三十年）

1. Baller, Frederick William: *The Fortunate Union*（《好逑传》），Shanghai：The American Presbyterian Mission Press, 1904. （英国）

2. 丁九燮著：《注解西厢记》．博文社．1904．（韩国）

3. 白樂天詩集（白乐天诗集），（唐）白居易（著）、近藤元粹（评），青木嵩山堂、東京。（日本）

公元 1905 年（光绪三十一年）

Steele, John Clendinning: *The 43rd Chapter of the Three Kingdom Novel "The Logomachy"*（《第一才子三国志演义第四十三回》），Shanghai：The American Presbyterian Mission Press, 1905. （英国）

公元 1906 年（光绪三十年）

吴台换编：《西厢记》．博文社．1906．（韩国）

公元 1907 年（光绪三十三年）

1. 什特凡·奥克塔维安·约瑟夫（Șt. O. Iosif, 1875－1913）通过德文翻译的李白的《静夜思》（*Clar de lună*），发表在 12 月 23 日的《播种者》（*Semănătorul*）杂志。（罗马尼亚）

2. 小说 *Tam Quốc chí diễn nghĩa*（《三国志演义》），Nguyễn Liên Phong（阮

莲锋）译，西贡。（越南）

3. 譯者不詳：世說新語/김성탄 著．（世说新语）．［刊地未詳］．1907．（韩国）

公元 1908 年（光绪三十四年）

Giles, Herbert：*Strange stories form a Chinese Studio*（聊斋志异），Shanghai：Kelly & Walsh，1908，the second edtion.（英国）

公元 1910 年（宣统二年）

1. 《三国》，钱仁贵（Tjie Tjin Koei）译。（印度尼西亚）

2. 《水浒传》，译者不详。（印度尼西亚）

3. 小说 *Kim cổ kỳ quan*（《今古奇观》），Nguyễn Chánh Sắt（阮政瑟）译，西贡。（越南）

公元 1911（宣统三年）

1. Buber, Martin（Übers.）：*Chinesische Geister-und Liebesgeschichten*（中国的鬼神和爱情故事/《聊斋志异》选译）．Frankfurt am Main：Rütten & Loening, 1911. XV, 188 S. Zürich：Manesse–Verl., 1948, 339 S.；1986, 337 S.（Manesse–Bibliothek der Weltliteratur.）München：Dt. Taschenbuch–Verl.；Zürich：Manesse–Verl., 1992, 337 S.（*Dtv*, 24004：*Manesse im dtv.*（德国）

2. *She Yew*（《西游》），又名 *Kou Chey Thian*（《猴齐天》），Chan Kim Boon（曾锦文）译，金石斋出版社、新加坡。（马来西亚）

3. 小说 *Thủy hử diễn nghĩa*（《水浒演义》），Nguyễn Chánh Sắt（阮政瑟）译，西贡。（越南）

4. 新译绘本水浒（新译绘本水浒），小杉未醒（译绘），佐久良书房刊、東京。（日本）

公元 1912 年（民国元年）

1. Grube, Wilhelm u. Müller, Herbert（Übers.）：*Fêng-shên-yên-i. Die Metamorphosen der Götter. Historisch-mythologischer Roman aus dem Chinesischen*（封神演义）．Übers. der Kapitel 1 bis 46 von Wilhelm Grube, durch eine Inhaltsangabe der Kap. 47 bis 100 ergänzt, eingel. und hrsg. von Herbert Müller. Leiden：Brill, 1912. XXIV, 657 S.（德国）

2. 《三国》，Lie In Eng 译。（印度尼西亚）

3. 유의경：世說新語．（世说新语）．악관서로．1912．（韩国）

4. 박건회譯:《待月西廂記》. 博文社. 1913. （韩国）

5. 譯者不詳：忠義水滸傳/施耐庵著（忠义水浒传）. 츙의수호지. 朝鮮書館. 1913. （韩国）

公元 1914 年（民国三年）

小说 Tây du ký（《西游记》），Trần Phong Sắc（陈丰稿）译，西贡，第二版。（越南）

公元 1915 年（民国四年）

1. 《今古奇观》，叶源和译。（印度尼西亚）

2. 《聊斋志异》，译者不详。（印度尼西亚）

3. 譯者不詳：增像全圖三國演義/羅貫中著．［刊地未詳］. 1915. （韩国）

公元 1916 年（民国五年）

1. Giles, Herbert: *Strange stories from a Chinese Studio*（聊斋志异），Shanghai: Kelly & Walsh, 1916, the third edition. （英国）

2. Chini, M. (tr. a cura di). Wang Ci-fu ［Wang Shifu］王实甫. *Si-siang-ki o Storia del Padiglione Occidentale*（西厢记）. Lanciano, Carabba, 1916, XLVIII, P. 216. （意大利）

3. 小说 Liêu trai chí dị（《聊斋志异》），Nguyễn Chánh Sắt, Nguyên Văn Kiêòu, NguyêÞn Tý ōIngVân（阮政瑟、阮文矫、阮祥云）译，西贡。（越南）

4. 李敬庵注译：《悬吐注解西厢记》. 唯一书馆. 1916. （韩国）

公元 1917 年（民国六年）

1. Waley, Arthur: Pre–T'ang Poetry（唐前诗歌选译），London: *Bulletin of the School of Oriental and African*，(1917)：33–52. （英国）

2. Waley, Arthur: Thirty-eight Poems by *Po Chü–I*（白居易诗 38 首），London: *Bulletin of the School of Oriental and African*，(1917)：53–78. （英国）

3. 小说 Tây du diễn nghĩa（《西游演义》），Nguyễn Công Kiêu（阮公矫）译，西贡。（越南）

公元 1918 年（民国七年）

1. Waley, Arthur: *A hundred and seventy Chinese poems*（汉诗一百七十首），London: Constable and Company Ltd. 1918, the first edition. （英国）

2. Waley, Arthur：Further poems by Po Chü – I：and an extract from his prose works, together with two other T'ang poems（白居易诗作再选译）, London：*Bulletin of the School of Oriental and African*,（1918）：96 – 112.（英国）

3. Fletcher, William John Bainbrigge：*Gems of Chinese Verse*（《英译唐诗选》）, Shanghai：The Commercial Press, 1918.（英国）

4. 唐詩選評譯（唐诗选评译）森槐南（著）, 文會堂、東京。（日本）

公元 1919 年（民国八年）

1. Gaunt, T.：*A Little Garland from Cathay*：*being a translation*, *with notes*, *of some poems of the Tang Dynasty*（《中国的小花冠：唐诗小集》）, Shanghai：The American Presbyterian Mission Press, 1919.（英国）

2. Waley, Arthur：*More Translations from the Chinese*（中国诗歌再辑）, London：George Allen & Unwin Ltd. 1919, the first edition.（英国）

3.《西游记》, 叶源和译。（印度尼西亚）

4. 진사무：增像全圖加批西遊記. 錦章圖書局. 1919.（韩国）

公元 1920 年（民国九年）

Pšenička, Jaroslav（雅罗斯拉夫·普谢尼奇卡, 1865 – 1954）：*Ze staré čínské poesie*：[VII. – IX. stol. po Kr.]（《中国古代诗歌选》, 公元 7 – 9 世纪）, 由普谢尼奇卡翻译并写前言, 他参照了法国汉学家德理文侯爵（Marquis d'' Hervez Saint – Denys）于 1862 年出版的《唐诗选集》（Poésies de l'époque des Thang）译本。Praha：J. Otto, 64 页, 布拉格。（捷克）

公元 1921 年（民国十年）

1. BELPAIRE, Bruno 译, *Quarante poésies de Li Tai Pé [Li Bai]*（《李太白诗四十首》）, texte, traduction et commentaire, par Bruno Belpaire, docteur en philosophie et lettres et docteur en philosophie thomiste, Paris, Imprimerie nationale, 1921, 63 pp.（法国）

2. LALOY, Louis 译, *Le Chagrin dans le palais de Han*：*drame chinois*（马致远《汉宫秋》）, de Ma Tcheou Yuen, adapté par Louis Laloy ; orné par René Piot, Paris, Société littéraire de France, 1921, 76 pp., ill. [Représenté au Théatre des arts, le 2 juin 1911.]（法国）

3. Pšenička, Jaroslav（雅罗斯拉夫·普谢尼奇卡）：*Ze staré čínské poesie*：[VII. – IX. stol. po Kr.]（《中国古代诗歌选》, 公元 7 – 9 世纪）, 由普谢尼奇卡

翻译，为《文学生活和回忆录—伊万·谢尔盖耶维奇·屠格涅夫》而发。Praha：J. Otto，64 页，布拉格。（捷克）

4. 西廂記；琵琶記（西廂記；琵琶記），國民文庫刊行會（編），國民文庫刊行會、東京；國譯漢文大成/國民文庫刊行會編輯，文學部；第 9 卷。（日本）

公元 1922 年（民国十一年）

1. Алексеев，В. М.，《聊斋志异》摘译 Ляо Чжай. Лисьи чары：Из сборника странных рассказов Пу Сун-лина（Ляо Чжай чжи и）. Т. 1. Пг.：Госиздат，1922. 158 с.（Всемирная литература）.（俄罗斯）

2. 譯者不詳：西遊記. 朴文書館. 1922.（韩国）

公元 1923 年（民国十二年）

1. Giles，Herbert：*Gems of Chinese Literature*，Shanghai：Kelly & Walsh，1923，the second edition.（英国）

2. Алексеев В. М.，《聊斋志异》节译 Ляо Чжай. Монахи-волшебники：из сборника странных рассказов Пу Сун-лина（Ляо Чжай чжи и）. М.—Петроград：Госиздат，1923. 276 с.（Всемирная литература）.（俄罗斯）

3. 7-9 世纪中国抒情诗歌选 Антология китайской лирики VII—IX вв. По Р. Х.，пер. В стихах Ю. К. Щуцкого；Редакий，вводные обобщения и предисловие В. М. Алексеева. М.，Пг.，：Госиздат. 143 с.（俄罗斯）

4. 刊者未詳：대월서상기（待月西廂記）. 新舊書林. 1923.（韩国）

公元 1924 年（民国十三年）

1. Schmitt，Erich（Übers.）：*Pu Sung-Ling：Seltsame Geschichten aus dem Liao Chai*（聊斋志异选译）. Frei übertr. aus d. Urtext von Erich Schmitt. Berlin：Häger，1924. 218 S.（德国）

2. Zach，Erwin Ritter von（Übers.）："Lit'aipo's archaistische Allegorian（Ges. Werke，Buch Ⅱ）"（李太白《古风》全集，第？卷），übersetzt，in：*AM* 1（1924），S. 491-520.（德国）

3. Zach，Erwin Ritter von（Übers.）："Lit'aipo's Gedichte，Ⅲ. Buch（30 lyrische Gedichte）"（李太白诗歌，第 3 卷（30 首抒情诗）），in：*AM* 1（1924），S. 521-544.（德国）

4. Zach，Erwin von（Übers.）："Lit'aipo's Poetische Werke"（李太白诗集），in：*AM* 1-5（1924-1928）.（德国）

公元 1925 年（民国十四年）

1. Brewitt‑Taylor, Charles Henry：*San Kuo, or Romance of the Three Kingdoms*（《三国志演义》），Shanghai：Kelly & Walsh，1925.（英国）

2. LALOY, Louis 译，*Contes magiques*：*d'après l'ancien texte chinois de P'ou Sounglin*（蒲松龄《聊斋志异选》），H. Piazza, Paris, 1925, XI‑213 pp.（法国）

3. LALOY, Louis 译，*Contes magiques*：*d'après l'ancien texte chinois de P'ou Sounglin*（《神奇故事：根据蒲松龄的中国古代文本》），Paris, H. Piazza, 1925, XI‑213 pp.（法国）

4. SOULIÉ DE MORANT, George 译，*La Brise au clair de lune*：《*le deuxième livre de génie*》（《好逑传："第二才子书"》），roman chinois, Bernard Grasset（Les Cahiers verts；57），Paris, 1925, 364 pp., ill.（法国）

5. Mathesius, Bohumil（博胡米尔·马泰休斯，1888‑1952）：*Černá vìž a zelený džbán*（《黑塔和绿壶》，中国古代诗歌选），马泰休斯编译并写后记。选入岑参、杜牧、孔子、李白、卢照邻、白居易、无名诗人等创作的诗歌。Praha：Dr. Ot. Štorch‑Marien, Aventinum, 51 页，600 册，布拉格。（捷克）

6. 小说 *Liêu Trai chi diÒ*（《聊斋志异》），A Nam Trần Tuấn KhaÒi（亚南陈俊凯）译，Thanh niên xuất baÒn，河内。（越南）

7. 小说 *Thu y hýÒ*（《水浒》），A Nam Trần Tuấn KhaÒi（亚南陈俊凯）译，Thanh niên xuất baÒn，河内。（越南）

公元 1926 年（民国十五年）

1. Erkes, August Eduard："The Feng‑Fu（Song of the Wind）by Sung Yüh. Edited, translated and annotated"（宋玉的《风赋》（风之歌）编译注），in：*AM* 3（1926），1926, S. 526‑533.（德国）

2. Hundhausen, Vincenz（Übers.）：*Das Westzimmer. Ein chinesisches Singspiel in deutscher Sprache*（西厢记）. Dieser deutschen Ausg. liegen d. chines. Urtexte d. Wang Sche‑Fu（1. bis 4. Abt.）u. d. Guan‑Han‑Tsching（5. Abt.）zugrunde. Mit 21 Bildern nach chines. Holzschn. Peking：Pekinger Verlag, 1926. 355 S.（德国）

3. Kuhn, Franz Walther（Übers.）：*Eisherz und Edeljaspis oder die Geschichte einer glücklichen Gattenwahl*：*Ein Roman aus d. Ming‑Zeit*［冰心与碧玉，或曰幸运地选择夫君：一部明代小说（《好逑传》德译）］. Aus d. Chines. übertr. von Franz Kuhn. Leipzig：Insel‑Verlag, 1926. 343 S.（德国）

4. Zach, Erwin Ritter von（Übers.）："Li't'aipo's poetische Werke. I. Buch"（李太白诗集，卷 I），in：*AM* 3（1926），S. 421‑466.（德国）

5. Gile, Herbert: *Strange stories from a Chinese*（聊斋志异）, Shanghai, Kelly & Walsh, 1926, the fourth edition. （英国）

公元 1927 年（民国十六年）

1. Zach, Erwin Ritter von（Übers.）: "Lit'aipos Gedichte, V. Buch, VI. Buch, VII. Buch, VIII. Buch"（李太白诗. 卷V至卷VIII）, in: *AM* 4（1927）, S. 29 – 49, 390 – 436, 541 – 562. （德国）

2. Waley, Arthur: *Poems from the Chinese*（中国诗歌）, London: Ernest Benn, 1927. （英国）

3. Waley, Arthur: *The Augustan Books of English Poetry Second Series Number seven: Poems from the Chinese*（盛世英语诗歌丛书第二辑第七本：英译中国诗）, London: Ernest Benn, 1927. （英国）

公元 1928 年（民国十七年）

1. Алексеев В. М. 《聊斋志异》选译 Ляо Чжай. Странные истории. Л.: Мысль, 1928. 222 с. （俄罗斯）

2. 小说 *Tam Quốc chí diễn nghĩa*（《三国志演义》）, Nguyễn An Cý, Phan Kế Bính, Nguyễn Văn Vĩnh（阮安居、潘继柄、阮文咏）译, 西贡, 第四版。（越南）

公元 1929 年（民国十八年）

1. Wang, Chi-chen: *Dream of the Red Chamber*《红楼梦》（英译）. New York: George Routledge & Sons Ltd. （美国）

2. Forke, Alfred（Übers.）: *Dichtungen der Tàng-und Sung – Zeit*（唐宋诗集）. Hamburg: Friederichsen, de Gruyter & Co., 1929 – 1930. 2 Bde. （德国）

3. Forke, Alfred（Übers.）: *Dichtungen der Tàng-und Sung – Zeit. I. Deutscher Text*（唐宋诗集：德文文本）. Hamburg: Friederichsen, de Gruyter & Co., 1929. XII, 173 S. （Veröffentlichungen des Seminars für Sprache und Kultur Chinas an der Hamburgischen Universität, Nr. 3）. （德国）

4. Geoffrcy, Dunlop: *Robbers and Soldiers*（《水浒传》）, London: Gerald Howe, 1929. （英国）

5. 《今古奇观》俄文选译 Правдимвое жизнеописание. Повести и рассазы. Ред. и всттуп. Статья А. архотова. С прслесл. Проф. В. Колоколова. М.: издательство: Маолдая гвардии., 365 с. （俄罗斯）

公元 1930 年（民国十九年）

1. Forke, Alfred（Übers.）：*Dichtungen der T'ang-und Sung – Zeit*. Ⅱ. *Chinesischer Text*. （唐宋诗集：中文文本）. Hamburg：Friederichsen, de Gruyter & Co., 1929. 98 S. （*Veröffentlichungen des Seminars für Sprache und Kultur Chinas an der Hamburgischen Universität*, Nr. 4）. （德国）

2. Kuhn, Franz（Übers.）：*Kin Ping Meh, oder, Die abenteuerliche Geschichte von Hsi Men und seinen sechs Frauen*（《金瓶梅》或曰西门与他的六个女人的传奇故事），aus d. Chines. übertr. von Franz Kuhn. Leipzig：Insel – Verlag, 1930. 920 S. Wiesbaden［i. e. Frankfurt（Main）］：Insel – Verlag, 1984. 3. Aufl. 906 S. （*Insel – Taschenbuch*, 253）. （德国）

3. Wilhelm, Richard（Übers.）："Gedichte von Mong Hau Jan"（孟浩然诗歌），in：*Sinica* 5（1930），S. 97 – 100. （德国）

4. Zach, Erwin Ritter von（Übers.）："Li t'aipos Gedichte, IX. Buch; Li t'aipos Gedichte, X. Buch"（李太白诗歌卷四及卷五），in：*AM* 5（1930），S. 42 – 103. （德国）

5. 小说 *Tam quốc diễn nghĩa*（《三国演义》），Nguyễn Chánh Sắt（阮政瑟）译，Nxb. Nguyễn Văn Viắt, 西贡。（越南）

6. 譯者不詳：古文觀止. v. 1 – v. 6/吳乘權（淸）. 吳大職（淸）共編（古文观止 1 – 6）. 歸章圖局. 1930. （韩国）

公元 1931 年（民国二十年）

1. 《封神榜》（第一卷），Seow Phee Tor（肖丕图）、Seow Chin San（肖钦山）译，袁文成出版、新加坡。（马来西亚）

2. 《封神榜》（第二卷），Seow Phee Tor（肖丕图）、Seow Chin San（肖钦山）译，秦因公司出版（Chin Inn Co.）、新加坡。（马来西亚）

公元 1932 年（民国二十一年）

1. Kuhn, Franz（Übers.）：*Der Traum der Roten Kammer*（红楼梦），Leipzig：Insel – Verlag, 1932. 788 S. ［本德文译本也被译成了英文：Florence and Isabel McHugh（trs.），*The Dream of the Red Chamber*, New York：Pantheon Books, 1958. XXI, P. 582.］（德国）

2. 《三国》，Batu Gantong（峇抵彦东）译，方恒出版社（Fang Heng Printing Press）、新加坡。（马来西亚）

公元 1933 年（民国二十二年）

1. Buck, Pearl S.: *All Men Are Brothers*（《水浒传》英译）New York: Grove Press.（美国）

2. Erkes, August Eduard (Übers.): "華山女 Das Mädchen vom Hua-shan von Han – Yü. Übersetzt und erläutet von Eduard Erkes"（韩愈《华山女》译释），in: AM 9 (1933), S. 591–596.（德国）

3. Hundhausen, Vincenz: *Der Blumengarten: Ein chinesisches Singspiel*（牡丹亭）. Peking u. Leipzig: Pekinger Verl., 1933. 138 S.（德国）

4. 《西游》，Batu Gantong（峇抵彦东）译，D. T. 林出版社、新加坡。（马来西亚）

5. 小说 *Liêu trai chí dị*（《聊斋志异》），Huyền Mạc Đạo Nhân（玄墨道人）译，西贡。（越南）

6. 小说 *Tây du ký*（《西游记》），Lạc Khổ（乐苦）译，河内。（越南）

7. 김용제譯：紅樓夢，（红楼梦）. 正音社. 1933。（韩国）

公元 1934 年（民国二十三年）

1. Kuhn, Franz (Übers.): *Die Räuber vom Liang Schan Moor*（梁山泊的强盗/水浒传）. Leipzig: Insel – Verlag, 1934. 839 S. Frankfurt am Main: Insel – Verlag, 1964. 866 S.（德国）

2. Giles, H. A., Waley, Arthur: *Ying i Chung-kuo ko shih hsüan: Select Chinese verses*. Translated by Herbert A. Giles and Arthur Waley（《英译中国歌诗选》），Shanghai: Commercial Press, 1934, the first edition.（英国）

3. CHEN, Pao-ki, 《Si Syang Ki》（《西厢记》）. Thèse: Lettres: Lyon: 1934. (Lyon: Bosc frères: M. et L. Riou, 1934; P. 170; 26 cm).（法国）

4. GANDON, Armand, KIEN, Tchou Kia 译，*Ombres de fleurs: d'après l'anthologie de la poésie chinoise des mêmes auteurs*（《花之影：根据同样作者的中国诗选集》），nouvelle édition revue, corrigée et augmentée, A. Nachbaur, Paris, 1930, 210 pp., ill. [Avec le texte chinois et de nombreuses illustrations, dont 25 bois gravés de Sito Wai.]（法国）

5. Chudoba, František（弗兰基谢克·胡多巴，1878 – 194）: *Čajové květy*（《茶花》——中国古代诗歌选），译者胡多巴为英国文学教授。由 Toyen（托岩）编辑、插图。Brno: J. V. Pojer, 35 页，布尔诺。（捷克）

6. 심괄：夢溪筆談. 商務印書館. 1934.（韩国）

7. 閔泰瑗譯：（新譯）西遊記. 上，下，博文書館，1934。（韩国）

公元 1935 年（民国二十四年）

1. Biallas, Franz Xaver（Übers.）：*"Die letzten der neun Lieder K' ü Yüan's"*（屈原《九歌》的最后部分），in：*MS* 1（1935/36），S. 138 – 154.（德国）

2. Zach, Erwin von（Übers.）：*"Aus den Gedichten Tu Fu's（nach der Ausgabe des Chang Chin）, V. Buch"*（杜甫诗译文，卷五），in：*MS* 1（1935/36），S. 108 – 137.（德国）

3. Zach, Erwin von（Übers.）：*"Tu Fu's Gedichte（nach der Ausgabe des Chang Chin）, I. Buch"*（杜甫诗译文，卷一），in：*MS* 1（1935/36），S. 352 – 385.（德国）

4. Giles, Herbert Allen & Waley, Arthur：*Select Chinese Verses*（英译中国歌诗选），Shanghai：Commercial Press，1935.（英国）

公元 1936 年（民国二十五年）

1. Zach, Erwin von（Übers.）：*"Tu Fu's Gedichte，Ⅱ. Buch"*（杜甫诗译文，卷二），in：*MS* 2（1936/37），S. 81 – 124.（德国）

2. Nováková, Marie（诺瓦科娃），MATOUŠOVÁ M.（玛多绍娃），VANČURA Zd.（万丘拉）：*Všichni lidé jsou bratři*（《水浒传》——18 世纪中国的英雄好汉故事），第一卷。参照 P. S. Buck（赛珍珠）的英译本转译。Praha：Symposion, Rudolf Škeřík a spol，322 页，布拉格。（捷克）

3. Lim Khing Hoo 翻译的《西游记》1934 年至 1936 年间在《自由》（Liberty）杂志上连载。该译本名为《See Yoe, Melawat ke Barat》。（印度尼西亚）

公元 1937 年（民国二十六年）

1. Arlington, L. C.：*Famous Chinese Plays*（中国名剧选译）Peiping：H. Vetch，1937.（美国）

2. Hundhausen, Vincenz（Übers.）：*Tang Hsiän-dsu. Die Rückkehr der Seele：Ein romantisches Drama. 3 Bde.：Traum und Tod/Die Auferstehung/Im Neuen Leben*（汤显祖《还魂记（牡丹亭）》：一部浪漫戏剧，三卷：梦与死亡，复活，新的生活）. In deutscher Sprache von Vincenz Hundhausen, mit vierzig Wiedergaben chinesischer Holzschnitte eines unbekannten Meisters der Mingzeit. Zürich u. Leipzig：Rascher 1937. XXI – 187 S.，205 S，252 S.（德国）

3. Jackson, J. H.：*The Water Margin*（《水浒传》），Shanghai：The Commercial Press，1937.（英国）

4. Nováková, Marie（诺瓦科娃），MATOUČOVÁM.（玛多绍娃），VANČURA

Zd. （万丘拉）：*Všichni lidé jsou bratři*（《水浒传》=《四海之内皆兄弟》），第二卷。参照 P. S. Buck（赛珍珠）的英译本转译。Praha：Symposion，Rudolf Škeřík a spol，326 页，布拉格。（捷克）

5. Ágner，Lajos：*Száz kínai vers*（中国诗歌一百首）. Budapest：Bethlen Gábor，1937，P. 141. （匈牙利）

6. 阿列克谢耶夫 Алексеев В. М.，《聊斋志异》节译 Ляо Чжай. Рассказы о людях необычайных：（Из серии новелл《Ляо Чжай чжи и》）. М.—Л.：АН СССР. 494 с。（俄罗斯）

公元 1938 年（民国二十七年）

1. Zach，Erwin von（Übers.）："Tu Fu's Gedichte，Ⅲ. Buch"（杜甫诗译文，卷三），in：*MS* 3（1938），S. 385 – 440. （德国）

2. Edwards，Evangelin：*The dragon book：An Athology of Chinese Literature，in translation*（龙书：中国的文学选译），London：W. Hodge and Company.，1938. （英国）

3. Allegra，G. M.，O. F. M. （tr. a cura di）. Kiu Yuen 屈原. *Incontro al dolore*（离骚）. Shanghai，A. B. C. Press，1938，VI，29，XCIII，P. 30. （意大利）

4. Alexandru Teodor Stamadiad，*Din flautul de jad*（亚里山德鲁·特奥多尔·斯塔马蒂亚德辑译：《玉笛》，中国诗歌集，布加勒斯特：罗马尼亚书籍出版社出版，全书 209 页）。（罗马尼亚）

5. 《西厢记》，Chen Wen Zwan 译。（印度尼西亚）

公元 1939 年（民国二十八年）

1. Steinen，Diether von den（trans.，annot.）："Poems of Ts'ao Ts'ao"（曹操诗歌），in：*MS* 4（1939/40），S. 125 – 181. （德国）

2. Zach，Erwin von（Übers.）："Tu Fu's Gedichte，IV. Buch"（杜甫诗译文，卷四），in：*MS* 4（1939/40），S. 182 – 218. （德国）

3. *Chin P'ing Mei. The adventurous history of Hsi Men and his six wives*. With an introduction by Arthur Waley. （English translation by Bernard Miall from the abridged version by Franz Kuhn.）. （《金瓶梅：西门与其六妻妾奇情史》），London：John Lane，1939. （英国）

4. Egerton，Frederick Clement Christie：*The Golden Lotus；a translation from the Chinese original of the novel，Chin p'ing mei*，（《金瓶梅》英译全译本），London：G. Routledege & sons，1939. （英国）

5. Mathesius, Bohumil（博胡米尔·马泰休斯）：*Zpìvy staré Číny*（《中国古代诗歌》），马泰休斯意译，收入译者已出版的《黑塔和绿壶》中的大部分诗歌，共 170 首诗，唐诗占半数，李白、杜甫和王维的诗入选最多。Praha：Melantrich，1939 年第 1 版，82 页，布拉格。（捷克）

6. 小说 *Liêu trai chí dị*（《聊斋志异》），Nguyễn Khắc Hiếu（阮克孝）译，河内。（越南）

公元 1940 年（中华民国二十九年）

1. Kuhn, Franz Walther（Übers.）：*Die Drei Reiche：Roman aus d. alten China*（三国演义），Berlin：Kiepenhauer，1940. 546 S. （德国）

2. Jenyns, Soame.：*Selections from the 300 Poems of the T'ang Dynasty*（唐诗三百首选译），London：Murray，1940. （英国）

3. Mathesius, Bohumil（博胡米尔·马泰休斯）：*Zpìvy staré Číny*（《中国古代诗歌》），马泰休斯意译。Praha：Melantrich，第 3 版，81 页，布拉格。（捷克）

公元 1941 年（民国三十年）

1. Rottauscher, Anna von（Übers.）：*Rotjade und Blütentraum. Ein chinesischer Liebesroman*（玉娇梨）. Aus d. Urtexten übertr. v. Anna von Rottauscher. Die Nachdichtg d. Verse besorgte Mirko Jelusich. Wien：Wilhelm Frick Verlag，1941. 319 S. （德国）

2. Mathesius, Bohumil（博胡米尔·马泰休斯）：*Zpìvy staré Číny*（《中国古代诗歌》），马泰休斯意译。Praha：Melantrich，第 5 版，73 页，布拉格。（捷克）

公元 1942 年（民国三十一年）

1. Waley, Arthur：*Monkey*（《猴》），London：George Allen & Unwin Ltd.，1942. （英国）

2. Mathesius, Bohumil（博胡米尔·马泰休斯）：*Nové zpìvy staré Číny*（《中国古诗新编》），马泰休斯意译。Praha：Melantrich，50 页，布拉格。（捷克）

3. Žižka, Otakar（奥·日施卡，1907－1963）：*Lotosové kvìty*（《莲花》），依据克拉邦德的意译本《李太白》意译，对诗歌原意偏离较大。Pardubice：120 册，巴尔杜比采。（捷克）

4. Mathesius, Bohumil（博胡米尔·马泰休斯）：*Li Po：dvacet tři parafráze*（《李白：诗 23 首意译》），马泰休斯翻译，普实克写前言"李白先生传奇"，原木刻画。Praha：Rudolf Kmoch，51 页，布拉格。（捷克）

公元 1943 年（民国三十二年）

LO，Ta-kang 译，*Le Miroir antique*：*contes et nouvelles chinois des hautes époques*（《古镜：上古时期中国故事与短篇小说》），À la baconnière，Neuchâtel，1943，281 pp.（法国）

公元 1944 年（民国三十三年）

1. Jenyns，Soame.：*A Further Selection from the* 300 *Poems of the T'ang Dynasty*（唐诗三百首选译续集）. London：Murray，1944.（英国）

2. Allegra，G. M.，O. F. M.（tr. a cura di）. *Le rapsodie di Ccju. Libro* III. *Le domande celesti*（屈原的史诗《天问》第三章），《Il Marco Polo》（马可·波罗），4（1943），13，pp. 79 – 96；4（1944），14，pp. 117 – 40，（Miranda 206）.（意大利）

3. Průšek，Jaroslav（普实克）：*Šest historií prchavého života*（《浮生六记》），普实克从汉语翻译，由 Toyen 绘制封面和插图。Praha：Plzákovo nakladatelství，1944 年第 1 版，199 页，布拉格。（捷克）

公元 1946 年（民国三十五年）

1. Žižka，Otakar（奥·日施卡）：*Hrst rýže*（《一把米》）——中国抒情诗选，奥·日施卡翻译，附有 4 幅插图。Trebíč：Josef Filip，45 页，特谢比奇。（捷克）

2. Palát，Augustin（白利德）a Hrubín，František（赫鲁宾）：*Hvízda vína Ozvìny z Li Povy poesie*（《酒之星辰》——李白诗歌反响），汉学家白利德和捷克诗人赫鲁宾合译，共 95 首唐诗。Praha：Jaroslav Picka，30 册，典藏本。（捷克）

公元 1947 年（民国三十六年）

1. LO，Ta – Kang 译，*Cent quatrains des T'ang*（《唐代绝句百首》），traduits par Lo Ta – Kang，préface de Stanislas Fumet，avec 10 reproductions de peinture ancienne du palais impérial de Pékin et en fac-similé une lettre de Louis Laloy，Neuchatâl，éditions de la Baconnière，1947，236 pp. – 10 ff. de pl.，ill.，fac-sim.（rééd.：1957.）（法国）

2. Průšek，Jaroslav（普实克）：*Podivuhodné příbìhy z čínských tržišť a bazarů*（《神奇的中国市井故事》），普实克从汉语原著选译并作序。译自冯梦龙的话本小说《警世通言》，诗词部分分别由乌尔班克娃（Jarmila Urbánková）、埃斯纳（Pavel Eisner）和马泰休斯（Bohumil Mathesius）修改润色。序言后编入其专著《中国文学和文化》（O čínském písemnictvía vzdìlanosti）。封面和书中的汉字、版式、装订，采用中文原著设计。Praha：Fr. Borový Družistevní práce，1947 年第 1 版，325 页，4400 册，布拉格。（捷克）

3. Průšek, Jaroslav（普实克）：*Putování starého Chromce*（《老残游记》），普实克从中文原著翻译并作序，诗词部分由马泰休斯润色。Praha：Melantrich，1947 年第 1 版，403 页，布拉格。

4. 尹鼓鍾譯編：水滸傳：單卷完譯（水浒传：单卷完译），槿友社，1947。（韩国）

公元 1948 年（民国三十七年）

1. Sína Drahorádová - Lvová（德拉霍拉多娃）：*Čin - Ping - Mai，čili，Půvabnéženy*（《金瓶梅》），译自笑笑生的《金瓶梅词话》，原版插图。Praha：V. Naòka，567 页，布拉格。（捷克）

2. Holan, Vladimír（弗拉基米尔·霍朗）：*Melancholie*（《乡愁》），宋词选，捷克著名诗人霍朗转译自法国汉学家乔治·苏利耶德莫朗（George Soulié deMorant）于 1923 年出版的《宋词选》（Florilège des PoèmesSong）。霍朗主要选译了苏东坡和朱淑真的词曲。Praha：František Borovy，1948 年第 1 版，173 页，3300 册，布拉格。（捷克）

3. 朴泰遠譯：水滸傳．서울．正音社．1948．（韩国）

公元 1949 年

1. Zoppi, G.（tr. a cura di）．*Poesie cinesi dell'epoca T'ang*（唐诗）．Milano，Hoepli，1949，P.73．（意大利）

2. Průšek, Jaroslav（普实克）：*Tretí zpivy staré Číny*（《中国古诗第三编》），中国古诗改编（5 - 11 世纪），普实克从汉语翻译，注释并写后记，马泰休斯诗歌润色。Praha：Melantrich，1949 年第 1 版，107 页，20000 册，布拉格。（捷克）

3. 小说 *Tam Quốc chí diễn nghĩa*（《三国志演义》），Nguyễn An Cý，Phan Kế Bính，NguyễnVăn Vĩnh（阮安居、潘继柄、阮文咏）译，西贡。（越南）

4. 박태원譯：水滸傳（水浒传）．正音社．1949．（韩国）

公元 1950 年

1. Hoffmann, Alfred（Übers.）：*Die Lieder des Li Yü*（937 - 978），*Herrscher der südlichen T'ang Dynastie*；（南唐后主李煜（937 - 978）的诗歌）．Als Einführung in die Kunst der chinesischen Lieddichtung aus dem Urtext vollständig übertr. u. erl. von Alfred Hoffmann．Köln：Greven，1950．XII，274 S．（德国）

2. Mathesius, Bohumil（博胡米尔·马泰休斯）：*Zpìvy staré Číny ve třech knihách: Parafráze staré čínsképoesie*（《中国古诗三编合集》）。该卷包含《中国古代诗歌》、《中国古诗新编》和《中国古诗第三编》，普实克写后记。前两本诗集由马泰休斯意译，其中第三编由普实克从汉语直译。此合集展示了中国古诗的发展阶段：从诗歌源头《诗经》延续到 13 世纪的元代，共收录古诗 129 首。Praha：Melantrich，1950 年 12 月第 1 版，235 页，20000 册，布拉格。（捷克）

3. Goda, Géza: *Vízparti történet – Kínai regény a XIII. Századból*（水浒传）. Budapest：Athenaeum，1950，570 p.（匈牙利）

4. *Liêu trai chi di*（《聊斋志异》）全四卷，Nxb. Bôǹ phýõng，西贡。（越南）

5. *Đýõ`Ing thi*：336 *baÌi*（《唐诗》336 首），Nxb. Tân Viê t，西贡。（越南）

6. 김용제譯：金瓶梅．上，下（金瓶梅上下）．正音社．1950．（韩国）

7. 박태원譯：水滸傳（水浒传）．正音社．1950．（韩国）

公元 1952 年

1. Shadick, Harold：*Travels of Lao Ts'an* 刘鹗《老残游记》英译 Ithaca：Cornell University Press.（美国）

2. Kuhn, Franz Walther（Übers.）：*Kin Ku Ki Kwan. Wundersame Geschichten aus alter und neuer Zeit*（今古奇观：古代和近代的奇异的故事）. Aus dem Chinesischen übersetzt von Franz Kuhn. Zürich：Manesse Verlag，1952. 472 S.（德国）

3. Szy Nai-an（施耐庵），*Opowieści znad brzegów rzek*（《水浒传》），译者不详，Czytelnik，Warszawa 1952。（波兰）

4. Spitzer, František（斯皮策尔，1898 – 1945）：*Broskvový květ*（《桃花》）二册，翻译和改编自 13 世纪的中国古剧《鸳鸯配》，原著作者佚名。Praha：ČDLJ，1952 年，64 页，布拉格。（捷克）

5. Bai, Juyi：*Po Csü-ji versei*（白居易诗选）. Ford. Weöres Sándor，Nyersford. és jegyz.：Csongor Barnabás. Budapest：Szépirodalmi Könyvkiadó，1952. P. 139.（匈牙利）

6. 小说 *Liêu trai chí dị*（《聊斋志异》），Đào Trinh Nhất（陶征一）译，Nxb. Bôǹ phýõng，西贡。（越南）

7. 聊齋志異：中国千夜一夜物語（聊斋志异：中国千夜一夜物语），蒲松龄（著）、增田涉（译），角川書店、東京。（日本）

公元 1953 年

1. Chang, Lily Pao-hu：*The poems of T'ao Ch'ien*《陶潜诗集》Honolulu：Uni-

versity of Hawaii Press。（美国）

2. Chen, Shih-hsiang, *Essay on Literature*：*Written by the Third Century Chinese Poet Lu Chi* 陆机《文赋》英译 Portland, ME：Anthoensen Press。（美国）

3. Kuhn, Franz Walther（Übers.）：*Die Schwurbrüder vom Pfirsichgarten*：*Roman aus d. alten China*（桃园结义兄弟：中国古代长篇小说/三国演义）. Köln：Kiepenheuer & Witsch, 1953. 462 S. （德国）

4. Mathesius, Bohumil（博胡米尔·马泰休斯），Průšek, Jaroslav（普实克）：*Zpìvy staré a nové Číny*（《新旧中国之歌》），马泰休斯和普实克合译，普实克写后记，附齐白石彩色插图。该卷收入三册已独立出版的中国古诗，加上新中国的诗歌，其主题自中国诗歌的起源《诗经》绵延至 13 世纪，再延续至当代。Praha：Mladá fronta, 1953 年第 1 版, 99 页, 15400 册, 布拉格。（捷克）

5. *Cổ thi trích dịch*（《古诗摘译》），Phan Mạnh Danh（潘孟名）译，Nxb. Thanh Hoa thý xā, 河内。（越南）

6. 尹暎海譯：水滸傳．上、下（水浒传上、下）．正音社．1953．（韩国）

7. 김용제譯：西遊記/吳承恩著（西游记）．槿友社．1953．（韩国）

公元 1954 年

1. Průšek, Jaroslav（普实克）：*Podivuhodné příbìhy z čínských tržišť a bazarů*（《神奇的中国市井故事》），普实克从中文原著翻译并写前言，诗歌润色乌尔班克娃，马泰休斯和艾斯纳，保留了原著插图、汉字和故事名称。普实克写道，译本收入的 12 篇经过文学加工的话本故事，出自中世纪在中国集市说书的民间艺人之口，此捷克语译本是欧洲语言中第一部关于"中国话本黄金时代"的样本。Praha：SNKLU, 1954 年第 1 版, 418 页, 8400 册, 布拉格。（捷克）

2. Palát, Augustin（白利德）：*Nefritová flétna*（《玉笛》）：唐代绝句集，白利德从汉语翻译并写后记，赫鲁宾对诗句润色。译本包含诗人名字与生平介绍。Praha：Nakladatelství Československé akademie vìd, 550 册, 布拉格。（捷克）

3. Palát, Augustin（白利德）：*Pavilon u zelených vod*（《碧波亭》）李白诗歌集，白利德和赫鲁宾合作翻译。Praha：Jaroslav Picka, 布拉格。（捷克）

4. Qu, Yuan: *Csü Jüan versei*（屈原诗选）. Ford. Weöres Sándor：A verseket kínaiból magyar prózára ford., utószóval és jegyzetekkel ellátta Tőkei Ferenc. Budapest: Szépirodalmi Könyvkiadó, 1954. P. 109. （匈牙利）

5.《三国演义》俄文全译本 Ло Гуаньчжун. Перевод Панасюка В. А. с китайского языка и комментарии. Троецарствие. В 2 - х т. М.: Гослитиздат. Т. 1. 791 с.; Т. 2. 792 с. （俄罗斯）

6. 《今古奇观》俄文译注本 Удивительные истории нашего времени и древности: Избранные рассказы из сборника XVII в. 《Цзинь гу цигуань》, пер., послесловие и примечание Н. Э. Циперовича, М. – Л., 316 с. （俄罗斯）

7. 正音社譯：（完譯）三國志（完译三国志）. 正音社. 1954.（韩国）

公元 1955 年

1. Attardo Magrini, M. (tr. a cura di). *Poesie di Tu Fu*（杜甫的诗），《Quaderni di Civiltà Cinese》（中华文明手册），1（1955），pp. 53 – 58.（意大利）

2. Di Giura, L. N. (tr. a cura di). *I racconti fantastici di Liao*（聊斋志异）. Milano, Mondadori, 1955, 2 voll., P. 1903, (Miranda 184).（意大利）

3. Jahier, Piero, Maj – Lis Rissler Stoneman. *Chin P'ing Meu*（金瓶梅），Torino, Einaudi Editore, 1955.（意大利）

4. Lanciotti, L. e Tsui Tao – lu (tr. a cura di). *Sei racconti di vita irreale*（浮生六记），di Shên – Fu 沈复. Roma, G. Casini Editore, 1955, XXXV, P. 176.（意大利）

5. Průšek, Jaroslav（普实克）：*Zkazky o šesteru cest osudu*（《命运之六道的故事》），普实克翻译，注释和写后记。译自《聊斋志异》选注本，依据1766年赵起杲的版本，共选译《瞳人语》、《画壁》、《狐嫁女》、《折狱》、《诗谳》等50篇小说，约占原著全集的1/8，有中国木版画插图。普实克还撰写了《聊斋志异》的专题论文，1959年在哥本哈根出版的《中国研究》（Studia Serica）上发表（128～146页），在国际上具有一定影响。Praha：SNKLHU, 1955年第1版，276页，7400册，布拉格。（捷克）

6. Du, Fu: Tu Fu versei（杜甫诗选）. Ford. Illyés Gyula et al. A verseket vál., kínaiból magyar prózára ford., az előszót és a magyarázó jegyzeteket írta Csongor Barnabás. Budapest: Új Magyar Kiadó, 1955. P. 122.（匈牙利）

7. Ши Най – ань.《水浒传》俄文全译本（两卷本）Речной заводи. пер. А. П. Рогачева с китайского: В 2 – х т. М.: Гослитиздат. Т. 1. 500 с.; Т. 2. 624 с.（俄罗斯）

8. Фишман О. Л. пер. с китайского. 俄译唐传奇 Танские новеллы. М.: Издательство АН СССР. 227 с. (АН СССР. Литературные Памятники). В кн.: С. 9 – 178: Перевод; С. 181 – 206: Послесловие; С. 207 – 227: Примечание. （俄罗斯）

9. 김용제譯：紅樓夢. 1, 2/曹雪芹著（红楼梦. 1, 2）. 正音社. 1955.（韩国）

10. 正音社譯：水滸傳.（水浒传）. 正音社. 1955.（韩国）

11. 구처기譯：西遊記（西游记）．東國文化社．1955．（韩国）

12. 水滸伝：新中国定本普及版（水浒传：新中国定本普及版），村上知行（译），修道社、東京。（日本）

公元 1956 年

1. Lanciotti, L. *Il sogno del 'vecchio rifiuto'*.（'老残'的梦）(Introduzione e traduzione del I capitolo del *Lao-ts'an yu-chi* di Liu E)（刘鹗《老残游记》第一章序言及翻译），《Cina》（中国），1 (1956), pp. 101 – 15.（意大利）

2. Jahier, P. e M. – L. Rissler Stoneman（tr. a cura di）. *Chin P'ing Mei. Romanzo erotico cinese del secolo XVI*（16 世纪中国色情小说《金瓶梅》）. Torino, Einaudi, 1956, 2 voll., P. 925,（Miranda 237）.（意大利）

3. Guidacci, M.（tr. a cura di）. Tu Fu 杜甫. *La ballata dei carri da guerra*（e altre cinque poesie）（《兵车行》和其他五首诗），《Il Ponte》（桥），12 (1956), pp. 552 – 58,（Miranda 60）.（意大利）

4. Průšek, Jaroslav（普实克）：*Šest historií prchavého života*（《浮生六记》），普实克从汉语原文翻译，撰写前言和说明。Praha：SNKLHU, 1956 年第 1 版，5 400 册，布拉格。（捷克）

5. Константинов, К.；Толчев, Н.；Неманов, Ф.：Речни заливи – том 1, 2［水浒传（上、下）］. София：издателство "Народна култура".

6. Мозелер Г. О.（составитель），王维诗选，Ван Вэй. Стихотворения. М. – Л.：Художественная литература. 145 с. В кн., С. 129 – 140：Примечания.（俄罗斯）

7. 김용제譯：（新譯）紅樓夢／曹雪芹著．正音社．1956．（韩国）

8. 金龙济译：《金瓶梅》，汉城正音社，1956。（韩国）

9. 金瓶梅（金瓶梅），小野忍、千田九一（译），河出書房、東京；世界風流文学全集，第 10 卷中国篇 1。（日本）

公元 1957 年

1. Bovero, C.（tr. a cura di）. *Il primo capitolo dello Shui-hu-chuan*（水浒传第一回），《Cina》（中国），2 (1957), pp. 52 – 57.（意大利）

2. Mathesius, Bohumil（博胡米尔·马泰休斯）：*Zpěvy staré a nové Číny*（《新旧中国之歌》）马泰休斯和普实克从汉语合译，普实克写后记和注解，附有彩色插图。该卷几乎包含马泰休斯意译的全部中国诗歌。与以前版本（1950）的不同之处在于，按时间顺序排列，从公元前 10 世纪中国最早的诗歌创作时期延续至当代。分为 8 个时期，其中记载最多的是唐诗。忠实和诗意的完美结合，是马泰休斯二十多年对中国经典诗歌翻译的倾力之作。Praha：SNKLHU，1957 年在 SNKLHU 第 1 版，241 页，10 000 册，布拉格。（捷克）

3. 小说 *Kim cổ kỳ quan*（《今古奇观》），Trần Thanh Đạm，Nguyễn Tố Nguyên（陈轻淡、阮素元）译，西贡。（越南）

4. 小说 *Liêu trai chí dị*（《聊斋志异》），Nguyễn Khắc Hiếu（阮克孝）译，Nxb. Minh Đỳıc，河内，再版。（越南）

公元 1958 年

1. Birch, Cyril：*Stories from a Ming Collection: Translations of Chinese Short Stories Published in the Seventeenth Century*《明代短篇小说选译》Bloomington：Indiana University Press.（美国）

2. McHugh, Florence：*The dream of the red chamber. Hung lou mêng. A Chinese novel of the early Ching period*《红楼梦》英译 New York：Pantheon Books.（美国）

3. Wang, Chi-chen：*Dream of the red chamber*《红楼梦》英译：New York：Twayne Publishers.（美国）

4. WYPLER Jan（维普莱尔·杨）译，*Małżonek nikczemny i inne opowiadania chińskie*（《今古奇观》），Śląsk, Katowice.（波兰）

5. CHMIELEWSKI Janusz（赫米耶莱夫斯基·亚努什），JABŁOŃSKI Witold（雅布翁斯基·维托尔德），WOJTASIEWICZ Olgierd（沃伊塔谢维奇·奥尔盖德）译，屈原著，"*Pieśni z Czu*"（《楚辞》），PIW, Warszawa.（波兰）

6. Kolmaš, Josef（高马士）：*Drak z černé tůně*（《黑潭龙》），白居易诗选，高马士从中文选译和注释，扬娜·施特罗布洛娃为诗歌润色，普实克写后记——"写在白居易诗歌边缘的几句话"，版刻画：兹德涅克·斯科纳。此为第一本白居易诗歌选的捷克语译本。Praha：ČSAV，61 页，1000 册，布拉格。（捷克）

7. *Az olajárus és a kurtizán: Négy elbeszélés a Csin ku csi kuan gyűjteményből*（今古奇观短篇小说四篇：卖油郎独占花魁、灌园叟晚逢仙女、钱秀才错占凤凰俦、金玉奴棒打薄情郎）Ford. Kemény Katalin; Az utószót írta Tőkei Ferenc. Budapest：Európa Könyvkiadó, 1958. Világirodalmi kiskönyvtár. P. 155。（匈牙利）

8. 《红楼梦》俄文全译注释本（两卷本）Цао Сюэ - цинь. Сон в красном тереме. В. 2 - х т. Панасюк В. А. Перевод с китайского языка и комментрании. М.：Художественная литераутра. Т. 1. 860 с. Т. 2. 850 с.（俄罗斯）

9. *ĐỳờIng thi triùch dioch*（《唐诗摘译》），ĐôÞ BāIng ĐoaÌn, Buìi Khaình ĐaÒn（杜鹏团、裴庆诞）译，Nxb. Vān hoòc，河内。（越南）

10. 김용제譯：西遊記：單卷完譯/吳承恩著（西游记：单卷完译）. 槿友社. 1958.（韩国）

11. 寒山（寒山），入矢義高（注），岩波書店、東京；中國詩人選集/吉川幸次郎，小川環樹編集・校閲，第 5 卷.（日本）

12. 三国志演義（三国演义），羅貫中（著）、立間祥介（译）、平凡社、東京；中国古典文学全集，第 8～9 卷.（日本）

公元 1959 年

1. Shin, Vincent Y. C.：*The literary mind and the carving of dragons*《文心雕龙》英译 New York：Columbia University Press.（美国）

2. Hawks, David：*Ch'u Tz'u：the Songs of the South*, an Ancient Chinese Anthology（《楚辞：南方之歌——中国古代诗歌选》）, Oxford：Clarendon Press, 1959.（英国）

3. BELPAIRE, Bruno 译，*T'ang Kien Wen Tse*, florilège de littérature des T'ang（《唐间文字：唐代文学选集》），2e série, Paris, Éditions universitaires, 1959, 432 pp.（法国）

4. *Kínai verseskönyv*：*Négy évezred kö ltészetéből*（中国 4000 年诗歌选编）. Ford. Franyó Zoltán. Bukarest：állami Nyomda és M ű vészeti Könyvkiadó, 1959. P. 237.（匈牙利）

5. Pu, Szung-ling：*Furcsa históriák*（聊斋志异选集）. Ford., az utószót és a jegyzeteket írta Tőkei Ferenc. Budapest：Magyar Helikon, 1959. P. 294.（匈牙利）

6. Csü, Jüan：*Száműzetés*（离骚）. Ford. Nagy László：Kínai eredetiből magyar prózára ford., az utószót, a magyarázó jegyzeteket írta Tőkei Ferenc. Budapest：Európa Könyvkiadó, 1959. P. 61.（匈牙利）

7. *Virágos gyertyák avagy egy jó házasság története*：Kínai regény a XVII. századból（《好逑传》）.（Franz Kuhn német szövegéből）ford. Varga Ilona. A verseket ford. Károlyi Amy. Az előszót írta Tőkei Ferenc. Budapest：Európa Könyvkiadó, 1959. P. 398.

ua.：. Budapest：Szépirodalmi Könyvkiadó, 1961. Olcsó Könyvtár 19 - 20. 223 p. +213 p.

ua.：2. kiad. Budapest：Európa Könyvkiadó, 1969. A Világirodalom Remekei. 317 p.

ua.：3. kiad. Budapest：Európa Könyvkiadó, 1974. P. 310.（匈牙利）

8. *Zenepalota*（乐府诗选）. Ford. Fodor András et al.：Vál., kínai eredetiből

magyar prózára ford. ，az utószót，a magyarázó jegyzeteket írta Tőkei Ferenc. Budapest：Európa Könyvkiadó，1959. P. 125. （匈牙利）

9. Вельгус В. А.，Ли Жу‐чжэнь.《镜花缘》俄文译注本 Цветы в зеркале. М. 787 с. Совместно с Монзелером Г. О.，Фишман О. Л.，Циперович И. Э. （俄罗斯）

10. Вахтин Б. Б.，俄译乐府诗歌 Юэфу. Из древнекитайских песен. М. - Л.：Гослитиздат. Предисл. С. 3 - 12；пер. с кит. С 13 - 383；примеч. с. 387 - 394. （俄罗斯）

11. Голубев，И. С.，俄译陆游诗歌 Лу Ю. Стихи. Перевод с китайского. М.，199 с. （俄罗斯）

12. 宋代诗歌 Поэзия эпохи Сун，вступительная статья В. А. Кривцова，柳永、李清照、辛弃疾 М.：Гослитиздат. 360 с. （俄罗斯）

13. У Чэн‐энь:《西游记》俄文全译注释本 Путешествие на Запад. Роман. В 4‐х т. Пер. с китайского А. П. Рогачева. М.：Художественная литература. Т. 1. 456 с. В кн.：С. 3 - 15.：Рогачев А. П.，У Чэн‐энь и его роман 《Путешествие на Запад》. （俄罗斯）

14. 도잠：陶淵明全集（陶渊明全集）. 新興書局. 1959. （韩国）

15. 警世通言（警世通言），馮夢竜（编）、辛島驍（译注）、塩谷温（监修），東洋文化協會、東京；全譯中國文學大系，第 1 集第 6 卷。（日本）

16. 官場現形記（官场现场记），李伯元（著）、入矢義高（译），平凡社、東京；中國古典文學全集，第 27 卷。（日本）

17. 金瓶梅（金瓶梅），笑笑生（著）、小野忍、千田九一（译），平凡社、東京；中國古典文學全集，第 15 - 17 卷。（日本）

18. 水滸傳（水浒传），駒田信二（译），平凡社、東京；中國古典文學全集，第 10 ~ 12 卷。（日本）

公元 1960 年

1. Nöthen，Renate："Übersetzung und Interpretation des Yüan - Dramas shakou ch'üan-fu"（元代戏剧《杀狗劝夫》的翻译和注释），导师为傅海波（Herbert Franke）。（德国）

2. DEMIÉVILLE，Paul 主译，*Anthologie de la poésie chinoise classique*（《古典中国诗选集》），Paris，Gallimard（Connaissances de l'orient. Collection UNESCO d'oeuvres représentatives；16），1960，570 pp. （法国）

3. GUILLERMAZ，Patricia 译，*La Poésie chinoise：anthologie des origines à nos*

jours（《中国诗选集（自初创至今日）》），Éditions Seghers（Collection Melior；4），Paris，1960，289 pp.（法国）

4. Motti, A.（tr. a cura di）.*Lo scimmiotto*（猴王）①. Torino, Einaudi, 1960, P. 408,（Miranda 252）.（意大利）

5. Kalvodová, Dana（高德华）：*Letní sníh a jiné hry*（《窦娥冤及其他剧本》），关汉卿的六个剧本，汉学家高德华选译自中文原作《西楚记》，写序言并注释，诗歌润色由施特罗布洛娃和切尔尼。Praha：SNKLHU, 301 页, 6000 册, 布拉格。（捷克）

6. *Cao Cse verse*：*Cao Cao és Cao Pi verseiből*（曹植诗选）. Ford. Csukás István et al.：Vál., kínai eredetiből magyar prózára ford., utószóval és jegyzetekkel ellátta Tőkei Ferenc. Budapest：Európa Könyvkiadó, 1960. P. 126.（匈牙利）

7. *Mostani és régi idők csodálatos látványai*（今古奇观选）[*Jin gu qi guan*]. Ford. Kemény Katalin：A verseket ford. Kalász Márton：Az utószót írta Tőkei Ferenc. Budapest：Európa Könyvkiadó, 1960. P. 537.（匈牙利）

8. Vang, Si-fu：*A nyugati szoba*（西厢记）. Kínaiból ford. és az utószót írta Tőkei Ferenc：A jegyzeteket írta Csongor Barnabás：A verseket ford. Károlyi Amy. Budapest：Európa Könyvkiadó, 1960. P. 260.（匈牙利）

9. Shi, Nai'an：*Razbojniki iz močvirja Ljanšan*：*kitajski roman iz davnih časov*（水浒传：中国古代小说）. Ljubljana：Cankarjeva založba, 1960.（斯洛文尼亚）

10. Varfi, Andrea：*Li Sao apo brenga e internimit*（离骚），Tiranë：SH. Botimeve Naim Frashëri, 1960.（阿尔巴尼亚）

11. Ван Шифу. 王实甫《西厢记》俄译本 Западный флигель, где Цуй Ин-ин ожидала луну. Предисловие и перевод с китайского Л. Н. Меньшикова, М. -Л.：Художественная литература. 282 с.（俄罗斯）

12. Голубев, И. С., 宋代诗歌：欧阳修、苏东坡、陆游、范成大等 Поэзия эпохи Сун：（Оуян Сю, Су Дунпо, Лу Ю, Фань Чэнда и др.）. М.：Художественная литература.（俄罗斯）

13. 俄译唐传奇 Танские новеллы, перевод О. Л. Фишман, А. Тишкова, М.：Гослитиздат, 244 с.（俄罗斯）

14. 유악：世界文學全集. v.62, 老殘遊記, 剪燈神話（世界文学全集. v62, 老残游记, 剪灯神话）. 乙酉文化社. 1960.（韩国）

15. 儒林外史（儒林外史），吳敬梓（著）、稻田孝（译），平凡社、東京；

① 即《西游记》。

中国古典文学全集，第 23 卷。（日本）

公元 1961 年

1. NGHIÊM, Toan, RICAUD, Louis 译，*Les Trois Royaumes* de Louo Kouan-tchong（罗贯中《三国演义》），t. 2，traduction originale, notes et commentaires, Société des études Indochinoises（Collection Unesco d'oeuvres Représentatives: Série Chinoise）（Bulletin de la Société des études indochinoises. Nouvelle série; 36），Saigon, 1961, ［449］－946 pp., ill. ［Titre original: San guo zhi.］（法国）

2. Pu`Sung-ling（蒲松龄），*Mnisi-czarnoksiężnicy, czyli Niesamowite historie o dawnych ludziach*（XVII w.），（《聊斋志异》）Bożena Kowalska（波热娜·科瓦尔斯卡）译，Tadeusz Żbikowski（塔杜施·日比科夫斯基）撰写前言，"Iskry" Warszawa 1961。（波兰）

3. Li, *Taj-po versei*（李白诗选）. Ford. András László et al.: Vál., az utószót és a jegyzeteket írta Csongor Barnabás. Budapest: Európa Könyvkiadó, 1961. P. 341.（匈牙利）

4. Si, Naj-an: *Vízparti történet I – I*（水浒传）I. Ford., az előszót és a jegyzeteket írta Csongor Barnabás. Budapest: Európa Könyvkiadó, 1961. A Világirodalom Klasszikusai. 554 p. ＋614 p.（匈牙利）

5. *Virágos gyertyák avagy egy jó házasság története*: *Kínai regény a XVII. századból*（好逑传）.（Franz Kuhn német szövegéből) ford. Varga Ilona. A verseket ford. Károlyi Amy. Az előszót írta Tőkei Ferenc. Budapest: Európa Könyvkiadó, 1959. 398 p.

ua.: . Budapest: Szépirodalmi Könyvkiadó, 1961. Olcsó Könyvtár 19 – 20. P. 223. ＋P. 213

ua.: 2. kiad. Budapest: Európa Könyvkiadó, 1969. A Világirodalom Remekei. P. 317

ua.: 3. kiad. Budapest: Európa Könyvkiadó, 1974. P. 310.（匈牙利）

6. Novotná, Zdena（傅思瑞）: *Opičí král*（《猴王》），傅思瑞从中文原著《西游记故事》翻译，写前言和注释。插图斯科纳。Praha: SNDK, 1961 年第 1 版，348 页，20000 册，布拉格。（捷克）

7. Mikuškovičová, Jirina（米古什科维乔娃，1922 ~ 2008 年）: *Poslední vůnì lotosů*（《最后的荷花香》），中国古代诗歌和散文集，米古什科维乔娃选编，附引用资料索引，为中华人民共和国国庆献礼。České Budìjovice: Okresní knihovna，捷克布杰约维采。（捷克）

8. Kadare, Ismail: *Poezi klasike kineze*（*Epoka Tan*）（中国唐代古典诗歌集），

Tiranë：SH. Botimeve Naim Frashëri, 1961.（阿尔巴尼亚）

9. *Hidup Bagaikan Mimpi*：*Riwayat Hidup Seorang Pelukis Dan Sasterawan Tionghua*.《浮生六记》，SHEN FU（沈复）著，LI CHUAN SIU（李全寿）译。（马来西亚）

10. 中國古典詩集（中国古典诗集），橋本循、青木正兒（译），筑摩書房、東京；世界文學大系。（日本）

公元 1962 年

1. Debon, Günther（Übers.）：*Li Tai – Bo. Gedichte. Eine Auswahl*（李太白诗选）. Übersetzung, Einleitung und Anmerkungen von Günther Debon. Stuttgart：Reklam, 1962. 143 S.（*Reclams Universal – Bibliothek*, 8 658/59）.（德国）

2. Herzfeldt, Johanna（Übers.）：*Die Pilgerfahrt nach dem Westen*（西游记）. Rudolstadt：Greifenverlag, 1962. 501 S.（德国）

3. Yang, Enlin und Schmitt, Gerhard（Übers.）：*Der Weg zu den weißen Wolken；Geschichten aus dem Gelehrtenwald*（吴敬梓《儒林外史》）. Weimar：G. Kiepenheuer, 1962. 1201 S. Leipzig, Weimar, München 1989. Überarb. Aufl. in 2 Bdn.（德国）

4. Waley Arthur：*One hundred & seventy Chinese poems*（《汉诗一百七十首》），London：Constable & Company Ltd., 1962.（英国）

5. DEMIÉVILLE, Paul 主译，*Anthologie de la poésie chinoise classique*（《古典中国诗选集》），Paris, Gallimard, coll. Connaissance de l'Orient, 1960, 570 pp.（法国）

6. KLOSSOWSKI, Pierre 译，*Jou – P'u – T'uan = Jeou – P'ou – T'ouan, ou La chair comme tapis de prière*（李渔《肉蒲团》），roman publié vers 1660, par le lettré Li – Yu, traduit en français pour la première fois, préfacé par René Étiemble, Jean – Jacques.（法国）

7. Král, Oldřich（克拉尔）：*Literáti a mandaríni*（《儒林外史》），从中文《儒林外史》翻译，写后记和注解。Praha：SNKLU, 1962 年第 1 版，785 页，4 000 册，布拉格。（捷克）

8. Palát, Augustin（白利德）：*Příbihy od jezerního břehu*（《水浒传》），从汉语选译，写后记。Praha：Naše vojsko, 1962 年第 1 版，337 页，10 000 册，布拉格。（捷克）

9. Cao, Hszüe-csin; Kao, O：*A vörös szoba álma* I – II（红楼梦）.（Franz Kuhn rövidített német szövegéből）ford. Lázár György：A versbetéteket ford. Szerdahelyi István：Az előszót írta Tőkei Ferenc. Budapest：Európa Könyvkiadó, 1959. A

világirodalom klasszikusai. . 348 p. +349 p.

ua.：2. kiad.［egy kötetben］. Budapest：Európa Könyvkiadó，1962. P. 692.

ua.：3. kiad. Budapest：Európa Könyvkiadó，1964. A világirodalom remekei. 679 p.

ua.：1976

ua.：1988（匈牙利）

10. CENG，Pu：*Virág a bűn tengerében*（孽海花）.［Oroszból］ford. Háy Gyula：A verseket Polonyi Péter kínaiból készült prózája alapján ford. Szerdahelyi István. Budapest：Európa Könyvkiadó，1962. P. 502.

ua.：2. kiad. Budapest：Európa Könyvkiadó，1988. P. 550.（匈牙利）

11. Bllaci，Jorgo：*Përse më dhemb zemra – Du Fu*（*vjersha të zgjedhura*）（吾为何心痛——杜甫诗选），Tiranë：SH. Botimeve Naim Frashëri，1962.（阿尔巴尼亚）

12.《今古奇观》俄文译注本 Вельгус В. А. Удивительные истории нашего времени и древности. В 2－х т.，АН СССР. Институт народов Азии. М.：Наука，1962. Т. 1. Пер. С китайского，с. 5－454；Т. 2. пер. с китайского，5－340；примечание，с. 341－411. Совм. с И. Э. Циперович. Послесловие，с. 412－421，435－450. 本书 1988 年再版，479 页。（俄罗斯）

13. *Thơ Đỗ Phủ*（《杜甫诗》），Huy Cận，Hoàng Trung Thông，Xuan Diệu v. v.（辉近、黄忠通、春妙）等译，Nxb. Văn học，河内。（越南）

14. *Thơ Đyỏlng*（《唐诗》）全两册，Hoa Bălng（华鹏）译，Nxb. Văn hoaì，河内。（越南）

公元 1963 年

1. Chan，Wing-tist：*Instructions for Practical Living，and Other Neo – Confucian Writings by Wang Yang-ming* 王阳明《传习录》及其他作品英译 New York：Columbia University Press。（美国）

2. Eberhard，Wolfram（Übers.）：*Li Yü：Die vollkommene Frau. Das chinesische Schönheitsideal*（李渔《闲情偶寄》）. Übersetzt und eingeleitet von Wolfram Eberhard. Mit zwanzig Holzschnitten. Zürich：Verlag die Waage，1963. 135 S.（德国）

3. *Nyitott ajtó*：*Válogatott versfordítások*（开放之门——诗歌翻译集）. Ford. Illyés Gyula. Budapest：Európa Könyvkiadó，1963. P. 674.（匈牙利）

4. *Antologia poeziei chineze clasice*，（secolul al XI – lea î. e. n. –1911），Biblioteca pentru toți，191，Ediție îngrijită de Romulus Vulpescu，Editura pentru Literatură，București，1963.（罗穆鲁斯·弗尔佩斯库主编：《中国古代诗歌选》，布加勒斯特：文学出版社，1963 年，印数 20 140 册）（罗马尼亚）

5. Zheji, Petro: *Lulet në detin e së keqes*（孽海花）, Tiranë：SH. Botimeve Naim Frashëri, 1963.（阿尔巴尼亚）

6.《杜甫诗选》，阿米尔·哈姆扎译。（印度尼西亚）

7. *Thõ Lyì Baòch*（《李白诗》）（共 90 首），Tru c Khê（竹溪），Nxb. Văn hoòc，河内。（越南）

公元 1964 年

1. CHENG, Tcheng 译, *L'Odyssée de Lao Ts'an*（刘鹗《老残游记》），de Lieou Ngo, traduit du Chinois par Cheng Tcheng, avant-propos de Jacques Reclus, Paris, Gallimard, coll. Connaissance de l'Orient（41），1964，280 pp.（rééd.：1990）.（法国）

2. Masi, E.（tr. a cura di）. *Il sogno della camera rossa di Ts'ao Hsüeh-ch'in*（曹雪芹的《红楼梦》）. Torino, Einaudi, 1964, P. 669,（Miranda 53）.（意大利）

3. Cao, Xueqin（曹雪芹）, Cao Hszüe-csin; Gao E（高鹗）, Kao O：*A vörös szoba álma* Ⅰ-Ⅱ（红楼梦）.（Franz Kuhn rövidített német szö vegéből) ford. Lázár György; A versbetéteket ford. Szerdahelyi István: Az előszót írta Tőkei Ferenc. Budapest：Európa Könyvkiadó, 1959. A világirodalom klasszikusai.. 348 p. + P. 349

ua.：2. kiad. [egy kötetben]. Budapest：Európa Könyvkiadó, 1962. P. 692.

ua.：3. kiad. Budapest：Európa Könyvkiadó, 1964. A világirodalom remekei. P. 679.

ua.：1976

ua.：1988（匈牙利）

4. *Szép asszonyok egy gazdag házban*（Csin Ping Mej）（金瓶梅）：Ismeretlen kínai szerző regénye a XVI. század végéről. [Franz Kuhn német szövegéből] ford. Mátrai Tamás; A verseket ford. Pór Judit; Az utószót írta Tőkei Ferenc. Budapest：Európa Könyvkiadó, 1964. P. 447 + P. 422（匈牙利）

公元 1965 年

1. Lin, Tai-yi.：*Flowers in the mirror*（镜花缘英译）Berkeley, University of California Press.（美国）

2. Shigeyoshi Obata：*The works of Li Po*（李白诗选译）New York, Paragon Book Reprint Corp.（美国）

3. Yeh, Kai（Übers.）：*Liao-chai chih-i. Chinesische Geschichten aus dem 17. Jahrhundert*（聊斋志异：十七世纪的中国故事）. Ausgewählt und aus dem Chinesischen übertragen von Kai Yeh; mit einem Vorwort von Werner Eichhorn. Stuttgart：

P. Reclamjun，1965. 103S. （*Unesco – Sammlung repräsentativer Werke.*，*Asiatische Reihe*；*Universal – Bibliothek*，Nr. 8 979）. （德国）

4. Graham，Angus Charles：*Translations of Poems and FU in Anthology of Chinese Literature*（《诗赋选译》）in *Anthology of Chinese Literature*，edited by Cyril Birch. New York：Grove Press，v. 1（1965），v. 2（1972）. （英国）

5. 신태삼譯：三國志：原本校正國文/羅貫中著. 世昌書館. 1965. （韩国）

6. 崔暎海譯：水滸傳. 정음사. 1965. （韩国）

7. 白居易詩鈔：附·中国古詩鈔（白居易诗抄：附中国古代诗抄），森亮（译），平凡社、東京；東洋文庫，52。（日本）

公元 1966 年

1. Kühnel，Paul（Übers.）：*Der Gatte wider Willen*：*Chinesische Novellen aus dem Kin ku ki kwan*（中国中短篇小说选集）. Aus dem Chinesischen übertragen von Paul Kühnel. München：W. Goldmann，1966. 164 S. （*Goldmanns gelbe Taschenbücher*，Bd. 1751）. （德国）

2. Ryšavá，Marta（玛尔塔·李莎娃），Hiršal，Josef（约瑟夫·希尔沙尔）：*Návraty*（《归去来兮》），汉学家李莎娃和 Hiršal 从汉语合译，李莎娃选编和撰写后记。Praha：Odeon，1966 年第 1 版，210 页，5 000 册，布拉格。（捷克）

3. Vu，Csing-ce：*Írástudók*（儒林外史）. Kínai eredetiből ford. s az utószót írta Polonyi Péter：A szöveget a kínai eredetivel egybevetette s a jegyzeteket írta Ecsedy Ildikó. Budapest：Európa Könyvkiadó，1966. P. 723. （匈牙利）

4. Toni Radian，*Duhul crizantemei*，Editura pentru Literatura Universală，Bucureşti，1966. （《黄英》，选自《聊斋志异》，布加勒斯特：世界文学出版社）（罗马尼亚）

5. 이주홍譯：（完譯向破）西遊記. 第 1 – 3 卷/吳承恩著（完译向破）西游记第 1 – 3 卷. 語义閣. 1966. （韩国）

6. 최인욱譯：聊齋志異，1 – 3/蒲松齡著（聊齐志异，1 – 3）. 乙酉文化社. 1966. （韩国）

公元 1967 年

1. Klasszikus kínai költők I – II ［中国古代诗歌选（上、下册）］. Ford. András László et al. : Vál. ，szerk. és életrajzi jegyzetekkel ellátta Csongor Barnabás（IV – VI. rész）és Tőkei Ferenc（I – III. rész）：Az előszót és a jegyzeteket írta Csongor Barnabás. Budapest：Európa Könyvkiadó，1967. 713 p. + 660 p. （匈牙利）

2. 金光洲譯：（中國古典）亽齋志異．上，下．（中国古典）聊斋志异上下．良書閣．1967．（韩国）

公元 1968 年

1. Herzfeld, Johanna（Übers.）：*Die Räuber vom Liangschan*（水浒传）. Aus dem Chinesischen übertragen und hrsg. von Johanna Herzfeldt；Mit 96 Holzschnitten nach alten chinesischen Ausgaben. Leipzig：Insel – Verlag, 1968. 2 Bde. 687 S. u. 654 S.（这是德语的第一个《水浒传》的完整德译本。第二卷第 639～643 页系注释以及译后记（第 644 页以后），主要阐述了小说的社会史意义。同时也对明清时期的查禁书制度进行了说明）（德国）

2. Holbrook, David；Waley, Arthur；Pound, Ezra；Waddell, Helen：*Plucking the rushes*：*an anthology of Chinese poetry in translations*（《中国诗歌翻译选集》），Heinemann Educational, 1968.（英国）

3. AVENOL, Louis 译, *Si yeou ki ou le Voyage en Occident*（《西游记》），[par] Wou Tch'eng-ngen, nouvelle édition, éditions du Seuil, Paris 1968, 956 pp., ill.（法国）

4. KLOSSOWSKI, Pierre 译, *Jeou – P'ou – T'ouan, ou La chair comme tapis de prière*（李渔《肉蒲团》），de Li – Yu, préfacé par René Étiemble, Jean – Jacques Pauvert, Paris, 1968, X – 319 pp.（法国）

5. Kalvodová, Dana（高德华）：*Vijíř s broskvovými kvìty*（《桃花扇》），汉学家高德华从汉语翻译，写前言和注释，切尔尼用诗歌润色，附插图。当时在欧洲其他国家尚不存在完整的《桃花扇》翻译剧本。封面和装帧为斯科纳。Praha：Odeon, 1968 年, 372 页, 2000 册, 布拉格。（捷克）

6. *Szép asszonyok egy gazdag házban*（*Csin Ping Mej*）（金瓶梅）：Ismeretlen kínai szerző regénye a XVI. század végéről．[Franz Kuhn német szövegéből] ford. Mátrai Tamás；A verseket ford. Pór Judit；Az utószót írta Tőkei Ferenc. Budapest：Európa Könyvkiadó, 1964..447 p. +422 p.（匈牙利）

7. *Thơ Tôing*（《宋诗》），Nguyễn Bi ch Ngô（阮碧吴）译, Nxb. Văn hoòc, 河内。（越南）

8. 文心雕龍（文心雕龙），刘勰（著）、興膳宏（译），筑摩書房、東京；世界古典文学全集 25 復刊 2005 年。（日本）

公元 1969 年

1. Kent, George W.：*Worlds of dust and jade*：*47 poems and ballads of the third*

century Chinese poet Ts'ao Chih. 曹植诗歌 47 首英译 New York：Philosophical Library。（美国）

2. Eichhorn, Werner（Übers.）：*Heldensagen aus dem Unteren Yangtse – Tal*（*Wu – Yüeh ch'un-ch'iu*）（长江中下游流域的英雄传奇故事/吴越春秋），Mainz：Deutsche Morgenländische Gesellschaft；Wiesbaden：Harrassowitz, 1. Auflage, 1969. 153 S.（*Abhandlungen für die Kunde des Morgenlandes*, Bd. 38, 2）.（德国）

3. Franke, Herbert（Übers.）：*Prinz Tan von Yen. Eine chinesische Novelle aus der Chan-kuo – Zeit*（燕太子丹：战国时期的一部中篇小说）. Hrsg., übers. und eingeleitet von Herbert Franke. Zürich：Die Waage, 1969. 95 S.（*Bücher der Waage*）.（德国）

4. Schwarz, Ernst J.（Übers.）：*Chrysanthemen im Spiegel. Klassische chinesische Dichtungen*（镜中菊花：中国古典诗歌），hrsg., aus d. Chines. Übertr. u. nachgedichtet von Ernst Schwarz. Berlin：Rütten & Loening, 1. Auflage, 1969. 471 S.（德国）

5. Ulenbrook, Jan（Übers.）：*Pflaumenblüte und verschneiter Bambus. Chinesische Gedichte*（梅花和积雪覆盖的竹子：中国诗歌）. Auswahl und Übers. aus dem Chines. von Jan Ulenbrook. Mit 62 Tuschzeichnungen chinesischer Künstler. Zürich：Manesse Verlag, 1969. 235 S.（*Manesse Bibliothek der Weltliteratur*）.（德国）

6. HERVOUET, Yves 译, *Contes extraordinaires du Pavillon du loisir*（蒲松龄《聊斋志异》）, de P'ou Songling, traduit du chinois sous la direction d'Yves Hervouet, introduction d'Yves Hervouet, Paris, Gallimard, Connaissance de l'Orient, 1969, 216 pp.（rééd. 1987, 1990）.（法国）

7. *Virágos gyertyák avagy egy jó házasság története：Kínai regény a XVII. századból*（好逑传）.（Franz Kuhn német szö vegéből）ford. Varga Ilona. A verseket ford. Károlyi Amy. Az elöszót írta Tőkei Ferenc Budapest：Európa Könyvkiadó, 1959. P. 398.（匈牙利）

8. Vu, Cseng-en：*Nyugati utazás avagy a majomkirály története* I – II（西游记）. Ford., a jegyzeteket és a bevezetőt írta Csongor Barnabás. Budapest：Európa Könyvkiadó, 1969. 607 P. + 578 P.

ua.：2. kiad. Budapest：Európa Könyvkiadó, 1980. 569 P. + 539 P.（匈牙利）

9. 小说 *Hồng lâu mộng*（《红楼梦》）全十二册, Nguyễn Quốc Hùng（阮国雄）译, Nxb. Chiêu Dỵông, 西贡。（越南）

10. 崔暎海譯：수호전 上、下（水浒传上、下）. 수호전. 1969.（韩国）

11. 紅楼夢（红楼梦），曹霑（著），伊藤漱平（译），平凡社、東京；中国古典文学大系第 44 卷 - 第 46 卷上，中，下。（日本）

公元 1970 年

1. Hightower, James R. *The poetry of T'ao Ch'ien.* 陶潜诗选译 Oxford：Clarendon Press。（美国）

2. Басманов М. И. 李清照诗歌俄译注本 Ли Цинчжао. Строфи из граненой яшмы. М.：Художественная литература. 102 с。（俄罗斯）

3. 唐传奇俄文译注本 Гуляка и волшебник：Танские новеллы, VII—IX вв. Составитель Л. Эйдлин，перевод И. Соколовой，О. Фишман，послесловие А. Желоховцева，Комментарии И. Соколовой，Стихи в переводе В. Марковай，полстрочные переводы стихов В. Таскина. М.：Художественная литература. 382 с。（俄罗斯）

4. 정음사편집부：中國古典文學선집．v. 11，紅樓夢（中国古典文学选集 v. 11 红楼梦）．정음사．1970．（韩国）

公元 1971 年

1. Watson, Burton：*Chinese Rhyme – Prose*：*Poems in the Fu Form from the Han and Six Dynasties Periods*（汉及六朝赋英译）New York：Columbia University Press.（美国）

2. Graham, Angus Charles：*A New Translation of a Chinese Poet*：*Li He*（《李贺诗新译》），BSAOS, 34/3（1971）.（英国）

3. Timoteus Pokora（鲍戈拉）：*Kritická pojednání*（《论衡》），中国哲学家著作选，鲍戈拉从汉语原著《论衡》翻译，写序言和注解。Praha：Academia, 469 页，1 200 册，布拉格。鲍戈拉（Pokora）的序言出自《论衡评论》，他非常欣赏王充是一位代表正统儒家思想的评论家，他是第二个把王充著作翻译为欧洲语言的学者。第一位是德国汉学家 A. 佛尔克（Alfred Forke）（1867~1944），他的译本于 1907 年和 1911 年先后在伦敦、柏林出版。佛尔克翻译了王充的全部文章，而鲍戈拉仅发表了 1/3。1971 年鲍戈拉写了一篇重要论文《如何看待孔子？》（Co s Konfuciem?），在文中综述了中国历代有关孔子哲学、经典地位及其历史重要性的争论。在这篇文章中，鲍戈拉立足于孔子研究的基本资料，更多着笔于关注孔子的性格和思想。（捷克）

4. *Szép asszonyok egy gazdag házban*（Csin Ping Mej）（《金瓶梅》）：Ismeretlen kínai szerző regénye a XVI. század végéről.［Franz Kuhn német szövegéből］ ford.

Mátrai Tamás：A verseket ford. Pór Judit：Az utószót írta Tőkei Ferenc. Budapest：Európa Könyvkiadó, 1964. . 447 p. +422 p. （匈牙利）

5. *Călătorie spre soare-apune*, în româneşte de Corneliu Rudescu şi Fănică M. Gheorghe, Editura Minerva, Bucureşti, 1971. （吴承恩：《西游记》，罗文翻译：考尔内留·鲁德斯库、弗尼格·格奥尔基，布加勒斯特：密涅瓦出版社，1971年）（罗马尼亚）

6. 구우：剪燈新話老殘遊記. 乙酉文化社. 1971. （韩国）

公元 1972 年

1. Kuan – Czung Lo（罗贯中）, *Dzieje Trzech Królestw*（《三国演义》）, N. Billi（N. 比利）译，插图由 T. Zbikowski（T. 兹比科夫斯基）选自中文原本并撰写前言和注释，Warszawa：1972, Czytelnik。（波兰）

2. Kolmaš, Josef（高马士）：*Zápisky o buddhistických zemích*（《佛国记》），高马士从汉语《佛国记》也称《法显传》的不同版本翻译，撰写前言"法显及其在中国佛教史上的地位"，添加评论和注释。斯科纳负责封面和装帧。Praha：Odeon, 1972 年第 1 版, 194 页, 3700 册, 布拉格。（捷克）

3. 小说 *Tam quốc chí*（《三国志》）全三册, Phan Kế Bính（潘继柄）译, Nxb. Khai Trí, 西贡。（越南）

公元 1973 年

1. Hanan, Patrick：*The making of The Pearl-sewn Shirt and The Courtesan's Jewel Box* 《珍珠衫》与《杜十娘》英译 Cambridge, Mass.：Harvard – Yenching Institute。（美国）

2. Perleberg, Max：*The Works of Kung-sun Lung-tzu*. 《公孙龙子》英译 Westport, Conn.：Hyperion。（美国）

3. Scott, John：*Lecherous Academician and Other Tales by Master Ling Mengchu*（凌濛初短篇小说英译）London：Rapp and Whiting。（美国）

4. Schwarz, Ernst J. （Übers.）：*Der Ruf der Phönixflöte. Klassische chinesische Prosa*, 2 Bde（凤凰笛的呼唤：中国古典散文，两卷本）. Berlin（Ost）：Rütten & Loening, 1973. 960 S. （德国）

5. Hawkes, David：*The story of the stone. Volume 1, The golden days*（《石头记》第一卷：荣华富贵的岁月），Penguin Classics, 1973. （英国）

6. Waley, Arthur：Dear monkey（《西游记》）, Translated from the Chinese by Arthur Waley. Abridged by Alison Waley. Illustrated, by Georgette Boner, New York：

Bobbs – Merrill Company；1973.（英国）

7. *Szép asszonyok egy gazdag házban*（*Csin Ping Mej*）（《金瓶梅》）：Ismeretlen kínai szerző regénye a XVI. század végéről.［Franz Kuhn német szövegéből］ford. Mátrai Tamás：A verseket ford. Pór Judit：Az utószót írta Tőkei Ferenc. Budapest：Európa Könyvkiadó, 1964. . 447 P. + P. 422

ua. : 2. kiad. Budapest：Európa Könyvkiadó, 1968. A Világirodalom remekei. 436 p. + 403 p.

Budapest：Fátum – Ars Könyvkiadó, 1993［ – 1994］. 455 p. + 415 p. ua. : Budapest：Tercium,［2002］. P. 437 P. + 405（匈牙利）

8. *Mái Tây*（*Tây Sý õng Ký*）（《西厢记》），Nhý ợng Tống（让宋）译，Nxb. Tan Việt, 西贡。（越南）

公元 1974 年

1. DIÉNY, Jean – Pierre 译，*Les Dix-neuf poèmes anciens = Gou che che k'ieou cheou*（《古诗十九首》）, Université Paris VII, Centre de publication Asie orientale, 1974, 194 pp.［Facsimilé de la version parue dans le *Bulletin de la Maison franco-japonaise*, nouvelle série, t. 7, n° 4, Presses universitaires de France, Paris, 1963.］（法国）

2. Ryšavá, Marta（李莎娃）：*Vyznání*（《告白》），李莎娃从蒲松龄原著翻译。Praha：Odeon, 1974 年, 196 页, 6500 册, 布拉格。（捷克）

3. Qu Yuan, *Poeme*, Editura Univers, Bucureşti, 1974.（屈原：《楚辞》，罗文翻译：伊丽亚娜·霍贾—韦利什库、伊夫·马尔丁诺维奇，布加勒斯特：宇宙出版社，1974 年）（罗马尼亚）

4. 《三侠五义传》俄译本 Панасюк В. А, Первод с китайского. Ши Юй – кунь. Трое храбрых, пятеро справедливых. М. : Художественных. М. : Художественная литература. 349 с.（俄罗斯）

5. *Sở từ*（《楚辞》），Đào Duy Anh, Nguyễn Sỹ Lâm（陶维英、阮士林）译，Nxb. Văn học, 河内。（越南）

6. 동해원譯：西廂記. 一志社. 1974.（韩国）

7. 김광주譯：西遊記. 上、下/吳承恩著（西游记. 上、下）. 정음사. 1974.（韩国）

8. 최영해譯：（完譯）水滸傳/施耐庵著（（完译）水浒传）. 正音社. 1974.（韩国）

公元 1975 年

1. COYAUD, Maurice, Angela K. LEUNG, Alain PEYRAUBE 译, *Les Opéras des bords de l'eau*（《水浒杂剧》）, traduit par Maurice R. Coyaud, Angela K. Leung, Alain Peyraube, Paris, éditions du Centre national de la recherche scientifique, coll. Langues et civilisations orientales, 1975, 113 pp., ill. Contient:《Tourbillon Noir rapporte deux tributs》, de Gao Wenxiu;《Tourbillon Noir fait amende honorable》 de Kang Jinzhi;《Li Rongzu sort de prison》 de Li Zhiyuan;《Yan Qing marchand de poisson à l'hôtel de la joie commune》 de Li Wenwei.（法国）

2. Cao, Hszüe-csin; Kao, O: A vörös szoba álma Ⅰ-Ⅱ（红楼梦）. （Franz Kuhn rövidített német szövegéből）ford. Lázár György: A versbetéteket ford. Szerdahelyi István: Az előszót írta Tőkei Ferenc. Bukarest: Kriterion Könyvkiadó, 1975. Horizont Könyvek. P. 683. （匈牙利）

3. *Visul din pavilionul roșu*, Editura Minerva, 1975.（曹雪芹：《红楼梦》, 罗文翻译：伊丽亚娜·霍贾—韦利什库、伊夫·马尔丁诺维奇, 布加勒斯特：密涅瓦出版社, 1975 年）（罗马尼亚）

4. *Întâmplări extraordinare din pavilionul desfătării*, Editura Univers, București, 1975.（《聊斋故事选》, 李玉珠、亚历山德鲁·萨乌格选译, 布加勒斯特：宇宙出版社, 1975 年）（罗马尼亚）

5. Голубев И. С. 俄译苏东坡作品集：诗、剧、史 Су Дунпо. Стихи, мелодии, поэмы. Перевод с китайского. М. 285 с. （俄罗斯）

6. 池榮在編譯：中國詩歌集（中国诗歌集）. 乙西文化社. 1975.（韩国）

公元 1976 年

1. Chen, Chih-hsiang: *Peach Blossom Fan* 孔尚任《桃花扇》英译 Berkeley: University of California Press.（美国）

2. Mather, Richard B.: *Shih-shuo Hsin-yü: A New Account of Tales of the World by Liu I-ch'ing, with Commentary by Liu Chün*《世说新语》英译 Minneapois: University of Minnesota Press.（美国）

3. TCHANG, Fou-jouei 译, *Chronique indiscrète des mandarins* de Wou King-tseu,（吴敬梓《儒林外史》）, traduit du chinois par Tchang Fou-jouei, introduction par André Lévy, Paris, Gallimard, coll. Connaissance de l'Orient（11）, 1976, 2 vol., XXIII-814 pp. （rééd.: 1986）. （法国）

4. Wu Czèng-en（吴承恩）, *Wędrówka na Zachód i Małpi bunt*（《西游记与大闹天宫》）, 塔杜施·日比科夫斯译并撰写前言, Warszawa: Czytelnik, 1976。（波兰）

5. Wang Cz'ung（王充），*Lun-heng*（《论衡》），przeł Witold Jabłoński（雅布翁斯基·维托尔德）译，nr 2/1976. 登载于《东方概览》期刊 1976 年第 2 期。（波兰）

6. Wu Czèng-en（吴承恩），*Małpi bunt*（XVI w.）（《大闹天宫》），Warszawa 1976。（波兰）

7. Cao, Hszüe-csin；Kao, O：*A vörös szoba álma* Ⅰ－Ⅱ（红楼梦）.（Franz Kuhn rövidített német szövegéből）ford. Lázár György：A versbetéteket ford. Szerdahelyi István：Az előszót írta Tőkei Ferenc. Budapest：Európa Könyvkiadó, 1959. A világiro-dalom klasszikusai. . 348 p. + 349 p.（匈牙利）

8. *Li Taj-po*，*Tu Fu*，*Po Csü-ji válogatott versei*（李白、杜甫、白居易诗选）. Ford. András László et al.：Vál. és a jegyzeteket írta Csongor Barnabás. Budapest：Európa Könyvkiadó, 1976. Lyra Mundi. . P. 417.（匈牙利）

9. 이동향：李贺诗选. 民音社. 1976.（韩国）

10. 이병한：王维诗选. 民音社. 1976.（韩国）

11. 우현민譯：陶淵明詩全集. 上、下/陶淵明著. 瑞文堂. 1976.（韩国）

12. 김시준譯：赤壁賦. 民音社. 1976.（韩国）

13. 譯者不詳：연행록선집：국역（燕行录选集：国译）. 민족문화추진회. 1976.（韩国）

公元 1977 年

1. Crump, J. I.：*The Wolf of Chung Shan*《中山狼》英译 Hong Kong：Renditions.（美国）

2. Struve, Lynn A.：*Peach Blossom Fan as Historical Drama*《桃花扇》英译 Hong Kong：Renditions.（美国）

3. Yu, Anthony C.：*The Journey to the West*《西游记》英译 University of Chicago Press.（美国）

4. Engler, F. K.（Übers.）：*Li Ju-tschen：Im Land der Frauen：ein altchinesischer Roman*（李汝珍的《镜花缘》：一部中国古代长篇小说），aus d. Chines. übers. von F. K. Engler. Leipzig：Insel－Verl. , 1977. 139 S.（德国）

5. HERVEY DE SAINT－DENYS, Léon d'译，*Poésies de l'époque des Thang*（《唐诗》），précédé de L'art poétique et la prosodie chez les Chinois, traduction du chinois et notes explicatives par le marquis d'Hervey－Saint－Denys, Champ libre, Paris, 1977, 359 pp.（法国）

6. LIANG, Paitchin 译，*Œuvres poétiques complètes*（《李清照诗全集》），de Li

Quingzhao, traduit du chinois par Liang Paitchin, Paris, Gallimard, coll. Connaissance de l'Orient, 1977, 177 pp. （法国）

7. Ryšavá, Marta（李莎娃）: *Mìsíc nad průsmykem*（《关山月》），李白诗集，李莎娃根据不同中文版本翻译了 235 首李白诗歌，撰写后记"民间诗人"，添加评论和注释，哈耶克插图和附文字解释。Praha: Odeon, 459 页, 9 000 册, 布拉格。（捷克）

8. Si, Naj-an: Vízparti történet Ⅰ - Ⅲ（水浒传）. Ford., a jegyzeteket és az utószót írta Csongor Barnabás. 2., bõv. kiad. Budapest: Európa Könyvkiadó, 1977. A Világirodalom Remekei. 397 p. + 402 p. + 330 p. （匈牙利）

公元 1978 年

1. Forke, Alfred（übers.）: *Chinesische Dramen der Yüan - Dynastie*: 10 *nachgelassene übers.*（中国元代戏剧：十部遗留的译本），hrsg. v. M. Gimm, Wiesbaden: Steiner, 1978. XIX, 616 S.（*übersetzungen chinesischer Dramentexte*, Bd. 1; *Sinologica Coloniensia*, Bd. 6）.（德国）

2. DARS, Jacques, Shi Nai - An, Luo Guan - Zhong, *Au bord de l'eau*（*Shuihu-zhuan*）（施耐庵、罗贯中《水浒传》），卷一，Vol. 1, avant-propos par étiemble, texte traduit, présenté et annoté par Jacques Dars, Gallimard（Bibliothèque de la Pléiade; 273），Paris, 1978, CLXI - 1233 pp., ill., cartes.［Autres tirages: 1979, 1983, 1994, 2005.］（法国）

3. 8. DARS, Jacques, Shi Nai - An, Luo Guan - Zhong, *Au bord de l'eau*（*Shuihu-zhuan*）（施耐庵、罗贯中《水浒传》），卷二，Vol. 2, texte traduit, présenté et annoté par Jacques Dars, Gallimard（Bibliothèque de la Pléiade; 274），Paris, 1978, XVII - 1356 pp., ill.［Autres tirages: 1979, 1983, 1994, 2005.］（法国）

4. DEMIéVILLE, Paul 主译，(*Anthologie de la poésie chinoise classique*《古典中国诗选集》), Paris, Gallimard（Connaissances de l'orient. Collection UNESCO d'oeuvres représentatives; 16），1978, 570 pp.［Réédition.］（法国）

5. Hrubín, František（赫鲁宾），Zlata, Černá（乌金）: *Nefritová flétna*（《玉笛》）. 95 首唐诗选集，赫鲁宾和乌金合译。乌金写后记"赫鲁宾与中国古代诗歌"。Praha: Mladá fronta, 1978 年第 1 版，123 页, 12 000 册，布拉格。（捷克）

6. A fej nélküli szellem［Jüan-kori drámák］: *Régi kínai komédiák*（中国古代戏剧选——秋胡戏妻、看钱奴、生金阁）. Vál., ford., az utószót és a jegyzeteket írta Kalmár éva; a verseket Eörsi István ford. Budapest: Európa Könyvkiadó, 1978. P. 221. （匈牙利）

7. *Szép asszonyok egy gazdag házban*（Csin Ping Mej）(《金瓶梅》)：Ismeretlen kínai szerző regénye a XVI. század végéről. ［Franz Kuhn német szövegéből］ ford. Mátrai Tamás：A verseket ford. Pór Judit：Az utószót írta Tőkei Ferenc. Budapest：Európa Könyvkiadó, 1964.. 447 p. +422 p.

ua.：2. kiad. Budapest：Európa Könyvkiadó, 1968. A Világirodalom remekei. 436 p. +403 p.

ua.：3. kiad. Budapest：Európa Könyvkiadó, 1971. 526 p. +491 p.

ua.：4. kiad. Budapest：Európa Könyvkiadó, 1973. 449 p. +416 p.

ua.：5. kiad. Budapest：Európa Könyvkiadó, 1978. 436 p. +405 p.

ua.：［6. kiad.］. Budapest：árkádia Könyvkiadó, 1983. 457 p. +429 p. ua.：Budapest：Fátum–Ars Könyvkiadó, 1993 ［–1994］. 455 p. +415 p. ua.：Budapest：Tercium, ［2002］. 437 p. +405 p. （匈牙利）

8. *Întâmplări din lumea cărturarilor*, Editura Univers, Bucureşti, 1978. （吴敬梓：《儒林外史》, 布加勒斯特：宇宙出版社, 1978 年）（罗马尼亚）

9. 장기근譯：杜甫（杜甫）. 대종출판사. 1978. （韩国）

公元1979年

1. Watson, Burton：*Chinese Rhyme–Prose：Poems in the fu Form from the Han and Six Dynasties Periods* 《汉魏六朝赋选译》New York：Columbia University Press. （美国）

2. Wixted, John Timothy：*Song–Poetry of Wei Chuang* （836–910 A. D.）《韦庄诗选》Tempe：Arizona State University Press. （美国）

3. Kuhn, Franz（Übers.）：*Altchinesische Novellen*（中国古代中短篇小说集），übertr. von Franz Kuhn. Hrsg. von Věnceslava Hrdličková. Leipzig：Insel–Verlag, 1979. 1. Aufl., 887 S. （德国）

4. Kuhn, Franz（übers.）：*Li Yü：Jou Pu Tuan. Andachtsmatten aus Fleisch. Ein erotischer Roman aus der Ming–Zeit*（李渔《肉蒲团》：一部明代的色情小说），übers. von Franz Kuhn. Frankfurt am Main：Fischer–Taschenbuch–Verlag, 1979. Ungekürzte Ausg., 461 S. （*Fischer Taschenbücher*, 2451）. （德国）

5. 김용제譯：中國古典文學選集. 11, 12. 上、下, 紅樓夢／曹雪芹著. 正音社. 1979. （韩国）

公元1980年

1. Birch, Cyril：*Peony Pavilion*（汤显祖《牡丹亭》英译）Indiana UP, Bloom-

ington.（美国）

2. Mulligen，Jean：*Lute*：*Kao Ming's P'i-p'a chi* 高明《琵琶记》英译 Columbia UP，New York.（美国）

3. Gulik，Robert Hans van（Übers.）：*Merkwürdige Kriminalfälle des Richters Di*（狄公奇案），aus d. Chines. übers. u. erl. von R. H. van Gulik. Aus d. Engl. ins Dt. übers. von Gretel u. Kurt Kuhn. Frankfurt am Main：Fischer‐Taschenbuch‐Verlag，1980. 251 S.（*Fischer Taschenbuch*，2475）.（德国）

4. Tung，Jüe：*Ami a Nyugati utazásból kimaradt*（《西游记》增补本）. Ford.，a jegyzeteket és az utószót írta Csongor Barnabás. Budapest：Európa Könyvkiadó，1980. 208 p.

Vu，Cseng-en：*Nyugati utazás avagy a majomkirály története* Ⅰ‐Ⅱ（西游记Ⅰ‐Ⅱ）. Ford.，a jegyzeteket és a bevezetőt írta Csongor Barnabás. Budapest：Európa Könyvkiadó，1969. 607 p. + 578 p.

ua.：2. kiad. Budapest：Európa Könyvkiadó，1980. 569 p. + 539 p. ISBN 963 07 2234 8.（匈牙利）

5. *Antologia poeziei chineze*，*poezie cîntată Ţî*，în românește de Li Yu‐Jiu și M. Ion Dumitru，Editura Univers，1980.（《中国词选》，李玉珠、米·扬·杜米特鲁选译，布加勒斯特：宇宙出版社，1980 年）（罗马尼亚）

6. 이한조：杜甫诗选. 中央日报社. 1980.（韩国）

7. 이성주：中国的古典 100 选. 合著. 东亚日报社. 1980.（韩国）

8. 오영석譯：紅樓夢. 知星出版社. 1980.（韩国）

9. 우현민譯：（全五卷完譯）三國志/羅貫中著. 博英社. 1980.（韩国）

10. 오찬식譯：西遊記. 知星出版社. 1980.（韩国）

公元 1981 年

1. Holton，Brain：*Men o the Mossflow*（Shui Hu Zhuan）(《水浒传》苏格兰语译本），chapter1，part 1，Cencrastus 7，2‐5，1981.（英国）

2. LI，Tche-houa，ALéZAÏS，Jacqueline 译，*Le Rêve dans le pavillon rouge* [*Hong lou meng*]（曹雪芹《红楼梦》），卷一，Vol. 1，[Récits I‐LXII]，traduction，introduction，notes et variantes par Li Tche‐Houa et Jacqueline Alézaïs；révision par André d'Hormon，Gallimard（Collection UNESCO d'oeuvres représentatives，Série chinoise）（Bibliothèque de la Pléiade；293），Paris，1981，CXLIII‐1638 pp.，ill. [Autres tirages：1983，2003.]（法国）

3. 18. LI，Tche-houa，ALÉZAÏS，Jacqueline 译，*Le Rêve dans le pavillon rouge*

[Hong lou meng]（曹雪芹《红楼梦》），卷二，Vol. 2，[Récits LXIII - CXX]，traduction, introduction, notes et variantes par Li Tche - Houa et Jacqueline Alézaïs; révision par André d'Hormon, Gallimard（Collection UNESCO d'oeuvres représentatives, Série chinoise）（Bibliothèque de la Pléiade；294），Paris, 1981, XLVI - 1640 pp., ill. [Autres tirages：1983, 2003.]（法国）

4. Puisi dan Lirik Tiongkok Klasik（《中国古典诗词选》），Goh Thean Chye（吴天才）译。（马来西亚）

5. 譯者不詳：太平廣記.1 - 5/이방著（太平广记）.啓明文化社.1981.（韩国）

6. 지영재：中國詩歌選（中国诗歌选）.乙酉文化社.1981.（韩国）

7. 월간신동아편집실：中國古典百選（中国古典100篇）.東亞日報社.1981.（韩国）

8. 김주원譯：（新譯）金瓶梅（（新译）金瓶梅）.知星出版社.1981.（韩国）

公元1982年

1. Fusek, Lois：*Among the Flowers*：*The Hua-chien chi*，《花间集》英译 New York：Columbia University Press.（美国）

2. Minford, John：The Story of the Stone：A Chinese Novel. Vol. 4,, The Debt of Tear（《石头记》第四卷《孽债》），Harmondsworth：Penguin, 1982.（英国）

3. Holton, Brain：*Men o the Mossflow*（Shui Hu Zhuan）（《水浒传》苏格兰语译本），chapter1, part 2, Cencrastus 8, 32 - 5, 1982.（英国）

4. Casacchia, G.（tr. a cura di）.*Un romanzo nel dialetto di Suzhou*：*Hai shang hua liezhuan*（*Le vite di fiori sul mare*）（一部用苏州方言写就的小说《海上花列传》），《Catai》（契丹），2 - 3（1982~1983），pp. 33 - 138.（意大利）

5. *Întâmplâri uimitoare din zilele noastre şi din vechime*，Editura Univers, Bucureşti, 1982.（《今古奇观》，布加勒斯特：宇宙出版社，1982年）（罗马尼亚）

6. 小说 *Tây du ky*（《西游记》）全十册，Nhý Sõn, Mai Xuân Haòi, Phỳòng Oanh（如山、梅春海、方莹）译，Nxb. Văn hoòc, 河内。（越南）

7. 이방등譯：太平廣記（太平广记）.啓明文化社.1982.（韩国）

公元1983年

1. Henricks, Robert G.：*Philosophy and Argumentation in Third Century China*：*The Essays of Hsi K'ang*《嵇康集》译著 Princeton, NJ：Princeton University Press.（美国）

2. COYAUD, Maurice, Angela K. LEUNG, Alain PEYRAUBE 译，*Les Opéras*

des bords de l'eau（《水浒杂剧》），卷二，Vol. 2（《Yan Qing vend du poisson à l'Auberge de la Joie Unanime》；《Lu Zhishen goûte le charme de la vallée des Chrysanthèmes》；《Trois tigres descendent de la montagne pour témoigner à l'envi leur gratitude》），traduit par Maurice R. Coyaud，Angela K. Leung，Alain Peyraube，Paris，éditions du Centre national de la recherche scientifique，coll. Documents pour l'analyse du folklore（9），1983，189 pp.（法国）

3. JACOB, Paul 译，*Vacances du pouvoir：poèmes des Tang*（《权力的假期：唐诗》），traduit du chinois, présenté et annoté par Paul Jacob, Paris, Gallimard, coll. Connaissance de l'Orient, 1983, 135 pp.（法国）

4. LI, Zhihua, ALÉZAÏS, Jacqueline 译，*Le Rêve dans le pavillon rouge*［*Hong lou meng*］（曹雪芹《红楼梦》），Vol. 1，［Récits I – LXII］，traduction, introduction, notes et variantes par Li Tche – Houa et Jacqueline Alézaïs; révision par André d'Hormon, Gallimard（Collection UNESCO d'oeuvres représentatives, Série chinoise）（Bibliothèque de la Pléiade；293），Paris，1983，CXLIII – 1638 pp.，ill.［Nouveau tirage.］（法国）

5. LI, Zhihua, ALéZAÏS, Jacqueline 译，*Le Rêve dans le pavillon rouge*［*Hong lou meng*］（曹雪芹《红楼梦》），Vol. 2，［Récits LXIII – CXX］，traduction, introduction, notes et variantes par Li Tche – Houa et Jacqueline Alézaïs; révision par André d'Hormon, Gallimard（Collection UNESCO d'oeuvres représentatives, Série chinoise）（Bibliothèque de la Pléiade；294），Paris，1983，XLVI – 1640 pp.，ill.［Nouveau tirage.］（法国）

6. *Szép asszonyok egy gazdag házban*（Csin Ping Mej）（金瓶梅）：Ismeretlen kínai szerző regénye a XVI. század végéről.［Franz Kuhn német szövegéből］ford. Mátrai Tamás：A verseket ford. Pór Judit：Az utószót írta Tőkei Ferenc. Budapest：Európa Könyvkiadó, 1964. . 447 p. + 422 p.

ua.：2. kiad. Budapest：Európa Könyvkiadó, 1968. A Világirodalom remekei. 436 p. + 403 p.

ua.：3. kiad. Budapest：Európa Könyvkiadó, 1971. 526 p. + 491 p.

ua.：4. kiad. Budapest：Európa Könyvkiadó, 1973. 449 p. + 416 p.

ua.：5. kiad. Budapest：Európa Könyvkiadó, 1978. 436 p. + 405 p.

ua.：［6. kiad.］. Budapest：Árkádia Könyvkiadó, 1983. 457 p. + 429 p.

ua.：Budapest：Fátum – Ars Könyvkiadó, 1993［– 1994］. 455 p. + 415 p.

ua.：Budapest：Tercium,［2002］. 437 p. + 405 p.（匈牙利）

7.《平妖传》俄译本 Панасюк В. А. Перевод с китайского. Ло Гуаньчжун,

Фэн Мэнлун. Развеяные чары. М. ：Художественная литература. 440 с. （俄罗斯）

公元 1984 年

1. Field，Stephen L.：*Tian Wen：A Chinese Book of Origins*《天问》英译 York：New Directions，1984.（美国）

2. Watson，Burton：*Columbia Book of Chinese Poetry from Early Times to the Thirteenth Century*《哥伦比亚中国诗歌集（早期到 13 世纪）》Columbia UP，New York.（美国）

3. Li，Yu：*Jou p`u-t`uan. Ein chinesischer erotischer Roman*，*Faksimile der Ausgabe von* 1705 *mit einer Einleitung von U. L. G. Zibet*（肉蒲团：中国长篇色情小说，1705 年版的摹本，附 U. L. G. Zibet 所作序言）. Hamburg：C. Bell，1984. Nicht durchgehend paginiert（ca. 350 S.）. （*Quellentexte zur erotischen Literatur*，Bd. 1）. （德国）

4. Rösel，Gottfried（Übers.）：*Altchinesische Erzählungen aus dem "Djin - Gu Tji - Gwan"*（选自《今古奇观》的古代中国短篇小说），übers. aus d. Chines. u. Nachw. von Gottfried Rösel. Zürich：Manesse - Verlag，1984. 691 S.（*Manesse - Bibliothek der Weltliteratur：Corona - Reihe*）. （德国）

5. Zhao，Käthe（übers.）：*Der Mann，der einen Geist verkaufte：chines. Geschichten aus d.* 3. -6. *Jh.*（干宝的《搜神记》），aus d. Engl. von Käthe Zhao. Peking：Verlag für fremdsprachige Literatur，1984. 190 S.（德国）

6. Holton，Brain：*Men o the Mossflow*（Shui Hu Zhuan）（《水浒传》苏格兰语译本），chapter 2，Cencrastus 16，28 - 30，1984.（英国）

7. JULLIEN，François 译，《En prenant les textes canoniques comme source（Liu Xie，*Wenxin diaolong*，chap. Ⅲ，Zong jing）》（刘勰《文心雕龙·宗经》），*Extrême - Orient Extrême - Occident*，n° 5（La Canonisation du Texte：aux origines d'une tradition），1984，pp. 129 - 134. （法国）

8. ŻBIKOWSKI Tadeusz（塔杜施·日比科夫斯基）译，*Wędrówka na zachód*（tom Ⅱ）. （《西游记》（第二卷）），Czytelnik，Warszawa. （波兰）

9. Wu Cz`eng-en（吴承恩），*Wędrówka na Zachód*（《西游记》）（XVI w.），Warszawa 1984. （波兰）

10. 이민수：文心雕龍. 乙酉文化社. 1984. （韩国）

11. 유의경：世說新語. 교학연구사. 1984. （韩国）

12. 두이미：산해경신화계류（山海经神话）. 학생서국. 1984. （韩国）

13. 송정희：楚辭. v. I（楚辞. v. I）. 명지대학교출판부. 1984. （韩国）

公元 1985 年

1. JACOB, Paul 译, *Florilège de Li Bai*（《李白诗选》）, traduit du chinois, présenté et annoté par Paul Jacob, Paris, Gallimard, coll. Connaissance de l'Orient, (58), 1987, 271 pp. （法国）

2. LALOY, Louis 译, *Contes étranges du cabinet Leao*（蒲松龄《聊斋志异》）, de Pou Song-ling, traduits du chinois par Louis Laloy, Paris, le Calligraphe, 1985, 175 pp. （法国）

3. LéVY, André 译, *Fleur en Fiole d'Or：Jin Ping Mei cihua*（《金瓶梅词话》）, traduit du chinois, présenté et annoté par André Lévy, préface d'étiemble, Paris, Galimard, Bibliothèque de la Pléiade, 1985, 2 Vol., CXLIX – 1272 pp. et LIX – 1483 pp., ill. （法国）

4. Lavagnino, A. C. *I 'cardini della letteratura' secondo Liu Xie*（刘勰的"文学要点"）, *Introduzione, traduzione e note di alcuni capitoli del Wen xin diao long*（《文心雕龙》选段的序言、翻译和注解）, 《Annali [dell'] Istituto Universitario Orientale di Napoli》（那不勒斯东方学院年鉴）, 45 (1985), pp. 239 – 86. （意大利）

5. Liu, O: *Öreg Can kóborlásai*（老残游记）. Ford. és az utószót írta Polonyi Péter: A versbetéteket ford. Csongor Barnabás, Kiss Zsuzsa. Budapest: Európa Könyvkiadó, 1985. P. 301. （匈牙利）

6. Lanling Xiaoxiao Sheng（cărturarul mucalit de pe măgura cu magnolii）, *Lotus de Aur, Vaza şi Prunişor de Primăvară*, Vol. I – II, Editura Cartea Românească, Bucureşti, 1985. (《金瓶梅》, 米拉和康斯坦丁·鲁贝亚努译, 撰写前言, 布加勒斯特: 罗马尼亚书籍出版社, 1985 年) （罗马尼亚）

7. 辛弃疾诗歌俄文译注本 Басманов М. И. （序言、注释、翻译）, Синь Цицзи. Стихотворения. М.: Художественная литература. 181 с. （俄罗斯）

8. 김시준: 楚辭（楚辞）. 탐구당. 1985. （韩国）

公元 1986 年

1. Minford, John: The Story of the Stone: A Chinese Novel. Vol. 5, The Dreamer Wakes（《石头记》第五卷《梦醒时节》）, Harmondsworth: Penguin, 1986. （英国）

2. Holton, Brain: *Men o the Mossflow*（Shui Hu Zhuan）（《水浒传》苏格兰语译本）, chapter 3, Edinburgh Review 74, 18 – 30, 1986. （英国）

3. TCHANG, Fou-jouei 译, *Chronique indiscrète des mandarins*（吴敬梓《儒林外史》）, par Wou King-tseu, trad. du chinois, introduction par André Lévy, Galli-

mard （Connaissance de l'Orient；11 – 12） （Collection UNESCO d'oeuvres représentatives, Série chinoise）, Paris, 1986, 2 Vol., XXIII – 814 pp. （法国）

4. Adespoto （tr. a cura di）. *L'isola celeste* （天岛）①. Dai *Fantastici racconti di Liao* （选自《聊斋志异》）. Roma, Editori Riuniti, 1986, P. 117, （Miranda 196）. （意大利）

5. Casacchia, G. （tr. a cura di）. Feng Menglong 冯梦龙. *I ladri della capitale* （京师有盗）②, in G. Casacchia, （a cura di）. *Apparizioni d'Oriente. Novelle cinesi del Medioevo* （东方幽灵——中世纪的中文小说）. Roma, Editori Riuniti, 1986, pp. 97 – 142, （Miranda 80）. （意大利）

6. Casacchia, G. （tr. a cura di）. Feng Menglong 冯梦龙. *Un macabro incontro* （一次致命相遇）③, in G. Casacchia, （a cura di）. *Apparizioni d'Oriente. Novelle cinesi del Medioevo* （东方幽灵——中世纪的中文小说）. Roma, Editori Riuniti, 1986, pp. 143 – 76, （Miranda 85）. （意大利）

7. Greimel, A. M. （tr. a cura di）. Li Yu 李渔. *Il tappeto da preghiera di carne* （*Rou p'u t'uan*） （肉蒲团）. Milano, Sonzogno, 1986, P. 373, （Miranda 139）. （意大利）

8. Thornton, A. M. （tr. a cura di）. *Storia della bella Hongyu: dai fantastici racconti di Liao adattati da Lin Ying* （美丽的红玉的故事：改编自《聊斋志异》）. Roma, Editori Riuniti, 1986, P. 117, （Miranda 177）. （意大利）

9. Masini, F. （tr. a cura di）. Feng Menglong 冯梦龙. *Lo stivale traditore*④, in G. Casacchia （a cura di）. *Apparizioni d'Oriente. Novelle cinesi del Medioevo* （东方幽灵——中世纪的中文小说）. Roma, Editori Riuniti, 1986, pp. 27 – 67, （Miranda 71）. （意大利）

10. Král, Oldřich （克拉尔）: *Sen v červeném domì* （《红楼梦》）, 克拉尔从中文原著翻译，写序言。Praha: Československý spisovatel, 1986 ~ 1988 年, 第 1 版, 3 册, 布拉格。其中第 1 册: 644 页; 第 2 册: 761 页; 第 3 册: 649 页。（捷克）

11. *Întâmplări din lumea mandarinilor*, Editura Univers, Bucureşti, 1986. （李宝嘉:《官场现形记》，米拉和康斯坦丁·鲁贝亚努译，布加勒斯特：宇宙出版社，1986 年）（罗马尼亚）

12. Катърова, София; Карауланов, Евгений: Ган Бао, Издирени и

---

① 此题目并非《聊斋志异》该章节的原题，是意大利作者根据内容翻译的。
② 《京师有盗》是冯梦龙《智囊补》中的一篇。
③ 此题目并非冯梦龙作品的原题，是意大利作者根据内容翻译的。
④ 勘皮靴单证二郎神（《醒世恒言》第十三卷）。

записани чудновати истории(《干宝：搜神记》). Първо издание：София：издатевство"Народна култура". Второ издание：2102，София：издателство"Изток – Запад".

13.《水浒传》印度尼西亚文版（4 册），斯蒂亚万·阿巴蒂译，Pustaka Utama Grafiti 出版社、雅加达。（印度尼西亚）

14. 경인문화사：世說新語. 上. 中. 下. 景仁文化社. 1986.（韩国）

15. 崔正善譯：浮生六記：흐르는人生의讚歌/沈復著（浮生六记：流逝的人生赞歌）선영사 1986.（韩国）

公元 1987 年

1. Larsen, Jeanne: *Brocade River Poems: Selected Works of the Tang Dynasty Courtesan Xue Tao*《唐代诗伎薛涛诗选》Princeton U P, Princeton.（美国）

2. Holton, Brain: *Men o the Mossflow*（Shui Hu Zhuan）（《水浒传》苏格兰语译本），chapter 4, Edinburgh Review 76, 73 – 89, 1987.（英国）

3. NGHIÊM, Toan, RICAUD, Louis 译, *Les Trois royaumes*（《三国》）, Vol. 1 [Chapitres I – XV], de Louo Kouan – Tchong, traduction, notes et commentaire de Nghiêm Toan et Louis Ricaud, introduction de Jean Lévi, Flammarion, UNESCO（Aspects de l'Asie）（Collection UNESCO d'oeuvres représentatives, Série chinoise）, Paris, 1987, XLVIII – 304 pp.（法国）

4. 27. NGHIÊM, Toan, RICAUD, Louis 译, *Les Trois royaumes*（《三国》）, Vol. 2 [Chapitres XVIXXX], de Louo Kouan – Tchong, traduction, notes et commentaire de Nghiêm Toan et Louis Ricaud, Flammarion, UNESCO（Aspects de l'Asie）（Collection UNESCO d'oeuvres représentatives, Série chinoise）, Paris, 1987, 312 pp.（法国）

5. XU, Yuanzhong 译, *Cent poèmes lyriques des Tang et des Song*（《唐宋抒情诗百首》）, 1re éd., Éditions en Langues Étrangères, Pékin, 1987, VIII – 193 pp. [Texte en chinois et traduction française en regard.]（法国）

6. Zhang Cheng, *Opowieść o Małpie prawdziwej i Małpie nieprawdziwej osnuta na motywach powieści Wu Cz'eng-ena Wędrówka na Zachód*（《真假美猴王：根据吴承恩小说西游记改编》）, Wiktor Bukato 维克多·布卡托从英文翻译, Warszawa：Wyd. Alfa, 1987。（波兰）

7. Ryšavá, Marta（玛尔塔·李莎娃）：*Nad Nefritovou tůní jasný svit*（《玉潭明月》）, 寒山、拾得诗集，李莎娃从汉语选译，写后记。Praha：Odeon, 250 页, 7 000 册，布拉格。（捷克）

8. Ryšavá, Marta（玛尔塔·李莎娃）：*Trojzvuk*（《三重唱》），王维、白香山、孟浩然诗歌集，李莎娃从不同中文版本翻译，写后记和注释。配有插图。Praha：Melantrich，1987年，485页，9 000册，布拉格。（捷克）

9. Lo, Kuan-csung：*A három királyság története*（三国演义6章回）［I - VI. fejezet］. Budapest：MTA Orientalisztikai Munkaközösség，1987.（匈牙利）

10. 《三国演义》印度尼西亚文版（8册），乌丁译，Pustaka Utama Grafiti 出版社，雅加达。（印度尼西亚）

11. *Thõ Đýỏlng*（《唐诗》）全两册，Nam Trân（南珍）译，Nxb. Văn hoòc，河内，第二次印刷。（越南）

12. 김달진：唐詩全書. 민음사. 1987.（韩国）

13. 한무희：唐宋八大家文選（唐宋八大家文选）. 新雅社. 1987.（韩国）

14. 권덕주：宋詞選註（宋词选注）. 新雅社. 1987.（韩国）

公元1988年

1. DEMIéVILLE, Paul 主译, *Anthologie de la poésie chinoise classique*（《古典中国诗选集》），Paris, Gallimard（Collection Poésie；156）（Collection Unesco d'oeuvres représentatives，Série chinoise），1978，618 pp.（法国）

2. NGHIêM, Toan, RICAUD, Louis 译, *Les Trois royaumes*（《三国》），Vol. 3［Chapitres XXXIXLV］, de Louo Kouan - Tchong, traduction, notes et commentaire de Nghiêm Toan et Louis Ricaud, Flammarion, UNESCO（Aspects de l'Asie）（Collection UNESCO d'oeuvres représentatives, Série chinoise），Paris，1988，292 pp.（法国）

3. NGHIêM, Toan, RICAUD, Louis 译, *Les Trois royaumes*（《三国》），Vol. 4［Chapitres XLVILVI］, de Louo Kouan - Tchong, traduction, notes et commentaire de Nghiêm Toan et Louis Ricaud, Flammarion, UNESCO（Aspects de l'Asie）（Collection UNESCO d'oeuvres représentatives, Série chinoise），Paris，1988，189 pp.（法国）

4. Cao, Hszüe-csin；Kao, O：*A vörös szoba álma* Ⅰ - Ⅱ（红楼梦）. (Franz Kuhn rövidített német szövegéből) ford. Lázár György：A versbetéteket ford. Szerdahelyi István：Az előszót írta Tőkei Ferenc. Budapest：Európa Könyvkiadó，1959. A világirodalom klasszikusai.（匈牙利）

5. Ceng, Pu：*Virág a bűn tengerében*（孽海花）.［regény］.［Oroszból］ ford. Háy Gyula：A verseket Polonyi Péter kínaiból készült prózája alapján ford. Szerdahelyi István. Budapest：Európa Könyvkiadó，1962.（匈牙利）

6. Wu, Chengen：*Potovanje na zahod*（西游记）. Murska Sobota：Pomurska založba，1988.（斯洛文尼亚）

7. 小说 *Thủy hử*（《水浒传》）全六册，Trần Tuấn Khải（陈俊凯）译，Nxb. Văn học，河内。（越南）

8. 小说 *Tam quốc diễn nghĩa*（《三国演义》）全八册，Phan Kế Bính（潘继柄）译，Nxb. Đại học và Giáo dục chuyên nghiệp，河内。（越南）

9. Hartill, Graham：*Songs of My Heart*：*The Chinese Lyric Poetry of Ruan Ji.*《阮籍诗》London：Wellsweep.（美国）

10. 이병한：宋诗. 探求堂. 1988.（韩国）

11. 김인규譯譯：楚辭（楚辞）. 청아출판사. 1988.（韩国）

公元 1989 年

1. Hinton, David：*The Selected Poems of Tu Fu*《杜甫诗选》New York：New Directions.（美国）

2. LEVI, Jean & Angélique 译，*Les Trois royaumes*（《三国》），Vol. 5 ［Chapitres LVII - LXXIX］，de Louo Kouan - Tchong，traduction originale，notes et commentaires de Jean et Angélique Lévi，Flammarion，UNESCO（Aspects de l'Asie）（Collection UNESCO d'oeuvres représentatives，Série chinoise），Paris，1989，336 pp.（法国）

3. LEVI, Jean & Angélique 译，*Les Trois royaumes*（《三国》），Vol. 6 ［Chapitres LXXX - XCIX］，de Louo Kouan - Tchong，traduction originale，notes et commentaires de Jean et Angélique Lévi，Flammarion，UNESCO（Aspects de l'Asie）（Collection UNESCO d'oeuvres représentatives，Série chinoise），Paris，1989，288 pp.（法国）

4. Li, Jü：*A szerelem imaszőnyege*：*Erotikus regény a Ming-korból*（肉蒲团）. Angolból ford. Kiss Imre. Budapest：Medicina Könyvkiadó，1989.（匈牙利）

5. *Titkos találkák*：*Részlet a Szép asszonyok egy gazdag házban című XVI. századi kínai regényből*（金瓶梅节选）. Ford. Mátrai Tamás. Budapest：Népszava，1989. Pajzán történetek.（匈牙利）

6. *Osândiții mlaștinilor*，Editura Militară，București，1987 - 1989.（施耐庵、罗贯中：《水浒传》，三卷，米拉和康斯坦丁·鲁贝业努译，布加勒斯特：军事出版社，1987~1989 年）（罗马尼亚）

7. *Thơ Đường*（《唐诗》）（共 84 首），Tản Đà（伞陀）译，Nxb. Trẻ, 胡志明市。（越南）

8. 왕운오譯：世說新語．法仁文化社．1989．（韩国）

9. 왕운오：西崑州唱集樂府詩集．v. 94．法仁文化社．1989．（韩国）

10. 성의제：明清小說選（明清小说选）．檀大出版部．1989．（韩国）

公元 1990 年

1. Hanan, Patrick：*Carnal Prayer Mat*《肉蒲团》英译 Ballantine，New York.（美国）

2. Hanan, Patrick：*Silent Operas* 李渔《无声戏》英译 The Chinese U of Hong Kong，Hong Kong．（美国）

3. Henricks, Robert G.：*Poetry of Han-shan*：*A Complete Annotated Translation of Cold Mountain*《寒山诗注译》SUNY P，Albany．（美国）

4. CHENG, Zheng 译，*L'Odyssée de Lao Ts'an*（刘鹗《老残游记》），par Lieou Ngo, traduit du chinois par Cheng Tcheng, avant-propos de Jacques Reclus, Gallimard, UNESCO（Connaissance de l'Orient；41）（Collection UNESCO d'oeuvres représentatives, Série chinoise），Paris, 1990, 280 pp.〔Traduction de：*Lao can youji*.〕（法国）

5. HERVOUET, Yves 主译，*Contes extraordinaires du Pavillon du loisir*（蒲松龄《聊斋志异》），par P'ou Song-ling；traduit du chinois sous la direction d'Yves Hervouet, introduction d'Yves Hervouet, Gallimard, UNESCO（Connaissance de l'Orient；16）（Collection UNESCO d'oeuvres représentatives, Série chinoise），Paris, 1990, 216 pp.〔Réimpression：2003.〕（法国）

6. MAUREY, Martin 译，*Du rouge au gynécée：roman érotique de la dynastie Ming*（《玉闺红：明代艳情小说》），trad. du chinois, Philippe Picquier, Paris, 1990, 141 pp.〔Attribué à Luo Ping zheng.〕（法国）

7. Holan, Vladimír（弗拉基米尔·霍朗）：*Melancholie*（《乡愁》），宋词选，霍朗从法语版本转译，克拉尔写后记，赛义德排版和插图。Praha：Odeon，178 页，9 000 册（其中 1 000 册真皮封面），布拉格。（捷克）

8. Florentina Vişan, *Trepte de jad. Antologie de poezie chineză clasică SHI*，Editura Univers, Bucureşti, 1990.（弗洛伦蒂娜·维珊选译：《玉阶——中国古代诗歌选》，布加勒斯特：宇宙出版社，1990 年）（罗马尼亚）

9. 《孽海花》俄译本 Семанов В. И. пер. с кит，Цзэн Пу. Цветы в море зла. М.：Художественная литература．480 с.（俄罗斯）

10. *Thơ Đường*（《唐诗》），Trần Trọng San（陈重珊）译，Nxb. Đại học Tổng hợp Tp. Hồ Chí Minh，胡志明市。（越南）

11. 陳起煥譯：儒林外史/吳敬梓著（儒林外史）．明文堂．1990．（韩国）

公元 1991 年

1. Roberts, Moss: *Three Kingdoms*: *A Historical Novel*《三国演义》英译 Berkeley：U of California Press．（美国）

2. West, Stephen H.: *Wang Shifu, The Moon and the Zither*: *The Story of the Western Wing*《西厢记》英译与评论 Berkeley：University of California Press．（美国）

3. LEVI, Jean & Angélique 译, *Les Trois royaumes*（《三国》）, Vol. 7 [Chapitres C – CXX], de Louo Kouan – Tchong, traduction originale, notes et commentaires de Jean et Angélique Levi, Flammarion, UNESCO (Aspects de l'Asie)（Collection UNESCO d'oeuvres représentatives, Série chinoise）, Paris, 1991, 261 pp., cartes. （法国）

4. LéVY, André 译, *La Pérégrination vers l'Ouest*（*Xiyou ji*, de Wu Cheng'en）（吴承恩《西游记》）, texte traduit, présenté et annoté par André Lévy, Paris, Gallimard, Bibliothèque de la Pléiade, 1991, Vol. 2, CXLVI – 1160 pp. et 1192 pp. （法国）

5. LI, Zhihua, ALÉZAÏS, Jacqueline 译, Cao Xueqin, *Le Rêve dans le pavillon rouge* [*Hong lou meng*]（曹雪芹《红楼梦》）, Vol. 1, [Récits I – LXII], traduction, introduction, notes et variantes par Li Tche – Houa et Jacqueline Alézaïs; révision par André d'Hormon, nouvelle édition, Gallimard（Collection UNESCO d'oeuvres représentatives, Série chinoise）（Bibliothèque de la Pléiade; 293）, Paris, 1991, CXLIII – 1638 pp., ill.（法国）

6. LI, Zhihua, ALÉZAÏS, Jacqueline 译, Cao Xueqin, *Le Rêve dans le pavillon rouge* [*Hong lou meng*]（曹雪芹《红楼梦》）, Vol. 2, [Récits LXIII – CXX], traduction, introduction, notes et variantes par Li Tche – Houa et Jacqueline Alézaïs; révision par André d'Hormon, nouvelle édition, Gallimard（Collection UNESCO d'oeuvres représentatives, Série chinoise）（Bibliothèque de la Pléiade; 294）, Paris, 1991, XLVI – 1640 pp., ill. [Autres tirages: 1983, 2003.]（法国）

7. Bozza, E. (tr. a cura di). *Il governatore della provincia del ramo meridionale e altri racconti*（南柯太守传及其他故事）. Milano, Mondadori, 1991, P. 207, （Miranda 5, 23, 26 – 27, 36, 42, 64, 108, 128, 270）. （意大利）

8. *Thơ Tống*（《宋诗》）, Nguyễn Bích Ngô（阮碧吴）译, Nxb. Văn học, 河内。（越南）

公元 1992 年

1. Hanan, Patrick: *Tower For the Summer Heat* 李渔《夏宜楼》英译 New York: Ballantine Books. （美国）

2. Bonino, G. （tr. a cura di）. *Storie fantastiche del padiglione dei divertimenti* （聊斋志异）. Pechino, Casa Editrice in Lingue Straniere, 1992, P. 481, （Miranda 181）. （意大利）

3. Casacchia, G. （tr. a cura di）. *Nuove e antiche meraviglie. Racconti cinesi del Seicento* （16 世纪中国小说《今古奇观》）. Napoli, Guida Editori, 1992, P. 371, （Miranda 46）. （意大利）

4. MATHIEU, Rémi 主译, *À la recherche des esprits: récits tirés du Sou shen ji* （干宝《搜神记》）, par Gan Bao; traduit du chinois, présenté et annoté sous la direction de Rémi Mathieu, Gallimard （Connaissance de l'Orient; 78） （Collection Unesco d'oeuvres représentatives, Série chinoise）, Paris, 1992, 358 p. - ［8］ p. de pl., ill., cartes. ［Traduction de: *Soushenji*.］ （法国）

5. Stočes, Ferdinand （费迪南·斯多切斯）: *Kvity skořicovníku* （《玉桂花》）, 李清照诗集, 斯多切斯从汉语原文翻译并作序, 克拉尔写后记, 图文设计弗拉基米尔·瓦哈. Praha: Mladá fronta, 1992 年第 1 版, 110 页, 布拉格. （捷克）

6. *A pillangó álma: A régi Kína bölcsessége* （蝴蝶梦——古代中国智慧）. Összeáll. Dobos László. Budapest: Helikon Kiadó, 1992. 102 p. ISBN 963 208 234 6 ［HE 350］

ua.: 2. kiad. Budapest: Helikon Kiadó, 2005. 102 p. ISBN 963 208 938 3 ［HE 980］. （匈牙利）

7. 이민수譯: 新完譯楚辭（新完译楚辞）. 명문당. 1992. （韩国）

8. 譯者不詳: 古文觀止（上、下）（古文观止［上、下］）/刊者不詳. 國學資料院. 1992. （韩国）

公元 1993 年

1. Hinton, David: *The Selected Poems of T'ao Ch'ien*《陶潜诗选》Port Townsend, WA: Copper Canyon Press. （美国）

2. Roy, David Tod: *The Plum in the Golden Vase, or, Chin P'ing Mei.*《金瓶梅》Princeton University Press. （美国）

3. Holton, Brain: *Men o the Mossflow* （Shui Hu Zhuan）（《水浒传》苏格兰语译本）, chapter 5, Edinburgh Review 89, 97-111, 1993. （英国）

4. RECLUS, Jacques 译, *Récits d'une vie fugitive: mémoires d'un lettré pauvre*

（沈复《浮生六记：一位穷文人的回忆》），par Chen Fou, préface de Paul Demiéville, Gallimard/Unesco（Collection Unesco d'oeuvres représentatives. Série chinoise）（Connaissance de l'orient［poche］；10），1993，180 pp.（法国）

5. Lanciotti, L.（tr. a cura di）. Shen Fu 沈复. *Racconti di vita irreale*（浮生六记）. Venezia, Marsilio, 1993, P. 164.（意大利）

6. Ding, Cong：*Ó-kínai tanmesék*（古代中国寓言故事）. Ford. Rozsnyai Katalin. Budapest：Littoria, 1993. P. 104.（匈牙利）

7. *Thõ Đỳờng*（《唐诗》），Lê Đức Niệm（黎德念）译，Nxb. Khoa học xãhội, 河内。（越南）

公元 1994 年

1. CORNIOT, Christine 译，*De la chair à l'extase*（李渔《肉蒲团》），de Li Yu, traduit du chinois, Philippe Picquier（Picqier poche；19），Arles, 1994, 285 pp.（法国）

2. LALOY, Louis 译，*Contes étranges du cabinet Leao*（蒲松龄《聊斋志异》），de P'ou Song-ling, traduits du chinois par Louis Laloy, Arles, Philippe Picquier, coll. Picquier poche（16），1994, 173 pp.（法国）

3. Bianchi, P.（tr. a cura di）. *Vita di una donna amorosa. Chipozi zhuan*（痴婆子转）. Milano E. S., 1994, P. 84,（Miranda 2）.（意大利）

4. Cominelli, L.（tr. a cura di）. *Pu Songling. Spiriti e volpi. Storie incredibili*（蒲松龄的鬼神和狐狸——令人难以置信的故事）. Orzinuovi, Edis, 1994, P. 77.（意大利）

5. Irena Sławińska（胡佩芳）译，*Kwiaty śliwy w złotym wazonie*（《金瓶梅》），Warszawa 1994。（波兰）

6. Heřmanová, Zdena（傅思瑞）：*Opičí král：vyprávìnì o putování na západ*（《猴王》：西游记）/吴承恩，傅思瑞从汉语翻译和改编。Brno：Svatá Mahatma, 1994 年第 1 版, 238 页, 布尔诺。(捷克)

7. Stočes, Ferdinand（贾迪南·斯多切斯）：*Perlový závis*（《珠帘》），中国古诗选集，斯多切斯从汉语翻译。Praha：Mladá fronta, 1994 年第 2 版, 158 页, 布拉格。(捷克)

8. Csü, Jüan：*Száműzetés*（离骚）. Az első nagy kínai költő főművének eredeti kínai szövege Nagy László műfordításával, Tőkei Ferenc kommentárjaival. Budapest：Balassi Kiadó, 1994. Kínai-magyar könyvek. P. 110.（匈牙利）

9. *Szép asszonyok egy gazdag házban*（金瓶梅）：Ismeretlen kínai szerző regénye

a XVI. század végéről.［Franz Kuhn német szövegéből］ford. Mátrai Tamás：A verseket ford. Pór Judit：Az utószót írta Tőkei Ferenc. Budapest：Európa Könyvkiadó，1964.

ua.：2. kiad. Budapest：Európa Könyvkiadó，1968. A Világirodalom remekei. 436 p. +403 p.

ua.：3. kiad. Budapest：Európa Könyvkiadó，1971. 526 p. +491 p.

ua.：4. kiad. Budapest：Európa Könyvkiadó，1973. 449 p. +416 p.

ua.：5. kiad. Budapest：Európa Könyvkiadó，1978. 436 p. +405 p.

ua.：［6. kiad.］. Budapest：Árkádia Könyvkiadó，1983. 457 p. +429 p.

ua.：Budapest：Fátum – Ars Könyvkiadó，1993［-1994］. 455 p. +415 p.

ua.：Budapest：Tercium，［2002］. 437 p. +405 p.（匈牙利）

10. Голубев И. С.《三国演义》俄译本 У Чэн-энь. Путешествие на Запад：(Роман в четырех томах). Перевод с китайского и редакция стихов. Рига：Полярис. Совместно с др.（俄罗斯）

11. Thõ Đỳõlng（《唐诗》），Traân Xuân（陈春）译，Nxb. Ha Nội，河内。（越南）

公元 1995 年

1. Holton, Brain：*Men o the Mossflow*（Shui Hu Zhuan）（《水浒传》苏格兰语译本），chapter 4. In M. MacDonald（ed.）*Nothing is altogether Trivial：An Anthology of Writing from Edinburgh Review*. Edinburgh：Edinburgh University Press. 1995.［Reprinted *Edinburgh Review* 76，Holton，1987］（英国）

2. Casacchia, G.（tr. a cura di）. *La "Vita di una pazza"，di anonimo：introduzione，lessico e traduzione*（《痴婆子传》：序言，词汇和翻译），《Cina》（中国），25（1995），pp. 61–125.（意大利）

3. Lavagnino, A. C.（tr. a cura di）. Liu Xie 刘勰. *Il tesoro delle lettere：un intaglio di draghi*（文学瑰宝：《文心雕龙》）. Milano，Luni Editrice，1995，P. 382.（意大利）

4. Král, Oldřich（克拉尔）：*Literáti a mandaríni*（《儒林外史》）/吴敬梓，克拉尔从汉语翻译并写后记。Olomouc：Votobia，1995 年第 2 版，682 页，1962 年译本的修改版，奥洛莫茨。（捷克）

5. Lo, Kuan-csung：*A három királyság története*（三国演义 6 章回）［I – VI. fejezet］. Budapest：MTA Orientalisztikai Munkaközösség，1987. Történelem és kultúra 4. 77p. ISBN 963 7256 18 0.

ua.：2. jav. kiad. Budapest：MTA Orientalisztikai Munkaközösség, Balassi Kiadó, 1997. Történelem és kultúra 14. 99 p. ISBN 963 506 121 8. （匈牙利）

6. Голубев И. С. 《红楼梦》诗歌俄译 Цао Сюэцинь. Сон в красном тереме：（Роман в трех томах）. Перевод с китайского стихов. М.：Художественная литература. （俄罗斯）

7. *Liêu trai chidi*（《聊斋志异》），Tan Đaì，Đaìo Trinh Nhâìt，NguyêTn Văn Huyêìn（伞陀、陶征一、阮文玄）译，Nxb. Văn hoòc，河内，第二次印刷。（越南）

8. *Výõng Duy thi tuyêÒn*（《王维诗选》）（共 134 首），Gian Chi（简之）译，Nxb. Văn hoòc，河内。（越南）

9. 허세욱：（中國詩 300 首）中國歷代詩選（［中国诗 300 首］中国历代诗选）. 신아사. 1995. （韩国）

公元 1996 年

1. Dewoskin, Kenneth J.：*In Search of the Supernatural*：*the Written Record*《搜神记》英译 Stanford U P, Stanford. （美国）

2. Mountain, David：*The Selected Poems of Li Bo*《李白诗选》New York：New Directions. （美国）

3. RYCKMANS, Pierre 译, *Six récits* 《*au fil inconstant des jours*》（沈复《浮生六记》），de Shen Fu, trad. du chinois par Pierre Ryckmans, Éditions 10 – 18（10 – 18. Série Domaine étranger；2715），1996，207 pp. ［Titre original：*Fusheng liuji.* ］（法国）

4. Bozza, E. （tr. a cura di）. Li Yu 李渔. *Il tappeto da preghiera di carne. Racconto erotico cinese d'epoca Qing* （中国清朝情色小说《肉蒲团》）. Milano，Mondadori，1996，P. 229. （意大利）

5. Lanciotti, L. （tr. a cura di）. Po Hsing-chien 白行简. *La "Storia di Li Wa"* （李娃传），《Cina》（中国），26（1996），pp. 25 – 40. （意大利）

6. Bláhová, Alena（布拉赫娃，1954 - ）：*Básni z Ledové hory*（《冰山之歌》）寒山诗选，布拉赫娃转译自 1974 年出版的德语译本《寒山诗歌 150 首》、汉学家罗然写序言、评论和注解。Praha：DharmaGaia，1996 年第 1 版，191 页，布拉格。（捷克）

7. Kolmaš, Josef（高马士）：*Datlovník v meruòkovém sadu*（《杏园枣树》），白居易诗选，高马士从汉语选译，注释，写后记和附年代表，施特罗布洛娃为诗歌润色。此译本为诗集《黑潭龙》的第 3 版，扩充版。Praha：Vyšehrad，1996 年

第1版，249页，布拉格。（捷克）

8. Novotná – Heřmanová, Zdena（傅思瑞）：*Volání jeřábů*（《鹤鸣》），中国古诗选集，傅思瑞从汉语选译，写前言、后记。Kladno：Nezávislý novinář（IV），61页，克拉德诺。（捷克）

9. *Rogojina de rugă a cărnii*, în românește de Mira și Constantin Lupeanu, Editura Qilinul de Jad, 1996.（《肉蒲团》，米拉和康斯坦丁·鲁贝亚努译，布加勒斯特：玉麒麟出版社，1996年）（罗马尼亚）

10. *Thõ Đôþ PhuỎ*（《杜甫诗》）（共360首），Nhýõõng Tôìng（让宋）译，Nxb. Tân Viêt，西贡，第二次印刷。（越南）

11. *Thõ Đýõĺng*（《唐诗》）（共206首），Khýõng Hýþu Đuòng（姜有用）译，Nxb. DaÌ NãÞng，岘港。（越南）

12. 윤하병：（譯註）古典小說太平廣記作品選（译注．古典小说太平广记作品选）．한국문화사．1996．（韩国）

13. 양회석譯：（원대희곡문학의대표작）서상기/王实甫著（元代戏剧文化代表作西厢记）．진원．1996．（韩国）

公元1997年

1. JULIEN, Stanislas 译, *Histoire du pavillon d'Occident（Xixiang ji）*, de Wang Shifu（王实甫《西厢记》）, traduit du chinois par Stanislas Julien, préface d'André Lévy Genève, Paris, Slatkine, coll. Fleuron（96），1997, 347 pp.（法国）

2. PIMPANEAU, Jacques 译,（*Jardin d'anecdotes* 刘向《说苑》），de Liu Xiang, introduction et traduction, Éditions Kwok on（Culture），Paris, 1997, 163 pp.（法国）

3. Mathesius, Bohumil（博胡米尔·马泰休斯）：*Jdu tichou půlnocí*（《静夜思》）/李白，马泰休斯从汉语翻译，兹德涅克·克瑞内克（Zdenìk Křenek）筹备出版，瓦茨拉夫·波士基克手工着色铜版画。Praha：Aulos，37页，70册编号本，布拉格。（捷克）

4. Novotná – Heřmanová, Zdena（傅思瑞）：*Opičí král*（《猴王》：西游记），傅思瑞从汉语原著《西游记》翻译，改编，写前言和注释。克雷伊乔娃插图，儿童读物。Praha：Albatros，1997年第2版，扩充修改版，371页，布拉格。（捷克）

5. Levit, Pavel（列维特）：*Čung Kchuej, aneb, Vítìz nad d'ábly*（《钟馗捉鬼》），列维特从汉语翻译，马丁·哈拉写后记。Praha：Brody，1 000册，208页，布拉格。（捷克）

6. Han, San：*A bölcs vigyor*（寒山诗选）. Ford. Károlyi Amy：Vál., kínaiból

ford. és a jegyzeteket írta Tokaji Zsolt：Károlyi Amy részére a verseket vál. , a nyersfordítást készítette, mindkét mű fordító verseit az eredetivel egybevetette és az előszót írta Csongor Barnabás. Budapest：Terebess Kiadó, 1997. P. 119. （匈牙利）

7. Liu Cung-jüan: *Megszeretem a száműzetést*（柳宗元诗选）. Ford. Ecsedy Ildikó et al. Budapest：Terebess Kiadó, 1997. P. 131. （匈牙利）

8. Lo, Kuan-csung: *A három királyság története* ［*I – VI. fejezet*］（三国演义 6 章回）. Budapest：MTA Orientalisztikai Munkaközösség, 1987. Történelem és kultúra 4. 77 p.

ua. ：2. jav. kiad. Budapest：MTA Orientalisztikai Munkaközösség, Balassi Kiadó, 1997. Történelem és kultúra 14. P. 99. （匈牙利）

9. Pu, Szung-ling: *A templom démon*a（《聊斋志异》选集）. Ford. Tokaji Zsolt. Budapest：Terebess Kiadó, 1997. P. 202. （匈牙利）

10. Wang, Wei：*Wang Wei*（王维诗集）. Ljubljana：Mladinska knjiga, 1997. （斯洛文尼亚）

11. *Văn tâm điêu long*（《文心雕龙》）, Phan Ngọc（潘玉）译并注释，Nxb. Văn học, 河内。（越南）

12. 譯者不詳：라오찬여행기/刘鹗著（老残游记）. 솔. 1997. （韩国）

13. 유의경：세설신어（世说新语）. 中．살림. 1997. （韩国）

公元1998年

1. Hanan, Patrick：*Tower for the summer heat* 李渔《夏宜楼》英译 Columbia University Press，New York. （美国）

2. LÉVY, André 译，*Le Pavillon aux pivoines*（*Mudan ting*, de Tang Xianzu）（汤显祖《牡丹亭记》）, traduit du chinois par André Lévy, Paris, Festival d'Automne à Paris, Musica Falsa, 1998, 412 pp. , ［16］ pp. de pl. （Rééd.：1999.）（法国）

3. MAUREY, Martin 译，*Du rouge au gynécée*（《玉闺红》）, trad. du chinois, Philippe Picquier（Picquier Poche；101）, Arles, 1998, 170 pp. ［Attribué à Luo Pingzheng. ］（法国）

4. Mathesius, Bohumil（博胡米尔·马泰休斯）：*Zpìvy staré Číny*（《中国古代诗歌》）, 马泰休斯意译，口袋书. Loukov：Czechoslovak, 51 页, 500 册。（捷克）

5. Kilenc varázsének：Kilenc dal（九歌）. Az eredet szöveg Weöres Sándor műfordításával, Tőkei Ferenc előszavával, Tokaji Zsolt jegyzeteivel. Budapest：Balassi Kiadó, 1998. Kínai-magyar könyvek ［7. ］. P. 68. （匈牙利）

6. 오초재譯：古文觀止（古文观止）. 知永社. 1998.（韩国）

7. 이병한, 이영주：唐詩選（唐诗选）. 서울대학교출판부. 1998.（韩国）

公元 1999 年

1. Ye, Yang：Vignettes from the Late Ming《晚明小品文选集》Seattle：University of Washington Press.（美国）

2. Stočes, Ferdinand（费迪南·斯多切斯）：*Nebe mi pokrývkou a zemì polštářem*（《天作衾地作枕》），李白诗选，斯多切斯从汉语翻译，写后记. Praha：Mladá fronta, 143 页, 布拉格.（捷克）

3. *Nghệ thuật thơ ca - Văn tâm điêu long*（《诗歌艺术——文心雕龙》），Lê Đăng Bảng（黎登榜）译，Nxb. Văn học，河内.（越南）

公元 2000 年

1. Král, Oldřich（克拉尔）：*Duch básnictví řezaný do draků*（《文心雕龙》）／刘勰，克拉尔从汉语翻译. Praha：Brody, 2000 年第 1 版, 406 页, 布拉格.（捷克）

结　语

一、动荡的 20 世纪

20 世纪是动荡的世纪，是历史巨变的世纪，是世界大转机的世纪。

20 世纪初美国逐步从英国人手里接下西方资本主义的头把交椅，而苏联社会主义制度在世纪初的胜利和世纪末苏东体系的崩溃成为 20 世纪最为重要，并影响 20 世纪整个进程的重大事件。目前这个世界体系仍是以西方所主导的世界体系，全球化的发展，跨国公司在全球更大的扩张和组织生产，西方的话语权成为其资本与意识形态扩张的重要手段。

20 世纪后期中国的崛起无疑是 20 世纪最重大的事件，中国不仅仅是作为一个政治大国和经济大国跻身于世界舞台，它也必将以文化大国向世界展示自己的文化的丰富性和多样性，展示中国古代文化的智慧。因此，正像中国的崛起必将改变已有的世界政治格局和经济格局一样，中国文化的海外传播，中国古代文化典籍的外译和传播，必将把中国思想和文化带到世界各地，从而从根本上将逐渐改变 19 世纪以来形成的世界文化格局。

20 世纪下半叶中国典籍外译史上最重大的事件是新中国成立后有了专门的从事中国文化外译与出版的机构——外文局，长期以来在中国翻译史的研究中很少有学者将其作为学术研究的对象，只是到了近年来，才开始受到学界的关注。无论从翻译的规模还是在翻译的数量和语种上来看，外文局的工作都是非常突出的，其走过的道路也具有非常典型的意义。20 世纪下半叶中国古代文化经典的翻译进入真正的多元化时期，国家机构、中国学者、在域外的华裔学者、汉学机构共同组成了一个多元、多彩的翻译队伍。而 20 世纪下半叶随着中国的改革开放和国家整体崛起，西方汉学界加大了对中国典籍的翻译，其翻译的品种、数量都是前所未有的。① 虽然至今我们尚不能将其放在一个学术框架中加以统一的研究与考量，但大势已定，中国文化必将随同中国的整体崛起而日益成为具有更大影响的文化，西方文化独霸世界的格局必将被打破。

在 20 世纪的历史中，在中国古代文化经典外译的实践中，以下几点是应该注意的：

第一，中国留美学者在中国古代文化经典翻译上的贡献。

今日我们研究美国中国学的发展，必须注意中国留美学者在这个研究领域中的贡献。除了我们上面研究中提到的陈观胜、房兆楹、杜联喆、邓嗣禹、王伊同这些学者外，"中国的抗战及内战，使许多中国学者来美国执教，如赵元任（Chao Yuen Ren）、李方桂（Li Fang - Kuei）、萧公权（Hsiao Kung-chuan）、洪业（William Hung）、邓嗣禹（Teng Ssu-yu）、杨联陞（Yang Lien - Sheng）、刘子健（James T. Liu）、杨庆堃（Yang C. K.）、许烺光（Francis L. K. Hsu）、刘大中（Liu Ta - Chung）、周舜莘（Chou Hsun-hsin）、何炳棣（Ho Ping-ti）、袁同礼（Yuan Tung-li）等。他们谙熟中文资料，又能掌握当代的研究方法，对于美国的中国研究发挥了关键性的扶翼之功。他们与美国已经有所成就的学者彼此之间，亦师亦友，却经常自居客位，让学者叱咤风云，成就学者的领导地位。"②

在翻译方面，王际真（Wang Chi-chen）所翻译的《红楼梦》、余国藩所翻译的《西游记》、方志彤（Achilles Fang）所翻译的《文赋》、陈观胜（Kenneth K. S. ch'en）的《中国佛教史概论》，这方面的例子还很多，不再一一列举。

在西方的中国研究中，20 世纪，特别是 20 世纪下半叶，美国具有领先的地位，在中国典籍的翻译上也取得了很大的成就。由于本书的主旨决定，笔者不可能对其意义展开研究，但这里所说的三点至少是在研究中国典籍在美国的翻译出版时，不可缺少的视角。③

第二，新中国的尝试。

中国古代文化典籍西译历史上最重要的事件是从 20 世纪开始，中国学者开始进入中国典籍西译这个领域。19 世纪末陈季同开启了中国典籍的西译，到 20 世纪已经开始吸引了更多中国学者的进入。民国期间的《天下》杂志，在中国

---

① 李国庆：《美国对中国古典及当代作品翻译概述》，载于朱政惠、崔丕主编：《北美中国学的历史与现状》，上海辞书出版社 2013 年版，第 126～141 页；张海默：《北美中国絮儿：研究概述与文献资源》，中华书局 2010 年版；张西平、李雪涛、马汉茂等：《德国汉学：历史发展人物与视角》，大象出版社 2005 年版。

② 张海默：《北美中国"研究概述与文献资源"》，中华书局 2010 年版，第 4 页。

③ 参阅张海默：《北美中国"研究概述与文献资源"》，朱政惠：《北美中国学的历史与现状》、《美国学者论美国中国学》、《中国学者论美国中国学》，乐黛云：《北美中国古典文学名家十年文选》。

典籍西译历史上具有划时代的意义,尽管杂志主要是由吴经熊、温源宁等人负责,但他们的背后是孙科,是民国政府。在这个意义上,《天下》杂志是近代中国历史上第一次自觉的将中国文化西译作为国家的文化工作安排。如果说《天下》是民国政府的初步尝试的话,新中国成立后外文局的成立,及其翻译工作的展开是中国典籍翻译上最重大的文化事件。在上面的研究中我们可以看到,外文局几十年来走过的风风雨雨,他们所获得的经验和教训。这方面的研究刚刚开始,学术界应外文局的历史展开更为深入的研究,从而总结出更为全面的经验和教训。

第三,汉学家在中国古代文化经典翻译上的地位。

通过本书的研究,通过基本的数据统计和分析,我们应该承认中国典籍的外译主力是西方汉学家,其中专业汉学家在其中发挥了重要的作用。这是一个基本的历史事实,尽管中国学者作为译者主体登上中国典籍西译的历史舞台具有重要意义,但不能否认一个基本的事实,中国古代文化的典籍绝大多数是由西方汉学家翻译的。而且从未来的发展来看,中国典籍的外译主力仍是各国的汉学家。英国著名汉学家葛瑞汉说过:"在翻译上我们几乎不能放手给中国人,因为按照一般规律,翻译都是从外语译成母语,而不是从母语译成外语,这一规律很少例外。"[1] 一些中国学者对这样的观点不认可,其主要立论是翻译的文化角度展开的。从文化学角度来看翻译的确有一定的意义,在译本的选择等问题上,中国学者和外国学者肯定是有差别的。但从语言的角度,从母语的角度,由本民族学者从事"'译入'的优势是明显的,第二语言的学习和掌握确实很难达到母语水平",这点我们的学者也承认"译入的翻译,母语使用者具有天然的优势,因为他最熟悉、最有发言权、也最理解语言中一些微妙之处"[2]。如果展开视野,中国典籍的外译并非只是翻译成英文、法文等西方语言,同样要翻译成东欧的语言、非洲的语言、亚洲各国的语言,在这方面我们除了在西方语言的外译上有成功的例子外,在其他语言的翻译上成功的例子并不多。[3] 因此,中国典籍的外译主力是各国的汉学家,这应该是一个常理,即便是在英语领域我们有了林语堂这

---

[1] 这是英国汉学家葛瑞汉(Angus Charles Graham,1919~1991)所说,他说"we can hardly leave translation to the Chinese, since there are few exceptions to the rule that translation is done into, not out of, 'one's own language'"。转引自潘文国《译入与译出:谈中国译者从事汉籍英译的意义》,载于《中国翻译》2004年3月,第25卷,第2期。

[2] 潘文国:《译入与译出:谈中国译者从事汉籍英译的意义》,载于《中国翻译》2004年3月,第25卷,第2期。

[3] 北京外国语大学泰语专业教授邱苏论或许是一个特列,她所翻译的泰语版的《大唐西域记》在泰国获得了高度的评价,但要看到在中国古代文化典籍的非通用语翻译上,基本上是要依靠汉学家的。下面我们提供的书目举要可以清楚表明这一点。

样典型的成功例子，但仍然必须承认，中国典籍的英译的主力是西方汉学家，这是翻译的基本规律所决定的，这是语言之间的转换的基本特点所决定的。莫言获得诺贝尔文学奖后，关于中国文化和文化外译的问题引起讨论。应该说，莫言获奖得益于美国当代中国文学的翻译家葛浩文（Howard Goldblatt）、法国汉学家杜特莱（Noël Dutrait）和尚德兰（Chantal Chéri-Andro）夫妇、瑞典语译者陈安娜等，这些译者在莫言作品的海外传播中起到了重要的作用。这点马悦然说得很尖锐，他们"通晓自己的母语，知道怎么更好地表达。现在（中国国内的）出版社用的是一些学外语的中国人来翻译中国文学作品，这个糟糕极了。翻译得不好，就把小说给'谋杀'了"[1]。这个话说得有些绝对，但从总体上仍是少数，尤其在非通用语种的中国文化外译上。尽管中国国内也不乏优秀的译者，"但是在对译入语国家读者细微的用语习惯、独特的文字偏好、微妙的审美品位等方面的把握方面，我们还是得承认，国外翻译家显示出了我们国内翻译家较难企及的优势，这是我们在向世界推介中国文学和文化时必须面对并认真考虑的问题。"[2]必须看到汉学家在翻译中国文化典籍，在介绍中国文化上的作用。这是本书通过对中国文化外传百年历史研究得出的重要结论。至于从后殖民主义的观点看待西方汉学家，是一个具有部分价值，但总体看法片面的观点。对话、合作这是我们与汉学家展开的基本模式，对于中国文化走出去的宏大事业来说，理性、学术对待海外汉学家，积极与其展开对话是一个十分重要的问题。

二、走向 21 世纪的中国文化

世界仍在巨变之中，一切尚未清晰地展现出它的逻辑，意大利著名经济学家阿瑞基，他从宏观经济与政治的角度对 21 世纪的发展做出了略带悲观色彩的预测，他认为在今后世界有三种结局：

"第一，旧的中心有可能成功地终止资本主义历史的进程。在过去 500 多年时间里，资本主义历史的进程是一系列金融扩张。在此过程中，发生了资本主义世界经济制高点上卫士换岗的现象。在当今的金融扩张中，也存在着产生这种结果的倾向。但是，这种倾向被老卫士强大的立国和战争能力抵消了。它们很可能有能力通过武力、计谋或劝说占用积累在新的中心的剩余资本，从而通过组建一个真正全球意义上的世界帝国来结束资本主义历史。

第二，老卫士有可能无力终止资本主义历史的进程，东亚资本有可能渐渐占

---

[1] 转引自谢天振：《隐身与现身：从传统译论到现代译论》，北京大学出版社 2013 年版，第 8 页。
[2] 谢天振：《隐身与现身：从传统译论到现代译论》，北京大学出版社 2013 年版，第 9 页。

据体系资本积累过程中的一个制高点。那样的话,资本主义历史将会继续下去,但是情况会与自建立现代国际制度以来的情况截然不同。资本主义世界经济制高点上的新卫士可能缺少立国和战争能力,在历史上,这种能力始终跟世界经济的市场表层上面的资本主义表层的扩大再生产很有联系。亚当·斯密和布罗代尔认为,一旦失去这种联系,资本主义就不能存活。如果他们的看法是正确的,那么资本主义历史不会像第一种结果那样由于某个机构的有意识行动而被迫终止,而会由于世界市场形成过程中的无意识结果而自动终止。资本主义的"反市场"(anti-market)会跟发迹于当代的国家权力一起消亡,市场经济的底层会回到某种无政府主义状态。

最后,用熊彼特的话来说,人类在地狱般的(或天堂般的)后资本主义的世界帝国或后资本主义的世界市场社会里窒息(或享福)前,很可能会在伴随冷战世界秩序的瓦解而出现的不断升级的暴力恐怖(或荣光)中化为灰烬。如果出现这种情况的话,资本主义历史也会自动终止,不过是以永远回到体系混乱状态的方式来实现的。600年以前,资本主义历史就从这里开始,并且随着每次过渡而在越来越大的范围里获得新生。这将意味着什么?仅仅是资本主义历史的结束?还是整个人类历史的结束?我们无法说得清楚。"[1]

就此而言,中国文化的世界影响力从根本上是与中国崛起后的世界秩序重塑紧密联系在一起的,一切尚在进程之中,路漫漫其远矣,吾将上下求索。

如果说在新中国成立后在中国文化的外传上是外文局一枝独秀的话,那么,改革开放后,随着中国经济的快速发展,国家文化政策发生了较大的变化,最重要的就是"中国文化走出去"战略方针的确定。改革开放以来,中国以崭新的姿态重新回到世界体系之中,经济的快速发展,使中国的经济触角在全球展开,由此,在21世纪新的历史时期,中国文化以新的方式走出去被提到国家战略发展的层面。

"走出去"首先是作为推动经济发展的一个政策提出来的。2000年10月,中共十五届五中全会第一次明确提出要实施"走出去"战略,全会所通过的《中共中央关于制定国民经济和社会发展的第十个五年计划的建议》中明确指出:"实施'走出去'战略,努力在利用国内外两种资源,两个市场方面有新的突破。"[2] 这样"走出去"作为一个缩略语开始在国家发展的战略层面出现。这预示着中国社会发展的一个新的阶段的开始,中国将开始在国际范围内展开自己的经济与文化发展。

---

[1] [意] 杰奥瓦尼·阿瑞基:《漫长的20世纪》,江苏人民出版社2001年版,第434~435页。
[2] 孙家正:《关于战略机遇期的文化建设问题》,载于《文艺研究》2003年第1期。

经济在外向型发展，经济活动的走出去，必然带动了文化的走出去，因此，中国文化走出去的政策就应运而生。在2002年7月的全国文化厅局长座谈会上，文化部部长孙家正就指出："要以更加开放的姿态融入国际社会，进一步扩大对外文化交流，实施'走出去'战略，着力宣传当代中国改革和建设的伟大成就，大力传播当代中国文化，以打入国际主流社会和主流媒体为主，充分利用市场经济手段和现代传播方式，树立当代中国的崭新形象，把我国建设成为立足亚太、面向全球的国际文化中心。"[1] 这里已经展示中国在全球发展自己文化的决心和理想。

到中共十六大时，走出去已经成为全党的共识，并在十六大报告中明确指出："实施'走出去'战略是对外开放新阶段的重大举措。"2004年9月，在中共十六届四中全会通过的《中共中央关于加强党的执政能力建设的决定》中也明确指出了"推动中华文化更好地走向世界，提高国际影响力"[2]。2005年10月，胡锦涛在十六届五中全会上指出："社会主义先进文化建设要加快实施文化产品'走出去'战略，推动中华文化走向世界"。[3] 从四中全会到五中全会，国家对文化走出去的战略日益明晰，开始提出加快文化产品走出去，从而将观念和手段开始统一，中国文化走出去有了明确的路径。在此次会议上通过的《关于制定国民经济和社会发展第十一个五年规划的建议》中也再次强调"积极开拓国际文化市场，推动中华文化走向世界"。接着在2006年9月发布的《国家"十一五"时期文化发展规划纲要》中将文化走出去放在一个战略位置，从文化产业的角度对在国际上发展我国文化产业做了部署。这样，从2000年提出经济发展走出去到2005年提出中国文化走出去，2006年提出文化产业在国际上的展开，开拓国际文化市场，经过六年的摸索和实践，"中华文化走出去战略正式成为指导国家对外文化宣传、对外文化交流和对外文化贸易的长期文化战略。"[4]

为落实文化走出去战略，在中国文化著作的翻译方面，国家确立了两个重要项目：就是由国务院新闻办公室、国家新闻出版总署联合主持的"中国图书对外推广计划"和全国哲学社会科学办公室主持的"中华学术外译计划"实施。"中国图书对外推广计划"自2006年实施以来，截至2010年年底，"中国图书对外推广计划"工作小组已同美国、英国、法国、德国、荷兰、俄罗斯、澳大利亚、日本、韩国、越南、巴西等46个国家246家出版社签订了1 350项资助出版协议，资助出版1 910种图书，涉及26个文版。"中国图书对外推广计划"成为推动中国出版"走出去"的重要推手之一。

---

[1] 《十六大以来重要文献选编》（上），中央文献出版社2004年版，第22页。
[2] 《十六大以来重要文献选编》（中），中央文献出版社2006年版，第284页。
[3] 《十六大以来重要文献选编》（中），中央文献出版社2006年版，第1031页。
[4] 骆玉安：《关于实施中华文化走出去战略的思考》，载于《殷都学刊》2007年第2期。

"中国图书对外推广计划"所推动的翻译也包含了部分重要的中国古代文化的著作，安徽美术社的《中国国家博物馆馆藏系列》、北京大学出版社的《中华文明史》等。

　　全国哲学社会科学办公室主持的"中华学术外译计划"，由国家社会科学基金支持，2010年启动，项目旨在促进中外学术交流，推动我国哲学社会科学优秀成果和优秀人才走向世界。主要资助我国哲学社会科学研究的优秀成果以外文形式在国外权威出版机构出版，进入国外主流发行传播渠道，增进国外对当代中国和中国哲学社会科学以及中国传统文化的了解，推动中外学术交流与对话，提高中国哲学社会科学的国际影响力。其中也包含了《中国佛教文化》介绍中国文化的著作。这种以政府主持，专项基金形式大力推动中国文化对外传播的做法，一个直接效果就是提高了中国文化在国际文化格局中的地位，增加了中国文化产品的竞争力，并带动了世界其他国家主动翻译出版中国历史文化著作。

　　将中国古代的灿烂文化介绍出去，这已经成为中国学术界的一项重大使命。正像希腊文化、印度文化等世界上一切优秀的传统文化是人类文化的瑰宝一样，中华文化博大精深，它是世界四大文明中唯一延续到今天的古代文化，要把"中华民族最基本的文化基因与当代文化相适应、与现代社会相协调，以人们喜闻乐见、具有广泛参与性的方式推广开来，把跨越时空、超越国度、富有永恒魅力、具有当代价值的文化精神弘扬起来，把继承传统优秀文化又弘扬时代精神、立足本国又面向世界的当代中国文化创新成果传播出去"①。这对中国学术界来说是一个崭新而艰巨的任务。因为要"讲清楚每个国家和民族的历史传统、文化积淀、基本国情不同，其发展道路必然有着自己的特色；讲清楚中华文化积淀着中华民族最深沉的精神追求，是中华民族生生不息、发展壮大的丰厚滋养；讲清楚中华优秀传统文化是中华民族的突出优势，是我们最深厚的文化软实力；讲清楚中国特色社会主义植根于中华文化沃土、反映中国人民意愿、适应中国和时代发展进步要求，有着深厚历史渊源和广泛现实基础"。这需要将传统中国文化与当代中国文化作为一个整体来加以思考，这需要我们应深入了解中华文化在世界传播的历史和规律，按照文化传播的基本规律，把这些思想介绍给世界。中国文化走出去，这意味着中华文化在更为广阔的国际舞台上展现自己的风采。

三、在国际范围内展开中国文化研究

　　长期以来中国学术界在展开中国古代文化的研究中基本上是在中国自身的文

---

① 习近平：《建设社会主义文化强国 着力提高国家文化软实力》，2013年12月31日新华网。

化范围内展开的,通过本书初步的梳理,我们可以看到,从晚明后中国的知识和思想已经传播到西方,同时,西人对中国典籍的翻译和研究开始使中国的古代思想和知识呈现出前所未有的一个形态:中国学术和思想展开的空间大大扩大了,开始以一种世界性的学问在全球展开,走出了以前的东亚汉字文化圈;从事中国学术和思想的研究者大大扩展了,汉学家开始进入这个领域,无论是传教士还是专业的汉学家。

空间的扩大和研究主体的扩大不仅仅标志着中国古代文化和思想影响的扩大,说明关于中国的学问和知识已经不再属于中国学术界的独有,但同时,这种在中国以外的中国研究形态又反馈中国自身的研究和变迁,从而呈现出中国学术和思想研究的多维性和复杂性。笔者曾在《国学与汉学三题》一文中对这种复杂性和对中国近代学术的影响做过这样的分析。

(一) 汉学之国学:近代中国学术的基本特征

海外汉学(中国学)从其诞生起就同中国学术界有着千丝万缕的关系,特别是西方汉学,在一定意义上讲中国近现代学术的产生是和西方近现代的汉学发展紧密联系在一起的,也就是说中国近现代学术之建立是中国本土学者与汉学家们互动的结果。利玛窦与徐光启,理雅格与王韬,王韬与儒莲,伯希和与罗振玉,胡适与夏德、钢和泰,高本汉与赵元任等汉学家与中国学人的交往我们还可举出许多例子,正是在这种交往中双方的学术都发生了变化,互为影响,相互推动。戴密微在厦门大学任教,卫礼贤执教于北大讲坛,陈寅恪受聘于牛津、剑桥,在20世纪20~30年代双方的交往比今天还要频繁。就中国来说,正是在这种交往中中国学术逐步地向现代化形态发展。

当年傅斯年在谈到伯希和的学问时说:"本来中国学在中国在西洋原有不同的凭籍,自当有不同的趋势。中国学人,经籍之训练本精,故治纯粹中国之问题易于制胜,而谈及所谓四裔,每以无较材料而隔膜。外国学人,能使用西方的比较材料,故善谈中国之四裔。而纯粹的汉学题目,或不易捉住。今伯先生能沟通此风气,而充分利用中国学人成就,吾人又安可不仿此典型,以扩充吾人之范围乎。"① 这说明了当时汉学对中国学人的启示。实际上近现代以来,中国学术对西域的研究日益加强,引起许多学者感兴趣,这显然是受到了西方汉学家的影响。胡适在1916年4月5日的日记中说:"西人之治汉学者,名 Sinologists or Sinoloques,其用功甚苦,而成效殊微。然其人多不为吾国古代成见陋说所拘束,

---

① 《法国汉学家伯希和莅平》,见《北京晨报》1933年1月15日,转引自桑兵《国学与汉学:近代中外学界交往录》,浙江人民出版社1999年版,第140页。

故其所著书往往有启发吾人思想之处，不可一笔抹煞也。"①

这里胡适已认识到汉学的特点，以后胡适在与汉学家钢和泰交往中改变了原来认为汉学家治学"成效殊微"的看法，而是直接向钢氏求教于梵文。而他对瑞典汉学家高本汉的评价更说明西方近代汉学对中国学术的影响，高本汉以治音韵学而著称，胡适说："近年一位瑞典学者珂罗倔伦（即高本汉）费了几年工夫研究《切韵》，把260部的古音弄的（原文如此）清清楚楚。林语堂先生说：'珂先生是《切韵》专家，对中国音韵学的贡献发明，比中外过去的任何音韵学家还重要。'（《语丝》第四卷第二十七期）珂先生成绩何以能这样大呢？他有西洋音韵学原理作工具，又很充分地运用方言的材料，用广东方言作底子，用日本的汉音吴音作参证，所以他几年的成绩便可以推倒顾炎武以来300年的中国学者的纸上功夫。"② 鉴于西方汉学的这一成就，他号召青年人要掌握新的研究方法，那时再来重新整理国故，便可"一拳打倒顾亭林，两脚踢翻钱竹江"。

当时西方汉学对中国学界的冲击非常之大，以致陈垣先生说："现在中外学者谈论汉学，不是说巴黎如何，就是说日本如何，没有提到中国的，我们应当把汉学中心夺回中国、夺回北京。"③ 其实中国近代学术从传统的注经转变为现代社会科学的方法，一个重要因素是受启于海外汉学。陈寅恪任教清华之初，遵循地道的欧洲汉学及东方学方法，讲授欧洲东方学研究之目录学。赵元任和李方桂的语言学研究走出传统的小学，而采取现代语言学的方法，一个重要原因就是受到高本汉语言学研究的影响。这说明汉学和我们自己本土的学术传统有着内在的联系。

在这个意义上陈来提出"汉学之国学"是有一定的道理的，如他所说"汉学化的国学是什么意思呢？就是世界化的，就是跟世界学术的研究接轨、合流的一个新的国学研究"，当年以陈寅恪为代表的清华国学院在国学研究上主要是吸收西方汉学和日本汉学的研究方法，将中国的学问在世界学术空间中展开，与国外汉学展开积极的对话，同西方的人文社会科学展开积极对话，这才是今日国学发展之正确的途径。

汉学在学术对象上是中国的历史文化，但它是在各国的学术传统中发展的，从而必然受到本国学术传统和方法的影响。从西方汉学来说，它是西方学术的一部分，是东方学的重要分支。它和西方哲学与社会思想之间的互动，至今我们仍不能说得很清楚。如果这个问题搞不清楚，对域外汉学只是采取一种知识论的立场，不能揭示其背后的方法论，那么，我们最终也很难把握好域外汉学。

---

① 胡适：《胡适留学日记》，安徽教育出版社2006年版，第860~861页。
② 胡适：《胡适文存》，上海亚东图书馆印行商务印书馆1940年版，第三卷，第203~205页。
③ 转引自郑天挺：《五十自述》，载于《天津文史资料选辑》，第28辑，第8页。

陈寅恪在谈到学术发展时说:"一时代之学术,必有其新材料与新问题。取此材料,以研求问题,则为此时代学术之潮流。治学之士,得预此潮流者,谓之预流。其未得预者,谓之未入流。此古今学术之通义,非闭门造车之徒,所能同喻者也。"① 今日中国学术之发展,掌握域外汉学研究成果已经成为研究之前提,无论在问题意识上还是在研究材料上,海外汉学界的成果都是令国内学者不可以忽视的。尽管近年来我们在汉学的知识论和思想背景研究这两个方面都有了长足的进步,但与国内国学发展的需要来看,仍是很不够的。仍需要我们卧薪尝胆,扎扎实实地做好这些工作。这是其一。

(二) 汉学研究与中国文化的重建

随着中国的快速崛起,中国学术界逐步走出了晚清以降的"西方中心主义"的学术框架,不再像过去那样在"现代与传统"、"东方与西方"的二元对峙的框架中思考问题。文化自觉需要我们清理近百年的学术思想和学术体系,这几年关于"反向格义"的争论,在一定的意义上是如何看待晚清以来的"西学东渐"对中国人文社会科学的影响。这里当然涉及对西方汉学或者日本汉学的评价问题。正如我们在上面所指出的,如果近代以来是"汉学之国学",那么这些在西方学术体系和西方学术观念下所产生的现代学术体系,现代学术话语的合理性在哪里?

实际上西学在中国的影响还远不止晚清,对西学的接受从晚明就开始了。明清之际的来华传教士耕笔之勤是今天我们无法想象的,根据笔者近年来的研究,这些来华的传教士和入教文人大约写下了近千部中文著作和手稿,如果加上那些反教儒生所写的著作就是一个更大的数量。明清之际的传教士汉学和今天专业汉学的重大不同是他们生活在中国,用中文写作。从方以智到刘献庭,从王夫之到黄宗羲,明清之际的中国文人很多都受到他们中文著作的影响。如果梳理"西学东渐"的历史则必须从这一时期开始,唯有此,才能揭示出从晚明以来中国学术思潮的变迁,合理地说明中国近代学术和思想的产生,为我们重新建立新的中国学术和思想体系奠定一个扎实的学术基础。

这样,我们看到,如果真正走出"西方中心主义",站在中国立场上书写我们自己的本土知识,阐明中国自己的独有学术思想价值,那么,彻底地梳理晚明以来的传教士汉学发展在中国思想学术中的影响,彻底地梳理清近代以来"西学东渐"对我们表达中国本土知识和思想所取得的成就和问题,就成为我们学术建设和思想建设中一个重要任务。这就揭示了汉学研究和中国学术文化重建的

---

① 陈寅恪:《金明馆丛稿二编》,三联书店 2009 年版,第 266 页。

复杂关系。①

近年来对域外汉学的研究大大向前推进了，对中国典籍的翻译研究也呈现出前所未有的发展，一大批年轻学者进入这个研究领域，也涌现出了一批非常优秀的博士论文。应该看到这是一个全新的研究领域，这里不仅仅是对研究者的外语能力提出了基本的要求，同时，对研究者的学术视野和跨学科研究能力也提出了非常高的要求。对中国古代文化典籍外传的研究是在翻译学、宗教学、比较文学几个领域交叉展开的，研究者必须问学于中西之间，在中国古代文化和西方近代文化之间游移。同时，研究者面临着双重的挑战：每一个研究者必须面对中国国内学术界的考问，同时，研究者也始终有一个永恒的对话者：西方汉学家。尽管困难重重，但这一研究领域仍吸引着一批批勇敢的探索者。

中国古代文化典籍的外译不仅仅是一个单纯的学术问题，同时也是一个文化的自信问题，尤其在西方文化主导的今日世界更具有文化意义。当年辜鸿铭翻译《中庸》和《大学》目的十分清楚，他在解释自己的翻译时说：

"关于道德责任感，每一个曾有过文明的民族最优秀的文学作品中都能找到以各种方式对之所作的阐述。不过最引人注目的是，正如我在译本附录中所显示的，在现代欧美最优秀和最伟大的思想家的最近著述中，能够找到与这本写于两千年前的书同样的形式和语言的阐述，而这，正是该书特有的价值所在。就我有限的知识来看，在所有欧洲文学作品中，无论是古代还是现代，都没有见过像这本小书中所发现的那样简明到了极点，同时又如此完整而丰富的关于道德责任感或道的阐述。

最后，我希望说的是，如果这本出自中国古代智慧的小书能有助于欧美人民，尤其是那些正在中国的欧美人更好地理解'道'，形成一种更明白更深刻的道德责任感，以便能使他们再对待中国和中国人时，抛弃那种欧洲'枪炮'和'暴力'文明的精神和态度，而代之以道，无论是以个人的方式，还是作为一个民族同中国人交往，都遵从道德责任感——那么，我将感到我多年理解和解释这本书所花费的劳动没有白费。"②

百年欧风美雨，百年后一切以西为师过去了。天地苍黄，今日中国在社会物质发展上已经终于赶上了"老师"的步伐，超越欧美发展的前景也不太遥远。但作为后发现代性国家，百年文化批判，文化的中断与接续，文化吸收与创造已经成为一个极为重要的文化问题，没有精神与文化的浴火重生，中国文化永不能真止的复兴。应该从这样的角度来重新审视辜鸿铭那一代人，来评判他的中国经

---

① 张西平：《国学与汉学三题》，载于《清华大学（哲学社会科学学报）》，2011 年第 6 期。
② 辜鸿铭著：《辜鸿铭文集》（下册），海南出版社 1996 年版，第 513 页。

典的翻译工作。

  一个新的时代到来了,继承前贤的理想,在国际范围内展开中国古代文化的研究,已经成为当代中国学术界新的使命,愿本书能为这个伟大的学术事业做出绵薄的贡献。

附录1

外文局1953~1976年所出版的关于中国古代文化的外文图与书[①]

1953年

英文书目

屈原. 离骚[M]. 北京：外文出版社，1953.

1954年

英文书目

白行简等著. 唐代传奇选[M]. 北京：外文出版社，1954.

艾黎. 历代诗选[M]. 北京：新世界出版社，1954.

董聚贤等改编，刘继卤绘. 东郭先生[M]. 北京：外文出版社，1954.

法文书目

董聚贤等改编，刘继卤绘. 东郭先生[M]. 北京：外文出版社，1954.

1955年

英文书目

洪升. 长生殿[M]. 北京：外文出版社，1955.

沈既济等. 唐代传奇选[M]. 北京：外文出版社，1955.

德文书目

白行简等. 唐代传奇选[M]. 北京：外文出版社，1955.

印尼文书目

---

① 本书目是首次整理发表，在此感谢参与目录整理的于美晨同学。

董聚贤等改编，刘继卣绘．东郭先生［M］．北京：外文出版社，1955.

1956 年

英文书目

打渔杀家［M］．北京：外文出版社，1956.

邵甄、吴廷珺编，王叔晖绘．孔雀东南飞（连环画）［M］．北京：外文出版社，1956.

法文书目

邵甄、吴廷珺编，王叔晖绘．孔雀东南飞（连环画）［M］．北京：外文出版社，1956.

德文书目

董聚贤、徐涤编，刘继卣绘．东郭先生（连环画）［M］．北京：外文出版社，1956.

邵甄、吴廷珺编，王叔晖绘．孔雀东南飞（连环画）［M］．北京：外文出版社，1956.

印尼文书目

邵甄、吴廷珺编，王叔晖绘．孔雀东南飞（连环画）［M］．北京：外文出版社，1956.

日文书目

邵甄、吴廷珺编，王叔晖绘．孔雀东南飞（连环画）［M］．北京：外文出版社，1956.

1957 年

英文书目

［清］吴敬梓．儒林外史［M］．北京：外文出版社，1957.

中国民间故事选（一）［M］．北京：外文出版社，1957.

宋明平话小说选［M］．北京：外文出版社，1957.

浙江昆苏剧团．十五贯［M］．北京：外文出版社，1957.

法显．佛国记［M］．北京：外文出版社，1957.

田汉．白蛇传［M］．北京：外文出版社，1957.

西南川剧院．柳荫记（川剧）［M］．北京：外文出版社，1957.

［清］蒲松龄原著，程十发编绘．画皮（彩色连环画）［M］．北京：外文出版社，1957.

吴奇改编，李天心绘．药草山（彩色连环画）［M］．北京：外文出版社，1957.

吉志西改编，颜梅华绘．马头琴（连环画）［M］．北京：外文出版社，

1957.

吴宝基摄影．梁山伯与祝英台（明信片，16张）[M]．上海：上海人民美术出版社，1957.

上海人民美术出版社编辑．大闹天宫（明信片，6张）[M]．上海：上海人民美术出版社，1957.

法文书目

吴奇改编，李天心绘．药草山（彩色连环画）[M]．北京：外文出版社，1957.

吉志西改编，颜梅华绘．马头琴（连环画）[M]．北京：外文出版社，1957.

俄文书目

邵甄、吴廷珺编，王叔晖绘．孔雀东南飞（连环画）[M]．北京：外文出版社，1957.

董聚贤、徐涤编，刘继卤绘．东郭先生（连环画）[M]．北京：外文出版社，1957.

吴奇改编，李天心绘．药草山（彩色连环画）[M]．北京：外文出版社，1957.

吴宝基摄影．梁山伯与祝英台（明信片，16张）[M]．上海：上海人民美术出版社，1957.

上海人民美术出版社编辑．大闹天宫（明信片，6张）[M]．上海：上海人民美术出版社，1957.

德文书目

中国古代寓言选（上）[M]．北京：外文出版社，1957.

［清］蒲松龄原著，程十发编绘．画皮（彩色连环画）[M]．北京：外文出版社，1957.

吴奇改编，李天心绘．药草山（彩色连环画）[M]．北京：外文出版社，1957.

吴宝基摄影．梁山伯与祝英台（明信片，16张）[M]．上海：上海人民美术出版社，1957.

上海人民美术出版社编辑．大闹天宫（明信片，6张）[M]．上海：上海人民美术出版社，1957.

越南文书目

吴奇改编，李天心绘．药草山（彩色连环画）[M]．北京：外文出版社，1957.

吉志西改编，颜梅华绘．马头琴（连环画）[M]．北京：外文出版社，1957．

印尼文书目

吴奇改编，李天心绘．药草山（彩色连环画）[M]．北京：外文出版社，1957．

吉志西改编，颜梅华绘．马头琴（连环画）[M]．北京：外文出版社，1957．

吴宝基摄影．梁山伯与祝英台（明信片，16张）[M]．上海：上海人民美术出版社，1957．

上海人民美术出版社编辑．大闹天宫（明信片，6张）[M]．上海：上海人民美术出版社，1957．

西班牙书目

董聚贤、徐涤编，刘继卣绘．东郭先生（连环画）[M]．北京：外文出版社，1957．

邵甄、吴廷瑄编，王叔晖绘．孔雀东南飞（连环画）[M]．北京：外文出版社，1957．

日文书目

董聚贤、徐涤编，刘继卣绘．东郭先生（连环画）[M]．北京：外文出版社，1957．

中国民间故事选（一）[M]．北京：外文出版社，1957．

邵甄、吴廷瑄编，王叔晖绘．孔雀东南飞（连环画）[M]．北京：外文出版社，1957．

吉志西改编，颜梅华绘．马头琴（连环画）[M]．北京：外文出版社，1957．

缅甸文书目

中国古代寓言选（上）[M]．北京：外文出版社，1957．

中国民间故事选（一）[M]．北京：外文出版社，1957．

邵甄、吴廷瑄编，王叔晖绘．孔雀东南飞（连环画）[M]．北京：外文出版社，1957．

董聚贤、徐涤编，刘继卣绘．东郭先生（连环画）[M]．北京：外文出版社，1957．

［清］蒲松龄原著，程十发编绘．画皮（彩色连环画）[M]．北京：外文出版社，1957．

吴奇改编，李天心绘．药草山（彩色连环画）[M]．北京：外文出版

社，1957.

吉志西改编，颜梅华绘．马头琴（连环画）[M]．北京：外文出版社，1957.

印地文书目

[清]蒲松龄原著，程十发编绘．画皮（彩色连环画）[M]．北京：外文出版社，1957.

吴奇改编，李天心绘．药草山（彩色连环画）[M]．北京：外文出版社，1957.

1958年

英文书目

[元]关汉卿著，杨宪益、戴乃迭译．关汉卿剧作选[M]．北京：外文出版社，1958.

干宝等著，杨宪益、戴乃迭译．汉魏六朝小说选[M]．北京：外文出版社，1958.

[唐]蒋放等著，颜惠庆编译．中国古典短篇小说选[M]．北京：外文出版社，1958.

[元]王实甫原著，洪曾玲改编，王叔晖绘．西厢记（连环画）[M]．北京：外文出版社，1958.

中国评剧院，杨宪益、戴乃迭译．秦香莲（评剧）[M]．北京：外文出版社，1958.

关汉卿著，吴伯棋改编．谭记儿（连环画）[M]．北京：外文出版社，1958.

广东粤剧团整理，戴乃迭译．搜书院（粤剧）[M]．北京：外文出版社，1958.

程十发插图．一棵石榴树的国王（中国民间故事选集第三集）[M]．北京：外文出版社，1958.

中国民间故事选集第二集[M]．北京：外文出版社，1958.

中国民间故事选集第四集[M]．北京：外文出版社，1958.

丰子恺插图．中国古代寓言选（上）[M]．北京：外文出版社，1958.

盛强改编，钱笑呆、陶干臣绘．秦香莲（连环画）[M]．北京：外文出版社，1958.

王弘力编绘．天仙配（彩色连环画）[M]．北京：外文出版社，1958.

法文书目

[明]朱素臣原著，何如译，浙江省十五贯整理小组整理．十五贯[M]．北

京：外文出版社，1958.

中国古典寓言选（上）[M]．北京：外文出版社，1958.

白行简等著．唐代传奇[M]．北京：外文出版社，1958.

[明]吴承恩原著，良士、徐弘达编绘．火焰山（连环画）[M]．北京：外文出版社，1958.

[元]王实甫原著，洪曾玲改编，王叔晖绘．西厢记（连环画）[M]．北京：外文出版社，1958.

王弘力编绘．天仙配（彩色连环画）[M]．北京：外文出版社，1958.

德文书目

[元]关汉卿著，吴伯棋改编．谭记儿（连环画）[M]．北京：外文出版社，1958.

施华滋译．中国民间故事选（第一集）[M]．北京：外文出版社，1958.

米谷绘．中国民间故事选（第二集）[M]．北京：外文出版社，1958.

[明]吴承恩原著，良士、徐弘达编绘．火焰山（连环画）[M]．北京：外文出版社，1958.

西班牙书目

爱米尔尼亚·卡尔瓦哈尔译，丰子恺插图．中国古代寓言选（上）[M]．北京：外文出版社，1958.

[明]朱素臣原著，何如译，浙江省十五贯整理小组整理．十五贯[M]．北京：外文出版社，1958.

王弘力编绘．天仙配（彩色连环画）[M]．北京：外文出版社，1958.

[元]王实甫原著，洪曾玲改编，王叔晖绘．西厢记（连环画）[M]．北京：外文出版社，1958.

盛强改编，钱笑呆、陶干臣绘．秦香莲（连环画）[M]．北京：外文出版社，1958.

[明]吴承恩原著，良士、徐弘达编绘．火焰山（连环画）[M]．北京：外文出版社，1958.

越南文书目

中国民间故事选（第一集）[M]．北京：外文出版社，1958.

中国民间故事选（第三集）[M]．北京：外文出版社，1958.

程十发插图．一棵石榴树的国王（中国民间故事选集第三集）[M]．北京：外文出版社，1958.

[元]王实甫原著，洪曾玲改编，王叔晖绘．西厢记（连环画）[M]．北京：外文出版社，1958.

［元］关汉卿著，吴伯棋改编．谭记儿（连环画）[M]．北京：外文出版社，1958．

［明］吴承恩原著，良士、徐弘达编绘．火焰山（连环画）[M]．北京：外文出版社，1958．

王弘力编绘．天仙配（彩色连环画）[M]．北京：外文出版社，1958．

董聚贤、徐涤编，刘继卣绘．东郭先生（连环画）[M]．北京：外文出版社，1958．

印尼文书目

［明］吴承恩原著，良士、徐弘达编绘．火焰山（连环画）[M]．北京：外文出版社，1958．

［元］关汉卿著，吴伯棋改编．谭记儿（连环画）[M]．北京：外文出版社，1958．

盛强改编，钱笑呆、陶干臣绘．秦香莲（连环画）[M]．北京：外文出版社，1958．

［元］王实甫原著，洪曾玲改编，王叔晖绘．西厢记（连环画）[M]．北京：外文出版社，1958．

王弘力编绘．天仙配（彩色连环画）[M]．北京：外文出版社，1958．

印地文书目

丰子恺插图．中国古代寓言选（上）[M]．北京：外文出版社，1958．

程十发插图．一棵石榴树的国王（中国民间故事选集第三集）[M]．北京：外文出版社，1958．

［元］王实甫原著，洪曾玲改编，王叔晖绘．西厢记（连环画）[M]．北京：外文出版社，1958．

盛强改编，钱笑呆、陶干臣绘．秦香莲（连环画）[M]．北京：外文出版社，1958．

［元］关汉卿著，吴伯棋改编．谭记儿（连环画）[M]．北京：外文出版社，1958．

王弘力编绘．天仙配（彩色连环画）[M]．北京：外文出版社，1958．

缅甸文书目

［元］王实甫原著，洪曾玲改编，王叔晖绘．西厢记（连环画）[M]．北京：外文出版社，1958．

［明］吴承恩原著，良士、徐弘达编绘．火焰山（连环画）[M]．北京：外文出版社，1958．

盛强改编，钱笑呆、陶干臣绘．秦香莲（连环画）[M]．北京：外文出版

社，1958.

［元］关汉卿著，吴伯棋改编．谭记儿（连环画）［M］．北京：外文出版社，1958.

王弘力编绘．天仙配（彩色连环画）［M］．北京：外文出版社，1958.

1959 年

英文书目

黎新绘．将相和（连环画）［M］．北京：外文出版社，1959.

西班牙书目

张光宇等插图．中国民间故事选（第一集）［M］．北京：外文出版社，1959.

张光宇等插图．中国民间故事选（第二集）［M］．北京：外文出版社，1959.

越南文书目

黎新绘．将相和（连环画）［M］．北京：外文出版社，1959.

印地文书目

［明］吴承恩原著，良士、徐弘达编绘．火焰山（连环画）［M］．北京：外文出版社，1959.

吉志西改编，颜梅华绘．马头琴（连环画）［M］．北京：外文出版社，1959.

阿拉伯文书目

中国古代寓言选（上）［M］．北京：外文出版社，1959.

［元］关汉卿著，吴伯棋改编．谭记儿（连环画）［M］．北京：外文出版社，1959.

［元］王实甫原著，洪曾玲改编，王叔晖绘．西厢记（连环画）［M］．北京：外文出版社，1959.

黎新绘．将相和（连环画）［M］．北京：外文出版社，1959.

王弘力编绘．天仙配（彩色连环画）［M］．北京：外文出版社，1959.

荷兰文书目

［明］吴承恩原著，良士、徐弘达编绘．火焰山（连环画）［M］．北京：外文出版社，1959.

1960 年

英文书目

中国民间故事选（第五集）［M］．北京：外文出版社，1960.

法文版书目

中国古代寓言选（下）[M]．北京：外文出版社，1960．

黎新绘．将相和（连环画）[M]．北京：外文出版社，1960．

施耐庵原著，石红改编，卜孝怀绘．野猪林（连环画）[M]．北京：外文出版社，1960．

俄文书目

施耐庵原著，石红改编，卜孝怀绘．野猪林（连环画）[M]．北京：外文出版社，1960．

越南文书目

施耐庵原著，石红改编，卜孝怀绘．野猪林（连环画）[M]．北京：外文出版社，1960．

印地文书目

黎新绘．将相和（连环画）[M]．北京：外文出版社，1960．

1961 年

英文书目

施耐庵原著，石红改编，卜孝怀绘．野猪林（连环画）[M]．北京：外文出版社，1961．

德文书目

丰子恺插图．中国古代寓言选（上下合订本）[M]．北京：外文出版社，1961．

法文书目

[元] 王实甫原著，洪曾玲改编，王叔晖绘．西厢记（连环画）[M]．北京：外文出版社，1961．

西班牙书目

丰子恺插图．中国古代寓言选（上下合订本）[M]．北京：外文出版社，1961．

施耐庵原著，石红改编，卜孝怀绘．野猪林（连环画）[M]．北京：外文出版社，1961．

阿拉伯文书目

施耐庵原著，石红改编，卜孝怀绘．野猪林（连环画）[M]．北京：外文出版社，1961．

世界语书目

[元] 王实甫原著，洪曾玲改编，王叔晖绘．西厢记（连环画）[M]．北京：外文出版社，1961．

1962 年

英文书目

冯至编选，（新西兰）路易·艾黎译．杜甫诗选［M］．北京：外文出版社，1962.

张光宇等插图．中国民间故事选（第一集，译文修订版）［M］．北京：外文出版社，1962.

杨宪益、戴乃迭译．唐代传奇（译文修订版）［M］．北京：外文出版社，1962.

［明］吴承恩原著．孙悟空（连环画）［M］．中国建设杂志社，1962.

法文书目

程十发插图．中国民间故事选（第三集）［M］．北京：外文出版社，1962.

德文书目

沙更世插图．中国民间故事选（第四集）［M］．北京：外文出版社，1962.

杨永青插图．中国民间故事选（第五集）［M］．北京：外文出版社，1962.

泰文书目

丰子恺插图．中国古代寓言选（第一集）［M］．北京：外文出版社，1962.

米谷插图．中国民间故事选（第二集）［M］．北京：外文出版社，1962.

［元］王实甫原著，洪曾玲改编，王叔晖绘．西厢记（连环画）［M］．北京：外文出版社，1962.

盛强改编，钱笑呆、陶干臣绘．秦香莲（连环画）［M］．北京：外文出版社，1962.

世界语书目

董聚贤、徐涤编，刘继卤绘．东郭先生（连环画）［M］．北京：外文出版社，1962.

1963 年

英文书目

沙更世插图．中国民间故事选（第四集）［M］．北京：外文出版社，1963.

晴帆编，徐正平、陈光镒绘．鲁班学艺（连环画）［M］．北京：外文出版社，1963.

西班牙书目

晴帆编，徐正平、陈光镒绘．鲁班学艺（连环画）［M］．北京：外文出版社，1963.

德文书目

［明］吴承恩原著，钱笑呆绘．孙悟空三打白骨精（连环画）［M］．北京：外文出版社，1963.

晴帆编，徐正平、陈光镒绘．鲁班学艺（连环画）[M]．北京：外文出版社，1963．

杨永青绘．愚公移山（连环画）[M]．北京：外文出版社，1963．

世界语书目

晴帆编，徐正平、陈光镒绘．鲁班学艺（连环画）[M]．北京：外文出版社，1963．

阿拉伯文书目

晴帆编，徐正平、陈光镒绘．鲁班学艺（连环画）[M]．北京：外文出版社，1963．

泰文书目

董聚贤、徐涤编，刘继卤绘．东郭先生（连环画）[M]．北京：外文出版社，1963．

杨永青绘．愚公移山（连环画）[M]．北京：外文出版社，1963．

越南文书目

晴帆编，徐正平、陈光镒绘．鲁班学艺（连环画）[M]．北京：外文出版社，1963．

印地文书目

杨永青绘．愚公移山（连环画）[M]．北京：外文出版社，1963．

乌尔都文书目

杨永青绘．愚公移山（连环画）[M]．北京：外文出版社，1963．

1964 年

英文书目

[明] 吴承恩原著，王星北改编，赵宏本、钱笑呆绘．孙悟空三打白骨精（连环画）[M]．北京：外文出版社，1964．

法文书目

[明] 吴承恩原著，王星北改编，赵宏本、钱笑呆绘．孙悟空三打白骨精（连环画）[M]．北京：外文出版社，1964．

1965 年

英文书目

七姊妹（中国民间故事选，第六集）[M]．北京：外文出版社，1965．

乌尔都文书目

音匀编文，杨永青绘．愚公移山（连环画）[M]．北京：外文出版社，1965．

1966 年

德文书目

杨永青绘. 愚公移山（连环画）[M]. 北京：外文出版社，1966.

印地文书目

音匀编文，杨永青绘. 愚公移山（连环画）[M]. 北京：外文出版社，1966.

乌尔都文书目

音匀编文，杨永青绘. 愚公移山（儿童画册）[M]. 北京：外文出版社，1966.

1974 年

西班牙书目

[明] 吴承恩原著，王星北改编，赵宏本、钱笑呆绘. 孙悟空三打白骨精（连环画）[M]. 北京：外文出版社，1974.

意大利文书目

[明] 吴承恩原著，王星北改编，赵宏本、钱笑呆绘. 孙悟空三打白骨精（连环画）[M]. 北京：外文出版社，1974.

世界语书目

[明] 吴承恩原著，王星北改编，赵宏本、钱笑呆绘. 孙悟空三打白骨精（连环画）[M]. 北京：外文出版社，1974.

日文书目

[明] 吴承恩原著，王星北改编，赵宏本、钱笑呆绘. 孙悟空三打白骨精（连环画）[M]. 北京：外文出版社，1974.

1975 年

越南文书目

[明] 吴承恩原著，王星北改编，赵宏本、钱笑呆绘. 孙悟空三打白骨精（连环画）[M]. 北京：外文出版社，1975.

附录2

外文局1978~1999年所出版的关于中国古代文化的图与书[①]

1978年

英文书目

［清］曹雪芹、高鹗著，杨宪益、戴乃迭译，戴敦邦插图.红楼梦（一）[M].北京：外文出版社，1978.

［清］曹雪芹、高鹗著，杨宪益、戴乃迭译，戴敦邦插图.红楼梦（二）[M].北京：外文出版社，1978.

朝鲜文书目

［清］曹雪芹、高鹗著，杨宪益、戴乃迭译，戴敦邦插图.红楼梦（一）[M].北京：外文出版社，1978.

1979年

英文书目

［明］吴承恩著，李士及插图，詹纳尔译.孙悟空大闹天宫——中古典名著《西游记》有关章节[M].北京：外文出版社，1979.

［汉］司马迁著.史记选[M].北京：外文出版社，1979.

法文书目

［明］吴承恩著，唐澄编文，严定宪等绘.大闹天宫（儿童画朋）[M].北京：外文出版社，1979.

---

① 本书目是首次公开发表，在此感谢参与书目整理的于美晨同学。

德文书目

［明］吴承恩著，唐澄编文，严定宪等绘．大闹天宫（儿童画册）［M］．北京：外文出版社，1979．

西班牙文书目

［明］吴承恩著，唐澄编文，严定宪等绘．大闹天宫（儿童画册）［M］．北京：外文出版社，1979．

葡萄牙文书目

［明］吴承恩著，唐澄编文，严定宪等绘．大闹天宫（儿童画册）［M］．北京：外文出版社，1979．

孟加拉文书目

［明］吴承恩著，唐澄编文，严定宪等绘．大闹天宫（儿童画册）［M］．北京：外文出版社，1979．

泰文书目

［明］吴承恩著，唐澄编文，严定宪等绘．大闹天宫（儿童画册）［M］．北京：外文出版社，1979．

乌尔都文书目

［明］吴承恩著，唐澄编文，严定宪等绘．大闹天宫（儿童画册）［M］．北京：外文出版社，1979．

瓦西里文书目

［明］吴承恩著，唐澄编文，严定宪等绘．大闹天宫（儿童画册）［M］．北京：外文出版社，1979．

阿拉伯文书目

［明］吴承恩著，唐澄编文，严定宪等绘．大闹天宫（儿童画册）［M］．北京：外文出版社，1979．

1980 年

日文书目

任朴编，赵洪武绘．八百鞭子（连环画）［M］．北京：外文出版社，1980．

李洪恩根据同名美术电影改编，段孝萱等摄影．哪吒闹海（连环画）［M］．北京：外文出版社，1980．

唐澄编文，严定宪等绘．大闹天宫（少儿画册）［M］．北京：外文出版社，1980．

朝鲜文书目

［清］曹雪芹、高鹗著，杨宪益、戴乃迭译，戴敦邦插图．红楼梦（二）［M］．北京：外文出版社，1980．

泰文书目

李洪恩根据同名美术电影改编，段孝萱等摄影．哪吒闹海（连环画）［M］．北京：外文出版社，1980．

印地文书目

任朴编，赵洪武绘．八百鞭子（连环画）［M］．北京：外文出版社，1980．

李洪恩根据同名美术电影改编，段孝萱等摄影．哪吒闹海（连环画）［M］．北京：外文出版社，1980．

孟加拉文书目

李洪恩根据同名美术电影改编，段孝萱等摄影．哪吒闹海（连环画）［M］．北京：外文出版社，1980．

姜成安、吴带生编绘．人参姑娘（少儿画册）［M］．北京：外文出版社，1980．

僧伽罗文书目

唐澄编文，严定宪等绘．大闹天宫（少儿画册）［M］．北京：外文出版社，1980．

斯瓦希里文书目

任朴编，赵洪武绘．八百鞭子（连环画）［M］．北京：外文出版社，1980．

李洪恩根据同名美术电影改编，段孝萱等摄影．哪吒闹海（连环画）［M］．北京：外文出版社，1980．

英文书目

罗贯中、施耐庵著，沙博理译．水浒传（上卷）［M］．北京：外文出版社，1980．

罗贯中、施耐庵著，沙博理译．水浒传（中卷）［M］．北京：外文出版社，1980．

罗贯中、施耐庵著，沙博理译．水浒传（下卷）［M］．北京：外文出版社，1980．

［清］曹雪芹、高鹗著，杨宪益、戴乃迭译，戴敦邦插图．红楼梦（三）［M］．北京：外文出版社，1980．

马得编绘．宝葫芦（少儿画册）［M］．北京：外文出版社，1980．

姜成安、吴带生编绘．人参姑娘（少儿画册）［M］．北京：外文出版社，1980．

粲兮、剑文改编，甘武炎、张达平绘画．双龙出洞（少儿画册）［M］．北京：外文出版社，1980．

李洪恩根据同名美术电影改编，段孝萱等摄影．哪吒闹海（连环画）［M］．

北京：外文出版社，1980.

法文书目

马得编绘．蛐蛐（少儿画册）[M]．北京：外文出版社，1980.

马得编绘．宝葫芦（少儿画册）[M]．北京：外文出版社，1980.

马得编绘．牛郎织女（少儿画册）[M]．北京：外文出版社，1980.

马得编绘．东郭先生（少儿画册）[M]．北京：外文出版社，1980.

[明] 吴承恩原著，马得编绘．三借芭蕉扇（少儿画册）[M]．北京：外文出版社，1980.

姜成安、吴带生编绘．人参姑娘（少儿画册）[M]．北京：外文出版社，1980.

粲兮、剑文改编，甘武炎、张达平绘画．双龙出洞（少儿画册）[M]．北京：外文出版社，1980.

宝刀（中国民间故事选）[M]．北京：外文出版社，1980.

任朴编，赵洪武绘．八百鞭子（连环画）[M]．北京：外文出版社，1980.

李洪恩根据同名美术电影改编，段孝萱等摄影．哪吒闹海（连环画）[M]．北京：外文出版社，1980.

德文书目

任朴编，赵洪武绘．八百鞭子（连环画）[M]．北京：外文出版社，1980.

李洪恩根据同名美术电影改编，段孝萱等摄影．哪吒闹海（连环画）[M]．北京：外文出版社，1980.

马得编绘．蛐蛐（少儿画册）[M]．北京：外文出版社，1980.

马得编绘．宝葫芦（少儿画册）[M]．北京：外文出版社，1980.

马得编绘．牛郎织女（少儿画册）[M]．北京：外文出版社，1980.

马得编绘．东郭先生（少儿画册）[M]．北京：外文出版社，1980.

[明] 吴承恩原著，马得编绘．三借芭蕉扇（少儿画册）[M]．北京：外文出版社，1980.

粲兮、剑文改编，甘武炎、张达平绘画．双龙出洞（少儿画册）[M]．北京：外文出版社，1980.

西班牙文书目

白行简等著．唐代传奇 [M]．北京：外文出版社，1980.

李洪恩根据同名美术电影改编，段孝萱等摄影．哪吒闹海（连环画）[M]．北京：外文出版社，1980.

马得编绘．蛐蛐（少儿画册）[M]．北京：外文出版社，1980.

马得编绘．宝葫芦（少儿画册）[M]．北京：外文出版社，1980.

马得编绘．牛郎织女（少儿画册）[M]．北京：外文出版社，1980．

马得编绘．东郭先生（少儿画册）[M]．北京：外文出版社，1980．

[明]吴承恩原著，马得编绘．三借芭蕉扇（少儿画册）[M]．北京：外文出版社，1980．

姜成安、吴带生编绘．人参姑娘（少儿画册）[M]．北京：外文出版社，1980．

粢兮、剑文改编，甘武炎、张达平绘画．双龙出洞（少儿画册）[M]．北京：外文出版社，1980．

葡萄牙文书目

任朴编，赵洪武绘．八百鞭子（连环画）[M]．北京：外文出版社，1980．

马得编绘．蛐蛐（少儿画册）[M]．北京：外文出版社，1980．

马得编绘．宝葫芦（少儿画册）[M]．北京：外文出版社，1980．

马得编绘．牛郎织女（少儿画册）[M]．北京：外文出版社，1980．

马得编绘．东郭先生（少儿画册）[M]．北京：外文出版社，1980．

[明]吴承恩原著，马得编绘．三借芭蕉扇（少儿画册）[M]．北京：外文出版社，1980．

意大利文书目

唐澄编文，严定宪等绘．大闹天宫（少儿画册）[M]．北京：外文出版社，1980．

世界语书目

唐澄编文，严定宪等绘．大闹天宫（少儿画册）[M]．北京：外文出版社，1980．

1981年

日文书目

梅樱编绘．人参果（儿童画册）[M]．北京：外文出版社，1981．

[清]曹雪芹，高鹗著．红楼梦[M]．北京：外文出版社，1981．

泰文书目

韩菊改编，贺友直等绘．曹冲称象[M]．北京：外文出版社，1981．

薛雪编绘．猪八戒学本领（儿童画册）[M]．北京：外文出版社，1981．

印地文书目

纪华改编，杜大恺绘画．鲁班学艺（儿童画册）[M]．北京：外文出版社，1981．

孟加拉文书目

薛雪编绘．猪八戒学本领（儿童画册）[M]．北京：外文出版社，1981．

纪华改编，杜大恺绘画．鲁班学艺（儿童画册）［M］．北京：外文出版社，1981．

韩菊改编，贺友直等绘．曹冲称象［M］．北京：外文出版社，1981．

乌尔都文书目

纪华改编，杜大恺绘画．鲁班学艺（儿童画册）［M］．北京：外文出版社，1981．

阿拉伯文书目

纪华改编，杜大恺绘画．鲁班学艺（儿童画册）［M］．北京：外文出版社，1981．

英文书目

冯梦龙等著，杨宪益、戴乃迭译．宋明平话本［M］．北京：外文出版社，1981．

中国古代寓言选［M］．北京：外文出版社，1981．

薛雪编绘．猪八戒学本领（儿童画册）［M］．北京：外文出版社，1981．

韩菊改编，贺友直等绘．曹冲称象［M］．北京：外文出版社，1981．

纪华改编，杜大恺绘画．鲁班学艺（儿童画册）［M］．北京：外文出版社，1981．

法文书目

梅樱编绘．人参果（儿童画册）［M］．北京：外文出版社，1981．

薛雪编绘．猪八戒学本领（儿童画册）［M］．北京：外文出版社，1981．

韩菊改编，贺友直等绘．曹冲称象［M］．北京：外文出版社，1981．

纪华改编，杜大恺绘画．鲁班学艺（儿童画册）［M］．北京：外文出版社，1981．

德文书目

梅樱编绘．人参果（儿童画册）［M］．北京：外文出版社，1981．

姜成安，吴带生编绘．人参姑娘（儿童画册）［M］．北京：外文出版社，1981．

韩菊改编，贺友直等绘．曹冲称象［M］．北京：外文出版社，1981．

薛雪编绘．猪八戒学本领（儿童画册）［M］．北京：外文出版社，1981．

纪华改编，杜大恺绘画．鲁班学艺（儿童画册）［M］．北京：外文出版社，1981．

西班牙文书目

程十发插图．孔雀姑娘（中国民间故事选）［M］．北京：外文出版社，1981．

梅樱编绘. 人参果（儿童画册）[M]. 北京：外文出版社，1981.

薛雪编绘. 猪八戒学本领（儿童画册）[M]. 北京：外文出版社，1981.

韩菊改编，贺友直等绘. 曹冲称象 [M]. 北京：外文出版社，1981.

纪华改编，杜大恺绘画. 鲁班学艺（儿童画册）[M]. 北京：外文出版社，1981.

世界语书目

韩菊改编，贺友直等绘. 曹冲称象 [M]. 北京：外文出版社，1981.

1982 年

朝鲜文书目

[清] 曹雪芹，高鹗著. 红楼梦 [M]. 北京：外文出版社，1982.

日文书目

匡荣改编，王弘力画. 十五贯（连环画册）[M]. 北京：外文出版社，1982.

印地文书目

丰子恺插图. 中国古代寓言选 [M]. 北京：外文出版社，1982.

唐澄编文，严定宪等绘. 大闹天宫（少儿画册）[M]. 北京：外文出版社，1982.

孟加拉文书目

[明] 吴承恩原著，王星北改编，赵宏本、钱笑呆绘. 孙悟空三打白骨精 [M]. 北京：外文出版社，1982.

乌尔都文书目

马得编绘. 牛郎织女（少儿画册）[M]. 北京：外文出版社，1982.

董聚贤、徐涤编，刘继卣绘. 东郭先生（连环画册）[M]. 北京：外文出版社，1982.

僧伽罗文书目

李洪恩根据同名美术电影改编，段孝萱等摄影. 哪吒闹海（连环画册）[M]. 北京：外文出版社，1982.

阿拉伯文书目

董聚贤、徐涤编，刘继卣绘. 东郭先生（连环画册）[M]. 北京：外文出版社，1982.

马得编绘. 牛郎织女（少儿画册）[M]. 北京：外文出版社，1982.

李洪恩根据同名美术电影改编，段孝萱等摄影. 哪吒闹海（连环画册）[M]. 北京：外文出版社，1982.

英文书目

［明］吴承恩著，詹纳尔译．西游记（一）［M］．北京：外文出版社，1982.

宝刀（中国民间故事选）［M］．北京：外文出版社，1982.

匡荣改编，王弘力画．十五贯（连环画册）［M］．北京：外文出版社，1982.

施耐庵原著，上海人民美术出版社编辑．误入白虎堂（中国古典小说故事连环画册）［M］．北京：朝华出版社，1982.

法文书目

匡荣改编，王弘力画．十五贯（连环画册）［M］．北京：外文出版社，1982.

俄文书目

褚斌杰编，杨永青插图．中国古代神话选［M］．北京：外文出版社，1982.

宝刀（中国民间故事选）［M］．北京：外文出版社，1982.

1983 年

日文书目

梅樱编绘．九色鹿（儿童画册）［M］．北京：外文出版社，1983.

梅樱编绘．九色鹿（本书根据香港海峰出版社影印）［M］．北京：外文出版社，1983.

印地文书目

梅樱编绘．九色鹿（儿童画册）［M］．北京：外文出版社，1983.

叶毓中插图．飞来峰及人间天堂的其他故事（根据《西湖民间故事》选编）［M］．北京：外文出版社，1983.

孟加拉文书目

沈纳兰等译，米谷插图．水牛斗老虎（中国民间故事选）［M］．北京：外文出版社，1983.

程十发插图．孔雀姑娘（中国民间故事选）［M］．北京：外文出版社，1983.

梅樱编绘．九色鹿（儿童画册）［M］．北京：外文出版社，1983.

乌尔都文书目

丰子恺插图．中国古代寓言选［M］．北京：外文出版社，1983.

程十发插图．孔雀姑娘（中国民间故事选）［M］．北京：外文出版社，1983.

梅樱编绘．九色鹿（儿童画册）［M］．北京：外文出版社，1983.

僧伽罗文书目

姜成安、吴带生编绘．人参姑娘（儿童画册）［M］．北京：外文出版社，1983.

阿拉伯文书目

叶毓中插图．飞来峰及人间天堂的其他故事（根据《西湖民间故事》选编）

[M]．北京：外文出版社，1983.

丰子恺插图．中国古代寓言选［M］．北京：外文出版社，1983.

沈纳兰等译，米谷插图．水牛斗老虎（中国民间故事选）［M］．北京：外文出版社，1983.

白行简等著．唐代传奇选［M］．北京：外文出版社，1983.

梅樱编绘．九色鹿（儿童画册）［M］．北京：外文出版社，1983.

英文书目

闵福德译，贺友直等插图，钟敬文撰序．中国民间故事［M］．北京：新世界出版社，1983.

（新西兰）路易·艾黎译．白居易诗选（二百首）［M］．北京：新世界出版社，1983.

［清］刘鹗著．老残游记［M］．北京：《中国文学》杂志社，1983.

诗经选［M］．北京：《中国文学》杂志社，1983.

梅樱编绘．九色鹿（儿童画册）［M］．北京：外文出版社，1983.

施耐庵原著，上海人民美术出版社编．野猪林（中国古典小说故事连环画）［M］．北京：朝华出版社，1983.

法文书目

褚斌杰编，杨永青插图．中国古代神话选［M］．北京：外文出版社，1983.

梅樱编绘．九色鹿（儿童画册）［M］．北京：外文出版社，1983.

德文书目

梅樱编绘．九色鹿（儿童画册）［M］．北京：外文出版社，1983.

俄文书目

七姊妹（中国民间故事选）［M］．北京：外文出版社，1983.

西班牙文书目

七姊妹（中国民间故事选）［M］．北京：外文出版社，1983.

梅樱编绘．九色鹿（儿童画册）［M］．北京：外文出版社，1983.

世界语书目

姜成安、吴带生编绘．人参姑娘（少儿画册）［M］．北京：外文出版社，1983.

1984年书目

英文书目

唐宋诗文选［M］．北京：《中国文学》杂志社，1984.

［明］（明）吴承恩著，詹纳尔译．西游记（二）［M］．北京：外文出版社，1984.

〔明〕吴承恩原著，晨雪改编，刘积昆绘．大闹黑风山（少儿画册）［M］．北京：外文出版社，1984．

〔清〕蒲松龄原著，毛水仙编绘．白秋练（连环画）［M］．北京：外文出版社，1984．

〔清〕蒲松龄原著，于如龙改编，陈惠冠绘．仙人岛（少儿画册）［M］．北京：外文出版社，1984．

〔清〕蒲松龄原著，林楹改编，王菊生绘．红玉（连环画）［M］．北京：外文出版社，1984．

〔清〕蒲松龄原著，曹作锐改编，杜大恺绘．崂山道士（少儿画册）［M］．北京：外文出版社，1984．

〔清〕蒲松龄原著，明扬改编，张增木绘．阿宝（少儿画册）［M］．北京：外文出版社，1984．

〔明〕吴承恩原著，方原改编，冯永路绘．猪八戒做女婿（少儿画册）［M］．北京：外文出版社，1984．

法文书目

〔明〕吴承恩原著，晨雪改编，刘积昆绘．大闹黑风山（少儿画册）［M］．北京：外文出版社，1984．

〔明〕吴承恩原著，张文改编，于长海、曾蓁绘．巧斗黄袍怪（少儿画册）［M］．北京：外文出版社，1984．

〔清〕蒲松龄原著，于如龙改编，陈惠冠绘．仙人岛（少儿画册）［M］．北京：外文出版社，1984．

〔清〕蒲松龄原著，毛水仙编绘．白秋练（连环画）［M］．北京：外文出版社，1984．

〔明〕吴承恩原著，高明友改编，曾昭安、刘积昆绘．孙悟空归正（少儿画册）［M］．北京：外文出版社，1984．

〔明〕吴承恩原著，许力改编，陆新森绘．孙悟空出世（少儿画册）［M］．北京：外文出版社，1984．

〔清〕蒲松龄原著，林楹改编，王菊生绘．红玉（连环画）［M］．北京：外文出版社，1984．

〔清〕蒲松龄原著，曹作锐改编，杜大恺绘．崂山道士（少儿画册）［M］．北京：外文出版社，1984．

〔清〕蒲松龄原著，明扬改编，张增木绘．阿宝（少儿画册）［M］．北京：外文出版社，1984．

〔明〕吴承恩原著，方原改编，王启中、曹淑芝绘．流沙河收沙僧（少儿画册）［M］．北京：外文出版社，1984.

［明］吴承恩原著，方原改编，冯永路绘．猪八戒做女婿（少儿画册）［M］．北京：外文出版社，1984.

德文书目

干宝等著．汉魏六朝小说选［M］．北京：外文出版社，1984.

［明］吴承恩原著，晨雪改编，刘积昆绘．大闹黑风山（少儿画册）［M］．北京：外文出版社，1984.

［明］吴承恩原著，张文改编，于长海、曾蓁绘．巧斗黄袍怪（少儿画册）［M］．北京：外文出版社，1984.

［清］蒲松龄原著，于如龙改编，陈惠冠绘．仙人岛（少儿画册）［M］．北京：外文出版社，1984.

［清］蒲松龄原著，毛水仙编绘．白秋练（连环画）［M］．北京：外文出版社，1984.

［明］吴承恩原著，高明友改编，曾昭安、刘积昆绘．孙悟空归正（少儿画册）［M］．北京：外文出版社，1984.

［明］吴承恩原著，许力改编，陆新森绘．孙悟空出世（少儿画册）［M］．北京：外文出版社，1984.

［清］蒲松龄原著，林楹改编，王菊生绘．红玉（连环画）［M］．北京：外文出版社，1984.

［清］蒲松龄原著，曹作锐改编，杜大恺绘．崂山道士（少儿画册）［M］．北京：外文出版社，1984.

［清］蒲松龄原著，明扬改编，张增木绘．阿宝（少儿画册）［M］．北京：外文出版社，1984.

西班牙文书目

丰子恺插图．中国古代寓言选［M］．北京：外文出版社，1984.

奴隶与龙女（中国民间故事选）［M］．北京：外文出版社，1984.

神鸟（中国民间故事选）［M］．北京：外文出版社，1984.

［明］吴承恩原著，晨雪改编，刘积昆绘．大闹黑风山（少儿画册）［M］．北京：外文出版社，1984.

［明］吴承恩原著，张文改编，于长海、曾蓁绘．巧斗黄袍怪（少儿画册）［M］．北京：外文出版社，1984.

［清］蒲松龄原著，于如龙改编，陈惠冠绘．仙人岛（少儿画册）［M］．北京：外文出版社，1984.

［清］蒲松龄原著，毛水仙编绘．白秋练（连环画）［M］．北京：外文出版

社，1984.

［明］吴承恩原著，高明友改编，曾昭安、刘积昆绘. 孙悟空归正（少儿画册）[M]. 北京：外文出版社，1984.

［明］吴承恩原著，许力改编，陆新森绘. 孙悟空出世（少儿画册）[M]. 北京：外文出版社，1984.

［清］蒲松龄原著，林楹改编，王菊生绘. 红玉（连环画）[M]. 北京：外文出版社，1984.

［清］蒲松龄原著，曹作锐改编，杜大恺绘. 崂山道士（少儿画册）[M]. 北京：外文出版社，1984.

［清］蒲松龄原著，明扬改编，张增木绘. 阿宝（少儿画册）[M]. 北京：外文出版社，1984.

［明］吴承恩原著，方原改编，王启中、曹淑芝绘. 流沙河收沙僧（少儿画册）[M]. 北京：外文出版社，1984.

日文书目

［清］蒲松龄原著，毛水仙编绘. 白秋练（连环画）[M]. 北京：外文出版社，1984.

［清］蒲松龄原著，于如龙改编，陈惠冠绘. 仙人岛（少儿画册）[M]. 北京：外文出版社，1984.

［清］蒲松龄原著，林楹改编，王菊生绘. 红玉（连环画）[M]. 北京：外文出版社，1984.

［清］蒲松龄原著，曹作锐改编，杜大恺绘. 崂山道士（少儿画册）[M]. 北京：外文出版社，1984.

［清］蒲松龄原著，明扬改编，张增木绘. 阿宝（少儿画册）[M]. 北京：外文出版社，1984.

阿拉伯文书目

七姊妹（中国民间故事选）[M]. 北京：外文出版社，1984.

［明］吴承恩著. 火焰山（中国古典小说《西游记》节选）[M]. 北京：外文出版社，1984.

［明］罗贯中著. 赤壁之战（中国古典小说《三国演义》节选）[M]. 北京：外文出版社，1984.

阿布·贾拉德译. 宝刀（中国民间故事选）[M]. 北京：外文出版社，1984.

［清］蒲松龄原著，于如龙改编，陈惠冠绘. 仙人岛（少儿画册）[M]. 北京：外文出版社，1984.

［清］蒲松龄原著，毛水仙编绘．白秋练（连环画）[M]．北京：外文出版社，1984．

［清］蒲松龄原著，林楹改编，王菊生绘．红玉（连环画）[M]．北京：外文出版社，1984．

［清］蒲松龄原著，曹作锐改编，杜大恺绘．崂山道士（少儿画册）[M]．北京：外文出版社，1984．

［清］蒲松龄原著，明扬改编，张增木绘．阿宝（少儿画册）[M]．北京：外文出版社，1984．

泰文书目

宝刀（中国民间故事选）[M]．北京：外文出版社，1984．

七姊妹（中国民间故事选）[M]．北京：外文出版社，1984．

［明］吴承恩原著，晨雪改编，刘积昆绘．大闹黑风山（少儿画册）[M]．北京：外文出版社，1984．

［明］吴承恩原著，张文改编，于长海、曾蓁绘．巧斗黄袍怪（少儿画册）[M]．北京：外文出版社，1984．

［清］蒲松龄原著，毛水仙编绘．白秋练（连环画）[M]．北京：外文出版社，1984．

［明］吴承恩原著，高明友改编，曾昭安、刘积昆绘．孙悟空归正（少儿画册）[M]．北京：外文出版社，1984．

［明］吴承恩原著，许力改编，陆新森绘．孙悟空出世（少儿画册）[M]．北京：外文出版社，1984．

［清］蒲松龄原著，林楹改编，王菊生绘．红玉（连环画）[M]．北京：外文出版社，1984．

［清］蒲松龄原著，明扬改编，张增木绘．阿宝（少儿画册）[M]．北京：外文出版社，1984．

［明］吴承恩原著，方原改编，王启中、曹淑芝绘．流沙河收沙僧（少儿画册）[M]．北京：外文出版社，1984．

［明］吴承恩原著，方原改编，冯永路绘．猪八戒做女婿（少儿画册）[M]．北京：外文出版社，1984．

朝鲜文书目

李英淑、金光烈译．孔雀姑娘（中国民间故事选）[M]．北京：外文出版社，1984．

蔡桂玉、金光烈译．水牛斗老虎（中国民间故事选）[M]．北京：外文出版社，1984．

［明］吴承恩著，安义运译．西游记（一）[M]．北京：外文出版社，1984．

龚荣先、钟学译．宝刀（中国民间故事选）[M]．北京：外文出版社，1984．

印地文书目

白行简等著．唐代传奇选[M]．北京：外文出版社，1984．

［明］吴承恩原著，晨雪改编，刘积昆绘．大闹黑风山（少儿画册）[M]．北京：外文出版社，1984．

［明］吴承恩原著，张文改编，于长海、曾蓁绘．巧斗黄袍怪（少儿画册）[M]．北京：外文出版社，1984．

［清］蒲松龄原著，于如龙改编，陈惠冠绘．仙人岛（少儿画册）[M]．北京：外文出版社，1984．

［清］蒲松龄原著，毛水仙编绘．白秋练（连环画）[M]．北京：外文出版社，1984．

［明］吴承恩原著，高明友改编，曾昭安、刘积昆绘．孙悟空归正（少儿画册）[M]．北京：外文出版社，1984．

［明］吴承恩原著，许力改编，陆新森绘．孙悟空出世（少儿画册）[M]．北京：外文出版社，1984．

［清］蒲松龄原著，林楹改编，王菊生绘．红玉（连环画）[M]．北京：外文出版社，1984．

［清］蒲松龄原著，曹作锐改编，杜大恺绘．崂山道士（少儿画册）[M]．北京：外文出版社，1984．

［清］蒲松龄原著，明扬改编，张增木绘．阿宝（少儿画册）[M]．北京：外文出版社，1984．

［明］吴承恩原著，方原改编，王启中、曹淑芝绘．流沙河收沙僧（少儿画册）[M]．北京：外文出版社，1984．

［明］吴承恩原著，方原改编，冯永路绘．猪八戒做女婿（少儿画册）[M]．北京：外文出版社，1984．

乌尔都文书目

［清］蒲松龄著．聊斋志异选[M]．北京：外文出版社，1984．

孟加拉文书目

中国古代寓言选[M]．北京：外文出版社，1984．

宝刀（中国民间故事选）[M]．北京：外文出版社，1984．

［明］吴承恩原著，晨雪改编，刘积昆绘．大闹黑风山（少儿画册）[M]．

北京：外文出版社，1984.

［明］吴承恩原著，张文改编，于长海、曾蓁绘．巧斗黄袍怪（少儿画册）［M］．北京：外文出版社，1984.

［清］蒲松龄原著，于如龙改编，陈惠冠绘．仙人岛（少儿画册）［M］．北京：外文出版社，1984.

［清］蒲松龄原著，毛水仙编绘．白秋练（连环画）［M］．北京：外文出版社，1984.

［明］吴承恩原著，高明友改编，曾昭安、刘积昆绘．孙悟空归正（少儿画册）［M］．北京：外文出版社，1984.

［明］吴承恩原著，许力改编，陆新森绘．孙悟空出世（少儿画册）［M］．北京：外文出版社，1984.

［清］蒲松龄原著，林楹改编，王菊生绘．红玉（连环画）［M］．北京：外文出版社，1984.

［清］蒲松龄原著，曹作锐改编，杜大恺绘．崂山道士（少儿画册）［M］．北京：外文出版社，1984.

［清］蒲松龄原著，明扬改编，张增木绘．阿宝（少儿画册）［M］．北京：外文出版社，1984.

［明］吴承恩原著，方原改编，王启中、曹淑芝绘．流沙河收沙僧（少儿画册）［M］．北京：外文出版社，1984.

［明］吴承恩原著，方原改编，冯永路绘．猪八戒做女婿（少儿画册）［M］．北京：外文出版社，1984.

1985年

泰文书目

褚斌杰编，杨永青插图．中国古代神话选［M］．北京：外文出版社，1985.

孔雀姑娘（中国民间故事选）［M］．北京：外文出版社，1985.

神鸟（中国民间故事选）［M］．北京：外文出版社，1985.

印地文书目

七姊妹（中国民间故事选）［M］．北京：外文出版社，1985.

宝刀（中国民间故事选）［M］．北京：外文出版社，1985.

孟加拉文书目

七姊妹（中国民间故事选）［M］．北京：外文出版社，1985.

［明］吴承恩著．孙悟空大闹天宫（中国古典名著《西游记》有关章节）［M］．北京：外文出版社，1985.

阿拉伯文书目

［元］关汉卿著，海地·阿拉维译. 关汉卿剧作选［M］. 北京：外文出版社，1985.

斯瓦希里文书目

［清］蒲松龄著，张治强、孙宝华译. 聊斋志异选［M］. 北京：外文出版社，1985.

英文书目

黄裳著. 京剧故事集［M］. 北京：外文出版社，1985.

神鸟（中国民间故事选）［M］. 北京：外文出版社，1985.

李树芬改编，刘绍荟画. 中国民间故事：灯花姑娘［M］. 北京：外文出版社，1985.

［明］吴承恩原著，高明友改编，曾昭安、刘积昆绘. 孙悟空归正（少儿画册）［M］. 北京：外文出版社，1984.

［明］吴承恩原著，许力改编，陆新森绘. 孙悟空出世（少儿画册）［M］. 北京：外文出版社，1985.

［清］蒲松龄著，苗杰改编，黄鸿仪画. 聊斋志异：奇妙的蟋蟀［M］. 北京：朝华出版社，1985.

法文书目

七姊妹（中国民间故事选）［M］. 北京：外文出版社，1985.

孔雀姑娘（中国民间故事选）［M］. 北京：外文出版社，1985.

李树芬改编，吴儆芦画. 白鹅女：中国民间故事［M］. 北京：外文出版社，1985.

奴隶与龙女（中国民间故事选）［M］. 北京：外文出版社，1985.

神鸟（中国民间故事选）［M］. 北京：外文出版社，1985.

［清］蒲松龄著，苗杰改编，黄鸿仪画. 聊斋志异：奇妙的蟋蟀［M］. 北京：朝华出版社，1985.

德文书目

奴隶与龙女（中国民间故事选）［M］. 北京：外文出版社，1985.

［明］冯梦龙等著. 宋明平话选［M］. 北京：外文出版社，1985.

［明］吴承恩原著，方原改编，王启中、曹淑芝绘. 流沙河收沙僧（少儿画册）［M］. 北京：外文出版社，1985.

俄文书目

李树芬改编，刘绍荟画. 中国民间故事：灯花姑娘［M］. 北京：外文出版社，1985.

西班牙书目

[清] 蒲松龄著，苗杰改编，黄鸿仪画. 聊斋志异：奇妙的蟋蟀［M］. 北京：朝华出版社，1985.

[明] 吴承恩原著，方原改编，冯永路绘. 猪八戒做女婿（少儿画册）［M］. 北京：外文出版社，1985.

葡萄牙文书目

七姊妹（中国民间故事选）［M］. 北京：外文出版社，1985.

孔雀姑娘（中国民间故事选）［M］. 北京：外文出版社，1985.

宝刀（中国民间故事选）［M］. 北京：外文出版社，1985.

1986年书目

朝鲜文书目

李英淑、金光烈译. 七姊妹（中国民间故事选）［M］. 北京：外文出版社，1986.

[明] 吴承恩著，安义运译. 西游记（二）［M］. 北京：外文出版社，1986.

日文书目

婷婷改编，尹口羊绘画. 孔雀公主：中国民间故事［M］. 北京：外文出版社，1986.

蒋振立编绘. 石汉和田螺：中国民间故事［M］. 北京：外文出版社，1986.

范曾绘. 范曾画集［M］. 北京：外文出版社，1986.

姜渭渔画，王启中改编. 金色的海螺（连环画册）［M］. 北京：外文出版社，1986.

泰文书目

[明] 吴承恩著，丁宇真改编，张建平、齐均绘画. 大战通天河（连环画册）［M］. 北京：外文出版社，1986.

中国古代寓言选［M］. 北京：外文出版社，1986.

婷婷改编，尹口羊绘画. 孔雀公主：中国民间故事［M］. 北京：外文出版社，1986.

[明] 吴承恩著，许力改编，于长海绘画. 勇斗青牛精（连环画册）［M］. 北京：外文出版社，1986.

[明] 吴承恩著，高明友改编，官其格、高振美绘画. 勇擒红孩儿（连环画册）［M］. 北京：外文出版社，1986.

[明] 吴承恩著，高明友改编，胡立宾绘画. 真假孙悟空（连环画册）［M］. 北京：外文出版社，1986.

[明] 吴承恩著，韩双东改编，朱青贞、周大光绘画. 莲花洞（连环画册）［M］. 北京：外文出版社，1986.

［明］吴承恩著，蔺傅新改编，梁丙卓、严志绘画．智降狮狲王（少儿画册）[M]．北京：外文出版社，1986．

印地文书目

［明］吴承恩著，丁宇真改编，张建平、齐均绘画．大战通天河（连环画册）[M]．北京：外文出版社，1986．

丁宇真改编，黄景绘画．长发妹：中国民间故事[M]．北京：外文出版社，1986．

婷婷改编，尹口羊绘画．孔雀公主：中国民间故事[M]．北京：外文出版社，1986．

蒋振立编绘．石汉和田螺：中国民间故事[M]．北京：外文出版社，1986．

［明］吴承恩著，唐澄编文，高明友节写，严定宪等绘画，王启中、曹淑芝改绘．孙悟空大闹天宫（连环画册）[M]．北京：外文出版社，1986．

姜渭渔画，王启中改编．金色的海螺（连环画册）[M]．北京：外文出版社，1986．

［明］吴承恩著，许力改编，于长海绘画．勇斗青牛精（连环画册）[M]．北京：外文出版社，1986．

［明］吴承恩著，高明友改编，官其格、高振美绘画．勇擒红孩儿（连环画册）[M]．北京：外文出版社，1986．

［明］吴承恩著，高明友改编，胡立宾绘画．真假孙悟空（连环画册）[M]．北京：外文出版社，1986．

［明］吴承恩著，李树芬改编，张健平、齐均绘画．偷吃人参果（少儿画册）[M]．北京：外文出版社，1986．

孟加拉文书目

［明］吴承恩著，丁宇真改编，张建平、齐均绘画．大战通天河（连环画册）[M]．北京：外文出版社，1986．

［明］吴承恩著，方原改编，傅红绘画．子母河（少儿画册）[M]．北京：外文出版社，1986．

婷婷改编，尹口羊绘画．孔雀公主：中国民间故事[M]．北京：外文出版社，1986．

蒋振立编绘．石汉和田螺：中国民间故事[M]．北京：外文出版社，1986．

［明］吴承恩著，唐澄编文，高明友节写，严定宪等绘画，王启中、曹淑芝改绘．孙悟空大闹天宫（连环画册）[M]．北京：外文出版社，1986．

姜渭渔画，王启中改编．金色的海螺（连环画册）[M]．北京：外文出版社，1986．

［明］吴承恩著，韩双东改编，朱青贞、周大光绘画．莲花洞（连环画册）[M]．北京：外文出版社，1986．

［明］吴承恩著，李树芬改编，张健平、齐均绘画．偷吃人参果（少儿画册）[M]．北京：外文出版社，1986．

乌尔都文书目

白行简等著，伊西迪亚克译．唐代传奇选［M］．北京：外文出版社，1986．

阿拉伯文书目

婷婷改编，尹口羊绘画．孔雀公主：中国民间故事［M］．北京：外文出版社，1986．

神鸟（中国民间故事选）[M]．北京：外文出版社，1986．

斯瓦希里文书目

姜成安、吴带生编绘．人参姑娘（少儿画册）[M]．北京：外文出版社，1986．

任德耀著，蔡宝梅译．马兰花［M］．北京：外文出版社，1986．

韩菊改编，贺友直等绘．曹冲称象（少儿画册）[M]．北京：外文出版社，1986．

英文书目

汉魏六朝诗文选［M］．北京：《中国文学》杂志社，1986．

明清诗文选［M］．北京：《中国文学》杂志社，1986．

梅兰芳编剧，魏莉莎译．凤还巢［M］．北京：新世界出版社，1986．

［明］吴承恩著，李士及插图，詹纳尔译．西游记（三）[M]．北京：外文出版社，1986．

唐代传奇选［M］．北京：《中国文学》杂志社，1986．

历代笑话选［M］．北京：《中国文学》杂志社，1986．

［明］吴承恩著，贞环改编，胡立滨绘画．三借芭蕉扇（少儿画册）[M]．北京：外文出版社，1986．

［明］吴承恩著，丁宇真改编，张建平、齐均绘画．大战通天河（连环画册）[M]．北京：外文出版社，1986．

［明］吴承恩著，方原改编，傅红绘画．子母河（少儿画册）[M]．北京：外文出版社，1986．

丁宇真改编，黄景绘画．长发妹：中国民间故事［M］．北京：外文出版社，1986．

斗犀夺珠：中国民间故事［M］．北京：外文出版社，1986．

［明］吴承恩著，许力改编，张健平、齐均绘画．计盗紫金铃［M］．北京：

外文出版社，1986.

婷婷改编，尹口羊绘画．孔雀公主：中国民间故事［M］．北京：外文出版社，1986.

蒋振立编绘．石汉和田螺：中国民间故事［M］．北京：外文出版社，1986.

［明］吴承恩著，方原改编，蔡荣绘画．西梁女国［M］．北京：外文出版社，1986.

［明］吴承恩著，唐澄编文，高明友节写，严定宪等绘画，王启中、曹淑芝改绘．孙悟空大闹天宫（连环画册）［M］．北京：外文出版社，1986.

姜渭渔画，王启中改编．金色的海螺（连环画册）［M］．北京：外文出版社，1986.

［明］吴承恩著，汤光佑改编，李士伋绘画．变法斗三仙［M］．北京：外文出版社，1986.

［明］吴承恩著，刘治贵、张京改编，黄景绘画．狮驼岭上伏三魔［M］．北京：外文出版社，1986.

［明］吴承恩著，许力改编，于长海绘画．勇斗青牛精（连环画册）［M］．北京：外文出版社，1986.

［明］吴承恩著，高明友改编，官其格、高振美绘画．勇擒红孩儿（连环画册）［M］．北京：外文出版社，1986.

［明］吴承恩著，高明友改编，胡立宾绘画．真假孙悟空（连环画册）［M］．北京：外文出版社，1986.

［明］吴承恩著，李树芬改编，张健平、齐均绘画．偷吃人参果（少儿画册）［M］．北京：外文出版社，1986.

［明］吴承恩著，温承德改编，成丁、一清绘画．盘丝洞［M］．北京：外文出版社，1986.

［明］吴承恩著，蔺傅新改编，梁丙卓、严志绘画．智降狮猁王（少儿画册）［M］．北京：外文出版社，1986.

法文书目

宋明话本选［M］．北京：《中国文学》杂志社，1986.

黄盛发编．屈原及其《离骚》［M］．北京：外文出版社，1986.

［清］蒲松龄著，外文出版社编．聊斋志异选［M］．北京：外文出版社，1986.

［明］吴承恩著，贞环改编，胡立滨绘画．三借芭蕉扇（少儿画册）［M］．北京：外文出版社，1986.

［明］吴承恩著，丁宇真改编，张建平、齐均绘画．大战通天河（连环画

册）[M].北京：外文出版社，1986.

丁宇真改编，黄景绘画.长发妹：中国民间故事[M].北京：外文出版社，1986.

[明]吴承恩著，许力改编，张健平、齐均绘画.计盗紫金铃[M].北京：外文出版社，1986.

婷婷改编，尹口羊绘画.孔雀公主：中国民间故事[M].北京：外文出版社，1986.

蒋振立编绘.石汉和田螺：中国民间故事[M].北京：外文出版社，1986.

[明]吴承恩著，方原改编，蔡荣绘画.西梁女国[M].北京：外文出版社，1986.

李树芬改编，刘绍芬绘画.灯花姑娘：中国民间故事[M].北京：外文出版社，1986.

[明]吴承恩著，唐澄编文，高明友节写，严定宪等绘画，王启中、曹淑芝改绘.孙悟空大闹天宫（连环画册）[M].北京：外文出版社，1986.

姜渭渔画，王启中改编.金色的海螺（连环画册）[M].北京：外文出版社，1986.

[明]吴承恩著，汤光佑改编，李士伋绘画.变法斗三仙[M].北京：外文出版社，1986.

[明]吴承恩著，刘治贵、张京改编，黄景绘画.狮驼岭上伏三魔[M].北京：外文出版社，1986.

[明]吴承恩著，许力改编，于长海绘画.勇斗青牛精（连环画册）[M].北京：外文出版社，1986.

[明]吴承恩著，高明友改编，官其格、高振美绘画.勇擒红孩儿（连环画册）[M].北京：外文出版社，1986.

[明]吴承恩著，韩双东改编，朱青贞、周大光绘画.莲花洞（连环画册）[M].北京：外文出版社，1986.

[明]吴承恩著，李树芬改编，张健平、齐均绘画.偷吃人参果（少儿画册）[M].北京：外文出版社，1986.

[明]吴承恩著，温承德改编，成丁、一清绘画.盘丝洞[M].北京：外文出版社，1986.

[明]吴承恩著，蔺傅新改编，梁丙卓、严志绘画.智降狮狲工（少儿画册）[M].北京：外文出版社，1986.

德文书目

褚斌杰编，杨永青插图.中国古代神话选[M].北京：外文出版社，1986.

中国古代寓言选［M］．北京：外文出版社，1986．

斗犀夺珠：中国民间故事［M］．北京：外文出版社，1986．

［明］吴承恩著，贞环改编，胡立滨绘画．三借芭蕉扇（少儿画册）［M］．北京：外文出版社，1986．

［明］吴承恩著，丁宇真改编，张建平、齐均绘画．大战通天河（连环画册）［M］．北京：外文出版社，1986．

［明］吴承恩著，方原改编，傅红绘画．子母河（少儿画册）［M］．北京：外文出版社，1986．

婷婷改编，尹口羊绘画．孔雀公主：中国民间故事［M］．北京：外文出版社，1986．

蒋振立编绘．石汉和田螺：中国民间故事［M］．北京：外文出版社，1986．

李树芬改编，吴儆芦画．白鹅女：中国民间故事［M］．北京：外文出版社，1986．

李树芬改编，刘绍芬绘画．灯花姑娘：中国民间故事［M］．北京：外文出版社，1986．

［明］吴承恩著，唐澄编文，高明友节写，严定宪等绘画，王启中、曹淑芝改绘．孙悟空大闹天宫（连环画册）［M］．北京：外文出版社，1986．

姜渭渔画，王启中改编．金色的海螺（连环画册）［M］．北京：外文出版社，1986．

［明］吴承恩著，刘治贵、张京改编，黄景绘画．狮驼岭上伏三魔［M］．北京：外文出版社，1986．

［明］吴承恩著，许力改编，于长海绘画．勇斗青牛精（连环画册）［M］．北京：外文出版社，1986．

［明］吴承恩著，高明友改编，官其格、高振美绘画．勇擒红孩儿（连环画册）［M］．北京：外文出版社，1986．

［明］吴承恩著，高明友改编，胡立宾绘画．真假孙悟空（连环画册）［M］．北京：外文出版社，1986．

［明］吴承恩著，李树芬改编，张健平、齐均绘画．偷吃人参果（少儿画册）［M］．北京：外文出版社，1986．

［明］吴承恩著，温承德改编，成丁、一清绘画．盘丝洞［M］．北京：外文出版社，1986．

俄文书目

丁宇真改编，黄景绘画．长发妹：中国民间故事［M］．北京：外文出版社，1986．

沈纳兰等译，米谷插图．水牛斗老虎（中国民间故事选）［M］．北京：外文出版社，1983．

李树芬改编，吴儆芦画．白鹅女：中国民间故事［M］．北京：外文出版社，1986．

姜渭渔画，王启中改编．金色的海螺（连环画册）［M］．北京：外文出版社，1986．

西班牙文书目

［明］吴承恩著，贞环改编，胡立滨绘画．三借芭蕉扇（少儿画册）［M］．北京：外文出版社，1986．

［明］吴承恩著，丁宇真改编，张建平、齐均绘画．大战通天河（连环画册）［M］．北京：外文出版社，1986．

丁宇真改编，黄景绘画．长发妹：中国民间故事［M］．北京：外文出版社，1986．

［明］吴承恩著，许力改编，张健平、齐均绘画．计盗紫金铃［M］．北京：外文出版社，1986．

婷婷改编，尹口羊绘画．孔雀公主：中国民间故事［M］．北京：外文出版社，1986．

蒋振立编绘．石汉和田螺：中国民间故事［M］．北京：外文出版社，1986．

［明］吴承恩著，方原改编，蔡荣绘画．西梁女国［M］．北京：外文出版社，1986．

李树芬改编，刘绍芬绘画．灯花姑娘：中国民间故事［M］．北京：外文出版社，1986．

［明］吴承恩著，唐澄编文，高明友节写，严定宪等绘画，王启中、曹淑芝改绘．孙悟空大闹天宫（连环画册）［M］．北京：外文出版社，1986．

姜渭渔画，王启中改编．金色的海螺（连环画册）［M］．北京：外文出版社，1986．

［明］吴承恩著，汤光佑改编，李士伋绘画．变法斗三仙［M］．北京：外文出版社，1986．

［明］吴承恩著，刘治贵、张京改编，黄景绘画．狮驼岭上伏三魔［M］．北京：外文出版社，1986．

［明］吴承恩著，许力改编，于长海绘画．勇斗青牛精（连环画册）［M］．北京：外文出版社，1986．

［明］吴承恩著，高明友改编，官其格、高振美绘画．勇擒红孩儿（连环画册）［M］．北京：外文出版社，1986．

［明］吴承恩著，韩双东改编，朱青贞、周大光绘画．莲花洞（连环画册）[M]．北京：外文出版社，1986．

［明］吴承恩著，高明友改编，胡立宾绘画．真假孙悟空（连环画册）[M]．北京：外文出版社，1986．

［明］吴承恩著，李树芬改编，张健平、齐均绘画．偷吃人参果（少儿画册）[M]．北京：外文出版社，1986．

［明］吴承恩著，温承德改编，成丁、一清绘画．盘丝洞[M]．北京：外文出版社，1986．

［明］吴承恩著，蔺傅新改编，梁丙卓、严志绘画．智降狮狸王（少儿画册）[M]．北京：外文出版社，1986．

葡萄牙文书目

婷婷改编，尹口羊绘画．孔雀公主：中国民间故事[M]．北京：外文出版社，1986．

姜渭渔画，王启中改编．金色的海螺（连环画册）[M]．北京：外文出版社，1986．

世界语书目

丁宇真改编，黄景绘画．长发妹：中国民间故事[M]．北京：外文出版社，1986．

姜渭渔画，王启中改编．金色的海螺（连环画册）[M]．北京：外文出版社，1986．

1987年书目

泰文书目

斗犀夺珠：中国民间故事[M]．北京：外文出版社，1987．

印地文书目

［清］蒲松龄著．聊斋志异选[M]．北京：外文出版社，1987．

［明］吴承恩著，武廷杰改编，曾蓁绘画．七绝山（少儿画册）[M]．北京：外文出版社，1987．

丁宇真改编，黄景绘画．长发妹：中国民间故事[M]．北京：外文出版社，1987．

［明］吴承恩著，孙锦常改编，官其格、高振美绘画．计闹钉耙宴（少儿画册）[M]．北京：外文出版社，1987．

［明］吴承恩著，王燕荣改编，鄢修民绘画．劝善施雨（少儿画册）[M]．北京：外文出版社，1987．

［明］吴承恩著，冯幽君改编，成丁、一清绘画．四探无底洞（少儿画册）

[M]．北京：外文出版社，1987．

[明] 吴承恩著，方原改编，蔡荣绘画．西梁女国 [M]．北京：外文出版社，1987．

[明] 吴承恩著，许力改编，于长海绘画．勇斗青牛精（连环画册）[M]．北京：外文出版社，1987．

[明] 吴承恩著，高明友改编，胡立宾绘画．真假孙悟空（连环画册）[M]．北京：外文出版社，1987．

[明] 吴承恩著，莫雪仪改编，毛水仙、杜希贤绘画．悟空擒玉兔（连环画册）[M]．北京：外文出版社，1987．

斯瓦希里文书目

丁宇真改编，黄景绘画．长发妹：中国民间故事 [M]．北京：外文出版社，1987．

鲍光满改编，龙念南绘画．香蕉娃娃：中国民间故事 [M]．北京：海豚出版社，1987．

英文书目

[明] 吴承恩著，武廷杰改编，曾蓁绘画．七绝山（少儿画册）[M]．北京：外文出版社，1987．

[明] 吴承恩著，孙锦常改编，官其格、高振美绘画．计闹钉耙宴（少儿画册）[M]．北京：外文出版社，1987．

[明] 吴承恩著，王燕荣改编，鄢修民绘画．劝善施雨（少儿画册）[M]．北京：外文出版社，1987．

[明] 吴承恩著，冯幽君改编，成丁、一清绘画．四探无底洞（少儿画册）[M]．北京：外文出版社，1987．

[明] 吴承恩著，青亚改编，曾昭安、曾大军绘画．扫平假西天（少儿画册）[M]．北京：外文出版社，1987．

[明] 吴承恩著，莫雪仪改编，毛水仙、杜希贤绘画．悟空擒玉兔（连环画册）[M]．北京：外文出版社，1987．

[清] 蒲松龄著，舒瑛改编，潘小庆绘画．莲花公主 [M]．北京：朝华出版社，1987．

[清] 蒲松龄著，舒瑛改编，沈启鹏绘画．婴宁公主 [M]．北京：朝华出版社，1987．

法文书目

斗犀夺珠：中国民间故事 [M]．北京：外文出版社，1987．

乔治·雅热译．唐诗三百首 [M]．北京：国际文化出版公司，1987．

［明］吴承恩著，武廷杰改编，曾蓁绘画．七绝山（少儿画册）[M]．北京：外文出版社，1987．

［明］吴承恩著，王燕荣改编，鄢修民绘画．劝善施雨（少儿画册）[M]．北京：外文出版社，1987．

［明］吴承恩著，冯幽君改编，成丁、一清绘画．四探无底洞（少儿画册）[M]．北京：外文出版社，1987．

［明］吴承恩著，青亚改编，曾昭安、曾大军绘画．扫平假西天（少儿画册）[M]．北京：外文出版社，1987．

［清］蒲松龄著，舒瑛改编，潘小庆绘画．莲花公主[M]．北京：朝华出版社，1987．

［清］蒲松龄著，舒瑛改编，沈启鹏绘画．婴宁公主[M]．北京：朝华出版社，1987．

德文书目

［明］吴承恩著，孙锦常改编，官其格、高振美绘画．计闹钉耙宴（少儿画册）[M]．北京：外文出版社，1987．

［明］吴承恩著，王燕荣改编，鄢修民绘画．劝善施雨（少儿画册）[M]．北京：外文出版社，1987．

［明］吴承恩著，冯幽君改编，成丁、一清绘画．四探无底洞（少儿画册）[M]．北京：外文出版社，1987．

［明］吴承恩著，青亚改编，曾昭安、曾大军绘画．扫平假西天（少儿画册）[M]．北京：外文出版社，1987．

西班牙文书目

［明］吴承恩著，孙锦常改编，官其格、高振美绘画．计闹钉耙宴（少儿画册）[M]．北京：外文出版社，1987．

斗犀夺珠：中国民间故事[M]．北京：外文出版社，1987．

［明］吴承恩著，王燕荣改编，鄢修民绘画．劝善施雨（少儿画册）[M]．北京：外文出版社，1987．

［明］吴承恩著，冯幽君改编，成丁、一清绘画．四探无底洞（少儿画册）[M]．北京：外文出版社，1987．

［明］吴承恩著，莫雪仪改编，毛水仙、杜希贤绘画．悟空擒玉兔（连环画册）[M]．北京：外文出版社，1987．

［清］蒲松龄著，舒瑛改编，潘小庆绘画．莲花公主[M]．北京：朝华出版社，1987．

［清］蒲松龄著，舒瑛改编，沈启鹏绘画．婴宁公主[M]．北京：朝华出版

社，1987.

葡萄牙文书目

中国古代寓言选［M］．北京：外文出版社，1987．

［明］冯梦龙等著．宋明平话选（上）［M］．北京：外文出版社，1987．

［明］冯梦龙等著．宋明平话选（中）［M］．北京：外文出版社，1987．

［明］冯梦龙等著．宋明平话选（下）［M］．北京：外文出版社，1987．

丁宇真改编，黄景绘画．长发妹：中国民间故事［M］．北京：外文出版社，1987．

鲍光满改编，龙念南绘画．香蕉娃娃：中国民间故事［M］．北京：海豚出版社，1987．

1988 年书目

英文书目

龙的传说［M］．北京：中国文学出版社，1988．

孙锦常、艾华改编，何山、桂润年绘画．两个石匠：中国民间故事［M］．北京：海豚出版社，1988．

姜慕晨搜集，林犀改编，叶毓中绘画．宝船：中国民间故事［M］．北京：海豚出版社，1988．

李广麻改编，张世明绘画．梦游蚂蚁国：中国民间故事［M］．北京：海豚出版社，1988．

叶菱改编，黄炜、常保生绘画．猎人海力布：中国民间故事［M］．北京：海豚出版社，1988．

法文书目

龙的传说［M］．北京：中国文学出版社，1988．

孙锦常、艾华改编，何山、桂润年绘画．两个石匠：中国民间故事［M］．北京：海豚出版社，1988．

姜慕晨搜集，林犀改编，叶毓中绘画．宝船：中国民间故事［M］．北京：海豚出版社，1988．

叶菱改编，黄炜、常保生绘画．猎人海力布：中国民间故事［M］．北京：海豚出版社，1988．

德文书目

姜慕晨搜集，林犀改编，叶毓中绘画．宝船：中国民间故事［M］．北京：海豚出版社，1988．

李广麻改编，张世明绘画．梦游蚂蚁国：中国民间故事［M］．北京：海豚出版社，1988．

叶菱改编，黄炜、常保生绘画．猎人海力布：中国民间故事［M］．北京：海豚出版社，1988．

西班牙文书目

叶菱改编，黄炜、常保生绘画．猎人海力布：中国民间故事［M］．北京：海豚出版社，1988．

俄文书目

叶菱改编，黄炜、常保生绘画．猎人海力布：中国民间故事［M］．北京：海豚出版社，1988．

日文书目

孙锦常、艾华改编，何山、桂润年绘画．两个石匠：中国民间故事［M］．北京：海豚出版社，1988．

孟加拉文书目

奴隶与龙女（中国民间故事选）［M］．北京：外文出版社，1988．

阿拉伯文书目

［清］蒲松龄著．聊斋志异选［M］．北京：外文出版社，1988．

李洪恩根据同名美术电影改编，段孝萱等摄影．哪吒闹海（连环画）［M］．北京：外文出版社，1988．

意大利文书目

中国古代寓言选［M］．北京：外文出版社，1988．

葡萄牙文书目

神鸟（中国民间故事选）［M］．北京：外文出版社，1988．

1989年书目

英文书目

（战国）庄子著，冯友兰译．道家经典［M］．北京：外文出版社，1989．

［清］蒲松龄著，王起等编选、注释．聊斋志异选［M］．北京：外文出版社，1989．

张京改编，孙景波画．淌来儿：中国民间故事［M］．北京：海豚出版社，1989．

法文书目

褚斌杰编，杨永青插图．中国古代神话选［M］．北京：外文出版社，1989．

张京改编，孙景波画．淌来儿：中国民间故事［M］．北京：海豚出版社，1989．

西班牙文书目

褚斌杰编，杨永青插图．中国古代神话选［M］．北京：外文出版社，1989．

[明] 冯梦龙等著．宋明平话选（上）[M]．北京：外文出版社，1989．

[明] 冯梦龙等著．宋明平话选（下）[M]．北京：外文出版社，1989．

阿拉伯文书目

夏阿班译．斗犀夺珠：中国民间故事 [M]．北京：外文出版社，1989．

晓丁改编，钟蜀珩画．石榴：中国民间故事 [M]．北京：海豚出版社，1989．

张京改编，孙景波画．淌来儿：中国民间故事 [M]．北京：海豚出版社，1989．

印地文书目

晓丁改编，钟蜀珩画．石榴：中国民间故事 [M]．北京：海豚出版社，1989．

张京改编，孙景波画．淌来儿：中国民间故事 [M]．北京：海豚出版社，1989．

乌尔都文书目

晓丁改编，钟蜀珩画．石榴：中国民间故事 [M]．北京：海豚出版社，1989．

张京改编，孙景波画．淌来儿：中国民间故事 [M]．北京：海豚出版社，1989．

孟加拉文书目

晓丁改编，钟蜀珩画．石榴：中国民间故事 [M]．北京：海豚出版社，1989．

张京改编，孙景波画．淌来儿：中国民间故事 [M]．北京：海豚出版社，1989．

意大利文书目

宝刀（中国民间故事选）[M]．北京：外文出版社，1989．

白行简等著．唐代传奇选 [M]．北京：外文出版社，1989．

葡萄牙文书目

褚斌杰编，杨永青插图．中国古代神话选 [M]．北京：外文出版社，1989．

[清] 蒲松龄原著，王勃改编，梁培龙画．报恩虎 [M]．北京：海豚出版社，1989．

青蛙骑手：中国民间故事 [M]．北京：外文出版社，1989．

张京改编，孙景波画．淌来儿：中国民间故事 [M]．北京：海豚出版社，1989．

斯瓦希里文书目

魏金枝编写，黄炯相译．中国古代寓言选［M］．北京：外文出版社，1989．

晓丁改编，钟蜀珩画．石榴：中国民间故事［M］．北京：海豚出版社，1989．

张京改编，孙景波画．淌来儿：中国民间故事［M］．北京：海豚出版社，1989．

世界语书目

晓丁改编，钟蜀珩画．石榴：中国民间故事［M］．北京：海豚出版社，1989．

1990 年书目

英文书目

［唐］王维著．王维诗选［M］．北京：中国文学出版社，1990．

［唐］蒋放等著，颜惠庆编译．中国古代短篇小说选［M］．北京：外文出版社，1990．

干宝等著，杨宪益、戴乃迭译．汉魏六朝小说选［M］．北京：外文出版社，1990．

［明］吴承恩著，詹纳尔译．西游记［M］．北京：外文出版社，1990．

［M］．北京：外文出版社，1990．

菊子改编，于化鲤绘画．孔雀的故事［M］．北京：外文出版社，1990．

［清］蒲松龄原著，王勃改编，梁培龙画．报恩虎［M］．北京：海豚出版社，1990．

法文书目

牧人和山鹰：中国民间传说故事选［M］．北京：外文出版社，1990．

点石成金的故事［M］．北京：海豚出版社，1990．

德文书目

牧人和山鹰：中国民间传说故事选［M］．北京：外文出版社，1990．

西班牙文书目

牧人和山鹰：中国民间传说故事选［M］．北京：外文出版社，1990．

点石成金的故事［M］．北京：海豚出版社，1990．

日文书目

点石成金的故事［M］．北京：海豚出版社，1990．

阿拉伯文书目

［明］吴承恩著，唐澄编文，严定宪等绘．大闹天宫［M］．北京：海豚出版社，1990．

马达选编．中国古代动物寓言选［M］．北京：外文出版社，1990．

印地文书目

褚斌杰编，杨永青插图．中国古代神话选［M］．北京：外文出版社，1990.

奴隶与龙女（中国民间故事选）［M］．北京：外文出版社，1990.

点石成金的故事［M］．北京：海豚出版社，1990.

乌尔都文书目

［明］吴承恩著，唐澄编文，严定宪等绘．大闹天宫［M］．北京：海豚出版社，1990.

马达选编．中国古代动物寓言选［M］．北京：外文出版社，1990.

孟加拉文书目

马达选编．中国古代动物寓言选［M］．北京：外文出版社，1990.

菊子改编，于化鲤绘画．孔雀的故事［M］．北京：外文出版社，1990.

葡萄牙文书目

点石成金的故事［M］．北京：海豚出版社，1990.

1991年书目

英文书目

［唐］王维著．王维诗选［M］．北京：中国文学出版社，1991.

陈家宁编．中国古典小说精选［M］．北京：新世界出版社，1991.

［明］吴承恩著，詹纳尔译．西游记（一）［M］．北京：外文出版社，1991.

德文书目

廖旭和选编，叶毓中插图．中国民间故事精萃［M］．北京：外文出版社，1991.

西班牙文书目

马达选编．中国古代动物寓言选［M］．北京：外文出版社，1991.

颜象贤编，缪印堂插图．中国古代笑话选［M］．北京：外文出版社，1991.

［清］曹雪芹、高鹗著，杨宪益、戴乃迭译，戴敦邦插图．红楼梦（一）［M］．北京：外文出版社，1991.

［清］曹雪芹、高鹗著，杨宪益、戴乃迭译，戴敦邦插图．红楼梦（二）［M］．北京：外文出版社，1991.

［清］曹雪芹、高鹗著，杨宪益、戴乃迭译，戴敦邦插图．红楼梦（三）［M］．北京：外文出版社，1991.

［清］曹雪芹、高鹗著，杨宪益、戴乃迭译，戴敦邦插图．红楼梦（四）［M］．北京：外文出版社，1991.

印地文书目

王宏志主编．中国历史故事（一）［M］．北京：外文出版社，1991.

孔雀姑娘（中国民间故事选）［M］.北京：外文出版社，1991.

乌尔都文书目

中国民间故事［M］.北京：外文出版社，1991.

僧伽罗文书目

蒋振立编绘.石汉和田螺：中国民间故事［M］.北京：海豚出版社，1991.

斯瓦希里文书目

阎恒宝编.中国历代笑话选［M］.北京：外文出版社，1991.

［清］蒲松龄著.聊斋志异选（第二册）［M］.北京：外文出版社，1991.

1992 年书目

法文书目

詹同编绘.中国十个节日传说［M］.北京：海豚出版社，1992.

阿拉伯文书目

詹同编绘.中国十个节日传说［M］.北京：海豚出版社，1992.

［清］曹雪芹著，阿卜杜·卡里姆译.红楼梦（上）［M］.北京：外文出版社，1992.

印地文书目

詹同编绘.中国十个节日传说［M］.北京：海豚出版社，1992.

王宏志主编.中国历史故事（二）［M］.北京：外文出版社，1991.

王宏志主编.中国历史故事（三）［M］.北京：外文出版社，1991.

乌尔都文书目

詹同编绘.中国十个节日传说［M］.北京：海豚出版社，1992.

孟加拉文书目

詹同编绘.中国十个节日传说［M］.北京：海豚出版社，1992.

僧伽罗文书目

［明］吴承恩著，唐澄编文，严定宪等绘.大闹天宫［M］.北京：海豚出版社，1992.

意大利文书目

［清］蒲松龄著.聊斋志异选［M］.北京：外文出版社，1992.

1993 年

英文书目

任继愈新译.道家经典：老子［M］.北京：外文出版社，1993.

西班牙文书目

［清］吴敬梓著.儒林外史（上）［M］.北京：外文出版社，1993.

［清］吴敬梓著.儒林外史（下）［M］.北京：外文出版社，1993.

阿拉伯文书目

［清］曹雪芹著，阿卜杜·卡里姆译．红楼梦（下）［M］．北京：外文出版社，1993．

1994 年

英文书目

许渊冲译．诗经［M］．北京：中国文学出版社，1994．

［清］曹雪芹、高鹗著，杨宪益、戴乃迭译，戴敦邦插图．红楼梦［M］．北京：外文出版社，1994．

［明］罗贯中著，罗慕士译．三国演义（上）［M］．北京：外文出版社，1994．

［明］罗贯中著，罗慕士译．三国演义（中）［M］．北京：外文出版社，1994．

［明］罗贯中著，罗慕士译．三国演义（下）［M］．北京：外文出版社，1994．

法文书目

［明］冯梦龙著．小夫人金钱赠少年：《警世通言》作品选［M］．北京：外文出版社，1994．

西班牙文书目

［春秋］孙武著．孙子兵法［M］．北京：外文出版社，1994．

1995 年

英文书目

［明］罗贯中著，罗慕士译．三国演义［M］．北京：外文出版社，1995．

［明］吴承恩著．西游记：第一卷［M］．北京：外文出版社，1995．

法文书目

朱晓亚译．中国文化 ABC——三字经［M］．北京：外文出版社，1995．

［明］冯梦龙著．蔡瑞虹忍辱报仇：《醒世恒言》作品选［M］．北京：外文出版社，1995．

1996 年

英文书目

沙博理编译．中国文学集锦：从明代到毛泽东时代［M］．北京：中国文学出版社，1996．

蒲松龄等著，张西蒙等译．明清文言小说选［M］．北京：中国文学出版社，1996．

世界语书目

［清］曹雪芹著，谢明玉译．红楼梦（第二卷）［M］．北京：中国文学出版社，1996.

1997 年

英文书目

李燕译绘．易经画传［M］．北京：外文出版社，1997.

法文书目

［明］罗贯中原著，刘振源改编绘．三国演义［M］．北京：朝华出版社，1997.

德文书目

李燕译绘．易经画传［M］．北京：外文出版社，1997.

韩亚洲等编绘．黄帝内经：养生图典［M］．北京：海豚出版社，1997.

印地文书目

［明］罗贯中原著，刘振源改编绘，刘明珍译．三国演义［M］．北京：朝华出版社，1997.

孟加拉文书目

［明］罗贯中原著，刘振源改编绘，张金暖译．三国演义［M］．北京：朝华出版社，1997.

1998 年

英文书目

［宋］李昉等编，张光前译．太平广记选［M］．北京：外文出版社，1998.

西班牙文书目

李燕译绘．易经画传［M］．北京：外文出版社，1998.

1999 年

英文书目

元光编．中国道家故事选［M］．北京：外文出版社，1999.

附录 3

《中国文学》中国经典翻译统计表

出版年（刊号）	栏目名	英文目录 作者	英文目录 标题	中文目录 作者	中文目录 标题	译者	译者中文名	备注
1953 (2)		Ch'u Yuan	Li Sao	屈原	离骚	NA		
1954 (2)	Tang Stories	Sheng Chi-tsi Li Chao-wei Fei Hsing-chien Li Kung-tso	Jen the Fox Fairy The Dragon King's Daughter Story of a Singsong Girl Governor of the Southern Tributary State		唐传奇四则	NA		

续表

出版年(刊号)	栏目名	英文目录 作者	英文目录 标题	中文目录 作者	中文目录 标题	译者	译者中文名	备注
1955 (1)	Tales from the Sung and Yuan Dynasties		Fifteen Strings of Cash The Jade Kuanyin The Double Mirror		宋元小说三则 十五贯	Yang Hsien-yi and Gladys Yang	杨宪益 戴乃迭	
1955 (2)		Tu Fu	Selected Poems	杜甫	诗歌选	Rewi Alley		十首
1955 (3)	Stories from the Ming Dynasty		The Courtesan's Jewel Box The Beggar Chief's Daughter The Merry Adventures of Lan Lung		明代小说三则	Yang Hsien-yi and Gladys Yang	杨宪益 戴乃迭	
1955 (4)		Ssu-ma Chien	Four Biographies: The Lord of Hsinling ChingKo Li Kuang Kuo Hsieh	司马迁	《史记》列传四则：魏公子列传（信陵君）李将军列传	Yang Hsien-yi and Gladys Yang	杨宪益 戴乃迭	
1956 (1)		Pu Sung-Ling	Tales of Liao-chai: A selection Lazy Wang Tien the Hunter The Rakshas and the Sea Market A Dream of Wolves The Exorcist Marries a Fox	蒲松龄	聊斋志异选编	Gladys Yang and Yang Hsien-yi	戴乃迭 杨宪益	

续表

出版年(刊号)	英文目录 栏目名	英文目录 作者	英文目录 标题	中文目录 作者	中文目录 标题	译者	译者中文名	备注
1956(3)		Fa-Hsien	Record of Buddhist Countries	法显	佛国记	NA		Travels in Central indiaadn Ceylon
1956(4)		Chu Su-Chen	Fifteen Strings of Cash (A Kunchu Opera)	(清)朱素臣	十五贯(昆曲)	Yang Hsien-yi and Gladys Yang	杨宪益 戴乃迭	
1958(1)	Selections From The Classics	Li Ju-Chen	A Journey into Strange Lands	李汝珍	镜花缘	Gladys Yang	戴乃迭	Chapt. 7-40
1958(2)	Selections From The Classics	Tao Yuan-Ming	Poems	陶渊明	诗歌选	Andrew Boyd		15首
1959(2)		Han Yu	Prose Writing	韩愈	散文选	Yang Hsien-yi and Gladys Yang	杨宪益 戴乃迭	12篇
1959(4)	Yueh-fu Songs	Anonymous	The Bride of Chao Chung-ching	匿名	乐府诗	Eric Edney and TsaoTun		
1959(6)	Selections From The Classics	Fu Sung-ling	Two Tales from "Liao-chai"	蒲松龄	聊斋志异故事两则	Yang Hsien-yi and Gladys Yang	杨宪益 戴乃迭	The Cricket The Rope Trick
1959(7)	Selections From The Classics		The White Snake (a Sung dynasty tale)		白蛇传(宋代小说)	Yang Hsien-yi and Gladys Yang	杨宪益 戴乃迭	
1959(9)	Selections From The Classics	SSumaChien	Hsiang Yu	司马迁	项羽	Yang Hsien-yi and Gladys Yang	杨宪益 戴乃迭	

附录3 《中国文学》中国经典翻译统计表

续表

出版年(刊号)	栏目名	英文目录 标题	作者	中文目录 标题	作者	译者	译者中文名	备注
1959 (12)	Selections From The Classics	Outlaws of the Marshes (an excerpt from the novel)		水浒传（节选）		Sidney Shapiro	沙博理	chap. 7–10
1960 (1)	Selections From The Classics	The Peony Pavilion (an excerpt)	Tang Hsien-tsu	牡丹亭	汤显祖	Yang Hsien-yi and Gladys Yang	杨宪益 戴乃迭	scene 4, 7, 9, 10, 13, 16, 20, 25, 26,
1960 (3)	Selections From The Classics	Tale of the Late Tang Dynasty	Pei Hsing	唐传奇		Yang Hsien-yi and Gladys Yang	杨宪益 戴乃迭	The General's Daughter The Jade Mortar and Pestle The Prince's Tomb
1960 (6)	Han Dynasty Ballads	By the Roadside Mulberry Song of the Orphan		陌上桑 孤儿行		Eric Edney and Yu Pao-chu		
1960 (8)	Traditional Operas	The Counterfeit Seal (a Fukien Opera) Li Kuei the Black Whirlwind (A Peking Opera)		黑旋风李逵（京剧）		Yang Hsien-yi and Gladys Yang	杨宪益 戴乃迭	
1960 (9)	Classical Heritage	Selected Poems	Li Po	诗选	李白	Collective Work	集体	

续表

出版年（刊号）	栏目名	英文目录 作者	英文目录 标题	中文目录 作者	中文目录 标题	译者	译者中文名	备注
1960 (12)	Classical Heritage		Selections from Old Chinese Fables		古代故事选	NA		来自战国策、韩非子、孟子等书
1961 (1)	Classical Heritage	Wu Cheng-en	The Pilgrimage to the West (an excerpt from the novel)	吴承恩	西游记	Yang Hsien-yi and Gladys Yang	杨宪益 戴乃迭	Chap. 59–61
1961 (7)	Classical Heritage	Pai Chu-yi	Poems	白居易	诗选	Yang Hsien-yi and Gladys Yang	杨宪益 戴乃迭	
1961 (8)	Traditional Drama		A Princess Gets Smacked (A Shanxi Opera)			Yang Hsien-yi	杨宪益	
1961 (10)	Sung Dynasty Essays	Wang Yu-cheng	The Bamboo Pavilion at Huangkang			NA		
		Fan Chung-yen	Yuehyang Pavilion	范仲淹	岳阳楼记			
		OuyangHsiu	The Roadsides Hut of the Old Drunkard	欧阳修				
		Su Shih	First Visit to the Red Cliff; Second Visit to the Red Cliff	苏轼	前赤壁赋 后赤壁赋			
		Cnao Wu-chiu	A Visit to the Hills North of Hsingcheng					

519

附录3 《中国文学》中国经典翻译统计表

续表

出版年（刊号）	栏目名	英文目录 作者	英文目录 标题	中文目录 作者	中文目录 标题	译者	译者中文名	备注
1961 (12)	Selections From The Classics	Anonymous	Strange Encounter in the Northern Capital	匿名	宋代话本	Yang Hsien-yi and Gladys Yang	杨宪益 戴乃迭	
1962 (1)	Selections From The Classics	Lo Kuan-chung	The Battle of the Red Cliff	罗贯中	三国演义（节选）	Yang Hsien-yi and Gladys Yang	杨宪益 戴乃迭	chapt. 43–46
1962 (2)	Selections From The Classics	Lo Kuan-chung	The Battle of the Red Cliff (Concluded)	罗贯中	三国演义（节选）	Yang Hsien-yi and Gladys Yang	杨宪益 戴乃迭	chapt. 47–50
1962 (3)			Selections from the Book of Songs		诗经选	Yang Hsien-yi and Gladys Yang	杨宪益 戴乃迭	15首
1962 (7)	Selections From The Classics	Wang Wei	Poems	王维	诗歌选	Yang Hsien-yi and Gladys Yang	杨宪益 戴乃迭	19首
1962 (8)	Selections From The Classics	Liu Hsieh	Carving a Dragon at the Core of Literature	刘勰	文心雕龙	Yang Hsien-yi and Gladys Yang	杨宪益 戴乃迭	神思、风骨、情采、知音
1962 (9)	Selections From The Classics	Cheng Ting-yu	A Slave to Money (A Yuan Dynasty Opera)	郑廷玉	看钱奴买冤家债主（元代戏曲）	Yang Hsien-yi and Gladys Yang	杨宪益 戴乃迭	Prologue, Scene 1–4

续表

出版年(刊号)	总目名	英文目录 标题	作者	中文目录 标题	作者	译者	译者中文名	备注
1962(10)	Selections From The Classics	Tales from Liao-chai	Pu Sung-ling	聊斋志异节选	蒲松龄	Yang Hsien-yi and Gladys Yang	杨宪益 戴乃迭	Ying-ning, The Chrysanthemum Spirit, A Stranges Tale of Pigeons
1962(11)	Selections From The Classics	Essays	Kuei Yu-kuang	散文选	归有光	Yang Hsien-yi and Gladys Yang	杨宪益 戴乃迭	5篇
1962(12)	Selections From The Classics	Poems	Su Shih	诗词选	苏轼	NA		27首
1963(2)	Selections From The Classics	The Peach blossom Fan	Kung Shan-jen	桃花扇	孔尚任	Sheh Kun-shan	佘坤珊	
1963(4)	Selections From The Classics	Historical Records	SsumaChien	史记	司马迁	Yang Hsien-yi and Gladys Yang	杨宪益 戴乃迭	
1963(5)	Selections From The Classics	Yueh-fu Folk Songs		乐府诗		Yang Hsien-yi and Gladys Yang	杨宪益 戴乃迭	
1963(7)	Selections From The Classics	The Twenty-four Modes of Poetry	SsukungTu	二十四诗品	司空图	Yang Hsien-yi and Gladys Yang	杨宪益 戴乃迭	

附录3 《中国文学》中国经典翻译统计表

续表

出版年（刊号）	栏目名	英文目录 标题	作者	中文目录 标题	作者	译者	译者中文名	备注
1963 (8)	Selections From The Classics	Poems	Lu Yu	诗选	陆游	Yang Hsien-yi and Gladys Yang	杨宪益 戴乃迭	
1963 (10)	Selections From The Classics	Heroes of the Marshes (an excerpt from the novel, Chapters 14–16)	Shih Nai-an		施耐庵	Sidney Shapiro	沙博理	
1963 (12)	Selections From The Classics	Poems	Li Ho	李凭箜篌引 雁门太守行 梦天 金铜仙人辞汉歌 老夫采玉歌 致酒行 长歌续短歌 感讽 神弦曲 江楼曲 将进酒	李贺	Yang Hsien-yi and Gladys Yang	杨宪益 戴乃迭	
1964 (1)	Selections From The Classics	Anecdotes of the Warring States		战国策		Yang Hsien-yi and Gladys Yang	杨宪益 戴乃迭	

续表

出版年(刊号)	栏目名	英文目录 作者	英文目录 标题	中文目录 作者	中文目录 标题	译者	译者中文名	备注
1964 (2)	Selections From The Classics	Hsn Chi-chi	Poems	辛弃疾	诗选	Yang Hsien-yi and Gladys Yang	杨宪益 戴乃迭	
1964 (4)	Selections From The Classics	Liu Chi	Two Fables: The Monkey Man The Orange Vendor			Yang Hsien-yi and Gladys Yang	杨宪益 戴乃迭	
1964 (6)	Selections From The Classics	Tsao Hsueh-chin	Dream of the Red Chamber (an except, chapter 18–20)	曹雪芹	红楼梦 (18~20回)	Yang Hsien-yi and Gladys Yang	杨宪益 戴乃迭	
1964 (7)	Selections From The Classics	Tsao Hsueh-chin	Dream of the Red Chamber (an except, chapter 32–34)	曹雪芹	红楼梦 (32~34回)	Yang Hsien-yi and Gladys Yang	杨宪益 戴乃迭	
1964 (8)	Selections From The Classics	Tsao Hsueh-chin	Dream of the Red Chamber (an except, chapter 74–77)	曹雪芹	红楼梦 (74~77回)	Yang Hsien-yi and Gladys Yang	杨宪益 戴乃迭	
1965 (1)	Selections From The Classics	Chang Chieh and Wang Chien	Tang Dynasty "Yueh-fu" Songs		唐代乐府诗	Yang Hsien-yi and Gladys Yang	杨宪益 戴乃迭	

续表

出版年（刊号）	栏目名	英文目录 作者	英文目录 标题	中文目录 作者	中文目录 标题	译者	译者中文名	备注
1965 (3)	Selections From The Classics	Fan Cheng-ta	Poems	范成大	诗选	Yang Hsien-yi	杨宪益	
1965 (5)	Selections From The Classics	Lu Yu	Poems	陆游	诗选	Yang Hsien-yi and Gladys Yang	杨宪益 戴乃迭	
1965 (7)	Selections From The Classics	HsinChi-chi	Poems	辛弃疾	诗选	Yang Hsien-yi	杨宪益	
1965 (9)	Selections From The Classics	Su Shih	Poems	苏轼	诗选	Yang Hsien-yi and Gladys Yang	杨宪益 戴乃迭	
1965 (11)	Selections From The Classics	Wang An-shih	Poems	王安石	诗选	Yang Hsien-yi and Gladys Yang	杨宪益 戴乃迭	
1966 (4)	Selections From The Classics	Kung Tzu-chen	Poems	龚自珍	诗选	Yang Hsien-yi	杨宪益	
1966 (5)	Selections From The Classics	Wu Cheng-en	Pilgrimage to the West (a chapter fromt he novel, chapter 27)	吴承恩	西游记	Yang Hsien-yi and Gladys Yang	杨宪益 戴乃迭	
1977 (11)	STORIES	TsaoHsueh-chin	A Dream of Red Mansions	曹雪芹	红楼梦（节选）	NA		Chapters 27 and 28

续表

出版年(刊号)	栏目名	英文目录 作者	英文目录 标题	中文目录 作者	中文目录 标题	译者	译者中文名	备注
1977(12)	SKETCHES	Tsao Hsueh-chin	A Dream of Red Mansions (Chapters 40 and 41)	曹雪芹	红楼梦(40~41回)	NA		Chapters 40 and 41
1978(5)	TWO POEMS	Chu Yuan	The Lady of the Hsiang; Mourning the Lost Capital	屈原	湘夫人 哀郢	NA		2
1978(9)	Stories	Chia Yi	Han-Dynasty Verse Essays	贾谊	汉赋	NA		The Owl
1978(9)			Han-Dynasty Ballads		汉乐府	NA		5首
1978(12)	Introducing Classical Chinese Literature	Ssuma Chien	Lord Pingyuan and Yu Ching	司马迁	史记	NA		译者可能是 Hsu The-cheng
1979(2)	Introducing Classical Chinese Literature	Tsao Tsao and Others Poems		曹操、曹植、陶渊明、谢灵运等	诗选	NA		译者可能是 Hsu Kung-shih 共7首

附录3 《中国文学》中国经典翻译统计表

续表

出版年(刊号)	栏目名	英文目录 作者	英文目录 标题	中文目录 作者	中文目录 标题	译者	译者中文名	备注
1979 (5)	Introducing Classical Chinese Literature	Li Bai	Poems of Li Bai	李白	诗选	NA		《行路难》等九首
1979 (5)	Introducing Classical Chinese Literature	Du Fu	Poems of Du Fu	杜甫	诗选	NA		《登岳阳楼》等六首
1979 (7)	Introducing Classical Chinese Literature	BaiJuyi	Poems of BaiJuyi	白居易	诗选	NA		五首诗
1979 (9)	Introducing Classical Chinese Literature	Han Yu	Prose Writings of Han Yu	韩愈	散文选	NA		两篇
1979 (9)	Introducing Classical Chinese Literature	Liu Zongyuan	Prose Writings of Liu Zongyuan	柳宗元	散文选	NA		四篇
1979 (11)	Introducing Classical Chinese Literature	Jiang Fang	Prince Huo's Daughter	蒋防	《霍小玉传》	NA		

续表

出版年（刊号）	栏目名	英文目录 作者	英文目录 标题	中文目录 作者	中文目录 标题	译者	译者中文名	备注
1980 (2)	Introducing Classical Chinese Literature	Li Yong	Selected "Ci" of the Song Dynasty	柳永、晏殊、欧阳修、晏几道、秦观、周邦彦、李清照、辛弃疾	词选	NA		八首
1980 (4)	Introducing Classical Chinese Literature	Ma Zhiyuan; GuanHanqing; BaiPu	"San-Qu" Songs of the Yuan Dynasty	马致远、关汉卿、白朴	散曲选	NA		四篇
1980 (7)	Introducing Classical Chinese Literature	FengMenglong	The Old Gardener	冯梦龙	《醒世恒言》之《灌园叟晚逢仙女》	NA		
1980 (9)	Introducing Classical Chinese Literature	PuSongling	Selections from the Strange Tales of Liaozhai	蒲松林	聊斋节译《崂山道士》《娇娜》	NA		

附录3 《中国文学》中国经典翻译统计表

续表

出版年(刊号)	栏目名	英文目录 作者	英文目录 标题	中文目录 作者	中文目录 标题	译者	译者中文名	备注
1980(9)	Introducing Classical Chinese Literature	Lie Zi; ShenZi; HanFeiZi;	Five Old Chinese Fables	列子、韩非子等	古代故事选	NA		五篇
1980(10)	Folktales of the west Lake		The Bright Pearl			NA		
1980(10)	Folktales of the west Lake		Golden Ox Lake			NA		
1980(12)	Introducing Classical Chinese Literature	Qiu Yuan	The Drunken Monk	丘园	《虎囊弹》之《山门》	NA		
1980(12)	Folktales of the west Lake		The Stone Incense Burner			NA		
1980(12)			The Search fro the Sun					
1981(2)	Introducting Classical Chinese Literature	Yuan Hongdao	Tiger Hillock; A Trip to Manjing; Evening Trip Along the Su Dike; A Journey to Peach–Blossom Spring	袁宏道	虎丘记;满井游记;西湖游记; A Journey to Peach–Blossom Spring			4

528

续表

出版年（刊号）	栏目名	英文目录 标题	英文目录 作者	中文目录 标题	中文目录 作者	译者	译者中文名	备注
1981 (6)	Introducting Classical Chinese Literature	A Visit to Yandang Mountain; On Taihua Mountain	Xu Xiake	游雁荡山日记；游太华山日记	徐霞客	Song Shouquan		2
1982 (2)		Selections from "Slanderous Writings"	Luo Yin	英雄之言；说天鸡；吴宫遗事；三帝所长；秋虫赋；荆巫；畏名	罗隐	Yang Xianyi	杨宪益	7
1982 (4)		Selections from "notes of yue-wei hermitage"	Ji Yun	《阅微草堂笔记》选（十一则）	纪昀	Yang Xianyi	杨宪益	
1982 (10)	Classical Literature	Yang Jiaoai Gives His Life to Save His Friend	Feng Menglong	羊角哀舍命全交	冯梦龙	Gladys Yang	戴乃迭	
1982 (11)		Journey to the West (excerpts)	Wu Cheng'en	《西游记》节选	吴承恩	W. J. F Jenner		Chapters 18 and 19
1982 (12)		Selections from "The Travels of Lao Can"	Lu E	《老残游记》节选	刘鹗	Yang Xianyi and Gladys Yang	杨宪益、戴乃迭	
1983 (3)		Selections from the "Book of Songs"		诗经选		Hu Shiguang	胡世光	20

续表

出版年（刊号）	栏目名	英文目录 作者	英文目录 标题	中文目录 作者	中文目录 标题	译者	译者中文名	备注
1983 (5)		Gong Zizhen	Gong Zizhen's writings: My Plum tree infirmary; a renunciation of wit; a poem; written at night on the 20th of the 10th month when kept awake by a high wind; boundless my grief; written on the bank of the huai river on the 12th of the 5th month; four poems written in 1839; in my youth	龚自珍	龚自珍诗文选：病梅馆记；又忏心一首；兰台序九月廿夜大风，不寐，起而书怀；己亥杂诗（七首）	Yang Xianyi	杨宪益	5
1983 (7)		XuZhonglin	The Tale of Nezha—three Chapters from the "Canonization of the Gods"	许仲琳	《封神演义》节选	Hu Shiguang	胡世光	chapters 12 – 14
1983 (10)		Liu Ji	Selected Fables from "Yu Li Zi"	刘基	《郁离子》寓言选	Shen Zhen		18

续表

出版年(刊号)	栏目名	英文目录 作者	英文目录 标题	中文目录 作者	中文目录 标题	译者	译者中文名	备注
1984(1)	Selections from "The Sotryteller's Bell"	Shen Qifeng	Selections from "The Sotryteller's Bell" Peach Blossom Village A Mermaid Servant The Man Who Subdued Tigers A Village Girl	沈起凤	沈起凤小说四篇：桃天村、鲛奴、壮夫缚虎、村姬	Hu Shiguang	胡世光	
1984(3)	Four Stories from "Random Notes After Chatting at Night"	He Bang'e	Two Wrongly–Matched Couples Mr Lu's Adventure Sister Zhi the Fox Fairy Tan the Ninth	和邦额	《夜谈随录》四篇：米芗老、陆水部、阿稚、谭九	Hu Shiguang	胡世光	
1984(4)	Biographical Literature	Gao Qi; Huang Zongxi; Hou Fangyu; Mao Xianshu; Wei Xi	The Story of a Gambler Who Loved Cockfights Account of Liu Jingting Ma, an Opera Singer A Biography of Dai Wenjin The Story of Big Iron Hammer	高启 黄宗羲 侯方域 魏禧 毛先舒	书博鸡者事 柳敬亭传 马伶传 大铁椎传 戴文进传	Hu Shiguang	胡世光	
1985(1)	Classical Chinese Humour		Sixteenth-century humour compiled by a noted scholar		明代笑话十六则	Jon Kowallis	甘棠	

531

附录3 《中国文学》中国经典翻译统计表

续表

出版年(刊号)	栏目名	英文目录 作者	英文目录 标题	作者	中文目录 标题	译者	译者中文名	备注
1985(3)	Selections from "Notes from the Dreaming Brook"	ShenKuo	Selections from "Notes from the Dreaming Brook"	沈括	《梦溪笔谈》选	Hu Shiguang	胡世光	Observations of a Song dynasty scientist and historian
1986(3)		Ma Zhongxi	The wolf of Zhongshan	马中锡	中山狼传	Simon Johnstone		
1986(4)	Three Classical Stories	Song Maocheng Wu xiangju	The Pearl Shirt; LiuDongshan; The Doctor Monk of Jinshan Temple	宋懋澄 吴炽圻	珍珠衫记 刘东山 金山寺医僧	Simon Johnstone		
1987(1)			Strategies of the Warring States		战国策八篇	Simon Johnstone		
1987(2)	From "tales of Liaozhai"	PuSongling	From "tales of Liaozhai" Rouge; Sunset Cloud	蒲松龄	聊斋志异之《胭脂》、《晚霞》	Simon Johnstone		
1993(1)	Classics	Zhai You	The Tale of Cuicui The Tale of the Golden Phoenix Hairpin	瞿佑	翠翠传 金凤钗记	Paul White		英文写作者姓为zhai，但是中文是瞿

532

续表

出版年（刊号）	栏目名	英文目录 作者	英文目录 标题	作者	中文目录 标题	译者	译者中文名	备注
1993 (2)	Classics	SimaQian	The Jesters	司马迁	《史记·滑稽列传》（节选）	Yang Xianyi and Gladys Yang	杨宪益 戴乃迭	
1993 (3)	Classics	NalanXingde	Eight CiPoems by Na-lanXingde	纳兰性德	词选	Paul White		词8首
1993 (4)	Classics	PuSongling	Three Stories from Tales of Liaozhai Grace The Snake Charmer Wang the Six	蒲松龄	《聊斋志异》之《翩翩》《王六郎》《蛇人》	Li Guoqing	李国庆	
1995 (2)	CLASSICAL POETRY	Gao Shi; Cen Shen	(Gao Shi) Song of Yan; Song of Yingzhou; On HEARING a Flute Tune on the borderland. (Cen Shen) Song of White Snow to Secretary Wu's Return to the capital; Song of luntai to chancellor Feng o the westbound expedotion; song of walking-horse river to the departure of the army on the westbound expedition	高适；岑参	高适、岑参边塞诗一组	Hu Shiguang	胡世光	

续表

出版年（刊号）	栏目名	英文目录 作者	英文目录 标题	中文目录 作者	中文目录 标题	译者	译者中文名	备注
1995 (3)	Classical Chinese Literature	Yuan Zhen; Huang Pumei	The story of Yingying; The story of Bu Feiyan	元稹；皇甫枚	莺莺传；飞烟传	Hu Shiguang; Wen Jingeng	胡世光；Wen Jingeng	
1995 (4)	Classical Literature	Liu Yiqing; Huangfu Mei; KoingPingzhong; Zhou Mi; Chen Qiyuan; Cheng Wenxian	A girl who sold face powder; Queyao, a maid servant; Li Guangyanresests temptation; Yan Rui, an unyielding courtesan; Punishing a martial Xiucai with a trick; Mei Gu persuades his wife	刘义庆；皇甫枚；孔平仲；周密；陈其元；程文宪	卖胡粉女子；却要；李光颜；力拒女色；惩不屈武秀才；梅谷化妻	Huang Zongyin		

附录 4　《熊猫丛书》总目

中文书名	英文书名	作者	译者	出版社	出版年	备注
《三部古典小说节选》	Excerpts from Three Classical Chinese Novels	李汝珍/罗贯中/吴承恩	杨宪益与戴乃迭	Chinese Literature（CL）	1981	
《边城及其他》	The Border Town and Other Stories	沈从文	戴乃迭	CL	1981	
《春天里的秋天及其他》	Autumn in Spring and Other Stories	巴金	王明杰/戴乃迭/沙博理/唐笙/杨毅	CL	1981	
《新凤霞回忆录》	Reminiscences	新凤霞	戴乃迭	CL	1981	

535

续表

中文书名	英文书名	作者	译者	出版社	出版年	备注
《聊斋故事选》	Selected Tales of Liaozhai	蒲松龄	杨宪益与戴乃迭	CL	1981	
《老残游记》	The Travels of Lao Can	刘鹗	杨宪益与戴乃迭	CL	1981	
《三十年代短篇小说选（1）》	Stories from the Thirties（Ⅰ）	叶圣陶/许地山/王统照/柔石/杨振声/胡也频/王鲁彦/张天翼/罗烽	戴乃迭/唐笙/Yu Fanqing/沙博理/张培基/王明杰/杨彦/Zhang Su/Zuo Cheng	CL	1982	
《三十年代短篇小说选（2）》	Stories from the Thirties（Ⅱ）	吴组缃/端木蕻良/魏瑾芝/艾芜/叶子	Yu Fanqing/戴乃迭/沙博理/Wen Xue/唐笙	CL	1982	
《正红旗下》	Beneath the Red Banner	老舍	Don J. Cohn	CL	1982	
《北京的传说》	Beijing Legends	金受申	戴乃迭	CL	1982	
《孙犁小说选》	Blacksmith and the Carpenter	孙犁	不详	CL	1982	
《李广田散文选》	A Pitiful Plaything and Other Essays	李广田	戴乃迭	CL	1982	
《春天里的秋天及其他》	Autumn in Spring and Other Stories	巴金	王明杰/戴乃迭/沙博理/唐笙/杨毅	CL	1982	重
《萧红小说选》	Selected Stories of Xiao Hong	萧红	葛浩文（Howard Goldblatt）	CL	1982	
《黑鳗》	Black Eel	艾青	杨宪益/Robert C. Friend	CL	1982	
《湘西散记》	Recollections of West Hunan	沈从文	戴乃迭	CL	1982	

续表

中文书名	英文书名	作者	译者	出版社	出版年	备注
《新凤霞回忆录》	Reminiscences	新凤霞	戴乃迭	CL	1982	重
《中国当代七位女作家选》	Seven Contemporary Chinese Women Writers	茹志鹃/黄宗英/宗璞/谌容/张洁/张抗抗/王安忆	Yu Fanqing/王明杰/宋绥全/戴乃迭/Shen Zhen/胡志挥	CL	1982	
《聊斋故事选》	Selected Tales of Liaozhai	蒲松龄	杨宪益与戴乃迭	CL	1982	重
《王蒙小说选》	The Butterfly and Other Stories	王蒙	不详	CL	1983	
《中国当代七位女作家选》	Seven Contemporary Chinese Women Writers	茹志鹃/黄宗英/宗璞/谌容/张洁/张抗抗/王安忆	Yu Fanqing/王明杰/宋绥全/戴乃迭/Shen Zhen/胡志挥	CL	1983	重
《赤橙黄绿青蓝紫》	All the Colours of the Rainbow	蒋子龙	王明杰	CL	1983	
《芙蓉镇》	A Small Town Called Hibiscus	古华	戴乃迭	CL	1983	
《当代优秀小说选》	Contemporary Chinese Short Stories	张贤亮/张弦/古华/汪曾祺/金水/He Xiaohu/韩少功/邓友梅/梁晓声	胡志挥/王明杰/W. J. F. Jenner/Kuang Wendong/宋绥全/Shen Zhen	CL	1983	
《单口相声故事选》	Tranditional Comic Tales	张寿辰等	戴乃迭	CL	1983	

续表

中文书名	英文书名	作者	译者	出版社	出版年	备注
《边城及其他》	The Border Town and Other Stories	沈从文	戴乃迭	CL	1983	重
《老残游记》	The Travels of Lao Can	刘鹗	杨宪益与戴乃迭	CL	1983	重
《诗经选》	Selections from the Book of Songs	不详	杨宪益与戴乃迭/Hu Shiguang	CL	1983	
《萧乾小说选》	Chestnuts and Other Stories	萧乾	萧乾等	CL	1984	
《五十年代小说选》	Chinese Stories from the Fifties	秦兆阳/杜鹏程/王愿坚/马烽/浩然/李准	Yu Fanqin/沙博理/唐笙/戴乃迭等	CL	1984	
《刘绍棠中篇小说选》	Catkin Willow Flats	刘绍棠	Alex Young/胡志挥/Rosie Roberts/宋绶全等	CL	1984	
《郁达夫作品选》	Nights of Spring Fever and Other Writings	郁达夫	唐笙/杜博妮/戴乃迭/Don J. John	CL	1984	重
《聊斋故事选》	Selected Tales of Liaozhai	蒲松龄	杨宪益与戴乃迭	CL	1984	重
《三部古典小说节选》	Excerpts from Three Classical Chinese Novels	李汝珍/罗贯中/吴承恩	杨宪益与戴乃迭	CL	1984	
《唐宋诗文选》	Poetry and Prose of the Tang and Song	李白等	杨宪益与戴乃迭	CL	1984	重
《中国当代七位女作家选》	Seven Contemporary Chinese Women Writers	茹志鹃等	王明杰等	CL	1985	重

续表

中文书名	英文书名	作者	译者	出版社	出版年	备注
《北京的传说》	Beijing Legends	金受申	戴乃迭	CL	1985	重
《丁玲小说选》	Miss Sophie's Diary and Other Stories	丁玲	W. J. F. Jenner	CL	1985	
《春天里的秋天及其他》	Autumn in Spring and Other Stories	巴金	王明杰/戴乃迭/沙博理/唐笙/杨毅	CL	1985	重
《老舍小说选》	Crescent Moon and Other Stories	老舍	Don J. Cohn/戴乃迭/沙博理/W. J. F. Jenner	CL	1985	
《茹志鹃小说选》	Lilies and Other Stories	茹志鹃	不详	CL	1985	
《芙蓉镇》	A Small Town Called Hibiscus	古华	戴乃迭	CL	1985	重
《浮屠岭及其他》	Pagoda Ridge and Other Stories	古华	戴乃迭	CL	1985	
《绿化树》	Mimosa and Other Stories	张贤亮	戴乃迭/Rui An/胡志挥/王明杰	CL	1985	
《赤橙黄绿青蓝紫》	All the Colours of the Rainbow	蒋子龙	王明杰	CL	1986	重
《邓友梅小说选》	Scruff – Bottles and Other Stories	邓友梅	戴乃迭	CL	1986	

续表

中文书名	英文书名	作者	译者	出版社	出版年	备注
《北京人》	Chinese Profiles	张欣辛/桑晔	戴乃迭/W. J. F. Jenner/Delia Davin & Cheng Lingfang/Geremie Barmè/Don J. Cohn/Stephen Fleming/Elizabeth Campbell/Frances Wood/Carde Murray	CL	1986	
《芙蓉镇》	A Small Town Called Hibiscus	古华	戴乃迭	CL	1986	重
《张洁小说选》	Love Must Not Be forgotten	张洁	戴乃迭等	CL	1986	
《中国当代七位女作家选》	Seven Contemporary Chinese Women Writers	茹志鹃等	王明杰等	CL	1986	重
《明清诗文选》	Poetry and Prose of the Ming and Qing	不详	杨宪益	CL	1986	
《唐代传奇选》	Tang Dynasty Stories	不详	杨宪益与戴乃迭	CL	1986	
《汉魏六朝诗文选》	Poetry and Prose of the Han, Wei and Six Dynasties	不详	杨宪益与戴乃迭	CL	1986	
《历代笑话选》	Wit and humor from old Cathay	廖静文	Jon Eugene Kowaillis	CL	1986	

续表

中文书名	英文书名	作者	译者	出版社	出版年	备注
《北京人》	Chinese Profiles	张欣辛/桑晔	戴乃迭/W. J. F. Jenner/Delia Davin & Cheng Lingfang/Geremie Barmè/Don J. Cohn/Stephen Fleming/Elizabeth Campbell/Frances Wood/Carde Murray	Chinese Literature Press (CLP)	1987	重
《三部古典小说节选》	Excerpts from Three Classical Chinese Novels	李汝珍/罗贯中/吴承恩	杨宪益与戴乃迭	CLP	1987	重
《闻一多诗文选》	Selected Poems and Essays of Wen Yiduo	闻一多	戴乃迭/Gloria Rogers/Vincent Shin/Julia Lin/Kai-yu Hsu/葛浩文/Yin Shuxun/George Cheng/夏志清等	CLP	1987	
《冯骥才小说选》	The Miraculous Pigtail	冯骥才	不详	CLP	1987	
《高晓声小说选》	The Broken Betrothal	高晓声	不详	CLP	1987	
《人到中年》	A: Middle Age	谌容	不详	CLP	1987	
《萧红小说选》	Selected Stories of Xiao hong	萧红	葛浩文（Howard Goldblatt）	CLP	1987	重
《叶圣陶作品选》	How Mr Pan Weathered the Storm	叶圣陶	Wen Xue/Simon Johnstone/唐笙/Zhang Su/Yu Fanqin/戴乃迭/Alison Bailey/Ying Yishi	CLP	1987	

续表

中文书名	英文书名	作者	译者	出版社	出版年	备注
《张洁小说选》	Love Must Not Be forgotten	张洁	戴乃迭等	CLP	1987	重
《绿化树》	Mimosa and Other Stories	张贤亮	戴乃迭/Rui An/胡志挥/王明杰	CLP	1987	重
《茅盾作品选》	The Vixen	茅盾	戴乃迭/沙博理/Simon Johnstone	CLP	1987	
《世界各地（汉英对照全二册）》	One World	靳羽西	不详	CLP	1987	
《芙蓉镇》	A Small Town Called Hibiscus	古华	戴乃迭	CLP	1987	重
《流逝》	Lapse of Time	王安忆	戴乃迭	CLP	1988	
《红夜》	Red Night	端木蕻良	葛浩文	CLP	1988	
《火花》	Sparks	叶君健/（Chun-chan Yeh）	Ian Ward	CLP	1988	
《冯骥才小说选》	The Miraculous Pigtail	冯骥才	不详	CLP	1988	重
《边城及其他》	The Border Town and Other Stories	沈从文	戴乃迭	CLP	1988	重
《玛拉沁夫小说选》	On the Horqin Grassland	玛拉沁夫	不详	CLP	1988	
《篆竹山房》	Green Bamboo Hermitage	吴组缃	Yu Fanqing/戴乃迭/Linda Javin/David Kwan/Jeff Book/Denis Mair/Susan Dewar/Geremie Barmè	CLP	1989	

续表

中文书名	英文书名	作者	译者	出版社	出版年	备注
《老井》	Old Well	郑义	David Kwan	CLP	1989	
《村愁》	Vendetta	马烽	不详	CLP	1989	
《张洁小说选》	Love Must Not Be forgotten	张洁	戴乃迭等	CLP	1989	重
《蓝屋》	The Blue House	程乃珊	Jeff Book/Frances McDonald/Janice Wickeri/李国庆/Zhang Zhengzhong/William R. Palmer	CLP	1989	
《中国优秀短篇小说选1949—1989》	Best Chinese Stories（1949—1989）	残雪等	不详	CLP	1989	
《爱，在夏夜里燃烧》	Love That Burns on a Summer's Night	玛拉沁夫	不详	CLP	1990	
《单口相声故事选》	Traditional Comic Tales	张寿辰等	戴乃迭	CLP	1990	重
《老舍小说选》	Crescent Moon and Other Stories	老舍	Don J. Chon/戴乃迭/沙博理/W. J. E. Jenner	CLP	1990	重
《中国当代七位女作家选》	Seven Contemporary Chinese Women Writers	茹志鹃等	王明杰等	CLP	1990	重
《龙的传说》	Dragon Tales: A Collection of Chinese Stories	戴乃迭	Simon Johnstone	CLP	1990	
《对口相声》	Comic Sketches	不详	Simon Johnstone	CLP	1990	
《黑骏马》	The Black Steed	张承志	Stephen Fleming	CLP	1990	

续表

中文书名	英文书名	作者	译者	出版社	出版年	备注
《李广田散文选》	A Pitiful Plaything and Other Essays	李广田	戴乃迭	CLP	1990	重
《死水微澜》	Ripples Across Stagnant Water	李劼人	不详	CLP	1990	
《晚饭后的故事》	Story After Supper	汪曾祺	Denis Mair/Jeff Book/Kuang Wendong/Suzanne Convery/胡志挥等	CLP	1990	
《闻一多诗文选》	Selected Poems and Essays of Wen Yiduo	闻一多	戴乃迭/Gloria Rogers/Vincent Shin/Julia Lin/Kai-yu Hsu/葛浩文/Yin Shuxun/George Cheng/夏志清等	CLP	1990	重
《中国当代寓言选（英汉对照）》	Contemporary Chinese Fables	本书收入了33位作家的76篇作品	黄瑞云	CLP	1990	
《北京旅游点的传说》	Sights with Stories in Old Beijing	熊振儒	熊振儒等	CLP	1990	
《麦秸垛》	Haystacks	铁凝	Li Ziliang/王明杰/Zha Jianying/Stephen Fleming/Zhang Maijian/Suzanne Convery/Jeff Book/Rosie Roberts/Denis Mair	CLP	1990	

续表

中文书名	英文书名	作者	译者	出版社	出版年	备注
《唐宋诗文选》	Poetry and Prose of the Tang and Song	李白等	杨宪益与戴乃迭	CLP	1990	重
《历代笑话选》	Wit and humor from old Cathay	廖静文	Jon Eugene Kowaillis	CLP	1990	重
《王维诗选》	Laughing Lost in the Mountains - Selected Poems of Wang Wei	王维	不详	CLP	1990	
《禁宫探秘》	Behind the Veil of the Forbidden City	于善浦/上官丰等	不详	CLP	1991	
《伏羲伏羲》	The Obsessed	刘恒	David Kwan	CLP	1991	
《黑的雪》	Black Snow	刘恒	葛浩文	CLP	1991	
《命若琴弦》	Strings of Life	史铁生	不详	CLP	1991	
《女性三部曲》	The Women Trilogy	白峰溪	Guan Yuehua	CLP	1991	
《藏北游历》	Glimpses of Northern Tibet	马丽华	不详	CLP	1991	
《当代女性作家选(2)》	Contemporary Chinese Women Writers II	方方	不详	CLP	1991	
《天狗》	The Heavenly Hound	贾平凹	不详	CLP	1991	
《欧美环游记》	Dairy of a Chinese Diplomant	张德彝	不详	CLP	1992	

续表

中文书名	英文书名	作者	译者	出版社	出版年	备注
《湘西散记》	Recollections of West Hunan	沈从文	戴乃迭	CLP	1992	
《黑纽扣》	The Black Button	梁晓声	Yang Nan/Shen Zhen/马爱英/刘思聪/Christine Ferreira/Christopher Smith	CLP	1992	
《相片》	The Photograph	冰心	Jeff Book	CLP	1992	
《一分钟小说》	One-Minute Stories	不详	不详	CLP	1992	
《西藏：系在皮绳扣上的魂》	A Soul in Bondage – Stories from Tibet	Tashi Dawa	不详	CLP	1992	
《都市风流》	Metropolis	孙力/余小惠	David Kwan	CLP	1992	
《穆斯林的葬礼》	The Jade King: history of a Chinese Muslim Family	霍达	关月华/钟良弼	CLP	1992	
《扬子江摇篮曲》	Broad Swonder	马宁	刘士聪	CLP	1993	
《孔子（历史小说）》	Confucius	杨书案	刘士聪	CLP	1993	
《幸存的人》	The Defiant Ones	益希丹增	David Kwan	CLP	1993	
《画上的媳妇》	Lady in the Picture (Chinese Folklore)	钟振备编	不详	CLP	1993	
《啊！青鸟》	Oh! Blue Bird	陆星儿	不详	CLP	1993	
《芭蕉谷》	Banana Valey	艾芜	不详	CLP	1993	

续表

中文书名	英文书名	作者	译者	出版社	出版年	备注
《当代中国女作家(3)》	Contemporary Chinese Women Writers Ⅲ	王安忆/陆星儿	不详	CLP	1993	
《陶渊明诗选》	Selected Poems by Tao Yuanming	陶渊明	不详	CLP	1993	
《龙的传说》	Dragon Tales: A Collection of Chinese Stories	戴乃迭	戴乃迭	CLP	1994	
《北京旅游点的传说》	Sighs with Stories in Old Beijing	熊振儒	熊振儒等	CLP	1994	重
《不谈爱情》	Apart from Love	池莉	马爱英/John McLaren/Stephen Fleming/Scudder Smith/王明杰/Wang Weidong	CLP	1994	
《听画》	Recluse of the heavenly house	王为政	刘士聪	CLP	1994	
《官场》	The Corridors of Power	刘震云	不详	CLP	1994	
《杨乃武与小白菜》	The Scholar and the Serving Maid (A Qing Dynasty Mystery)	方艾	Yu Fanqin and Esther Sa	CLP	1994	
《梅雨之夕》	One Rainy Evening	施蛰存	不详	CLP	1994	
《啊！青鸟》	Oh! Blue Bird	陆星儿	不详	CLP	1994	重

547

续表

中文书名	英文书名	作者	译者	出版社	出版年	备注
《诗经选》	Selections from the Book of Songs	不详	杨宪益与戴乃迭/Hu Shiguang	CLP	1994	重
《唐宋诗文选》	Poetry and Prose of the Tang and Song	李白等	杨宪益与戴乃迭	CLP	1994	
《北京人》	Chinese Profiles	张欣辛/桑晔	戴乃迭/W. F. Jenner/Delia Davin & Cheng Lingfang/Geremie Barmè/Don J. Cohn/Stephen Fleming/Elizabeth Campbell/Frances Wood/Carde Murray	CLP	1995	重
《当代中国女作家(3)》	Contemporary Chinese Women Writers Ⅲ	王安忆/陆星儿	不详	CLP	1995	重
《芙蓉镇》	A Small Town Called Hibiscus	古华	戴乃迭	CLP	1995	重
《南京大屠杀》	Lest We Forget: Nanjing Massacre. 1937	徐志耕	不详	CLP	1995	
《裸野》	The Naked Fields	储福金	不详	CLP	1995	
《秋菊打官司》	The Story of Qiuju	陈源斌	Anna Walling	CLP	1995	
《少年天子》	Son of Heaven	凌力	David Kwan	CLP	1995	

续表

中文书名	英文书名	作者	译者	出版社	出版年	备注
《空坟》	Unfilled Graves	阿城	Chen Haiyan	CLP	1995	重
《画上的媳妇》	Lady in the Picture (Chinese Folklore)	钟振备编	不详	CLP	1995	
《银饰》	For Love of a Silversmith	周大新	不详	CLP	1995	
《孙子兵法与评述（英汉对照）》	Sun Zi: The Art of War With Commentaries	谢国良评注	张惠民	CLP	1995	
《中国文学集锦：从明代到毛泽东时代》	A Sampler of Chinese literature: from the Ming Dynasty to Mao Zedong	沙博理编译	沙博理编译	CLP	1996	
《沙狼》	The Desert Wolf	郭雪波	马若芬等	CLP	1996	
《晚雨》	Heavenly Rain	贾平凹	马若芬等	CLP	1996	
《隐形伴侣》	The Invisible Companion	张抗抗	白润德	CLP	1996	
《风雪定陵》	The Dead Suffered Too – The Excavation of a Ming Tomb	岳南/杨仕	章挺权	CLP	1996	
《紫宫探秘》	Behind the Veil of the Forbidden City	于善浦/上官丰等	不详	CLP	1996	重
《中国当代女作家选(5) 方方专辑》	Contemporary Chinese Women Writers V – Three Novellas by Fang Fang	方方	关大卫等	CLP	1996	

续表

中文书名	英文书名	作者	译者	出版社	出版年	备注
《明清文言小说选》	Short Tales of the Ming & Qing	蒲松龄等	张西蒙等	CLP	1996	
《寒山诗选》	Encounters with Cold Mountain – Poems by Han Shan	寒山子	不详	CLP	1996	重
《唐宋诗文选》	Poetry and Prose of the Tang and Song	李白等	杨宪益与戴乃迭	CLP	1996	重
《金江寓言选》	Jinjiang: Selected Fables	金江	樊祖鼎	CLP	1997	重
《孔子》	Confucius: A Novel	杨书案	刘士聪	CLP	1997	重
《老舍小说选》	Crescent Moon and Other Stories	老舍	Don J. Cohn/戴乃迭/沙博理/W. J. F. Jenner	CLP	1997	重
《老子》	Lao Zi	杨书案	刘士聪	CLP	1997	重
《穆斯林的葬礼》	The Jade King: history of a Chinese Muslim Family	霍达	关月华/钟良弼	CLP	1997	重
《当代女性作家选(2)》	Contemporary Chinese Women Writers II	方方等	不详	CLP	1997	重
《芙蓉镇》	A Small Town Called Hibiscus	古华	戴乃迭	CLP	1997	重
《秋菊打官司》	The Story of Qiuju	陈源斌	Anna Walling	CLP	1997	重
《小小说选(英汉对照)》	Anecdotal One-minute Stories	孙方友等	熊振儒等	CLP	1997	重

续表

中文书名	英文书名	作者	译者	出版社	出版年	备注
《笑画连篇》	Five Yuan for a Slap on the Face	不详	戴乃迭等	CLP	1997	
《张洁小说选》	Love Must Not Be forgotten	张洁	戴乃迭等	CLP	1997	重
《七侠五义》	The Seven Heroes and Five Gallants	石玉昆/俞樾	宋绶权等	CLP	1997	
《镖头杨三》	Deliverance – Armed Escort and Other Stories	聂鑫森	不详	CLP	1998	
《敦煌遗梦》	Dur-huang Dreams	徐小斌	不详	CLP	1998	
《天津江湖传奇》	King of the Wizard	林希	孙艺风/沙勒迪/李国庆	CLP	1998	
《张欣小说选》	Contemporary Chinese Women Writers – Four Novellas by Zhang Xin	张欣	马若芬/熊振儒/孙艺风/李芸贞	CLP	1998	
《中国当代女作家选(7)》	Contemporary Chinese Women Writers Ⅶ	不详	不详	CLP	1998	
《中国当代女作家选(6)》	Contemporary Chinese Women Writers Ⅵ	张辛欣等	章思英等	CLP	1998	
《中国当代寓言选(第二集)英汉对照》	Contemporary Chinese Fables Ⅱ	收有艾青、冯雪峰、严文井等38位中国当代著名作家创作的112篇寓言佳作	不详	CLP	1998	

551

附录4 《熊猫丛书》总目

续表

中文书名	英文书名	作者	译者	出版社	出版年	备注
《追忆逝水年华》	Vanished Spring: Life and Love of a Chinese intellectual	许渊冲等	许渊冲等	CLP	1998	
《太极（英汉对照）》	The Supreme Ultimate	顾偕	刘志敏	CLP	1998	
不详	Cherished Dawn Blossoms: A Retrospective of Chinese Literature	Du Xia (editor)	不详	CLP	1998	
《中医撷趣》	Episodes in Traditional Chinese Medicine	白静风	章挺权	CLP	1998	
《初刻拍案惊奇》	Amazing Tales First Series and Second Series	凌濛初	温晋根	CLP	1998	
《二刻拍案惊奇》	Amazing Tales Second Series and Second Series	凌濛初	马文谦	CLP	1998	
《风雪定陵》	The Dead Suffered Too — The Excavation of a Ming Tomb	岳南/杨仕	章挺权	CLP	1999	重
《闻一多诗文选》	Selected Poems and Essays of Wen Yiduo	闻一多	戴乃迭/Gloria Rogers/Vincent Shin/Julia Lin/Kai-yu Hsu/葛浩文/Yin Shuxun/George Cheng/夏志清等	CLP	1999	重

续表

中文书名	英文书名	作者	译者	出版社	出版年	备注
《端木蕻良小说选（英汉对照）》	Selected Stories by Duanmu Hongliang	端木蕻良	不详	CLP	1999	
《施蛰存小说选》	Selected Stories by Shi Zhecun	施蛰存	不详	CLP	1999	
《当代优秀小说选》	Contemporary Chinese Short Stories	张贤亮/张弦/古华/汪曾祺/金水/He Xiaohu/韩少功/邓友梅/梁晓声	胡志挥/王明杰/W. J. F. Jenner/Kuang Wendong/宋绶全/Shen Zhen	CLP	1999	重
《沈从文小说选》	Selected Stories by Shen Congwen	沈从文	戴乃迭	CLP	1999	
现代文学系列《艾芜小说选（汉英对照）》	Selected Poems by Ai Wu	艾芜	不详	CLP	1999	
《朝花夕拾——古代诗歌卷（英汉对照）》	不详	不详	不详	CLP	1999	
《唐宋散文选（英汉对照）》	Selected Prose from the Tang and Song Dynasties	不详	不详	CLP	1999	
现代文学系列《艾青诗选（汉英对照）》	Selected Poems by Ai Qing	艾青	不详	CLP	2000	
现代文学系列《孙犁小说选（汉美对照）》	Selected Stories by Sun Li	孙犁	不详	CLP	2000	

续表

中文书名	英文书名	作者	译者	出版社	出版年	备注
现代文学系列《闻一多诗文选（汉英对照）》	Selected Poems and Essays by Wen Yiduo	闻一多	不详	CLP	2000	重
现代文学系列《叶圣陶小说散文选（汉英对照）》	Selected Poems and Prose by Ye Shengtao	叶圣陶	不详	CLP	2000	
《芙蓉镇》	A Small Town Called Hibiscus	古华	戴乃迭	Foreign Language Press (FLP)	2001	重
《芙蓉镇》	A Small Town Called Hibiscus	古华	戴乃迭	FLP	2003	重
《北京的传说》	Beijing Legends	金受申	戴乃迭	FLP	2004	重
《诗经选》	Selections from the Book of Songs	不详	杨宪益与戴乃迭/Hu Shiguang	FLP	2004	重
《流逝》	Lapse of Time	王安忆	戴乃迭	FLP	2005	重
《蓝屋》	The Blue House	程乃珊	Jeff Book/Frances McDonald/Janice Wickeri/李国庆/Zhang Zhengzhong/William R. Palmer	FLP	2005	重

554

续表

中文书名	英文书名	作者	译者	出版社	出版年	备注
《达紫香悄悄地开了》	The Mountain Flowers Have Bloomed Queitly	陆星儿	唐笙/Anne–Marie traeholt and Mark Kruger	FLP	2005	
《原野上的羊群》	A Flock in the Wilderness	迟子建	熊振儒等	FLP	2005	重
《麦秸垛》	Haystacks	铁凝	王明杰等	FLP	2005	重
《不谈爱情》	Apart from Love	池莉	王明杰等	FLP	2005	重
《北京旅游点的传说》	Sights with Stories in Old Beijing	熊振儒	熊振儒等	FLP	2005	重
《龙的传说》	Dragon Tales	戴乃迭	戴乃迭	FLP	2005	
《中国小说选集》	An Antology of Chinese Short Short Stories	周大新等（共收录111篇）	黄俊雄（Harry J. Huang）	FLP	2005	重
《北京的传说》	Beijing Legends	金受申	戴乃迭	FLP	2005	重
《初刻拍案惊奇》	Amazing Tales First Series and Second Series	凌濛初	温晋根	FLP	2005	重
《二刻拍案惊奇》	Amazing Tales Second Series and Second Series	凌濛初	马文谦	FLP	2005	重
《七侠五义》	The Seven Heroes and Five Gallants	石玉昆/俞樾	宋绶权等	FLP	2005	重
《汉魏六朝诗文选》	Poetry and Prose of the Han, Wei and Six Dynasties	不详	杨宪益与戴乃迭	FLP	2005	重

续表

中文书名	英文书名	作者	译者	出版社	出版年	备注
《唐宋诗文选》	Poetry and Prose of the Tang and Song	李白等	杨宪益与戴乃迭	FLP	2005	重
《老残游记》	The Travels of Lao Can	刘鹗	杨宪益与戴乃迭	FLP	2005	重
《唐宋诗文选》	Poetry and Prose of the Tang and Song	李白等	杨宪益与戴乃迭	FLP	2006	重
《北京的传说》	Beijing Legends	金受申	戴乃迭	FLP	2007	重
《蓝屋》	The Blue House	程乃珊	Jeff Book/Frances McDonald/Janice Wickeri/李国庆/Zhang Zhengzhong/William R. Palmer	FLP	2007	重
《唐宋诗文选》	Poetry and Prose of the Tang and Song	李白等	杨宪益与戴乃迭	FLP	2007	重

附录 5

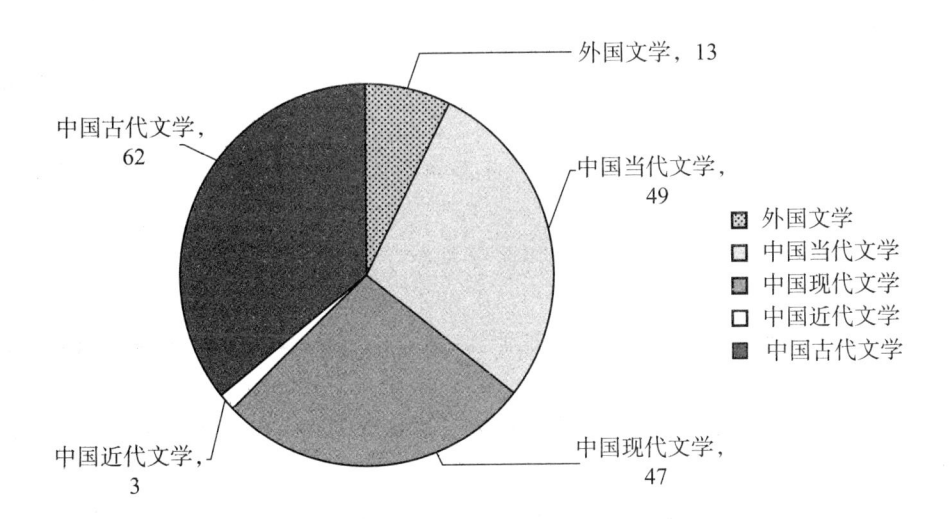

《熊猫丛书》中国文学翻译比例示意图

- 外国文学，13
- 中国当代文学，49
- 中国现代文学，47
- 中国近代文学，3
- 中国古代文学，62

图例：
- 外国文学
- 中国当代文学
- 中国现代文学
- 中国近代文学
- 中国古代文学

附录5 《熊猫丛书》中国文学翻译比例示意图

参考文献

学术论文：

［1］张西平：《在世界范围内梳理中国文化外传的历程》，载于《国际汉学》，2012年第23辑。

［2］朱政惠：《关于史学史研究和外中国学研究的若干问题》，载于《探索与争鸣》，2007年第1期。

［3］张西平：《对赛义德〈东方学〉的思考》，载于《跨文化对话》，2007年第22辑。

［4］贺圣达：《中国古代文化在东南亚的影响》，载于《思想战线》，1992年第5期。

［5］史继忠：《"东方文化圈"与东南亚文化》，载于《贵州民族研究》，2000年第3期。

［6］林金枝：《近代华侨在东南亚传播中华文化中的作用》，载于《南洋问题研究》，1990年第2期。

［7］饶芃子：《中国文学在东南亚》，载于《世界华文文学论坛》，1999年第3期。

［8］高伟光：《中华传统文化在东南亚的传承与变异》，载于《江西社会科学》，2005年第4期。

［9］梁英明：《从东南亚华人看文化交流与融合》，载于《华侨华人历史研究》，2006年第4期。

［10］程曼丽：《关于海外华文传媒的战略性思考》，载于《国际新闻界》，2001年第3期。

［11］陈友冰：《汉文化在新加坡流播的历史进程及相关特征》，摘自国学网：http://www.guoxue.com/? p=2970。

［12］林远辉：《马来亚独立前的华侨学校》，载于《华侨史论文集》（三），暨南大学华侨研究所，1981年。

［13］莫嘉丽：《中国传统文学在新马的传播——兼论土生华人的作用》，载于《华侨华人历史研究》，2001年第3期。

［14］苏庆华：《马大中文系教职员的学术研究概述》，王润华、杨松年主编：《新马汉学研究：国大马大中文系研究状况探讨研讨会论文集》，新加坡：新加坡国立大学中文系，2001年。

［15］杨贵谊：《新马土生华人翻译文学的兴衰》，载于《东南亚华人文学与文化》，新加坡：新加坡亚洲研究学会，1995年。

［16］杨贵谊：《马来语文中的华文文学翻译作品》，载于《人文杂志》，2001年第7期。

［17］康海玲：《粤剧在马来西亚的流传和发展》，载于《四川戏剧》，2006年第2期。

［18］康海玲：《琼剧在马来西亚的流传和发展》，载于《戏曲研究》，2006年第3期。

［19］佚名：《琼剧：海南文化精粹》，载于《星洲日报》，2004年3月7日刊大都会版。

［20］贺圣达：《近代东南亚的汉学研究》，载于《云南社会科学》，1999年第4期。

［21］李雪涛：《一段鲜为人知的往事背后——由孔拉迪对林语堂的博士论文评语想到的》，载于《中华读书报》，2005年8月3日刊。

［22］［德］傅海波著，胡志宏译：《欧洲汉学史简评》，载于《国际汉学》，2002年第7辑。

［23］张铠：《从"西方中心论"到"中国中心观"——当代美国中国史研究的发展趋势》，载于《中国史研究动态》，1994年第11期。

［24］黄育馥：《20世纪80年代以来美国中国学的几点变化》，载于《国外社会科学》，2004年第5期。

［25］杨念群：《美国中国学研究的范式转变与中国史研究的现实处境》，载于《清史研究》，2000年第4期。

［26］华如君：《关于马可·波罗的籍贯》，载于《东欧》，1983年第1期。

［27］柳若梅：《启蒙运动中俄罗斯相遇中国文化的首次机缘》，载于《中俄文化对话》，2008年第1辑。

［28］邓奇峰：《国父思想之实践与阐扬者——孙哲生先生》（下），载于《政治评论》，第31卷第10期。

［29］陈旦：《"列子杨朱篇"伪书新证》，载于《国学丛刊》，1924年第2卷第1期。

[30] 耿纪用:《远游的寒山：英译第一首寒山诗》，载于《中国比较文学》，2012年第2期。

[31] 何琳、赵新宇:《〈中国文学〉新中国文学西播前驱》，载于《中华读书报》，2003年9月24日刊。

[32] 何琳、赵新宇:《〈中国文学〉的历史与文化价值》，载于《文史杂志》，2011年第2期。

[33] 王以铸:《论诗之不可译》，载于《编译参考》，1981年第1期。

[34] 许渊冲:《诗词·翻译·文化》，载于《北京大学学报（哲学社会科学版）》，1990年第5期。

[35] 许渊冲:《中国学派的古典诗词翻译理论》，载于《外语与外语教学》，2005年第11期。

[36] 许渊冲:《谈中国学派的翻译理论：中国翻译学落后于西方吗?》，载于《外语与外语教学》，2003年第1期。

[37] 许渊冲:《实践第一，理论第二》，载于《上海科技》，2003年第1期。

[38] 许渊冲:《中国古典学派的翻译理论》，载于《外语与外语教学》，2005年第11期。

[39] 许渊冲:《译学与易经》，载于《北京大学学报（哲学社会科学版）》，1992年第3期。

[40] 吴晓明:《论中国学术的自我主张》，载于《学术月刊》，2012年第7期。

[41] 许渊冲:《译学要敢为天下先》，载于《中国翻译》，1999年第2期。

[42] 孙宏:《论庞德的史诗与儒家经典》，载于《外国文学评论》，1999年第2期。

[43] 蒋洪新:《庞德的翻译理论研究》，载于《外国语》，2001年第4期。

[44] 钱兆明、管南异:《逆向而行——庞德与宋发祥的邂逅和撞击》，载于《外国文学》，2011年第6期。

[45] 王贵明:《〈比萨诗章〉中的儒家思想》，载于《国外文学》，2001年第2期。

[46] 罗坚:《西方中心主义的变奏：重评庞德的中国文化态度》，载于《湖南师范大学社会科学学报》，2009年第2期。

[47] 朱谷强:《庞德的一种东方主义》，载于《疯狂英语（教师版）》，2009年第4期。

[48] 张剑:《翻译与表现：读钱兆明主编〈庞德与中国〉》，载于《国外文

学》，2007 年第 4 期。

[49] 王勇智：《庞德译作〈华夏集〉研究中的'东方主义'视角述评》，载于《学术探索》，2013 年第 3 期。

[50] 潘文国：《译入与译出：谈中国译者从事汉籍英译的意义》，载于《中国翻译》，2004 年第 2 期。

[51] 温铁军：《告别百年西制崇拜》，载于《环球时报》，2011 年 9 月 16 日刊。

[52] 张西平：《东方的希望》，载于《中华读书报》，2012 年 3 月 7 日刊。

[53] 傅斯年：《法国汉学家伯希和莅平》，载于《北京晨报》，1933 年 1 月 15 日刊。

[54] 郑天挺：《五十自述》，载于《天津文史资料选辑》，1984 年第 28 辑。

[55] 张西平：《国学与汉学三题》，载于《清华大学（哲学社会科学学报）》，2011 年第 6 期。

[56] 潘文国：《译入与译出：谈中国译者从事汉籍英译的意义》，载于《中国翻译》，2004 年第 2 期。

[57] 孙家正：《关于战略机遇期的文化建设问题》，载于《文艺研究》，2003 年第 1 期。

[58] 骆玉安：《关于实施中华文化走出去战略的思考》，载于《殷都学刊》，2004 年第 2 期。

[59] 习近平：《建设社会主义化强国着力提高国家文化软实力》，新华网，2013 年 12 月 31 日讯。

[60] 何培忠、刘霓、王文娥：《波兰、捷克的中国研究》，载于《国外社会科学》，2010 年第 3 期。

[61] [斯洛伐克] 玛丽娜·恰尔诺古尔斯卡（黑山）：《斯洛伐克汉学研究五十年》，载于《欧洲语言文化研究》第 6 辑，北京：时事出版社，2011 年 2 月第 1 版。

[62] 李从：《保加利亚汉学研究》，载于《汉学研究通讯》，26：3（总 103 期），台湾：2008 年 8 月。

学术著作：

[1] 严绍璗主编：《国际中国文化研究年鉴》（1979～2009），北京：外研社，2013 年。

[2] 陈铨著：《中德文学研究》，上海：商务印书馆，1936 年。

[3] 朱谦之著：《中国思想对欧洲文化之影响》，上海：商务印书馆，1940 年。

［4］莫东寅著：《汉学发达史》，郑州：大象出版社，2005年。

［5］桑兵著：《国学与汉学：近代中外学术交往录》，杭州：浙江出版社，1999年。

［6］杨堃著：《葛兰言研究导论》，《社会学与民族学》，成都：四川民族出版社，1997年。

［7］胡寄窗著：《中国近代思想史大纲》，北京：中国社会科学出版社，1984年。

［8］［德］马汉茂、［德］汉雅娜著，张西平、李雪涛主编：《德国汉学：历史、发展、人物与视角》，郑州：大象出版社，2005年。

［9］李雪涛著：《日耳曼学术谱系中的汉学：德国汉学之研究》，北京：外研社，2008年。

［10］李雪涛编：《民国时期的德国汉学：文献与研究》，北京：外研社，2013年。

［11］方豪著：《中国天主教史论丛》，上海：商务印书馆，1947年。

［12］方豪著：《方豪六十自定稿》，台湾：学生书局，1969年。

［13］李雪涛、柳若梅、顾钧编：《跨越东西方的思考：世界语境下的中国文化研究》，北京：外研社，2010年。

［14］杨武能著：《歌德与中国》，北京：三联书店，1991年。

［15］［德］黑塞著，谢莹莹译：《黑塞之中国》，北京：人民文学出版社，2011年。

［16］严绍璗著：《日本中国学史》，北京：学苑出版社，2009年。

［17］李学勤主编：《国际汉学著作提要》，南昌：江西教育出版社，1996年。

［18］金毓黻著：《中国史学史》，北京：商务印书馆，1991年。

［19］欧阳哲生主编：《傅斯年全集》（全7册），长沙：湖南教育出版社，2003年。

［20］余英时著：《现代危机与思想人物》，北京：三联书店，2005年。

［21］［美］赛义德著，李琨译：《文化与帝国主义》，北京：三联书店2003年。

［22］［美］罗伯特·F·伯克霍福著，邢立军译：《超越伟大故事：作为文本和话语的历史》，北京：北京师范大学出版社，2008年。

［23］［英］伯恩斯、［英］皮卡德著，张羽佳译：《历史哲学：从启蒙到后现代》，北京：北京师范大学出版社，2008年。

［24］黄进兴著：《后现代主义与史学研究》，北京：三联书店，2008年。

[25] 尹文娟著：《〈中国丛报〉研究》，北京：北京大学，2003 年。

[26] 张西平编：《欧美汉学的历史与现状》，郑州：大象出版社，2006 年。

[27] 张舜徽著：《中国文献学》，上海：上海世纪出版集团，2009 年。

[28] 金国平、吴志良著：《过十字门》，澳门：澳门成人教育学会，2004 年。

[29] [德] 安德烈·冈德·弗兰克、[英] 巴里·K. 吉尔斯主编，郝名玮译：《世界体系：500 年还是 5000 年》，北京：社会科学文献出版社，2004 年。

[30] 周宁编著：《中国形象：西方的学说与传说》，北京：学苑出版社，2004 年。

[31] 周宁著：《天朝遥远：西方的中国形象研究》，北京：北京大学出版社，2006 年。

[32] 周宁主编：《世界的中国形象》，北京：人民出版社，2010 年。

[33] [法] 克劳婷·苏尔梦编著：《文学的移居：中国传统小说在亚洲》，北京：国际文化出版公司，1989 年。

[34] 黄慧敏：《新马峇峇文学的研究》，台北："国立"政治大学，2003 年。

[35] 赖伯疆著：《东南亚华文戏剧概观》，北京：中国戏剧出版社，1993 年。

[36] 徐善福、林明华著：《越南华侨史》，广州：广东高等教育出版社，2011 年。

[37] 梁虹著：《论南洋四国的中国艺术》，福州：福建师范大学，2007 年。

[38] 黄连枝著：《马华社会史导论》，新加坡：万里文化企业公司，1971 年。

[39] 丁言昭著：《中国木偶史》，上海：学林出版社，1991 年。

[40] 赵康太著：《琼剧文化论》，北京：中国戏剧出版社，1998 年。

[41] 郑长铃、王珊著：《南音》，杭州：浙江人民出版社，2005 年。

[42] 梁元生著：《宣尼浮海到南洲》，香港：香港中文大学，1995 年。

[43] 耿引曾著：《汉文南亚史料学》，北京：北京大学出版社，1990 年。

[44] 季羡林著：《中印文化交流史》，北京：中国社会科学出版社，2008 年。

[45] 薛克翘：《中国印度文化交流史》，北京：昆仑文化出版社，2008 年。

[46] [阿拉伯] 伊木·图斐利著，王复、陆孝修译：《哈义·本·叶格赞的故事》，北京：商务印书馆，1999 年。

[47] 穆根来、汶江、黄倬文译：《中国印度见闻录》，北京：中华书局，1983 年。

[48] 布索罗斯：《中亚：伊斯兰遗产》（上），科威特国家文化艺术文学委员会《知识世界丛书》，1980 年。

[49] [阿拉伯] 麦斯欧迪著，耿昇译：《黄金草原与珠玑宝藏》，西宁：青海人民出版社，1988 年。

[50] [摩洛哥] 伊本·白图泰著, 马金鹏译:《伊本·白图泰游记》, 银川: 宁夏人民出版社, 2000年。

[51] 郭应德著, 张甲民译:《中国阿拉伯关系史》, 阿拉伯信息中心——穆斯林法·萨法日尼博士出版, 2004年。

[52] 周珏良著:《周珏良文集》, 北京: 外语教学与研究出版社, 1994年。

[53] 葛桂录著:《雾外的远音——英国作家与中国文化》, 银川: 宁夏人民出版社, 2002年。

[54] 王建华等译:《现代史学的挑战——美国历史学会主席演说集（1961～1988）》, 上海: 上海人民出版社, 1990年。

[55] 顾长声著:《从马礼逊到司徒雷登——来华新教传教士评传》, 上海: 上海人民出版社, 1985年。

[56] [美] 柯文著, 林同奇译:《在中国发现历史》, 北京: 中华书局, 1989年。

[57] [美] 费正清著, 陆惠勤等译:《费正清对华回忆录》, 北京: 知识出版社, 1991年。

[58] [美] 费正清主编:《剑桥中国晚清史（1800～1911）》（上卷）, 北京: 中国社会科学出版社, 1983年。

[59] [美] 费正清著, 刘尊棋译:《伟大的中国革命（1800～1911）》, 北京: 国际文化出版公司, 1989年。

[60] 安平秋、[美] 安乐哲主编:《北美汉学家辞典》, 北京: 人民文学出版社, 2001年。

[61] 黄宗智著:《中国农村的过密化与现代化: 规范认识的危机及出路》, 上海: 上海社会科学院出版社, 1992年。

[62] [美] 杜赞奇著, 王福明译:《文化、权力与国家: 1900～1942年的华北农村》, 南京: 江苏人民出版社, 1996年。

[63] [斯洛伐克] 马立安·高利克著:《捷克和斯洛伐克汉学研究》, 北京: 学苑出版社, 2009年。

[64] 李华川著:《晚清一个外交官的文化历程》, 北京: 北京大学出版社, 2004年。

[65] 李喜所著:《近代留学生与中外文化交流》, 天津: 天津教育出版社, 2006年。

[66] [美] 史黛西·比勒著, 张艳译:《中国留美学生史》, 上海: 三联出版社, 2010年。

[67] 刘晓琴:《中国近代留英教育史》, 天津: 南开大学出版社, 2005年。

[68] 吴宓著：《吴宓日记》（第3册），北京：三联书店，1998年。

[69] 吴经熊著，周伟驰译，雷立柏注：《超越东西方》，北京：中国社会科学文献出版社，2002年。

[70] 孙科著：《前言》，《天下》（1935年创刊号），北京：国家图书馆出版社，2009年。

[71] 徐友春主编：《民国人物大辞典》（增订本），石家庄：河北人民出版社，2007年。

[72] 沈复著：《浮生六记》，北京：北京人民文学出版社，1980年。

[73] 林语堂著：《浮生六记英译自序》，北京：外研社，1999年。

[74] 陈寅恪著：《元白诗笺证稿》，上海：上海古籍出版社，1978年。

[75] 林语堂著：《生活的艺术》，哈尔滨：北方文艺出版社，1987年。

[76] 郑逸梅著：《文苑花絮》，郑州：中州书画社，1983年。

[77] 季羡林著：《季羡林文集》（第六卷），南昌：江西教育出版社，1996年。

[78] [美] 鄢华阳等著，顾为民译：《中国天主教历史译文集》，桂林：广西师范大学出版社，2010年。

[79] 周东元、亓文公编：《中国外文局五十年史料选编》（1），北京：新星出版社，1999年。

[80] 苑茵著，叶念伦整理：《往事重温》，上海：华东师范大学出版社，2008年。

[81] 《中国外文局五十年——书刊对外宣传的理论与实践》，北京：新星出版社，1999年。

[82] 何明星、张西平、于美晨著：《中国文化对外翻译出版发展报告（1949~2009）》，2012年。

[83] [美] 宇文所安著，胡秋蕾等译，田晓菲校：《中国早期诗歌的生成》，北京：三联书店，2012年。

[84] [美] 宇文所安著，贾晋华、钱彦译：《晚唐：九世纪中叶的中国诗歌（827~860）》，北京：三联书店，2011年。

[85] 张智中著：《许渊冲与翻译艺术》，武汉：湖北教育出版社，2006年。

[86] [美] 马森著，杨德山等译：《西方的中华帝国观》，北京：时事出版社，1999年。

[87] 陶乃侃著：《庞德与中国文化》，北京：首都师范大学出版社，2006年。

[88] 赵毅衡著：《诗神远游：中国如何改变了美国现代诗》，上海：译文出版社，2003年。

[89][法]费赖之著,梅乘骐、梅乘骏译:《明清间在华耶稣会士列传》,上海:天主教上海教区光启社,1997年。

[90][美]丹尼尔·贝尔著,赵一凡译:《资本主义文化矛盾》,北京:三联书店,1989年。

[91][美]爱德华·萨义德著,王宇根译:《东方学》,北京:三联书店,1999年。

[92]钱钟书著:《钱钟书集——写在人生边上的边上》,北京:三联书店,2001年。

[93][德]庞德著,黄运特译:《庞德诗选——比萨诗章》,桂林:漓江出版社,1998年。

[94]王岳川著:《发现东方》,北京:北京大学出版社,2011年。

[95]王宏印著:《中国文化典籍英译》,北京:外研社,2009年。

[96][日]大冢幸男著,陈秋峰、杨国华译:《比较文学原理》,西安:陕西人民出版社,1985年。

[97][美]韦斯坦因著,刘象愚译:《比较文学与文学理论》,沈阳:辽宁人民出版社,1987年。

[98]谢天振著:《中国现代翻译文学史》,上海:外语教育出版社,2004年。

[99]张隆溪选编:《比较文学译文集》,北京:北京大学出版社,1982年。

[100]谢天振著:《比较文学与翻译研究》,上海:复旦大学出版社,2011年。

[101][英]艾兹赫德著,姜智芹译:《世界历史中的中国》,上海:上海人民出版社,2009年。

[102][法]伏尔泰著,梁守锵译:《风俗论:论各民族的精神与风俗以及自查理至路易十三的历史》,北京:商务印书馆,1985年。

[103][德]莱布尼茨编,梅谦立等译:《中国近事:为了着凉我们这个时代的历史》,郑州:大象出版社,2005年。

[104][美]斯塔夫里阿诺斯著,吴象婴等译:《全球通史:1500年以后的世界》,上海:上海社会科学院出版社,1999年。

[105][美]威廉·W.凯斯等编,刘江译:《中国的崛起于亚洲的势力均衡》,上海:上海人民出版社,2010年。

[106]张西平著:《中国和欧洲早期宗教与哲学交流史》,北京:东方出版社,2000年。

[107]胡适著:《胡适留学日记》,合肥:安徽教育出版社,2006年。

[108] 胡适著：《胡适文存》（第三卷），上海：亚东图书馆印行，商务印书馆发行，1940年。

[109] 陈寅恪著：《金明馆丛稿二编》，北京：三联书店，2009年。

[110] 辜鸿铭著：《辜鸿铭文集》（下册），海口：海南出版社，1996年。

[111] 王鸣盛校注，黄曙辉点校：《十七史商榷》，上海：上海古籍出版社，2013年。

[112] 胡适著：《胡适文集》（5），北京：北京大学出版社，1998年。

[113] 苏杰编译：《西方校勘学论著选》，上海：上海人民出版社，2009年。

[114] 朱政惠、崔丕主编：《北美中国学的历史与现状》，上海：上海辞书出版社，2013年。

[115] 张海默著：《北美中国学：研究概述与文献资源》，北京：中华书局，2010年。

[116] 谢天振著：《隐身与现身：从传统译论到现代译论》，北京：北京大学出版社，2013年。

[117]［意］杰奥瓦尼·阿瑞基著，姚乃强、严维明、韩振荣译：《漫长的20世纪》，南京：江苏人民出版社，2001年。

[118]《十六大以来重要文献选编》（上卷），北京：中央文献出版社，2004年。

[119]《十六大以来重要文献选编》（中卷），北京：中央文献出版社，2006年。

[120] 黄长著、孙越生、王祖望主编：《欧洲中国学》，北京：社会科学文献出版社，2005年第1版。

[121] 张西平主编，李雪涛副主编：《西方汉学十六讲》，北京：外语教学与研究出版社，2011年9月第1版。

[122] 张西平，［匈牙利］郝清新编：《中国文化在东欧：传播与接受研究》，北京：外语教学与研究出版社，2013年7月第1版。

[123]［斯洛伐克］马立安·高利克：《捷克和斯洛伐克汉学研究》，北京：学苑出版社，2009年第1版。

[124] 符志良：《早期来华匈牙利人资料辑要（1341~1944）》，布达佩斯：世界华文出版社，2003年6月第1版。

[125] 丁超：《中罗文学关系史探》，北京：人民文学出版社，2008年第1版。

[126] 董淑慧编著、葛志强审校：《保加利亚汉语教学五十年》，索非亚：玉石（Камея）出版公司，2005年6月第1版。

[127] 教育部哲学社会科学研究重大课题攻关项目 "20 世纪中国古代文化经典在域外的传播与影响"子课题"20 世纪中国古代文化经典在东欧的传播编年"成果手稿（赵刚：波兰篇；徐伟珠：捷克篇；郭晓晶：匈牙利篇；丁超：罗马尼亚篇；田建军：保加利亚篇；陈逢华：阿尔巴尼亚篇；鲍捷：斯洛文尼亚篇），2013 年。

外文文献：

［1］ 시경연구에대해서는제 3 장초기문론연구를언급할때그구체적내용에 대하여논의된바있음.

［2］ 林熒澤（임형택）：《19 세기西學에대한經學의對應》(《朝鮮後期經學의 展開와그性格》，成均館大學出版社，1988》참조.

［3］ 이가원〈中國文學思潮史〉'小敍'참조.

［4］ 李宇正論文（1998） P. 164 에서 1950 년에서 1966 에서 1996 년까지연구된중국고전문학이론연구논저가 600 여편이며，그중에서위진남북조시대의이론에대한부분이가장많은 149 편이라고지적한바있다.

［5］ 李宇正，앞의논문，P. 168 에서 1952 년부터 1996 년까지의업적을대상으로한통계에서총 62 편의논저가발표되었는데，그중에서 1970 년대이후，특히 1980 년대와 1990 년대에발표된연구논문이 45 편으로조사된바있다.

［6］ Claudine Salmon. *Literature in Malay by the Chinese of Indonesia：A Provisional Annotated Bibliography*，Paris：Editions de la Maison des Sciences de l'Homme，1981.

［7］ 钱钟书. "China in the English Literature of the Eighteenth Century". *Quarterly Bulletin of Chinese Bibliography（new series）*，II 1 - 4（June - December，1941.

［8］ Ch'en Shou - I. "Thomas Percy and his Chinese Studies". *Chinese social and Politics Science Review* 20. 2，July，1936.

［9］ Fu Shang - lin. "One Generation of Chinese Studies in Cambridge". *Chinese Social and Political Science Review* 15，1931.

［10］ Otto Franke. *Erinnerung aus zwei Welten：Randglossen zur eigenen Lebensgeschichte.* Berlin：Walter de Gruyter & Co. 1954. S. 131.

［11］ Otto Franke. *Der Ursprung der chinesischen Geschichtsschreibung*，1925.

［12］ Otto Franke. *Das Tse Tschi T'ung Kien und das T'ung Kien Kang Mu，ihre Wesen，ihr Wesen，ihre Verhältnis zueinander und ihr Quellenwert*，in：*Sitzungsberichten der Preuβischen Akademie der Wissenschaften，Philosophisch - historische Klasse*，1930.

［13］August Conrady. "*Yih–king–Studien*". in：*Asia Major* 7，1931–32.

［14］A. Forke. "Wang–Chung and Plato on Death and Immortality". in：*Journal of the North China Branch of the Royal Asiatic Society*，Bd. XXXI，1896/97.

［15］O. Franke. "Die sinologischen Studien in Deutschland". in：Ders.，*Ostasiatische Neubildungen*，Hamburg 1911.

［16］*The Far Eastern Quarterly*，No. 8，1949.

［17］Herbert Franke. *Sinologie*. Bern：A. Francke AG. Verlag，1953.

［18］Wolfgang Franke. *China und das Abendland*. Göttingen：Vanenhoeck & Ruprecht，1962.

［19］Wolfgang Franke. *Die Entwicklung der Chinakunde in den letzten 50 Jahren*. in：*Nachrichten*.

［20］Wolfgang Franke. *Im Banne Chinas*. Dortmund：projekt verlag，1997.

［21］Eduard Erkes. *Ho-shang-kung's Commentary on Lao-tse*. In：*Artibus Asiae* 8，1939.

［22］Eduard Erkes. *China*. Gotha，1919.

［23］Peter Kuntze：《中国——具体的乌托邦》（*China—Die konkrete Utopie*. München：Nymphenburger Verlagshandlung，1973.

［24］Nallino. C. A. *Gli studi orientali in Italia durante il cinquantenario* 1861–1911. *Appendice*，［意大利汉学研究 50 年（1861～1911）］，《*Rivista degli Studi Orientali*》（东方学研究），5，1913–1927.

［25］Vacca. G. *Gli studi orientali in Italia durante il cinquantenario* 1861–1911. *VIII. Asia Orientale*，［意大利东方研究 50 年（1861～1911）：VIII，东亚］，《*Rivista degli Studi Orientali*》（东方学研究），5，1913–27.

［26］Gabrieli. G. *Bibliografia degli studi orientalistici in Italia dal* 1912 *al* 1934（1912～1934 年意大利东方学研究文献目录）. Roma，Agenzia Generale Italiana del Libro，1935.

［27］Vitiello. G. *Bibliografia sinologica italiana*（1959–1987）［意大利汉学研究目录（1959～1987）］. Roma，Stamperia Wage，1988.

［28］Miranda. M. *Bibliografia delle opere cinesi tradotte in italiano*（1900–1996）［译成意大利文的中文作品目录（1900～1996）］. Napoli，F. Giannini，1998.

［29］Edmund Leites. "Confucianism in Eighteeen-century England：National Morality and Social Reform". *Actes du Hè colloque International de Sinologie：Les Rapports entre la Chine et l'Europe au temps de Lumières*，Paris，1980.

[30] Lanciotti. L. *Libri sulla China*（关于中国的书籍），《China》（中国），3，1957.

[31] Bertuccioli. G. e L. Lanciotti. *Libri sulla China*（关于中国的书籍），《Cina》（中国），4，1958.

[32] Lanciotti. L. *Libri sulla Cina*（关于中国的书籍），《China》（中国），5，1959.

[33] Bertuccioli. G. e L. Lanciotti. *Libri sulla China*（关于中国的书籍），《China》（中国），6，1961.

[34] Fiorentini. M. *Bibliografia sulla China*（关于中国的文献目录），《China》（中国），7，1963.

[35] Fiorentini. M. *Bibliografia sulla China*（关于中国的文献目录），1971，《China》（中国），9，1972.

[36] Fiorentini. M. *Bibliografia sulla China*（关于中国的文献目录），1972，《China》（中国），10，1973.

[37] Fiorentini. M. *Bibliografia sulla China*（关于中国的文献目录），1973，《China》（中国），11，1974.

[38] Fiorentini. M. *Bibliografia sulla China*（关于中国的文献目录），1974，《China》（中国），12，1975.

[39] Fiorentini. M. *Bibliografia sulla China*（关于中国的文献目录），1975，《China》（中国），13，1975.

[40] Fiorentini. M. *Bibliografia sulla China*（关于中国的文献目录），1976，《China》（中国），14，1978.

[41] Fiorentini. M. *Bibliografia sulla China*（关于中国的文献目录），1977，《China》（中国），15，1979.

[42] D'Arelli Francesco, La China in Italia – Una Bibliografia dal 1899 al 1999, Roma, Istituto Italiano per l'Africa e l'Oriente, 2007.

[43] Carlo Cattaneo：*La China antica e moderna*, in *Opere scelte e inedite*, Le Monnier, 1883.

[44] S. W. Williams, *The Middle Kingdom* (New York：Charles Scribner's Sons, 1883.

[45] *Report of the American Board of Commissioners for Foreign Missions*, Boston, 1829.

[46] *Chinese Repository*, Vol. 1.

[47] Shen Guowei（沈国威），"The Creation of Technical Terms in English –

Chinese Dictionaries from the Nineteenth Century", Michael Lackner, et al. eds., *New Terms for New Ideas*: *Western Knowledge and Lexical Change in Late Imperial China*, Leiden: Brill, 2001.

[48] "Proceedings at Boston, May 18, 1881", *Journal of the American Oriental Society*, Vol. 11, 1882 – 1885.

[49] Henri Cordier, *Bibliotheca Sinica*, Paris, 1904.

[50] John K. Fairbank, *China Perceived*: *Images and Policies in Chinese – American Relations*, New York: Alfred A. Knopf, 1974.

[51] Kenneth S. Latourette, "American Scholarship and Chinese History", *Journal of the American Oriental Society*, Vol. 38, 1918.

[52] *American Council of Learned Societies Bulletin*, No. 10, Apr. 1929.

[53] John N. Thomas, *The Institute of Pacific Relations*: *Asian Scholars and American Politics*, University of Washington Press, 1974.

[54] "The Far Eastern Quarterly", *Notes on Far Eastern Studies in America*, no. 6, January 1940.

[55] Earl H. Prichard. "The Association for Asian Studies, Inc.: A Brief History", *Journal of Asian Studies*, Vol. 16, Aug. 1957.

[56] Charles O Hucker. "The Association for Asian Studies Inc., at the Age of Twenty", *Journal of Asian Studies*, Vol. 28, Nov. 1968.

[57] Joseph Levenson. *Confucian China and Its Modern Fate*, Vol. 1 (University of California Press, 1958.

[58] "Electronic Resources of East Asian Materials of North American Institutions as of June 30, 2003", in http://www2.lib.ku.edu/ceal/stat/20022003/ceal/stat15431102 03.pdf.

[59] *Hankow*: *Conflict and Community in a Chinese City*, 1796 – 1895, Stanford University Press, 1989.

[60] *Classicism, Politics, and Kinship*: *the Chang-chou school of new text Confucianism in late imperial China*, Berkeley: University of California Press, 1990.

[61] Жун-Юн, т. Е. Закон нерпеложный. Из преданий китайског философа Кун Дзы. СПб., при имп. Акад. Наук, 1784.

[62] Сы-шу-ге-ы, т. Е. Чстыре книги с толкованиями Книга первая философа Конфуция. СПб., при имп. Акад. Наук, 1780.

[63] Чензыя китайского философа совет, данной его государю. – 《Трутень》, 1770.

[64] Китайскин мысли. СПб., тип. При имп. Акад. Наук, 1729.

[65] Китайские поучения, изданные от хана Юн-Джена для воинов и простого народа во 2-м году царствования его, СПб., 1788.

[66] Китайское уложение. Части 1-2. – СПб., изд. Акад. наук, часть первая 1778, 15 + 290 с.; часть вторая, 1779.

[67] Тайцин Гурунь и Ухери коли, то есть все законы и установления китайского (а ныне манчжурского) првительства. СПб., тип. Имп. Акад. наук, т. I, 1781; 16 + XLV + 398 с. т. II, 1782; 377 + XXX с.; т. III, 1783; 584 + XXIII с.

[68] Букварь китайской, состоящей из двух книжекБ служит у китайцев для начального обучения малолетних детей основанием. Писан в стиха и содержит в себе много китайских пословиц. СПб., при имп. Акад. наук, 1779.

[69] Иван Орлов, Новейшее и подробнейшее историческо-географическое описание Китайской империи, М., 1820.

[70] Н. Ч. Бичурин, Китай, его жители, нравы, обычаи. Просвещение, СПб., 1840.

[71] Н. Я. Бичурин, Статистичское описание китайской империи. Ч. 1-2, СПб., 1842, 2-ое издание, Пекин, 1910, 3-ое издание, М., 2002.

[72] Н. Я. Бичурин, Китай в гражданском и нравственном состоянии. Ч. 1-4, СПб. 1848, 2-ое издание, Пекин, 1911 – 1912, 3-ое издание, М., 2002.

[73] Описание религии ученых. С приложением чертежей, жертвенного одеяния, утвари, жертвенников, храмов и расположения в них лиц, столов и жертвенных вещей во времяжертвоприношения, составленное трудами монаха Иакинфа в 1844 г. – Пекин, тип. Успенского монастыря при русско. Духовной миссии, 1906.

[74] Сань-цзы-цзин, или троесловие с литографированных китайским текстом. СПб.. тип. Х. Гинца, 1829.

[75] В. Ф. Одоевский, 4338 год, —Русская литературная утопия. М., 1986.

[76] Очерк истории китайскогй литературы. (Из 《Всеобщей истории литературы》, издаваемой Ф. Коршем и К. Л. Пиккером). – СПб. тип. М. М. Стасюлевича, 1880.

[77] Религии Востока. Конфуцианство, буддизм и даосизм. – СПб.,

тип. В. С. Балошов, 1873.

［78］Заметки по буддизму. – Иан, сер. V, 10; VI, 10.

［79］Буддизм, его догматы, история и литература. Часть первая, общее обозрение. – СПб, 1857.

［80］Буддизм, его догматы, история и литература. Часть третья. История Буддизма в Индии, сочинение Даранаты. Пер. В тибетск. – СПб., изд. Акад. наук, 1869.

［81］С. М. Георгиевский, Принципы жизни Китая, СПб., 1888.

［82］С. М. Георгиевский, Важность изучения Китая., СПб, 1890.

［83］В. С. Соловьев, Избранные произведения, Ростов-на = Дону: Феникс, 1998.

［84］И. Я. Коростовец, Китайцы и их цивилизация. С прилож. Карты Китая, Японии и Кореи. 1-е изд. ПСПб., 1896.

［85］А. В. Тужилин, Современный Китай, СПб., 1910.

［86］В. Грубе, Духовная культура Китая: литература, рулигия, культ, СПб., Брокгауз – Ефрон, 1912.

［87］Н. А. Кузнецова и Л. М. Кулагина, Из истории советского востоковедения 1917 – 1957, М., 1970.

［88］В. Колоколов и И. Мамаев, Китай. Страна, население и история. М., 1924. 2-е изд. М., 1925.

［89］Китай. История, экономика, культура, героическая борьба за национальную независимость. М. – Л., 1940.

［90］М. В. Крюков, М. В. Софронов, Н. Н, Чебоксаров, Древние китайцы: проблемы этногенеза. М., 1978.

［91］М. В. Крюков, Л. С. Переломов, М. В. Софронов. Н. Н. Чебоксаров, Древние китайцы в эпоху централизованный империй. М., 1983.

［92］М. В. Крюков, В. В. Малявин, М. В. Софронов, Китайский этнос в средние века (VII-XVIII вв.). М., 1984.

［93］М. В. Крюков, В. В. Малявин, М. В. Софронов, Этническая история китайцев на рубеже средневековья и нового времени. М., 1987.

［94］М. В. Крюков, В. В. Малявин, М. В. Софронов, Н. Н. Чебоксаров, Этническая история китайцев в XIX-начале XX века. М., 1993.

［95］Г. А. Ткаченко, Культура Китая, М., 1999.

［96］М. Е. Кравцова, История культура Китая, СПб., 1999.

[97] В. В. Малявин, Китайская цивилизация, М., 2000.

[98] Все о Китае: культура, религия, традиция. СПб: Профит – стайл, 2002, 2003, 2008.

[99] T. K. C（全增嘏）: Editorial Commentary, *T'ien Hisa Monthly*, Vol. X. No. I, January 1940.

[100] John C. H. Wu（吴经熊）:, *Lao tzǔ's the tao and its virtue*, *T'ien Hisa Monthly*, Vol. IX. No. 4-5, November-December 1939.

[101] W. K. Liao（廖文魁）: Five Vermin: A Pathological Analysis of Politics, *T'ien Hisa Monthly*, Vol. X, No. 2, February, 1940.

[102] Kung Ling – kai: To the Editor – in Chif of Tiean Hsia Monthly, Vol VI-II, No. 3 March 1939.

[103] The West Chamber. A Medieval Drama（西厢记）, Translated from the Original Chinese with Notes by Henry H. Hart. (Published by Stanford University Press, Stanford University, California; Humphrey Milford, London; and Oxford University Press,) Pp. xxxix and 192. 1936.

[104] David Hawkes: "Obituary of Dr Arthur Waley", *Asia Major*, Volume 12, part2, 1966.

[105] Arthur Waley, *Notes on Translation*, 参阅 Arthur Waley, *The Secret History of the Monogols and other Piecs*, New York, 1964.

[106] Ezra Pound. *The Cantos of Ezra Pound* P. 262. New York: New Directions, 1970.

[107] Pound Ezra. Confucius [M]. New York: New Directions Publishing Corporation, 1983.

[108] John M. H. Lindbeck, *Understanding China: An Assessment of American Scholarly Resources*, New York: Paraeger, 1971.

[109] John K. Fairbank and Ssu-yu Teng, *China's Response to the West*, Harvard University Press, 1954.

[110] Joanna Wasilewska, *Poland – China. Art and Cultural Heritage*. Jagiellonian University Press. Kraków, 2011.

[111] György Fajcsák, *Collecting Chinese Art in Hungary from the Early 19th Century to 1945. As Reflected by the Artefacts of the Ferenc Hopp Museum of Eastern Asiatic Arts*. Department of East Asian Studies, Eötvös Loránd University, Budapest 2007.

[112] Florentina Vian, Luminţa Bălan, Dinu Luca, *Studii de sinologie* (în ono-

area aniversării a 50 de ani de la înfiinţarea Secţiei de chinezăla Universitatea din Bu-cureşti), Editura Universităţii din Bucureşti, 2006. (弗洛伦蒂娜·维珊、鲁米尼察·博兰、迪努·鲁卡:《罗马尼亚汉学五十年》,布加勒斯特大学出版社,2006).

后　记

　　这本书是我2007年所申请的教育部重大攻关项目的成果。今天，当我掩卷定稿时，7年前申请项目时，参加答辩的场景还历历在目。当时，参加答辩的除我以外还有郝平校长、丁超教授、魏崇新教授。事后听说这个课题的设计者是北师大的一位老师，他设计的原意本想做中国古代经典在域外的收藏，实际上是一个域外汉籍的文献学项目，此事不知真假。答辩的评委有李学勤先生、项楚先生、张宏生等几位做中国语言文学研究的专家。由于，这个题目出得并不明确，"20世纪中国古代文化经典在域外的传播与影响"，可以有多重理解。按照我的理解这就是一个海外汉学的项目，而不是一个域外汉籍的项目。我的课题设计也是以中国古代文化经典在域外的翻译和传播为核心来设计的。幸好，李学勤先生是一位学术大家，他不仅仅是中国历史研究、考古研究的专家，也是国内最早推动海外汉学研究的大家。今日中国学术界的海外汉学（中国学）研究发展，很大程度上得益于李先生从20世纪80年代以来极力的推动，他主编的《国际汉学名著提要》、《国际汉学漫步》至今仍是我的案头必备之书。正是李先生及各位评委专家的宽阔的学术视野，给了我一个机会，使我可以从海外汉学的角度对这个题目展开研究。在同人大、北师大等几家的竞争中，最终，我们获得胜出。当然，这次答辩的成功也有另一个原因，即郝平校长作为答辩组成员，亲临现场，慷慨陈述。副校长金莉教授、科研处长张朝意也亲临现场谋划，学校对这个项目申请格外重视。当评委们得知郝校长只是我课题下的一个子课题负责人时，评委们大为动容。事后得知，评委们感到在当今大学少有校长甘于在一名教授之下做课题，并为之奔走。在官本位已成大学痼疾的今天，这恐怕是一个奇迹。项目的申请答辩十分成功，当我们几位走出答辩室时，在外久等的科研处处长张朝意大大地松了口气，这是她负责学校科研工作以来所拿到的第一个教育部重大项目，大家都十分高兴。

　　七年来云展云舒，星移物换。这本书的完成和定稿是课题组全体同仁共同努力的结果，我对参与本书写作的所有学者表示衷心的感谢。对在定稿过程中做了大量工作的孙健、慕妍春、姜丹等同事表示衷心的感谢，对王雯璐、于美晨、刘婷、伍昕瑶等同学的积极参与表示感谢。

当时教育部所下拨的费用是45万元，这是我第一次拿到这样多的科研费用，于是我就从自己的理解出发，共设计了23卷，各卷题目是：

《20世纪中国古代文化经典在域外的传播与影响研究导论：以西方为中心》

编年系列：

《20世纪中国古代文化经典在美国的传播编年》

《20世纪中国古代文化经典在俄罗斯的传播编年》

《20世纪中国古代文化经典在德国的传播编年》

《20世纪中国古代文化经典在英国的传播编年》

《20世纪中国古代文化经典在东欧的传播编年》

《20世纪中国古代文化经典在法国的传播编年》

《20世纪中国古代文化经典在意大利的传播编年》

《20世纪中国古代文化经典在日本的传播编年》

《20世纪中国古代文化经典在韩国的传播编年》

《20世纪中国古代文化经典在东南亚的传播编年》

文学、文化系列：

《20世纪中国古代文学在英国的传播与影响》

《中国文化在南亚》

《中国文化在阿拉伯世界》

《二十世纪韩国对韩国文学对中国古典文学接受情况的研究》

《日本明治时期刊行的中国文学史研究》

《20世纪中国古代文化经典在东南亚的传播与影响》

专题研究系列：

《中国古代文化在世界——以20世纪为中心》

《中国古典文学的英国之旅——英国三大汉学家年谱：翟理斯、韦利、霍克思》

《比较、争论与诠释——理雅各牛津时代思想研究》

《〈红楼梦〉在德国的传播与翻译》

《英美汉学中的白居易研究》

《中国文化在美国的传播的研究》

有了设计就开始招揽人马，北外大约有三十多人参加了这个项目，东欧语种、东南亚、南亚语言的老师大都参加了进来。我还邀请了福建师范大学的葛桂录教授和他的团队、法国汉学家何碧玉教授、意大利汉学家马西尼教授。这是一个名副其实的国际化研究团队。

今年1月，经过7年的努力，这个项目终于完成。我主持的这23卷的成果通过了专家组的审核，同意结项，这自然是很高兴的事。但教育部社科司规划处通知学校，交给经济科学出版社所出版的只能是1卷。这是我完全没有想到的。经过认真的思考，我对已经完成的23卷做了调整，将编年系列每卷的导论收入这本结项出版的书中，然后，按照原来的设计，将我自己所写的几章也编入其中，使这部结项书稿成为一个逻辑严密的完整书稿。因为，在这完成的23卷中，编年系列做得最为扎实，也最有创造性。这大概是国内乃至国际范围内第一次对中国古代文化经典在25个国家传播做系统的调查和研究，这其中涉及了25种语言，内容涉及范围之广，所涉及的语言之多，这是国内外学术界前所未有的事。由于编年内容非常翔实，在这本书中，我将原来的按照国家和语种进行调查编年的体例打破，按照"经学"、"史学"、"文学"三个部分将20世纪以来中国古代文化经典在世界主要国家的传播编年的精华选出。这样，在这本结项书稿中就可以看到中国古代文化经典在域外传播的全貌。按照这样的想法，这本正式的结项书稿设计为九章，具体篇名和作者如下：

前言（张西平）

第一章 20世纪中国古代文化经典在东亚的传播历史

  第一节 中国古代文化经典在日本的传播导论（严绍璗、王广生）

  第二节 中国古代文化经典在韩国的传播导论（苗春梅）

第二章 20世纪中国古代文化经典在亚洲其他地区的传播历史

  第一节 中国古代文化经典在东南亚的传播导论（苏莹莹）

  第二节 中国古代文化经典在南亚的传播导论（佟加蒙）

第三章 20世纪中国古代文化经典在阿拉伯地区的传播历史（薛庆国）

  第一节 中国和阿拉伯文化交流史简述

  第二节 阿拉伯古籍中的中国

  第三节 中国古代哲学思想在阿拉伯

第四章 20世纪中国古代文化经典在欧美的传播历史

  第一节 中国古代文化经典在英国的传播导论（李真）

  第二节 中国古代文化经典在德国的传播导论（李雪涛）

  第三节 中国古代文化经典在法国的传播导论（何碧玉等）

  第四节 中国古代文化经典在意大利的传播导论（王苏娜）

  第五节 中国古代文化经典在俄罗斯的传播导论（柳若梅）

  第六节 中国古代文化经典在美国的传播导论（顾钧）

第五章 20世纪中国古代文化经典在中东欧的传播概述（丁超）

  第一节 中东欧民族与华夏文明交往的萌发（20世纪以前）

  第二节 中国文化在中东欧国家的传播的奠基（20世纪前半期）

第三节 社会主义年代译介中国文化典籍的成就（1949~1989）
第四节 转轨之初接受中国文化的特征（1990~2000年）

第六章 20世纪中国本土传播古代文化经典的历程（张西平）
第一节 中国学者开辟中国经典外译的新领域：《天下》
第二节 新中国国家外文局的开创性工作
第三节 许渊冲的实践以及价值

第七章 20世纪中国古代文化经典在西方的影响：以庞德为例（张西平）
第一节 庞德与中国文化的连接
第二节 庞德对中国古典文化的研读、翻译和他的现代诗歌创作
第三节 庞德对中国文化吸收的思想意义

第八章 全球化视野下的中国文化经典外播研究（张西平）
第一节 从跨文化角度把握中国古代文化典籍的西译
第二节 中西文化关系发展的三阶段
第三节 传播主体的困境——中国知识界在思想与文化的争执
第四节 中国文化海外传播一个崭新的学术研究领域

第九章 域外汉学文献学：中国古代文化经典域外传播研究的基础（张西平、孙健等）
第一节 域外汉学文献学导论
第二节 20世纪中国古代经学典籍在域外传播编年举要
第三节 20世纪中国古代史学典籍在域外传播编年举要
第四节 20世纪中国古代文学典籍在域外传播编年举要

结语 （张西平）
一 动荡的20世纪
二 走向21世纪的中国文化
三 在国际范围内展开中国文化研究

附录1-5为张西平等整理

因为，整体项目的23卷，我们将在其他出版社出版，而只有这本书代表了整个项目的精华，有这一卷在手，对20世纪中国古代文化经典在域外的传播和影响就大体就有了一个总的了解。

傅斯年当年在谈到海外汉学时曾说过，"借镜于西方汉学之特长，此非自贬，实自广也"，"西洋人研究中国或牵连中国的事物，本来没有很多成绩；因为他们读中国书不能亲切，认中国事实不能严辨，所以关于一切文字审求、文籍考订、史事辨别等，在他们永远一等莫展。"几年后他又说："西洋人治中国史，最注意的汉籍中外关系，经几部成经典的旅行记，其所发明也多在这些'半汉'的事情上。我们承认这些工作之重要性，我们深信这些工作的成就之后，

中国史的是应要改动的。不过同时我们也觉得这些工作之大重要问题更有些'全汉'的，而这些问题更大更多，更是建造中国史学知识之骨架。"这里他实际指出，中国学术的建设和汉学如何互动，中国本土学者的国学研究是中国文化研究的根基和根本，海外汉学界的研究只是知识的互补。

我们看到，当傅斯年这样来理解国学和汉学的关系时，他的着眼点是我们自身的学问，是从我们自己的知识和精神来"建造中国史学知识之骨架"。但通过我们研究，我们可以看到傅斯年所谈的内容，有两点需要补充：其一，通过对20世纪这一百年世界各国汉学界对中国古代文化经典的翻译，我们看到，海外汉学家们并非只是专长于"四裔之学"，也并非只关注"半汉学"的内容，中国古代文化的精华部分也是他们关注的对象。其二，中国文化的经典一旦被翻译成为各国的文字，进入各国的文化精神场域，它的作用就不仅仅是那些"半汉"的汉学家们所研究，而是成为传入国的精神文化的一部分，被其国家的文化精英们所理解。此时，中国文化经典已经不能仅仅作为知识去理解，不能仅仅从史学的角度去理解。在这个意义上，中国古代文化经典的外译既和中国文化本身有关，同时，也和对象国文化有关。至少我们可以说，中国古代文化经典的外传揭示出了中国文化的世界性影响。

陈寅恪先生在《陈垣〈敦煌劫余录〉序》中认为："一代之学术，必有其新材料与新问题。取用此材料，以研求问题，则为此时代学术之新潮流。治学之士，得预此流者，谓之预流（借用佛教初果名），未得预者，谓之未入流。"利用新材料研究新问题，得出新结论，既是做学问应遵循的基本路径，也是学者们开创学科新局面的重要原因。从晚明后中国文化的研究已经在世界范围内展开，这是全球化发展结果。但不少学者尚未认识到，这种在中国本土以外的中国知识和学问，不仅是我们反观自身研究的新材料、新问题，同时，也使我们获得了重新认识中国文化价值和意义的新视角、新天地。中国文化的外传及其影响是一个跨学科、跨文化、跨语言、跨国别的大学问，研究才刚刚开始，亟待更多的学者进入耕耘。我们这本书如果能起到一个铺路石的作用，我们就心满意足了。书中会有纰漏、不足，也望读者批评指正，使其不断完善。

辛弃疾《水龙吟》中有"举头西北浮云，倚天万里须长剑"，中国文化"千古兴亡，百笑悲欢"，在这三千年未有的大变局时刻，在这中国文化重返世界民族之林的时代，我们需要有万里之远的视野，需要有在四海舞出风云的"长剑"。愿本书能为中国学术界锻造出这样的"长剑"做出一点贡献。

张西平

2015 年 8 月 10 日定稿于北京游心书屋

教育部哲学社会科学研究重大课题攻关项目成果出版列表

书　名	首席专家
《马克思主义基础理论若干重大问题研究》	陈先达
《马克思主义理论学科体系建构与建设研究》	张雷声
《马克思主义整体性研究》	逄锦聚
《改革开放以来马克思主义在中国的发展》	顾钰民
《新时期　新探索　新征程 ——当代资本主义国家共产党的理论与实践研究》	聂运麟
《坚持马克思主义在意识形态领域指导地位研究》	陈先达
《当代中国人精神生活研究》	童世骏
《弘扬与培育民族精神研究》	杨叔子
《当代科学哲学的发展趋势》	郭贵春
《服务型政府建设规律研究》	朱光磊
《地方政府改革与深化行政管理体制改革研究》	沈荣华
《面向知识表示与推理的自然语言逻辑》	鞠实儿
《当代宗教冲突与对话研究》	张志刚
《马克思主义文艺理论中国化研究》	朱立元
《历史题材文学创作重大问题研究》	童庆炳
《现代中西高校公共艺术教育比较研究》	曾繁仁
《西方文论中国化与中国文论建设》	王一川
《中华民族音乐文化的国际传播与推广》	王耀华
《楚地出土戰國簡册〔十四種〕》	陳　偉
《近代中国的知识与制度转型》	桑　兵
《中国抗战在世界反法西斯战争中的历史地位》	胡德坤
《近代以来日本对华认识及其行动选择研究》	杨栋梁
《京津冀都市圈的崛起与中国经济发展》	周立群
《金融市场全球化下的中国监管体系研究》	曹凤岐
《中国市场经济发展研究》	刘　伟
《全球经济调整中的中国经济增长与宏观调控体系研究》	黄　达
《中国特大都市圈与世界制造业中心研究》	李廉水
《中国产业竞争力研究》	赵彦云

书　名	首席专家
《东北老工业基地资源型城市发展可持续产业问题研究》	宋冬林
《转型时期消费需求升级与产业发展研究》	臧旭恒
《中国金融国际化中的风险防范与金融安全研究》	刘锡良
《全球新型金融危机与中国的外汇储备战略》	陈雨露
《中国民营经济制度创新与发展》	李维安
《中国现代服务经济理论与发展战略研究》	陈　宪
《中国转型期的社会风险及公共危机管理研究》	丁烈云
《人文社会科学研究成果评价体系研究》	刘大椿
《中国工业化、城镇化进程中的农村土地问题研究》	曲福田
《东北老工业基地改造与振兴研究》	程　伟
《全面建设小康社会进程中的我国就业发展战略研究》	曾湘泉
《自主创新战略与国际竞争力研究》	吴贵生
《转轨经济中的反行政性垄断与促进竞争政策研究》	于良春
《面向公共服务的电子政务管理体系研究》	孙宝文
《产权理论比较与中国产权制度变革》	黄少安
《中国企业集团成长与重组研究》	蓝海林
《我国资源、环境、人口与经济承载能力研究》	邱　东
《"病有所医"——目标、路径与战略选择》	高建民
《税收对国民收入分配调控作用研究》	郭庆旺
《多党合作与中国共产党执政能力建设研究》	周淑真
《规范收入分配秩序研究》	杨灿明
《中国社会转型中的政府治理模式研究》	娄成武
《中国加入区域经济一体化研究》	黄卫平
《金融体制改革和货币问题研究》	王广谦
《人民币均衡汇率问题研究》	姜波克
《我国土地制度与社会经济协调发展研究》	黄祖辉
《南水北调工程与中部地区经济社会可持续发展研究》	杨云彦
《产业集聚与区域经济协调发展研究》	王　珺
《我国货币政策体系与传导机制研究》	刘　伟
《我国民法典体系问题研究》	王利明
《中国司法制度的基础理论问题研究》	陈光中
《多元化纠纷解决机制与和谐社会的构建》	范　愉
《中国和平发展的重大前沿国际法律问题研究》	曾令良
《中国法制现代化的理论与实践》	徐显明
《农村土地问题立法研究》	陈小君

书　名	首席专家
《知识产权制度变革与发展研究》	吴汉东
《中国能源安全若干法律与政策问题研究》	黄　进
《城乡统筹视角下我国城乡双向商贸流通体系研究》	任保平
《产权强度、土地流转与农民权益保护》	罗必良
《矿产资源有偿使用制度与生态补偿机制》	李国平
《巨灾风险管理制度创新研究》	卓　志
《国有资产法律保护机制研究》	李曙光
《中国与全球油气资源重点区域合作研究》	王　震
《可持续发展的中国新型农村社会养老保险制度研究》	邓大松
《农民工权益保护理论与实践研究》	刘林平
《大学生就业创业教育研究》	杨晓慧
《新能源与可再生能源法律与政策研究》	李艳芳
《中国海外投资的风险防范与管控体系研究》	陈菲琼
《生活质量的指标构建与现状评价》	周长城
《中国公民人文素质研究》	石亚军
《城市化进程中的重大社会问题及其对策研究》	李　强
《中国农村与农民问题前沿研究》	徐　勇
《西部开发中的人口流动与族际交往研究》	马　戎
《现代农业发展战略研究》	周应恒
《综合交通运输体系研究——认知与建构》	荣朝和
《中国独生子女问题研究》	风笑天
《我国粮食安全保障体系研究》	胡小平
《城市新移民问题及其对策研究》	周大鸣
《新农村建设与城镇化推进中农村教育布局调整研究》	史宁中
《农村公共产品供给与农村和谐社会建设》	王国华
《中国大城市户籍制度改革研究》	彭希哲
《国家惠农政策的成效评价与完善研究》	邓大才
《以民主促进和谐——和谐社会构建中的基层民主政治建设研究》	徐　勇
《城市文化与国家治理——当代中国城市建设理论内涵与发展模式建构》	皇甫晓涛
《中国边疆治理研究》	周　平
《边疆多民族地区构建社会主义和谐社会研究》	张先亮
《新疆民族文化、民族心理与社会长治久安》	高静文
《中国大众媒介的传播效果与公信力研究》	喻国明
《媒介素养：理念、认知、参与》	陆　晔
《创新型国家的知识信息服务体系研究》	胡昌平
《数字信息资源规划、管理与利用研究》	马费成

书　名	首席专家
《新闻传媒发展与建构和谐社会关系研究》	罗以澄
《数字传播技术与媒体产业发展研究》	黄升民
《互联网等新媒体对社会舆论影响与利用研究》	谢新洲
《网络舆论监测与安全研究》	黄永林
《中国文化产业发展战略论》	胡惠林
《20世纪中国古代文化经典在域外的传播与影响研究》	张西平
《教育投入、资源配置与人力资本收益》	闵维方
《创新人才与教育创新研究》	林崇德
《中国农村教育发展指标体系研究》	袁桂林
《高校思想政治理论课程建设研究》	顾海良
《网络思想政治教育研究》	张再兴
《高校招生考试制度改革研究》	刘海峰
《基础教育改革与中国教育学理论重建研究》	叶　澜
《我国研究生教育结构调整问题研究》	袁本涛　王传毅
《公共财政框架下公共教育财政制度研究》	王善迈
《农民工子女问题研究》	袁振国
《当代大学生诚信制度建设及加强大学生思想政治工作研究》	黄蓉生
《从失衡走向平衡：素质教育课程评价体系研究》	钟启泉　崔允漷
《构建城乡一体化的教育体制机制研究》	李　玲
《高校思想政治理论课教育教学质量监测体系研究》	张耀灿
《处境不利儿童的心理发展现状与教育对策研究》	申继亮
《学习过程与机制研究》	莫　雷
《青少年心理健康素质调查研究》	沈德立
《灾后中小学生心理疏导研究》	林崇德
《民族地区教育优先发展研究》	张诗亚
《WTO主要成员贸易政策体系与对策研究》	张汉林
《中国和平发展的国际环境分析》	叶自成
《冷战时期美国重大外交政策案例研究》	沈志华
《我国的地缘政治及其战略研究》	倪世雄
《中国海洋发展战略研究》	徐祥民
*《中国政治文明与宪法建设》	谢庆奎
*《非传统安全合作与中俄关系》	冯绍雷
*《中国的中亚区域经济与能源合作战略研究》	安尼瓦尔·阿木提
……	

*为即将出版图书